갈릴래아 예수

김근수 예수전 시리즈 **1**

갈릴래아 예수
― 가난한 사람들과 예수의 갈등

2024년 10월 7일 처음 찍음

지은이　　　김근수
펴낸이　　　김영호
펴낸곳　　　도서출판 동연
등 록　　　제1-1383호(1992. 6. 12.)
주 소　　　서울시 마포구 월드컵로 163-3
전화/팩스　(02)335-2630 / (02)335-2640
이메일　　　yh4321@gmail.com
인스타그램　instagram.com/ dongyeon_press

ISBN 978-89-6447-034-3 04230
ISBN 978-89-6447-033-6 (김근수 예수전)

김근수 예수전 시리즈 ①

갈릴래아 예수

김근수 지음

박충구 명예교수님(감신대),
김 영 명예교수님(인하대)께

존경의 마음으로
이 책을 바칩니다.

『갈릴래아 예수』, 가난한 사람들과 예수의 갈등

왜 '갈릴래아' 예수인가

필자가 구상하는 〈김근수 예수전〉 시리즈 중 제1권에 해당하는 『갈릴래아 예수』는 세상에 공식으로 등장하여 예루살렘으로 떠나기 전까지 갈릴래아 지역에서 행한 예수의 활동과 말씀을 소개한다. 2권 『예루살렘 가는 예수』는 갈릴래아에서 출발하여 예루살렘에 도착하는 예수와 제자들의 여정을, 3권 『예루살렘 예수』는 예루살렘에서 예수 최후의 1주일을 다룬다.

예수를 잘 이해하려면, 사람, 사건, 말씀 순서로 살피는 것이 중요하다. 예수 주위에 어떤 사람들이 있었는가, 예수와 그 사람들 사이에 어떤 사건들이 있었는가, 예수와 사람들은 사건들에서 어떤 행동과 말씀을 주고받았는가, 예수 활동에 대한 사람들의 반응은 어떠했는가. 갈릴래아 예수 활동의 전반부에 예수의 행동과 말씀이 사람들에게 주로 소개되었다면, 후반부에는 예수에 대한 사람들의 반응이 주로 소개되었다.

예수 주위에 크게 세 부류의 사람들이 있었다. 가난한 사람들, 제자들, 반대자들이다. 예수는 세 그룹 모두에게 꾸준히 다가섰지만, 예수에 대한 세 그룹의 반응은 다양하게 드러났다. 『갈릴래아 예수』는 예수의 활동과 말씀에 대한 세 그룹의 반응을 주목한다. 마가복음, 누가복음, 마태복음과 요한복음은『갈릴래아 예수』를 각각 어떻게 평가하는가. 네 복음서의 공통점과 차이를 동시에 주목한다.

왜 예수와 '가난한 사람들'인가

『갈릴래아 예수』의 주인공은 예수와 가난한 사람들이다. 예수의 제자들과 예수의 반대자들은 조연 배우에 해당한다. 예수는 가난한 사람들을 향하고, 가난한 사람들은 예수를 향한다. 예수는 가난한 사람들을 설명하고, 가난한 사람들은 예수를 설명한다. 예수는 가난한 사람들에게 다가서면서 예수 자신이 누구인지 더 잘 깨달았고, 가난한 사람들은 예수에게 다가서면서 자신들이 누구인지 더 잘 깨닫게 되었다. 예수는 가난한 사람들에게 다가섰기 때문에, 예수를 알려면 가난한 사람들을 알아야 한다. 예수와 가난한 사람들은 철학자 김상봉 말을 빌리자면, '서로주체성' 관계에 있다.

예수는 하느님 나라를 선포했고, 하느님 나라는 예수가 누구인지 밝혀준다. 하느님 나라를 아는 만큼 예수를 알게 되고, 예수를 아는 만큼 하느님 나라를 알게 된다. 하느님 나라와 예수는 서로를 드러내 준다. 하느님 나라와 예수는 서로 연결하고 해석하고 밝혀주는 서로주체성 관계다.

예수와 가난한 사람들은 서로주체성 관계에 있고, 하느님 나라와 예수도 서로주체성 관계에 있다. 그렇다면 가난한 사람들과 하느님 나라는 어떤 관계에 있는가. 하느님 나라는 가난한 사람들에게 먼저 오고, 가난한 사람들은 하느님 나라를 기쁘게 받아들인다. 가난한 사람들은 하느님 나라가 무엇인지 삶으로 드러내고, 하느님 나라는 가난한 사람들에서 가장 잘 드러난다.

예수와 가난한 사람들, 예수와 하느님 나라, 가난한 사람들과 하느님 나라는 마치 삼위일체처럼 서로 향하고 서로 일치한다. 예수와 가난한 사람들을 떼어 놓을 수 없듯이, 예수와 하느님 나라를 떼어 놓을 수 없다. 예수와 하느님 나라를 떼어 놓을 수 없듯이, 예수와 가난한 사람들을 떼어 놓을 수 없다.

예수와 가난한 사람들의 관계는 어느 종교에서도 찾아보기 어려운, 예수 운동의 독특한 특징에 속한다. 가난한 사람들을 잘 모르고도 예수를 알 수 있다는 생각이 우리 시대에도 그리스도교 안팎에 널리 퍼진 대표적인 오류 중 하나다.

왜 가난한 사람들과 예수의 '갈등'인가

이 제목에 의아한 독자도 적지 않을 것이다. 예수와 가난한 사람들은 서로 일치하지 않았던가. 예수는 가난한 사람들을 사랑했고, 가난한 사람들은 예수를 따르지 않았던가.

예수는 가난한 사람들에게 다가섰고, 가난한 사람들은 예수에게 호감을 느꼈다. 그러나 가난한 사람들이 언제나 예수에게 호의적이었다고 보기는 어렵다. 예수에게 감동받는 가난한 사람들이 있었고, 예수에게 기대했지만 실망하던 사람들도 있었다. 가난한 사람들과 예수 사이에 부인하기 어려운 거리가 분명히 있었다.

가난한 사람들의 마음이 예수에게 닫혀있었다는 말이 아니다. 가난한 사람들은 예수의 놀라운 기적과 마귀 추방에 환호하고 비유 말씀과 가르침을 경청했지만, 예수가 이스라엘의 정치적 해방자인지 아직 최종 판단을 유보하고 있다. 예수는 이스라엘 민족을 이민족의 억압에서 해방해 줄 인물인가.

가난한 사람들은 예수가 선포하는 하느님 나라를 환영했지만, 하느님 나라를 선포하는 예수를 아직은 지켜보고 있다. 가난한 사람들은 다윗 자손의 메시아 예수를 환영했지만, 예수가 하느님의 아들인지 아직은 관망하고 있다. 가난한 사람들은 하느님의 아들 예수라는 종교적 메시지보다 다윗 자손의 메시아 예수라는 정치적 메시지에 더 관심 있었다.

가난한 사람들과 예수 사이에만 갈등이 있었던 것은 아니다. 가난한 사람들과 예수의 제자들 사이에도 갈등이 있었다. 예수의 제자들은 가난한 사람들보다 하느님의 아들 예수의 모습을 체험하기에 유리했다. 그러나 제자들은 가난한 사람들에게 선뜻 다가서지 못하고 있고, 반대자들과 제대로 논쟁도 하지 못한다. 제자들은 예수와 가난한 사람들 사이에서 분명한 태도를 보이지 못하고 있다. 제자들은 예수가 다윗 자손의 메시아요 하느님의 아들이라는 기대로 열광했지만, 아직 예수를 잘 이해하지는 못하고 있다. 예수의 제자들이 예수와 가난한 사람들을 충분히 이해하였다고 보기 어렵다.

예수의 반대자들은 예수가 다윗 자손의 메시아요 하느님의 아들이라는 선포를 싫어했다. 예수가 다윗 자손의 메시아라는 정치적 메시지도 불편하고, 예수가 하느님의 아들이라는 종교적 메시지도 불쾌했다. 반대자들은 예수와 가난한 사람들의 연대를 방해하고, 제자들과 예수의 연대를 방해한다. 예수의 반대자들은 예수에 대한 적개심을 키워나갔지만, 아직 본격적인 행동에 돌입하지는 않았다.

예수와 반대자들의 갈등은 점점 커졌다. 예루살렘에서 온 바리사이파 사람들과 율법학자들이 예수의 반대자들에 합류했다. 바리사이파 사람들은 여러 면에서 생각이 다른 사두가이파 사람들과 예수를 반대하는 동맹을 맺으려 시도했다.

제자들이 예수에게 가장 가까이 있었다. 반대자들이 예수에게 가장 멀리 있었다. 가난한 사람들이 그 중간에 있었다. 가난한 사람들은 예수의 매력과 설득에 감동되어 제자들에게 포함될 수도 있었고, 반대자들의 협박과 설득에 넘어갈 수도 있었다. 예수와 제자들도 가난한 사람들을 자기편으로 끌어들이려 애썼고, 반대자들도 가난한 사람들을 자기편으로 끌어들이려 애썼다.

갈릴래아 예수는 억압받는 사람들을 위로했지만, 억압하는 세력과 싸우지는 않았다. 반대자들은 바리사이나 율법학자 등 주로 종교계 인사들이었다. 예수는 로마 군대에 위협적인 인물로 떠오르진 않았고, 로마 군대가 예수를 크게 경계하거나 주목했다고 보기는 어렵다. 가난한 사람들은 예수를 위로자요 스승으로 존중하였지만, 예수를 해방자 예수로 보기에는 좀 더 지켜보아야 했다.

가난한 사람들에 대한 예수의 놀라운 사랑에도 불구하고 가난한 사람들 대부분이 예수의 제자가 되진 못했다. 가난한 사람들이 반대자들 쪽으로 넘어가지 않은 사실도 놀랍지만, 가난한 사람들 대부분 제자가 되지 않았다는 사실이 예수 운동 사람들에게 큰 충격으로 다가왔다.

갈릴래아에서 제자들이나 가난한 사람들이나 아직 예수의 저항, 고난, 죽음, 부활을 경험하진 못했다. 그런데 제자들은 어떻게 예수의 제자가 되었으며, 가난한 사람들은 왜 예수의 제자가 되지 못했을까. 제자들은 예수에게서 어떤 매력을 보았길래 제자가 되기로 결단했을까. 가난한 사람들은 예수에게서 어떤 실망을 보았길래 제자가 되지 않았을까.

예수 역사는 갈등의 역사

가난한 사람들과 예수가 정면으로 충돌하지는 않았다는 사실에 안도할 것이 아니라 가난한 사람들 대부분 예수의 제자가 되지 않았다는 사실을 고뇌해야 한다. 그 질문을 나는 가난한 사람들과 예수의 '갈등'이라는 제목으로 표현했다. 예수의 제자들과 가난한 사람들 사이에 어떤 차이가 있었는지, 그 차이의 원인은 무엇이었는지 알아내는 것이 이 책의 주요 관심사에 속한다.

예수의 고독한 모습이 비로소 눈에 들어온다. 예수의 가족은 예수가 미쳤다고 의심했고, 가난한 사람들은 예수를 버리고 떠났으며, 제자들은 예수를 배신했고, 반대자들은 예수를 모함하고 체포하고 로마 군대에 넘겨 십자가에 처형되게 만들었다. 예수는 생전에 누구에게도 제대로 이해받지 못했다.

예수 역사는 갈등의 역사였다. 가난한 사람들 대부분 왜 예수의 제자가 되지 않았을까. 제자들은 왜 예수를 이해하지 못했을까. 반대자들은 왜 예수를 죽이려 했을까. 세 질문을 심각하게 여기지 않는다면, 즉 갈등 관점에서 예수 역사를 바라보지 않는다면 예수의 죽음을 잘 이해하기는 어렵다.

가난한 사람들을 사랑한 예수

예수는 가난한 사람들에게 친절하고 끈질기게 다가섰다. 예수는 가난한 사람들을 한 번도 비판하거나 원망하지 않았다. 그렇지만 예수는 가난한 사람들을 설득하는 데 모조리 성공하지는 못했다. 가난한 사람들에 대한 예수의 태도와 역사에서 오늘 우리가 배울 것이 있다.

첫째, 우리가 가난한 사람들을 설득하기는 쉽지 않다. 예수도 가난한 사람들을 설득하는 데 힘들었다면, 우리가 가난한 사람들을 설득하는 일이 그리 쉽겠는가. 예수보다 더 가난한 사람들에게 잘하고 더 정성을 기울여야 가난한 사람들을 겨우 설득할 수 있을 것이다.

둘째, 오늘 우리는 가난한 사람들에게 친절하고 끈질기게 다가섰던 예수에게 가까운가. 갈릴래아 예수를 따라다니지만, 여전히 지켜보던 가난한 사람들에게 더 가까운가, 예수와 가난한 사람들 사이에서 주춤 거리는 제자들에게 더 가까운가. 예수와 가난한 사람들의 연대를 방해 하고 제자들과 예수의 연대를 방해하던 반대자들에 더 가까운가.

안병무 선생의 책『갈릴래아 예수 ─ 예수의 민중운동』이 나온 지 30년이 흘렀다. 나는 역사의 예수 연구에서 훌륭한 업적을 남기신 안병 무 선생을 오래 존경해 왔다. 오늘 나는『갈릴래아 예수 ─ 가난한 사람 들과 예수의 갈등』을 내놓는다. 안병무 선생은 예수와 민중의 일치에 초점을 맞추지만, 나는 가난한 사람들과 예수의 갈등에 좀 더 집중하고 있다.

촛불집회에서 뜻과 행동을 함께하는 '민주사회를 위한 지식인 종교 인 네트워크' 고문 이만열 교수님, 이명재 고문님, 조성민 교수님, 공동 대표 박충구 교수님과 김영 교수님, 백승종 교수님, 정종훈 교수님, 유 정현 목사님, 김규돈 신부님을 비롯한 모든 선생님과 동지들께 감사드 린다.

시민언론 뉴탐사, 시민언론 민들레, 양희삼TV, 김근수 ─ 해방신약, 모든 선생님과 시청자들께 감사드린다. 존경하는 한동수 선생님, 최동

석 교수님, 김순홍 교수님, 김상봉 교수님, 김동완 교수님, 황의봉 선생님, 이정만 목사님, 김종일 목사님, 김진호 목사님, 최형묵 목사님, 양희삼 목사님, 황준하 목사님, 윤순자 선생님, 백남이 시인님, 오미선 선생님, 노선희 선생님, 허명희 선생님, 김정희·윤동진 교수님, 미국 박진오·오옥경, 목포 이경용·문선희 부부께 감사드린다. 좋은 책을 만들어 주신 도서출판 동연 김영호 대표님, 박현주 편집장님, 편집자 선생님들께 감사드린다.

언제나 기도로 동행하는 제주 성글라라수녀원, 남양주 성요셉수도원 가족들께 감사드린다. 큰 처형 김지혜(미리암) 수녀, 둘째 처형 김지연(로사) 수녀님께 감사드린다. 사랑하는 어머님, 사랑하는 딸 김호수, 아들 김준한, 아내 김지숙에게 감사드린다.

하느님, 감사합니다.

2024년 8월 제주에서

김근수

차 례

1부

나자렛
예수

1. 누가복음 서문
(누가 1,1-4)

갈릴래아 예수는 세상에 나타난 예수의 갈릴래아 활동을 가리키는 단어라면, 나자렛 예수는 세상에 나타나기 이전 예수 삶을 가리키는 단어라고 나는 말하고 싶다. 누가복음(누가 1,1-4,13)과 마태복음(마태 1,1-2,23)은 나자렛 예수를 다루고 있지만, 마가복음과 요한복음은 그렇지 않다. 그런데 우리는 왜 베들레헴 예수가 아니라 나자렛 예수라고 말하는가. 예수 탄생과 성장은 모두 나자렛에서 있었기 때문이다.

누가복음 저자는 복음서 저자 중에 복음서의 저작 동기, 의도, 절차를 서문을 통해 밝힌 유일한 사람이다. 그는 그때까지 전해진 전승을 모으고 살펴서 당대 그리스 문학 수준에 걸맞게 문헌을 집필했다.[1] 역사가요 복음서 저자인 그는 전승, 특히 예수 말씀을 얼마만큼 문학적으로 잘 기록할 수 있었을까. 그런 작업을 하기에 충분한 교육과 능력을 갖추고 있었을까.

신약성서에서 가장 잘 쓰인 문장이라고 평가되기도 하는 누가복음 서문(누가 1,1-4)의 객관적 태도를 읽은 그리스 독자들은 곧바로 누가

---

1 van Unnik, W.C., "Remarks on the Purpose of Luke's Historical Writing (Luke 1,1-4)," in: ders., *Sparsa Collecta I* (Leiden, 1973), 6-15, 7.

1,5부터 느닷없이 시작되는 전설 이야기에 당황할 수 있었다. 구약성서 그리스어 번역본에 익숙했던 누가복음 저자는 그렇게 쓸 수밖에 없었다. 단 한 문장으로 쓰인 누가복음 서문(누가 1,1-4)은 다른 책들의 서문들에 비하면 아주 짧다. 여러 뜻이 담긴 단어인 말씀ὁ λόγος(누가 1,3a)을 제외하면 누가복음 서문에는 특별한 신학 용어도 없고, 심지어 하느님과 예수도 언급되지 않았다.

누가복음 저자가 서문에서 자신의 이름과 신분을 밝히지 않은 사실은 놀랄 일인가, 아닌가. 누가복음 저자의 두 작품이 특별한 문헌으로 인정받으려면 어떤 제목이 적절한가. 이 두 질문은 그동안 성서 연구에서 충분히 주목받지는 못했다.[2] 교회에 바치는 책에 저자 이름을 드러내는 것이 꼭 필요하진 않다는 말일까.[3] 고대의 저자들은 보통 자기 이름을 밝혔고, 왜 책을 쓰게 되었는지도 설명했었다.[4]

"우리 가운데서 이루어진 일들에 관한 이야기를 엮는 데 많은 사람들이 손을 대었다"(누가 1,1)라는 문장에서 그들의 작업이 성공했는지 여부를 따질 수는 없다. 사실은 많은 사람들이 아니라 마가복음, 예수 어록, 누가복음 특수 자료 저자 등 겨우 몇 사람이 손을 대었다. 앞선 작품들에 만족했다면, 누가복음 저자가 새 작품을 시도하진 않았을 것이다. 우리가 누가복음 내용을 분석해야만 누가복음 저자의 생각을 비로소 알 수 있을 것이다. 예수 탄생, 부활 이후 사건은 누가복음 이전 문헌에서 다루어지진 않았다.

2 Bovon, F., *Das Evangelium nach Lukas* (1,1-9,50), EKK III/1 (Neukirchen-Vluyn, 1989), 33.

3 Schurmann, H., *Das Lukasevangelium. Erster Teil: Kommentar zu Kap. 1,1-9,50*, HThK III/1 (Freiburg, 1970), 2, 주 8.

4 van Unnik, W. C., "Once More St. Luke's Prologue," *Neotest.* 7 (1973): 7-26, 8.

단어 πρᾶγμα(누가 1,1) 뜻은 다양하지만, 말씀과 예수를 통한 하느님의 구원 사건을 주로 가리킨다.[5] 말씀λόγος(누가 1,2, 4)은 하느님의 말씀뿐 아니라 누가복음과 사도행전에 기록되는 구원 역사를 가리킨 듯하다. 단어 πᾶσιν(누가 1,3a)은 중성 명사로는 사건, 남성 명사로는 인간을 뜻한다. 여기서는 중성 명사로 보는 편이 낫겠다. 단어 주의 깊게ἀκριβῶς(누가 1,3a)가 알아보았다παρηκολουθηκότι(누가 1,3a)를 가리키는지, 쓰려고 하다γράψαι(누가 1,3a)와 연결되는지 우리는 판단하기 어렵다. 주의 깊게 알아보았다는 말일까, 주의 깊게 책을 쓰겠다는 말일까.

관직에 있는 사람에게 쓰는 호칭인 존경하는κράτιστε(누가 1,3b) 단어는 신약성서에서 사도행전에만 다시 나온다(사도행전 23,26; 24,3; 26,25). 이 호칭을 받은 사람이 반드시 고위 권력자였다고 우리가 단정할 필요는 없다. 하느님께 사랑받는 사람이란 뜻의 데오필로Θεόφιλος(누가 1,3b)는 그리스식 이름으로서 유다인도 받아들여 사용했다. 데오필로는 실존 인물일까,[6] 상징적인 표현일까.[7] 데오필로가 예수 그리스도를 이미 따르는 사람[8]이라고 단정할 수는 없다.[9]

예수 역사가 누가복음 저자의 역사보다 물론 중요하다(누가 1,2). 그러나 누가복음 서문(누가 1,1-4)은 누가복음뿐 아니라 사도행전까지, 즉 예수 역사뿐 아니라 예수운동 공동체 역사까지 생각하고 있다.[10] 역사πρ

---

5 Bovon, F., *Lukas in neuer Sicht*, BTS 8 (Neukirchen-Vluyn, 1985), 75-97.

6 Bovon, F., *Das Evangelium nach Lukas* (1,1-9,50), 9.

7 Klostermann, E., *Das Lukasevangelium*, HNT 5 (Tübingen, 1975, 3판), 3.

8 Zahn, Th., *Das Evangelium des Lukas*, KNT 3 (Leipzig, 1913), 57-58.

9 Klostermann, E., *Das Lukasevangelium*, 3.

10 Klein, G., "Lukas 1,1-4 als theologisches Programm," in: Dinkler, E. (hg.), *Zeit ung Geschichte* (FS Bultmann, R.) (Tübingen, 1964), 193-216, 215.

ἀγματα(누가 1,1)는 이루어진 일πεπληροφορημένα(누가 1,1)이라는 구원 역사 의미도 가진다. 누가복음 저자는 역사가인 동시에 신학자다.

누가복음 저자는 복음에 대한 다른 사람들의 작업을 설명한 후에 자신의 방식을 따로 소개한다. 책 주제, 방법, 의도를 저자가 개인적으로 설명하는 기술이다.[11] 많은 사람들πολλοί(누가 1,1)이 작업ἐπιχείρησις(누가 1,1)했는데, 누가복음 저자 자신은 처음부터ἄνωθεν(누가 1,3), 주의 깊게ἀκριβῶς(누가 1,3) 기록했다고 말한다.

존귀하신 데오필로님κράτιστε Θεόφιλε(누가 1,3)처럼 특정 독자에게 작품을 바치는 일은 그리스 역사책에서 보기 드물었다.[12] 데오필로가 어떤 독자들을 대표하는 인물인지 우리가 알기는 어렵다. 누가복음 서문(누가 1,1-4) 문장 구조와 어휘는 누가복음 저자가 쓴 누가복음과 사도행전의 문장 구조와 어휘와도 적지 않게 다르고 또한 독특하다. 누가복음 저자는 그리스·로마 사회의 역사책과 자연과학 문헌에서 널리 쓰였던 문학 양식을 빌려왔다.[13]

누가복음 서문(누가 1,1-4)은 그리스 역사책의 서문에 비해 길이가 짧다. 누가복음 저자가 쓴 두 권의 역사책 누가복음과 사도행전도 다른 그리스 역사책에 비해 길이가 짧다. 누가복음 저자가 누가복음을 다 쓴 뒤에 누가복음 서문을 쓴 것 같지는 않고, 누가복음과 사도행전 두 권을 다 쓴 뒤에 서문을 쓴 것 같도 않다. 그는 누가복음을 시작할 때 서문을 쓴 것 같다.[14]

---

11 Eckey, W., *Das Lukas-Evangelium* (Neukirchen-Vluyn, 2004), 56.

12 Wolter, M., *Das Lukasevangelium*, HNT 5 (Tübingen, 2008), 59.

13 Alexander, L., *The Preface to Luke's Gospel*, MSSNTS 78 (Cambridge, 1993), 42.

14 Wolter, M., *Das Lukasevangelium*, 60.

누가복음 서문(누가 1,1-4)은 누가복음에만 해당하는 말일까,[15] 누가복음과 사도행전 두 권에 모두 해당하는 말일까.[16] 누가복음 저자는 예수 부활을 넘어 바울 시대까지 예수운동 역사를 쓰려고 처음부터 작정했던 것 같다.[17]

누가 1,1에서 누가복음 저자가 몇 권의 책을 참조했는지 우리가 알기 어렵다. 설명^{διήγησις}(누가 1,1)이 역사 서술 장르를 가리키는 것[18]은 아니다. 단어 $πράγματα$(누가 1,1) 뜻이 무엇인지 성서학계에서 오랫동안 논란되어 왔다.[19] 누가복음 저자는 약속과 성취 구도로 누가복음을 쓰려는 것은 아니고, 자기 시대를 완성되고 완결된 것$^{vollendet\ und\ abgeschlossen}$으로[20] 표현하였다.

"처음부터 직접 눈으로 보고$^{ἀπ'\ ἀρχῆς\ αὐτόπται}$"(누가 1,2)는 갈릴래아에서 예수 등장, 부활, 제자들에게 나타남(사도행전 10,36-41) 사건을 목격했다는 말이다. "말씀을 전파한 사람들$^{ὑπηρέται\ γενόμενοι\ τοῦ\ λόγου}$"(누가 1,2)은 부활 이후 예수운동의 복음 전파(사도행전 10,42-43) 활동을 가리킨다. 누가복음 저자는 예루살렘에서 열두 제자들의 임무를 '말씀의 봉사'$^{διακονία\ τοῦ\ λόγου}$(사도행전 6,4)로 표현하였다. 처음부터 직접 눈으로 예수의 등장, 부활, 제자들에게 나타남을 목격한 사람들이 모두 말씀의 봉사

---

15 Schürmann, H., *Das Lukasevangelium. Erster Teil: Kommentar zu Kap. 1,1-9,50*, HThK III/1, 4; 72.

16 Marshall, I. H., *The Gospel of Luke*, NIGTC (Grand Rapids, 1978), 39.

17 Wolter, M., *Das Lukasevangelium*, 61.

18 van Unnik, W. C., "Once More: St. Luke's Prologue," 24.

19 Fitzmyer, J. A., *The Gospel According to Luke I*, AncB 28 (New York, 1981), 293.

20 Wolter, M., "Das lukanische Doppelwerk als Epochengeschichte," in: Breytenbacher, C., Schröter, J. (hg.), *Die Apostelgeschichte und die hellenistische Geschichtsschreibung* (FS Plümacher, E.), AJEC 57 (Leiden u.a., 2004), 253-284, 258.

를 한 것은 아니었다(사도행전 1,21). 처음부터 예수의 등장, 부활, 제자들에게 나타남을 직접 눈으로 보지 못한 사람들도 바울(사도행전 26,16)처럼 말씀의 복음을 전하기도 하였다(사도행전 8,4).

마가복음, 마태복음, 요한복음 저자들과는 다르게 누가복음 저자는 자신이 누가복음 저자임을 분명히 밝히고 있다(누가 1,3). 누가 1,3은 누가복음의 의도를 알려주는 기본 문장이기 때문에, 누가복음과 사도행전에서 가장 집중적으로 연구된 문장에 속한다.[21] 단어 παρακολουθεῖν은 연구하다라는 뜻으로 성서학계 의견이 대체로 모아졌지만,[22] 어원으로 따져보면 찬성한다는 뜻에 가깝다.[23] 단어 πᾶσιν은 우리 사이에서 일어난 그 모든 일을 가리킨다. 누가복음에만 있는 단어 καθεξῆς(누가 8,1; 사도행전 3,24; 11,4)는 사건을 시간 순서로 처음부터 끝까지 살피는 방법을 가리킨다. 누가복음 저자가 누가복음을 누구에게 헌정하는지 우리는 알 수 없다.[24] 데오필로Θεόφιλος(누가 1,3)를 하느님의 친구라는 상징적 뜻이라고 추측하기는[25] 어렵다. 데오필로 이름을 가진 유다인 남자도 그리스 남자도 있었다.[26] 데오필로가 누가복음 저자의 후원자인지 여부는 우리가 판단하기 어렵다.[27] 존경하는κράτιστε(누가 1,3; 사도행

---

21 Wolter, M., *Das Lukasevangelium*, 64.

22 Baum, A. D., *Lukas als Historiker der letzten Jesusreise* (Wuppertal/Zürich, 1993), 123.

23 Alexander, L., *The Preface to Luke's Gospel*, 128.

24 Heil, C., Klampfl, T., "Theophilos (Lk 1,3; Apg 1,1)," in: Muller, C. G. (hg.), *Licht zur Erleuchtung der Heiden und Herrlichkeit fur dein Volk Israel* (FS Zmijewski, J.), BBB 151 (Hamburg, 2005), 7-28.

25 Wargnies, P., "Théophile ouvre l'évangile (Luc 1-4)," *NRTb* 125 (2003): 77-88, 78.

26 Heil, C., Klampfl, T., "Theophilos (Lk 1,3; Apg 1,1)," in: Müller, C. G. (hg.), *Licht zur Erleuchtung der Heiden und Herrlichkeit für dein Volk Israel* (FS Zmijewski, J.), BBB 151 (Hamburg, 2005), 7-28, 23.

27 Alexander, L., *The Preface to Luke's Gospel*, 190.

전 23,26; 24,3) 경칭은 로마 고위 관리에게 사용되었다. 데오필로가 이미 세례받은 사람인지 또는 예수운동에 관심이 있지만 아직 세례받지 않은 사람인지 말하긴 또한 어렵다.[28]

---

28 Creech, R. R., "The Most Excellent Narratee: The Significance of Theophilus in Luke-Acts," in: Keathley, N. H. (ed), *With Steadfast Purpose* (FS Flanders, H. J.) (Waco, 1990), 107-126.

2. 세례자 요한 출생 예고
(누가 1,5-25)

누가복음 저자는 플루타르크 영웅전을 단순히 본떴다기보다는 예수 이야기를 본격적으로 하고 싶었다.[1] 세례자 요한 출생 예고(누가 1,5-25)는 설명과 찬가가 뒤섞인 단락이다. 누가복음 1장에 소개되는 전설이 어느 지역에서 생겼는지 알기는 어렵다. 전설을 담은 히브리어 원본이 있었다고 전제하기도 어렵다. 누가복음 저자가 누가복음 1장을 최종 작성했다고 보는 편이 낫다.[2] 예루살렘 성전과 사제계급에 대한 비판은 세례자 요한 출생 예고(누가 1,5-25) 이야기에 들어있지는 않다. 세례자 요한 출생 예고 전승은 세례자 요한의 제자들이 먼저 보존했을 가능성이 있다.[3]

즈가리야는 대사제가 아니고, 고위층 사제계급에 속하지도 못했다. 일 년에 일 주간씩 두 차례 예루살렘 성전에서 일하는 기간을 제외하면, 즈가리야는 유다 산골에서, 즉 예루살렘 밖에서 사는 평범한 하급 사제

---

1 Brown, R. E., *The Birth of the Messiah I* (New York/London, 1993, 2판), 248.

2 Bovon, F., *Das Evangelium nach Lukas* (1,1-9,50), EKK III/1 (Neukirchen-Vluyn, 1989), 47.

3 Bovon, F., *Das Evangelium nach Lukas* (1,1-9,50), 50.

였다. 즈가리야의 아내 엘리사벳도 사제 가문 출신이었다. 즈가리야와 엘리사벳 부부는 주님의 모든 계명과 규율을 지키며 하느님 앞에서 의롭게 살았다(누가 1,6). 아브라함과 사라처럼(창세기 18,11) 불임(창세기 17,17; 판관기 13,2)과 나이가 자녀 없는 원인이었다.[4]

어느 날 즈가리야는 자기 조의 차례가 되어 하느님 앞에서 사제 직분을 이행하게 되었다(누가 1,8). 조 추첨, 지성소 입장, 희생 제사 거행의 순서를 누가복음 저자는 알고 있다. 희생 제사에 분향하는 시간이 있고, 분향하는 사제는 지성소에 계신 하느님 곁에 머물러야 하기 때문에 아주 위험한 순간[5]이다. 이 비상한 시간을 성전 밖에 있는 백성들도 기도로써 함께 체험하고 있다(누가 1,10).

이때 주님의 천사가 즈가리야에게 나타나 분향 제단 오른쪽에 섰고, 즈가리야는 그 천사를 보자 당황하여 두려움에 사로잡혔다(누가 1,11-12). 상수리나무 곁에서 아브라함에게 나타나셨던 야훼(창세기 18,1), 아기 낳지 못하는 단 지파 출신 마노아의 아내에게 나타난 야훼의 천사(판관기 13,2-3)를 누가복음 저자는 여기서 기억한 듯하다. 조 추첨과 아기 탄생 예고를 보면, 천사는 아침 분향 시간에 나타났을까,[6] 저녁 분향 시간에(다니엘 9,21) 나타났을까.[7] 누가복음 저자에게 주님의 천사가(사도행전 5,19; 8,26; 12,7) 즈가리야에게 나타났다는 사실이 중요하다. 파견된 신분에 맞게 천사는 서 있고(누가 1,11; 사도행전 7,55; 요한 묵시록 5,6), 두려워하지 말라고 즈가리야를 말씀으로 위로한다(누가 1,13a; 5,10; 창세기 15,1b).

---

4 Grundmann, W., *Das Evangelium Nach Lukas*, ThHK 3 (Berlin, 1966, 4판), 49.

5 Marshall, I. H., *The Gospel of Luke*, NIGTC (Grand Rapids, 1978), 54.

6 Bovon, F., *Das Evangelium nach Lukas* (1,1-9,50), 54, 주 50.

7 Marshall, I. H., *The Gospel of Luke*, 54.

하느님은 즈가리야에게 아기를 선사했을 뿐 아니라 요한(누가 1,13e) 이라는 아기 이름까지 지어주셨다. 당시에 아기 이름은 흔히 아기의 아빠가 지었다. 즈가리야도 아기 탄생을 기뻐할 터이지만, 많은 사람이 또한 기뻐할 것이다(누가 1,14). 아기가 주님 앞에서 크게^{μέγας} 될 것(누가 1,15a), 즉 이스라엘의 예언자가 될 것이기 때문이다. 그는 많은 이스라엘 백성을 그들의 주 하느님의 품으로 다시 데려올 것이다(누가 1,16). 예수도 크게^{μέγας} 될 것이다(누가 1,32a). 요한은 포도주나 독한 술을 마시지 않을 것이다(누가 1,15b). 즉, 나지르인 서약을 지키기 위해서보다는(민수기 6,3) 사제와 그 자녀를 위한 규칙에 해당하기(레위기 10,9) 때문이다.

모세(신명기 18,15.18) 같은 예언자이든, 길을 닦는 사람(이사야 40,3)이든, 하느님의 특사 예언자 엘리야(말라기 3,1, 23-24)이든, 마지막 예언자에 대한 기대와 희망은 당시 유다교 개혁운동 그룹들에서 대단히 컸다.[8] 꿈란 공동체와 세례자 요한 공동체는 유다교에서 종말론 성향의 개혁운동을 대표한다. 세례자 요한 시대의 유다교 신학에서 개인의 책임은 두드러지게 강조되었다.[9]

구약성서 마지막 책인 말라기의 마지막 문장은 이렇다. "엘리야가 어른들의 마음을 자식들에게, 자식들의 마음을 어른들에게 돌려 화목하게 하리라. 그래야 내가 와서 세상을 모조리 쳐부수지 아니하리라"(말라기 3,24). 세상 끝 날에 유다인의 가족관계가, 예를 들면 부자 관계가 끔찍하게 뒤틀릴 것이라고 묵시문학 전통은 생각했다(누가 21,16). 마지

---

8 Hahn, F., *Christologische Hoheitstitel. Ihre Geschichte im frühen Christentum*, FRLANT 83 (Göttingen, 1966, 3판), 351-407.

9 Bovon, F., *Das Evangelium nach Lukas* (1,1-9,50), 56.

막 예언자는 주님의 다가오는 심판 날에 이스라엘 백성의 회개를 위한 마지막 기회를 줄 것이라는 유다 민족의 희망 속에서 세례자 요한과 나자렛 예수가 탄생하고 등장하였다.

예수보다 먼저 세상에 나타난 세례자 요한은 구약성서의 마지막 경고를 심각하게 받아들여서 신약성서 시대의 문제를 해결하려 애쓰고 있다. 누가복음 저자는 구약성서와 신약성서 시대를 연결하면서 이스라엘 백성의 파국을 막기 위해 이스라엘 백성을 하느님께 다시 돌아서게 하려 애쓰는 세례자 요한 모습을 소개하고 있다.[10]

그렇다면 세례자 요한은 다시 살아난 엘리야 예언자인가? 세례자 요한은 주님보다 먼저 올 사람이다(누가 1,17a). "그는 엘리야의 영과 능력을 지니고 주님보다 먼저 와서, 아비들의 마음을 자식들에게로 돌아서게 하고, 거역하는 자들을 의인들의 생각으로 돌아서게 하여, 주님을 맞아들일 백성을 마련할 것입니다"(누가 1,17; 말라기 3,23), "엘리야의 영과 능력을 지니고 $\varepsilon\nu$ πνεύματι καὶ δυνάμει Ἠλίου"(누가 1,17a)는 주목할 만한 표현이다.[11] 영과 능력은 누가복음에서 서로 가깝게 연결되었다(누가 1,35; 4,14). 세례자 요한은 이스라엘 백성을 그들의 주 하느님의 품으로 다시 데려올 회개를 촉구했다.[12]누가복음 저자는 구약성서 그리스어 번역본이나 히브리어 본문에 의지하지 않은 채, 말라기 3,24를 글자 그대로가 아니라 자유롭게 고쳐서 누가 1,17b에 과감하게 인용했다. 누가 1,17b에서 세례자 요한은 이스라엘 백성들에게 하느님께 돌아서고 인간 서

10 Marshall, I. H., *The Gospel of Luke*, 60.

11 Grundmann, W., *Das Evangelium Nach Lukas*, 51; Fitzmyer, J. A., *The Gospel According to Luke I*, AncB 28 (New York, 1981), 326.

12 Lohfink, G., *Die Sammlung Israels. Eine Untersuchung zur lukanischen Ekklesiologie*, StANT 39 (München, 1975), 22.

로에게 정의를 실천하라고 요구했다.

레위인 사제들은 스물다섯 살에 일하기 시작하여 쉰 살에 은퇴한다(민수기 8,25). 수십 년 사제로 살아온 늙은 즈가리야는 천사에게 "무엇으로 그것을 알 수 있겠습니까?"(누가 1,18a) 물었다. 표징을 요구하는 행동은 자신의 약한 믿음을 고백할 뿐이다(창세기 15,8; 탈출기 4,3, 6; 이사야 7,11). "야훼께서 우리와 함께 계시는데, 왜 우리가 지금 이 모든 어려움을 겪고 있는 것입니까?"(판관기 6,13)라고 하느님의 천사에게 용감하게 질문했던 기드온은, 자신이 하느님께 너무 많은 표징을 요구했다는 사실을 결국 깨닫는다(판관기 6,36-40).

하느님이 주신 기쁜 소식을 전하는εὐαγγελίσασθαι 가브리엘 천사 말을 믿지 않은 사제 즈가리야는 말 못 하는 처벌(누가 1,19-20; 마카베오하 3,29; 다니엘 10,15-17)을 받는다. 하느님이 정하신 때καιρός(누가 1,20c; 12,56; 사도행전 1,7)가 되면 하느님 말씀은 저절로 이루어질 것이다. 여기서 누가복음 저자는 "나는 영광스런 주님을 시중드는 일곱 천사 중의 하나인 라파엘"(토비트 12,5)을 기억했을까. 종이도 인터넷도 없던 시대에 살았던 누가복음 저자의 기억력은 놀랍기만 하다. 가브리엘 천사는 하느님 앞에 서 있는 일곱 천사 중 세 번째 천사다.[13]

즈가리야를 기다리고 있었던 백성들은 성소 안에서 오랫동안 머물고 있었던 즈가리야를 이상하게 여겼다(누가 1,21). "야훼께서 너희에게 복을 내리시며 너희를 지켜주시고, 야훼께서 웃으시며 너희를 귀엽게 보아주시고, 야훼께서 너희를 고이 보시어 평화를 주시기를 빈다"(민수기 6,24-26). 축복을 사제들에게 들으려고 백성들은 성전 밖에서 줄곧 기다

---

13 다니엘 8,16; 9,21; 요한 묵시록 4,5; Fitzmyer, J. A., *The Gospel According to Luke I*, 327.

렸다. 다른 사제들과 함께 성소 밖으로 나왔을 즈가리야 모습을[14] 누가복음 저자는 전혀 언급하지 않았다. 예루살렘 성전에서 봉사λειτουργία 기간은 일주일이다. 누가복음에서 여기에만 나오는 단어 λειτουργία는 예루살렘 성전 제사(히브리 9,21)를 가리킨다. 사제 즈가리야의 아내 엘리사벳은 잉태하였는데, 왜 그녀가 다섯 달 동안 숨어 지냈는지(누가 24) 누가복음 저자는 설명하지 않았다.

늦은 나이에 임신한 엘리사벳의 고백, "주님이 나에게 이렇게까지 하시어, 이제는 내가 사람들 가운데서 당하는 치욕을 없애 주시기로 하셨구나"(누가 1,25) 읽는 내 마음은 슬프다. 자식 없는 책임은 남편 몫이 아닌 온전히 아내 몫으로 여겨졌기 때문이다. 그래서 엘리사벳은 우리 치욕이 아니라 내 치욕ὄνειδός μου 표현했다. 자식 없음이 왜 치욕이며, 왜 여인만의 치욕일까. 하느님을 사랑한다는 이스라엘 백성이 남녀평등 사상에는 아직 눈뜨지 못했다는 말이다. 하느님을 사랑한다는 개신교 가톨릭 사람들은 남녀평등에 제대로 눈뜨고 있을까. 엘리사벳의 치욕을 없애주신 하느님은 이스라엘의 치욕을 없애주실 것이다. 하느님은 이스라엘을 심판에서 구원하실 것이다.

누가복음 저자는 헤로데 대왕 통치 시절(공통년 이전 37~4년) 있었던 한 사건을 소개한다. 세례자 요한의 어머니 엘리사벳에게 주는 요한 출생의 예고(누가 1,5-25), 예수의 어머니 마리아에게 예수 탄생의 예고(누가 1,26-38), 마리아의 엘리사벳 방문(누가 1,40-45), 마리아의 노래(누가 1,46-55), 세례자 요한의 출생(누가 1,57-66), 세례자 요한의 아버지 즈가리야의 노래(누가 1,67-80) 모두 누가복음에만 기록되었다. 누가복음 저

---

14 Billerbeck, P., "Ein Tempelgottesdienst in Jesu Tagen," *ZNW* 55 (1964): 1-17.

자는 헤로데 대왕 통치 구역인 유다 지방에서 로마 황제 아우구스투스가 통치하는 세상으로 이야기를 확장할 계획이다(누가 2,1).

세례자 요한과 예수 탄생이 이스라엘 역사 안에서 이루어졌다는 사실이 강조되었다.[15] 아브라함과 사라처럼 나이 든 즈가리야와 엘리사벳 부부가 아이를 갖는다(창세기 18,11; 누가 1,7). 엘리사벳 이야기는 사라(창세기 11,30; 16,1), 레베카(창세기 25,21), 라헬(창세기 29,31; 30,1), 단지파 출신 마노아의 아내(판관기 13,2), 한나(사무엘상 1,2)를 떠올리게 한다. 이스라엘 역사에서 놀라운 탄생 이야기에서 그랬던 것처럼 천사가 사람에게 나타나서 말을 건넨다(누가 1,8-20, 26-38). 마리아의 노래(누가 1,46-55)는 한나의 노래(사무엘상 2,1-10)를 연상시킨다. 누가복음 저자는 독자들을 이스라엘 역사 안으로 끌어들이고 있다.

요한 출생의 예고(누가 1,5-25)가 있었던 때보다 다섯 달 지나(누가 1,24b, 26, 36) 마리아에게 예수 탄생 예고(누가 1,26-38), 마리아의 엘리사벳 방문(누가 1,40-45), 마리아의 노래(누가 1,46-55) 사건이 있다. 그리고 석 달 뒤(누가 1,56), 세례자 요한의 출생(누가 1,57-66), 세례자 요한의 아버지 즈가리야의 노래(누가 1,67-80)가 있다. 세례자 요한 출생을 둘러싼 이야기가 예수 탄생 이야기를 앞뒤에서 둘러싸고 있다. 누가복음 저자의 기록 중심에 예수 탄생 이야기가 있다.

세례자 요한과 그 어머니 엘리사벳은 예수와 그 어머니 마리아를 세상에 알리는 역할을 맡고 있다. 세례자 요한 출생 이야기와 예수 탄생 이야기를 마치 가운데를 접은 두 면의 겹치는 그림Diptychon처럼 소개하는 의견이 오랫동안 성서학계에 있었다.[16] 그러나 세례자 요한 출생 이

---

15 Jung, C.-W., *The Original Language of the Lukan Infancy Narrative*, JSNT.S 267 (London/New York, 2004), 45.

야기와 예수 탄생 이야기를 마치 두 평행선처럼 읽는 의견은 찬성하기 어렵다.[17] 세례자 요한 출생 이야기는 분명히 예수 탄생 이야기를 향하고 있다.

"헤로데가 유다의 왕이었을 때"(누가 1,5) 표현처럼 구약성서에서도 역사적 사건은 흔히 왕 통치 시절과 연결되어 소개되었다(사무엘상 21,1; 역대기상 4,41; 열왕기상 10,21). 헤로데를 유다 왕으로 표현한 누가복음 저자는 세례자 요한과 예수 탄생 사건을 이스라엘 역사 안에서 보려 했다.[18] 누가복음 저자는 유다 이름을 유다 부족이 살았던 지역, 분단 시절의 유다 왕국, 페르샤 점령지 예후드(누가 1,65; 사도행전 9,31)뿐만 아니라 유다인이 사는 지역, 즉 갈릴래아와 페레아 지역까지도 포함하는 뜻으로 사용했다(누가 4,44; 사도행전 10,37). 헤로데 대왕은 유다인이 사는 지역뿐 아니라 유다인 아닌 사람들이 사는 땅까지도 통치하였다. 누가복음에서 유다 단어는 예수의 탄생과 활동이 펼쳐지는 지역을 가리킨다.[19]

유다교 사제들은 24조로 나뉘어 각각 소속되었고, 각 조에 속한 사제는 일주일씩 일 년에 두 차례 예루살렘 성전에서 일해야(역대기상 24,7-18; 느헤미야 12,1-7) 했다.[20] 세례자 요한의 아버지 즈가리야는 8조 아비야

---

16 Dibelius, M., *Die urchristliche Überlieferung von Johannes dem Täufer*, FRLANT 15 (Göttingen, 1911), 67; Brown, R. E., *The Birth of the Messiah I*, 252; Radl, W., *Der ursprung Jesu. Traditionsgeschichtliche Untersuchungen zu Lukas 1-2*, HBSt 7 (Freiburg u.a., 1996), 43.

17 Wolter, M., *Das Lukasevangelium*, HNT 5 (Tubingen, 2008), 71.

18 Wolter, M., "Das lukanische Doppelwerk als Epochengeschichte," in: Breytenbacher, C., Schröter, J. (hg.), *Die Apostelgeschichte und die hellenistische Geschichtsschreibung* (FS Plümacher, E.), AJEC 57 (Leiden u.a., 2004), 253-284, 272.

19 Brown, R. E., *The Birth of the Messiah I*, 257.

20 Maier, J., *Die Qumran-Essener III* (München, 1996), 87.

(누가 1,5; 역대기상 24,10)에 속했다. 누가복음 저자는 사제 즈가리야의 아내 엘리사벳을 사제 아론의 후손이라고 소개했다. 사제 아론의 아내 이름도 엘리사벳이다.[21] 아이가 없는 여인의 남편도 함께 언급된 사례가 있다(판관기 13,2; 사무엘상 1,1). 즈가리야와 엘리사벳 부부는 하느님 앞에서^{ἐναντίον}(창세기 7,1; 탈출기 15,26; 욥기 32,1) 정의로운^{δίκαιοι} 사람이었다. 즈가리야와 엘리사벳은 하느님께 축복받고(신명기 7,11-14; 레위 26,3) 선택되어(에제키엘 11,20; 시편 119,1-6) 하느님 부탁을 실천할 사람이다.

세례자 요한 출생 예고(누가 1,8-25)는 예루살렘 성전에서 있었다. 향기로운 향은 아침과 오후에 분향단 위에 대대로 항상 피워야 한다(탈출기 30,7-10). 분향은 예루살렘 성전에서 사제들만 들어갈 수 있는 분향단(탈출기 30,1-6; 37,25-28)에서 행해진다. 순금 등잔대^{Menora}와 제사상이 분향단 위에 있고, 분향단은 천막으로 가려져 지성소와 차단되었다. 누가복음 저자가 오후 분향을 가리켰다는 의견[22] 근거를 누가복음 본문에서 찾기는 어렵다. 사실 누가복음 저자는 여러 사제가 행하는 분향을 즈가리야 혼자 거행하는 장면으로 바꾸어 기록했다. 세례자 요한 출생 예고를 천사에게서 즈가리야 혼자만 들어야 했기 때문이다. 성전 안에서 즈가리야가 분향하는 동안 밖에서 많은 사람이 기도드렸다(누가 1,10). 누가복음 저자는 하느님을 향하는 이스라엘 백성을 나타내는 단어 laos(누가 1,10; 2,37; 사도행전 1,14)를 누가복음에서 처음으로 사용했다.

Ὤφθη 동사는 나타남을 설명할 때 쓰였다(창세기 12,7; 탈출기 3,2). 즈가리야에게 나타난 천사가 분향 제단 오른쪽에 서 있는 모습은 천사의

---

21 탈출기 6,23; Ilan, T., *Lexicon of Jewish Names in Late Antiquity I*, TSAJ 91 (Tübingen, 2002), 239.

22 Hamm, D., "The Tamid Service in Luke-Acts," *CBQ* 65 (2003): 215-231, 221.

위엄을 상징한다. 하느님 오른편에 서 있거나 앉아 있는 풍경은 드높음과 선택받음을 가리킨다(시편 110,1; 사도행전 7,55). 천사를 보고 당황하여 두려워하는 즈가리야 모습은 자연스럽다(다니엘 8,17; 토비트 12,16). 천사가 즈가리야에게 전하는 세례자 요한 출생 예고는 이스마엘(창세기 16,10-12), 이사악(창세기 17,15-19), 삼손(판관기 13,3-5) 출생 예고를 떠올리게 한다. 누가복음 저자는 이스라엘 역사와 세례자 요한 출생의 연속성을 구약성서 분위기를 만들어 강조하였다.

"하느님께서 당신 기도를 들어주셨습니다"(누가 1,13c) 천사 말은 즈가리야가 평소에 자손 얻기를 간청했다는 사실을 전제한다.[23] 하느님은 거룩하고 정의로운 사람의 기도는 들어주신다(신명기 26,7; 열왕기하 20,5; 마카베오하 1,8). 자손 얻음은 기도가 하느님께 받아들여졌다는 표시다(창세기 16,11; 17,19; 25,21). 기쁨과 즐거움χαρά καὶ ἀγαλλία(누가 1,14a; 토비트 13,15; 하바국 3,18)은 아기 탄생뿐 아니라 하느님께서 당신 백성을 향하시기 때문에 생겼다. 세례자 요한 출생은 이스라엘 백성뿐 아니라 인류에게도 기쁨이 되는 사건이다.

천사는 세례자 요한의 세 가지 특징을 알려주었다. 모세(탈출기 11,3), 나아만(열왕기하 5,1)처럼 세례자 요한은 주님 앞에서 크게 될 사람이다. 세례자 요한은 사제(레위 10,9), 나지르인 서약(민수기 6,3), 광야에 있을 때 이스라엘 백성(신명기 29,5), 단 지파 출신 마노아의 임신 중인 아내(판관기 13,4)처럼 포도주나 독한 술을 마시지 않을 것이다. 요셉(창세기 41,38), 모세(민수기 11,17), 판관(판관기 3,10), 삼손(판관기 14,6), 사울(사무엘상 10,6), 다윗(사무엘상 16,13), 특히 예언자들처럼(이사야 42,1; 에제키

---

23 Dauer, A., *Beobachtungen zur literarischen Arbeitstechnik des Lukas*, BBB 79 (Meisenheim 1990), 15.

엘 11,5; 미가 3,8) 성령으로 가득할 것이다(누가 1,15). 예언자들처럼 모태
부터(이사야 44,2; 예레미야 1,5; 판관기 16,7) 성령으로 가득 찰 것이다. 모태
부터 예언자로 선택되고 임무가 주어진 세례자 요한은 예전의 모든 예
언자를 넘어서는 신분과 역할이 주어진다.

세례자 요한은 많은 이스라엘 백성을 그들의 주 하느님의 품으로 다
시 데려올 것이다(누가 1,16; 역대기하 24,19; 느헤미야 9,26). 세례자 요한은
엘리야의 정신과 능력을 가지고 주님보다 먼저 올 사람(누가 1,17a)이다.
"이 야훼가 나타날 날, 그 무서운 날을 앞두고 내가 틀림없이 예언자 엘
리야를 너희에게 보내리니, 엘리야가 어른들의 마음을 자식들에게, 자
식들의 마음을 어른들에게 돌려 화목하게 하리라. 그래야 내가 와서 세
상을 모조리 쳐부수지 아니하리라"(말라기 3,1, 23). "그는 아비와 자식을
화해시키고 거역하는 자들에게 올바른 생각을 하게 하여 주님을 맞아
들일 만한 백성이 되도록 준비할 것이다"(누가 1,17c). 예수 시대에 많은
사람이 엘리야가 오기를 애타게 기다렸다.[24] 누가복음 저자는 세례자
요한을 엘리야와 동일시하진 않았고, 엘리야 역할을 할 인물로 여겼다
(누가 1,17a).

---

24 마가 6,15; 8,28; 9,11; Öhler, M., *Elia im Neuen Testament*, BZNW 88 (Berlin/New York, 1997), 1.

3. 예수 탄생 예고
(누가 1,26-38)

누가복음 저자는 마리아에게 예수 탄생을 예고했다는 전설을 어디에선가 들었다.[1]그 전설은 사람들이 메시아 탄생에 관심 있었던 유다-그리스 문화에서 예수운동 초기에 생겼고, 하느님께 특별한 임무를 받은 개인을 그리던 구약성서 문학 양식 안에서 펼쳐졌다.[2] 마리아는 갈릴래아 지방의 작은 동네 나자렛[3] 출신이다.

마리아에게 예수 탄생 예고 전설을 전해준 사람들은 처녀$\pi\alpha\rho\theta\acute{\epsilon}\nu o\varsigma$(누가 1,27b) 단어에서 "주께서 몸소 징조를 보여주시리니, 처녀가 잉태하여 아들을 낳고 그 이름을 임마누엘이라 하리라"(이사야 7,14)를 떠올렸을 것이다. 그들은 에세네파처럼 유다교 개혁운동 흐름에 속했던 듯하다. 신약성서에 처녀를 긍정적으로 평가한 구절이 있다(사도행전 21,9; 고

---

1 Bovon, F., *Das Evangelium nach Lukas* (1,1-9,50), EKK III/1 (Neukirchen-Vluyn, 1989), 70.

2 Bovon, F., "Exkurs, Die Jungfrauengeburt und die Religionsgeschichte," in: ders., *Das Evangelium nach Lukas* (1,1-9,50), 64-70; Escudero Freire, C., "Alcance cristológico y traducción de Lc. 1,35: aportación al estudio de los títulos Santo e Hijo de Dios en la Obra lucana," *Communio* 8 (1975): 5-77, 70-77.

3 누가 1,56; Conzellmann, H., *Die Mitte der Zeit. Studien zur Theologie des Lukas*, BHTh 17 (Tübingen, 1960, 3판), 21-52.

린토전서 7,25; 요한 묵시록 14,4).

　유다 사회에서 열두 살 소녀는 자기 삶에서 중요한 계기를 맞는다. 열두 살에서 열두 살 반 정도에 달한 소녀는 책임 있는 성인으로 여겨졌고 약혼할 수 있는 나이로 인정받았다. 약혼은 중요한 법률적 행위에 해당한다. 소녀의 나이와 상황에 따라 약혼부터 결혼식까지 기간이 다를 수 있다. 약혼녀는 여전히 친정아버지 권한 아래 있지만, 법적으로는 아내 지위를 인정받았다.[4] 약혼 기간에 성관계는 보통 하지 않는다.

　마리아를 찾은 천사가 건넨 기뻐하소서χαῖρε(누가 1,28a) 단어는 아침 인사인 듯하다(마태 27,29; 28,9). 어떤 성경 필사자는 "모든 여자들 가운데 가장 복되시며"(누가 1,42a)를 "은총을 가득히 받은 이여, 기뻐하시오. 주께서 당신과 함께 계십니다" 바로 뒤에 덧붙이기도 했다.[5] "두려워하지 마시오"(누가 1,30a)는 하느님 뜻이 전달될 때 자주 등장하는 표현(창세기 15,1; 다니엘 10,12; 누가 1,13)이다. 마리아는 하느님 은혜를 받았다εὗρες γὰρ χάριν παρὰ τῷ θεῷ(누가 1,30b; 창세기 6,8). 마리아에게 예수 탄생 예고는 예수 잉태, 탄생, 이름에 하느님께서 직접 개입하셨다는 사실을 알려주었다. 이스라엘에서 자녀 이름은 보통 아버지가 지어 준다(누가 1,13, 62; 마태 1,21).

　세상 마지막 날의 예언자 또는 사제 메시아 전통이 아니라 다윗 왕 메시아 전통[6]에 누가복음 저자는 서 있다. 다윗 왕 메시아 전통은 사무엘하 7장, 역대기상하 문헌에 흔적을 남기고 있다. 천사의 예수 탄생

---

4 Strobel, A., "Art, Braut, Bräutigam," in: BHH 1 (1963), 271.

5 Strobel, A., "Der Gruss an Maria(Lc 1,28). Eine philologische Betrachtung zu seinem Sinngehalt," ZNW 53 (1962): 86-110, 108.

6 Hahn, F., Christologische Hoheitstitel. Ihre Geschichte im frühen Christentum, FRLANT 83 (Göttingen, 1966, 3판), 133-158.

예고에, 대한민국에서 초등학교 6학년 정도 나이에 해당할 마리아는 "제가 남자를 알지 못하는데, 어떻게 그런 일이 있을 수 있겠습니까?" (누가 1,34) 응답한다. 안다$^{\gamma\iota\nu\dot{\omega}\sigma\kappa\omega}$ 동사는 성관계를 가리킨다. 지금까지 성관계를 한 일이 없었다는 사실을 마리아는 단순히 말하려는 것이었다면, 동사 현재형보다 현재완료 형태가 좀 더 적절했다. 천사는 "성령이 당신에게 내려오실 터이니, 곧 지극히 높으신 분의 힘이 당신을 감싸주실 것입니다"(누가 1,35a)라고 답한다.

'성령과 힘$^{\pi\nu\epsilon\tilde{\upsilon}\mu\alpha\;\kappa\alpha\grave{\iota}\;\delta\acute{\upsilon}\nu\alpha\mu\iota\varsigma}$'(누가 4,14; 사도행전 1,8; 6,8) 단어가 연결되었다. 마리아에게서 태어날 예수는 하느님의 성령과 힘에 근거한다는 말이다. 표현 $\tau\grave{o}\;\gamma\epsilon\nu\nu\dot{\omega}\mu\epsilon\nu o\nu\;\ddot{\alpha}\gamma\iota o\nu$(누가 1,35b)은 "태어나실 그 거룩한 아기"(공동번역), "태어나실 분은 거룩하다"(200주년 기념성서)보다 '잉태되실 거룩한 아이'라고 번역해야 옳겠다. 하느님의 아들$^{\upsilon\grave{\iota}\grave{o}\varsigma\;\theta\epsilon o\tilde{\upsilon}}$(누가 1,35b) 호칭[7]이 누가복음에서 처음으로 여기 나타났다. 예수는 십자가 죽음 이전에 잉태되는 순간부터 이미 하느님의 아들이다. 바울은 예수가 육으로 다윗의 후손이며 영으로 하느님의 아들(로마서 1,3-4)이라고 말한다면, 누가복음 저자는 예수가 다윗의 후손으로서 곧 하느님의 아들(누가 1,35b)이라고 말한다.

"하느님께서 하시는 일은 안 되는 것이 없습니다"(누가 1,37; 창세기 18,14). '모든 일$^{\pi\tilde{\alpha}\nu\;\dot{\rho}\tilde{\eta}\mu\alpha}$'(누가 1,37)은 사건과 말씀을 다 가리킨다. "저는 주님의 여종입니다. 당신 말씀대로 저에게 이루어지기 바랍니다"(누가 1,38b; 16,13). 고난의 역사 앞에 예수(누가 22,42)처럼, 자신의 운명 앞의 바울(사도행전 21,14)처럼 마리아도 하느님 뜻이 이루어지길 고대하며

---

7 Hahn, F., *Christologische Hoheitstitel. Ihre Geschichte im frühen Christentum*, 280-333.

자신의 삶을 맡겼다. 예수 어머니 마리아처럼 자기 운명을 하느님께 흔쾌히 의탁한 사례는 구약성서에서 어느 여인에게서도 보기 어렵다.

"은총을 가득히 받은 이여, 기뻐하시오. 주께서 당신과 함께 계십니다"(누가 1,29) 표현은 하느님이 천사를 시켜 마리아에게 소명을[8] 주신 것은 아니다. 천사는 예수의 임무를 마리아에게 미리 전해준 것이지 마리아의 미래를 마리아에게 말한 것은 아니다.[9] 즈가리야는 본 것에 놀랐지만, 마리아는 들은 것에 놀랐다. 천사의 인사는 아주 평범한 소녀 마리아에게 아주 평범한 동네에서 이루어졌다.[10]

세례자 요한의 출생은 그 아버지 즈가리야에게 천사가 예고했다면, 예수 탄생은 그 어머니 마리아에게 천사가 예고했다. 마리아 임신은 엘리사벳처럼 기도(누가 1,13c) 덕분이 아니라 하느님 은총(누가 1,30b; 탈출기 33,13)을 받았기 때문이다. 천사는 누가 1,32-33에서 아기 예수의 미래 의미를 다섯 가지로 알려주었다. 예수는 크게 되어 지극히 높으신 분의 아들$^{υἱὸς\ ὑψίστου}$(누가 6,35; 신명기 32,8; 4Q246), 즉 하느님의 아들이라 불릴^{κληθήσεται}(창세기 21,12; 탈출기 12,16; 이사야 56,7) 것이다.[11] 예로부터 이집트에서 파라오는 태양신의 아들이라 불렸고,[12] 그리스에서 하

---

8 Fearghail, F. Ó., "Announcement or Call? Literary Form and Purpose in Luke 1:26-38," *PIBA* 16 (1993): 20-35; Rodríguez, A. A., "La vocación de Maria a la maternidad (Lc 1,26-38)," *Eph.Mar.* 43 (1993): 153-173.

9 Muñoz Iglesias, S., "El procedimiento literario del anuncio previo en la Biblia," *EstB* 42 (1984): 21-70.

10 Green, J. B., "The Social Status of Mary in Luke 1,5-2,52," *Bib.* 73 (1992): 457-472, 461.

11 Müller, U. B., ""Sohn Gottes" — ein messianischer Hoheitstitel Jesu," *ZNW* 87 (1996): 1-32, 2.

12 Kügler, J., *Pharao und Christus? Religionsgeschichtliche Untersuchung zur Frage einer Verbindung zwischen altägyptischer Königstheologie und neutestamentlicher Christologie im Lukasevangelium*, BBB 113 (Bodenheim, 1997), 15.

느님의 아들 호칭은 알렉산더 대왕 때부터 통치 이데올로기에 편입되었다. 그래서 그리스·로마 시대의 유다교는 메시아 역할을 하느님의 아들 호칭과 연결하는 데 주저했다.[13] 가장 먼저 하느님의 아들 호칭을 예수에게 연결한 성서 구절은 로마서 1,3이다. 예수 부활과 드높임을 강조하기 위해서였다. 사도행전 13,33과 히브리 1,5는 메시아 왕과 하느님의 아들 호칭을 연결하는 시편 2,7을 인용하였다. 누가복음 저자가 하느님의 아들(누가 1,32b)과 메시아 왕(누가 1,32c)을 예수에게 연결한 것은 분명하다.[14]

누가 1,32c-33이 말한 예수의 세 가지 역할은 왕관^{θρόνος}(누가 1,32c), 다스리다^{βασιλεύειν}(누가 1,33), 나라^{βασιλεία}(누가 1,33) 단어로 표현되었다. 세 단어는 시간적으로 서로 연결되었다. 다윗 왕권은 이스라엘 역사에서 왕권(열왕기상 2,33; 이사야 6,9; 예레미야 13,13)을 가리키는 단어로 자리 잡았다. 누가복음 저자는 이스라엘을 다스리는 예수 왕권을 부활과 하늘로 드높임(승천)에서 찾았다(누가 23,42; 24,26; 사도행전 13,33). 그는 예수 왕권을 정당화하기 위해 예수가 다윗 가문 출신(누가 18,38; 사도행전 2,30; 13,23)이라고 강조한다. 야곱의 후손$^{οἶκος Ἰακώβ}$(누가 1,33)은 이스라엘(탈출기 19,3; 이사야 48,1)과 동의어로 쓰였다.

예수의 나라는 끝이 없을 것이다(누가 1,33). 여기에 두 전승이 이어진 듯하다. 다윗 왕조가 영원히 이어져 이스라엘을 다스릴 것이라는 나단 약속(사무엘하 7,13; 이사야 9,6; 에제키엘 37,25)에 담긴 기대가 있었다. 하

13 Wolter, M., *Das Lukasevangelium*, HNT 5 (Tübingen, 2008), 90.

14 Kremer, J., "'Dieser ist der Sohn Gottes" (Apg 9,20). Bibeltheologische Erwägungen zur Bedeutung von "Sohn Gottes" im lukanischen Doppelwerk," in: Bussmann, C., Radl, W. (Hg.), *Der Treue Gottes trauen. Beiträge zum Werk des Lukas* (FS Schneider, G.) (Freiburg u.a., 1991), 137-158, 142.

느님의 영원한 왕권 개념이 또한 예수에게 적용되었다. 하느님의 왕권만 영원히 지속될 것이기 때문이다(시편 145,13; 146,10; 다니엘 2,44). 그런데 누가 1,32c-33에서 예수와 세례자 요한의 차이가 뚜렷하게 드러났다. 세례자 요한은 예언자이고, 예수는 메시아 왕이다. 세례자 요한 역할은 이스라엘에 메시아 왕이 오심을 알릴 때까지로 제한되지만, 예수 역할은 그 끝이 없을 것이다.

남자를 알지 못하는, 즉 성관계하지 않은(누가 1,34b; 창세기 19,8; 판관기 11,39) 마리아가 어떻게 임신할 수 있을까. 마리아의 이 질문에 대해 갖가지 환상적인 답변까지 나타났다.[15] 마리아의 아들이 어떻게 하느님의 아들이 될 수 있는지 천사가 독자들에게 해명하도록 누가복음 저자가 설정한 질문은 혹시 아닐까. 대부분 성서학자의 의견이 그렇게 모아지고 있다.[16] 마리아의 질문은 마리아 임신이 범상치 않은 방식을 통해 이루어졌다는 사실을 독자에게 간접적으로 알려주고 있다.[17]

천사는 어떻게 마리아가 임신했는가 답변하지 않았고, 그 대신 왜 마리아의 아들이 하느님의 아들인지 설명하였다. 성령πνεῦμα ἅγιον과 지극히 높으신 분의 힘δύναμις ὑψίστου(누가 1,35)은 하느님이 가지신 특징이다. 하느님이 이 예수를 감싸 주실 것이기에, 태어나실 예수는 거룩하다 불릴 것이고 하느님의 아들이다(누가 1,35) 불릴 것이다. 누가복음 저자는 하느님의 아들 예수를 성령으로 잉태됨과 연결시켰다. 마가복음 저자는 하느님의 아들 예수를 나자렛 예수의 갈릴래아 활동 시작과 연결한

15 Brown, R. E., *The Birth of the Messiah I* (New York/London, 1993, 2쇄), 303; Radl, W., *Der ursprung Jesu. Traditionsgeschichtliche Untersuchungen zu Lukas 1-2*, HBSt 7 (Freiburg u.a., 1996), 285.

16 Brown, R. E., *The Birth of the Messiah I*, 307; Wolter, M., *Das Lukasevangelium*, 92.

17 Brown, R. E., *The Birth of the Messiah I*, 308.

바 있다(마르 1,10). 누가복음 저자 생각은 하느님의 아들 예수를 성령으로 인한 부활과 드높임으로 보았던 바울 전통(고린토전서 15,45; 로마 1,4; 8,11)과 이어진다.[18]

예수는 왜 하느님의 아들인가. 성서 저자마다 그 이유와 시점을 다르게 설명하고 강조하였다. 바울은 예수 부활과 드높임 사건에 주목했고, 마가복음 저자는 예수의 갈릴래아 활동에 집중하였고, 누가복음 저자는 성령으로 잉태됨과 연결시켰다. 부활과 드높임 때문에 예수는 하느님의 아들이고(바울), 예수의 삶 때문에 예수는 하느님의 아들이고(마가복음 저자), 성령으로 잉태 때문에 예수는 하느님의 아들이다(누가). 예수 운동 역사와 저자들의 깊은 고뇌와 다양한 생각에 나는 그저 경탄할 뿐이다.

성령이 당신에게 "오실 것입니다$^{πνεῦμα\ ἅγιον\ ἐπελεύσεται\ ἐπὶ\ σὲ}$"(누가 1,35b) 표현을 그리스 극작가 플루타르크 말처럼[19] 신이 여성과 성관계를 하고 여성을 임신시킨다거나, 지극히 높으신 분의 힘이 "감싸주실 것입니다^{ἐπισκιάσει}"(누가 1,35b) 표현이 성관계를 가리키는 단어라고 해석할 필요는 없다.[20] 야훼의 영광이 성막에 가득 차 있던(탈출기 40,35) 것처럼 지극히 높으신 분의 힘이 마리아를 감싸주실 것이다(누가 1,35c). 그래서 예수는 하느님의 거룩하심에 참여하고(누가 2,23; 4,34; 사도행전 3,14), 하느님의 아들로서 인정받을 것이다. 누가복음 저자는 마리아가 남편 요셉이나 다른 남자를 통해 임신했다고 말하진 않았다. 마리아 아들 예수가 잉태된 순간부터 성령과 지극히 높으신 분의 힘에 감싸인 하느님의

---

18 Horn, F. W., *Das Angeld des Geistes*, FRLANT 154 (Göttingen, 1992), 89.

19 Plutarch, *Numa* 4,4.

20 Wolter, M., *Das Lukasevangelium*, 93.

아들이라고 분명히 밝혔다.

누가복음 저자는 친척συγγενίς 단어로써 마리아가 엘리사벳처럼 사제 아론의 후예(누가 1,5)라고 말한 것은 아니다. 마리아와 엘리사벳이 얼마나 가까운 친척 관계인지 말하려는 것도 아니었다. 천사에게 "이 몸은 주님의 종입니다. 지금 말씀대로 저에게 이루어지기를 바랍니다"(누가 1,38) 말했던 마리아는 예수운동에서 믿는 사람의 모범[21]이요 이스라엘 역사에서 모범적인 믿음의 여성으로 소개되었다. 마리아가 천사에게 답변한 순간에 또는 그 후 곧바로 마리아가 임신했다는 의견이 있었지만, 본문에서 그 근거를 찾기는 어렵다.[22]

21 Räisänen, H., *Die Mutter Jesu im Neuen Testament*, STAT.B 247 (Helsinki, 1989, 2판), 106.

22 Wolter, M., "Wann wurde Maria schwanger?," in: Hoppe, R. und Busse, U. (hg.), *Von Jesus zum Christus* (FS Hoffmann, P.), BZNW 93 (Berlin/New York, 1998), 405-422.

4. 엘리사벳 방문하는 마리아
(누가 1,39-45)

엘리사벳을 방문하는 마리아 이야기에서 누가복음 저자는 세례자 요한 전승과 예수 전승을 연결하고 있다. 마리아의 엘리사벳 방문은 엘리사벳 태중에 있는 세례자 요한을 주목하게 하지만, 엘리사벳 태중에 있는 세례자 요한의 태동은 마리아 태중에 있는 예수를 주목하게 만든다. 마리아와 엘리사벳 두 여인은 서로 품위를 존중하면서 동시에 두 태아의 품위를 드높이고 있다. 엘리사벳은 마리아와 예수에 대해 하느님을 칭송하지만, 마리아 노래에는 엘리사벳이나 세례자 요한에 대해 하느님을 칭송하는 말은 없다. 누가복음 저자는 엘리사벳과 세례자 요한보다는 마리아와 예수를 분명히 더 강조하고 있다.

마태복음 1-2장, 누가복음 2장에서와 달리, 예수 부친 요셉은 아무 역할도 없다. 임신한 몸으로 마리아는 홀로 긴 여행을 떠난다. 동사 가다πορεύομαι(누가 1,39; 9,51; 13,22)에는 하느님 의지와 계획에 따라 긴 여정을 떠난다는 뜻이 있다. 마리아는 하느님 의지와 계획을 따라 엘리사벳을 방문한다는 말이다. 마리아는 낮은 분지 갈릴래아 지방에서 높은 산악 지역으로 올라간다. 유다 지방에는 산과 언덕이 많다(민수기 13,29; 유딧 4,7). 유다는 야곱의 아들에서 비롯된 부족 명칭이며 또한 이 부족이 살던 땅을 가리킨다. 유다는 도시 이름이 아니다. 엘리사벳을 방문한 마리아는 인사(누가 1,28-29, 40, 44)드린다.

엘리사벳이 마리아의 인사말을 듣는 순간 그의 태내에서 아기가 뛰놀았다(누가 1,41a). 에사오와 야곱이 모태에서 서로 싸우면서 그들의 미래 운명을 드러내듯이(창세기 25,22-28), 모태에 있는 요한이 자신의 예언자 역할을 미리 노래하고 있다. 그러자 엘리사벳은 성령을 받아 외쳤다. "모든 여인들 가운데 가장 복되시며 태중의 아드님 또한 복되십니다"(누가 1,42b). 수동태 동사 복되다εὐλογημένηεὐλογημένος(누가 1,42b)의 주어는 하느님이다. 하느님이 마리아와 예수를 복되게 하셨다는 말이다. 여인 중에ἐν γυναιξὶν(누가 1,42b)는 최상급 표현이다.[1] 누가복음은 마리아와 예수에 대한 축복으로 시작하여 부활한 예수가 제자들을 축복함으로써 끝난다(누가 24,50).

"주님의 어머니께서 나를 찾아주시다니 어찌된 일입니까?"(누가 1,43) 주님을 잉태한 지체 높으신 마리아께서 하찮은 늙은 여자 엘리사벳을 몸소 찾아주셨다니 감격해서 하는 말일까. 낮은 저지대 갈릴래아에서 높은 산까지 혼자 올라온 마리아에게 엘리사벳이 감동해서 하는 말일까. 단어 πόθεν(누가 1,43a)는 장소보다 이유를 뜻하는 접속사로 보아야 하겠다. "지금 말씀대로 저에게 이루어지기를 바랍니다"(누가 1,38b), "주님께서 약속하신 말씀이 꼭 이루어지리라 믿으셨으니 정녕 복되십니다"(누가 1,45)에서 누가복음 저자는 열두 살 여인 마리아의 태도를 칭찬하고 있다. 약속과 성취라는 구도를 즐겨하는 누가복음 저자는 성취τελείωσις 단어를 누가복음과 사도행전에서 유일하게 이 대목에만 쓰

---

1 Fitzmyer, J. A., *The Gospel According to Luke I*, AncB 28 (New York, 1981), 364.

고 있다.

그 무렵$^{ἐν\ ταῖς\ ἡμέραις\ ταύταις}$ 시간 표현은 신약성서에서 누가복음 저자만 쓴다(누가 1,39; 6,12; 사도행전 11,27). 산^{ὀρεινὴ}(누가 1,39)은 서쪽 쉐팔라, 동쪽 요르단 분지, 남쪽 네겝 지역 사이에 있는 산악 지대(민수기 13,29; 여호수아 10,40)를 가리킨다. 나자렛 산골 소녀가 유다 지방 산악 지대를 오가는 여정은 예사롭지 않다. 마리아를 맞이한 엘리사벳은 성령을 받아 마리아를 모든 여자 가운데 가장 복되다고 칭송했다(누가 1,41).

그리스어에서 히브리어식으로 전치사에 명사를 연결하여 최상급 표현을 쓰기도 한다(신명기 33,16). 예를 들어 여인 중에 가장 아름다운 여인$^{ἡ\ καλὴ\ ἐν\ γυναιξίν}$(아가서 1,8; 5,9; 6,1) 표현이 있다. Εὐλογημένη σὺ ἐν γυναιξὶν(누가 1,42b)은 "당신은 여자들 가운데서 축복받았으며"(200주년 기념성서), "여자 중에 네가 복이 있으며"(개역개정 성경전서), "그대는 여자들 가운데서 복을 받았고"(새번역 성경) 번역보다 "모든 여자들 가운데 가장 복되시며"(공동번역) 번역이 더 적절하다고 나는 생각한다.

누가 1,42c "καὶ εὐλογημένος ὁ καρπὸς τῆς κοιλίας σου" 우리말 번역을 보자. "태중의 아드님 또한 복되십니다"(공동번역), "태중의 아기 또한 축복받았습니다"(200주년 기념성서), "태중의 아이도 복이 있도다"(개역개정 성경전서), "그대의 태 속에 있는 열매도 복을 받았습니다"(새번역 성경). 누가복음 저자가 누가 1,42c에서 엘리사벳의 이 말을 듣던 순간 마리아는 이미 임신 중이었다고 간접적으로 알려준 것은 아니다. 단어 καρπὸς τῆς κοιλίας는 뜻하는 범위가 분명하지 않다.[2] 이미 태어난 아기를 가리킬 수도 있다(미가 6,7).

---

2 Wolter, M., "Wann wurde Maria schwanger?," in: Hoppe, R. und Busse, U. (Hg.), *Von Jesus zum Christus* (FS Hoffmann, P.), BZNW 93 (Berlin/New York, 1998), 405-422, 411.

"내 주님의 어머니께서ἡ μήτηρ τοῦ κυρίου μου 내게로 오시다니, 이것이 어찌된 일입니까?"(누가 1,43). 지체 높으신 마리아가 하찮은 자신을 몸소 찾아주셨다고 엘리사벳은 생각했는가. "임금님께서 무슨 일로 소인에게 오셨습니까?"(사무엘하 24,21) 그런데 나이도 마리아보다 많고 남편도 있는 엘리사벳이 마리아보다 사회적 지위가 높지 않은가. 사회적 통념을 뒤집어엎는 일에 누가복음 저자는 관심이 많다.3 엘리사벳이 예수운동 공동체처럼 예수를 주님 호칭으로 부른 것4은 아니다. 엘리사벳이 아직 태어나지도 않은 요한과 예수를 벌써 비교 평가한 것5도 아니다. 엘리사벳이 마리아 앞에서 자신을 낮추는(창세기 24,12; 사무엘상 25, 25-31) 표현 같다. 엘리사벳 태중의 아기 요한도 기뻐하며 뛰놀았다(누가 1,44b; 이사야 35,10). 요한 아버지 즈가리야는 천사 말을 믿지 않았지만, 예수 어머니 마리아는 천사 말을 믿었다(누가 1,45a).

---

3 York, J. O., *The Last Shall be First. The Rhetoric Of Reversal in Luke*, JSNT.S 46 (Sheffield, 1991), 44.

4 Brown, R. E., *The Birth of the Messiah I* (New York/London, 1993, 2판), 344.

5 Böhlemann, P., *Jesus und der Täufer. Schlüssel zur Theologie und Ethik des Lukas*, MSSNTS 99 (Cambridge, 1997), 21.

5. 마리아 노래
(누가 1,46-56)

마리아 노래(누가 1,46-56)는 개인이 하느님을 3인칭 단수 형식으로 칭송하는 문학 양식에 해당한다.[1] 유다교 역사에 그런 양식의 노래가 적지 않았다(역대기상 16,8-36; 마카베오상 2,7-13). 마리아 노래에서 누가 1,48b을 제외하면, 모든 동사의 주어는 하느님이다. 하느님 구원에 혜택받은 사람은 하느님을 두려워하는 사람들이다. 마리아 노래는 예수를 따르는 가난한 유다인들이 모인 예수운동 공동체에서 생겼다는 의견이 있다. 예수 탄생이나 동정 탄생과 관계없던 이 노래를 누가복음 저자가 발견하여 누가복음에 수록했다[2]는 것이다.

엘리사벳의 질문, "주님의 어머니께서 나를 찾아주시다니 어찌된 일입니까?"(누가 1,43)에 대답하지는 않은 채, 마리아는 "내 영혼이 주님을 찬양하며"(누가 1,47a) 노래한다. 한나는 마리아와 비슷하게 사무엘 탄생을 하느님께 감사드렸다(사무엘상 2,1). Μεγαλύνω(누가 1,46b; 사도행전 10,46; 19,17)는 찬미하다라는 뜻이다. "내 구세주 하느님을 생각하는 기쁨에 이 마음 설렙니다"(누가 1,47)는 "나는 야훼 안에서 환성을 올리렵

---

1 Kraus, H.-J., *Psalmen I*, BK I/2 (Neukirchen-Vluyn, 1961), LXI.
2 Brown, R. E., *The Birth of the Messiah I* (New York/London, 1993, 2판), 347.

니다. 나를 구원하신 하느님 안에서 기뻐 뛰렵니다"(하바국 3,18)를 인용하고 있다. "주께서 여종의 비천한 신세를 돌보셨습니다. 이제부터는 온 백성이 나를 복되다 하리니"(누가 1,48)에서 마리아 노래의 중심 부분이 시작된다.

"하느님은 당신이 쳐다보시는 사람을 잊지 않으신다"(사무엘상 1,11), "하느님 눈길은 그 사람을 심판하든 구원하든 반드시 기억하신다"(레위 26,9) 비천함ταπείνωσις(누가 1,48a)은 구약성서 그리스어 번역본과 신약성서에서 사회경제적 의미를 가리킨다.3 하느님께서 예수 어머니 마리아의 비참한 경제 사정을 굽어보셨다.4 경제적으로 비참한 사람들은 하느님 앞에 겸손할 수밖에 없다. 윤리적으로 겸손한 사람이 반드시 경제적으로 비참한 것은 아닐 수 있다. 마리아가 윤리적으로 겸손했기 때문에 경제적으로 비참하게 된 것이 아니고, 경제적으로 비참했기 때문에 윤리적으로 하느님 앞에 겸손했다. 누가복음 저자는 복된 선언을 레아 역사(창세기 30,13)에서 찾아내어 모든 세대(시편 71[72],17; 말라기 3,12)에 확장시켰다.

"전능하신 분께서 나에게 큰일을 해주신 덕분입니다"(누가 1,49a) 구절은 "네가 찬양할 이는 그분뿐, 그가 너희 하느님이시다. 네가 본 대로 너를 위하여 그 크고 두려운 일을 해주신 하느님이시다"(신명기 10,21)를 인용한 듯하다. 시편 70(71),18-19가 마리아 노래의 대본은 아니지만, 누가 1,49a와 가깝다. 구약성서에서 모든 찬미 노래의 원형은 이스라엘

---

3 Bovon, F., *Das Evangelium nach Lukas* (1,1-9,50), EKK III/1 (Neukirchen-Vluyn, 1989), 88.

4 Escudero Freire, C., *Devolver el Evangelio a los pobres. A propósito de Lc 1-2*, Beb 19 (Salamanca, 1978), 204-207.

민족이 이집트에서 해방된 사건(신명기 3,24)에서 왔다. 전능하신 하느님께서 마리아에게 하신 큰일μεγάλα(누가 1,49a)은 예수 잉태를 가리킨다. "주님은 거룩하신 분, 주님을 두려워하는 이들에게 대대로 자비를 베푸십니다"(누가 1,49b-50). 주님은 당신 자신에게 충실하신 분이시기 때문에 당신을 두려워하는 이들에게는 대대로 자비를 베푸신다(시편 110[111],9; 102[103],17). 주님은 이스라엘 백성뿐 아니라 예수 그리스도를 받아들이는 유다인 아닌 사람에게도 자비를 베푸실 것이다(사도행전 10,35).

마리아의 노래 후반부가 누가 1,51부터 시작된다(누가 1,51, 52-53, 54-55). "주님은 전능하신 팔을 펼치시어 마음이 교만한 자들을 흩으셨습니다"(누가 1,51). 이스라엘 민족이 이집트에서 해방된 사건이 대표적이다. "나는 야훼다. 내가 너희를 이집트인들의 종살이에서 빼내고 그 고역에서 건져내리라. 나의 팔을 펴서 무서운 심판을 내려 너희를 구해내리라"(탈출기 6,6). 이스라엘 민족을 이집트에서 해방시키신 하느님께서 "권세있는 자들을 그 자리에서 내치시고, 보잘것없는 이들을 높이셨으며, 배고픈 사람은 좋은 것으로 배불리시고, 부요한 사람은 빈손으로 돌려보내셨다"(누가 1,52-53). 하느님은 부자들과 권력자들을 심판하시고, 작은 자들을 드높이신다(이사야 2,11-17; 에제키엘 21,26; 욥기 12,14-25). 마리아 노래는 돈과 권력의 위험과 허무함을 폭로한다. 돈과 권력이 인간 세상에서 불의를 낳기 때문에, 하느님은 이러한 질서를 뒤집어엎길 원하신다. 예수의 비유나 바울의 십자가 신학은 이러한 사회 변혁을 마리아 노래처럼 강조하고 있다(누가 10,29-37; 15,11-32; 고린토전서 1,26-31). 예수 탄생은 특권층의 종말과 억압받는 사람들의 해방을 알려준다.

마리아 노래에서 마리아 자신과 주님을 두려워하는 이들이 언급된

다음에 마지막으로 이스라엘 백성이 소개된다. "주님은 약속하신 자비를 기억하시어 당신의 종 이스라엘을 도우셨습니다"(누가 1,54). 이스라엘은 하느님의 종이다(이사야 41,8-9; 42,1). 하느님은 당신 백성 이스라엘을 계속 염려하시고 보살피신다. 하느님은 자비를 아브라함과 그 후손에게 영원토록 베푸실 것이다(누가 1,55b). 마리아 노래의 사회정치적 의미는 우리 시대에도 여전히 유효하다. 마리아 노래를 그저 영성화하려는 온갖 시도에 우리는 강력히 저항해야 하겠다.[5]

마리아 노래(누가 1,46-56) 전부 또는 대부분은 누가복음 이전에 독립적 노래로 존재했다는 데 성서학계 의견은 거의 일치한다.[6] 누가복음 저자가 마리아 노래에 손을 댔다거나 그럴 가능성도 있다는 의견[7]은 드물다. 마리아 노래는 원래 유다교 전통에서 생겼다,[8] 유다교 전통과 유다교 — 세례자 요한 전승에서 각각 생겼다,[9] 유다인 예수운동 그룹에서 생겼다는[10] 의견이 있다. "주께서 여종의 비천한 신세를 돌보셨습니다. 이제부터는 온 백성이 나를 복되다 하리니"(누가 1,48) 구절은 누가복음 저자가 덧붙인 것으로 널리 인정되고 있다.[11]

---

5 Schottroff, L., "Das Magnifikat und die älteste Tradition über Jesus von Nazaret," *EvTh* 38 (1978): 293-312, 311-312.

6 Wolter, M., *Das Lukasevangelium*, HNT 5 (Tübingen, 2008), 99.

7 Löning, K., *Das Geschichtswerk des Lukas I* (Stuttgart u.a., 1997), 96.

8 Gunkel, H., "Die Lieder in der Kindheitsgeschichte Jesu bei Lukas," in: *Festgabe von Fachgenossen und Freunden A. von Harnack zum siebzigsten Geburtstag dargebracht* (Tübingen, 1921), 43-60.

9 Kaut, T., *Befreier und befreites Volk. Traditions- und redaktionsgeschichtliche Untersuchung zu Magnifikat und Benediktus im Kontext der lukanischen Kindheitsgeschichte*, BBB 77 (Meisenheim, 1990), 311-315.

10 Schottroff, L., "Das Magnifikat und die älteste Tradition über Jesus von Nazaret"; Mittmann-Richert, U., *Magnifikat und Benediktus*, WUNT 2/90 (Tübingen, 1996), 97.

11 Brown, R. E., *The Birth of the Messiah I*, 356; Farris, S. C., "On Discerning Semitic Sources

마리아 노래는 히브리어로 본래 불렸다는 의견[12]도 있다. 그러나 마리아 노래는 누가복음 저자가 전승받아 편집하고 해설했다고 보는 것이 적절하다.[13] 누가복음 저자에 따르면 마리아 노래는 엘리사벳이 노래했는가, 마리아가 노래했는가. 논란은 오늘도 계속되고 있다.[14] 모든 그리스어 사본에는 마리아의 노래로, 라틴어 사본 세 곳과 일부 교부 문헌에는 엘리사벳의 노래로 전승되었다. 전체적으로 보면 마리아의 노래로 여겨진다.[15] 마리아 노래처럼 설명 속에 시를 끼워 넣는 사례(탈출기 15,1-18; 신명기 32,1-43; 판관기 5,1-31)는 구약성서에도 있다.[16] 하느님이 당신 백성에 개입한 역사를 시로 응답한 한나의 노래(사무엘상 2,1-10)와 특히 비슷하다.[17] 요나의 시편(요나 2,3-10)과 유디트 노래(유디트 16, 1-17)도 마리아 노래와 공통점이 있다.

한 마디로 마리아 노래는 구약성서 전통과 깊이 연결되었다. 마리아는 가브리엘 같은 천사도 아니고, 엘리사벳(누가 1,41)이나 즈기라야(누가 1,67)처럼 성령에 가득 찬 인물도 아니다. 누가복음 저자는 자신의 생각을 마리아가 노래한 것처럼 설정하였다. 이스라엘 백성은 하느님의

---

in Luke 1-2," in: France, R. T., Wenham, D. (ed.), *Gospel Perspectives II* (Sheffield, 1981), 201-237, 114.

12 Mittmann-Richert, U., *Magnifikat und Benediktus*, 104.

13 Schottroff, L., "Das Magnifikat und die älteste Tradition über Jesus von Nazaret," 303; Kennel, G., *Frühchristliche Hymen? Gattungskritische Studien zur Frage nach den Liedern der frühen Christenheit*, WMANT 71 (Neukirchen-Vluyn, 1995), 181.

14 Benko, S., "The Magnificat. A History of the Controversy," *JBL* 86 (1967): 263-275.

15 Wolter, M., *Das Lukasevangelium*, 101.

16 Lohfink, N., "Psalmen im Neuen Testament. Die Lieder in der Kindheitsgeschichte bei Lukas," in: K. Seybold, E. Zenger (Hg.), *Neue Wege der Psalmenforschung* (FS Beyerin, W.), HBiSt 1 (Freiburg u.a., 1994), 105-125, 109.

17 Löning, K., *Das Geschichtswerk des Lukas I*, 96.

개입을 마리아처럼 언제나 찬양해 왔다는 말이다. 마리아 노래는 누가 1,48b를 제외하면 모든 문장이 하느님에 대해 말하고 있다. 하느님 구원은 보잘것없는 이들을 높이고(누가 1,52b), 배고픈 사람은 좋은 것으로 배불리고(누가 1,53b), 이스라엘을 도와(누가 1,54a) 신분 질서를 뒤엎는다(누가 1,48-49; 51-53).

마리아 노래는 개인의 감사 노래(사무엘상 2,1; 시편 9,2; 30,2) 형식으로 시작된다. 주님의 종$^{δούλη κυρίου}$(누가 1,38a) 마리아는 "이 여종의 가련한 모습을 굽어살펴 주십시오"(사무엘상 1,11) 노래하는 한나의 자세와 비슷하다. 한나처럼 마리아가 임신하는 것만이 아니다. 하느님 도움으로 아들을 낳으면서 사회적 신분이 달라지게 된다. 마리아(누가 1,48a)처럼 마침내 임신하여 아기를 낳은 레아는 "야훼께서 나의 억울한 심정을 살펴 주셨구나"(창세기 29,32) 노래했다. 하느님은 명백하게 구원받지 못한 현실을 구원으로 뒤바꾸어 놓으신다. 구원받지 못한 현실^{ταπείνωσις}(누가 1,48a)을 겸손이라고 번역하면 안 된다.

전능하신 분$^{ὁ δυνατός}$(누가 1,49a), 즉 하느님께서 마리아에게 큰일을 하셨다$^{ἐποίησέν μοι μεγάλα}$(신명기 10,21; 사무엘하 7,23). 하느님께서 이스라엘을 이집트에서 해방시키신 역사(신명기 10,21; 사무엘하 7,23)에 마리아 역사를 추가했다. 누가 1,49는 다윗 기도와 연결된다. "개만도 못한 이 종을 돌보시어 이처럼 크신 일을 하심으로써 소인을 알려지도록 하셨습니다"(사무엘하 7,21; 역대기상 17,19). 거룩하신 주님(역대기상 16,35; 시편 111,9; 누가 1,49b)은 주님을 경외하는 이들에게 자비를 베푸신다(시편 103,11.17; 누가 1,50). 주님을 두려워하는 이들$^{τοῖς φοβουμένοις αὐτόν}$(누가 1,50b)이 주님을 두려워하는 이스라엘 백성만 가리키는지,[18] 유다인이 아니지만 이스라엘의 하느님을 두려워하는 유다인 아닌 사람을 포함하는지[19] 누가복음 본문에서 결론을 이끌어 내기는 어렵다.

마리아 노래 2부에 해당하는 누가 1,50-53은 누가 1,46-49를 좀 더 일반화하여 노래한다. 하느님은 어떤 분이신지, 하느님의 개입으로 인해 인간 사회에서 생기는 신분 질서의 변화, 즉 새로운 질서가 무엇인지 누가 1,50-53은 말한다.[20] 누가복음 저자는 축복과 저주의 2중주(누가 6,20-26)처럼 구원과 멸망을 대조하기 좋아한다. 누가복음 저자는 예수 역사 전체를 기존 가치를 뒤엎는 방식으로 설명한다(누가 13,30; 14, 11; 18,9-14).

"주님은 전능하신 팔을 펼치시어 마음이 교만한 자들을 흩으셨습니다"(누가 1,51; 유디트 13,11). 하느님은 권력자들을 그 자리에서 내치시고(누가 1,52a) 부자들을 빈손으로 돌려보내신다(누가 1,53b). 하느님은 권력자들과 부자들의 운명을 보잘것없는 이들과 배고픈 사람들의 운명과 뒤바꿔 놓으신다. 억눌린 자를 건져주고 거만한 자를 부끄럽게 만드시며(사무엘하 22,28), 높은 나무는 쓰러뜨리고 낮은 나무는 키워주시는 분이시다(에제키엘 17,24). 하느님 손에 진노의 술잔이 들려 있어서, 악인들은 진노의 술잔을 모두 마셔야 하고 그 찌꺼기까지 핥아야 한다(시편 75,8). 권력자들을 내치고 부자들을 빈털터리로 내쫓는 하느님 모습은 누가복음의 하느님 나라 사상에 계속 나타난다.[21]

---

18 Seccombe, D. P., *Possessions and the Poor in Luke-Acts*, SNTU.B 6 (Linz, 1982), 82; Mittmann-Richert, U., *Magnifikat und Benediktus*, WUNT 2/90 (Tübingen, 1996), 201.

19 Bovon, F., *Das Evangelium nach Lukas* (1,1-9,50), 89; Klauck, H.-J., "Gottesfürchtige im Magnifikat?," *NTS* 43 (1997): 134-139.

20 York, J. O., *The Last Shall be First. The Rhetoric Of Reversal in Luke*, JSNT.S 46 (Sheffield, 1991), 53.

21 Wolter, M., ""Reich Gottes" bei Lukas," *NTS* 41 (1995): 541-563, 549.

"주님은 약속하신 자비를 기억하시어 당신의 종 이스라엘을 도우셨습니다"(누가 1,54) 구절은 "두려워하지 마라. 내가 너의 곁에 있다. 걱정하지 마라. 내가 너의 하느님이다. 내가 너의 힘이 되어준다. 내가 도와준다. 정의의 오른팔로 너를 붙들어준다"(이사야 41,10; 42,1)를 떠올렸다. "이스라엘아, 너는 나의 종임을 잊지 마라. 너는 내가 빚어 만든 나의 종이다. 이스라엘아, 나는 결코 너를 잊지 아니하리라"(이사야 44,21). 마리아 노래는 하느님이 이스라엘에 하신 약속을 재확인한다. "우리 조상들에게 약속하신 대로 그 자비를 아브라함과 그 후손에게 영원토록 베푸실 것입니다"(누가 1,55; 탈출기 12,25; 신명기 1,11).

6. 세례자 요한 출생
(누가 1,57-80)

세례자 요한의 출생 이야기에서 마리아는 사라지고 엘리사벳 혼자
만 남았다. 엘리사벳이 낳은 아기는 하느님 자비의 열매로 소개된다(누
가 1,58). 기쁨(누가 1,58b)은 누가복음에서 믿음의 특징 중 하나다. 남자
아기는 태어난 지 여드레(창세기 17,12; 레위 12,3; 누가 2,21)에 할례받는
다. 남자 아기는 아버지 이름이 아니라 할아버지 이름을 보통 따랐지만,
아버지 이름을 따르는 경우도 없진 않았다.[1] 아기 부모 엘리사벳과 즈
가리야는 아기 이름을 짓는데, 하느님 계획을 따라 할아버지 이름을 따
랐다(누가 1,60-63). 신체장애가 있는 아버지는 자신의 장애를 아들에게
서 보상받기 위해서 아들에게 자기 이름을 물려주기도 했다. 사제 가문
에서 신체장애가 있는 아들이 출생하는 경우는 심각하게 여겨졌다. 그
아기는 사제 직무에서 제외되었기 때문이다.[2]

태어난 지 여드레 지나서 아기 이름을 짓는 이야기를 수록한 누가복

---

1 Fitzmyer, J. A., *The Gospel According to Luke I*, AncB 28 (New York, 1981), 380; Brown,
   R. E., *The Birth of the Messiah I* (New York/London, 1993, 2판), 369.

2 Bovon, F., *Das Evangelium nach Lukas* (1,1-9,50), EKK III/1 (Neukirchen-Vluyn, 1989),
   101, 주 30.

음 저자는 구약성서를 잘 몰랐다는 말일까. 아기 이름은 보통 태어난 날 지었기 때문이다(창세기 4,1; 25,25-26). 아기 이름 짓기와 할례가 연결된 경우는 구약성서에 드물었다(창세기 21,3-4; 17,5, 10-14). 누가복음 저자는 여드레 또는 열흘 지나서 아기 이름을 짓는 그리스 문화를 따랐을 수 있다.3 "야훼는 자비로우시다"는 뜻의 히브리어 이름인 요한은 흔했다(느헤미야 12,13; 마카베오상 2,1; 누가 6,14). 아기를 가리키는 단어로 παιδίον(누가 1,59, 66.76), βρέφος(누가 2,12, 16) 두 개가 쓰였다. 아기 아버지 즈가리야는 듣지도 말하지도 못한 상태로 소개되었다(누가 1,62). 아기 이름은 아기가 하느님과 어떤 관계인지 알려주었다. 아기 출생과 아기 이름 짓기가 누가 1,57-66의 두 주제였다. 사람들은 이 아기가 장차 어떤 사람이 될까 궁금하였다(누가 1,66).

성령을 받은 엘리사벳이 큰소리로 외치며 노래하듯이(누가 1,42-45), 성령을 받은 즈가리야는 예언의 노래를 크게 부른다(누가 1,67). "찬미하라, 이스라엘의 주 하느님을!"(누가 1,68a)은 축복의 말씀이다(창세기 9,26; 열왕기상 25,32; 토빗 3,11). 누가복음 저자의 시대에는 시편 기도에서 처음, 중간, 끝에 축복의 말씀이 있었다(시편 40[41],14; 71[72],18; 143[144],1). 하느님은 당신 백성 이스라엘을 처다보실 뿐만 아니라 이스라엘을 몸소 찾아와(지혜서 3,7) 처벌(시편 88(89),39)도 하시고 해방(창세기 50,24-25; 탈출기 3,16; 이사야 23,17)도 하신다. 하느님은 당신 종 다윗 가문에서 우리를 위해 구원의 뿔κέρας을 일으키셨다(누가 1,69). 뿔(신명기 33,17)은 특히 전쟁에서 힘의 상징이다. 하느님 자신 또는 왕이나 메시아 같은 당신 종(시편 17[18],3; 에제키엘 29,21)이 뿔에 비유되었다.4

---

3 Bovon, F., *Das Evangelium nach Lukas* (1,1-9,50), 102.

4 Schürmann, H., *Das Lukasevangelium. Erster Teil: Kommentar zu Kap. 1,1-9,50*, HThK

즈가리야 노래Benedictus(누가 1,68-79)는 구원의 완성이 곧 예언 말씀의 완성(역대기하 36,22)이라는 점에서 마리아 노래Magnificat(누가 1,46b-55)와 공통이다. '거룩한 예언자들'(누가 1,70a; 사도행전 3,21) 표현은 예언서들을 구약성서에 포함시켰다는 사실을 전제한다(누가 24,44). 단어 ἀπ' αἰῶνος(누가 1,70b)는 예로부터(공동번역; 200주년 기념성서)가 아니라 언제나5라는 뜻이다. 원수들 또 우리를 미워하는 모든 사람들(시편 17[18], 18) 손에서 하느님은 우리를 구해주신다(누가 1,71).

'자비를 베푸시며ποιῆσαι ἔλεος μετὰ'(누가 1,72a) 표현은 구약성서에 있다(창세기 24,12; 판관기 1,4; 룻기 1,8). 하느님의 계약은 하느님이 몸소 맺으신 계약이기에 거룩하다(창세기 17,4; 22,18). 누가복음 저자는 하느님의 거룩한 계약을 언제나 아브라함과 연결한다(누가 1,72-73; 사도행전 3,25; 7,8). 자비와 계약도 구약성서에서 서로 이어졌다(신명기 7,9; 열왕기상 8,23). 계약, 맹세, 자비는 서로 연결되어(누가 1,72-73) 이스라엘의 해방에 닿는다(누가 1,68-69). 영토 팽창이 아니라 억압에서 해방이 아브라함 계약의 중심이라는 표현은 당시 이스라엘의 곤궁했던 처지를 반영하고 있다.6 해방의 목적은 원수에게서 벗어나고, 주님을 떳떳하게 섬기며, 주님 앞에 거룩하고 올바르게 사는 것이다(누가 1,74b-75; 지혜서 9,3; 에페소 4,24).

누가 1,76-77은 세례자 요한의 미래 역할을 노래한다. 마리아의 아들은 지극히 높으신 하느님의 아들(누가 1,32)이라 불릴 것이고, 엘리사벳의 아들은 지극히 높으신 하느님의 예언자(누가 1,76)라고 불릴 것이

III/1 (Freiburg, 1970), 86, 주 33.

5 Grundmann, W., *Das Evangelium Nach Lukas*, ThHK 3 (Berlin, 1966, 4판), 72.

6 Bovon, F., *Das Evangelium nach Lukas* (1,1-9,50), 107.

다. 세례자 요한은 주님보다 앞에$^{ἐνώπιον αὐτοῦ}$(누가 1,76b; 이사야 40,3; 말라기 3,1) 와서 주님의 길을 닦을 것이다(누가 1,76b). 세례자 요한은 죄를 용서받고 구원의 길$^{γνῶσιν σωτηρίας}$을 주의 백성들에게 알려줄 것이다(누가 1,77). 하느님의 지극한 자비 덕분이다(누가 1,78a). 자비^{ἐλέους}는 하느님 심장을 가리킨다.7

세례자 요한은 한쪽 발은 옛 계약에, 다른 쪽 발은 새 계약에 발을 담갔다.8 즈가리야 노래는 놀랍게도 세례자 요한의 세례 활동에 대해 침묵하고 있다. 구원의 길을 알려주는 사람은 세례자 요한이지만, 구원을 가져다주시는 분은 예수(누가 1,68-71)다. 해돋이^{ἀνατολὴ}(누가 1,78b)는 메시아를 비유한다. 메시아 예수는 땅이 아니라 하늘이 근원이라는 말이다. 예수는 인간 세상 안에, 이스라엘 백성 안에 있지만, 그러나 하늘로부터 온다(누가 1,35). 예수는 죽음의 그늘 밑 어둠 속에 사는 우리에게 빛을 비추어 주시고 우리의 발걸음을 평화의 길로 이끌어 주실 것이다(누가 1,79; 이사야 9,1; 시편 106[107],10).

엘리사벳이 아기를 낳았다는 소식(누가 1,57)에 이어 아기 이름 짓는 이야기(누가 1,59-66)가 소개된다. 누가 1,57a는 레베카 이야기(창세기 25,24)와 문장이 닮았다. 누가 1,57c는 "하느님께서 나에게 웃음을 주셨구나. 내가 아들을 낳았다고 모두들 나와 함께 기뻐하게 되었구나"(창세기 21,6)라고 노래하는 사라와 연결된다. 누가복음 저자는 세례자 요한(누가 1,59)과 예수(누가 2,21) 모두 할례날에 이름을 받았다고 전제했다. 아기가 아버지 이름을 따르는 경우는 가능했지만, 드물었다.9

---

7 Gnilka, J., "Der Hymnus des Zacharias" *Bz NF* 6 (1962): 215-238, 235.

8 Kränkl, E., *Jesus der Knecht Gottes. Die heilsgeschichtliche Stellung Jesu in den Reden der Apostelgeschichte*, BU 8 (Regensburg, 1972), 88.

말 못 하게 된 즈가리야 대신에 엘리사벳은 아기 이름을 요한으로 제안하였지만, 사람들은 "당신 집안에는 그런 이름을 가진 사람이 없지 않습니까?"(누가 1,61) 하며 반대하였다. 즈가리야가 서판에 아기 이름을 요한이라고 쓴 것이 이름 짓는 의식에 속한 것은 아니다. 바로 그 순간 즈가리야는 입이 열리고 혀가 풀려 말하게 되어 하느님을 찬미하였다(누가 1,64). 즉각παραχρῆμα 치유는 누가복음 치유 사건(누가 4,39; 5,25; 사도행전 3,7)의 특징에 속한다.[10] 치유된 사람은 곧 하느님을 찬미하였다(누가 5,25; 13,13; 사도행전 3,8).

즈가리야 노래Benedictus(누가 1,67-79)도 마리아 노래처럼 전부 또는 대부분 누가복음 이전 전승에 속한다는 의견이 많다. 누가복음 저자가 즈가리야 노래를 편집했다거나 그럴 가능성을 지지하는 의견[11]은 드물다. 원래 두 개 있던 노래가 하나로 합쳐져 즈가리야 노래가 탄생했는가.[12] 원래 하나로 전해진 노래에 누가복음 저자가 편집을 추가했는가.[13] 전승 역사가 그보다 더 복잡했는가.[14] 즈가리야 노래의 누가 1,68-75 원문은 유다교 배경에서,[15] 누가 1,76-79 원문은 유다교 ―세례자 요

9 Wolter, M., *Das Lukasevangelium*, HNT 5 (Tübingen, 2008), 108.

10 Theissen, G., *Urchristliche Wundergeschichten. Ein Beitrag zur formgeschichtlichen Erforschung der synoptischen Evangelien* (Gütersloh, 1974), 75.

11 Löning, K., *Das Geschichtswerk des Lukas I* (Stuttgart u.a., 1997), 106.

12 Gnilka, J., "Der Hymnus des Zacharias"; Vielhauer, P., "Das Bededictus des Zacharias," in: ders., *Aufsätze zum NT*, TB 31 (München, 1965), 28-46.

13 Brown, R. E., *The Birth of the Messiah I*, 377; Farris, S. C., *The Hymns of Luke's Infancy Narratives*, JSNT.S 9 (Sheffield, 1985), 26.

14 Kaut, T., *Befreier und befreites Volk. Traditions- und redaktionsgeschichtliche Untersuchung zu Magnifikat und Benediktus im Kontext der lukanischen Kindheitsgeschichte*, BBB 77 (Meisenheim, 1990), 263; Radl, W., *Der ursprung Jesu. Traditionsgeschichtliche Untersuchungen zu Lukas 1-2*, HBSt 7 (Freiburg u.a., 1996), 130.

15 Kaut, T., *Befreier und befreites Volk. Traditions- und redaktionsgeschichtliche Untersu-*

한 배경에서,16 예수를 따르는 유다인 배경에서17 왔는가. 즈가리야 노래에 히브리어 본문이 원래 있었는가.18 마리아 노래처럼 즈가리야 노래는 구약성서 여기저기서 끌어다 붙여 만든 콜라주 작품 같다.19

즈가리야는 세례자 요한의 아버지로 또한 이스라엘 민족의 희망을 대표하는 인물로 소개되었다. 아내 엘리사벳(누가 1,41)처럼 즈가리야도 성령에 가득 차(누가 1,67) 이스라엘의 주 하느님을 찬양한다(누가 1,68a; 사무엘상 25,32; 역대기상 15,48). 구약성서에 자주 나타난 선택 사상이 신약성서에는 몇 군데에만 보인다(누가 1,16; 사도행전 13,17; 마태 15,31). 예수운동이 유다교와 갈등을 일으키고, 유다교 영역을 넘어 유다인 아닌 사람에게로 확장되는 조짐이 벌써 나타난다(로마 3,29).

즈가리야는 이집트 억압과 바빌론 포로에서 이스라엘을 해방시키신 하느님(누가 1,68b; 창세기 50,24; 신명기 3,16)을 찬미한다. 하느님은 이스라엘 역사에 참여하시려고 사람을 자주 불러일으키신다(신명기 18,15; 판관기 2,16; 이사야 23,4). 능력^{κέρας}(누가 1,69a)은 힘과 강함을(사무엘상 2,1; 예레미야 31,25) 비유하지만, 하느님 자신(사무엘하 22,3)이나 메시아 통치자를(에제키엘 29,21) 가리키기도 한다. 다윗 가문에서$^{ἐν\ οἴκῳ\ Δαυὶδ}$(누가 1,69a)는 이스라엘을 구원할 인물이 마리아의 아들임을 가리킨다. 누가

chung zu Magnifikat und Benediktus im Kontext der lukanischen Kindheitsgeschichte, 237; Radl, W., *Der ursprung Jesu. Traditionsgeschichtliche Untersuchungen zu Lukas 1-2*, 129.

16 Gnilka, J., "Der Hymnus des Zacharias"; Radl, W., *Der ursprung Jesu. Traditionsgeschichtliche Untersuchungen zu Lukas 1-2*, 128.

17 Brown, R. E., *The Birth of the Messiah I*, 378; Mittmann-Richert, U., *Magnifikat und Benediktus*, WUNT 2/90 (Tübingen, 1996), 63.

18 Farris, S. C., *The Hymns of Luke's Infancy Narratives*, 31; Mittmann-Richert, U., *Magnifikat und Benediktus*, 120.

19 Brown, R. E., *The Birth of the Messiah I*, 386.

복음에서 구원자σωτηρία 단어가 여기서 처음으로 나온다.

주님, 즉 하느님은 거룩한 예언자들의 입을 빌려 지금 말씀하신다(누가 1,70; 사도행전 3,21; 베드로후서 3,2). '원수들과 우리를 미워하는 사람들 ἐχθροὶ καὶ μισοῦντες'(누가 1,71)은 하느님(신명기 32,41; 민수기 10,34), 하느님의 백성 이스라엘(신명기 30,7; 레위기 26,17), 개인(사무엘하 22,18; 다니엘 4,19)과 맞서는 세력을 가리킨다. 하느님은 억압하는 세력에게서 당신이 사랑하는 사람들을 해방시키신다. 하느님은 당신 백성 이스라엘과 맺으신 계약을 기억하시고 실천하는 분이다(누가 1,72-73). 즈가리야 노래는 메시아 예수(누가 1,69a), 예언자들(누가 1,70), 계약(누가 1,72-73)을 하느님과 연결하고 있다.[20]

지금 원수들의 손아귀에 있는 이스라엘(신명기 10,12; 여호수아 22,5)은 이집트 억압에서 해방시켜 주신 주님(탈출기 4,23; 7,16) 손길이 필요하다. 신약성서에 '섬기다λατρεύειν' 동사는 3번(누가 1,74; 사도행전 7,42; 히브리 9,14) 있지만, '섬김λατρεία' 명사는 없다. 섬기다λατρεύειν(누가 1,74b)는 좁은 의미에서 전례(성례전)[21]가 아니라 하느님을 향한 이스라엘의 모든 존재 방식(누가 2,37; 사도행전 24,14)을 가리킨다.[22]

개신교와 가톨릭이 함께 번역하여 1971년에 출간한 공동번역 신약성서는 누가 1,74와 누가 1,75를 각각 나누어 번역하였다. 1991년 가톨릭에서 번역 출간한 200주년 기념성서는 누가 1,74와 누가 1,75를 누가 1,73에 포함시켜 번역하였다. 200주년 기념성서에 1,74와 누가 1,75는 없다. 신약성서 원문의 표준으로서 성서학계에서 널리 인정되

---

20 사도행전 3,24-26; Vogel, M., *Das Heil des Bundes*, TANZ 18 (Tübingen/Basel, 1996), 346.

21 Farris, S. C., *The Hymns of Luke's Infancy Narratives*, 138.

22 Wolter, M., *Das Lukasevangelium*, 114.

는 네스틀레-알란트Nestle-Aland 28판(2013년)은 1971년 공동번역 신약 성서처럼 누가 1,74와 누가 1,75를 각각 나누었다.

'그분 앞에서ἐνώπιον αὐτοῦ'(누가 1,74)는 '섬기다λατρεύειν'(누가 1,74b)에 연결되는 것23이 아니라 '거룩함과 의로움 안에서ἐν ὁσιότητι καὶ δικαιοσύνῃ' (누가 1,75a)와 연결된다.24 거룩함과 의로움(누가 1,75a; 신명기 9,5)은 구약성경에서 하느님을 따르는 이스라엘 백성의 두 가지 주요 덕목으로 꼽혀왔다.25 누가 1,75는 하느님을 따르는 이스라엘 백성과 예수운동의 연결을 강조한다.

누가 1,76-78a는 생일 축하 시에 가깝다.26 세례자 요한은 '지극히 높으신 분의 예언자προφήτης ὑψίστου'(누가 1,76a)라고 불릴 것이다. 세례자 요한은 예언자 요한이며, 예언자 요한에서 예언자의 계보는 마감될 것이다(누가 16,16). 예언자 요한 다음에 주님 예수(누가 1,76b)가 올 것이기 때문이다. 세례자 요한이 지극히 높으신 분의 예언자라면, 예수는 지극히 높으신 분의 아들이다(누가 1,32a). 누가복음 저자는 주님을 맞아들일 백성을 마련하는 예언자 요한 역할을 말라기 3,1(마가 1,2; 누가 7,27)과 이사야 40,3(마가 1,3)을 섞어 가리킨다. '구원의 지식γνῶσις σωτηρία'(누가 1,77a)은 그들의 주 하느님의 품으로 다시 향함을(누가 1,16) 말하고, 세례자 요한의 세례(누가 3,3; 사도행전 10,37; 13,24)를 가리킨다. 세례자 요

---

23 Brown, R. E., *The Birth of the Messiah I*, 372; Mittmann-Richert, U., *Magnifikat und Benediktus*, 218.

24 Wolter, M., *Das Lukasevangelium*, 214-215.

25 Berger, K , *Die Gesetzesauslegung Jesu. Ihr historischer Hintergrund im Judentum und im AT. Teil 1: Markus und Parallelen*, BZNW 39 (Berlin, 1970), 143.

26 Zeller, "Geburtsankündigung und Geburtsverkündigung," in: Berger, K., u.a. (Hg.), *Studien und Texte zur Formgeschichte*, TANZ 7 (Tübingen/Basel, 1992), 59-134, 104.

한의 선포는 하느님의 지극한 자비(누가 1,78a) 덕분이다.

'빛ἀνατολὴ'(누가 1,78b)은 누구를 가리킬까. 하느님?27 예수?28 어둠 속 죽음의 그늘에 앉아 있는(누가 1,79a), 쇠사슬 아프게 차고 어둡고 캄캄한 곳에 갇혀 있던(시편 107,10), 어둠 속을 헤매는 이스라엘 백성(이사야 9,1)을 하느님 구원이 예수와 함께 환하게 비출 것이다.29

"평화의 길은 아랑곳도 없는데 그 지나간 자리에 어찌 정의가 있으랴?"(이사야 59,8) 구절보다 "평화의 길 앞에 적군은 쫓기니, 그의 발은 흙에 닿을 틈도 없다"(이사야 41,3) 구절이 '평화의 길ὁδὸς εἰρήνης'(누가 1,79b)에 더 가깝다. 이스라엘 백성에게 평화의 길은 예수 메시지를 받아들이는 일이다. 아기 세례자 요한은 삼손(판관기 13,24), 사무엘(사무엘상 2,21)처럼 날로 몸과 마음이 굳세게 자라났다. 이스라엘 백성들 앞에 나타날 때까지 광야에서 살았다(누가 1,80b)는 것에서 세례자 요한 아기가 꿈란 공동체에서 살았다는 결론을 이끌어 낼 수는 없다.

---

27 Radl, W., *Der ursprung Jesu. Traditionsgeschichtliche Untersuchungen zu Lukas 1-2*, 125.

28 Farris, S. C., *The Hymns of Luke's Infancy Narratives*, 141; Mittmann-Richert, U., *Magnifikat und Benediktus*, 121.

29 Wolter, M., *Das Lukasevangelium*, 117.

7. 예수 탄생
(누가 2,1-7/마태 1,18-25)

예수 탄생(누가 2,1-7) 기록에서 성령을 통한 마리아 잉태나 동정 탄생은 천사의 소식(누가 1,26-38)에도 불구하고 암시되지 않았다.[1] 요셉과 마리아는 여느 부부처럼 소개되었다. 누가 1,26-38에서 예수는 다윗 왕족 가문 출신이라는 사실이 보도되었다면, 누가 2,1-7에서 예수는 구원자라는 사실이 언급되었다. 구약성서 미가서 5,1-5가 예수 탄생(누가 2,1-7) 기록의 배경이다.[2] 예수는 나자렛에서 출생한 듯하지만, 누가복음이 쓰여질 무렵에 예수운동에서 예수 출생지로 베들레헴이 주목된 듯하다.[3]

예수운동은 예수 부활 고백에서 예수의 유년 시절을 비로소 돌아보기 시작했다. 예수처럼 위대한 분의 출생이 우리 출생처럼 평범하면 안 되었다. 누가 그런 놀라운 생각을 처음 했을까. 지금 우리가 알아낼 수는 없다. 그들은 전설 같은 이야기를 통해 자신들의 믿음을 아름답게

---

1 Gressmann, H., *Das Weihnachts-Evangelium auf Ursprung und Geschichte untersucht* (Göttingen, 1914), 2.

2 Brown, R. E., *The Birth of the Messiah I* (New York/London, 1993, 2판), 422.

3 Bovon, F., *Das Evangelium nach Lukas* (1,1-9,50), EKK III/1 (Neukirchen-Vluyn, 1989), 116.

증언하려 했다. 누가복음 저자는 이를 위해 호구 조사(누가 2,1-5) 이야기를 설정했다.[4]

호구 조사(누가 2,1-5) 이야기는 요셉과 마리아 부부를 베들레헴으로 이동하기 위해 설정된 문학적 수단인가, 아니면 역사적 사실인가. "그 무렵 로마 황제 아우구스토가 온 세계에 칙령을 내려 호적등록을 하게 하였다"(누가 2,1)에서 세계οἰκουμένη는 로마제국 영토를 가리킨다. 단어 δόγμα는 가르침, 의견뿐만 아니라 법령, 교리, 칙령을 뜻한다. 오늘날 성서 독자들은 로마제국의 인구 조사가 정치와 재정 분야에서 지닌 정치적 의미와 위력을 제대로 느끼지 못할 수 있다. 구약성서는 다윗 왕 이후 인구 조사의 유혹과 위험을 잘 알고 있다(사무엘하 24장; 역대기상 21장). 이스라엘 백성은 하느님께 속해 있기 때문에 오직 하느님만 인구 조사를 하실 수 있다(민수기 1장; 26장). "야훼! 그분은 만백성을 등록하시고 '아무개가 여기에서 났다'고 쓰리라"(시편 86[87],6)를 기억하는 사람들이 과연 호구 조사(누가 2,1-5) 이야기를 썼다는 말일까.

단어 ἀπογραφή(누가 2,1b)를 어떻게 번역해야 할까. 호구 조사령(공동번역), 호적 등록(200주년 기념성서)? 병역 의무와 주민세를 정하기 위해 모든 거주자의 나이, 직업, 아내, 자녀를 공식적으로 등록하는 일을 가리킨다. 로마제국이 점령한 식민지에서 경제 군사적 이유로 여러 종류의 호구 조사를 실시한 기록은 있지만, 로마제국 전체에 걸쳐 동시에 호구 조사를 했던 적은 없었다.[5] 점령지 인구 조사가 로마제국 전체에 동시에 시행된 적은 없었다.[6]

---

4 Bovon, F., *Das Evangelium nach Lukas* (1,1-9,50), 6.

5 Bovon, F., *Das Evangelium nach Lukas* (1,1-9,50), 118.

6 Palme, B., "Neues zum ägyptischen Provinzialzensus," *ProBi* 3 (1994): 1-7.

그런데 요셉과 마리아가 로마제국의 인구 조사 명령에 따른 것은 야훼 하느님에 대한 배신 아닐까. 예수 탄생 이야기는 로마 황제 탄생 이야기에 맞서는 제국주의 반대 성격을 지닐 수도 있다.[7] 누가 1,5, 24, 67에 따르면, 예수 탄생은 헤로데 대왕의 죽음 직전이나 직후에 있었다(공통년 이전 4년). 헤로데 대왕의 죽음 이후에 유다인들 사이에 메시아에 대한 희망이 커졌던 사실을 누가복음 저자는 잊지 않았다. 로마의 인구 조사 실시에 반대해서 무력투쟁 했던 갈릴래아 사람 유다 이야기(사도행전 5,37) 등 인구 조사에 대한 유다인의 반발을 누가복음 저자는 알고 있었다. 누가복음 예수 탄생 이야기에서 가짜 메시아 로마 황제가 아닌 진짜 메시아 예수 탄생에 대한 예수운동의 기쁨만 알아챌 것은 아니다. 로마제국의 인구 조사에 대한 모든 유다인의 저항을 우리는 기억해야 하겠다.

인구 조사에서 사람들은 태어난 곳이 아닌 거주지에서 등록하면 되었다. 그러나 누가복음 저자는 그런 자세한 사실에는 관심이 없다. 인구 조사를 계기로 요셉과 마리아가 베들레헴으로 여행하는 설정을 만들면 충분했다. 베들레헴이 요셉 거주지였고, 요셉은 나자렛에 살던 마리아를 만나러 다녀오는 길이라는 설정이 좀 더 매력 있지 않았을까. 누가 1,27도, 누가 2,4도 요셉 거주지가 베들레헴이라고 전제하진 않았다. 마리아는 임신 중이라는 사실이 여기서 처음 언급되었다. 당시 누가복음 독자들이나 청취자들은 약혼녀가 약혼자와 함께 한다는 여행, 특히 임신 상태에서 여행했다는 말에 크게 놀랐을 것이다. 'Κατάλυμα'(누가 1,7b)가 숙박 업소^{πανδοχεῖον}(누가 10,34b)를 가리키진 않는다. 여행자가

---

7 Schmithals, W., "Die Weihnachtsgeschichte Lukas 2,1-20," in: Ebeling, G., u.a., *Festschrift für Ernst Fuchs* (Tübingen, 1973), 281-297, 286-294.

짐승이나 짐을 놓고 쉬어가는 임시 야영장에 가깝다. 유다인은 숙박업소를 그리스 문화의 영향을 받아 비교적 후대에 알게 되었다. 예수 시대 유다인은 여행할 때 동족 유다인의 친절과 호의에 의지하여 잠을 청했다.[8]

'첫아기περωτότοκος'(누가 2,7a) 단어를 누가복음 저자는 왜 썼을까. 공통년 2세기에 마리아 출산 당시 동정virginitas in partu과 출산 이후 평생 동정 virginitas post partum 가르침이 비로소 자리 잡았다.[9] 첫아기라는 단어가 예수의 형제자매 출생을 논리적으로 전제하지는 않는다. 첫아기 단어는 이스라엘 조상들의 출생 또는 하느님의 첫아기인 이스라엘의 존재를 가리키는 단어였다.[10] 예수 탄생에 대한 하느님의 특별한 계획(탈출기 22,23; 민수기 3,13; 18,15)을 암시하는가. 첫아기는 예수 호칭 중 하나가 되었다(로마 8,29; 히브리 1,6; 요한 묵시록 1,5). 누가복음 저자는 예수와 하느님 사이 특별한 관계를 첫아기 단어로써 표현하였다.[11] 예수는 유다인의 아들로서 하느님께 약속받은 이스라엘 역사에 편입되었다.

헤로데가 유다의 왕이었을 때(누가 1,5) 세례자 요한의 출생 이야기가 있었듯이, 로마 황제 아우구스토가 온 천하에 호구 조사령을 내렸을 때(누가 2,1) 예수 탄생 이야기가 있었다. '그 무렵ἐν ταῖς ἡμέραις ἐκείναις'(누가 2,1a)은 세례자 요한 출생이 예고된 때(누가 1,5)가 아니라 세례자 요한 아기가 자랄 때(누가 1,80)를 가리킨다. 누가복음 저자는 라틴어 형용사 *augustus*, 그리스어 Σεβαστός(사도행전 25,21, 25)를 로마 황제 이름

---

8 Pax, E., ""Denn sie fanden keinen Platz in der herberge." Jüdisches und frü hchristliches Herbergswesen," *BiLe* 6 (1965): 285-298.

9 Bovon, F., *Das Evangelium nach Lukas* (1,1-9,50), 121, 주 36.

10 Bovon, F., *Das Evangelium nach Lukas* (1,1-9,50), 121, 주 40.

11 Schneider, G., *Das Evangelium nach Lukas I*, ÖTK 3/1 (Gütersloh, 1984, 2판), 66.

을 뜻하는 명사로 썼다.

로마 황제들은 점령지 주민들에게 세금을 걷기 위해 인구 조사ἀπογρα
φή(누가 2,1.2)를 실시했다.[12] 공통년 이전 28년과 8년, 공통년 14년에
로마제국 전체에서 시행된 인구 조사와 이 점령 지역 인구 조사를 혼동
하면 안 된다.[13] '첫 번째 인구 조사αΰτη ἀπογραφὴ πρώτη'(누가 2,2a)는 시리
아 총독 퀴리노가 여러 번 실시한 인구 조사 중 첫 번째 인구 조사를
가리킨 것은 아니다. 유다 지역에서 처음으로 인구 조사가 있었고, 그때
시리아 총독은 퀴리노였다는 사실을 가리킬 뿐이다.[14]

모두 등록하기 위해 각자 자기 본적지로 갔다는(누가 2,3) 기록은 실
제로 시행된 인구 조사와 모순이 없지 않다. 헤로데 안티파스가 통치하
던 나자렛에 살던 요셉과 마리아는 유다 지방에서 실시된 인구 조사에
응할 필요가 없었다. 경기도에 사는 사람이 서울시가 시행하는 인구 조
사에 응할 필요는 없다. 요셉이 베들레헴이나 근처에 부동산을 소유했
기 때문에 베들레헴에 가서 인구 조사에 응했어야 했다는 주장이[15] 혹
시 타당하다 할지라도, 요셉이 인구 조사에 응할 의무는 없었다. 누가복
음 저자는 예수가 베들레헴에서 탄생했다는 전승과 예수는 나자렛 사
람이라는 서로 엇갈리는 두 전승을 조화시키려고 애썼다.

---

12 Ausbüttel, F. M., *Die Verwaltung des römischen Kaiserreiches* (Darmstadt, 1998), 78.

13 Braunert, H., "Der römische Provinzialzensus und der Schätzungsbericht des Lukas-
Evangeliums," in: ders., *Politik, Recht und Gesellschaft in der griechisch-römischen
Antike* (Stuttgart, 1980), 213-237, 214.

14 Wolter, M., "Erstmals unter Quirinius! Zum Verständnis von Lk 2,2," *BN* 102 (2000):
35-41, 35.

15 Rosen, K., "Jesu Geburtsdatum, der Census des Quirinius und eine jüdische Steuerer-
klärung aus dem Jahre 127 nC," *JAC* 38 (1995): 5-15; Smith, M. D., "Of Jesus and Quirinius,"
CBQ 62 (2000): 278-293, 289.

마태복음 예수 탄생(마태 1,18-25) 이야기는 마태복음 저자가 편집했다는 의견이 늘어나고 있다. 마태복음 저자는 전승을 그저 받아들였다는 것이다.[16] 마태복음 저자가 전승을 어느 정도 고쳐서 처음으로 기록했다는 의견도 있다.[17] 마태 1,20은 구약성서의 잉태 예고 양식[18]을 따른 듯하다. 누가복음 저자도 그 양식을 알고 있었다(누가 1,13, 30).

마태복음 저자는 예수 탄생 이야기를 왜 썼을까. 하느님의 아들과 성령의 연결 사상은 예수운동에 일찍 자리 잡았다(로마 1,4; 마가 1,9-11). 유다교 문헌에서 모세 탄생 전설이 예수 탄생 이야기와 가까운 듯 보이지만, 모세 탄생 전설에 동정 잉태 사상은 없었다.[19] 팔레스타인 유다교 문헌에 동정 잉태 사상은 보이지 않는다. 마태복음 예수 탄생 이야기는 그리스어를 사용하던 이스라엘 밖의 유다계 예수운동 공동체에서 생긴 듯하다.[20] 그리스 문화의 영웅 탄생 이야기에 비추어 예수를 해명하려던 노력에서 비롯된 결과였다. 마리아 동정 탄생은 믿음을 증언한 문학 양식에 속한다.

예수 어머니 마리아는 요셉과 약혼했다. 약혼은 법적으로 결혼과 효력이 같다. 약혼남 요셉이 마리아의 남편ἀνήρ(마태 1,19a)으로서 마리아를 아내γυνή(마태 1,20b)라고 표현한 것은 법적으로 전혀 이상하지 않다.

---

16 Dibelius, M., *Die Formgeschichte des Evangeliums* (Tübingen, 1959, 3판), 125; Frankemölle, H., *Jahwe-Bund und Kirche Christi*, NTA.NS 10 (Aschendorff, 1974), 310.

17 Luz, U., *Das Evangelium nach Matthäus (Mt 1-7)*, EKK I/1 (Neukirchen-Vluyn, 1992, 3판), 100.

18 창세기 16,7-12; 판관기 13,3-5; 이사야 7,14; Zeller, D., "Die Ankündigung der Geburt – Wandlungen einer Gattung," in: Pesch, R. (hg.), *Zur Theologie der Kindheitsgeschichten. Der heutige Stand der Exegese* (München, 1981), 27-48.

19 Schubert, K., "Die Kindheitsgeschichten Jesu im Lichte der Religionsgeschichte des Judentums," *BiLi* 45 (1972): 224-240, 230-234.

20 Luz, U., *Das Evangelium nach Matthäus (Mt 1-7)*, 102.

약혼 해소는 이혼장을 통해서만 가능하다.[21] 마리아는 요셉과 같이 살기 전에 잉태한 것이 드러났다(마태 1,18c). "마리아의 남편 요셉은 의롭고 또한 마리아의 일을 폭로하고 싶지 않았으므로 남몰래 그를 소박하기로 작정하였다"(마태 1,19) 구절에 대해 여러 해석이 있다.

마리아가 성령으로 잉태한 사실을 요셉은 천사가 전갈하기 전에 알았는가, 후에 알았는가. 마리아 잉태를 천사가 전갈하기 전에 요셉이 알았다면, 요셉은 아내 마리아를 간음 혐의로 의심했을 것이다. 마리아 잉태 예고를 천사에게서 마리아를 통해 요셉이 이미 전달받았다면, 요셉은 두려움에서 마리아를 아내로 맞이하기를 주저했을 수 있다. "두려워하지 말고 마리아를 아내로 맞아들이시오"(마태 1,20b)를 보면, 요셉은 마리아 잉태를 이미 알았을 가능성이 크다.

어떤 점에서 '정의로운δίκαιος'(마태 1,19a) 요셉일까. 간음이 의심되는 약혼녀와 남몰래 이혼하려는 생각이 정의로운가. 그것은 율법을 지키는 일이 아니었다. 약혼자가 간음할 경우 돌로 처형된다고 했지만(신명기 22,23-25), 예수 시절에 실제로 집행되지는 않았다.[22] 율법을 지키는 일이 정의[23]인지, 아니면 친절과 자비가 정의인지를 마태복음 저자는 따지지 않았다. 이혼장을 통해 파혼하여 마리아에게 수치를 안겨주는 일을 삼가고, 정의를 사랑으로 해석하고 실천한 것이 요셉에게 정의였다.[24]

꿈에서 요셉에게 나타난 천사는 자세히 언급되지 않았다. 마태복음

21 Luz, U., *Das Evangelium nach Matthäus (Mt 1-7)*, 103.

22 Billerbeck, P., Strack, H., *Kommentar zum Neuen Testament aus Talmud und Midrasch I* (München, 1961), 51.

23 Brown, R., u.a. (Hg.), *Mary in the New Testament* (London, 1978), 84.

24 Luz, U., *Das Evangelium nach Matthäus (Mt 1-7)*, 104.

저자는 천사가 전해주는 요셉의 사명에 집중한다. 마태 1,18a처럼 마리아의 아들 예수가 다윗 자손임이 강조되었다. 히브리어로 여성명사요 그리스어로 중성명사인 성령이 여성 마리아를 자연과학적으로 임신시켰다는 말은 아니다. 메시아가 이스라엘 백성을 구원할 것이라는 생각은 널리 퍼져 있었지만, 메시아가 당신 백성λαός(마태 1,21b)을 죄에서 구원할 것이라는 말은 없었다.[25] 그러나 마태복음 저자는 예수를 통한 죄 용서에 관심이 많다(마태 9,8; 26,28). 젊은 여인(이사야 7,14)이 동정녀αρθένος(마태 1,23a)로 바뀌어 인용되었다. 이사야 7,14 해석이 여전히 논란되고 있지만, 이사야 예언자가 동정녀 탄생이나 몇백 년 후 태어날 메시아를 생각한 것은 아닌 듯하다.[26]

마태 1,23은 예수 이름, 임마누엘을 소개할 뿐 아니라 예수가 하느님의 아들임을 말하고 있다. 아들υἱός(마태 1,23a)과 주님κύριος(마태 1,22b) 결합이 눈에 띈다(역대기하 36,22). 하느님께서 우리와 함께 계시다(마태 1,23b; 17,17; 26,29)는 뜻 임마누엘Ἐμμανουήλ(마태 1,23b)은 예수 이름도 아니고 예수 호칭도 아니다. 마태복음 저자는 "내가 세상 끝날까지 항상 여러분과 함께 있겠습니다"(마태 28,20)로 마태복음 마지막 구절을 끝맺었다.

부활 후 드높여진 주님 그리스도가 공동체에서 언제나 우리와 함께 계심을 마태복음 저자는 강조한다. 예수는 언제나 우리와 함께 계신다는 사실이 마태복음 저자에게 중요하다. 마태 28,20은 부활하신 그리스도가 역사의 예수임을 강조한다면, 마태 1,18-25는 역사의 예수가 부활하신 그리스도임을 강조한다. 부활하신 그리스도는 역사의 예수이

25 Luz, U., *Das Evangelium nach Matthäus (Mt 1-7)*, 104.
26 Luz, U., *Das Evangelium nach Matthäus (Mt 1-7)*, 105.

며, 역사의 예수는 부활하신 그리스도다. 마태 1,18-25는 예수에 대한 증언일 뿐 아니라 예수 아버지 요셉에 대한 증언이기도 하다. 예수 아버지 요셉은 정의로운 사람으로서 하느님의 뜻을 존중하여 예수 역사에 협조하였다.

마태 1,18-25에서 이사야 7,14 인용은 그리스도교와 유다교 대화에서 중요한 논쟁 중 하나를 낳았다.[27] 유다교는 이사야 7,14에서 히즈키아를 생각했고, 그리스도교는 이사야 7,14에서 예수를 생각했다. 마태 1,25는 가톨릭의 평생 동정이신 마리아 교리에서 큰 역할을 했다.[28] 마태 1,18-25는 죄와 성의 관계를 말하고 있지 않다. 마태복음 저자의 평생 동정 마리아 사상은 예수가 임마누엘이라는 사실이 역사에서 추상이 아닌 실제 모습이라고 강조하기 위해 쓰였다.

---

27 Luz, U., *Das Evangelium nach Matthäus (Mt 1-7)*, 107-108.

28 Luz, U., *Das Evangelium nach Matthäus (Mt 1-7)*, 108-111.

8. 아기 예수 방문하는 목자들
(누가 2,8-20)

예수 탄생 소식은 누가 2,1-7에서 간단히 기록되었다. 누가복음 저
자가 예수 탄생 상황을 자세히 전하지 않은 사실은 수수께끼에 속한
다.[1] 아기 예수를 방문하는 목자들(누가 2,8-20) 이야기가 갑자기 끼어들
었다. 주변 민족과 달리 이스라엘 민족은 자신을 도시 거주민이나 정착
민이 아닌 떠돌아다니는 유목 민족으로 여겼다. 목자 모습은 이스라엘
의 하느님뿐 아니라 이스라엘 왕이나 메시아(구원자) 이미지에도 적용
되었다.

이스라엘의 악한 목자들을 비판하는 이야기가 있다(에제키엘 34,1-10).
이스라엘의 참 목자이신 하느님은 이스라엘 백성을 모으고(에제키엘 34,
11-16), 양 떼들과 목자들을 심판하시고(에제키엘 34,16-22), 당신 종 다
윗에게 약속하시고(에제키엘 34,23-24), 메시아 시대를 알리신다(에제키
엘 34,25-31). 에제키엘 34장과 달리 누가 2,8-20에 목자들을 비판하는
이야기는 없다. 베들레헴 동네와 메시아 연결은 공통년 1세기 유다교에
서 상식으로 여겨졌던 듯하다.[2] 구약성서 미가서 5장 이후 베들레헴에

---

1 Bovon, F., *Das Evangelium nach Lukas* (1,1-9,50), EKK III/1 (Neukirchen-Vluyn, 1989),
  122.

서 메시아 목자가 탄생하리라고 기대되었다.[3]

하느님의 영광은 이스라엘 백성이 이집트에서 탈출할 때(탈출기 16,10), 특히 모세에게 나타났다(탈출기 24,16-18; 33,18, 23; 34,29-35). 하느님 영광은 예루살렘 성전을 가득 채우고(역대기하 7,1), 주로 하늘에 계신다(토빗 12,15). 하느님 영광의 빛이 목자들에게 두루 비치면서 주님의 천사가 나타났다(누가 2,9a). 천사는 하느님의 소식을 목자들에게 전할 것이다. 목자들의 커다란 두려움(누가 2,9)과 천사가 전하는 커다란 기쁨(누가 2,10)이 대조되었다.

하느님 손길이 복음의 처음과 끝에 작용하시듯이(누가 24,4), 이스라엘 백성도 복음의 평화(누가 24,36)와 기쁨(누가 24,52)을 누린다.[4] 그분을 알아보는 표징σημεῖον(누가 2,12)에서 성탄절 전례(성례전)를 생각하기는 아직 이르다. 누가복음이 쓰여진 공통년 1세기 80~90년 무렵에 예수운동에서 성탄절 축제는 아직 없었다.

'구원자σωτήρ'(누가 2,11)는 당시 로마제국에서 엄청난 정치적 의미와 파장을 지닌 단어였다.[5] 로마제국 황제 말고 또 다른 구원자가 로마제국 영토 안에서 탄생했다니 말이다. '구원자σωτήρ'는 구약성서 그리스어 번역본에서 하느님이 내세운 이스라엘의 구원자(판관기 3,9, 15) 또는 하느님 자신(시편 24,5)을 가리키는 용어였다. '주님이신 그리스도χριστός κύριος'(누가 2,11)는 흔한 표현이 아니다. 누가복음이 쓰여졌을 때 예수운동에

---

2 요한 7,42; Brown, R. E., *The Birth of the Messiah I* (New York/London, 1993, 2판), 421.

3 Brown, R. E., *The Birth of the Messiah I*, 420-424.

4 Lohfink, G., *Die Sammlung Israels. Eine Untersuchung zur lukanischen Ekklesiologie*, StANT 39 (München, 1975), 28.

5 Glöckner, R., *Die Verkündigung des Heils beim Evangelisten Lukas*, WSAMA.T 9 (Mainz, 1975), 116-121.

서 주님 호칭은 이미 예수를 가리키는 데 쓰였다. 그러나 명사 그리스도 χριστός와 명사 주님κύριος 두 호칭이 관사 없이, 연결사 그리고καὶ 없이 함께 쓰인 경우는 누가복음 여기 말고는 신약성서에 없다. 누가복음 저자는 예수의 구원자 역할뿐 아니라 통치 역할을 강조하려 했을까.[6]

"한 갓난아이가 포대기에 싸여 구유에 누워있는 것을 보게 될 터인데, 그것이 바로 그분을 알아보는 표징입니다"(누가 2,12). 포대기에 싸여 구유에 누워있는 한 갓난아이 예수, 곧 예수가 구원자, 그리스도, 주님이라는 표징이라니. 표징signum과 사실res이 이 문장처럼 강하게 연결된 곳은 신약성서에서 찾아보기 드물다. 갓난아이가 포대기에 싸여있는 모습은 이집트[7]에서와 달리 이스라엘에서 흔한 풍경이었다(욥기 38,9; 에제키엘 16,4). 단어 φάτνη(누가 2,12)는 여물통[8] 또는 외양간으로 번역될 수 있다. 나무로 만든 여물통은 아주 비쌌다. 동굴 벽을 파서 만든 돌 여물통은 혹시 아닐까. 이스라엘의 작은 농가에는 가족들이 자는 방과 짐승이 사는 외양간이 같은 지붕 아래 있는 경우가 많았다.[9]

"이때 갑자기 수많은 하늘 군대가 나타나 그 천사와 함께 하느님을 찬양하였다"(누가 2,13). 하느님 영광과 천사들 무리가 어울리는 모습이다(이사야 6,1-2). 수많은 하늘 군대πλῆθος στρατιᾶς οὐρανίου(누가 2,13)는 고대의 천문학에서 별(역대기하 33,3; 사도행전 7,42)을 가리키는 표현일 수 있다.[10] 하느님의 천사들과 봉사하는 천사들은 원래 서로 동떨어진 의

---

6 Bovon, F., *Das Evangelium nach Lukas* (1,1-9,50), 126.

7 Gressmann, H., *Das Weihnachts-Evangelium auf Ursprung und Geschichte untersucht* (Göttingen, 1914), 23.

8 Hengel, M., Art. "φάτνη," in: *ThWNT* IX (1973): 51-57.

9 Hengel, M., Art. "φάτνη," 54.

10 Bovon, F., *Das Evangelium nach Lukas* (1,1-9,50), 127.

도에서 왔지만, 누가복음 저자가 연결하였다.[11] 하느님 영광이 가져오는 기쁨은 하느님과 당신 백성 이스라엘 사이에 맺어진 계약에 동반된다(누가 2,14).

아기 예수를 방문한 목자들보다 천사들을 통해 목자들에게 전달되는 하느님 메시지에 누가복음 저자는 더 관심이 있었다. "마리아는 이모든 일을 마음속 깊이 새겨 오래 간직하였다"(누가 2,19). 즈가리야가 가족과 지인들을 보는 모습과 마리아가 목자들과 천사들을 보는 모습이 비슷하게 대조되었다(누가 1,63-67). 누가복음 저자는 하느님의 드높은 영광과 예수의 소박한 탄생을 대조적으로 잘 표현하였다. 온 세상을 구원할 예수는 평범한 목자들에게 조용히 드러난다. 누가복음 저자는 영광과 겸손의 드라마로 예수 역사를 소개한다.

누가 2,8-14는 문학 유형으로 나타남 소식Erscheinungsbericht에 해당한다. 밤에 들판에서 양을 지키는 목자들에게 천사가 나타난다. 그 지방이 ἐν τῇ χώρᾳ τῇ αὐτῇ(누가 2,8a) 베들레헴 근처[12]를 가리키는지 우리는 알 수 없다. 왜 예수 탄생 예고가 목동들에게 말해졌을까. 여러 의견이 있다.[13] 누가복음 저자는 예수가 메시아라는 사실을 강조하기 위해 다윗 전승(사무엘상 17,15; 16,11-13; 시편 78,70-72)을 참고했을까.

천사가 나타나 주의 영광δόξα κυρίου(누가 2,9a)이 목자들을 비추었다는

---

11 Westermann, C., "Alttestamentliche Elemente in Lukas 2,1-20," in: Jeremias, G., u.a. (Hg.), *Tradition und Glaube* (FS Kuhn, K. G.) (Göttingen, 1971), 317-327, 322.

12 Burchard, C., *Studien zur Theologie, Sprache und Umwelt der Neuen Testaments*, WUNT 107 (Tübingen, 1998), 332.

13 Dibelius, M., "Jungfrauensohn und Krippenkind," in: ders, *Botschaft und Geschichte* (Tübingen, 1953), 1-78, 64; Fitzmyer, J. A., *The Gospel According to Luke I*, AncB 28 (New York, 1981), 395.

표현은 예수 모습이 변할 때(누가 9,31), 그리스도가 나타나실 때(사도행전 9,3; 22,6; 26,13) 다시 등장한다. 이스라엘 백성이 이집트 억압에서 해방될 때(탈출기 16,7, 10) 시나이산에서(탈출기 24,16; 신명기 5,24)처럼 이스라엘을 구원하시려는 하느님 뜻이 지상에 나타나셨다는 말이다. 기쁜 소식을 가져왔다εὐαγγελίζομαι(누가 2,10a)는 표현은 탄생 소식(예레미야 20,15)을 가리킨다.[14] 모든 백성에게παντὶ τῷ λαῷ(누가 2,10b) 표현은 마태 27,64와 히브리서 9,19를 제외하면 신약성서에서 누가복음 저자 작품에만 17번이나 있다.

아기 탄생 예고는 보통 아기 아빠나 부모에게 전해졌다(판관기 18,29; 사무엘하 3,2; 예레미야 20,15). 아기 탄생 예고를 들은 목자들은 이스라엘에 선포된 구원 소식(이사야 11,16; 예레미야 4,10)을 들었다. 아기는 또한 인류 전체의 평화를 희망하는 상징이다. 하느님은 이스라엘을 위해 구원자σωτήρ(누가 2,11) 한 사람을 깨우시거나 보내실 것이다(판관기 3,9; 느헤미야 9,27; 이사야 62,11). 구원자 단어에는 구원자 호칭을 쓰던 로마 황제를 비판하는 뜻도 담겨 있다.[15]

"오늘 다윗의 고을에 여러분을 위해 구원자가 나셨으니, 그분은 그리스도 주님이십니다"(누가 2,11). 문장에서 그리스도 주님Χριστὸς κύριος은 무슨 뜻일까. 세 가능성이 있다.[16] 1) Χριστὸς는 고유명사이고 κύριος는 동격이다(그리스도, 즉 주님). 2) Χριστὸς는 명사 κύριος를 수식하는 형용사다(기름 부어진 주님). 3) Χριστὸς와 κύριος는 둘 다 동격 호칭이다

14 Zeller, D., "Geburtsankündigung und Geburtsverkündigung," in: Berger, K., u.a. (Hg.), *Studien und Texte zur Formgeschichte*, TANZ 7 (Tübingen/Basel, 1992), 59-134, 127.

15 Karrer, M., "Jesus, der Retter (Sôtêr): zur Aufnahme eines hellenistischen Prädikats im Neuen Testament," *ZNW* 93 (2002): 153-176.

16 Wolter, M., *Das Lukasevangelium*, HNT 5 (Tübingen, 2008), 129.

(그 구원자, 그 주님). 누가복음 저자는 3번을 생각한 듯하다(사도행전 2,36).

포대기에 싸여 구유에 누워있는 한 갓난아기(누가 2,12)는 목자들이 아기 예수를 알아보는 표징σημεῖον이다. 태어난 아기 예수의 드높은 지위와 초라한 탄생 모습을 누가복음 저자는 대조하고 강조하려 했을까. "마리아는 아기를 포대기에 싸서 구유에 뉘었다. 객사 방에는 그들이 들 만한 자리가 없었던 것이다"(누가 2,7)로 보면, 그런 것 같지는 않다. 누가복음 저자는 목자들이 아기 예수를 알아볼 표징을 찾아 베들레헴으로 가도록 설정했다.

이스라엘 역사에 없던 일이 보도되었다. 천사 한 명이 아니라 수많은 하늘 군대στρατιᾶς οὐρανίου(누가 2,13b; 열왕기상 22,19)가 지상에 나타났다. 예수 탄생을 축하하기 위해 하늘과 땅의 경계가 잠시 무너졌다는 말이다. 이스라엘을 위한 구원자 탄생은 하느님의 작품이므로, 천사들은 하늘 높은 곳에는 하느님께 영광(누가 2,14a)을 노래한다. 구원자 탄생은 모든 인류에게 평화를 상징하므로, 천사들은 땅에서 하느님이 사랑하시는 사람들에게 평화(누가 2,14b)를 노래한다.

천사의 말을 들은 뒤 마리아가 길을 떠난 것처럼(누가 1,39) 목자들은 길을 떠난다. 마리아가 걸음을 서둘러μετὰ σπουδῆς 엘리사벳을 방문한 것처럼(누가 1,39-40) 목자들은 곧 달려가σπεύσαντες 구유에 누워있는 아기 예수를 만난다(누가 2,16). 아기 예수에 대해 천사에게 들었던 말을 목자들은 사람들에게 이야기하였다(누가 2,17). 그러나 마리아는 이 모든 일을 마음속 깊이 새겨 오래 간직하였다(누가 2,19). 천사 가브리엘의 전갈을 들은 마리아는 목자들에게 천사의 소식을 전해 들은 사람들보다 더 많은 것을 알고 있었을 것이다.

9. 아기 예수 방문하는 동방박사들
(마태 2,1-12)

유다인의 왕 헤로데(마태 2,3-9a)와 진짜 유다인의 왕 아기 예수(마태 2,9b-12) 이야기가 대조된다. 한쪽에서 헤로데가, 다른 쪽에서 하느님께서 각각 계획을 실행하기 시작한다. 헤로데와 아기 예수가 대조되고 또한 동방박사들과 헤로데가 대립한다. 아기 예수를 방문하는 동방박사들 이야기가 어디서 시작되었는지 우리는 알 수 없다. 모세 전승(탈출기 1,15)은 아기 예수 이야기 작성에 영향을 끼친 듯하다. 별 이야기는 모세 전승에서 끌어낼 수 없다. 위대한 남자의 탄생에 큰 별이 나타난다는 전설이 고대에 널리 퍼졌다.

헤로데는 왜 첩자를 시켜 동방박사들을 뒤쫓지 않았을까. 예루살렘 백성 전체가 그들이 싫어하는 헤로데와 함께 아기 예수 탄생을 정말로 걱정했을까. 예수 탄생 무렵 천문학 기록들은 마태 2,1-12를 이해하는 데 아무 도움이 못 된다. 누가복음 저자는 마태 2,1-12를 전혀 알지 못했다. 예수의 부모들도 마태 2,1-12를 모르는 듯하다(마가 3,31-35). 마태 2,1-12에서 어떤 역사적 사실을 캐내기는 어렵다. 마태 2,1-12는 한마디로 전설이다. 역사적으로 사실과 거리가 먼 이야기를 만났을 때 성서신학자는 그 기록을 어떻게 해석해야 할까. 그 기록이 말하고자 하는 뜻을 찾아낼 수밖에 없다.

세불론Sebulon(호세아 19,15) 지방에 베들레헴이 있기 때문에 마태복음 저자는 유다 베들레헴(마태 2,1)이라 기록해야 했다. 유다인의 왕 예수는 유다 지방에서 출생해야(마태 2,22) 했고, 유다 지방에서 죽어야 한다는 생각이 또한 있었다. 그래서 동방박사들은 처음부터 갈릴래아가 아닌 예루살렘에 등장한다. 마태복음 저자는 동방박사들의 여행 자체가 아니라 동방박사들과 헤로데의 만남에 관심이 있다. 동방박사들은 유다인이 아니고 이스라엘 밖에서 왔다는 점이 마태복음 저자에게 중요하다. 동방박사들은 유다인의 왕에 대해 묻고 있다.

'동방박사μάγος'(마태 21b)는 페르샤의 사제 계급을 가리키는 단어였는데, 점차 동방의 철학과 자연과학자들까지 포함하는 뜻으로 넓혀졌다.[1] 학문과 점성술의 구분은 당시에 뚜렷하지 않았다. 점성술을 부정적으로 보았던 유다교 역시 점성술 영향에서 완전히 자유로울 수는 없었다.[2] 그들이 유다인 아닌 세계에서 대표적인 지식인이었다는 결론[3]을 마태 2,1-12에서 끌어낼 수는 없다.

마태 2,1-12에서 동방박사들은 아기 예수를 멀리서 찾아와 경배하려는 경건한 사람으로 표현되었다. 그들이 별ἀστέρα(마태 2,2b) 의미를 어떻게 알았는지 마태복음 저자는 설명하지 않았다. 그들이 하느님 안내를 충실히 따랐다는 사실이 마태복음 저자에게 중요했다. 뛰어난 인물

1 Luz, U., *Das Evangelium nach Matthäus (Mt 1-7)*, EKK I/1 (Neukirchen-Vluyn, 1992, 3판), 118.

2 Hengel, M., *Judentum und Hellenismus*, WUNT 10 (Tübingen, 1969), 163, 주 236.

3 Hengel, M., Merkel, H., "Die Magier aus dem Osten und die Flucht nach Ägypten (Mt 2) im Rahmen der antiken Religionsgeschichte und der Theologie des Matthäus," in: Hoffmann, P. (Hg.), *Orientierung an Jesus* (FS Schmid, J.) (Freiburg, 1973), 139-169, 165.

은 큰 별을 갖고 태어나고 평범한 사람은 보통 별을 갖고 태어나며, 태어날 때 별이 나타나고 죽을 때 사라진다는 당시 사람들의 생각을 마태복음 저자는 따른 듯하다.[4]

혜로데왕과 사이가 나쁘던 예루살렘이 아기 예수에 반대하는, 같은 편으로 설정되었다(마태 2,3). 혜로데왕과 예루살렘 시민들은 유다인의 왕에 대해 다시 놀라게 된다(마태 27,11, 29, 42). 마태복음 저자에게 역사적 사실보다 신학적 의미가 더 중요했다. 예루살렘은 예수를 죽인 도시이며, "그 사람의 피에 대한 책임은 우리와 우리 자손들이 지겠습니다" (마태 27,25)라고 마태복음 저자는 기록했다. 예수를 받아들이지 않았던 유다인에 대한 마태복음 저자의 분노를 21세기 한국의 그리스도인이 그대로 이어받을 필요는 없다.

예수가 출생할 곳은 어디냐는 혜로데 질문에 대사제들과 율법학자들은 미가 예언서 5,1을 인용하며 유다 베들레헴이라고 답했다. 역사의 예수가 유다 베들레헴에서 실제로 탄생했다는 결론[5]을 이 구절에서 이끌어 낼 수는 없다. 혜로데 흉계에 넘어가지 않고 다시 별의 안내를 받아 이동하는 동방박사들에게 독자들은 공감할 것이다. 마침내 동방박사들은 마리아와 함께 있는 아기 예수가 있는 곳을 찾아내 기뻐하면서 엎드려 경배하였다. 여기서 마태복음 저자는 아기 예수의 아버지 요셉을 언급하지 않았다.

'경배하다προσκυνέω'(마태 2,11b)는 신, 높은 사람, 왕 앞에 무릎 꿇어 인사함을 가리킨다. 마태복음에서 예수에게 도움 청하는 사람들(마태

---

4 Luz, U., *Das Evangelium nach Matthäus (Mt 1-7)*, 118-119.

5 Strecker, G., *Der Weg der Gerechtigkeit. Untersuchung zur Theologie des Matthäus*, FRLANT 82 (Tübingen, 1962), 57.

8,2; 9,18; 15,25), 제자들이(마태 14,33) 부활하신 그리스도에게 취한 자세(마태 28,9.17)였다. 동방박사들은 황금과 유향과 몰약을 예물로 드렸다(마태 2,11b)는 장면은 이사야 60,6과 아가 3,6을 떠올리게 한다. 이사야 60장은 유다인 아닌 사람들과 그들의 왕들이 시온을 찾아 순례하는 모습을 노래하고 있다.

마태복음 저자는 아기 예수를 찾은 동방박사 모습에서 시온을 찾아 순례하는 유다인 아닌 사람들과 그들의 왕들을 연결하려 했을까. 황금과 유향과 몰약 예물이 각각 무엇을 뜻하는지 우리가 해석하기는 쉽지 않다. 그리스도교 역사에서 세 동방박사가 누구인지, 그들이 바친 선물은 무엇이고 어떤 뜻을 갖고 있는지 많이 논의되었다. 그러나 아기 예수에게 바친 선물보다 아기 예수에게 경배드렸다는 점이 마태복음 저자에게 더 중요하다.

10. 예수 족보
(누가 3,23-38/마태 1,1-17)

족보는 고대 문화에서 크게 존중되었다.[1] 구약성서에서 족보는 가문의 영광과 종교적 정당성을 부여하고 하느님과 연결된 역사를 기억해 주는 역할을 했다. 특히 사제 집안의 족보는 가르침과 믿음뿐 아니라 핏줄과 가문의 정결까지 보존해야 했다. 유다 가문에서 다윗 왕조 가문을 내세우던 흐름이 있었던 듯하다.[2]

예수가 다윗 가문 출신이라는 주장은 예수운동 초기에 어떤 영향을 주었을까. 예수 족보는 신약성서에서 누가 3,23-38과 마태 1,1-17에만 기록되었다. 누가복음 저자와 마태복음 저자가 예수 족보를 처음으로 직접 작성했거나 같은 자료를 참조한 것은 아니었다.[3] 별다른 근거 없이 예수가 다윗 가문임이 당연히 주장되기도 했다(로마 1,3; 히브리 7,14; 요한 묵시록 5,5).

누가 3,23-38에서 예수 족보는 간단히 소개되었다. 예수는 서른 살

---

1 Fitzmyer, J. A., *The Gospel According to Luke I*, AncB 28 (New York, 1981), 504.

2 Jeremias, J., *Jerusalem zur Zeit Jesu. Eine kulturgeschichtliche Untersuchung zur neu-testamentlichen Zeitgeschichte* (Göttingen, 1969, 3판), 309.

3 Bovon, F., *Das Evangelium nach Lukas* (1,1-9,50), EKK III/1 (Neukirchen-Vluyn, 1989), 186.

가량 되어 전도하기 시작하였다는 구절에 이어, '누구는 누구의 아들'이라는 문장 형식이 계속 반복되다가, "에노스, 셋, 아담 그리고 마침내 하느님께 이른다"(누가 3,38)는 언급으로 끝난다. 예수와 요셉 뒤에 75 또는 76개(하느님을 합친다면)의 이름이 언급되었다. 여러 성서 사본에는 조상들의 숫자가 다르게 적혀 있다.4 이 족보에서 "사람들은 예수를 요셉의 아들이라고 여겼다"(누가 3,23b)는 문장이 눈에 띈다.

아담에서 셈까지(누가 3,36b-38) 이름은 창세기 5장 족보에서, 셈에서 아브라함까지(누가 3,34-36a) 이름은 창세기 11,10-32에서, 아브라함에서 다윗까지(누가 3,31b-34a) 이름은 역대기 상권과 룻기에서 왔다. 누가복음이 쓰여질 무렵 역대기 상권과 룻기 책이 유다교 경전에 포함되는지 분명하지 않다. 다윗에서 예수까지 이름이 포함되는 족보를 위해 누가복음 저자가 어떤 자료를 참고하였는지 우리는 알 수 없다.

누가복음 저자와 마태복음 저자는 남자를 통해 자손이 기록되는 직계 족보를 작성했다. 마리아 동정 탄생에도 불구하고 마리아를 통한 족보가 아니라 요셉을 통한 족보를 소개했다. 마태복음 저자는 조상에서 시작하여 현재로 내려오는 족보를, 누가복음 저자는 현재에서 시작하여 조상에 올라가는 족보를 내세웠다. 마태복음 저자는 아브라함에서 시작하는 이스라엘 중심의 족보를 썼다면, 누가복음 저자는 아담을 통해 인류 전체를 향하는 족보를 썼다. 마태복음 저자는 14세대를 3번 반복하는 42세대 족보를, 누가복음 저자는 77세대에 이르는 족보를 보여주었다.

다윗에서 예수까지 이르는 족보를 보면, 세대 숫자뿐 아니라 조상 이

---

4 Fitzmyer, J. A., *The Gospel According to Luke I*, 491-494.

름에서도 누가복음과 마태복음 사이에 차이가 있다. 마태복음 족보에서 다윗에서 예수까지 28명 나오는데, 그들의 평균 나이는 36살이다. 누가복음에 43명 나오는데, 평균 나이는 25살이다. 마태복음에서 예수의 할아버지 이름은 야곱^{Ἰακὼβ}(마태 1,16)인데, 누가복음에서는 엘리^{Ἠλὶ}(누가 3,23)이다. 이 모순을 발견한 성서 사본 Codex D에서 누가복음 족보에 나오는 이름, 엘리 자리에 마태복음 족보에 나오는 이름, 야곱이 기록되었다.5 마리아의 남편 요셉은 다윗 자손(누가 1,27; 2,4; 마태 1,6, 16)이다. 이스라엘에서 남자는 같은 부족 출신 여자와 결혼해야 했으므로 마리아도 다윗 자손이다. 마리아의 남편 요셉이 예수의 친아버지가 아닐지라도, 예수는 어머니 마리아 계통으로 다윗 자손에 속한다.

　'시작'(누가 3,23; 사도행전 10,37) 단어는 누가복음 저자에게 신학적으로 중요하다. 누가복음에서 예수의 시작은 갈릴래아에서 예루살렘으로, 세례에서 하늘로 오름으로, 성령 오심에서 재림으로 향한다. 다윗(열왕기하 5,4), 요셉(창세기 41,46)처럼 30살 예수(누가 3,23)는 적은 나이가 아니라 인생 절정의 나이(민수기 4,3)에 해당한다. '여겨진다^{ἐνομίζετο}'(누가 3,23b) 동사는 문법적으로 여러 뜻을 가질 수 있다.6 1) 사람들은 예수를 요셉의 아들로 여기지만, 누가복음 저자는 그렇게 생각하지 않는다. 2) 사람들은 예수를 요셉의 아들로 여기는데, 누가복음 저자도 그렇게 생각한다. 첫 번째 뜻은 예수 족보를 소개하는 본문 흐름에 어긋난다. 마리아와 요셉은 예수의 부모(누가 2,27.41)라고 불렸으며, 마리아는 예수에게 "너를 찾느라고 아버지와 내가 얼마나 고생했는지 모른다"

---

5 Schürmann, H., *Das Lukasevangelium. Erster Teil: Kommentar zu Kap. 1,1-9,50*, HThK III/1 (Freiburg, 1970), 200, 주 86.

6 Bovon, F., *Das Evangelium nach Lukas* (1,1-9,50), 190.

말한 적도 있었다(누가 2,48). 예수가 하느님의 아들임을 설명하는 근거로 누가복음 저자는 마리아 동정 탄생 외에 족보를 사용했다.

예수 족보를 최초로 썼던 사람은 유다인 중심의 예수운동에 속한 사람인 듯하다.7 그는 갈릴래아 사람 예수를 예루살렘 지역에 살았던 다윗 가문에 연결하기 위해 예수 족보를 창안한 듯하다. 아담에서 예수까지, 즉 창조에서 구원에 이르는 길을 설명하기 위해 그는 묵시문학 양식을 이용하였다. 누가 3,23-38의 예수 족보에서 인류 역사의 마지막 시간으로 여겨지는 일곱째 시대의 처음에 예수가 있다.

누가 3,23에서 예수가 좋은 나이에 달했다는 뜻 말고 더 자세히 추측할 수는 없다.8 예수가 세상에 공식 등장한 시점이 세례자 요한이 활동하던 때를 포함한다는 말을 누가복음 저자는 분명히 했다(사도행전 1,22; 10,37). 누가복음의 예수 족보(누가 3,23-38)에서 요셉부터 레사까지(누가 3,23b-27) 19명, 멜시에서 요남까지(누가 3,28-30) 14명, 멜레아에서 마타까지(누가 3,31) 세 명의 이름은 누가복음에만 있다. 누가복음처럼 현재에서 시작하여 옛날로 거슬러 올라가는 족보는 구약성서에도 보인다(에즈라 7,1-5; 유딧 8,1; 역대기상 6,19-23). 누가복음 예수 족보에 예수부터 아담까지 77명 이름이 나온다. 숫자 77에 어떤 뜻이 숨어 있는지 캐내려는 시도는 드물지 않았다.

누가복음 예수 족보(누가 3,23-38)와 마태복음 예수 족보(마태 1,2-16)를 비교하면 두 족보의 차이는 금방 드러난다.9 예수 아버지 요셉을 제

---

7 Bovon, F., *Das Evangelium nach Lukas* (1,1-9,50), 190.

8 Müllcr, C. G., ""Ungefahr 30": Anmerkungen zur Altersangabe Jesu im Lukasevangelium (Lk 3,23)," *NTS* 49 (2003): 489-504, 499.

9 Mayordomo-Marin, M., *Den Anfang hören. Leserorientierte Evangelienexegese am Beispiel von Matthäus 1-2*, FRLANT 180 (Göttingen, 1998), 217.

외하면 누가복음 예수 족보와 마태복음 예수 족보는 아브라함에서 예수까지 이름이 거의 일치한다. 두 족보의 두드러진 차이는 누가복음 예수 족보에서 다윗 이후 족보가 솔로몬과 그 남왕국 후계자 왕들을 거쳐 이어지지 않고(마태 1,6-11) 다윗 아들 나단(누가 3,31d)을 거친다는 사실이다. 누가복음 예수 족보는 왜 다윗의 직계를 제치고 다른 계통을 선택했는가. 요아킨(예레미야 22,24-30)에 대한 부정적인 평판 때문이었을까. 다윗에서 예수에 이르는 하느님 구원 역사의 연속성이 이스라엘을 거쳐 모든 다윗 자손에게까지 이른다는 뜻(사도행전 13,16-41)을 강조하려 했기 때문일까. 누가복음 저자는 다윗에서 예수에 이르는 계통을 강조한다.

누가복음 저자는 예수 족보를 어디서 찾아냈을까. 아담에서 셈(창세기 5,1-32; 역대기상 1,1-4), 셈에서 아브라함(창세기 11,10-26; 역대기상 1,17-27), 페레스에서 다윗(룻기 4,18-22), 야곱/이스라엘에서 다윗(역대기상 2,1-15), 다윗에서 나단(역대기상 3,1, 5) 등, 아담(누가 3,38c)에서 다윗 아들 나단까지(누가 3,31d) 족보는 구약성서에 이미 있었다. 누가복음 저자는 예수 족보를 발견하고 그것을 현재에서 시작하여 과거로 올라가는 족보로 바꾸었는가. 그는 전해 받은 족보를 확장하고 바꾸었는가. 누가복음 저자가 처음으로 직접 작성했는가.

어느 경우라 하더라도 누가복음 저자는 예수 족보를 예수 역사 안에 놓으려 애썼다. 그렇다면 누가복음 예수 족보의 신학적 의미는 무엇일까. 예수가 모든 인간과 다르다는 점을 말하려는 것일까. 바울이 아테네에서 연설한 다음 문장은 예수뿐 아니라 모든 인간에게 해당한다. "그들은 하느님의 자손입니다"(사도행전 17,29). 예수 역시 인간이고, 예수는 진정한 인간임을 누가복음 예수 족보는 강조한다. 만일 누가복음 예수 족보가 예수에서 시작하여 아담까지만 기록했다면, 이 뜻은 너무나 타당하다. 그러나 누가복음 예수 족보는 아담에서 멈추지 않고 하느님에게 연결되었다. 모든 인간이 하느님과 연결되었다. 예수는 단순히 새로운 아담이 아니고 하느님의 아들이다.[10]

마가 1,1과 창세기 2,4; 5,1에 영향받은 마태 1,1은 마태복음 전체를 가리키는가, 마태복음 예수 족보를 가리키는가, 마태복음 서문을 가리키는가. 여전히 논란되고 있다. 'Biblos'(마태 1,1)는 책(토빗 1,1) 또는 문헌을 가리킨다. 단어 'Genesis'는 마태 1,1과 1,18에만 나온다. Genesis는 역사[11] 또는 좁은 뜻에서 탄생이라고 보기는 어렵다. 기원의 기록(마태 1,1)은 마태복음 1장을 가리킨다. 예수 그리스도(마태 1,1.18; 마가 1,1) 호칭은 그리스어를 쓰던 예수운동 공동체에서 흔히 쓰던 이중 이름이다. 예수는 다윗 가문 출신으로서, 즉 다윗의 아들(마태 1,18-25)로서 이스라엘의 구원자(메시아)다. 모든 유다인 남자가 지니는 호칭 아브라함의 아들(마태 1,2-17)은 특별히 예수에게만 해당되지는 않는다. 아브라함의 아들이 무슨 뜻인지 마태복음 예수 족보(마태 1,2-17)가 설명할 참이다.

마태복음 예수 족보는 14대씩 세 번 기록되었다(마태 1,17). 그러나 마태 1,17을 글자 그대로 따른다면, 다윗을 두 번 세어야 한다. 둘째 14대는 다윗에서 바빌론 유배까지, 즉 요시아에[12] 이른다. 세 번째 14대를 마태 1,12부터 센다면, 14대가 아니라 13대가 되고 만다. 요시아를

---

10 Wolter, M., *Das Lukasevangelium*, HNT 5 (Tübingen, 2008), 177.

11 Zahn, Th., *Das Evangelium des Matthäusevangelium*, KNT 1 (1903), 40.

12 Schöllig, H., "Die Zählung der Generationen im matthäischen Stammbaum," *ZNW* 59 (1968): 262-268.

두 번 세어야만 바빌론 유배에서 예수까지 14대가 된다. 이 단락에서 성서학자들이 마태복음 저자를 변호하려 애쓴다 해도 마태복음 저자를 괜찮은 수학자[13]라고 부를 수는 없다.

마태복음 족보는 아버지와 아들 관계를 기록한 부계 족보이며 아버지와 큰아들 관계를 기록한 직계 족보다. 유다와 에호니아 경우에는 큰아들뿐 아니라 형제들이 언급되었다. 단조로운 단문으로 이루어진 마태복음 족보에서 여자들(마태 1,3, 5ab, 6b, 16), 형제들(마태 1,2c, 11), 다윗 왕(마태 1,6a) 그리고 두 차례 유배가(마태 1,11) 끼어들었다. 예수 어머니 마리아는 마태 1,16에서 수동태 문장으로 언급되었다. 예수에게는 그리스도라는 호칭이 덧붙여졌다.

마태복음 족보는 마태복음 저자가 작성했다는 의견[14]이 여전히 강하다. 그러나 마태복음 이전에 이미 작성되었던 예수 족보를 마태복음 저자가 발견한 듯하다.[15] 마태 1,17과 네 여인 언급은 마태복음 저자가 한 것 같다.[16] 마태복음 족보가 이스라엘 역사에 근거했다고 보기는 쉽지 않다. 예수의 할아버지 이름이 누가복음 예수 족보와 마태복음 예수 족보에서 똑같지 않고, 바빌론 유배에서 요셉에 이르는 기간에 세대 숫자가 족보에서 너무 적다.

마태복음 예수 족보는 예수가 유다인이며 또한 다윗 자손이라는 점

---

13 Brown, R. E., *The Birth of the Messiah I* (New York/London, 1993, 2판), 84.

14 Frankemölle, H., *Jahwebund und Kirche Christi*, NTA.NS 10 (1974), 314; Vögtle, A., "Die Genealogie Mt 1,2-16 und die matthäische Kindheitsgeschichte," in: ders., *Das Evangelium und die Evangelien* (KBANT, 1971), 57-102, 102.

15 Luz, U., *Das Evangelium nach Matthäus (Mt 1-7)*, EKK I/1 (Neukirchen-Vluyn, 1992, 3판), 91.

16 Luz, U., *Das Evangelium nach Matthäus (Mt 1-7)*, 92.

을 강조하기 위해 마태복음 공동체에서 작성된 듯하다. 예수는 이스라엘을 구출할 분으로서 이스라엘 민족이 오랫동안 기다려 온 바로 그분이라는 뜻이다. 예수가 다윗의 자손이라는 사실을 마태복음 저자가 설명하기는 어렵지 않았다. 그런데 예수가 아브라함의 자손이라는 사실을 해명하기는 쉽지 않다. 마태복음 예수 족보에는 사라, 레베카, 라헬 등 위대한 조상들의 부인 이름이 빠져 있고, 그 대신 다른 네 여자 이름이 끼어들었다(마태 1,3, 5, 6).

네 여인의 공통점은 무엇인가. 하느님의 구원 손길은 인간이 예상하지 못하는 모습으로 드러난다는 불규칙[17]을 가리킬까. 이 불규칙은 네 여인의 결혼에서 볼 수 있는가. 룻의 결혼, 밧세바의 간음, 마리아의 약혼이 서로 비교될 수 있는가. 네 여인 모두 성령의 도구로 쓰였는가. 그런 유다교 기록이 다 있는 것은 아니다. 하느님 은혜를 강조하기 위해 네 여인을 죄인으로 설정한[18] 것은 아닐까. 밧세바는 여기에 해당할 수 있지만, 룻, 라합, 타마르, 더구나 마리아는 이 범위에 넣기 곤란하다. 밧세바 경우에는 자기 죄보다는 다윗 죄가 더 크다. 네 여인 모두 유다인이 아니기 때문에[19] 족보에 포함되었을까. 타마르는 아람인, 룻은 모압인, 라합은 가나안이다. 밧세바는 어느 부족 소속인지 알기 어렵다. 마리아는 유다인이다.

17 Stendahl, K., "Quis et unde? An Analysis of Mt 1-2," in: Eltester, W. (Hg.), *Judentum-Urchristentum-Kirche* (FS Jeremias, J.), BZNW 26 (Berlin, 1964), 94-105, 101; Brown, R. E., *The Birth of the Messiah I*, 73.

18 Johnson, M. D., *The Purpose of the Biblical Genealogies*, MSSNTS 9 (London, 1969), 77-82.

19 Stegemann, H., ""Die des Uria", in: Jeremias, G., u.a. (Hg.), *Tradition und Glaube* (FS Kuhn, K. G.) (Göttingen, 1971), 246-276, 260-266; Schweizer, E., *Das Evangelium nach Matthäus*, NTD 2 (Göttingen, 1973), 9.

예수는 아브라함의 후손(마태 1,1a) 표현은 보편적 의미를 갖고 있다. 아브라함은 유다인뿐만 아니라 모든 민족의 조상이라는 뜻이다. 마태 1,17은 이스라엘 역사를 통해 모든 민족에게 나아가는 하느님의 구원 계획을 설명한다. 아브라함에서 다윗까지가 14대, 다윗에서 바빌론으로 끌려갈 때까지가 14대, 바빌론으로 끌려간 다음 그리스도까지 14대(마태 1,17)이다. 세대를 숫자로 세는 관행은 있었다(창세기 5,3-32; 11,10-26). 아담에서 노아까지 세면 10세대, 노아에서 아브라함까지 10세대였다. 음력을 사용한 유다인들은 숫자 14에서 달이 차고 기우는 리듬을 연상할 수 있었다.[20] 아브라함에서 다윗까지 달이 차고, 다윗에서 바빌론 유배까지 달이 기울고, 바빌론 유배부터 예수까지 다시 달이 찬다는 식이다. 그러나 숫자 14에 특별한 의미를 줄 필요는 없다.

야곱은 마리아의 남편 요셉을 낳았고, 마리아에게서 예수가 나셨는데 이분을 그리스도라고 부른다(마태 1,16)는 문장을 마태복음 저자는 전해 받은 것 같다.[21] 마리아가 예수를 동정으로 잉태하고 출산했다는 전승이 예수운동 공동체에서 이미 자리 잡았다는 뜻이다. 요셉이 예수를 양자로 삼았다는 말은 없었다. 마태복음 예수 족보에서 마리아의 아들 예수가 어떻게 다윗 자손인지 설명되진 않았다.

마태복음 예수 족보와 누가복음 예수 족보는 그리스도교 역사에 두 가지 숙제를 던져주었다.[22] 1) 왜 마리아의 아들 예수가 요셉의 아들인가. 2) 마태복음 예수 족보와 누가복음 예수 족보의 차이를 어떻게 설명

---

20 Kaplan, C., "The Generation Schemes in Matthew 1,1-17.Lk 3,24ff," *BS* 87 (1930): 465-471, 466.

21 Luz, U., *Das Evangelium nach Matthäus (Mt 1-7)*, 95.

22 Luz, U., *Das Evangelium nach Matthäus (Mt 1-7)*, 95.

할까. 오늘날 교회 성당에서 예수 족보에 대해 거의 설교되지 않는 현실은 우연이 아니다. 성서학자들은 성서 본문 기록과 그 의미를 구분할 필요를 느끼고 있다. 마태복음 예수 족보와 누가복음 예수 족보는 문학 양식으로 보아 역사적 사실에 근거한 것이 아니라는 점을 성서학자들은 알아냈다. 하느님은 예수를 다윗 자손으로서 이스라엘에 보내셨고, 아브라함의 자손으로서 모든 민족에게 보내신 분이다. 마태복음 예수 족보와 누가복음 예수 족보에서 그 뜻을 캐내는 것으로 이미 충분하다.

11. 이집트에 피난하고 귀환하는 아기 예수
(마태 2,13-23)

탈출기 4,19 단락을 참조한 마태복음 저자는 입으로 전해지던 예수 가족의 이집트 피난 전승을 받아서 처음으로 글로 작성한 듯하다.[1] 예수 가족이 이집트 피난에서 이스라엘로 돌아온 이야기만 처음에 있었는데, 갈릴래아로 간 이야기가 나중에 덧붙여졌다.[2] "내가 내 아들을 이집트에서 불러내었다"(마태 2,15) 구절은 히브리어 호세아 11,1을 따르고 있다. "라마에서 들려오는 소리, 울부짖고 애통하는 소리, 자식 잃고 우는 라헬, 위로마저 마다는구나!"(마태 2,18) 구절은 예레미야 31,15를 따르고 있다. "예언자를 시켜 그를 나자렛 사람이라 부르리라"(마태 2,23) 문장은 어디를 참조했을까. 수수께끼다.

왕의 자녀들이 박해받고 피신하다 구출된 이야기는 고대에 많았다.[3] 아기 모세가 이집트에서 구출되고 이스라엘 아이들이 이집트 파라오에게 살해되었다는 전승이 마태 2,13-23의 배경에 있다.[4] 마태복음 저자

---

1 Luz, U., *Das Evangelium nach Matthäus (Mt 1-7)*, EKK I/1 (Neukirchen-Vluyn, 1992, 3판), 126.

2 Dibelius, M., *Die Formgeschichte des Evangeliums* (Tübingen, 1959, 3판), 126, 주 2; Brown, R. E., *The Birth of the Messiah I* (New York/London, 1993, 2판), 106-108.

3 Luz, U., *Das Evangelium nach Matthäus (Mt 1-7)*, 85.

가 모세 전승을 모르진 않았다.

아기 모세 이야기와 아기 예수 이야기에 서로 다른 점도 있다. 예수 부모의 지혜 덕분이 아니라 하느님 안내 덕분에 아기 예수는 피신했다. 아기 예수는 이집트로 피신했지만, 성인 모세는 이집트에서 탈출했다. 아기 모세 이야기보다 이집트로 피신했던 야곱 이야기(창세기 46,2-7; 신명기 26,5-8)가 아기 예수의 이집트 피신 이야기에 더 가깝지 않을까.5 마태 2,13 단락과 창세기 46장은 어휘로 보면 비슷한 점이 별로 없고, 라반은 통치자가 아니었다.6

아기 예수 가족의 이집트 피신과 이스라엘 귀환 이야기는 역사적 사실에 근거했을까. 헤로데가 잔인한 통치자였다는 사실 그리고 이집트는 박해받던 유다인의 망명지였다는 기록은 있다. 그러나 예수의 베들레헴 탄생 전승은 역사적 근거가 없고, 예수 가족의 이집트 피신과 이스라엘 귀환은 누가복음에서 언급되지 않았다. 유다교와 분열되었던 마태복음 공동체의 어려운 처지가 예수 가족의 이집트 피신과 이스라엘 귀환 이야기의 배경에 있었던 듯하다.7 아기 예수 가족의 이집트 피신과 이스라엘 귀환 이야기가 역사적 사실이라고 말하기는 어렵다. 역사적 사실에 근거하지 않은 이야기에 신학적 의미가 없다는 말은 아니다.

아기 예수 가족의 이집트 피신 이야기(마태 2,13-15)에는 예수 운명을 하느님이 계획하시고 주관하신다는 뜻이 담겨 있다. 예수 운명만 하느

---

4 Bloch, R., "Die Gestalt des Moses in der rabbinischen Tradition," in: Stier, F., Beck, E. (Hg.), *Moses in Schrift und Überlieferung* (Düsseldorf, 1963), 95-171, 117-120.

5 Daube, D., *The New Testament and rabbinic Judaism* (London, 1956), 189-192.

6 Vögtle, A., *Messias und Gottessohn. Herkunft und Sinn der matthäischen Geburts- und Kindheitsgeschichte* (Düsseldorf, 1971), 43-53.

7 Luz, U., *Das Evangelium nach Matthäus (Mt 1-7)*, 128.

님이 배려하실까. 하느님은 예수를 내 아들υἱός μου(마태 2,15b)이라고 부르신다. 아들은 마태복음 2장에서 유일한 예수 호칭이다.[8] 이집트라는 단어도 아들 단어처럼 마태복음 2장에서 중요하다.[9] 예수가 이집트를 탈출하는 이야기에서 이스라엘 백성의 운명이 다시 드러난다.[10] 예수 운명에서 이스라엘 백성의 운명이 다시 새롭게 드러난다.

이집트에서의 귀환 이야기(마태 2,19-21)에서도 하느님의 배려와 요셉의 존중이 돋보였다. 귀환은 두 단계에 걸쳐 이루어졌다. 요셉은 이스라엘로 돌아왔고(마태 2,21), 갈릴래아 지방으로 가서 나자렛 도시에서 살았다(마태 2,22-23). 아르켈라오가 자기 아버지 헤로데를 이어 유다 왕이 되었다βασιλεύει(마태 2,22a)는 기록이 정확한 것은 아니다. 아르켈라오는 영주였지만, 왕은 아니었다. 마가복음 저자도 세례자 요한을 처형시킨 헤로데 안티파스 영주를 헤로데왕이라고 잘못 표기하였다(마가 6, 14-27). 구약성서에 전혀 나오지 않는 지명 나자렛을 마태복음 저자는 도시πόλις(마태 2,23a)라고 표기했다. 마태복음 저자는 이스라엘 역사와 지리를 잘 알지 못했다. 그는 도시에 사는 사람이었을까.[11]

헤로데가 베들레헴과 그 일대에 사는 두 살 이하 사내아이를 학살했다는 기록(마태 2,16-18)은 역사적으로 근거가 없다. 성서 말씀이 이루어지기 위해 아기 학살이 필요했다고 마태복음 저자가 말하는 것은 아니다. 마태 2,16-18을 읽는 독자들은 죄 없는 아기들이 왜 학살당했는

---

8 Kingsbury, J., *Matthew: Structure, Christology, Kingdom* (London, 1975), 46.

9 Stendahl, K., "Quis et unde? An Analysis of Mt 1-2," in: Eltester, W. (Hg.), *Judentum-Urchristentum-Kirche* (FS Jcremias, J.), BZNW 26 (Berlin, 1964), 94-105, 97.

10 Strecker, G., *Der Weg der Gerechtigkeit. Untersuchung zur Theologie des Matthäus*, FRLANT 82 (Tübingen, 1962), 58.

11 Luz, U., *Das Evangelium nach Matthäus (Mt 1-7)*, 75.

지, 하느님이 계신다면 왜 악이 존재하는지 궁금할 것이다. 마태복음 저자는 하느님과 악의 존재[Theodizee] 주제를 다룬 것은 아니고, 하느님과 헤로데의 대결을 단순히 설정하였다.

"이리하여 예언자를 시켜 '그를 나자렛 사람이라 부르리라' 하신 말씀이 이루어졌다"(마태 2,23) 구절은 해석하기 어렵다.[12] 구약성서에 그런 말씀은 없다. 마태복음 저자는 구약성서 어디를 생각했을까. 마태 2,23을 마태복음 저자가 처음 썼을까. 전해진 내용을 그대로 받아썼을까. 마태복음 저자가 판관기 13,5, 7; 16,17을 참조할 수 있다. 이사야 예언서 11,1을 그대로 받아썼을 수도 있다. 마태복음 공동체가 있었던 곳으로 여겨지는 시리아 지방에서 나자렛 사람들은 예수를 따르는 사람들을 가리키는 호칭이었다.[13]

나자렛[Ναζωραῖος](마태 2,23b) 뜻도 분명하지 않다. 단어 Ναζωραῖος는 원래 어떤 뜻을 가졌을까. 마태복음 저자는 Ναζωραῖος를 어떻게 이해했을까. 이 두 질문은 서로 구분해서 다루어야 한다.[14] 마가복음 저자가 썼던 동네 Ναζαρηνός(마가 1,24a)를 마태복음 저자는 Ναζωραῖος(마태 2,23b)로 바꾸어 썼다. 같은 동네를 가리킨다. 그런데 마태복음 저자는 왜 같은 단어를 쓰지 않았을까.

---

12 Zuckschwerdt, E., "Nazoraios in Matth. 2,23," ThZ 31 (1975): 65-77, 69, 주 19.

13 Luz, U., Das Evangelium nach Matthäus (Mt 1-7), 133.

14 Luz, U., Das Evangelium nach Matthäus (Mt 1-7), 131-132.

12. 성전에서 봉헌되는 아기 예수
(누가 2,21-40)

마리아는 아들을 낳았고(누가 2,6), 아기 예수는 세례자 요한처럼 탄생 여드레 날에(창세기 17,12; 레위 12,3) 유다교 율법에 맞게(창세기 17,12; 레위 12,3) 할례받았다(누가 2,21). 사람들이 예수를 하느님께 소개할 차례다(누가 2,22). 예수 부모는 로마제국 인구 조사 덕분에 베들레헴에 갈 수 있었다면(누가 2,1-5), 유다교 율법 덕분에 예루살렘에 갈 수 있었다(누가 2,22-38). 아기 예수 봉헌과(누가 2,22b-23) 마리아를 위한 정결례 제물 봉헌(누가 2,24) 두 사건을 누가복음 저자는 같은 단락 안에 묶었다. "새끼 양 한 마리도 바칠 힘이 없다면, 집비둘기 두 마리나 산비둘기 두 마리를 구해, 한 마리는 번제로 드리고 한 마리는 속죄제물로 드려야 한다. 그것으로 사제가 그 여인의 부정을 벗겨주면 그 여인은 깨끗하게 된다"(레위 12,8). 사무엘과 예수처럼 하느님 앞에 거룩한 사람들은 "여드렛날, 산비둘기나 집비둘기 새끼 두 마리를 만남의 장막 문간으로 가져다 사제에게 주어야 한다"(민수기 6,10). 거룩한 분 예수는 결국 세상에 등장할 수밖에 없었다고 누가복음 저자는 말한다.

여자 예언자 한나(누가 2,38)처럼 시몬은 하느님을 기다리는 사람이었다. 그는 "주님의 구원을 제 눈으로 보았습니다"(누가 2,30) 노래한다.

하느님을 한평생 기다리다가 주님 구원을 직접 본 시몬은 지금 평안히 눈감게 되었다ἀπολύεις.(누가 2,29b). 단어 ἀπολύω는 죽음(창세기 15,2; 마카베오하 7,9) 또는 노예 신분에서 해방을 뜻한다. 결정적 단계에 접어든 지금νῦν νῦν(누가 2,29a), 하느님 구원 역사가 시작되었다. 하느님은 세상(누가 2,32)과 개인(누가 2,29)에게 지금 역사하신다.

하느님의 목표와 수단은 평화다.[1] "모든 백성에게 베푸신 구원을 보았습니다. 그 구원은 모든 백성들에게는 주의 길을 밝히는 빛이 되고, 주의 백성 이스라엘에게는 영광이 됩니다"(누가 2,31-32; 이사야 42,6; 60, 1-3). 놀랍게도 모든 백성이 주의 백성 이스라엘보다 먼저 언급되었다. 구원을 강조하고, 그것도 모든 백성에게 이르는 구원을 강조하는 것이 누가복음의 특징이다. 지금 예수를 맞아들이고, 예수 복음을 받아들이고, 예수 제자들을 환영하는 것은 누가복음에서 중요하다(누가 8,13; 9,5; 10,8).

누가복음 저자는 왜 아기의 아버지ὁ πατὴρ αὐτοῦ(누가 1,33a) 표현을 썼을까. 마리아 동정 탄생 전승을 알지 못하는 다른 전승의 흔적이 이 구절에 담겨 있는가. 시몬이 아기 예수를 축복하지 않은 사실이 놀랍다. 죽음을 앞둔 평범한 인간 시몬이 감히 하느님의 아들을 축복할 수는 없다는 뜻일까. 시몬은 아기 예수에게 평화와 빛을(누가 2,29-32) 노래했고, 아기 예수의 어머니 마리아에게 칼과 고난을(누가 2,34-35) 노래했다. "이 아기로 말미암아 이스라엘에서 많은 사람들이 넘어지기도 하고 다시 일어서기도 하며, 또 아기는 배척당하는 표징σημεῖον이 될 것입니다"(누가 2,34b). 예언자 이사야와 그 자녀들은 야훼께서 이스라엘에 세

---

1 Schürmann, H., *Das Lukasevangelium. Erster Teil: Kommentar zu Kap. 1,1-9,50*, HThK III/1 (Freiburg, 1970), 125.

워 주신 징조와 표였다(이사야 8,18). 아기 예수는 예언자의 표징일 뿐만 아니라 또한 하느님의 아들이다.

예수는 이사야 8,14처럼 돌, 거룩한 돌로 표현되었다(누가 2,34b). 거룩하지 않은 사람은 예수라는 돌에 걸려 넘어질 수 있다(누가 2,34a). 예수는 칼$^{\acute{\rho}ομφαία}$(누가 2,35a), 이스라엘 백성을 시험하고 갈라놓는(에제키엘 14,17) 칼로 비유되었다. 고난받는 메시아(누가 9,22; 사도행전 26,23) 예수(누가 2,26, 30)와 그 어머니 마리아는 함께 고통받을 것이다. 마리아는 자기 가족과 자기 삶에서 하느님 말씀이 묵살당하는 고통을 받는다[2]는 뜻도 포함할 수 있다.

남자 예언자 시몬은 자기 자신이 누군지 소개되었지만, 여자 예언자 한나는 그렇지 못했다. 어느 가문에, 누구 딸이며, 결혼 관계가 어떠냐에 의해 소개되었다(누가 2,36-37). 아셀 지파의 혈통을 이어받은 파누엘의 딸 한나는 결혼하여 남편과 일곱 해를 살다 과부가 되어 여든네 살이 되었다. 한나의 삶은 다른 사람과 관계에 의해, 즉 미혼 여성, 기혼 여성, 과부 3단계로 소개되었다. 과부로 오래 살았던, 즉 재혼하지 않았던 한나의 삶이 누가복음 저자 눈에 거룩하게(유디트 8,4-6; 디모테오전서 5,3-16) 보였다.[3] 누가복음 저자는 남자 예언자 시몬의 말을(누가 2,29-32) 길게 인용했지만, 여자 예언자 한나의 말은 한마디도 전하지 않았다. 누가복음 저자가 살던 시대는 여성을 차별하는 시대였고, 누가복음 저자도 그 시대의 아들이며, 성서 역시 여성 차별 시대에 쓰였다는 사실을 잊지 말아야 한다. 21세기 사는 우리가 1세기 성서 저자들에게 전혀 배울 필요가 없는 것도 있다.

---

2 Fitzmyer, J. A., *The Gospel According to Luke I*, AncB 28 (New York, 1981), 423.
3 Brown, R. E., *The Birth of the Messiah I* (New York/London, 1993, 2판), 467.

그렇지만 누가복음 저자는 한나를 예언자로 소개했다. 구약성서에 여자 예언자가 네 명 나온다. 미리암(탈출기 15,20), 데보라(판관기 4,4), 훌다(열왕기하 22,14), 예언자 이사야의 아내다(이사야 8,3). 미리암이 노래했다. "야훼를 찬양하여라. 그지없이 높으신 분, 기마와 기병을 바다에 처넣으셨다"(탈출기 15,21). 이사야도 예언자였고, 이사야의 아내도 예언자였다. 그런데 이스라엘 역사에서 여자 예언자가 네 사람만 있었을까. 신약성서에는 이세벨(요한 묵시록 2,20), 요엘(사도행전 2,17)이 언급되지만, 여자 예언자 이야기는 빈약하기만 하다(사도행전 21,9; 고린토전서 11,5).

여류 작가라는 호칭이 여성에게 불쾌하게 들린다면, 여자 예언자라는 호칭도 불쾌할 수 있다. 한나는 아기 예수가 성전에서 봉헌되는 풍경을 소극적으로 구경만 하지 않고 적극적으로 하느님께 감사드렸고(누가 2,38a), 모든 사람에게 아기 이야기를 설교하였다(누가 2,38b). 교회 성당에서 여성의 설교를 누가 가로막고 있는가.

누가복음 저자는 할례와 이름 짓기를 연결하였다. 무대는 베들레헴에서 예루살렘으로 바뀐다. 요셉과 마리아가 왜 예루살렘으로 갔는지 설명된다(누가 2,22-24). 시몬과 만남(누가 2,25-35), 한나의 반응(누가 2,36-38)이 누가 2,21-39 단락에서 중요하다. 의롭고 경건하게 살았던 시몬은 이스라엘의 위로παράκλησις를 기다리는 사람으로(누가 2,25), 한나는 예루살렘의 해방λύτρωσις을 기다리는 사람으로(누가 2,38) 소개되었다. 이스라엘의 위로와 예루살렘의 해방을 기다리던 시몬과 한나는 예루살렘 성전에서 아기 예수를 만나 평생소원을 풀었다. 누가복음 저자는 남자와 여자를 번갈아 등장시켜(누가 1,25-38; 7,1-17; 15,4-10) 이스라엘의 희망을 노래하길 좋아한다.[4]

이스라엘 여인은 아들을 출산하여 불결해질 경우 40일간 집에 있어야 하고 성소에 들어가지 못한다(레위 12,4). 딸을 출산해서 불결해질 경우 80일간 집에 있어야 하고 성소에 들어가지 못한다(레위 12,5). 딸을 낳으면 아들 낳을 때보다 산모의 불결한 기간이 두 배로 늘어난다. 이 기간이 지나 몸이 깨끗하게 되면 번제 제물로 일 년 된 양 한 마리와 속죄 제물로 집비둘기나 산비둘기 한 마리를 만남의 장막 문간으로 가져다 사제에게 드려야 한다(레위 12,6). 새끼 양 한 마리도 바칠 능력이 없는 가난한 산모는 집비둘기 두 마리나 산비둘기 두 마리를 구해 한 마리는 번제로, 한 마리는 속죄 제물로 드려야 한다(레위 12,8). 레위기 12장에 따르면 오직 산모만 불결한 상태에 있다. 그런데 누가복음 저자는 복수명사 그들의 정결 예식καθαρισμοῦ αὐτῶν(누가 2,22a)이라고 썼다. 왜 그렇게 했는지, 그들은 누구를 가리키는지 우리는 알기 어렵다.

아기 예수의 부모 요셉과 마리아는 예수를 주님께 봉헌하려고 예루살렘으로 갔다(누가 2,22b). 누가복음 저자는 탈출기 13,2와 탈출기 13,12를 자유롭게 뒤섞어 "모태를 열고 나온 맏아들은 모두 거룩하여 주님의 차지라 불리리라"(누가 2,23a)라고 인용했다. 예수 부모 요셉과 마리아는 율법을 충실히 따르는 유다인으로, 아기 예수는 하느님과 특별히 가까운 관계로 그려졌다.

누가복음 저자는 시몬을 의롭고 경건한δίκαιος καὶ εὐλαβὴς(누가 2,25b) 사람으로 소개했다. 이 표현은 유다교와 예수운동 문헌에서 누가복음 여기에만 있다. 신약성서에서 누가복음 저자만 경건한εὐλαβὴς(사도행전

---

4 d'Angelo, M. R., "Women in Luke-Acts: A Redactional View," *JBL* 109 (1990): 441-461, 444; Seim, T. K., *The Double Message. Patterns of Gender in Luke-Acts* (Edinburgh, 1994), 11-24.

2,5; 8,2; 22,12) 단어를 썼다. 누가복음 저자는 시몬을 정통 유다인으로 그리려 했다. 이스라엘이 위로받기를 기다리던 시몬(누가 2,25b)은 "위로하여라. 나의 백성을 위로하여라"(이사야 40,1), "나는 그들의 슬픔을 기쁨으로 바꾸고 근심에 찼던 마음을 위로하여 즐겁게 하리라"(예레미야 31,13) 전했던 예언자들과 연결된다. 누가복음 저자는 시몬에게서 율법과 예언자의 결합(누가 16,16; 24,27; 사도행전 24,14)을 보았을까.5 성령은 시몬에게 주님의 그리스도χριστὸν κυρίου(사무엘상 24,7; 사무엘하 1,14)를 죽기 전에 보리라(누가 2,26; 시편 89,49; 요한 8,51) 알려주셨다.

여기서 시몬이 나이 많은 사람이라고 단정할 수는 없다. 시몬 찬가는 죽음을 앞둔 사람이 부르는 감사 기도라는 의견에6 나는 찬성하기 어렵다. 시몬 찬가는 돌아온 아들 요셉을 다시 만난 아버지 이스라엘의 말 "이제는 죽어도 한이 없다. 마침내 네 얼굴을 이렇게 보다니. 네가 살아 있었구나!"(창세기 46,30), 다시 만난 아들 토비아 목을 얼싸안고 "얘야, 내가 너를 다시 만났으니 이제는 죽어도 한이 없겠다" 눈물 흘렸던 어머니 안나 말에 더 가깝다.

성령은 시몬과 아기 예수의 만남을 배려하신다(누가 2,27). 이루어진 약속에 대해 시몬은 즈가리야(누가 1,64)처럼 하느님을 찬양한다. 마리아 찬가Magnifikat(누가 1,46-55), 즈가리야 찬가Benedictus(누가 1,68-79)처럼 시몬 찬가Nunc Dimittis(누가 2,29-32)도 지금 우리에게 전해지는 문장과 관계없이 존재했다는7 의견이 있다. 누가복음 저자가 작성했다는 가설도 있다.8 마리아 찬가와 즈가리야 찬가처럼 시몬 찬가도 구약성서, 특

---

5 Wolter, M., *Das Lukasevangelium*, HNT 5 (Tübingen, 2008), 137.

6 Berger, K., "Das Canticum Simeonis (Lk 2:29-32)," *NT* 27 (1985): 27-39, 25.

7 Brown, R. E., *The Birth of the Messiah I*, 446.

히 제2 이사야 예언서 여기저기서 끌어다 붙인 콜라주 작품 같다.[9]

이스라엘(누가 2,32; 1,54, 68), 당신 백성(누가 2,32; 1,68, 77)처럼 시몬 찬가에는 누가복음 1장과 겹치는 중요한 단어가 있다. '주님의 구원σωτή ριόν σου'(누가 2,30)은 '구원자 주님σωτῆρ μου'(누가 1,47; 이사야 40,5; 51,5)을 예수와 연결하여 이스라엘 넘어 모든 백성(누가 1,31), 특히 유다인 아닌 사람들(누가 1,32)을 포함하는 보편적 관점을 드러낸다. 하느님 구원이 이스라엘에서 시작되지만 모든 민족에게 퍼져나간다는 제2 이사야 예언자 사상(이사야 49,1-13)에 누가복음 저자는 기쁘게 매혹되었다.

'모든 민족πάντες οἱ λαοί'(누가 2,31) 표현이 눈에 띈다. 단어 λαος를 누가복음 저자는 단수로 써서 이스라엘 백성(누가 1,10)이나 예수운동 공동체(사도행전 15,14; 18,10)를 가리킨다. 사도행전 4,25를 제외하면 복수명사 λαοί는 이스라엘 부족들λαοί Ἰσραήλ(사도행전 4,27)을 가리킨다. 누가복음 저자가 πάντες οἱ λαοί(누가 2,31)에서 이스라엘 열두 부족을 가리켰다는 의견[10]보다 인류 전체를[11] 가리킨다고 보는 의견이 더 적절하다.

"이 종은 평안히 눈감게 되었습니다"(누가 2,29b) 구절에서 죽음을 억압에서 해방이라고[12] 이해할 수 있을까. 중환자, 노숙인, 독거노인 등 실존적으로 그 의견에 찬성할 사람도 있을 수 있겠지만 말이다. 주님의 구원을 제 눈으로 보았기 때문에(누가 2,30), 모든 백성에게 베푸신 구원

---

8 Radl, W., *Der Ursprung Jesu. Traditionsgeschichtliche Untersuchungen zu Lukas 1-2*, HBSt 7 (Freiburg u.a., 1996), 224.

9 Brown, R. E., *The Birth of the Messiah I*, 458.

10 Stegemann, W., ""Licht der Völker" bei Lukas," in: *Der Treue Gottes trauen. Beiträge zum Werk des Lukas* (FS Schneider, G.) (Freiburg u.a., 1991), 81-97, 89; Rusam, D., *Das Alte Testament bei Lukas*, BZNW 112 (Berlin/New York, 2003), 80.

11 Wolter, M., *Das Lukasevangelium*, 140.

12 Wolter, M., *Das Lukasevangelium*, 139.

을 보았기 때문에(누가 2,31) 시몬은 평안히$^{ἐν εἰρήνη}$(누가 2,29b) 죽음을 맞게 되었다. 시몬이 자녀나 가족 덕분에 평안히 죽음을 맞이한 것은 아니다. 조국의 자주독립을 보지 못하고 스러져 간 독립투사들, 억울하게 희생된 4.3 항쟁 희생자 등 평안히 눈감지 못한 분들이 얼마나 많은가. 죽음을 개인 역사 차원에 좁게 가두어 해석할 일은 아니다.

"그 구원은 이방인들에게 주의 길을 밝히는 빛이 되고 주의 백성 이스라엘에게 영광이 됩니다"(누가 2,32) 구절은 시몬 찬가에서 핵심이다. 시몬 찬가는 제2 이사야 예언서에서 여러 구절을 따왔다(이사야 42,6; 49,6; 60,1). 예수는 이스라엘 백성에게 영광이 되고, 동시에 모든 민족에게 빛이 된다.[13] 이미 하느님 백성인 이스라엘 백성에게 예수는 영광이 되고, 아직 하느님 백성이 아닌 모든 민족에게 예수는 빛이 된다. 예수가 이스라엘 백성에게 영광이라는 사실을 그리스도인은 자주 잊고, 예수는 모든 민족에게 빛이라는 사실을 유다인은 자주 잊고 있다. 예수 부활 이후 유다인 아닌 사람들에 대한 복음 전파가 모든 인류에 대한 하느님 구원 계획에 처음부터 포함되었다는 사실을 누가복음 저자는 분명하게 밝혔다.

누가 2,32에서 아기의 부모는 아기를 두고 하는 이 말을 듣고 "감격하였다"(공동번역)는 번역은 지나치다. 아기의 아버지와 어머니는 아기를 두고 하는 이 말을 듣고 "이상하게 여겼다"(200주년 기념성서)가 적절한 번역이다. 요셉과 마리아는 보고 들은 것을 잘 이해하지 못한 사람들처럼(누가 1,63; 2,18) 반응하였다. 요셉과 마리아는 둘 다 시몬의 말을 의아하게 여겼지만, 누가복음 저자는 시몬이 마리아에게만 설명하듯이

---

13 Coleridge, M., *The Birth of the Lucan Narrative. Narrative as Christology in Luke 1-2*, JSNT.S 88 (Sheffield, 1993), 170.

설정했다(누가 2,34a). "이 아기는 수많은 이스라엘 백성을 넘어뜨리기도 하고 일으키기도 할 분이십니다"(누가 2,34b) 문장은 "그는 이스라엘의 두 집안에게 성소가 되시지만, 걸리는 돌과 부딪치는 바위도 되시고, 예루살렘 주민에게는 덫과 올가미도 되신다"(이사야 8,14)와 연결될까. 그보다는 "넘어졌다가 일어나지 않는 사람이 있다더냐?"(예레미야 8,4) 구절과 더 잘 연결된다. 이스라엘 대부분 처음에는 예수를 거절하여 넘어지지만, 그다음에 다시 일어선다는 뜻이다.[14] 예수는 구원과 멸망에 대한 엄청난 패러다임 전환을 이스라엘에 선물할 것이다.[15]

"이 아기는 많은 사람들의 반대받는 표징σημεῖον이 되어, 당신의 심장을 칼이 꿰뚫을 것입니다. 그러나 그는 반대자들의 숨은 생각을 드러나게 할 것입니다"(누가 2,34c-35). 대체 무슨 말일까. "니느웨 사람들에게 요나의 사건이 표징이 된 것처럼 이 세대 사람들에게 사람의 아들도 기적의 표징이 될 것입니다"(누가 11,30) 구절을 보자. 요나 사건을 보고 회개하였던 니느웨 사람들이 다가올 심판에서 자기 시대 사람들을 심판할 것처럼 회개하지 않은 자기 시대 사람들을 예수는 심판할 것이다. 이스라엘에서 예언자들이 하느님의 표징(이사야 8,18; 에제키엘 12,6)인 것처럼 예수도 표징이다. 예언자들의 경고는 심판을 칼에 비유한다(예레미야 4,10; 에제키엘 14,17; 시편 22,21).

시몬이 마리아에게 전한 말은 어떤 의미일까.[16] 아들 예수가 이스라엘 백성에게 거절당하고 죽임당하는 모습에서 어머니 마리아mater dolo-

---

14 Schweizer, E., "Zum Aufbau von Lukas 1 und 2," in: Hadidian, D. (Hg.), *Intergerini Parietis Septum (Eph. 2:14)* (FS Barth, M.) (Pittsburgh, 1981), 309-335, 323.

15 Wolter, M., *Das Lukasevangelium*, 142.

16 Brown, R. E., The *Birth of the Messiah I* (New York/London, 1993, 2판), 462; Bock, D. L., *Luke I*, BECNT 3 (Grand Rapids, 1994), 428.

rosa가 겪을 고통을 시몬이 예고했는가. 예수가 가져올 이스라엘의 분열을 마리아와 그 가족도 피해 갈 수 없을 것(누가 8,19-21; 12,51-53)을 시몬이 알려주었는가. 마리아 심장 속에 있는 생각은 사람들에게 감추어져 있고, 오직 하느님만 아실 것이다.

나이 많은 여자 예언자προφῆτις(누가 2,36a) 안나가 등장한다. 예수 시대에 남자 예언자만 있었던 것은 아니라는 사실이 중요하다. 예언자 안나는 성전을 떠나지 않는(시편 23,6; 27,4) 경건한 여인이었다. 밤낮없이(민수기 11,32; 사무엘상 25,16; 마가 4,27) 표현은 유다교 관습에 해질 때부터 하루가 시작되기 때문에 생겼다. "당신의 이 여종은 밤이나 낮이나 하늘에 계신 하느님을 섬기며 경건한 생활을 하는 사람입니다"(유딧 11,17). 단식과 기도(누가 2,37b; 예레미야 14,12; 토비트 12,8)는 경건의 상징이다.

예언자 안나의 개인 정보(누가 2,36-37)는 예루살렘 성전을 방문하는 사람들에게 안나가 널리 알려진 인물[17]이라는 사실을 말한다. 아기 예수를 봉헌하는 예식을 본 안나는 마리아(누가 1,46), 즈가리야(누가 1.68), 목자들(누가 2,20), 시몬(누가 2.28)처럼 하느님께 감사드리고(누가 2,38b), 이스라엘 해방을 기다리던 사람들에게 아기 예수 이야기를 하였다. 그런데 예수가 이스라엘을 해방시킬 분이라는 말을 누가복음 저자는 전혀 하지 않았다. 왜 그랬을까. 누가복음 저자의 침묵은 이스라엘은 로마 군대에게 짓밟혀 폐허가 되었고, 예루살렘 성전은 파괴되었던 역사적 상황과 관계있다.

---

17 Schürmann, H., *Das Lukasevangelium. Erster Teil: Kommentar zu Kap. 1,1-9,50*, HThK III/1 (Freiburg, 1970), 130.

13. 어린 시절 예수
(누가 2,40-52)

오직 누가복음 저자만 소개하는 어린 시절 예수(누가 2,41-52) 이야기는 지혜(누가 2,47), 은혜(누가 2,49) 두 단어로써 대표된다. 어린 시절 예수는 인간적으로 지혜가 날로 커졌으며 또한 하느님과 독특한 관계에서 성장했다. 어린 시절 예수 이야기는 예수 부모들의 예루살렘 성전 순례(누가 2,41-45), 어린 예수의 지혜(누가 2,46-47), 예수 부모와 어린 예수의 대화(누가 2,48-49), 일상으로 복귀하는 예수(누가 2,50-52)로 이루어졌다. 예수의 보잘것없는 출신에 대한 유다인의 비판에 예수운동 공동체가 해명하던 상황에서 이 단락이 생긴 듯하다.[1] "왜, 나를 찾으셨습니까? 내가 내 아버지의 집에 있어야 할 줄을 모르셨습니까?"(누가 2,49) 예수 말은 예수 삶 전체를 요약하는 말 같다.

해마다 과월절이 되면 예수의 부모는 명절을 지내러 예루살렘으로 가곤 하였다(누가 2,41). 예수 부모는 예수처럼 거룩하고 충실한 유다교 신자였다. 열두 살 소년은 열두 살 소녀와 달리 성인 취급을 받지 못한다. 어린아이에 불과한 열두 살 예수(누가 2,42)의 지혜가 범상치 않았다

---

1 Bovon, F., *Das Evangelium nach Lukas* (1,1-9,50), EKK III/1 (Neukirchen-Vluyn, 1989), 154-155.

는 말을 누가복음 저자는 하고 싶다. 위대한 인물들이 열두 살 무렵에 놀라운 지혜를 보여 준 사례가 유다와 그리스 문헌에 적지 않았다.[2] 누가복음 저자는 예수를 위대한 인물들의 반열에 올리고 싶었다.

예수 가족이 과월절(탈출기 12,15-16; 레위기 23,6-8; 신명기 16,3) 일주일 내내 예루살렘에 머물렀는지, 순례객에게 요청되는 명절 첫 이틀만 머물렀는지 누가복음 저자는 관심이 없다(누가 2,43-45). 친척들과 친지들 가운데서(누가 1,58; 14,12; 21,16) 예수 부모는 잃어버린 아들 예수를 찾아보았다(누가 2,44). 누가복음 저자가 어린 예수의 지혜를 돋보이려다 보니 예수 부모가 자녀를 제대로 살피지 못한 격이 되고 말았다. 부모와 떨어져 있던 이틀(누가 2,44-45) 동안에 열두 살 예수는 어디서 먹고 잤을까. 누가복음 저자는 그런 내용에 관심이 없다. 예수 부모는 사흘 만에(μετὰ ἡμέρας τρεῖς) 성전에서 예수를 찾아냈다(누가 2,46a). 사흘은 72시간 지나서가 아니라 셋째 날을 가리킨다. 헤어진 자녀를 찾아 세상을 헤매는 부모들이 오늘도 얼마나 많은가. 예수의 부모가 잃어버린 아들 예수를 되찾았을 뿐만 아니라 성전에서 찾았다는 사실이 또한 중요하다.

열두 살 미성년자 예수가 예루살렘 성전에서 이스라엘의 위대한 신학자들과 토론하고 있다. 누가복음 저자는 예루살렘 성전의 솔로몬 홀(사도행전 3,11; 5,12)을 생각한 듯하다. "예수는 신학자들과 한자리에 앉아 그들의 말을 듣기도 하고 그들에게 묻기도 하는 중이었다"(누가 2,46b). 유다교 지식인들이 예수와 예수운동 사람들의 빈약한 학식을 비웃던 당시 상황(사도행전 4,13)을 우리는 기억할 수 있다. 신학자들과 토론하는 어린 예수를 지켜보며 감탄하던 사람들과 달리 예수 부모는 아들 능

2 de Jong, H. J., "Sonship, Wisdom, Infancy. Lk 2,41-51a," *NTS* 24 (1977/1978): 317-354, 323.

력을 아직 모르는 듯하다. 마리아는 예수에게 "얘야, 우리한테 이게 무슨 짓이냐? 너를 찾느라고 아버지와 내가 얼마나 고생했는지 모른다"(누가 2,48) 말하였다. "우리한테 이게 무슨 짓이냐?τί ἐποίησας ἡμῖν οὕτως"(창세기 12,8; 탈출기 14,11; 판관기 15,11) 표현은 구약성서에서 왔다.

문장 "ἐν τοῖς τοῦ πατρός μου δεῖ εἶναί με"(누가 2,49b)는 해석하기 까다롭다. 예루살렘 성전에서 일어난 이야기이기에 내 아버지 영역 안에서, 내 아버지 곁에서, 내 아버지 일에 참여하는 세 가지 뜻으로 번역할 수 있다.3 어느 번역이든 열두 살 예수의 성전 체류와 토론은 이십여 년 뒤에 벌어진 예수의 성전 항쟁 사건(누가 19,45-46)과 이어진다. 예수는 예루살렘 성전에 대해 오래 고뇌했음이 분명하다. 예수 활동의 특징 중 하나는 유다교 사제 계급과 별다른 접촉을 하지 않았다는 사실이다.

열두 살 어린 예수의 지혜를 강조한 누가복음 저자는 사무엘(사무엘상 2,26)과 다니엘(다니엘 13,45)의 성장과 지혜를 기억하고 있다. 신학자들과 한자리에 앉아 듣기도 하고 묻기도 하는 열두 살 예수에게서 초자연적 지식을 가진 예수를 상상할 수 없다. 예수는 여느 인간처럼 성장과정을 거쳤다. 예수는 하느님의 아들이기 때문에 인성과 거리가 먼 것은 아니고, 하느님의 아들이기에 또한 인성을 지니고 있다. 이 단락에서 누가복음 저자는 예수의 지혜뿐 아니라 예수의 인성을 동시에 강조하고 있다.

누가복음에서 지금까지는 사람들이 예수에 대해 말했다. 이제 예수 자신이 자기 자신을 처음으로 드러낼 차례다. 소년 예수는 "몸이 튼튼하게 자라면서Τὸ δὲ παιδίον ηὔξανεν καὶ ἐκραταιοῦτο"(누가 2,40a)와 소년 세례자 요

---

3 Bovon, F., *Das Evangelium nach Lukas* (1,1-9,50), 60.

한은 "몸이 튼튼하게 자라면서^{Tò δὲ παιδίον ηὔξανεν καὶ ἐκραταιοῦτο}"(누가 1,80a)
두 문장은 여섯 단어와 순서까지 똑같다. 과월절은 맥추절, 추수절과
함께 유다인 남자들이 일 년에 세 번 야훼 앞에 나와야 하는 축제다(탈출
기 23,15-17; 34,23; 신명기 16,16). 신약성서 시대에 유다인들이 이 계명을
실제로 얼마나 지켰는지 우리는 알 수 없다.4 열두 살 소년 예수가 부모
와 함께 순례에 참여했다는(누가 2,42a) 말은 솔로몬(열왕기상 2,12)처럼
위대한 인물이 12살에 돋보였다는 기록과 관계있는 듯하다.5

명절이 끝나 집으로 돌아올 때 예루살렘에 남아 있던 어린 예수를 부
모는 찾아 헤매면서 예루살렘까지 되돌아갔다(누가 2,43-45). 예수의 부
모와 예수 사이의 나중에 생긴 거리를(누가 8,19-21; 11,27; 12,51-53) 누가
복음 저자는 미리 암시하는가. "사흘 후에^{μετὰ ἡμέρας τρεῖς} 성전에서 어린
예수를 찾아냈는데"(누가 2,46a) 표현에서 누가복음 저자가 예수 부활을
연상했다고6 보기는 어렵다. 마가복음(마가 8,31; 9,31; 10,34)과 달리 누
가복음에는 예수 부활을 가리키는 사흘 후에^{μετὰ ἡμέρας τρεῖς} 표현은 없다.
사흘 만에(공동번역)보다 사흘 후에(200주년 기념성서) 번역이 더 적절하다.

당시 학생들은 학자 주위를 둘러싸고 앉아 있었지 학자들이 학생 하
나를 둘러싸고 있지는 않았다. 학생들은 학자 발 밑에^{παρὰ τοὺς πόδας}(누가
10,39; 사도행전 22,3) 앉아 있지만, 학자들 가운데^{ἐν μέσῳ τῶν διδασκάλων}(누가
2,46a) 있지는 않았다. 열두 살 어린 소년이 여러 학자 가운데 앉아 그들
말에 묻기도 했다는 표현은 현실과 거리가 멀다. 사울도 예언자 중 하나
로 취급받았다(사무엘상 10,10). 누가복음 저자는 열두 살 어린 예수를 당

---

4 Hengel, M., *Die Zeloten*, AGSU 1 (Leiden, 1976, 2판), 135.

5 de Jong, H. J., "Sonship, Wisdom, Infancy. Lk 2,41-51a," 317-354, 322.

6 Elliott, J. K., "Does Luke 2,41-52 anticipate the Resurrection?," *ET* 83 (1971/72): 87-89.

시 신학자들과 동등한 반열에 올려놓고 싶었다.

예수가 그 자리에서 무슨 말을 했는지 누가복음 저자는 전하지 않았다. 예루살렘 성전이 열두 살 어린 예수의 지혜가 공식적으로 드러나는 장소라는 사실이 누가복음 저자에게 중요했다.[7] "그런데 예수의 말을 듣고 있던 사람들은 모두 그의 총명함과 답변에 어안이 벙벙해졌다"(누가 2,47) 구절을 누가복음 이후 추가된 구절[8]이라고 보기는 어렵다. 듣고 있던 모든 사람πάντες οἱ ἀκούοντες(누가 2,47a; 1,66; 2,18)은 예수의 이해와 답변에 감탄했다ἐξίσταντο(누가 2,47a).

아들 예수를 다시 찾은 부모도 깜짝 놀랐다ἐξεπλάγησαν(누가 2,48a). 기뻐하지 않고 놀랐다는 말이 부정적인 표현은 아니다. 예수 가르침에(누가 4,32), 하느님의 위대하심에(누가 9,43), 주님께 관한 바울의 가르침에(사도행전 13,12) 사람들은 놀랐다. 마리아는 예수에게 어디 있었냐 묻지 않고, 부모한테 무슨 짓이냐(누가 2,48b) 물었다. 창세기 12,18, 탈출기 14,11, 판관기 15,11에도 비슷한 질문이 있다. 누가복음 저자는 복음서 등장인물을 구약성서 인물들과 연결하려 애쓰고 있다.

예수는 "왜 저를 찾으셨습니까? 제가 제 아버지의 집에 있어야 하는 줄을 모르셨습니까?"(누가 2,49) 반문하였다. 예수 답변을 우리가 이해하기는 쉽지 않다. 왜τί ὅτι 표현은 구약성서 그리스어 번역본에 50여 번 나온다(창세기 3,1; 18,13; 사도행전 5,4). 내 아버지 집에ἐν τοῖς τοῦ πατρός μου (누가 2,49c) 표현은 무슨 뜻일까.[9] 내 아버지 집을 예루살렘 성전으로(토

---

7 de Jong, H. J., "Sonship, Wisdom, Infancy. Lk 2,41-51a," 317-354, 330.

8 van Iersel, B., "The Finding of Jesus in the Temple," *NT* 4 (1960): 161-173, 169.

9 de Jonge, H. J., "Sonship, Wisdom, Infancy: Lk 2,41-51a," 317-354, 331; Heininger, B., "Familienkonflikte: Der zwölfjärige Jesus im Tempel (Lk 2,41-52)," in: *Licht zur Erleuchtung der Heiden und Herrlichkeit für dein Volk Israel.* (FS Zmijewski, J.), BBB 151 (Hamburg,

비트 6,2; 에스델 7,9; 욥기 18,19) 해석할 수 있다. 하느님이 왕궁에 살고, 그래서 하느님과 왕 사이 관계는 아버지와 아들 관계로 표현되기도 했다.[10]내 아버지 집을 관심사(마가 8,33; 고린토전서 7,32-34; 디모테오전서 4,15)로 보는 의견도[11] 있다. 성전에서 가르치는 예수(누가 19,45-21,38)를 미리 보여 주는 장면일까.[12] 누가복음 저자는 성전과 하늘을 둘 다 가리키는 적절한 표현을 찾았어야 했다.[13] 예수가 자기들에게 한 말을 예수의 부모는 이해하지 못했다[ού συνῆκαν](누가 2,50). 사람의 아들이 사람들의 손에 넘겨질 것이라고 예수가 예고했을 때(누가 9,44), 사람의 아들이 죽임당하고 부활할 것이라고 두 번째 예고했을 때(누가 18,34) 열두 제자들은 예수 말을 이해하지 못했다(누가 9,45; 18,34). 예수의 부모도 열두 제자도 예수 말을 이해하지 못했다.

예수는 부모와 함께 나자렛으로 돌아가서 부모에게 순종하며[ύποτασσ όμενος](누가 2,51; 디모테오전서 3,4; 베드로전서 5,5) 지냈다. 예수는 지혜와 키가 자라났다(누가 2,52a). 어린 사무엘은 야훼와 사람들에게 귀염받으며 무럭무럭 자랐다(사무엘상 2,26). 예수는 하느님과 사람들에게 더욱 사랑받았다(누가 2,52; 토비트 14,17; 로마 14,18). 성실하게 신의를 지켜야 하느님과 사람 앞에서 훌륭한 사람으로 존중받는다(잠언 3,3-4).

2005), 49-72, 65.

10 Kügler, J., *Pharao und Chritus? Eine religionsgeschichtliche Untersuchung zur Frage einer Verbindung zwischen altägyptischer Königstheologie und neutestamentlicher Christologie im Lukasevangelium*, BBB 113 (Bodenheim, 1997), 302.

11 Coleridge, M., T*he Birth of the Lucan Narrative. Narrative as Christology in Luke 1-2*, JSNT.S 88 (Sheffield, 1993), 202.

12 Sylva, D. D., "The cryptic Clause *en tois tou patros mou dei einei me* in Lk 2,49b," *ZNW* 78 (1987): 132-140.

13 Wolter, M., *Das Lukasevangelium*, HNT 5 (Tübingen, 2008), 150.

14. 세례자 요한의 선포
(마가 1,1-8/누가 3,1-18/
마태 3,1-12/요한 1,19-28)

마가복음 서문을 마가 1,1-13으로 보는 의견이 예전에 많았지만, 마가 1,1-15로 보는 의견이 최근 늘어나고 있다.[1] 마가 1,1-13은 갈릴래아 예수 등장을 준비하고, 마가 1,14-15는 갈릴래아 예수 등장을 알리고 있다. 마가 1,14-8,26은 갈릴래아 예수 활동을 하느님 나라를 주제로 소개한다. 갈릴래아 예수 활동에서 주인공은 예수와 가난한 사람들이다. 예수 제자들은 예수와 가난한 사람들을 돕는 역할을 맡았다.

창세기와 요한복음처럼 마가복음도 '처음$^{'Aρχή}$' 단어로 시작한다. 관사 없는 명사 처음$^{'Aρχή}$(마가 1,1)은 예수에서 세례자 요한과 구약성서를 거쳐 하느님과 함께하는 시작이[2] 아니라 예수가 선포하는 복음의 시작이다.[3] 복음^{εὐαγγέλιον}(마가 1,1)은 마가복음의 제목을 뜻하기보다 마가복

---

1 Klauck, H.-J., *Vorspiel im Himmel? Erzähltechnik und Theologie im Markusprolog*, BThSt 32 (Neukirchen-Vluyn, 1997), 19-35.

2 Marxsen, W., *Der Evangelist Markus. Studien zur Redaktionsgeschichte des Evangeliums*, FRLANT 67 (Göttingen, 1959), 88.

3 Schnackenburg, R., "Das "Evangelium" im Verständnis des ältesten Evangelisten," in: *Orientierung an Jesus* (FS Schmid, J.) (Freiburg, 1973), 309-324, 321-323.

음 내용을 요약하고 있다.[4] 복음은 세례자 요한 활동을 포함하며, 세례자 요한 활동은 복음의 시작이다.

소유격 명사 '예수 그리스도의'Ἰησοῦ Χριστοῦ'(마가 1,1) 단어가 복음의 주어인지, 목적어인지 성서학자들은 오래 토론해 왔다.[5] 예수가 선포하는 복음(주어)과 예수를 선포하는 복음(목적어) 둘 다 뜻한다.[6] 하느님의 아들'υἱοῦ θεοῦ(마가 1,1) 표현이 마가복음 분문에 원래 있었는지 논란되고 있다. 하느님의 아들'υἱοῦ θεοῦ 표현이 없는 사본이 있다. 원래 있었다,[7] 마가복음 저자가 덧붙였다.[8] 원래 있었는지 또는 마가복음 저자가 덧붙였는지 결정할 수 없다[9] 의견이 있다. 『네스틀레-알란트 그리스어 신약성서Nestle-Aland Novum Testamentum Graece』28판(2018년)은 그 표현을 꺾쇠 안에([υἱοῦ θεοῦ]) 넣어놓았다.

부활 이후 예수 복음은 부활 이전 예수 삶과 역사에 근거한다.[10] 복음εὐαγγελίον(마가 1,1)은 이사야 예언자 이후 이스라엘 민족의 희망과 연결되었다(이사야 40,9; 52,7). 하느님의 아들 예수 그리스도에 관한 복음

---

4 Haenchen, E., *Der Weg Jesu. Eine Erklärung des Markus-Evangeliums und der kanonischen Parallelen*, STö.H 6 (Berlin, 1966), 39.

5 Schnackenburg, R., "Das "Evangelium" im Verständnis des ältesten Evangelisten," 309-324, 322.

6 Gnilka, J., *Das Evangelium nach Markus*. Teilband: Mk 1-8,26, EKK II/1 (Neukirchen-Vluyn, 1978), 43.

7 Kertelge, K., *Markusevangelium*, NEB.NT 2 (Würzburg, 1994), 16; Dschulnigg, P., *Das Markusevangelium*, ThKNT 2 (Stuttgart, 2007), 58, 주 1.

8 Pesch, R., *Das Markusevangelium. Teil 1. Einleitung und Kommentar zu Kapitel 1,1-8,26*, HthK II/1 (Freiburg, 1976), 74; Dormeyer, D., *Das Markusevangelium* (Darmstadt, 2005), 144.

9 Lührmann, D., *Das Markusevangelium*, HNT 3 (Tübingen, 1987), 33.

10 Pesch, R., *Das Markusevangelium. Teil 1. Einleitung und Kommentar zu Kapitel 1,1-8,26*, 74.

의 시작은(마가 1,1) "야훼께서 호세아를 시켜 하신 말씀은 이렇게 시작되었다"(호세아 1,2a)와 닮았다. 복음의 주어이자 목적어는 모든 민족을 위해 예수 그리스도 안에서 드러난 하느님의 기쁜 소식이다.[11]

마가복음 저자는 예언자 이사야의 글 "이제 내가 일꾼을 너보다 먼저 보내니, 그가 네 갈 길을 미리 닦아놓으리라"(마가 1,2; 누가 7,27; 마태 11,10), "보아라. 나 이제 특사를 보내어 나의 행차 길을 닦으리라. 그는 너희가 애타게 기다리는 너희의 상전이다. 그가 곧 자기 궁궐에 나타나리라. 너희는 그가 와서 계약을 맺어주기를 기다리지 않느냐? 보아라. 이제 그가 온다. 만군의 야훼가 말한다"(말라기 3,1), "이제 나는 너희 앞에 천사를 보내어 너희를 도중에 지켜 주며 내가 정해 둔 곳으로 너희를 데려가리라"(탈출기 23,20) 세 구절을 뒤섞고 줄여 마가 1,2를 만들었다. 그는 구약성서 그리스어 번역본 70인역Septuaginta을 참조했다.

광야는 아라비아 같은 구체적 장소보다[12] 신학적 장소를 뜻한다.[13] 마가복음 저자는 탈출기 23,20과 말라기 3,1을 섞어놓았다. 마지막 시대에 탈출Exodus이 다시 생길 것이다.[14] 말라기 예언서는 마지막 시대에 올 예언자를 엘리야라고 생각했다. 말라기 3,1 뒤에 "이 야훼가 나타날 날, 그 무서운 날을 앞두고 내가 틀림없이 예언자 엘리야를 너희에게 보내리니"(말라기 3,23)가 나온다. 유다 백성이 야훼 하느님에 앞서 나타

---

11 Dschulnigg, P., *Sprache, Redaktion und Intention des Markus-Evangeliums. Eigentümli-chkeit der Sprache des Markus-Evangeliums und ihre Bedeutung für die Redaktionskritik*, SBB 11 (Stuttgart, 1986, 2판), 386; Schenke, L., *Das Markusevangelium. Literarische Eigenart — Text und Kommentierung* (Stuttgart, 2005), 43.

12 Schmidt, K. L., *Der Rahmen der Geschichte Jesu* (Darmstadt, 1964), 23.

13 Gnilka, J., *Das Evangelium nach Markus*. Teilband: Mk 1-8,26, 41.

14 Schürmann, H., *Das Lukasevangelium. Erster Teil: Kommentar zu Kap. 1,1-9,50*, HThK III/1 (Freiburg, 1970), 416.

난다고 믿었던 엘리야 예언자가 곧 세례자 요한이라고 마가복음 저자
는 해설한다(마가 9,11-13). 엘리야 예언자가 하느님이 곧 오신다고 말
하듯, 세례자 요한은 곧 예수 오심을 선포한다.

광야에서 외치는 이의 소리가 들린다. "너희는 주의 길을 닦고 그의
길을 고르게 하여라"(이사야 40,3). 제2 이사야 예언자가 바빌론 유배에
서 귀환을 앞둔 유다인에게 하는 말이다.15 하느님은 고향으로 돌아오
는 길에서 당신 백성들과 함께하실 것이다. 길 단어는 마가 1,2부터 세
번이나 나타난다. 마가복음 전체에서 중요한 길 단어는16는 예수 따르
기와 연결된다. 우리는 예수와 함께, 예수 뒤를 따르며 같은 길을 걷고
있다.

광야는 하느님이나 메시아가 나타나실 곳이다.17 세례자 요한의 선
포 "회개하고 세례를 받아라. 그러면 죄를 용서받을 것이다"(마가 1,4)에
서 마가복음 저자는 심판 사상을 포함하진 않았다. 이스라엘 백성에 속
한 사실 자체만으로는 이스라엘의 구원에 충분하지 않다는 뜻이 세례
자 요한의 선포에 전제되었다. 요르단강에서 세례를 베푸는 사제 가문
출신 세례자 요한은 예루살렘 성전뿐 아니라 사제 계급에 거리를 두고
있다.

회개는 유다교에서 중요한 주제 중 하나였다.18 세례자 요한에게 와
서 죄를 고백하며 세례받은 사람 중에 갈릴래아 사람들은 언급되지 않
았다(마가 1,5). 사람들이 요르단강에서 세례받던 장소는(마가 1,5) 엘리

---

15 Westermann, C., *Das Buch Jesaja. Kapitel 40-66*, ATD 19 (Göttingen, 1966), 29-35.
16 Van Iersel, B., *Markus. Kommentar* (Düsseldorf, 1993), 80.
17 Gnilka, J., *Das Evangelium nach Markus*. Teilband: Mk 1-8,26, 45.
18 Marcus, J., *Mark 1-8*, AncB 27 (New York, 2000), 150.

야 예언자가 하늘로 사라진 요르단강 동쪽일까,19 갈릴래아 호수 동쪽 베타니아일까.20

세례자 요한은 낙타털τρίχας καμήλου 옷을 입었을까, 낙타 가죽옷을 입었을까. 낙타 가죽옷을 입었다면, 그것은 율법에 어긋나는 행동에 속한다.21 세례자 요한은 낙타털 옷을 입은 듯하다. 낙타털 옷이 엘리야 예언자의 겉옷을 암시하는22 것보다 예언자의 모습을(즈가리야 13,4) 단순히 가리킨 듯하다. 가죽띠는 베두인과 농부들이 하고 다녔고, 메뚜기와 들꿀은 광야에 사는 사람들의 주식이었다.23

세례자 요한은 예언자(즈가리야 13,4), 특히 엘리야 예언자(열왕기하 1,8)와 연결되었다. 한때 세례자 요한의 제자였던 예수가 스승인 세례자 요한의 신발끈을 풀어드렸다고(마가 1,7b) 여길24 수는 없다. "나보다 더 훌륭한 분이 내 뒤에 오십니다. 나는 몸을 굽혀 그의 신발끈을 풀어드릴 만한 자격조차 없는 사람입니다"(마가 1,7) 문장을 역사의 세례자 요한이 실제로 한 말이라고 보면 안 된다.25

선포하다κηρύσσειν 단어는 마가복음에 14번 나온다. 이 단어는 세례자 요한, 예수, 예수 제자들, 치유 받은 사람들을 이어준다.26 세례자

---

19 Stegemann, H., *Die Essener, Qumran, Johannes der Täufer und Jesus. Ein Sachbuch*, HS 4128 (Freiburg u.a., 1994, 3판) 294-298; Stegemann, E. W, Stegemann, W., *Urchristliche Sozialgeschichte: Die Anfänge im Judentum und die Christusgemeinden in der mediterranen Welt* (Stuttgart u.a., 1995, 2판), 152.

20 Wengst, K., *Das Johannesevangelium I*, ThKNT 4.1 (Stuttgart, 2000), 81.

21 Gnilka, J., Das Evangelium nach Markus. Teilband: Mk 1-8,26, 46.

22 Hengel, M., *Nachfolge und Charisma: Eine exegetisch-religionsgeschichtliche Studie zu Mt 8,21f. und Jesu Ruf in die Nachfolge*, BZNW 34 (Berlin, 1968), 39, 주 71.

23 Dalman, G., *Orte und Wege Jesu*, BFChTh II/1 (Gütersloh, 1924), 92.

24 Hoffmann, P., *Studien zur Theologie der Logienquelle*, NTA 3 (Münster, 1972), 24.

25 Gnilka, J., Das Evangelium nach Markus. Teilband: Mk 1-8,26, 47.

요한은 메시아 예수보다는 하느님을 선포한다고 스스로 생각했던 듯하다.[27] 세례자 요한이 마지막 날의 심판자,[28] 사람의 아들이라는[29] 의견도 있다. 마가복음 저자는 주님의 길$^{\delta\delta\grave{o}\nu\ \kappa\upsilon\rho\acute{\iota}o\upsilon}$(마가 1,3)을 끼워 넣어 세례자 요한이 선포하는 분은 예수라고 해석했다. 마가복음 저자는 세례자 요한 자체에 관심이 있는 것은 아니었고, 세례자 요한을, 예수를 알리는 역할로서 소개하였다.

세례자 요한은 설교 세 단락(누가 3,7-9; 10-14; 15-17)을 마가복음처럼 유다와 예루살렘 사람들에게 하지 않고, 마태복음처럼 바리사이와 사두가이에게 하지 않고 군중들과$^{\check{o}\chi\lambda o\iota}$(누가 3,7, 10) 이스라엘 백성들에게$^{\lambda\alpha\acute{o}\varsigma}$(누가 3,15, 18) 하고 있다. 누가 3,1-18처럼 역사 이야기로 볼 수 있는 문학 유형은 구약성서에도 있다(마카베오상 4,24; 7,17; 마카베오하 7,6). 세례자 요한에 대한 소개가 짧은 사실에 놀랄 필요는 없다. 구약성서에서도 예언자, 판관, 왕을 두 문장 이상 소개하는 곳이 드물었다.

누가 3,1-9; 14-18 내용이 마태 3,1-12에도 있는 것으로 보면, 둘 다 예수 어록에서 왔다. 마태복음에 없는 누가 3,10-14 설교를 누가복음 저자가 처음 썼는지, 아니면 누가복음 저자가 전승받은 특수 자료 덕분인지 분명하지는 않다.[30] 누가복음 저자는 "요한은 낙타털 옷을 입고 허리에 가죽띠를 두르고 메뚜기와 들꿀을 먹으며 살았다"(마가 1,6)

26 Schweizer, E., *Das Evangelum nach Markus*, NTD 1 (Göttingen, 1975, 14판), 12; Marcus, J., *Mark 1-8*, AncB 27 (New York, 2000), 154.

27 Grundmann, W., *Das Evangelium Nach Lukas*, ThHK 3 (Berlin, 1966, 4판), 105.

28 Braun, H., *Qumran und das Neue Testament*, Band II (Tubingen, 1966), 12.

29 Pesch, R., *Das Markusevangelium. Teil 1. Einleitung und Kommentar zu Kapitel 1,1-8,26*, 84.

30 Bovon, F., *Das Evangelium nach Lukas* (1,1-9,50), EKK III/1 (Neukirchen-Vluyn, 1989), 166.

구절을 삭제했다.

세례자 요한의 등장은(누가 3,1-6) 로마제국이 이스라엘을 지배하는 역사 안에서 일어난 사건이다. 누가복음 저자는 광야와 요르단강 주변이 이어져 있다는 사실을 알았을까.[31] 요르단강 주변이 죄와 연결된 곳이기 때문에 세례자 요한은 요르단강 주변을 두루 돌아다니며 죄를 용서받기 위한 회개의 세례를 받으라고 선포하였다(누가 3,3). 꿈란 공동체, 이사야 예언자, 세례자 요한은 주님을(누가 3,4c) 하느님이라고 생각했지만, 누가복음 저자는 예수라고 생각했다. 그래서 예수 어록과 누가복음 저자는 우리 하느님의 τοῦ θεοῦ ἡμῶν(이사야 40,3b) 단어를 그분의 αὐτοῦ(누가 3,4c)로 고쳐 놓았다.

"모든 사람이 하느님의 구원을 보리라"(누가 3,6) 표현은 "야훼의 영광이 나타나리니 모든 사람이 그 구원을 보리라"(이사야 40,5)에서 가져왔다.[32] 히브리어에서 '보다' 동사는 참여한다는 뜻을 포함한다. 마가복음 저자와 다르게, 그러나 예수 어록 저자와 함께 누가복음 저자는 세례자 요한을 예언자 요한으로도 보려 한다. 누가 3,7-9; 15, 18은 예언자 요한에 좀 더 어울리고, 누가 3,10-14는 설교자 요한에 더 어울린다.

누가 3,7-9는 예언적 경고 또는 심판 선언이라는 문학 유형에 속한다.[33] 유다인이 유다인 아닌 사람을 비난할 때 쓰던 욕설 '독사 새끼들γεννήματα ἐχιδνῶν'(누가 3,7b) 세례자 요한은 유다인에게 돌려주고 있다. "이제

31 Conzellmann, H., *Die Mitte der Zeit. Studien zur Theologie des Lukas*, BHTh 17 (Tübingen, 1960, 3판), 14.

32 Rese, M., *Alttestamentliche Motive in der Christologie des Lukas*, 1969, StNT 1 (Gütersloh, 1969), 170.

33 Lohmeyer, E., *Das Evangelium des Matthäus*, hg. v. Schmauch, W., KEK Sonderband (Göttingen, 1958, 2판), 37.

하느님께서는 유다인 아닌 사람들에게도 회개하고 생명에 이르는 길을 열어주셨습니다"(사도행전 11,18). 개인의 책임 있는 결단과 실천을 세례 자 요한은 요구한다. 회개를 위해 하느님은 "돌처럼 굳은 마음을 도려내 고 살처럼 부드러운 마음을 넣어주리라"(에제키엘 36,26b) 약속하셨다. 회개하지 않아도 되는 사람은 아무도 없다.

누가복음에만 나오는 세례자 요한의 설교(누가 3,10-14)는 세례자 요 한이 진짜 했던 설교는 아니고, 그리스어를 사용하던 예수운동 공동체 에서 생겼을까. 누가복음 저자가 처음 썼을까.[34] "속옷 두 벌 가진 사람 은 한 벌을 없는 사람에게 주고, 먹을 것이 있는 사람도 이와 같이 남과 나누어 먹어야 합니다"(누가 3,11) 말씀은 모든 사람에게 해당하는 명령 이다. "너희 가운데 가난한 사람이 없도록 하여라"(신명기 15,4).[35]

군인들은(누가 3,14a) 누가복음 공동체에 들어왔던 로마 군인들을 가 리킬까. 그럴 수도 있고,[36] 그렇지 않을 수도 있다.[37] "저희 경우에 어떻 게 해야 하겠습니까?τί ποιήσωμεν καὶ ἡμεῖς"(누가 3,14b) 구절에서 저희 경우 에καὶ ἡμεῖς 표현은 군인 자신들이 구원에서 제외될까 두려워하는 모습 을[38] 가리킨다. "아무도 괴롭히거나 등쳐먹지 말고"(누가 3,14a) 구절은 군인들이 무기를 이용하여 사람을 협박하고 돈을 갈취할 위험을 가리 킨다.

---

34 Bultmann, *Die Geschichte der synoptischen Tradition* (Göttingen, 1957, 3판), 155.

35 Schottroff, L., Stegemann, W., *Jesus von nazareth — Hoffnung der Armen* (Stuttgart, 1978), 128.

36 Bovon, F., *Das Evangelium nach Lukas* (1,1-9,50), 174, 주 39.

37 Schneider, G., *Das Evangelium nach Lukas I*, ÖTK 3/1 (Gütersloh/Würzburg, 1984, 2판), 86.

38 Zahn, Th., *Das Evangelium des Lukas*, KNT 3 (Leipzig, 1913), 194; Marshall, I. H., *The Gospel of Luke*, NIGTC (Grand Rapids, 1978), 143.

이스라엘 백성은 그리스도를 기다리고 있었기에, 요한이 혹시 그리스도 아닐까 모두 생각하였다(누가 3,15). 예수운동 공동체와 세례자 요한의 제자들 사이에 있었던 논쟁이 누가 3,15 배경에 있었다.[39] 누가복음 저자는 세례자 요한을 메시아로 숭배하는 사람들과 논쟁하였다는[40] 말일까. '더 강한 분ό ἰσχυρότερός'(누가 3,16c)은 구약성서에서 하느님 자신을 가리키기 때문에, 세례자 요한은 메시아가 아니라 하느님을 생각한 듯하다.[41] 예수운동 공동체가 세례자 요한에 대한 기억을 충실히 보존했던 사실이 놀라울 따름이다.

"나는 그분의 신발끈을 풀어 드릴 자격조차 없습니다"(누가 3,16d) 표현에서 하느님의 종이나 제자 되기를 사양하는 세례자 요한의 겸손이 드러났다. 누가복음 저자는 예수의 스승이던 세례자 요한이 한때 자신의 제자였던 예수에게 종이 되거나 제자가 될 수는 없다고 생각했다. "그분은 여러분에게 성령과 불로 세례를 베푸실 것입니다"(누가 3,16e) 표현은 예수 시대가 아니라 예수운동 공동체 시대에서 생긴 표현임을 가리킨다.[42] "요한은 그 밖에도 여러모로 권면하면서 백성에게 복음을 전하였다"(누가 3,18) 구절은 누가복음 저자가 세례자 요한을 옛 시대의 마지막에 속한 인물[43]이자 새 시대의 처음에 있는 사람으로[44] 보았음을 뜻한다.

세례자 요한의 투옥(마가 6,17-18) 기록은 세례자 요한의 선포와 함께

39 Bovon, F., *Das Evangelium nach Lukas* (1,1-9,50), 175.

40 Luz, U., *Das Evangelium nach Matthäus (Mt 1-7)*, 151, 주 7.

41 Bovon, F., *Das Evangelium nach Lukas* (1,1-9,50), 176.

42 Bovon, F., *Das Evangelium nach Lukas* (1,1-9,50), 177.

43 Conzelmann, H., *Die Mitte der Zeit. Studien zur Theologie des Lukas*, 17.

44 Bovon, F., *Das Evangelium nach Lukas* (1,1-9,50), 178.

누가복음 3장에서 다루어진다. 사람들의 주목을 받으며 나타난(누가 3,
1-6) 세례자 요한은 도덕 스승으로 소개된다(누가 3,7-18).

로마 황제 티베리오의 치세 15년(누가 3,1a)은 신약성서 전체에서 가
장 확실한 역사 언급이다.[45] 누가복음 저자가 통치 기간을 티베리오 황
제가 아우구스티누스와 함께 통치하던 시절부터(공통년 11/12년) 계산했
는지,[46] 원로원에서 티베리오를 황제로 선언할 때부터(공통년 14년) 세었
는지 알 수 없다.[47] 누가복음 저자가 어떤 달력을 참고하여 계산했는지
알 수 없다.[48] 누가 3,1은 공통년 이전 4년에 헤로데왕이 죽은 뒤 그의
세 아들에게 나누어준 영토와 영주를 기록하였다.[49]

안나스와 가야파의 대사제 시절은 풀기 어려운 수수께끼에 속한다.
'대제관 시절ἐπὶ ἀρχιερέως'(누가 3,2a)은 복수명사가 아니라 단수명사 표현
이다. 공통년 6년부터 15년까지 유다교 대사제였던 안나스는 공통년
18년부터 36/37년까지 대사제였던 가야파의 장인이다. 누가복음 저자
는 안나스를 대사제라 부르고, 가야파를 대사제 가문에 속한 여러 사람
중 하나로 기록하였다(사도행전 4,6). 안나스가 퇴임 후에도 명예 대사제
로 활동했다고 해설해도[50] 문제는 풀리지 않는다. 세례자 요한은 로마

---

45 Cancik, H., "Die Berufung des Johannes," *Der Altsprachliche Unterricht* 25 (1982): 45-62,
  49.
46 Strobel, A., "Plädoyer Für Lukas Zur Stimmigkeit des Chronistischen Rahmens von Lk
  3.1," *NTS* 41 (1995): 466-469.
47 Wolter, M., *Das Lukasevangelium*, HNT 5 (Tübingen, 2008), 155.
48 Bock, D. L., *Luke I*, BECNT 3 (Grand Rapids, 1994), 910.
49 Reicke, B., *Neutestamentliche Zeitgeschichte. Die biblische Welt 500 v.-100 n. Chr*, StÖ.H
  2 (Berlin, 1965), 82-85.
50 Jeremias, J., *Jerusalem zur Zeit Jesu. Eine kulturgeschichtliche Untersuchung zur neu-
  testamentlichen Zeitgeschichte* (Göttingen, 1969, 3판), 178.

제국 역사와 유다교 역사에서 분명한 의미를 지닌다(누가 3,1-2a)는 사실을 우리가 아는 것으로 충분하다.

하느님 말씀이 광야에 있는 요한에게 내렸다(누가 3,2b). 구약성서에서 예언자들에게 쓰던 표현이다(사무엘하 7,4; 열왕기상 12,22; 미가 1,1). 하느님 말씀이 주어졌다가 아니고 내렸다(누가 3,2b; 역대기상 22,8; 예레미야 1,2) 표현은 하느님 말씀이 그 예언자를 강력하게 만든다는 뜻이다. 요르단강 부근 모든 지방은(누가 3,3a; 역대기하 4,17) 롯이 자기 목자들을 위해 선택한 땅에(창세기 13,10-11) 해당한다. 야훼께서 소돔과 고모라를 멸하시기 전에 물이 넉넉했던 그 요르단 분지에서(창세기 13,10) 지금 세례자 요한이 회개를 촉구하고 있다. 야훼 하느님의 소돔과 고모라 처벌과 세례자 요한의 불 심판 경고가(누가 3,9) 서로 연결되고 있다.[51] "회개하고 세례를 받으시오. 그러면 죄를 용서받을 것입니다"(누가 33b)는 마가 1,4b를 단어 그대로 베꼈다.

세례βάπτισμα(누가 3,3b) 단어가 누가복음에서 여기에 처음 나왔다. 죄를 용서하기 위해 요한이 세례 준다는 말은 누가복음에서 지금껏 없었다. 세례 단어는 신약성서 밖에서 찾을 수 없다. 죄 용서와 연결되고, 세례자 요한이 침례받는 사람을 직접 물속에 밀어 넣고, 침례는 딱 한 번만 받을 수 있다는 점이 요한 세례[52] 특징이었다. 누가복음 저자는 세례자 요한의 등장을 이사야 예언서 말씀이 이루어지는 것으로 해석

---

51 Böhlemann, P., *Jesus und der Täufer. Schlüssel zur Theologie und Ethik des Lukas*, MSSNTS 99 (Cambridge, 1997), 49.

52 침례; Wolter, M., ""Gericht" und "Heil" bei Jesus von Nazareth und Johannes dem Täufer," in: Schröter, J., Brucker, R. (Hg.), *Der historische Jesus. Tendenzen und Perspektiven der gegenwärtigen Forschung*, BZNW 114 (Berlin/New York, 2002), 355-392, 375, 주 79.

했다. 누가복음 저자는 이사야 40,3-5를 조금 바꾸어 인용했다. 탈출기 23,20과 말라기 3,1을 섞어 인용한 마가 1,2를 누가복음 저자는 왜 인용하지 않았을까. 알기 어렵다.[53]

세례자 요한은 "야훼께서 오신다. 사막에 길을 내어라. 우리의 하느님께서 오신다"(이사야 40,3a), "벌판에 큰 길을 훤히 닦아라. 모든 골짜기를 메우고, 산과 언덕을 깎아내려라. 절벽은 평지를 만들고, 비탈진 산골길은 넓혀라"(이사야 40,3b-4) 외치는 예언자라고 누가복음 저자는 이해했다. 예언자 요한은 하느님 오심을 알리고 사람들에게 그 오심을 준비하라고 말하는(누가 1,17c, 76b) 예언자다. 회개하고 세례받고 죄를 용서받는 것이 하느님 오심을 준비하는 것과 동일시되었다.[54] 누가 16.76c도 하느님 오심을 말했지만, 오신 분은 예수였다.

열매 맺다(누가 3,8a.9b) 표현은 세례자 요한 설교의 핵심에 속한다. 바리사이파 사람들과 사두가이파 사람들이 세례받으러 요한에게 왔지만(마태 3,7), 가난한 사람들^{ὄχλοι}(누가 3,7a)이 세례받으러 요한에게 왔다. 예수가 바리사이파 사람들과 사두가이파 사람들을 혼내듯이(마태 12,34; 23,33), 세례자 요한은 세례받으러 온 사람들을 혼낸다. 욕설[55] 독사 새끼들$^{\text{γεννήματα ἐχιδνῶν}}$(누가 3,7b; 이사야 11,8; 14,29) 표현은 현재 상태로는 그들이 닥쳐올 분노^{ὀργή}(이사야 66,15; 예레미야 4,4), 즉 심판을 피할 수 없다는 사실을 가리킨다. 세례자 요한은 "회개에 합당한 열매들^{καρπὸν}(누가 3,8a; 마태 7,16; 로마 6,22)을 맺으시오"(누가 3,8a) 요구한다.

---

53 Wolter, M., *Das Lukasevangelium*, 157.

54 Rusam, D., *Das Alte Testament bei Lukas*, BZNW 112 (Berlin/New York, 2003), 159.

55 Berger, K., *Formgeschichte des Neuen Testaments* (Heidelberg, 1984), 195; Kirk, A., "Upbraiding Wisdom: John's Speech and the Beginning of Q (Q 3:7-9, 1617)," *NT* 40 (1998): 1-16, 6.

누가 3,7은 회개를 결심하지 않은 사람에게 결심을 재촉한다면, 누가 3,8a는 회개를 다짐한 사람에게 행동으로 회개를 입증하라는 요청이다. "'아브라함이 우리 조상이다' 하는 말은 아예 하지도 마시오"(누가 3,8b) 말씀은 유다인에게는 엄청난 충격이다. 세례자 요한 자신도 하느님이 아브라함에게 하신 약속을 성취하는 역할을 맡고 있지 않은가(누가 1,55. 73). 하느님은 구원의 기준을 아브라함의 자손이 아닌 새로운 기준을 제시하신다(갈라디아 3,6-29; 로마 9,6-13). "하느님은 이 돌들로도 아브라함의 자녀를 만드실 수 있습니다"(누가 3,8c; 20,17-18) 표현에는 아람어에서 돌과 자녀를 가리키는 단어가 구분하기 어려울 정도로 서로 비슷하다는 배경이 있다.56

"도끼가 이미 나무 뿌리에 닿았으니, 좋은 열매를 맺지 않는 나무는 다 찍혀 불 속에 던져질 것입니다"(누가 3,9).57 도끼(신명기 19,5; 시편 73[74],6; 예레미야 46,22)는 이미 나무 뿌리에 닿았다. 하느님 심판은 벌써 시작되었다. 사람은 자기 행실에 따라 심판받을 것이다. 심판 시간과 기준이 제시되었다. 불(창세기 19,24; 에제키엘 15,6-7)은 심판 비유에 속한다. 누가 3,9b는 "너를 짓부술 사명을 주어 사람들을 보내리니, 그들은 저마다 도끼를 들고 보기 좋은 너의 송백 기둥을 찍어 불에 넣을 것이다"(예레미야 22,7)에 가깝다.

"우리는 어떻게 해야 하겠습니까τί ποιήσωμεν" 질문은 누가복음에 세 번이나 있다(누가 3,10. 12. 14). 군중(누가 3,10-11), 세리(누가 3,12-13), 군인은(누가 3,14) 똑같이 "우리는 어떻게 해야 하겠습니까"(사도행전 2,37)58 물었다. 세례자 요한은 "속옷 두 벌 가진 사람은 한 벌을 없는

---

56 Schulz, S., Q., *Die Spruchquelle der Evangelisten* (Zürich, 1972), 375.
57 Reiser, M., *Die Gerichtpredigt Jesu*, NTA NF 23 (Münster, 1990), 154-175.

사람에게 주고, 먹을 것이 있는 사람도 남과 나누어 먹어야 합니다"(누 가 3,11; 창세기 28,20; 디모테오전서 6,8) 대답했다. 피부 바로 위 또는 가벼 운 내의 위에 걸치는 속옷χιτών은 무릎 또는 발목까지 덮고, 팔을 다 덮거 나 절반 덮는다. 로마식 옷 tunica와 비슷하다. 속옷χιτών 위에 입는 옷이 겉옷ἱμάτιον(누가 6,29; 사도행전 9,39)이다.59

세례자 요한이 엄청난 요구를 한 것은 아니다. 유다인이 가난한 사람 들에게 오래전부터 당연히 해오던 실천을 세례자 요한은 요청했을 따 름이다.60 "여러분의 재산을 팔아 자선을 실천하시오"(누가 12,33), "가 진 것을 모두 팔아 가난한 사람들에게 나누어 주시오"(누가 12,33b) 말한 예수는 세례자 요한의 요구보다 훨씬 과격한 요구를 했다. 세례자 요한 까지 율법과 예언자의 시대(누가 16,16a)와 예수부터 시작하는 하느님 나라 선포의 시대(누가 16,16b) 차이다. 스승 세례자 요한보다 제자 예수 는 한 걸음 더 나아갔다.

세리들이 무리를 지어 세례자 요한을 찾았다는 말은 아니다. 누가복 음 저자는 회개했다는 증거를 행실로 보여야 할 사람 중에 첫째로 부정 부패로 악명 높던 세리를 언급하였다. 세리와 죄인(마가 2,15; 누가 7,34; 15,1), 세리와 매매춘 여성처럼(마태 21,31) 세리는 나쁜 사람들의 대명 사였다. 사람들은 세리 자캐오를 죄인으로ἁμαρτωλὸς ἀνήρ(누가 19,7) 여겼 다. 예루살렘 성전에서 바리사이는 자신이 강도, 불의한 자, 간음하는 자, 세리와 같지 않다는 사실에 감사 기도를 드렸다(누가 18,11).61 유다

---

58 Liebenberg, J., "The Function of the *Standespredigt* in Luke 3:1-20," *Neotest.* 27 (1993): 55-67, 61.

59 Krauss, S., *Talmudische Archäologie I* (Hildesheim, 1966), 161.

60 Horn, F. W., *Glaube und Handeln in der Theologie des Lukas*, GTA 26 (Göttingen, 1986, 2판), 94.

인 세리는 로마 군대와 결탁 때문이 아니라 부당한 세금 갈취 때문에 미움받았다.[62] 세례자 요한은 로마 군대에 세금을 내지 말라는 것이 아니라 세리들에게 부당한 세금 갈취를 하지 말라고 요구했다. 세리들은 세례자 요한을 선생님^{διδάσκαλε}(누가 3,12b)이라고 불렀다. 예수도 세리들과 자주 접촉하였다(누가 5,29-32; 7,34; 19,1-10).

누가 3,14에서 세례자 요한이 로마 군인들에게 말했는지, 헤로데 안티파스 아래에서 일하는 외국인 용병들에게 말했는지 분명하지 않고 또 중요하지도 않다. 세례자 요한은 강자로서 위세를 부리던 세리와 군인들이 약자인 백성에게 폭력을 쓰지 말라고 경고하였다. "아무도 괴롭히거나^{διασείσητε} 등쳐먹지 말고^{συκοφαντήσητε} 여러분의 봉급으로 만족하시오"(누가 3,14b). 누가복음 저자는 "아비와 자식을 화해시키고 거역하는 자들에게 올바른 생각을 하게 하여 주님을 맞아들일 만한 백성이 되도록 준비할"(누가 1,17) 사람이 곧 세례자 요한이라고 소개하였다.

이스라엘 백성들도 그리스도를 기다리고 있었다는(누가 1,15a) 사실을 우리는 잊지 말아야 한다. 누가복음 저자는 메시아 예수를 전제한 상태에서[63] 세례자 요한에 대한 유다인의 기대를(누가 1,15a; 요한 1,19) 전하고 있다. 세례자 요한을 숭배하던 사람들이 누가복음 공동체 주위에 실제로 있었다는 말은 아니다.[64] "나보다 더 강한 분$^{ὁ ἰσχυρότερός μου}$이 오십니다"(누가 3,16c)라고 말한 세례자 요한은 누구를 생각했을까.[65]

61 Herrenbrück, F., *Jesus und Zöllner*, WUNT 2/41 (Tübingen, 1990), 81.

62 Herrenbrück, F., *Jesus und Zöllner*, 190.

63 Radl, W., *Das Lukas-Evangelium*, EdF 261 (Darmstadt, 1988), 187.

64 Backhaus, K., *Die "Jüngerkreise" des Täufers Johannes: Eine Studie zu den religionsge-schichtlichen Ursprüngen des Christentums*, PaThSt 19 (Paderborn u.a., 1991), 342.

65 Dunn, J. D. G., *Jesus Remembered: Christianity in the Making I* (Grand Rapids, 2003), 369.

하느님? 사람의 아들? 또는 다른 심판자? 성령과 불로 세례를 베푸실 그분은 세례자 요한보다 강한 분이시다. 세례자 요한은 이스라엘 백성이 기다리던 구원자는 아니라는 말이다.

식사하는 주인의 신발끈을 엎드려 풀어드리는 일(누가 3.16d)은 종이 할 일이었다.66 키를 들고 타작마당의 곡식을 깨끗이 가려내고 알곡을 모아 곳간에 들이는 수확의 첫 단계에 세례자 요한은 있다.67 세례자 요한보다 강한 그분은 벌써 손에 키를 들고 알곡과 쭉정이를 가리기 시작했다. 그분은 쭉정이를 꺼지지 않는 불에 태우실(누가 3.16d; 이사야 11,7; 예레미야 23,28) 것이다.68 쭉정이가 다 타면 불도 자연히 꺼지지만, 하느님 심판의 불은 꺼지지 않는다(욥기 20,26; 이사야 66,24). 그 밖에도 요한은 사람들에게 여러 가지로 권하면서 복음을 선포하였다εὐηγγελίζετο(누가 3,18). 죄를 용서받고 구원받는 길을 주의 백성들에게 알리는 일이(누가 1,77) 세례자 요한의 사명이다.

갈릴래아 영주 헤로데 안티파스는 세례자 요한을 감옥에 가두었다(누가 3,20a). 그는 자기 동생의 아내 헤로디아와 결혼한 일(레위기 18,16; 20,21)과 온갖 잘못 때문에 세례자 요한에게 비판받았다(누가 3,19a; 마가 6,17). 마가복음 저자는 헤로데 안티파스가 결혼한 여인의 이름을 헤로디아로 착각했다. 그녀 이름은 살로메였다.69 세례자 요한은 누가 3,20 이후 누가복음에서 사라졌다가 누가 7,18에서 자기 제자들을 예수에게 보내 질문시키고, 누가 9,9에서 갑자기 처형당한다. 누가복음 저자는

---

66 Billerbeck, P., Strack, H., *Kommentar zum Neuen Testament aus Talmud und Midrasch I* (München, 1961), 121.

67 Wolter, M., *Das Lukasevangelium*, 165.

68 Schwarz, G., "τὸ δὲ ἄχυρον κατακαύσει," *ZNW* 72 (1981): 264-271, 266.

69 Josephus, *Ant*. 18,136.

세례자 요한의 삶을 주로 예수와 관계에서 보고 있다. 세례자 요한의 운명은 예수의 운명을 예고한다. 세례자 요한이 처형된 전승(마가 6,19-27)을 누가복음 저자는 알고도 삭제했다.[70]

세례자βαπτιστής(마태 3,1b) 단어는 세례자 요한이 나타나기 전에 그리스어에 없던 단어다.[71] 세례자 요한이 유다 광야에 나타났다는(마태 3,1) 말은 사실 정확하진 않다. 그가 세례를 주었던 요르단강은(마태 3,5b) 유다 지역의 광야에 있지 않다. 마태복음 저자는 세례자 요한이 이스라엘에 보내진 인물이라고 말하고 싶다. 그래서 예루살렘을 비롯하여 유다 각 지방과 요르단강 근처 사람들이 요한을 찾아갔다고 기록했다(마태 3,5).

예수보다 먼저 등장한 세례자 요한은 이스라엘 백성의 회개를 촉구하였다. 마태복음 저자는 세례자 요한의 활동(마태 3,1-12)을 마가 1,2-8, 예수 어록, 이사야 예언서 40,3을 인용하여 소개한다. 마태 3,7b-12는 세례자 요한의 설교에 해당한다. 세례자 요한 설교의 중심 단어는 불πῦρ(마태 3,10, 11, 12)이다. 유다 광야에서 금욕 생활을 연상하거나 유다인에 반대하는 뜻을 이끌어 낼 수는 없다.

"회개하시오. 하늘 나라가 다가왔습니다!"(마태 3,2a)가 세례자 요한의 가장 중요한 메시지다. 마태복음 저자는 세례자 요한보다는 예언자 요한을 더 강조한다.[72] 세례자 요한의 세례에만 관심을 갖고 요한이 예언자라는 사실을 외면하는 것은 적절하지 못하다. 하늘 나라가 다가왔음을 선포했다는 사실에서 예언자 요한은 구약의 예언자들과 크게 다르다. 예언자 요한의 선포는 예수의 선포와(마태 4,17) 같고, 예수운동

---

70 Wolter, M., *Das Lukasevangelium*, 167.

71 Luz, U., *Das Evangelium nach Matthäus (Mt 1-7)*, 144, 주 4.

72 Lohmeyer, E., *Das Evangelium nach Matthäus*, 45.

역시 예언자 요한의 선포를 이어받았다(마태 10,7). 마가복음 저자 또한 선포하다ᵏᵑⱴᵟⱴⱴⱳ(마가 1,4)를 통해 예언자 요한과 예수를 가까이 놓고 있다.

하늘 나라βασιλεία τῶν οὐρανῶν(마태 3,2b)는 마태복음 특수 자료에 속하는 용어다. 하늘 나라에 걸맞게 윤리적으로 훌륭하게 사는 삶이 마태복음 저자에게 중요하다. 세례자 요한이 이스라엘에 보내진 인물이라는 사실을 마태복음 저자는 유다 광야ἐρήμῳ τῆς Ἰουδαίας(마태 3,1b) 표현을 이용해 나타냈다. 마태복음 저자는 예언자 요한을 예언자 엘리야와 동일시하기 때문에(마태 11,14; 17,12), 예언자 요한의 가죽띠(마태 3,4a)에서 예언자 엘리야의 옷차림을(열왕기하 1,8) 연상하게 기록했다. 메뚜기와 들꿀을 먹으며 살았다는 예언자 요한(마태 3,4b) 모습이 광야에 사는 베두인과 비슷한 탓에,73 마태복음 공동체가 있던 시리아 지방에서 예수 운동 사람들이 금욕주의자로 오해될 가능성도 있다. 예수와 비교한다면 예언자 요한은 금욕주의자(마태 11,18)에 가깝다.

마태복음 저자는 헤로데와 예루살렘 사람들을 같은 편으로 여겼다(마태 2,3). 그런데 유다 지방과 요르단강 근처 사람들이 세례자 요한에게 와서 자기 죄를 고백하며 세례를 받았다(마태 3,5-6). 바리사이파 사람들과 사두가이파 사람들도 세례자 요한에게 세례받으러 왔다(마태 3,7a). 세례자 요한에게 세례받은 유다인들과 세례받으러 온 유다 지배층을 마태복음 저자가 왜 분리시켜 놓았는지, 이 시점에서 아직 분명하지 않다(마태 9,27-34; 12,23).

세례자 요한 세례와 죄 고백은 연결되었다(마태 3,6a). 그런데 "회개하고 세례를 받으시오. 그러면 죄를 용서받을 것입니다"(마가 1,4) 내용

---

73 Vielhauer, P., "Tracht und Speise Johannes des Täufers," in: ders., *Aufsätze zum Neuen Testament*, TB 31 (München, 1965), 47-54, 53.

이 마태복음엔 없다. "회개하시오. 하늘 나라가 다가왔습니다!"만 마태복음에 있다(마태 2,2a). 세례자 요한에게 죄를 고백하고 세례받은 사람들은(마가 1,5; 마태 3,6) 마가복음에 따르면 죄를 용서받았고, 마태복음에 따르면 죄는 용서받지 못하고 죄만 고백했다는 뜻인가. 세례자 요한 세례는 단순한 죄 고백 의식이고, 예수 세례는 죄 용서까지 포함한다고 마태복음 저자는 말했는가. 트리엔트 공의회는 세례자 요한 세례와 예수 세례가 똑같은 효력을 지닌다는 의견을 거절했다(Denzinger, 857). 마태복음 저자는 세례자 요한의 세례와 예수의 세례를 구분했다는 데 오늘 성서학계 의견이 모아지고 있다.[74]

마태복음 저자는 하늘 나라가 다가왔다는 예언자 요한 선포를 마치 심판 선포처럼 전해주고 있다(마태 3,7-12). 마태복음 저자는 심판 선포에 관심이 많다. 마태복음 저자에게 심판 기준은 인간의 실천이다(마태 7,21-23; 12,50). 그래서 열매^{καρπὸς}(마태 7,16-20; 12,33; 21,43) 단어가 큰 역할을 한다. 세례자 요한은 세례받으러 오는 바리사이들과 사두가이들을 독사 족속들$^{γεννήματα ἐχιδνῶν}$(마태 3,7b)이라고 욕했다. 예수도 바리사이들에게 똑같은 욕설을 퍼부었다(마태 12,34; 23,33). 세례자 요한은 바리사이들과 사두가이들에게만 심판을 경고했다(마태 3,7a). 마태복음 저자는 이스라엘 백성과 지배층을 분명히 구분하고 있다. 이스라엘 백성 모두가 세례자 요한이나 예수를 배척했던 것은 아니다.

그러면 "온 백성이$^{πᾶς ὁ λαὸς}$ 대답하여 그의 피는 우리와 우리 자식들

---

74 Trilling, W., *Das wahre Israel. Studien zur Theologie des Matthäusevangeliums*, EThST 7 (München, 1975, 3판), 18; Thyen, H., *Studien zur Sündenvergebung im Neuen Testament und Seinen alttestamentlichen und jüdischen Voraussetzungen*, FRLANT 96 (Göttingen, 1970), 139.

이 감당할 것입니다"(마태 27,25) 구절은 어떻게 해석해야 하는가. 이스라엘 백성과 지배층의 차이는 사라졌다는 말인가. 마태복음 저자는 예수의 예루살렘 마지막 시간에는 더 이상 백성과 지배층을 구분하지 않고 싸잡아 비난하는가. 마태복음에서 세례자 요한이나 예수는 지배층과 연합한 사람들λαός에게서 배척당했다. 마태복음 저자는 그런 유다 백성들을 유다인이라고 불렀다(마태 28,15).

예수 시대에 사두가이들이 예수에게 가장 강력한 적수였고, 바리사이파는 별다른 정치적 권력이나 영향력을 갖고 있지 않았다. 마태복음 공동체와 마태복음 저자 시대에 사두가이들은 역사에서 사라졌고, 바리사이파는 유다교에서 거의 유일하게 살아남은 가장 강력한 그룹이었다. 마태복음 공동체와 저자는 유다교와 이미 결별한 상태였다. 예수 시대와 마태복음 공동체와 마태복음 저자 시대는 약 50년 차이가 있다. 예수가 주로 사두가이들과 싸웠다면, 마태복음 공동체와 마태복음 저자는 바리사이들과 다투던 관계였다.

요한복음을 역사 드라마historisches Drama[75]라고 본다면, 세례자 요한 선포(요한 1,19-28) 이야기는 서막(요한 1,1-18) 뒤에 1막 1장에 해당한다. 요한복음 저자는 요한 1,19-28-2,32를 7일에 걸친 7막의 구도로 설정했다. 요한 1,19-28은 요한복음 저자가 창작했다.[76]

유다인들이 예루살렘에서 대사제들과 레위 지파 사람들을 요한에게 보내어 그가 누구인지, 그가 베푸는 세례는 무엇인지 알아보게 하였다(요한 1,19a). 대사제들과 레위 지파 사람들은 요한복음에서 여기에만 함

---

75 Thyen, H., *Das Das Johannesevangelium*, HNT 6 (Tübingen, 2015, 2판), 109.

76 Freed, E. D., "Variation in the Language and Thought of John," *ZNW* 55 (1964): 167-197, 196.

께 언급되었다. 고백하며, 부인하지 않았고, 고백하였던καὶ ὡμολόγησεν καὶ
οὐκ ἠρνήσατο, καὶ ὡμολόγησεν(요한 1,20a) 세례자 요한은 최초의 그리스도인
이라 부를 만하다. 유다고 회당에서 추방당하지 않으려고 예수에 대한
믿음을 고백하지 않았던 사람들(요한 12,42)과 달리 예루살렘에서 온 대
사제들과 레위 지파 사람들 앞에서도 당당히 믿음을 고백한 세례자 요
한은 최초의 예수 제자였다.

"나는 그리스도가 아닙니다ἐγὼ οὐκ εἰμὶ ὁ χριστός"(요한 1,20a) 구절은 요
한이 혹시 그리스도는 아닐까(누가 3,15; 사도행전 13,25) 하는 질문에 대
한 요한복음 저자의 답변이다. 세례자 요한이 이스라엘 백성들이 기다
리던 메시아가 아니라는 사실을 요한복음 저자는 요한복음 처음부터
분명히 밝히고 시작한다. 그리스도도 아니고(요한 1,20a), 엘리야(말라기
3,22)도 아니고, 모세 같은 예언자(신명기 18,15)도 아닌 세례자 요한은
주님의 길을 곧게 하라고 광야에서 외치는 사람(요한 1,23b)이다. 세례
자 요한은 요한복음에서 철저하게 예수를 증언하는 사람이다. 예수운
동에 있었던 세례자 요한에 대한 반감이 이 단락의 배경이라[77] 보기
는 어렵다.[78]

마가 1,6과 마태 3,4는 세례자 요한을 구약성서의 엘리야(열왕기하
1,8) 예언자처럼 그렸다. 마가복음 저자와 마태복음 저자는 세례자 요한
을 그 무서운 날을 앞두고 이스라엘에 보낼 예언자 엘리야와(말라기 3,1,
23) 동일시했다. 마가복음 저자가 세례자 요한과 엘리야 예언자를 암시

---

[77] Becker, J., Das Evangelium nach Johannes, ÖTK 4/1 (Gütersloh, 1991, 3판), 44; Wengst,
K., Bedrängte Gemeinde und verherrlichter Christus. Der historische Ort des Johanne-
sevangeliums als Schlüssel zu seiner Interpretation, BThSt 5 (München, 1992, 4판), 174.
[78] Schmithals, W., Johannesevangelium und Johannesbriefe, BZNW 64 (Berlin, 1992), 162.

적으로(마가 1,2) 동일시했다면, 마태복음 저자는 노골적으로(마태17,13) 동일시했다.79 요한복음 저자는 세례자 요한을 구약성서의 엘리야와 동일시하지는 않았다. 기적을 많이 남긴 엘리야와 달리 세례자 요한은 기적을 한 적이 없다. "많은 사람들이 예수께 몰려와서 서로 '요한은 기적을 보여 주지 못했지만, 그가 이 사람에 관해서 한 말은 모두 사실이었다' 하면서 거기에서 예수를 믿게 되었다"(요한 10,41-42) 한 문장을 요한복음 저자는 이미 생각하고 있다.

자신은 그리스도, 엘리야, 모세 같은 예언자가 아니라는 세례자 요한의 고백을 대사제들과 레위 지파 사람들이 깨달았을 리 없다. 세례자 요한은 제자들에게 "나는 그리스도가 아니라 그분 앞에 사명을 띠고 온 사람이라고 말하였는데, 여러분은 그것을 직접 들은 증인들입니다"(요한 3,28)80 말한다. 세례자 요한은 자신이 그리스도도 아니요, 엘리야도 아니요, 모세 같은 예언자도 아니라는 고백을 예루살렘에 전하도록 대사제들과 레위 지파 사람들을 되돌려보냈다.

요한복음 저자는 요한에게 세례자 호칭을 한 번도 쓰지 않았다. 엘리야는 아닌, 그러나 엘리야처럼 요한은 마지막 시대를 알리는 사람이다. 마가, 누가, 마태복음 저자들이 세례자 요한을 예수가 나타나기 전에 자기 일을 다 해야 하는 그림을 생각했다면, 요한복음 저자는 세례자 요한을 예수 활동의 첫 단계에서 함께 활약하는 모습을 그렸다.81

---

79 Richter, G., "Bist du Elias?," in: ders, *Studien zum Johannesevangelium*, BU 13 (Regensburg, 1977), 1-41, 15.

80 de Jonge, M., J*esus. Stranger from Heaven and Son of God: Jesus Christ and the Christians in Johannine perspective*, SBibSt 11 (Missoula, 1977), 53.

81 Menken, M. J. J., "The Quotation from Isa 40,3 in John 1,23," *Bib* 66 (1985): 190-205, 200.

요한 1,19-34 단락이 원래 하나의 단락이 아니었다는 의견과[82] 달리 요한 1,19-34 단락을 마가 1,2-11 배경에서 보면서 원래 하나의 단락이었다는 의견이 있다.[83] "당신이 그리스도도 아니요, 엘리야도 아니요, 그 예언자도 아니라면 어찌하여 세례를 베푸는 거요?"(요한 1,25) 질문은 세례자 요한에게 자신이 메시아임을 증명하라는 요구로 해석할[84] 필요는 없다. 마가, 누가, 마태복음에서 세례자 요한에 대해 이미 알고 있는 독자는 세례자 요한의 고백을 이미 이해할 수 있겠지만, 요한복음만 처음 읽은 사람은 그 고백이 무슨 말인지 알아듣기 어려울 것이다.

---

82 Bultmann, R., *Das Evangelium des Johannes*, KEK (Göttingen, 1986, 21판), 57; Becker, J., *Das Evangelium nach Johannes*, ÖTK 4/1 (Gütersloh, 1991, 3판), 105-117.

83 Koch, D.-A., "Der Täufer als Zeuge des Offenbarers," in: van Segbroeck a. o. (eds.), *The Four Gospels* (FS Neirynck, F.), BEThL 100/3 (Leuven, 1992), 1963-1984; Freed, E. D., "Jn 1,19-27 in Light of Related Passages in John, the Synoptics, and Acts," in: van Segbroeck a. o. (eds.), *The Four Gospels* (FS Neirynck, F.), BEThL 100/3 (Leuven, 1992), 1943-1961.

84 Richter, G., "Bist du Elias?," in: ders, *Studien zum Johannesevangelium*, BU 13 (Regensburg, 1977), 1-41, 30.

15. 세례받는 예수
(마가 1,9-11/누가 3,21-22/마태 3,13-17)

마가 1,9-11은 원래 따로 전승된 단락인 듯하다.[1] 마가 1,9-11 단락
에 대해 여러 해석이 나왔다. 예수는 메시아 왕으로 책봉되었다,[2] 하느
님의 아들로 선언되었다,[3] 메시아로서 소명을 느꼈다,[4] 예수 자신의 체
험을 예수운동 공동체가 기억했다는[5] 의견도 있다.

예수가 세례자 요한에게 세례받았다는 사실 못지않게 갈릴래아 나
자렛에서 요르단강으로 세례자 요한을 찾아왔다는 사실이 중요하다.
나자렛에서 요르단강까지 걸어오는 길은 짧지 않다. 유다 지방과 예루
살렘에 사는 모든 사람이 세례자 요한에게 와서 죄를 고백하며 요르단
강에서 세례를 받았는데, 예수는 유다 지방과 예루살렘이 아니라 멀리
갈릴래아 나자렛에서 요르단강으로 왔다.

예수가 세례자 요한에게 세례받은 사실은 예수 삶에서 가장 확실한

---

1 Dschulnigg, P., *Das Markusevangelium*, ThKNT 2 (Stuttgart, 2007), 65.

2 Bultmann, *Die Geschichte der synoptischen Tradition* (Göttingen, 1957, 3판), 268.

3 Hahn, F., *Christologische Hoheitstitel. Ihre Geschichte im frühen Christentum*, FRLANT
83 (Göttingen, 1966, 3판), 343.

4 Berger, K., "Die königlichen Messiatraditionen des NT," *NTS* 20 (1973/74): 1-44, 28.

5 Taylor, V., *The Gospel According to St. Mark* (London, 1966, 2판), 618.

사건에 속한다.6 더 훌륭한 분이(마가 1,7) 어떻게 자신의 등장을 준비한 사람에게 세례받는다는 말인가. 예수운동 공동체는 이 사실로 고뇌했다(누가 3,21; 마태 3,13-15). 요한복음 저자는 아예 언급하지 않았다(요한 1,30-34). 예수가 세례자 요한에게 세례받은 사실에 의문을 품은 학자도 있다.7 예수가 왜 세례자 요한에게 세례받았는지 우리는 알 수 없다.8

"그리고 물에서 올라오실 때 하늘이 갈라지며 성령이 비둘기 모양으로 당신에게 내려오시는 것을 보셨다. 그때 하늘에서 '너는 내 사랑하는 아들, 내 마음에 드는 아들이다' 하는 소리가 들려왔다"(마가 1,11-12). 성령이 비둘기 모양으로 내려오는 것을 보았고, "너는 내 사랑하는 아들, 내 마음에 드는 아들이다" 소리를 예수 혼자만 들었다. 세례자 요한이 그 광경을 보았다거나 소리를 들었다는 말은 없다. 예언자를 부를 때(에제키엘 1,1), 하느님이 나타나실 때(이사야 63,19), 하느님 모습이 보일 때 하늘이 열린다는 묵시문학 표현이 여기서 사용되었다. 예수가 세례자 요한에게 세례받은 사건은 우주적 사건임을 가리킨다.

하느님의 영은 물 위에 휘돌았다(창세기 1,2). 하느님의 영은 노아의 방주 시절 비둘기에 비유되었다(창세기 8,9). 이스라엘 민족이 비둘기로 비유되기도 했다.9 마가 1,10에서 성령은 이스라엘이 아니라 예수에게

---

6 Gnilka, J., *Das Evangelium nach Markus*. Teilband: Mk 1-8,26, EKK II/1 (Neukirchen-Vluyn, 1978), 51.

7 Haenchen, E., *Der Weg Jesu. Eine Erklärung des Markus-Evangeliums und der kanonischen Parallelen*, STö.H 6 (Berlin, 1966), 58-63.

8 Gnilka, J., *Das Evangelium nach Markus*. Teilband: Mk 1-8,26, 51.

9 Lentzen-Deis, F., *Die Taufe Jesu nach den Synoptikern. Literarkritische und gattungsgeschichtliche Untersuchungen*, FTS 4 (Frankfurt, 1970), 181.

내려왔다.

하늘의 소리(창세기 15,4: 다니엘 4,31)가 예수에게 들려왔다(마가 1,11). "여기에 나의 종이 있다. 그는 내가 믿어주는 자, 마음에 들어 뽑아 세운 나의 종이다. 그는 나의 영을 받아 뭇 민족에게 바른 인생길을 펴주리라"(이사야 42,1) 구절과 가깝다. 이사야 예언서에서 종 표현이 마가복음에서 아들 호칭으로 바뀌었다. "나를 왕으로 세우시며 선포하신 야훼의 칙령을 들어라. 너는 내 아들, 나 오늘 너를 낳았노라"(시편 2,7)를 마가복음 저자는 기억했다. 아들 호칭은 메시아사상을 가리킨다. 예수는 마지막 시대에 나타나리라 기대했던 메시아라는 뜻이다. 이사야 42,1은 마가복음에서 예수가 하느님의 아들이라는 생각을 펼치는 데 중요한 근거가 되었다.

하느님의 아들 또는 메시아로서 예수의 소명이 왜 요르단강에서 예수 세례와 연결되었을까. 세례자 요한 추종자들과 예수운동 공동체 사이에 있었던 경쟁 때문일까. 세례자 요한에게 예수가 세례받았던 사실을 근거로 세례자 요한이 예수보다 높다는 주장에 맞서, 예수운동 공동체는 예수가 세례자 요한보다 높다고 주장하기 위해 예수 세례가 하느님과 직접 연결되는 장면을 창작하지 않았느냐는 추측이10 있다. 그런데 마가복음에는 세례자 요한 추종자들과 예수운동 공동체 사이 갈등은 언급되지 않았다. 예수운동에서 시행된 세례가 성령과 세례를 받은 예수를 모범으로 삼았기 때문11 아닐까. 세례자 요한에게 예수가 세례

---

10 Vögtle, A., "Die sogenannte Taufperikope Mk 1,9-11. Zur Problematik der Herkunft und des ursprünglichen Sinns," *EKK.V* 4 (1972): 105-139.

11 Bultmann, *Die Geschichte der synoptischen Tradition*, 267; Braun, H., "Entscheidende Motive in den Berichten von der Taufe Jesu von Markus bis Justin," *ZThK* 50 (1953): 39-43, 42.

받은 사실은 후대에 그리스도교 신앙고백에 포함되진 않았다. 예수는 세례자 요한에 의해 소개되었고, 하느님에 의해 정당화되었다. 마가복음 저자는 세례자 요한을, 예수를 준비한 인물로, 예수를 하느님의 아들로 정리했다.

예수가 세례자 요한에게 세례받는 이야기에서(누가 3,21-22) 세례자 요한 이름은 한 번도 언급되지 않았다. 누가복음 저자는 일부러 그렇게 했다. 누가복음 저자는 요한을 세례자보다는 예언자요 설교자로서 보고 있다. 죄 없는χωρὶς ἁμαρτίας(히브리 4,15) 예수가 세례자 요한에게 세례받았다는 사실에 예수운동은 몹시 당황했다(마태 3,14-15). 누가 3,21-22를 소명받은 사건으로 보아야 하나, 아니면 전설 또는 신화로 보아야 하나. 실제로 일어났던 역사적 사건을 기록한 것인가. "당신께서 우리를 다스리지 아니하시므로 당신의 백성이라는 이름을 잃은 지 이미 오래되었습니다. 아, 하늘을 쪼개시고 내려오십시오. 산들이 당신 앞에서 떨 것입니다"(이사야 63,19)처럼 묵시문학 유형에 속한다고[12] 보아야 할까. "하늘을 쪼개시고 내려오십시오."(이사야 63,19b)처럼 하늘이 열리며 성령이 예수 위에 내려왔다고(누가 3,21b-22a) 누가복음 저자는 표현하였다. 하느님의 아들인 예수는 이제 성령을 받았고, 하늘의 소리를 들었다(누가 3,22). 하늘의 소리는 하느님과 예수 사이의 관계를 드러낸다.

예수가 세례자 요한에게 세례받는 이야기는(누가 3,21-22) "여기에 나의 종이 있다. 그는 내가 믿어주는 자, 마음에 들어 뽑아 세운 나의 종이다. 그는 나의 영을 받아 뭇 민족에게 바른 인생길을 펴주리라"(이사야 42,1)와 연결될까.[13] 예수가 세례받은 이야기는 예수가 갈릴래아에

---

12 Bovon, F., *Das Evangelium nach Lukas* (1,1-9,50), EKK III/1 (Neukirchen-Vluyn, 1989), 180.

서 구원자 활동을 시작했음을 알려주었다. 예수가 세례자 요한에게 세례받았기 때문에 예수가 하느님의 아들이 된 것이 아니라 세례자 요한에게 세례받은 사건에서 예수가 하느님의 아들이라는 사실이 비로소 알려졌다. 세례자 요한이 예수에게 세례 주었다는 사실보다 세례자 요한이 예수의 구원자 활동을 목격했다는 사실이 더 중요하다.

누가 4,14에서 예수는 처음으로 세상에 공식 등장한다. 예수는 어떤 식으로 하느님의 아들인가 설명하는 세 단락이 누가 3,21-4,13에 이미 나왔다. 하늘이 열리고 성령이 예수에게 내려오신다. 예수는 하느님의 아들이라고 하느님이 말씀하신다. 세례자 요한이 광야에서 요르단강 강가로 나왔다면, 예수는 요르단강 강가에서 광야로 이동하고(누가 4,1), 갈릴래아로 간다(누가 4,14). 처음에 하느님 말씀이 있고, 그다음 말씀에 따른 사건이 소개되는 순서가 누가복음 세례자 요한과 예수 등장 장면에 공통이다.

세례자 요한 등장에서 하느님이 주도권을 쥐셨다는 사실이 설명되었다면, 예수 등장에서 하느님 말씀이 글자 그대로 인용되었다. 누가복음 저자는 세례자 요한의 선포와 체포 사실을 소개한 다음, 예수가 하느님의 아들이라고 선언하시는 하느님 말씀을 소개한다. 예수가 세례받고 하느님의 아들이라는 말씀을 먼저 소개한 후 세례자 요한 선포와 체포 사실을 기록한 마가 1,9-11 순서를 누가복음 저자는 따르지 않았다. "예수는 갈릴래아 나자렛에서 요르단강으로 요한을 찾아와 세례를 받았다"(마가 1,9) 구절을 누가복음 저자는 삭제해 버렸다.[14] 세례자 요한과 예수는 둘 다 하느님 약속이 성취되는 시대에 속하지만, 세례자 요한

13 Cullmann, O., *Die Christologie des Neuen Testaments* (Tübingen, 1959, 2판), 65.
14 Wolter, M., *Das Lukasevangelium*, HNT 5 (Tübingen, 2008), 169.

은 먼저 왔고(누가 1,17, 76), 그분이 오시기 전에(사도행전 13,24) 회개하고 세례를 받으라고 선포(사도행전 13,24)하였기 때문이다.

누가 3,21-22은 한 문장(누가 6,1; 16,22; 사도행전 4,5)으로 이루어졌다.[15] 백성이 모두 세례를 받을 때 $\beta\alpha\pi\tau\iota\sigma\theta\tilde{\eta}\nu\alpha\iota\ \check{\alpha}\pi\alpha\nu\tau\alpha\ \tau\grave{o}\nu\ \lambda\alpha\grave{o}\nu$(누가 3,21a; 3,7) 표현은 아직 세례받지 않은 사람들이 있다는 사실을 전제한다. 백성들이 모두 세례받고 있을 때 예수도 세례받고(누가 3,21c) 문장은 예수도 이스라엘 백성의 $\lambda\alpha\acute{o}\varsigma$ 하나임이 강조되었다.

예수는 세례받고 기도하고 있었다. 중요한 사건들은 예수가 기도하는 동안이나 기도한 후에 생겼다.[16] 하늘이 열리며 $\mathring{\alpha}\nu\epsilon\omega\chi\theta\tilde{\eta}\nu\alpha\iota$(누가 3,21d) 표현은 성령(누가 3,22a), 비(창세기 7,11; 신명기 28,12), 하느님 자신(이사야 63,19), 축복(말라기 3,10), 천사(요한 1,51), 메시아(요한 묵시록 19,11) 등 무엇 또는 누군가 하늘에서 내려옴을 가리킨다. 몸 모습으로 $\sigma\omega\mu\alpha\tau\iota\kappa\tilde{\omega}\ \epsilon\check{\iota}\delta\epsilon\iota$(누가 3,22a), 즉 살아있는 생생한 모습으로 성령이 내려왔다는 표현이 눈에 띈다.

비둘기 $\pi\epsilon\rho\iota\sigma\tau\epsilon\rho\grave{\alpha}\nu$(누가 3,22a)는 무슨 뜻일까. 해석하기 까다롭다.[17] 비둘기가 무엇을 상징하는지 수수께끼를 푼 사람은 아직 없다.[18] 단어 $\dot{\omega}\varsigma$ $\pi\epsilon\rho\iota\sigma\tau\epsilon\rho\grave{\alpha}\nu$(누가 3,22a)이 부사인지 명사인지 분명하지 않다. 성령이 비둘기 모양인가. 아니면 성령이 내려오는 모습이 비둘기가 내려오는 모습인가. 누가복음 저자가 비둘기에 어떤 신학적 상징을 주려는 것은 아

---

15 Fitzmyer, J. A., *The Gospel According to Luke I*, AncB 28 (New York, 1981), 118.

16 누가 1,10; 11,1; 22,41; Crump, D. M., *Jesus the Intercessor. Prayer and Christology in Luke-Acts*, WUNT 2/49 (Tübingen, 1992), 109.

17 Dörrfuss, E. M., "Wie eine Taube," *BN* 57 (1991): 7-13; Schwarz, G., "Wie eine Taube?," *BN* 89 (1997): 27-29.

18 Keck, L. E., "The Spirit and the Dove," *NTS* 17 (1970/71): 41-67; Lentzen-Deis, F., *Die Taufe Jesu nach den Synoptikern. Literarkritische und gattungsgeschichtliche Untersuchungen*, 170.

니다. 성령이 비둘기라는 말은 아니고, 성령이 비둘기 모양으로 예수에게 내려왔다는 말 같다.[19]

"너는 내 사랑받는 아들이니, 나는 너를 어여삐 여겼노라"(누가 3,22c) 하늘의 소리는 누가복음 저자가 마가 1,11에서 그대로 따왔다. 마가 1,11은 "여기에 나의 종이 있다. 그는 내가 믿어주는 자, 마음에 들어 뽑아 세운 나의 종이다. 그는 나의 영을 받아 뭇 민족에게 바른 인생길을 펴주리라"(이사야 42,1)와 "나를 왕으로 세우시며 선포하신 야훼의 칙령을 들어라. 너는 내 아들, 나 오늘 너를 낳았노라"(시편 2,7) 문장을 마가복음 저자가 편집하여 만들었다. 시편 2,7에는 왕의 대관식에서 사용되는 정치 이데올로기가 담겨 있다. 사랑받는ἀγαπητός(누가 3,22c) 단어는 이사야 42,1에 없고, 시편 2,7에도 없다. 내 아버지 야곱과 사랑받는 이스라엘παῖς μου Ιακωβ καὶ ὁ ἠγαπημένος Ισραηλ(이사야 44,2) 구절에서 따오지 않았을까.

요한은 그분을 말리며 "제가 당신에게 세례를 받아야 할 터인데 당신이 제게로 오시다니요?"(마태 3,14) 말했다. 마태복음 저자가 대본으로 삼은 마가 1,9-11에 없는, 새로운 구절이다. 마태복음 저자가 구전 전승을 받아 기록했는지, 처음으로 써넣었는지 논란되고 있다.[20] 마태복음 저자는 왜 예수가 세례자 요한에게 세례받아야 했던가 질문을 마태복음 공동체에서 가져왔을 수 있다.[21]

예수가 요한에게 세례받은 이야기는(마가 1,9-11) 그리스도론의 기

---

19 Wolter, M., *Das Lukasevangelium*, 171.

20 Luz, U., *Das Evangelium nach Matthäus (Mt 1-7)*, EKK I/1 (Neukirchen-Vluyn, 1992, 3판), 150.

21 Strecker, G., *Der Weg der Gerechtigkeit. Untersuchung zur Theologie des Matthäus*, FRLANT 82 (Tübingen, 1962), 150.

초 역사로서[22] 전승되었다. 마가복음에서 예수는 이스라엘 백성들과 함께 세례자 요한에게 세례받았음에도 불구하고 하느님의 아들이다.[23] 예수가 세례자 요한에게 세례받았던 사실보다 세례받은 후 들렸던 하늘의 소리에 마가복음은 더 주목했다.

마태복음 논증 순서는 마가복음 논쟁 순서와 반대다. 마태복음 공동체는 예수가 하느님의 아들로 선택받은 분이라고 이미 확신했다. 마태복음 저자는 이미 하느님의 아들인 예수가 왜 자신보다 낮은 요한에게 세례받아야 했는지 해명해야 했다. 이 주제는 예수운동 공동체들을 곤혹스럽게 만들었다. 예수가 세례자 요한에게 세례받은 사실은 사도신경에 결국 포함되지 못했다. "요한은 '제가 선생님께 세례를 받아야 할 터인데 어떻게 선생님께서 제게 오십니까?' 하며 굳이 사양하였다"(마태 3,14)를 마태복음 저자는 지어냈다.

마태 3,14는 죄 없는 예수가 죄 있는 사람이 받는 세례를 받을 필요가 없었다고 말하는 것은 아니다. 지체 높으신 예수가 왜 지체 낮은 요한에게 세례받으려 하느냐는 말이다. 예수는 세례자 요한에게 세례받을 필요가 없었다. 죄 없는 예수는 죄 있는 사람이 받는 세례를 받을 필요가 없다는 뜻으로 마태 3,14를 오해할 수도 있다. 그러나 마가, 누가, 마태복음 저자는 예수는 죄 없다는 말을 명백하게 하지는 않았다. 예수는 죄 없다는 말이 마가, 누가, 마태복음 저자 생각과 다르다는 뜻이 아니다. 예수는 죄짓지 않았다는 말은 공통년 2세기 초반 쓰였다고 추측되는 나자렛복음에서야 본격적으로 나타났다.[24]

---

22 Gnilka, J., *Das Evangelium nach Markus*. Teilband 1: Mk 1-8,26, 54.

23 Vögtle, A., "Die sogenannte Taufperikope Mk 1,9-11. Zur Problematik der Herkunft und des ursprünglichen Sinns," 134-139.

예수가 세례받고 즉시^{εὐθὺς} 물에서 올라오자(마태 3,16a) 구절에서 예수는 죄 없다는 주장을 펼친 학자도 있다.[25] 물속에 잠긴 예수는 죄가 없었기 때문에 즉시 물에서 올라왔다는 해석이다.

"지금은 이대로 하십시오. 이렇게 해서 우리는 마땅히 모든 의로움을 이루어야 합니다"(마태 3,15a) 구절은 예수가 마태복음에서 세상에 공식 등장한 후 처음으로 하는 말이다. 예수의 이 발언을 두고 논란이 없지 않았다. 마태복음에서 의로움^{δικαιοσύνη} 단어는 일곱 번 나오는데, 마태복음 저자가 썼다. 의로움 단어는 사람에게 실천을 요구하는가, 하느님이 이스라엘 백성에게 하신 구원 행동을 가리키는가.

의로움은 인간 행위(마태 3, 15b; 5,10; 6,1)를 가리킨다.[26] 의로움은 율법뿐 아니라 하느님이 원하시는 모든 것을 실천함을 가리킨다. 모든 의로움$^{πᾶσαν\ δικαιοσύνη}$(마태 3,15a)은 하느님 아들로서 예수 홀로 이루어야 할 의로움[27]뿐만 아니라 의로운 모든 것을(마태 5,20; 28,20) 가리킨다.[28] 마태 3,15는 "내가 율법이나 예언서의 말씀을 없애러 온 줄로 생각하지 마십시오. 없애러 온 것이 아니라 오히려 완성하러 왔습니다"(마태 5,17)를 미리 알려주고 있다.

예수가 세례받고 물에서 올라오자 마침 "하늘이 열리고"(마태 3,16a)에서 마태복음 저자는 하늘이 열리며 나타나는 신비스런 광경을(에제키

---

24 Luz, U., *Das Evangelium nach Matthäus (Mt 1-7)*, 153.

25 Gundry, R. H., *Matthew. A Commentary on his Literary and Theological Art* (Grand Rapids, 1982), 51.

26 Przybylski, B., *Righteousness in Matthew and His World of Thought*, MSSNTS 41 (Cambridge, 1980), 75.

27 Fiedler, M. J., "Gerechtigkeit im Matthäus-Evangelium," *ThV* 8 (1977): 63-75, 66.

28 Luz, U., *Das Evangelium nach Matthäus (Mt 1-7)*, 154.

엘 1,1) 떠올렸을까. "하늘에서 이런 소리가 들려왔다. '이는 내 사랑하는 아들이니, 나는 그를 기쁘게 여겼노라ὁ υἱός μου ὁ ἀγαπητός, ἐν ᾧ εὐδόκησα'"(마태 3,17). 마태복음 저자에게 예수는 세례를 통해서가 아니라 탄생 때부터 하느님의 아들이다. 예수는 하느님의 아들일 뿐만 아니라 하느님이 사랑하시고 기뻐하시는 아들이다. 하느님의 아들 예수는 하늘로부터 나타난 분이고(마태 2,15; 16,16; 17,5) 또한 하느님을 존중하는 아들이다.

마태복음 저자가 예수를 보는 두 가지 특징이 나타났다. 예수는 임마누엘, 즉 우리와 함께 계신 하느님이고(마태 1,23; 28,20) 또한 하느님을 존중하는 하느님의 아들이다. 예수는 하느님의 사랑하는 아들이고, 그래서 하느님은 예수를 기쁘게 여겼다. 예수는 이미 하느님의 사랑하는 아들이지만, 인간들도 하느님의 자녀들이 될 수 있다. 요한복음 저자(요한 1,12)와 바울(로마 8,14-17; 갈라디아 4,5-7)에게 인간은 세례를 통해 하느님의 자녀들이 되지만, 마태복음 저자에게 인간은 예수처럼 하느님을 존중하고 평화를 이룩하면(마태 5,9) 하느님의 자녀가 된다. 하느님을 존중하고 따르는 길을 예수는 우리보다 먼저 걸었다. 그 길을 지금 우리가 걷는다.

16. 유혹받는 예수
(마가 1,12-13/누가 4,1-13/마태 4,1-11)

광야에서 유혹받는 예수 이야기(마가 1,12-13)는[1] 예언자들의 역사와 (에제키엘 3,14; 열왕기 18,12; 열왕기하 2,16) 연결된다. 광야에서 예수의 사십 일 체류는 구약성서 전승에 이어진다. 사십 일 밤낮을 시나이산에서 야훼와 함께 지내는 동안 모세는 빵도 먹지 않고 물도 마시지 않았다(탈출 34,28). 사십 년을 야훼는 광야에서 이스라엘 백성을 인도해 주셨다 (신명기 8,2).

광야에 머무는 끝 무렵이 아니라 사십 일 내내 예수는 사탄에게 유혹받았다. 광야에서 예수가 단식했다는 말은 마가복음에 없다. 마가복음 저자가 즐겨 쓴 악마 이름은 사탄σαταν(마가 3,23. 26; 8,33)이다. 예수가 함께 지낸 들짐승(마가 1,13)에서 뱀을 연상할 필요는 없다. 의로운 사람은 들짐승도 두렵지 않을 것(욥기 5,22)이고, 들짐승과 함께 지내는 예수 모습은 평화를 상징한다(이사야 11,6-8; 65,25).

사탄의 유혹은 예수가 메시아로서 역할을 할 수 있는 인물인가 주제와 이어진다.[2] 예수가 유혹을 이겨냈다는(데살로니카후서 2,3-12; 요한 묵시

---

1 Kertelge, K., *Markusevangelium*, NEB.NT 2 (Würzburg, 1994), 20.

2 Gnilka, J., *Das Evangelium nach Markus.* Teilband: Mk 1-8,26, EKK II/1 (Neukirchen-

록 19,19; 20,2) 사실보다 예수와 함께 마지막 시대가 시작되었다는 뜻이
더 중요하다. 광야에서 예수 모습은 모세나 엘리야 전승보다[3] 아담 이
야기에(창세기 2,19) 더 가깝다.[4] 예수는 새 아담, 새 인간이다. 이 단락에
서 예수가 실제로 광야에서 40일을 머물렀다고[5] 분명히 말할 수는
없다.[6]

예언자 요한은 예수 때문에, 바르나바는 바울 때문에 그리스도교 역
사에서 그 중요성이 낮게 평가되었다. 누가복음과 마태복음은 예수 탄
생과 어린 시절 이야기로써 시작하고, 요한복음은 창조 이전 로고스로
써 시작한다면, 마가복음은 세례자 요한 전승으로써 예수를 소개하기
시작한다. 옛 시대에 위인전 대부분에서 유년 시절 이야기는 생략되
었다.[7]

예수 행동과 말씀 전승이 느닷없이 나타난 것은 아니다. 역사의 예수
에서 마가복음 집필까지 40여 년 시간이 흘렀다. 많은 예수 추종자들과
예수운동 공동체들은 기억하고 숙고하며 역사의 예수 전승을 전해왔다.[8]
마가복음은 단순히 있었던 사실을 그냥 전달하는 것이 아니라 사실을

Vluyn, 1978), 57.

3 Hahn, F., *Christologische Hoheitstitel. Ihre Geschichte im frühen Christentum*, FRLANT
83 (Göttingen, 1966, 3판), 345.

4 Pesch, R., "Anfang des Evangeliums Jesu Christi," in: *Die Zeit Jesu* (FS Schlier, H.) (Freiburg,
1970), 108-144, 131-133; Pokorný, P., "The Temptation Stories and their Intention," *NTS*
20 (1973/74): 115-127, 120-122.

5 Taylor, V., *The Gospel According to St. Mark* (London, 1966, 2판), 163.

6 Gnilka, J., *Das Evangelium nach Markus*, 58.

7 Dormeyer, D., *Das Markusevangelium* (Darmstadt, 2005), 177.

8 Kertelge, K., *Die Wunder Jesu im Markusevangelium; eine redaktionsgeschichtliche
Untersuchung*, StANT 23 (München, 1970), 193; Pesch, R., "Anfang des Evangeliums Jesu
Christi," 138.

복음으로서 선포하고 있다. 역사와 선포가 한데 어우러진다. 마가복음은 역사 다큐가 아니라 신학 다큐라고 나는 표현하고 싶다.

세례자 요한 등장과 투옥(누가 3,1-22), 예수 족보(누가 3,23-38) 뒤에 나오는 유혹받는 예수(누가 4,1-13) 단락에서 주어는 예수다. 오랜 침묵을 깨고 예수는 복음서의 주인공으로 행동하기 시작한다. 누가 4,1-13은 마태오 4,1-11처럼 주로 예수 어록에서 따왔다. "마침내 악마는 물러가고 천사들이 와서 예수에게 시중들었다"(마태 4,11) 문장은 누가복음에 없고, "그러자 악마는 모든 유혹을 끝내고 다음 기회까지 그분에게서 떠나 있었다"(누가 4,13)로 유혹받는 예수 이야기는 끝난다. 유혹받는 예수 이야기는 예수운동에서 처음부터 전해 내려온 오래된 전승에 속한다.[9]

악마는 예수를 세 번 유혹했다. 둘째 유혹과 셋째 유혹의 순서가[10] 누가복음과 마태복음에서 서로 바뀌었다. 마태복음 저자가 예수 어록에 원래 있던 순서를 보존한 듯하다.[11] 특히 누가복음 저자가 불편하게 여겼던 정치권력의 유혹이 예수에게 최후의 유혹이 되지 않도록 누가복음 저자가 순서를 바꾼 듯하다.[12] 첫째 유혹은 광야에서, 마지막 유혹은 예루살렘 성전에서 있도록 누가복음 저자는 설정했다. 세 유혹은 예수 활동의 세 단계에 대응한다. 하느님께 사랑받은 인물은 유혹에 시달

---

9 Jeremias, J., *Die Sprache des Lukasevangeliums. Redaktion und Tradition im Nicht-Markusstof des dritten Evangeliums* (Gottingen, 1980), 115.

10 Mahnke, H., *Die Versuchungsgeschichte im Rahmen der synoptischen Evangelien: Ein Beitrag zur frühen Christologie*, BET 9 (Frankfurt, 1978), 170-183.

11 Schulz, S., Q., *Die Spruchquelle der Evangelisten* (Zürich, 1972), 177.

12 Bovon, F., *Das Evangelium nach Lukas* (1,1-9,50), EKK III/1 (Neukirchen-Vluyn, 1989), 193.

렸다.[13]

세례자 요한은 광야에서 하느님의 부르심을 들었는데, 예수는 광야에서 악마의 유혹을 받는다. 광야는 부정적으로도 긍정적으로도 해석할 수 있다. 40일 또는 40년 단어는 이스라엘 백성이나 하느님의 종의 삶에서 중요한 기간을 뜻한다. 모세는 구름을 뚫고 시나이산으로 올라가 사십 주야를 지냈다(탈출기 24,18; 34,28). "너희는 지난 사십 년간 광야에서 너희 하느님 야훼께서 어떻게 너희를 인도해 주셨던가 더듬어 생각해 보아라"(신명기 8,2). 이스라엘 백성이나 믿는 사람들이 하느님을 존중하는지, 하느님이나 악마에게 자주 시험받았다. 유혹받는 사람πειρα ζόμενος(누가 4,2a) 단어는 예수운동에서 예수 믿는 사람들을 가리키는 호칭 중 하나였다(히브리 2,18; 야고보 1,13).

신화와 현실을 혼동하는 세계관에서 살았던 누가복음 저자는 당시 문화와 문학 유형을 빌어 악마를 소개하고 있다. 악마를 가리키는 표현은 두 개였다. 누가복음 저자는 예수 어록에서 διάβολος를 받아들여 7번 썼고, 마가복음에서 σατανᾶς를 받아들여 5번 썼다. 인간은 악마에게 끊임없이 유혹받고 시달린다고 생각했다(누가 13,16; 사도행전 10,38; 26,18). 바울을 비롯하여 성서 저자들도 하늘에서 추락한 악마가 땅에서 활약한다고 생각했다(고린토전서 7,5; 베드로전서 5,8; 요한 묵시록 13,1).

40일 굶은 예수에게 다가온 악마의 첫째 유혹은 빵이었다. 악마는 예수에게 "당신이 하느님의 아들이거든, 이 돌더러 빵이 되라고 해 보시오" 말했다(누가 4,3). 예수가 돌을 빵으로 변하게 만든다 하더라도, 빵이 예수 소유라는 보장은 아직 없다. 예수가 하느님의 아들이냐 여부가 돌

---

13 Gerhardsson, B., *The Testing of God's Son: (Matt. 4:1-11 & Par), An Analysis of an Early Christian Midrash*, CB.NT 2 (Lund, 1966), 24.

을 빵으로 변화시킬 능력에 달려있지는 않다. 예수는 "'사람이 빵으로만 살지 못하리라' 기록되어 있다"(누가 4,4) 대답한다. 빵이 1순위가 아니고, 하느님과 관계가 1순위라는 뜻이다.[14] 가난한 사람들의 빵 없는 고통을 예수가 모르거나 무시해서가 아니다. 가난한 사람들의 배고픔을 달래려고 빵 기적을(누가 9,12-17) 행한 예수는 자기 자신의 배고픔을 줄이는데 기적을 쓰진 않았다. 빵이면 다 된다는 사람들을 질책하는 말이기도 하다.

악마의 둘째 유혹은(누가 4,5-8) 세상의 모든 나라를 볼 수 있는 높은 데에서 있었다. 모든 나라를 다 볼 수 있는 곳은 둥근 지구 어디에도 없다. 누가복음 저자는 세상^{κόσμος}(누가 9,25; 11,50; 사도행전 17,24)과 세계^{οἰκουμένη}(누가 2,1; 21,26; 사도행전 11,28)를 구분한다. 저것은 내게 넘겨진 것이니$^{ὅτι ἐμοὶ παραδέδοται}$(누가 4,6b) 구절에서 하느님이 세상을 지배하는 정치권력을 악마에게 주신 것처럼 악마는 행세한다. 내가 원하는 사람에게 줄 수 있소(누가 4,6c) 구절에서 악마는 정치권력이 하느님이나 백성에게서 받는 것이 아니라 악마에게서 받는 것처럼 행세한다. 정치권력은 하느님이나 백성에게 봉사하는 것이 아니라 악마에게 바치는 것처럼 악마는 주장한다.

악마는 예수에게 "당신이 내 앞에 엎드려 절하면^{προσκυνήσῃς} 모두 당신 차지가 될 것이오"(누가 4,7) 말하며 하느님 대신 악마를 숭배하라고 유혹한다. 예수는 다시 구약성서를 인용하여 악마와 맞선다. "주님이신 너의 하느님을 예배하고 그분만을 섬겨라."[15] 하느님 숭배를 거절하고

---

14 Hahn, F., *Christologische Hoheitstitel. Ihre Geschichte im frühen Christentum*, 303.

15 신명기 6,13; 10,20; Holtz, T., *Untersuchungen über die alttestamentlichen Zitate bei Lukas*, TU 104 (Berlin, 1968), 62.

악마에게 무릎 꿇는 일을 예수는 하지 않는다.

세 번째 유혹은 예루살렘 성전 꼭대기에서 행해진다. 단어 πτερύγιον (누가 4,9a)은 성전 건물의 일부가 아니라 성전을 내려다볼 수 있는 성전 주변의 높은 곳을 가리킨다.16 이 단어를 공동번역이나 200주년 기념 성서는 성전 꼭대기라고 잘못 번역했다. "당신이 하느님의 아들이거든 여기서 아래로 몸을 던지시오"(누가 4,9b) 말한 악마는 곧장 시편 90(91), 11-12를 인용한다. "하느님께서 그대를 위해 당신 천사들에게 명하여 그대를 보호하게 하시리라. '또한' 그들은 손으로 그대를 받들어, 그대의 발이 돌에 다치지 않게 하리라."

성서 구절을 올바르게 인용한 악마는 무엇을 잘못했는가. 성서를 인용하여 하느님을 시험했기 때문이다. 악마도 성서를 인용할 줄 안다. 성서를 인용하면서 악마를 따르는 사람이 드물지 않다. 예수는 신명기 16,16을 인용한다. "너의 하느님이신 주님을 떠보지 말라." 그러자 악마는 모든 유혹을 끝내고 다음 기회까지 그분에게서 떠나 있었다(누가 4,13). 아담과 이스라엘 백성은 악마의 유혹에 빠졌지만, 욥과 예수는 넘어지지 않았다. 악마와 예수는 마치 두 성서학자처럼 성서를 인용하고 해설하며 논쟁하고 있다.

예수가 유혹받은 곳이 신약성서에 더 있다(누가 22,28, 39-46; 요한 6,15, 26-34; 7,1-4; 히브리 2,17; 4,15; 5,2). 그러나 이 구절들은 유혹보다 논쟁으로 보는 편이 더 낫겠다.17 악마의 유혹은 예수가 메시아인지 시험하려는 것이라는 해석을 불트만은 반대했다.18 메시아가 기적을 행한다

---

16 Mahnke, H., *Die Versuchungsgeschichte im Rahmen der synoptischen Evangelien: Ein Beitrag zur frühen Christologie*, 116-118.

17 Fitzmyer, J. A., *The Gospel According to Luke I*, AncB 28 (New York, 1981), 510.

거나 메시아가 유혹받는다는 말은 구약성서나 유다교 문헌에 없기 때문이다. 예수운동은 유혹받는 예수 이야기를 통해 예수가 무속인이라는 유다교의 비판에 대응하고[19] 있는가. 악마와 예수가 논쟁하는 모습을 보면, 유혹받는 예수 이야기는 유다교와 예수운동의 갈등에서 생긴 듯하다.[20] 악마의 첫째 유혹을 예언자 유혹, 둘째 유혹을 왕 유혹, 셋째 유혹을 사제직 유혹이라고 이해해도 좋을까. 그에 찬성하는 의견[21]과 반대하는 의견[22]이 있다.

악마의 첫째 유혹을 돈 문제, 둘째 유혹을 권력 문제, 셋째 유혹을 죽음 문제라고 나는 이해하고 싶다. 예수가 세 가지 유혹을 이겨냈다는 사실도 중요하지만, 인간에게 가장 중요한 유혹으로 누가복음 저자가 돈, 권력, 죽음을 들었다는 사실도 중요하다. 인간에게 3대 유혹인 돈, 권력, 죽음을 하느님과 관계없이 고뇌하느냐, 아니면 하느님과 연결하여 고뇌하느냐. 그것이 인간에게 최후의 유혹이 아닐까.

성서 저자들이 악마가 실제로 존재하느냐 주제로 논문을 쓴 것은 아니다. 사도신경에 악마의 존재를 믿는다는 말은 없다. 악마 단어를 사용한 성서의 신화적 표현에서 21세기를 사는 우리가 얻을 것은 무엇일까. 세상과 역사에 대해 값싼 낙관주의를 갖지 말라고, 인간 본질과 능력에 대한 지나친 자신감에 빠져 경거망동하지 말라고, 지적·윤리적으로 언

18 Bultmann, *Die Geschichte der synoptischen Tradition* (Göttingen, 1957, 3판), 272-274.

19 Luz, U., *Das Evangelium nach Matthäus (Mt 1-7)*, EKK I/1 (Neukirchen-Vluyn, 1992, 3판), 164.

20 Bovon, F., *Das Evangelium nach Lukas* (1,1-9,50), 194.

21 Mahnke, H., *Die Versuchungsgeschichte im Rahmen der synoptischen Evangelien: Ein Beitrag zur frühen Christologie*, 113-126.

22 Luz, U., *Das Evangelium nach Matthäus (Mt 1-7)*, 161 주14.

제나 우리 자신을 경계하고 겸손하라는 교훈을 얻을 수 있지 않을까.

누가복음 저자는 마가복음과 예수 어록 두 자료를 보면서 악마의 유혹 이야기를 썼다. 이집트에서 탈출하여 광야를 헤매던 이스라엘 백성이 모조리 유혹에 넘어가 버린 쓰라린 역사를 누가복음 저자는 기억하였다.[23] 구약성서 그리스어 번역본에서 인용된 어휘(누가 4,4, 8, 12)를 보면, 악마의 유혹 이야기(누가 4,1-13)는 처음부터 그리스어로 설명되고 기록된 듯하다. 예수가 세례받고, 성령이 예수에게 내려오고, 예수가 하느님의 아들로 선포된 사건은 서로 연결되어 작성되었다.

하느님께 선택된 유다인은 하느님께 시험받는다는 생각이 있었다. 가끔 악마나 반대자에게 유혹받기도 한다(열왕기상 10,1-3; 요한 6,6).[24] 그런 이야기에 유다인 아닌 사람은 등장하지 않았고, 유혹받는 사람의 죄는 언급되지 않았다. 하느님이 가끔 시험받기도 하시고(누가 4,12; 8,13; 11,4c), 인간이 자신을 스스로 시험하기도 한다(고린토후서 13,5).

예수는 요르단강 강가에 있었다는 말이 누가 4,1 이전에 없었다. 성령으로 가득 차서$^{\pi\lambda\eta\rho\eta\varsigma}$ $^{\pi\nu\epsilon\upsilon\mu\alpha\tau o\varsigma}$ $^{\dot{\alpha}\gamma\acute{\iota}ο\upsilon}$(누가 4,1a)라는 표현은 예루살렘 공동체 일곱 사람(사도행전 6,3, 5), 스데파노(사도행전 7,55), 바르나바(사도행전 11,24)에게도 쓰였다. 예수는 언제나 성령의 인도를 받았고, 예수 활동 뒤에 성령 그리고 성령 뒤에 언제나 하느님이 계신다는 말을 누가복음 저자는 하고 싶었다.

예수가 인용한 신명기 8,3c는 하느님께서 이스라엘 백성에게 주신 만나 양식 이야기(탈출기 16장)와 이어진다. "사람이 빵으로만 사는 것이

---

23 Brawley, R. L., "Canon and Comminity," *SBL.SP* 31 (1992): 419-434.

24 Gerhardsson, B., *The Testing of God's Son: (Matt. 4:1-11 & Par), An Analysis of an Early Christian Midrash*, 38.

아니다 성서에 기록되어 있다"(누가 4,4) 인용은 "사람이 빵으로만 사는 것이 아니라 하느님의 입에서 나오는 모든 말씀으로 살리라"(마태 4,40) 보다 훨씬 짧다. 마태복음 저자가 예수 어록을 확장했는지, 누가복음 저자가 예수 어록을 축소했는지 판정하기는 어렵다.25 마태복음 저자 와 누가복음 저자가 똑같은 예수 어록 본문을 사용했는지 우리가 알지 못하기 때문이다. 예수는 악마의 유혹에 자기 말로 받아친 것은 아니고, 세 차례 모두 신명기 구절을 인용하였다(신명기 8,3c; 10,20; 6,16).

누가 4, 6b-d 인용에서 누가복음 저자는 "왕국을 다스리는 분은 지 극히 높으신 하느님이라는 것과 그분은 자기의 마음에 드는 사람에게 나라를 맡기신다는 것을 너는 깨닫게 될 것이다"(다니엘 4,29) 구절을 참 고했다. 악마는 하느님 마음에 이미 들었기 때문에 나라를 하느님께 받 았고, 악마는 자기가 주고 싶은 사람에게 나라를 줄 수 있다고 말하는 유혹이다. 악마 유혹에 따르기만 한다면, 예수는 나라를 받을 수 있다는 뜻이다. 모든 권한을 주겠다δώσω τὴν ἐξουσίαν ταύτην(누가 4,6b) 표현은 영주 나 권력자에게 쓰던 용어였다(마카베오상 10,32; 다니엘 5,7; 7,14).

악마는 예수에게 세상 사람이나 짐승이나 풀을 보여 준 것이 아니라 모든 나라와 그 영광을(누가 4,5b) 보여주었다. "저 모든 권세와, 나라들 의 영광을 당신에게 주겠소"(누가 4,6b)에서 악마가 이미 세상 지배권력 을 획득했다고 전제하면26 안 된다. 악마가 세상 지배권력을 획득했다 고 자랑하고 있는 것도27 아니다. 주어졌다παραδέδοται(누가 4,6c) 단어의

25 Wolter, M., *Das Lukasevangelium*, HNT 5 (Tübingen, 2008), 181.

26 Rudman, D., "Authority and Right of Disposal in Luke 4.6," *NTS* 50 (2004): 778-786.

27 Theissen, G., *Lokalkolorit und Zeitgeschichte in den Evangelien. Ein Beitrag zur Geschichte der synoptischen Tradition*, NTOA 8 (Fribourg/Göttingen, 1992, 2판), 215-232, 222.

주어는 하느님이시다. 하느님이 악마에게 세상 지배권력을 주신 것처럼 악마는 예수에게 거짓말하고 있다.

예수는 악마의 유혹에 "너의 하느님이신 주님께 엎드려 절하고 오직 그분만을 섬겨라"(누가 4,8) 받아친다. 누가복음 저자는 신명기 6,13; 10,20에 있던 두려워하라$^{\phi o \beta \eta \theta \dot{\eta} \sigma \eta}$ 단어를 섬겨라$^{\pi \rho o \sigma \kappa \nu \nu \dot{\eta} \sigma \epsilon \iota \varsigma}$(누가 4,8b)로 바꾸어 인용했고, 신명기 6,13; 10,20에 없던 오직$^{\mu \acute{o} \nu \varphi}$ 단어를 누가 4,8b에 추가했다. 이스라엘이 하느님을 두려워하는 이유는 하느님께서 이스라엘 백성을 이집트 억압통치에서 해방시켜 주셨기 때문이다. 해방자 하느님을 잊어서는 안 된다(신명기 6,12). 하느님을 잊지 않고, 두려워하고, 섬긴다는 말은 같은 뜻이다.[28]

악마의 첫째 유혹과 셋째 유혹은 예수가 하느님의 아들인지 시험하는 유혹이었다. 예수가 돌을 빵으로 바꿀 수 있다면, 예수는 하느님의 아들이다. 예수가 높은 곳에서 뛰어내려도 생존할 수 있다면, 즉 하느님께서 천사들을 시켜 예수의 생명을 보호하시는지 그리고 하느님께서 죽음을 능가하는 힘을 갖고 계시는지 알아보자는 악마의 유혹이다. 돌을 빵으로 바꾸는 유혹은 보통 사람들이 납득할 정도의 유혹이지만, 높은 데서 뛰어내려도 목숨을 부지하는 문제는 사람들이 납득할 수준을 훨씬 넘어선다. 그래서 악마는 보충 설명을 하고 있다.

악마는 구약성서 그리스어 번역본에서 시편 91,11-12를 인용한다. 이 시편은 경건하게 기도하는 사람이 걷는 길을 하느님께서 보호하시고 구출하신다는 내용이었다.[29] 시편 91,11에 있던 "네가 가는 길마다" 부분을 누가복음 저자는 인용하지 않았다. 공통년 1세기에 시편 91,1

---

28 Wolter, M., *Das Lukasevangelium*, 183.

29 Zenger, E., in: Hossfeld, F.-L., Zenger, E., *Psalmen 51-100* (Freiburg, 2000), 623.

구절이 주술와 무속 용도로 묘비 등에 새겨지거나 인용되곤 하였다.[30]

예수는 악마의 셋째 유혹에 "주님이신 너희 하느님을 떠보지 마라" (누가 4,12) 인용으로 맞선다. 신명기 6,16에 있던 그 말씀은 탈출기 17,1-7과 연결되었다. 광야를 헤매던 이스라엘 백성은 모세에게 먹을 물을 달라고 졸랐다. 모세는 백성들에게 "어찌하여 하느님을 시험하느냐?"(탈출기 17,2) 야단쳤다. "하느님께서 우리 가운데 계신가 안 계신가" (탈출기 17,7) 시험하던 이스라엘 백성의 잘못을 예수는 따르지 않았다.

이스라엘 백성들은 하느님의 구원 행동을 수많은 기적 속에서 여러 차례 경험했지만(신명기 4,34; 7,19; 29,2), 하느님께서 자기들 곁에 계시는지 아닌지 끊임없이 시험하였다(민수기 14,22; 이사야 7,12; 시편 78,41-43). 악마가 예수를 떠나고(누가 4,13) 다음 기회까지ἄχρι καιροῦ(누가 22,3) 악마 없는 시대가 구원 역사 전체에서 대표적으로 있었다는 의견은[31] 적절하지 않다. 악마는 예수에게 돌아온 것이 아니라 유다에게 돌아왔고, 그래서 유다는 예수를 대사제와 율법학자들에게 넘겼다(누가 22,3). 악마의 권세는 예수가 활동할 때도 사람들 사이에서 위세를 떨쳤다(누가 10,19).

악마에게 유혹받는 예수 이야기에 어떤 의미가 있을까 성서학자들은 토론해 왔다.[32] 악마에게 유혹받는 예수는 광야에서 유혹받는 이스라엘 백성들과 연결되어 논의되었다. 이스라엘 백성들과 예수는 똑같이 광야에서 유혹받았다. 성령이 예수에게 내려오고, 예수는 공식 등장

---

30 Wolter, M., *Das Lukasevangelium*, 184.

31 Conzelmann, H., *Die Mitte der Zeit. Studien zur Theologie des Lukas*, BHTh 17 (Tübingen, 1960, 3판), 22, 73.

32 Luz, U., *Das Evangelium nach Matthäus (Mt 1-7)*, 222.

한 사건에서, 우리는 이스라엘 백성들이 선택받고 광야를 헤매던 사건을 떠올릴 수 있다. 이스라엘 백성들이 하느님의 계명을 지킬 것인지 아닌지(신명기 8,2), 마음속에 무엇이 있는지(역대기하 32,31) 유혹은 밝혀낼 수 있다.

예수가 악마를 이겼다거나[33] 예수와 악마 사이에 전투가 벌어졌다는 해설은[34] 지나치다. 악마에게 유혹받는 이야기에서 예수는 자신이 하느님의 아들인지 아닌지, 자신과 하느님 관계는 무엇인지 돌아보았다. 우리도 마찬가지다. 나 자신과 하느님 관계는 무엇인가.

유혹받는 예수 이야기(마태 4,1-11)는 역사의 예수에게 실제로 일어난 사건을 기록한 것은 아니고, 예수운동 공동체가 성도 교육 목적으로 후대에 지어낸 이야기다.[35] 역사의 예수는 악마를 무찔렀고, 사람들이 요구했던 하늘로부터 표징을 예수는 거절했음을(누가 10,18; 11,21) 예수운동 공동체는 기억하여 유혹받는 예수 이야기를 창작했다. 역사의 예수 삶과 역사의 예수 삶에 대한 예수운동 공동체의 기억이 어우러져 예수는 하느님의 아들이라는 믿음이 탄생했다. 예수운동 공동체의 기억과 믿음을 받아들여 마태복음 저자는 유혹받는 예수 이야기를 기록했다. 마태복음 저자의 새로운 해석은 무엇일까.

유혹받는 예수 이야기는 돈, 권력, 죽음이라는 세 주제를 다루고 있다. 그렇다면 유혹받는 예수 이야기는 모든 인간에게 해당되는 일반적인 이야기인가, 메시아 예수에게만 주어진 특별한 질문인가. 예수에게 주어진 돈, 권력, 죽음의 세 주제는 결국 예수운동 공동체를 경고하려는

---

33 Luz, U., *Das Evangelium nach Matthäus (Mt 1-7)*, 223.

34 Bock, D. L., *Luke I*, BECNT 3 (Grand Rapids, 1994), 382.

35 Luz, U., *Das Evangelium nach Matthäus (Mt 1-7)*, 160.

이야기라는 해석이 고대 교회와 종교개혁 시대에 유행했다.36 하느님의 아들 예수를 무속인이나 마술사 정도로 여기는 흐름에 반대하는 이야기라는 해석이 있다.37 유다 무장 독립군 젤로데파에 반대하는 뜻에서 예수는 정치권력을 획득하는 분이 아니었다는 의견도 있다.38

오늘 성서학계에 널리 퍼져 있는 해석은 이렇다. 유다교가 알았던 예언자 메시아, 사제 메시아, 왕 메시아에 대한 생각을 예수에게 적용하여 해설한 이야기라는 것이다.39 이 의견의 최대 약점은 둘째 유혹에 대한 해석에 있다. 유다교의 사제 메시아 개념은 예루살렘 성전에서 무사히 뛰어내리는 행동과 아무 관계없고, 예루살렘 성전과도 무관하다.40 여러 해석 중에 단 하나만 선택할 수도 없다. 예수는 세 가지 유혹을 이겨냈고, 그래서 자신이 하느님의 아들임을 증명했다는 사실이 모든 해석에서 공통이다. 유혹받는 예수 이야기에서 하느님을 존중하는 예수 모습이 잘 드러났다. 마태복음 저자는 예수가 어떤 메시아인가 질문보다 예수는 하느님을 존중한 분이라는 사실에 더 주목하였다.

마태 4,3에 인용된 신명기 8,3 구절은 예수 어록에 처음부터 있었다는 의견41과 마태복음 저자가 새로 끼워 넣었다는 의견42이 있다. 예수

---

36 Bultmann, *Die Geschichte der synoptischen Tradition*, 274; Schottroff, L., Stegemann, W., *Jesus von Nazareth – Hoffnung der Armen* (Stuttgart, 1978), 72-77.

37 Schulz, S., Q., *Die Spruchquelle der Evangelisten*, 186.

38 Hoffmann, P., "Die Versuchungsgeschichte in der Logienquelle," *Bz NF* 13 (1969): 207-223.

39 Baumbach, G., *Das Verständnis des Bösen in den synoptischen Evangelien*, ThA 19 (Berlin, 1963), 108-110; Mahnke, H., *Die Versuchungsgeschichte im Rahmen der synoptischen Evangelien: Ein Beitrag zur frühen Christologie*, BET 9 (Frankfurt, 1978), 122-124.

40 Luz, U., *Das Evangelium nach Matthäus (Mt 1-7)*, 161, 주 14.

41 Schürmann, H., *Das Lukasevangelium. Erster Teil: Kommentar zu Kap.* 1,1-9,50, HThK

는 세례자 요한에게 세례받은 후에 악마에게 유혹받았다. 악마에게 이끌려서가 아니라 성령의 인도로 광야에 나갔고, 성령이 아니라 악마에게 유혹받았다(마태 4,1). 예수는 모세처럼 사십 주야를 지내는 동안 빵도 먹지 않고 물도 마시지 않았고(탈출기 34,28; 신명기 9,9, 18), 모세처럼 하느님 가까운 시나이산에(탈출기 34,2) 있지도 않았다. 예수는 엘리야 예언자처럼 호렙산에 가다가 천사가 준비한 음식을 먹거나 물을 마시지도 못했다(열왕기상 19,1-8). 마태복음 저자는 예수 단식을 모세나 엘리야 예언자보다 더 강조한다.

유다교에서 사십 일 밤낮 단식은 아브라함, 모세, 엘리야 예언자 세 사람에게만 연결되었다. 이스라엘의 하느님 야훼께서 이스라엘이 하느님 계명을 지킬 것인지 시험하신 역사를(신명기 8,2-5) 예수는 알고 있다. 이스라엘 민족이 실패했던 그 유혹을 예수는 잘 견디어 냈다.

"유혹하지 마시오$^{οὐκ\ ἐκπειράσεις}$"(마태 4,7b) 말씀으로 예수는 악마의 둘째 유혹을 물리친다. 그 단어는 마태 16,1에 다시 나온다. 악마가 예수를 유혹하듯이 바리사이들과 사두가이들이 예수를 유혹하고 있다. 하늘에서 내리는 표징을 보여 달라는 악마, 바리사이들, 사두가이들의 유혹을 예수는 거절했다. 예수는 체포되었을 때도 열두 군단이 넘는 천사들을 부르지 않았고(마태 26,53b), "하느님의 아들이거든 당신 자신이나 구하시오"(마태 27,40b) 유혹을 또한 거절했다. 예수는 자기 삶에서 하느님을 존중하여 악마와 사람들의 유혹에 저항하였다.

"물러가라, 사탄아!"(마태 4,10) 표현은 마태 16,23에 다시 나온다. 악마에게 엎드려 절하라고 예수를 유혹하는 악마, 저항과 고통의 길에서

III/1 (Freiburg, 1970), 210, 주 14.

42 Luz, U., *Das Evangelium nach Matthäus (Mt 1-7)*, 160.

벗어나라고 예수를 유혹하는 베드로 둘 다 예수에게서 "물러가라, 사탄아!" 호통을 들었다. 악마에게 굴복하고 악마를 숭배하는 것, 저항과 고통의 길을 회피하는 것, 둘 다 악마가 예수에게 바라는 일이다. 악마의 유혹을 이겨낸 예수는 다시 산에 올라간 제자들에게(마태 28,16) 하늘과 땅의 모든 권능을 받았다고 선언한다(마태 28,18).

고대 교회는 하느님의 아들인 예수가 악마에게 유혹받는다는 일이 어떻게 가능한지 물었다. 자기 시대의 신화적 용어와 표현을 썼지만, 마태복음 저자의 답변은 이렇다. 예수는 하느님의 뜻을 존중했기 때문에 하느님의 아들이다. 우리 시대는 사람의 아들인 예수가 악마의 유혹을 버텨내는 일이 어떻게 가능한지 묻고 있다. 신화적 용어와 표현을 쓰지 않고도 우리 답변은 이렇다. 하느님의 뜻을 존중했던 예수이었기에 예수는 사람의 아들이고 동시에 하느님의 아들이다. 사람의 아들인 예수는 하느님의 아들이 될 수 없다는 말이 아니라 예수는 사람의 아들이기 때문에 또한 하느님의 아들이다. 마태복음 저자나 우리나 답변은 똑같다. 예수는 하느님의 뜻을 존중했기 때문에 사람의 아들이고 하느님의 아들이다.

17. 세례자 요한의 죽음
(마가 6,14-29/누가 9,7-9/마태 14,12)

마가복음 저자는 예수의 제자 파견(마가 6,6b-13)과 복귀하는 제자 (마가 6,30) 이야기 사이에 헤로데 안티파스가 세례자 요한을 죽인 사건을 끼워 넣었다. 세례자 요한이 처형되기 전에 예수는 제자들을 파견했다는 사실을 강조하고 싶었을까. 공통년 이전 4년부터 공통년 39년까지 갈릴래아와 페레아 지역을 다스렸던 헤로데 안티파스는 예수 운명에 가장 직접적인 영향을 미칠 수 있는 정치권력자였다. 예수에 대한 소문과 엇갈린 여론(마가 6,14-15), 특히 기적 이야기가(마가 4,35-5,43) 그의 귀에 들어간 듯하다.

일부 이스라엘 사람들은 세상 마지막 날에 부활과는 다른, 예언자의 지금 부활을 믿었고 받아들였던 것 같다.[1] "야훼가 나타날 날, 그 무서운 날을 앞두고 내가 틀림없이 예언자 엘리야를 너희에게 보내리니, 엘리야가 어른들의 마음을 자식들에게, 자식들의 마음을 어른들에게 돌려 화목하게 하리라. 그래야 내가 와서 세상을 모조리 쳐부수지 아니하

---

[1] Berger, K., *Die Auferstehung des Propheten und die Erhöhung des Menschensohnes*, StUNT 13 (Göttingen, 1976), 15-22; Wilckens, U., *Auferstehung*, ThTh 4 (Stuttgart/Berlin, 1970), 137-143.

리라"(말라기 323-24)를 기억하며 예수를 예언자 엘리야로 여기는 사람도 있었다. 예수를 평범한 예언자로 생각하는 의견도 있었다. 마가복음 저자는 세 가지 여론 모두 예수의 참모습에서 멀다고 보았다.[2] 백성에게 왕[3]이라 불린 헤로데 안티파스는 예수를 자신이 처형시켰지만, 다시 살아난 세례자 요한이라고 생각했다. 세례자 요한은 헤로데 영주에게 동생의 아내를 데리고 사는 것은 옳지 않다고(마가 6,18) 말했다. "이웃의 아내를 탐내지 못한다"(탈출 20,17)뿐만 아니라 "형제의 아내를 데리고 사는 것은 추한 짓이다"(레위 20,21) 구절을 세례자 요한은 기억했을 것이다. 세례자 요한의 처형 기록은(마가 6,17-29) 유다인 역사가 요세푸스 기록과[4] 다르다.[5] 예수가 살고 활동하던 갈릴래아 지역을 다스리는 최고 권력자가 세례자 요한뿐 아니라 예수를 두려워했다는 사실이 중요하다. 예수는 정치권력자에게 위협적인 존재였다.

세례자 요한의 죽음(마가 6,14-29) 이야기는 마가복음에서 예수와 직접 관계없는 유일한 이야기다. 전설인가,[6] 순교자 기록인가.[7] 마가복음 저자는 예수에 대한 사람들의 평판(마가 6,14-16; 8,28)과 세례자 요한의 죽음(마가 6,17-29) 사건을 한데 묶었다. 마가 6,14-16 전승이 먼저 있었고, 마가 8,28은 마가 6,14-16을 요약하였다.[8] 세례자 요한의 고난

2 Lührmann, D., *Das Markusevangelium*, HNT 3 (Tübingen, 1987), 115.

3 Pesch, R., *Das Markusevangelium. Teil 1. Einleitung und Kommentar zu Kapitel 1,1-8,26*, HthK II/1 (Freiburg, 1976), 333, 주 1.

4 Josephus, *Ant* 18, 119.

5 Riesner, R., "Johannes der Täufer auf Machärus," *BiKi* 39 (1984), 176.

6 Bultmann, *Die Geschichte der synoptischen Tradition* (Göttingen, 1957, 3판), 328; Theissen, G., *Lokalkolorit und Zeitgeschichte in den Evangelien. Ein Beitrag zur Geschichte der synoptischen Tradition*, NTOA 8 (Fribourg/Göttingen, 1989), 85.

7 Berger, K., *Formgeschichte des Neuen Testaments* (Heidelberg, 1984), 334.

과 죽음은 예수 고난과 죽음을 미리 알려주고 있다(마가 9,11-13). 마가
복음 저자에게 세례자 요한의 죽음은 고통받는 메시아의 원형으로 여
겨졌다.9

세례자 요한과 예수 나이는 크게 차이나지 않았다.10 예수가 살았던
갈릴래아 지방의 최고 권력자 헤로데 안티파스가 마가복음에서 여기
처음 등장한다. 그는 호숫가 티베리아스 지역에 새 궁전을 짓게 하고,
예수 고향 나자렛에서 가까운 세포리스에서 티베리아스로 자신의 거처
를 옮겼다. 요한을 죽이려 했던 헤로디아는 엘리야 예언자를 죽이려던
이세벨(열왕기상 19,2)을 연상케 한다. 엘리야 예언자는 왕궁에 들어와
이스라엘 왕 아합(열왕기상 21,17-26)과 왕 여호람(역대기하 21,12-19)을
꾸짖었다. 헤로데 안티파스 생일 잔치에 공주가 춤추는 장면은 유다 사
회에서는 유례없는 일이다. 잔치에서 춤은 성 노동자 여성이 맡았다.11
유다 역사가 요세푸스는 세례자 요한 죽음 사건을 마가복음 저자의 기
록과는 다르게 기록했다. 백성에게 정치적 영향력이 있던 세례자 요한
을 두려워한 헤로데 안티파스는 사해 근처 마케루스 성에서 처형시켰
다.12 세례자 요한이 어디서 처형되었는지 마가복음 저자는 말하지 않
았다.

예수의 기적을 보면서 세례자 요한의 부활을 떠올린 사람들은 세상

8 Theissen, G., *Urchristliche Wundergeschichten. Ein Beitrag zur formgeschichtlichen Erforschung der synoptischen Evangelien* (Gütersloh, 1974), 171.

9 Ernst, J., *Johannes der Täufer. Interpretation- Geschichte - Wirkungsgeschichte*, BZNW 53 (Berlin/New York), 1989, 28.

10 Cullmann, O., Die *Christologie des Neuen Testaments* (Tübingen, 1959, 2판), 30-33.

11 Gnilka, J., *Das Evangelium nach Marku,* Teilband: Mk 1–8,26, EKK II/1 (Neukirchen-Vluyn, 1978), 251.

12 Josephus, *Ant* 18, 116-119.

마지막 날에 모든 죽은 이들의 부활과는 다른, 지상 삶으로 복귀라는 부활을 생각한 것은[13] 아니다. 예수를 세례자 요한의 후계자로 보았던 사람들이 있을 정도로, 세례자 요한의 영향력은 컸다.

단어 τετραάρχης(누가 9,7a)는 갈릴래아 영주 헤로데를 가리킨다. 여러 가지 일들τὰ γινόμενα πάντα(누가 9,7a)은 예수와 열두 제자들의 활동을 말한다. "어떤 사람들은 그에게 '그런 기적의 힘이 나타나는 것을 보면'"(마가 6,14b) 구절을 누가복음 저자가 왜 삭제했는지 분명하지 않다. "그 사람은 도대체 누구란 말인가?"(누가 9,9b) 예수가 살던 갈릴래아의 최고 통치자 헤로데 안티파스는 예수를 만나보고 싶었고(누가 9,7c; 23,8), 질문하고 싶었고(누가 9,9; 23,9), 죽이고 싶었고(누가 13,31-33), 결국 조롱하며 모욕하였다(누가 23,11). 누가복음 저자는 헤로데 영주를 비판한 것일까.[14] 헤로데 영주는 마가복음에서 예수를 다시 살아난 세례자 요한이라고 생각했지만(마가 6,16b), 누가복음에서는 예수를 세례자 요한과 같은 인물이라고 생각하지 않았다(누가 9,9b).[15] 갈릴래아, 예루살렘 가는 여정, 예루살렘 등 예수 인생의 중요한 세 길목에서 헤로데 안티파스는 나타난다.[16]

예수를 다시 살아난 세례자 요한이라고 보는 의견에는(누가 9,7b) 죽은 예언자는 부활한다는 유다인의 믿음이 전제되었다.[17] 예수는 다시

---

13 Berger, K., D*ie Auferstehung des Propheten und die Erhöhung des Menschensohnes*, 15-22; Schillebeeckx, E., *Jesus - die Geschichte von einem Lebenden* (Freiburg, 1975), 349.

14 Rese, M., "Einige Uberlegungen zu Lukas XIII,31-33," in: Dupont, J. (éd.), *Jésus aux origines de la christologie*, BETL 40 (Leuven, 1989), 201-225, 212-215.

15 Grundmann, W., *Das Evangelium Nach Lukas*, ThHK 3 (Berlin, 1966, 4판), 185.

16 Conzelmann, H., *Die Mitte der Zeit. Studien zur Theologie des Lukas*, BHTh 17 (Tübingen, 1960, 3판), 44.

나타난 엘리야라는 의견에는(누가 9,8a; 말라기 3,23-24) 부활 사상이 전제된 것은 아니었다. 예수는 되살아난 옛 예언자 중의 하나라는 의견도(누가 9,8b) 있었다. 세 여론 모두 예언자들과 연결되었다. 수백 년 동안 다른 민족의 식민지 통치를 겪어온 유다인들이 이스라엘을 해방시켜줄 예언자를 얼마나 애타게 기대했는지 짐작할 수 있다.

세례자 요한의 죽음 사건(마가 6,17-29; 마태 14,3-12)을 누가복음 저자는 삭제했다. 그러나 누가복음 저자는 누가 9,7-9를 쓰기 위해 마가 6,14-16을 참고했다. 누가 9,7-9를 처음 읽은 독자들은 헤로데왕이 세례자 요한을 죽였다는 사실을 비로소 알게 된다. 예언자 엘리야가 예수 모습으로 다시 나타났다는 말은(누가 9,8; 마태 9,33) 구약성서 말라기 3,1, 23에서 비롯되었다. 예수에 대한 세 가지 소문이 모두 틀렸다는 사실은 독자들도 누가복음 저자도 알고 있다. 예수에 대한 헤로데의 궁금증은 누가 23,8까지 계속된다.

세례자 요한이 갈릴래아 영주 헤로데 안티파스에게 체포된 뒤 예수는 갈릴래아로 이주한다. 세례자 요한을 박해하는 헤로데 안티파스에게서 예수는 피신했는가.[18] 예수는 왜 갈릴래아로 갔는지 마태복음 저자는 말하지 않았다. 갈릴래아 영주가 나자렛과 가파르나움도 다스렸다는 사실을 마태복음 저자가 잘 몰라서 그렇게 말했을까. 만일 알았다면 마태 4,12는 헤로데 아르켈라오가 아버지 헤로데를 이어 유다 왕이 되었다는 말을 듣고 예수 아버지 요셉은 그리로 가기를 두려워하였다는(마태 2,22) 구절과 연결할 수 있다.

---

17 Gnilka, J., *Das Evangelium nach Markus*, 247; Wilckens, U., *Auferstehung*, 137-143.
18 Lohmeyer, E., *Das Evangelium des Matthäus*, hg., v. Schmauch, W., *KEK Sonderband* (Göttingen, 1958, 2판), 63.

2부

갈릴래아 예수

18. 예수 복음 선포 시작
(마가 1,14-15/누가 4,14-30/마태 4,12-17; 13,53-58)

세례자 요한 품을 벗어난 예수는 갈릴래아에서 하느님 나라 운동을 시작한다(마가 1,14-15). 예수는 시간적으로 세례자 요한이 헤로데 안티파스에게 넘겨진 이후 활동을 시작하였고, 공간적으로 요르단강에서 갈릴래아로 세례자 요한의 활동 영역과 분리되었다. 마가복음 9장까지 예수의 갈릴래아 활동, 10장은 갈릴래아에서 예루살렘으로 가는 예수의 여정, 11장에서 16장은 예수의 예루살렘 활동이 소개된다. 단락 길이나 규모로 보아도 마가복음은 갈릴래아 예수를 비중 있게 다루고 있다.

갈릴래아 예수의 하느님 나라 운동을 모르면 예루살렘 예수의 십자가와 부활을 제대로 이해할 수 없다. 십자가와 부활 관점에서 하느님 나라를 보아야 할 뿐만 아니라 하느님 나라 관점에서도 십자가와 부활을 보아야 한다. 십자가와 부활을 강조한다고 해서 하느님 나라를 외면하지 않고, 하느님 나라를 강조한다고 해서 십자가와 부활을 외면하지도 않는다. 십자가와 부활을 강조하면 하느님 나라도 동시에 강조되고, 하느님 나라를 무시하면 십자가와 부활도 함께 무시당한다.

세례자 요한이 체포된 후 예수의 등장은 단순한 역사적 사실보다 구원 역사적 의미를[1] 알려준다. 예수도 세례자 요한처럼 정치권력에 넘겨진다$^{\pi\alpha\rho\alpha\delta\sigma\theta\tilde{\eta}\nu\alpha\iota}$(마가 1,14; 9,31; 14,41). 예수도 세례자 요한처럼 처형되는 운명을 맞이한다. 세례자 요한은 예수 등장뿐 아니라 예수 죽음을 미리 알려준다.

세례자 요한과 예수는 비슷한 시기에 따로 활동하였다(요한 3,22-24). 실제로 그랬을 수 있다.[2] 그런데 마가복음 저자는 세례자 요한이 감옥에 갇힌 뒤 예수가 활동하기 시작했다고 여긴 듯하다.[3] 마가 1,14-15를 마가복음 저자가 썼다는 의견이[4] 많다. 하느님의 복음을 전파하다(마가 1,14; 데살로니카전서 2,9; 갈라디아 2,2) 표현은 예수운동, 그리스 지역에서 사용되었다. 하느님의 나라가 다가왔다(마가 1,15) 표현은 팔레스타인 전승에(누가 10,9; 마태 10,7) 속한다. 마가 1,14-15에 두 전승이 섞여 있다.[5]

"때가 다 되어 하느님의 나라가 다가왔습니다. 회개하고 이 복음을 믿으시오"(마가 1,15) 문장을 역사의 예수가 진짜 한 말이라고$^{ipsissimum\ verbum\ Jesu}$ 볼 수 없다는 의견,[6] 적어도 "때가 다 되어 하느님의 나라가 다가왔습니다"(마가 1,15a)는 역사의 예수가 진짜 한 말이라는 의견이

---

1 Haenchen, E., *Der Weg Jesu. Eine Erklärung des Markus-Evangeliums und der kanonischen Parallelen*, STö.H 6 (Berlin, 1966), 74.

2 Dschulnigg, P., *Das Markusevangelium*, ThKNT 2 (Stuttgart, 2007), 71.

3 Pesch, R., *Das Markusevangelium. Teil 1. Einleitung und Kommentar zu Kapitel 1,1-8,26*, HthK II/1 (Freiburg, 1976), 100.

4 Bultmann, *Die Geschichte der synoptischen Tradition* (Göttingen, 1957, 3판), 124; Strecker, G., "Literarkritische Überlegugen zum εὐαγγέλιον-Begriff im Markusevangelium," in: *NT und Geschichte* (FS Cullmann, O.) (Zürich 1972), 91-104, 93-97.

5 Stuhlmacher, P., *Das paulinische Evangelium I. Vorgeschichte*, FRLANT 95 (Göttingen, 1968), 238.

6 Gnilka, J., *Das Evangelium nach Markus*. Teilband: Mk 1-8,26, EKK II/1 (Neukirchen-Vluyn, 1978), 65.

있다.[7] 때가 다 되어πεπλήρωται ὁ καιρὸς(마가 1,15) 표현에 하느님께서 시간을 정한다는 생각이 담겨 있다(다니엘 7,22; 에제키엘 7,12). 예수 등장은 하느님께서 결정하셨다는 말이다.

예수는 하느님의 복음εὐαγγέλιον τοῦ θεοῦ(마가 1,14)을 전파하고, 예수운동 공동체는 예수 그리스도의 복음εὐαγγέλιον Ἰησοῦ Χριστοῦ(마가 1,1)을 전한다. 하느님 나라βασιλεία τοῦ θεοῦ(마가 1,15; 이사야 61,6) 사상은 예수 이전 유다교 신학에서 발달되었다.[8] "반가워라, 기쁜 소식을 안고 산등성이를 달려오는 저 발길이여. 평화가 왔다고 외치며, 희소식을 전하는구나. 구원이 이르렀다고 외치며 '너희 하느님께서 왕권을 잡으셨다'고 시온을 향해 이르는구나"(이사야 52,7).

하느님 나라가 다가왔다ἤγγικεν ἡ βασιλεία τοῦ θεοῦ(마가 1,15) 표현은 어느 때를 가리키는가. 예수 자신은 언제라고 생각했을까.[9] 하느님 나라는 이미 시작되었다(마가 4,11).[10]. 하느님 나라는 다가왔을뿐더러 실제로 지금 있다.[11] 다가왔다ἤγγικεν 표현은 예수의 하느님 나라 선포뿐 아니라 하느님 나라는 이미 시작되었지만 아직 완성되지는 않았다는 두 가지를 말하는 듯하다.[12] 모든 사람이 하느님 나라를 보는 것은 아니고 믿음

---

7 Pesch, R., "Anfang des Evangeliums Jesu Christi," in: *Die Zeit Jesu* (FS Schlier, H.) (Freiburg, 1970), 108-144, 135.

8 Stuhlmacher, P., *Das paulinische Evangelium I. Vorgeschichte*, 148-150.

9 Dodd, C. H., *The Parables of the Kingdom* (London, 1936), 34-80; Kümmel, W.G, *Verheissung und Erfüllung. Untersuchungen zur eschatologischen Verküdigung Jesu*, AThANT 6 (Zürich, 1956, 3판), 13-18.

10 Schnackenburg, R., *Gottes Herrschaft und Reich* (Freiburg, 1965, 4판), 23-47.

11 Gnilka, J., *Das Evangelium nach Markus*, 66.

12 Ernst, J., *Das Evangelium nach Markus*, RNT (Regensburg, 1981), 52; Witherington, B., *The Gospel of Mark. A Socio-Rhetorical Commentary* (Grand Rapids/Cambridge, 2001), 78.

의 눈을 가진 사람만 볼 수 있다.[13]

예수는 하느님 나라가 다가왔다고 선포할 뿐만 아니라 하느님 나라를 받아들이고 그 결과를 나누라고 요청한다.[14] 회개하라 μετανοεῖτε(마가 1,15) 요구가 그것이다. 회개는 개인과 공동체 삶의 방향을 윤리뿐 아니라 정치영역에서도 하느님께 향하라는 말이다.[15] 하느님 심판이 두려우니 회개하라는 말이 아니라 하느님 나라 메시지가 기쁘니 회개하라는 말이다.

누가 4,14-15 구절은 앞뒤 단락을 연결하는 다리 같다.[16] 누가 4,14-15 배경에 예수 초기 활동에 대한 소식이 있었는지 논의되었다.[17] 그러나 누가 4,14-15는 누가복음 저자가 처음으로 작성한 듯하다. 예수 복음 전파가 성공한 이야기가 있었고, 예수 활동이 거절당한 이야기도 있었다.[18] 두 이야기가 서로 관계없이 따로 전승되었다[19] 보기는 어렵다. 마가복음 저자는 나자렛 사람들의 불신에, 누가복음 저자는 예수의 예언자적 말씀에 더 주목했다.[20]

예수 시대는 세계사적 전환기다. 갈릴래아는 예수 최초 활동이 펼쳐진 구원 역사의 첫 땅이다. 예수는 광야의 요르단강 강변에서 예루살렘

---

13 Haenchen, E., *Der Weg Jesu. Eine Erklärung des Markus-Evangeliums und der kanonischen Parallelen*, STö.H 6 (Berlin, 1966), 73, 주 1.

14 Kertelge, K., *Markusevangelium*, NEB.NT 2 (Würzburg, 1994), 23.

15 Gnilka, J., *Das Evangelium nach Markus*, 68.

16 Fitzmyer, J. A., *The Gospel According to Luke I*, AncB 28 (New York, 1981), 521-524.

17 Schürmann, H., ""Der Bericht von Anfang". Ein Rekonstruktionsversuch auf Grund von Lk 4,14-16," *StEv* 2 (1964): 242-258.

18 Fitzmyer, J. A., *The Gospel According to Luke I*, 528.

19 Bultmann, *Die Geschichte der synoptischen Tradition*, 31.

20 Bovon, F., *Das Evangelium nach Lukas* (1,1-9,50), EKK III/1 (Neukirchen-Vluyn, 1989), 208.

으로 왔다가(누가 4,1.9) 집으로 돌아왔다(누가 4,14). 천사가 마리아에게 예수 탄생을 알려주었을 때(누가 1,35), 예수가 세례받을 때(누가 3,22) 예수와 성령의 관계가 강조되었다. 성령으로 가득 차고(누가 4,1), 성령의 능력을 지닌(누가 4,14) 예수에게 주님의 영이 내리셨다(누가 4,18). 하느님의 능력이 세상과 역사 안에 예수와 함께 다시 활발하게 되었다는 사실을 누가복음 저자는 반복한다. 성령은 예수뿐 아니라 요한(누가 1,15), 마리아(누가 1,35), 엘리사벳(누가 1,41), 즈가리야(누가 1,67), 시므온(누가 2,25)에게도 주어졌다.

누가복음 독자는 대부분 그리스 문화에 영향받고 살던 사람들이었다. 예수 이야기가 인근 모든 지방에 퍼졌고(누가 4,37), 더 널리 퍼져 나갔고(누가 5,15), 온 유다와 그 주변 모든 지방에 퍼져 나갔다는(누가 7,17) 소식을 유명해지는 것이 평생 목표였던 그리스 문화에 살던 독자들은 알게 되었다. 단순한 소식뿐 아니라 존경이 포함된 소식이었다. 누가복음 처음에 그런 소식이 많았지만, 갈수록 예수에 대한 비판과 공격이 늘어났다.

예수는 여러 회당에서 가르치며^{διδάσκω}(누가 4,15; 사도행전 1,1) 모든 사람에게 칭찬받았다. 그리스 학교에서가 아니라 유다교 회당에서 성서 교육을 말한다. 평신도에게도 열려있던 유다교 회당의 설교는 예수운동 사람들에게 예수와 예수 복음을 전할 기회를 제공했다. "율법과 예언서 낭독이 끝나자 회당장들이 그들에게 사람을 보내어 말하기를 '형제들이여, 당신들이 백성을 격려할 말씀이 있거든 해 주십시오' 말했다"(사도행전 13,15).

예수운동 사람들도 예수가 변변찮은 동네 나자렛 출신이란 사실을 부인할 수 없었다. "나자렛에서 무슨 좋은 수가 나올 수 있겠습니까?"

(요한 1,46) 그리스 문화에서 사람들이 거치는 출생, 가정교육, 학교교육 3단계 성장 과정을 누가복음 저자는 모르지 않았다. 습관대로^{κατὰ τὸ εἰωθὸς} (누가 4,16b; 사도행전 17,2) 안식일에 회당에 갔다는 예수는 가정교육을 잘 받은 사람으로서 누가복음 청취자들에게 소개되었다.

예수가 구약성서 낭독과 설교를 회당 예배 전에 미리 부탁받았는지 누가복음 저자는 밝히진 않았다. 회당 예배가 어떤 순서로 진행되는지 모르진 않았던 누가복음 저자는[21] 회당 예배 1부의 쉐마 "너, 이스라엘아 들어라. 우리의 하느님은 야훼시다. 야훼 한 분뿐이시다"(신명기 6,4) 기도와 축복과 2부 처음의 토라 낭독을 언급하진 않았다. 예수 설교 전에 다른 사람이 토라 구절을 낭독했음을 누가복음 저자는 전제했다. 회당 예배에서 낭독되는 토라 구절 순서가 공통년 1세기에 정해졌는지 분명하지 않다. 예언서 낭독은 자유롭게 구절을 골라서 했던 듯하다.[22]

예수가 이사야 예언서 구절을 정해진 순서에 따라 읽었는지, 예수가 골라서 찾아 읽었는지 알기 어렵다. 꿈란 공동체가 남긴 이사야 예언서 사본을 보면, 이사야 예언서 61장은 학교와 회당에서 낭독되었고 해설되었던 듯하다.[23] 누가 4,18-19에서 인용된 구절이 인용 출처인 이사야 예언서 구절과 똑같지는 않다.

주님의 성령이 나에게 내리셨다. 주께서 나에게 기름을 부으시어 가난한

---

21 Busse, U., *Das Nazareth-Manifest Jesu. Eine Einführung in das lukanische Jesusbild nach Lk 4, 16-30*, SBS 91 (Stuttgart, 1978), 107-112.

22 Bovon, F., *Das Evangelium nach Lukas* (1,1-9,50), 211.

23 11QMelch 14; 1QH 18,14-15; Sanders, J. A., "From Isai 4 to Luke 4," in: Neusner, J. (ed.), *Christianity, Judaism and other greco-roman Cults* (FS Smith, M.) (Leiden, 1975), 75-106, 87-91.

이들에게 복음을 전하게 하셨다. 주께서 나를 보내시어 묶인 사람들에게
는 해방을 알려주고 눈먼 사람들은 보게 하고, 억눌린 사람들에게는 자유
를 주며 주님의 은총의 해를 선포하게 하셨다(누가 4, 18-19).

주 야훼의 영을 내려주시며 야훼께서 나에게 기름을 부어주시고 나를 보
내시며 이르셨다. 억눌린 자들에게 복음을 전하여라. 찢긴 마음을 싸매 주
고, 포로들에게 해방을 알려라. 옥에 갇힌 자들에게 자유를 선포하여라
(이사야 61,1).

누가복음 저자는 이사야 61,1에서 '찢긴 마음을 싸매 주고' 부분을
빼고, "억울하게 묶인 이를 끌러주고 멍에를 풀어주는 것, 압제받는 이
들을 석방하고 모든 멍에를 부수어 버리는 것이다"(이사야 58,6) 구절을
덧붙였다. 이사야 57,15-58,14는 단식과 회개에, 이사야 61,1-11은
기쁨의 해 시작 때문에 속죄일(레위기 23,26-32) 축제에 즐겨 인용되었다.
　이사야 예언서를 서서 낭독했던 예수는 설교하기 위해 앉았다. 사람
들의 눈이 예수에게 쏠렸고, 그들은 예수의 말씀을 귀담아들었다. "때
가 다 되어 하느님의 나라가 다가왔습니다. 회개하고 이 복음을 믿으시
오"(마가 1,14-15) 구절은 시간의 완성을 말하고, "이 성경 말씀은 오늘
여러분이 듣는 가운데서 이루어졌습니다"(누가 4,21b) 구절은 말씀의 완
성을 가리키는가. 마가복음 저자와 누가복음 저자는 시간의 완성과 말
씀의 완성을 함께 강조하고 있다.
　누가 2,22-30은 설교한 예수에 대한 사람들의 반응(누가 2,22), 예수
의 답변(누가 2,23-27), 예수에 대한 나자렛 사람들의 공격(누가 2,28-29),
예수의 퇴장으로(누가 2,30) 이루어진 단락이다. "이 사람은 요셉의 아들

이 아닌가?"(누가 4,22b) 사람들의 반응은 복음서 여러 곳에 등장한다(마
가 13,55; 요한 6,42). "의사여, 네 자신부터 고쳐라"(누가 4,23b) 비유는(누
가 5,31) 유다교와 예수운동에 드물었다.24 "어떤 예언자도 자기 고향에
서 환영받지 못합니다"(누가 4,24b) 문장은 해석하기 까다롭다. 고향에
서 환영받지 못하는 사람이 모두 예언자라는 뜻은 아니다.

50년마다 돌아오는 기쁨의 해에 모든 사람에게 해방을 선포하고, 저
마다 제 소유지를 찾아 자기 지파로 돌아가야 한다(레위 25,10). 예수가
자기 고향 나자렛에서 주님의 은총의 해를 선포하기(누가 4,19) 시작하
는 것은 성서 말씀에 어울린다. 예수 고향 사람들이 예수 선포를 거절한
것이 문제였다.

구약성서에도 이스라엘 밖에서 활동한 예언자들이 없지 않았다.25
유다인과 유다인 아닌 사람이 공동체를 이루는 선교 활동을 가리키는
것은(사도행전 11,28; 10,1-11,18) 아니었다. 누가 4,26-27에서 유다교 범
위를 넘어선 예수운동의 모습을 엿볼 수 있다. 예수 설교를(누가 4,23-27)
들은 회당에 모인 사람들은 왜 모두 화가 났는지(누가 4,28), 왜 예수를
산 벼랑까지 끌고 가서 밀어 떨어뜨리려 했는지 누가복음 저자는 설명
하지 않았다. 이스라엘 백성이 예수 복음을 왜 받아들이지 않았는지 누
가복음 저자는 사도행전 집필 마지막까지 이해하지 못했다.26

갈릴래아 지방에 공식 등장하는 예수(누가 4,14-44)는 나자렛(누가 4,
16-30), 가파르나움(누가 4,31-41) 두 동네를 중심으로 활동한다. 베들레

---

24 Bovon, F., *Das Evangelium nach Lukas* (1,1-9,50), 214.

25 Crocket, L. C., "Luke 4,25-27 and the Jewish-Gentile Relations in Luke-Acts," *JBL* 88
    (1969): 177-183.

26 Bovon, F., *Das Evangelium nach Lukas* (1,1-9,50), 215.

헴/예루살렘(누가 2,4-21. 22-39), 가파르나움/나인(누가 7,1-10. 11-50) 두 곳을 중심으로 누가복음 저자는 예수 활동을 즐겨 소개한다. 예수는 나자렛에서 가르치는 사람으로, 가파르나움에서 기적을 행하는 사람으로 알려진다. 예수는 나자렛에서 환영받지 못하고, 가파르나움에서 환영받는다. 두 동네에서 안식일에 회당을 방문하면서 예수 활동은 시작된다.

예수가 갈릴래아로 돌아간 사실도 성령의 능력 덕분이라고 누가복음 저자는 설명했다. 예언자 시몬도 영에 이끌려 아기 예수를 만나러 성전으로 갔었다(누가 2,27). 성령의 능력을 지녔는지 여부가 진짜 예언자인지 여부를 가리는 기준이었다(사도행전 1,8; 로마 15,13. 19). 성령의 능력을 받았는지 여부는 보통 단락 끝에(누가 4,37; 7,17; 마태 9,26) 밝혀지는데, 누가 4,14에서는 단락 처음에 나왔다. 예수는 등장하자마자 사람들의 주목을 받았다. 회당에서 가르침 덕분이었다.

마가 6,1-6a와 마태 13,53-58은 예수의 고향 나자렛 방문 이야기를 예수가 겟네사렛 호수 주변에서 한참 활동한 후 소개했다. 누가복음 저자는 예수의 고향 방문 이야기를 예수 활동 처음에 놓았다(누가 4,16-30). 누가복음 저자가 마가복음과 마태복음의 순서를 따랐다면, 예수의 고향 방문 이야기는 누가복음 8장과 9장 사이에 있었어야 한다. 예수 말씀(누가 4,18-21.23-27)과 사람들의 반응(누가 4,22. 28-29)이 핵심이다. 예수는 이 사건 이후 다시는 고향에 돌아오지 못했다.

누가복음 저자는 대본으로 삼은 마가 6,1-6a를 크게 바꾸고 확장했다.[27] 누가복음 저자가 확장된 마가복음 또는 예수 어록을 참조했다는

---

27 Rese, M., *Alttestamentliche Motive in der Christologie des Lukas*, StNT 1 (Gütersloh, 1969), 143.

의견도 없지 않다.[28]

나자렛 지명은 아람어 형태 Ναζαρά로 신약성서에서 마태 4,13과 누가 4,16에서만 나온다.[29] 공통년 70년 이전에 유다교 회당 안식일 예배에서 예언서 낭독을 누가 4,17; 사도행전 13,27에만 찾을 수 있다.[30] 성령이 내리셨다(누가 4,18a), 주께서 나에게 기름 부으시어(누가 4,18a), 두 표현은 사실상 같은 뜻이다. 주님께서 예수를 보내어 가난한 사람들에게 복음을 전하게 하셨다(누가 4,18c). 가난한 사람들을 대표하는 사람으로 포로들, 못 보는 사람들, 억눌린 이들이 소개되었다. 누가복음 저자는 예수 활동을 가난한 사람들에게 복음을 전하는 것으로 요약했다(누가 4,18c; 6,20; 7,22). "나는 다른 마을에서도 하느님 나라의 복음을 전해야 합니다"(누가 4,43).

"억눌린 이들을 풀어 보내고 주님의 은혜로운 해를 선포하게 하시려는 것"(누가 4,18e-19)이 구체적으로 예수의 어떤 활동을 가리키는지 알아내려고 성서학자들은 고뇌했다.[31] 예수의 이사야 예언서 인용은 예언자들이 전한 하느님의 구원 약속을 예수 활동이 성취한다는 뜻을 알려준다.[32] 누가복음 저자는 예수의 이사야 예언서 낭독에서 "그 옛날 선조 때 헐린 집들을 신축하리라"(이사야 61,1d)를 왜 삭제했을까. "우리 하느님께서 원수 갚으실 날이 이르렀다고 선포하여라"에서(이사야 61,2b)

28 Schreck, C. J., "The Nazareth Pericope. Luke 4,16-30 in Recent Study," in: F. Neirynck (ed.), L'évangile de Luc (Leuven, 1989), 399-471; Tuckett, C. M., "Luke 4,16-30, Isaiah and Q," in: Logia. Memorial Joseph Coppens, BEThL 59 (Löwen, 1982), 343-354.

29 Wolter, M., Das Lukasevangelium, HNT 5 (Tübingen, 2008), 190.

30 Doering, L., Schabbat, TSAJ 78 (Tübingen, 1999), 246.

31 Busse, U., Das Nazareth-Manifest Jesu. 33; Rusam, D., Das Alte Testament bei Lukas, BZNW 112 (Berlin/New York, 2003), 179.

32 Strauss, M. L., The Davidic Messiah in Luke-Acts, JSNT.S 110 (Sheffield, 1995), 226.

왜 일부만 인용했으며, "압제받는 이들을 석방하고"(이사야 58,6e) 표현을 왜 덧붙여 인용했을까. 예수 활동을 이스라엘의 희망을 넘어 유다인 아닌 사람들의 희망으로 확장하기 위해 그랬을까.[33] "그 옛날 선조 때 헐린 집들을 신축하리라"(이사야 61,1d) 구절이 외국의 지배에서 이스라엘의 정치적 해방을 의미했기 때문일까.[34] 예수의 복음 선포가 이스라엘의 정치적 해방을 넘어 모든 인간의 구체적인 사회적, 신체적 고통에서 해방을 향했기 때문일까.[35]

예수는 "이 성서 말씀이 오늘 여러분이 들은 이 자리에서 이루어졌습니다" 말하였다(누가 4,21). 예수는 세상에 등장한 후 처음으로 자신의 언어로써 회당 청중, 즉 유다인에게 선언하였다. 왜 사람들은 모두 예수를 칭찬하였고 그 은혜의 말씀에 감탄했을까(누가 4,22a) 예수 말씀에 대한 사람들의 반응을 누가복음 저자가 전한 것인가, 사람들의 반응과 관계 없이, 누가복음 저자가 자기 생각을 쓴 것일까.[36] 은혜의 말씀λόγοι τῆς χάριτος(누가 4,22a)은 은혜에 대한 말씀, 즉 목적격 소유격으로 해석해야 하나, 아니면 은혜 가득한 말씀, 즉 주격 소유격으로 해석해야 하나. 어느 쪽으로 해석하든 예수 말씀이 너무나 은혜롭게 들렸다는 의미 같다.[37]

---

33 Albertz, R., "Die "Antrittspredigt" Jesu im Lukasevangelium auf ihrem alttestamentlichen Hintergrund," *ZNW* 74 (1983): 182-206, 190; Sanders, J. A., "From Isaiah 61 to Luke 4," in: Evans, C. A./Sanders, J. A. (ed.), *Luke and Scripture. The Function of Sacred Tradition in Luke-Acts* (Minneapolis, 1993), 46-69.

34 Wolter, M., ""Reich Gottes" bei Lukas," *NTS* 41 (1995): 541-563, 555.

35 Albertz, R., "Die "Antrittspredigt" Jesu im Lukasevangelium auf ihrem alttestamentlichen Hintergrund," 182-206, 198.

36 Nolland, J. L., "Words of Grace (Luke 4,22)," *Bib.* 65 (1984): 44-60.

37 Wolter, M., *Das Lukasevangelium*, 190.

사람들은 모두 예수를 칭찬하였고 그 말씀에 감탄했지만, "저 사람은 요셉의 아들이 아닌가?" 수군거렸다(누가 4,22b). 예수 말씀은 멋진데, 예수라는 사람은 변변치 못하다는 반응 같다. 말씀 내용과 말하는 사람의 신분을 회당에 모였던 사람들은 뒤섞어 생각하였다.

고향 아닌 가파르나움에서 행한 기적을 자기 고향 나자렛에서 하지 못하는 예수가 남의 병은 고치지만 자기 병을 고치지 못하는 의사에 비유되었다(누가 4,23). 고향 사람들이 예수에게 기적을 요구하는 듯 보인다. 그러나 이 비유를 이해하는 데 어려움은 따로 있다. 고향 사람들이 아니라 예수 자신이 의사 비유를 들었기 때문이었다. 고향 사람들은 예수가 가파르나움에서 기적을 이미 했다는 사실을 알 수 없었다. 누가복음에서 예수가 가파르나움에 갔던 사실이 아직 나오지 않았기 때문이다. "어떤 예언자도 자기 고향에서 환영받지 못합니다"(누가 4,24b) 구절이 고향 사람들이 예수를 거절한 사실을 해설하는 것은 아니다. 누가 4,28-29에 가서야 그 사실이 소개된다.

엘리야 시대에 이스라엘의 많은 과부와 이스라엘 밖 사렙타 지방의 과부(열왕기상 17,7-24), 이스라엘의 많은 나병환자와 유다인 아닌 시리아 사람 나아만(열왕기하 5,1-14) 두 사례가 덧붙여졌다. 삼 년 반 동안 심한 기근(누가 4,25b) 표현은 열왕기상 17,7-24에는 없고, 3년째 비가 다시 내렸다는(열왕기상 18,1) 말은 있다. 누가복음 저자는 다니엘 예언서 7,25와 12,7을 기억한 듯하다. 사렙타 지방의 과부와 시리아 사람 나아만 사례는 유다인 아닌 사람에 대한 선교를 가리키는 것[38]은 아니고, 예수가 왜 고향 나자렛에서 기적을 하지 않았는지 설명하는 데 인용

---

38 Busse, U., *Das Nazareth-Manifest Jesu*, 44; Wasserberg, G., *Aus Israels Mitte — Heil für die Welt*, BZNW 92 (Berlin/New York, 1998), 162.

되었다.

가까운 장소와 먼 장소, 가까운 사람들과 먼 곳 사람들이 여기서 네 번이나 대조되었다. 이스라엘이 심한 위기를 맞았을 때 하느님은 당신 예언자들을 이스라엘이 아니라 이스라엘 밖으로 파견하셨다. 의사와 나자렛은 예수 활동과 사렙타 지방 과부와 시리아 사람 나아만 사례는 하느님 활동과 연결되었다. 하느님이 예수에게 고향 나자렛을 위한 사명을 주지 않았고, 그래서 예수는 고향에서 기적을 하지 않았다. 예수는 오직 하느님이 주신 사명에 따라 행동할 뿐이다.[39]

하느님과 유다인 아닌 사람들에 대한 예수의 설명을 듣고 회당에 모였던 사람들은 모두 화가 났다(누가 4,28; 사도행전 13,44; 28,26). 그들은 예수를 산 위에 있었던 동네 밖으로 끌어내고 산 벼랑까지 끌고 가서 밀어 떨어뜨리려 하였다(누가 4,29). 그곳이 어딘지 우리는 알 수 없다. 옛 나자렛은 산 위가 아니라 골짜기에 있었다.[40] 그러나 예수가 어떻게 봉변을 피하고, 그들의 한가운데를 지나, 갈 길을 갔는지(누가 4,30) 누가복음 저자는 설명하지 않았다.

고향 나자렛에서 예수의 첫 설교 이야기는 오늘 우리에게 어떤 의미를 주는가. 고향 사람들이 예수를 거절했고, 예수는 고향에서 기적을 행하지 않았다. 고향에서 기적을 행하지 않았던 사실은 예수의 무능 때문이 아니라 하느님 뜻에 따른 결과임을 누가복음 저자는 강조했다. 더 중요한 것은 예수 첫 설교의 핵심 내용이다. 예수는 가난한 이들에게

---

39 Tannehill, R. C., "The Mission of Jesus according to Luke IV 16-30," in: Grässer, E., u.a. (Hg.), *Jesus in Nazareth*, BZNW 40 (Berlin/New York, 1972), 51-75, 62; Siker, J. S., "'First to the Gentiles': A Literary Analysis of Luke 4:16-30," *JBL* 111 (1992): 73-90, 84.
40 Wolter, M., *Das Lukasevangelium*, 198.

복음을 전하러 왔다(누가 4,18c).

마태 4,17은 마태복음 1부가 시작하는 곳일까. 마태 4,12와 마태 4,17 사이에 예수가 나자렛에서 가파르나움으로 옮겼고(마태 4,13), 그 의미를 밝히는 이사야 예언서 8,23 인용이 끼어들었다(마태 4,15-16). 예수가 나자렛에서 가파르나움으로 이사한 뒤 예수의 갈릴래아 선포는 본격적으로 시작한다.

마태복음 저자는 이사야 8,23과 9,1 두 구절을 참고하였다. "고통에 잠긴 곳이 어찌 캄캄하지 않으랴? 전에는 그가 즈불룬 땅과 납달리 땅을 천대하셨으나 장차 바다로 가는 길, 요르단 강 건너편 외국인들의 지역을 귀하게 여기실 날이 오리라"(이사야 8,23), "어둠 속을 헤매는 백성이 큰 빛을 볼 것입니다. 캄캄한 땅에 사는 사람들에게 빛이 비쳐올 것입니다"(이사야 9,1) 두 구절은 본래 무슨 뜻을 가졌을까. 다윗 가문 자손의 탄생은 아시리아 제국이 점령한 도르, 메기도, 길레앗 세 지역에서 해방을 상징한다는 말로 해석되었다.[41] 이사야 9,1은 유다교에서 구전 토라Tora를 통한 빛으로 해석되었다.[42] 마태복음 저자의 이사야 8,23-9,1 해석은 유다교의 이사야 8,23-9,1 해석과 같지는 않다. 복음서 저자들은 구약성서의 원래 뜻을 예수운동 관점에서 새롭게 해석하였다.[43]

예수는 즈불룬 지방에 속한 나자렛에서 납달리 지방에 속한 가파르나움으로 이사했다. 그런데 이미 떠나버린 즈불룬 지방γῆ Ζαβουλὼν에 빛이 비치다니? 유다인 아닌 사람들의 갈릴래아Γαλιλαία τῶν ἐθνῶν 표현 때문

---

41 Alt, A., "Jesaja 8,23-9,1," in: ders., *Kleine Schriften zur Geschichte des Volkes Israel II* (München, 1953), 210-212; Wildberger, H., *Jesaja I*, BK 10/1 (Neukirchen, 1972), 373.

42 Billerbeck, P., Strack, H., *Kommentar zum Neuen Testament aus Talmud und Midrasch I* (München, 1961), 162.

43 Luz, U., *Das Geschichtsverständnis des Paulus*, BEvTh 49 (München, 1968), 89-94.

에 즈불룬 지방이 포함되어 인용되었을까. 예수는 가파르나움에 살고 있다는 사실은 간접적으로 암시되었지만(마가 2,1; 9,33; 요한 2,12), 마태복음 저자는 예수 거주지가 가파르나움이었다는 확실한 전승에 의지한 듯하다.[44] 예수의 누이들은 나자렛에 계속 살았지만, 예수의 형제들과 어머니 마리아는 그렇지 않은 듯하다(마태 13,55-56). 예수는 성전세를 거주지 가파르나움에서 낸 듯하다(마태 17,24). 그러나 마태 17,25; 9,10, 11이 누구 집을 가리키는지 분명하진 않다. 예수가 유랑 선교사의 원조였다.[45]

세례자 요한이 체포된 뒤 예수는 다시 갈릴래아로 갔고, 가파르나움으로 이사하여 살았다. 마태 4, 15-16의 이사야 예언서 인용에서 가장 중요한 단어는 유다인 아닌 사람들의 갈릴래아Γαλιλαία τῶν ἐθνῶν 표현이다. 갈릴래아에 유다인 아닌 사람들이 많이 살았다는[46] 뜻은 아니다.[47] 예수 활동의 전부 또는 일부가 유다인 아닌 사람들 사이에 있었다는 말도 아니다.[48] 예수는 이스라엘의 메시아이고, 이스라엘의 유다교 회당에서 활동하였고, 이스라엘 밖에서 제자들의 복음 전파를 금지하였다(마태 10,5). 공통년 70년 유다독립전쟁 패배 후에도 갈릴래아 지방은 여전히 이스라엘의 중요한 영토에 속했다.

유다인 아닌 사람들의 갈릴래아 표현은 예수의 구원이 유다인 아닌

---

44 Strecker, G., *Der Weg der Gerechtigkeit. Untersuchung zur Theologie des Matthäus*, FRLANT 82 (Tübingen, 1962), 95.

45 Schweizer, E., *Das Evangelium nach Matthäus*, NTD 2 (Göttingen, 1973), 11.

46 Kretzer, A., *Die Herrschaft der Himmel und die Söhne des Reiches*, SBM 10 (Würzburg, 1971), 79.

47 Gnilka, J., *Das Evangelium nach Markus*, 69-71.

48 Luz, U., *Das Evangelium nach Matthäus (Mt 1-7)*, EKK I/1 (Neukirchen-Vluyn, 1992, 3판), 171

사람들에게도 향한다는 말이다. 부활한 예수는 제자들에게 "여러분은 가서 이 세상 모든 사람을 내 제자로 삼아 아버지와 아들과 성령의 이름으로 그들에게 세례를 베풀고, 내가 여러분에게 명한 모든 것을 지키도록 가르치시오"(마태 28,19-20) 말한다. 부활한 예수는 유다인 아닌 사람들에게 복음 전파를 명하지만, 역사의 예수는 우선 이스라엘에 복음을 전하기 시작한다(마태 4,17; 2,23; 12,18-21). 이스라엘이 예수 구원을 거절한 후, 예수 구원은 유다인 아닌 사람들에게 전해진다. "잘 들으시오. 여러분은 하느님의 나라를 빼앗길 것이며 도조를 잘 내는 백성들이 그 나라를 차지할 것입니다"(마태 21,43) 문장에는 예수운동이 유다교과 분열한 아픔과 갈등이 담겨 있다.

단어 ὁδὸν θαλάσσης(마태 4,15a)는 지중해가 아니라 갈릴래아 호수로 가는 길을 말한다. 요르단강 건너편(마태 4,15b)은 예수가 가끔 활동하던 요르단강 오른쪽(마태 8,28-34; 14,22-33; 16,5-20; 19,1)을 가리키는 듯하다. 어둠 속에 앉은 백성ὁ λαὸς ὁ καθήμενος ἐν σκότει(마태 4,16a)은 유다인 아닌 사람들을 가리키는가. 마태복음에서 단어 λαός는 이스라엘을 가리키기 때문에, 어둠 속에 앉은 백성이 유다인 아닌 사람들을 뜻한다고 보기는 어렵다. 빛φῶς(마태 4,16a)은 예수 존재를 가리키는가, 예수 가르침을 가리키는가. 둘 다 가리킨다.

"이때부터 예수는 전도를 시작하며 '회개하시오. 하늘 나라가 다가왔습니다' 말하였다"(마태 4,17). "회개하시오. 하늘 나라가 다가왔습니다"(마태 3,2) 세례자 요한 선포를 예수는 글자 그대로 본떴다. 때가 다되어πεπλήρωται ὁ καιρὸς(마가 1,15a), 복음을 믿으시오πιστεύετε ἐν τῷ εὐαγγελίῳ(마가 1,15b) 구절을 마태복음 저자는 삭제했다. 마태복음 저자에게 복음은 예수의 하느님 나라 선포였다. 하느님 나라 선포와 관계없이, 예수에 대한 믿음을 따로 말한 것이 아니다. 회개 명령은 하늘 나라가 다가왔기 때문이다. 회개하면 비로소 하늘 나라가 다가온다는 말이 아니다. 회개와 하늘 나라 다가옴은 서로 동떨어진 두 개의 가르침이 아니다.

19. 제자 부르심
(마가 1,16-20/누가 5,1-11/
마태 4,18-22/요한 1,35-51)

예수가 제자들을 부른 이야기는[1] 엘리야가 엘리사를 부른 이야기와
잘 연결된다(열왕기상 19,19-21).[2] 마가 1,16-20은 실제 이야기보다는
이상적인 장면으로 각색된 이야기 같다.[3] 레위(마가 2,14)와 필립보(요한
1,43)를 부른 이야기에 대해서도 비슷한 해설이 있다.

어부는 빈민층에 속했다. 사람 낚는 어부ἁλιεῖς ἀνθρώπων(마가 1,17)는
이스라엘 백성을 잡아가는 인신매매범(예레미야 16,16)처럼 부정적인 의
미가 아니라 당시 어느 문헌에서도 찾아볼 수 없는 긍정적 표현이다.[4]
그런데 사람 낚는 어부가 되게 하겠다는 말을 예수가 실제로 했을까.
성서학계에서 대체적으로 인정되고 있다.[5]

---

1 Theissen, G., Merz, A., *Der historische Jesus. Ein Lehrbuch* (Göttingen, 1997, 2판), 198.

2 Lachs, S. T., *A Rabbinic Commentary on the New Testament. The Gospels of Matthew, Mark, and Luke* (New Jersey/New York, 1987), 58.

3 Bultmann, *Die Geschichte der synoptischen Tradition* (Göttingen, 1957, 3판), 27.

4 Hengel, M., *Nachfolge und Charisma: Eine exegetisch-religionsgeschichtliche Studie zu Mt 8,21f. und Jesu Ruf in die Nachfolge*, BZNW 34 (Berlin, 1968), 85.

5 Pesch, R., "Berufung und Sendung, Nachfolge und Mission," ZKT 91 (1969): 1-31, 24; Gnilka, J., *Das Evangelium nach Markus*. Teilband: Mk 1-8,26, EKK II/1 (Neukirchen-Vluyn,

예수운동에서 믿는 사람은 물고기(누가 5,6; 요한 21,6)에 비유되곤 했
다. 어부 시몬과 그의 동생 안드레아(마가 1,16)는 예수가 부른 첫 제자들
로 소개되었다. 제베대오의 아들 야고보와 그의 동생 요한(마가 1,19)은
마가 9,38을 제외하면, 언제나 함께 불렸다. 그들은 베드로와 함께 열
두 제자 중 4인방으로 불렸다(마가 5,37; 9,2; 14,33). 네 제자는 열두 제자
중에도 특별한 의미를 지닌다.6 야고보는 마가복음에 11번이나 언급되
었고, 그의 동생 요한보다 언제나 이름이 먼저 나온다. 아버지와 삯꾼들
을 배에 남겨둔 채 예수를 따라나섰던 야고보와 요한은 시몬 베드로와
그의 동생 안드레아보다 경제적으로 나은 가정 출신이다.7 예수의 첫
제자들은 직업, 가족, 동료를 떠나 예수를 따랐다. 그들이 엘리사처럼
부모님께 작별 인사를 한 후에 스승을 따라갔다는 말은(열왕기 상 19,20)
마가복음에 없다.

마가복음 저자는 예수가 제자들을 부른 이야기를 처음 부분에 일찍
감치 소개하였다(마가 1,16-20). 누가복음 저자는 예수 가르침(누가 4,16-
30)과 행동(누가 4,31-44)을 제자들을 부른 이야기(누가 5,1-11)보다 먼저
소개하였다. 예수를 말씀의 메시아요 행동의 메시아로 우선 강조하고
싶었다. 누가 5,1-11을 쓰는데 마가 1,16-20뿐만 아니라 마가 4,1-2
과 마가 2,13도 참조되었다. 누가 5,1-11 단락을 요한복음 저자도 알고
있었다(요한 21,1-11). 고기잡이 기적 전승과 베드로와 제자들을 부른 이

1978), 75.

6 Dschulnigg, P., *Sprache, Redaktion und Intention des Markus-Evangeliums. Eigentüm-
lichkeit der Sprache des Markus-Evangeliums und ihre Bedeutung für die Redaktionskritik*,
SBB 11 (Stuttgart, 1986, 2판), 399-410.

7 Stegemann, E. W., Stegemann, W., *Urchristliche Sozialgeschichte: Die Anfänge im Judentum
und die Christusgemeinden in der mediterranen Welt* (Stuttgart u.a., 1995, 2판), 178.

야기(누가 5,1-11)는 연결되었다.[8]

누가복음 저자는 주목받는 예수 모습을 먼저 소개하고 그다음에 이 야기를 소개한다(누가 4,14; 5,1). 누가복음 4장에 예수 말씀이 여러 번 나오는데(누가 4,22, 32, 36, 43), 사람들은 예수 말씀을 하느님 말씀으로 알아듣는다. 하느님 말씀λόγος τοῦ θεοῦ(누가 5,1) 표현은 누가복음에서 여 기 처음 나온다. 바울 편지에도 자주 나온 표현이다(로마 9,6; 고린토전서 14,36; 데살로니카전서 2,13). 하느님 말씀은 복음서에서 예수 말씀을 가리 키고, 사도행전에서(사도행전 4,31; 6,2; 8,14) 부활절 이후 예수운동 공동 체의 선포를 가리킨다.[9]

누가복음 저자는 예수가 군중에게 무엇을 가르쳤는지 말해주지 않 았다. 예수 말씀은 벌써 끝나버렸고, 곧바로 고기 잡는 기적이 소개된 다. 예수와 시몬이 대화한 장소가 배 안인지 호숫가인지, 군중들이 예수 와 시몬의 대화를 지켜보고 있었는지 사라졌는지 분명하지 않다. 깊은 데로 가서 그물을 쳐 고기를 잡으라는 산골 출신 예수의 조언을 전문직 어부 시몬이 귀담아들을 필요는 없었다. 시몬은 예수의 제자도 아직 아 니었다.

많은 고기가 걸려들어 그물이 찢어질 지경에 배가 가라앉을 정도였 다면(누가 5, 6-7), 시몬은 고기를 버려야 하는가, 그물을 버려야 하는가, 배를 버려야 하는가. 고기 잡기 전 시몬(5,3-5)은 고기 잡은 후 시몬 베 드로(누가 5,8), 베드로(누가 5,9), 시몬(누가 5,10)으로 불렸다. 예수의 발

8 Bovon, F., *Das Evangelium nach Lukas* (1,1-9,50), EKK III/1 (Neukirchen-Vluyn, 1989), 234.

9 Jeremias, J., *Die Sprache des Lukasevangeliums. Redaktion und Tradition im Nicht-Markusstof des dritten Evangeliums* (Gottingen, 1980), 129.

앞에 엎드려 "주님, 저는 죄인입니다. 저에게서 떠나 주십시오"(누가 5,8b) 말하는 시몬 베드로에게 예수는 "두려워하지 마시오. 당신은 이제부터 사람들을 낚을 것입니다"(누가 5,10b) 말한다. 누가 5,1-11는 베드로의 지위와 사도들의 선교 사명[10]을 소개한다.

예수가 여러 곳에서 가르치고, 병 고치고, 토론하는 이야기들이 누가 5,1에서 시작된다. 누가 5,1-6,49 단락은 마가복음 영향을 크게 받았다. 예수가 첫 제자들을 모은 이야기는(누가 5,1-11) 마가 1,16-20을 대본 삼았다. 누가 5,12-6,11은 마가 1,40-3,6을 따르고 있다. 누가 5,1-11 은 부활한 예수가 베드로에게 나타난 사건에 기원을 두었는지,[11] 역사 의 예수 활동에 근거했는지[12] 성서학계에서 수십 년 넘게 논의되었다.

복음서 저자 중에 누가복음 저자는 예수를 하느님의 말씀$^{λόγος\ τοῦ\ θεοῦ}$ (누가 5,1b; 8,11, 21; 11,28) 전하는 사람으로 표현한 유일한 작가다. 누가 복음 저자의 두 작품인 누가복음과 사도행전을 연결하는 핵심 단어도 하느님 말씀(사도행전 4,31; 11,1; 18,11)이다.[13] 겐네사렛 호수$^{λίμνην\ Γεννησ}$ ^{αρὲτ}(누가 5,1b; 마카베오상 11,67) 표현이 갈릴래아 바다$^{θάλασσαν\ τῆς\ Γαλιλαίας}$ (마가 1,16a) 표현보다 더 널리 쓰였다. 그물을 던지는 데 여러 사람이 필요했다.[14] 깊은 데로 저어 나가 그물을 쳐서 고기를 잡으라는 예수 조언(누가 5,4b)에 시몬은 "스승님^{ἐπιστάτα}, 저희가 밤새도록 애썼지만 한

---

10 Pesch, R., *Simon Petrus. Geschichte und geschichtliche Bedeutung des ersten Jüngers Jesu Christi* (Stuttgart, 1980), 16.

11 Klein, G., "Die Berufung des Petrus," in: ders., *Rekonstruktion und Interpretation* (München, 1969), 11-49.

12 Pesch, R., *Der reiche Fischfang* (Düsseldorf, 1969).

13 März, C. P., *Das Wort Gottes bei Lukas* (Leipzig, 1974), 28.

14 Bivin, B., "The Miraculous Catch," *Jerusalem Perspectives* 5 (1992): 7-10.

마리도 못 잡았습니다"(누가 5,5a) 답한다. 경험에 기초한 이 응답은 예수 기적을 더 돋보이게 만든다.[15] 낮보다 밤에 고기 잡기 더 쉽다. 스승님ἐπιστάτης(누가 5,5a; 8,24; 9,33) 호칭은 신약성서에서 누가복음 저자에만 나오고, 예수 제자들만 예수를 부를 때 썼다. 어부들 같은 집단의 우두머리를 가리키는 단어에 가깝다.[16] 시몬이 예수 말대로 했더니, 엄청나게 많은 고기가 걸려들어 그물이 찢어질 지경이 되었다(누가 5,6; 요한 21,6b; 열왕기하 4,6).

시몬 베드로는 엎드려(민수기 22,31; 에제키엘 1,28; 마태 28,9) "주님, 저는 죄인입니다. 저에게서 떠나 주십시오"(마가 5,17) 예수에게 말하였다(누가 5,8). 죄인은 주님의 거룩함을 만나기 두렵다. "큰일 났구나. 이제 나는 죽었다. 나는 입술이 더러운 사람, 입술이 더러운 사람들 틈에 끼여 살면서 만군의 야훼, 나의 왕을 눈으로 뵙다니…"(이사야 6,5). 시몬은 예수에게서 하느님의 거룩함을 알아챘다.[17] 사람 낚는 어부(누가 5,10b) 비유는 죽음과 삶의 대조가 아니라 짐승과 사람의 대조에 기초한 비유다. 인신매매 같은 험악한 뜻이[18] 그 비유에 있지는 않다. 제자들은 그물과 아버지(마가 1,18, 20; 10,28)뿐만 아니라 모든 것을(누가 5,11b; 5,28; 14,25-27) 버리고 예수를 따라야 한다.

마가 3,16과 달리 시몬은 이미 마태복음 공동체에 잘 알려진 베드로

---

15 Theissen, G., *Urchristliche Wundergeschichten. Ein Beitrag zur formgeschichtlichen Erforschung der synoptischen Evangelien* (Gütersloh, 1974), 61.

16 Dietrich, W., *Das Petrusbild der lukanischen Schriften*, BWANT 94 (Stuttgart u.a., 1972), 40.

17 Dietrich, W., *Das Petrusbild der lukanischen Schriften*, 44.

18 Hengel, M., *Nachfolge und Charisma: Eine exegetisch-religionsgeschichtliche Studie zu Mt 8,21f. und Jesu Ruf in die Nachfolge*, 87.

이름으로 처음부터 소개된다. 그물을 던지던 어부 베드로는 요한 1,40-
42와 달리 예수에게 첫째로 부르심을 받았다(마태 4,18). 베드로는 별명
이지 직무를 가리키는 이름은 아니다. 그물은 예수운동 공동체에서 선
교용 단어로 쓰였다(마태 13,47). 마태복음에서 중요한 따르다^{ἀκολουθέω}
(마태 4,20) 동사가 마태복음에서 여기 처음 나왔다. 제베대오의 아들 야
고보와 그 형제 요한이 아버지 제베대오를 삯꾼들과 함께 배에 남겨두
고 그분의 뒤를 따라나섰다(마가 1,20)는 구절은 마태복음에서 삭제되었
다. 제베대오가 삯꾼들을 고용할 정도로 부자였다는 사실을 마태복음
저자가 감추려고 그랬던 것 같지는 않다. 마가 1,20에 없던 즉시^{εὐθέως}
(마태 4,20) 단어가 추가되었다. 두 형제가 부친을 버리고 예수를 따라
떠나버린 매정함을 강조한 듯하다.

열두 제자들을 가리킬 때 마태복음 저자는 사도^{ἀπόστολος} 단어를 마태
10,2에서만 쓰고, 대부분 제자들^{μαθηταί} 단어(마태 5,1; 8,23; 9,14)를 썼다.
제자들^{μαθηταί} 단어는 열두 제자들과 공동체를 일치시키는 개념인데, 사
도^{ἀπόστολος} 단어는 그렇지 않다.[19] 마태복음 저자는 공동체를 중요하게
생각했다. 마태복음 저자는 예수 말씀(마태 5-7장)과 행동(마태 8-9장) 뒤
에 곧바로 제자들과 공동체의 활동을 소개한다. 제자들과 공동체는 예
수 말씀과 행동에 근거한다는 뜻이다. 갈릴래아는 공동체가 탄생한 원
초 장소$^{Ur-Ort}$다.[20]

열두 제자들이 언제 어떻게 예수의 부르심을 받았느냐 질문보다 중
요한 사실이 있다. 갈릴래아는 공동체가 탄생한 장소라는 사실이다. 그

---

19 Luz, U., "Die Jünger im Matthäusevangelium," ZNW 62 (1971): 141-160, 157.

20 Luz, U., *Das Evangelium nach Matthäus (Mt 1-7)*, EKK I/1 (Neukirchen-Vluyn, 1992,
    3판), 176.

래서 마태복음 저자는 군중ὄχλοι이 예수를 따랐다는 사실(마태 8,1; 12,15; 19,2; 20,29)을 강조했다.

열두 제자는 예수를 따랐던 가난한 사람들과 동떨어진 특수한 그룹은 아니다. 열두 제자는 예수를 따랐던 가난한 사람들에 속하고, 가난한 사람 중 일부를 가리킨다. 열두 제자는 가난한 사람 중 일부로서 가난한 사람들에게 봉사하는 사람이다. 열두 제자는 동료이자 동지인 가난한 사람들에게 봉사하는, 가난한 사람들의 동지요 동료다. 열두 제자는 예수를 따랐던 가난한 사람들에게 지도층도 아니고 지배층도 아니다.

열두 제자와 가난한 사람들을 구분할 수 있지만, 분리할 수 없다. 열두 제자가 예수를 따랐음을 강조하지만, 가난한 사람들이 예수를 따랐다는 사실을 애써 외면하는 풍조가 교회 성당에 있어 왔다. 열두 제자와 가난한 사람들을 분리시키고 계급구조로 상하관계로 놓으려는 시도는 마태복음 저자 생각과 거리가 멀다.

요한 1,35-42는 이틀간 일어난 일[21]이 아니라 같은 날 일어난 일[22]을 소개한다. 세례자 요한의 제자들이 어딘가 있었다는 사실이 전제되었다(요한 1,35). 선생님διδάσκαλε(요한 1,38b)으로 번역된 랍비ῥαββί(요한 1,38c) 단어는 신약성서에 15번 나오는데, 마가복음에 3번, 마태복음에 4번, 요한복음에 8번 나오고, 누가복음에는 없다. 세례자 요한의 제자들이 세례자 요한을 랍비라고 부르듯이(요한 3,26), 예수의 제자들은 예수를 랍비라고 부른다. 이스라엘의 선생(요한 3,10) 니고데모가 예수를 랍비라고 부른다(요한 3,2). 마태복음에서 배신자 유다만 예수를 랍비라고 부른다(마태 26,25, 49).

---

21 Bultmann, R., *Das Evangelium des Johannes*, KEK (Göttingen, 1986, 21판), 68, 주 5.
22 Thyen, H., *Das Johannesevangelium*, HNT 6 (Tübingen, 2015, 2판), 129.

예수는 랍비 호칭을 듣기 좋아하는 율법학자들과 바리사이파 사람들을 빈정대며 제자들에게 "여러분은 스승 소리를 듣지 마십시오. 여러분의 스승은 오직 한 분뿐이시고 여러분은 모두 형제들입니다"(마태 23,8) 말한다. 랍비 호칭은 가르치는 사람을 가리킨다. 요한복음이 쓰여진 공통년 100년 무렵은 랍비 호칭이 유다교에서 직분으로 자리 잡던 때 같다.23

따라오는 세례자 요한의 두 제자에게 예수는 "여러분은 무엇을 찾고 있습니까?τί ζητεῖτε"(요한 1,38b) 묻는다. 요한복음에 나오는 예수의 첫 말씀이자 첫 질문이다. "랍비, 어디 머물고 계십니까?ποῦ μένεις"(요한 1,38c) 대답은 예수의 집이 아니라 제자들이 영원히 머물 곳을 가리킨다(요한 4,40). "와서 보십시오ἔρχεσθε καὶ ὄψεσθε"(요한 1,39a) 예수는 답한다. 와서 보십시오라는 표현은 예수를 믿다(요한 5,40; 6,35; 7,37)라는 표현과 사실상 같다.24

표징σημεῖα들을 보았기 때문이 아니라 빵을 먹고 배가 불렀기 때문에, 예수를 찾았던 군중들과(요한 6,26b) 달리 예수를 따라오는 세례자 요한의 두 제자는 표징을 보았고, 그들이 찾던 것을 찾았다. 그들은 같이 가서 예수가 머물러 있는 곳을 보고 그날 함께 지냈다(요한 1,39b). 열째 시간ὥρα ἦν ὡς δεκάτη(요한 1,39b), 즉 오후 네 시쯤 예수와 세례자 요한의 두 제자가 금요일 오후부터 토요일 저녁까지 안식일 시작을 기다려야 했다는 해석25을 여기서 이끌어 낼 수는 없다. 하느님께서 열 번이나 말씀하셨다(창세기 1장) 또는 십계명의 열 번째 말씀(탈출기 20,1-17; 신명

---

23 Thyen, H., *Das Johannesevangelium*, HNT 6, 128.

24 Brown, R. E., *The Gospel According to John*, AncB 29/A (New York, 1966), 79.

25 Brown, R. E., *The Gospel According to John*, 75.

기 4,13; 10,4)과 연결하여 성취의 시간이라고[26] 해석할 필요는 없다.

걸어가는 예수를 보고 "하느님의 어린 양이 저기 가신다"(요한 1,36) 말한 세례자 요한의 말을 듣고 예수를 따라갔던 두 사람 중 하나는 시몬 베드로의 동생 안드레아였다(요한 1,40). 예수의 다섯 제자 이야기에서 (요한 1,35-51) 왜 첫 두 제자 중 한 사람 이름만 요한복음에서 빠졌을까. 안드레아의 동료였던 그는 누구일까. 그는 더 이상 예수를 따르지 않았기 때문에 이름이 삭제되었나.[27] 그는 요한복음 저자 자신일까,[28] 예수의 사랑받던 제자일까(요한 13,23).[29] 시몬(요한 1,42), 나타니엘(요한 1,47), 야곱의 우물가에서 사마리아 여인(요한 4,16)을 알아보는 예수에게서 아들 예수와 아버지 하느님의 일치가 잘 드러나고 있다. "아버지의 품 안에 계신 외아들로서 하느님과 똑같으신 그분이 하느님을 알려주셨습니다"(요한 1,18b). 예수는 하느님을 해석하신 분이다.

예수가 필립보를 만나 한 말 "나를 따라오시오Ἀκολούθει μοι"(요한 1,43; 마가 2,14; 누가 9,59; 마태 8,22) 표현은 다른 복음에도 있다. 안드레아를 베드로보다 먼저 언급한 사실이 놀랍다. 베드로와 안드레아를 갈릴래아 지방 가파르나움 사람으로(마가 1,29; 마태 8,14; 누가 4,38) 알던 독자들에게 필립보가 안드레아와 베드로와 같은 고향 베싸이다 출신이라는 말은 더 놀랍다.

갈릴래아 호수 북동쪽에 위치한 베싸이다가 공통년 80년 무렵 갈릴래아 지역에 속했다는 기록은 많다.[30] 필립보는 나타나엘(요한 1,45; 21,2)

---

26 Bultmann, R., *Das Evangelium des Johannes*, 70.

27 Kügler, J., *Der Jünger, den Jesus liebte*, SBB 16 (Stuttgart, 1988), 423.

28 Bultmann, R., *Das Evangelium des Johannes*, 70.

29 Hengel, M., *Die johanneische Frage*, WUNT 67 (Tübingen, 1993), 217.

30 Thyen, H., *Das Johannesevangelium*, 138.

을 찾아가 "우리는 모세의 율법서와 예언자들의 글에 기록되어 있는 분을 만났소. 그분은 요셉의 아들 예수인데 나자렛 사람이오"(요한 1,45)고 말하였다. 요한 1,45를 근거로 나타나엘을 예수의 열두 제자 중 하나로 여길 필요 없지만,[31] 그 가능성을 제외할 필요도 없다. 나타나엘이 무화과나무 아래 있는 것을 예수가 보았다는 말과 예수는 하느님의 아들이며 이스라엘의 왕이라는 나타나엘의 고백 사이에 어떤 상징적 의미가 있는지 성서학자들은 궁금했다.[32] 유다교 랍비들은 흔히 나무 아래에서 가르치곤 했다.

무화과나무 아래, 포도나무 아래 있는 모습은 이스라엘의 평화를 상징한다. "하느님께서 민족 사이의 분쟁을 판가름해 주시고 강대국 사이의 시비를 가려주시리라. 그리 되면 나라마다 칼을 쳐서 보습을 만들고 창을 쳐서 낫을 만들리라. 나라와 나라 사이에 칼을 빼어드는 일이 없어 다시는 군사를 훈련하지 아니하리라. 사람마다 제가 가꾼 포도나무 그늘, 무화과나무 아래 편히 앉아 쉬리라"(미가 4,3).

성서를 연구하지만 예수를 찾지 않는 다른 유다인과 달리 예수를 찾아온 나타나엘은 참 이스라엘 사람으로(요한 1,47b) 불렸다. "여러분은 성서 속에 영원한 생명이 있는 것을 알고 파고들거니와, 그 성서는 바로 나를 증언하고 있습니다"(요한 5,39). 나타나엘은 예수를 하느님의 아들이며 이스라엘의 왕βασιλεὺς εἶ τοῦ Ἰσραήλ(요한 1,49)으로 고백했다. 이스라엘의 왕 호칭은 주로 북왕국 이스라엘 왕을 가리키는 호칭으로, 구약성서에 127번 나온다.[33] 하느님 호칭으로 구약성서에서 2번 쓰였다. "이

---

31 Schnackenburg, R., *Das Johannesevangelium 1*, HthK IV 1 (Freiburg, 1965), 313.

32 Dibelius, M., *Die Formgeschichte des Evangeliums* (Tübingen, 1959, 3판), 114.

33 Thyen, H., *Das Johannesevangelium*, 140.

스라엘의 임금, 야훼께서 너희와 함께 계시니"(스바니야 3,15), "이스라엘의 임금, 그의 구세주, 만군의 야훼께서 말씀하신다. 내가 시작이요, 내가 마감이다. 나밖에 다른 신이 없다"(이사야 44,6). 나타나엘의 고백은 "아버지와 나는 하나입니다"(요한 10,30) 미리 말해주고 있다. 무화과나무 아래 있는 나타나엘은 하느님께서 이스라엘 백성을 구원하시길 기다리는, 남아 있는 이스라엘 백성의 희망을(사도행전 28,20) 드러내고 있다.

"당신이 무화과나무 아래 있는 것을 내가 보았다고 해서 나를 믿습니까?"(요한 1,50b) 예수 말은 나타나엘을 비판하는 것이 아니다.[34] "여러분은 하늘이 열려 있는 것과 하느님의 천사들이 하늘과 사람의 아들 사이를 오르내리는 것을 보게 될 것입니다"(요한 1,51b) 구절은 "여러분은 이제부터 사람의 아들이 전능하신 분의 오른편에 앉아 있는 것과 또 하늘의 구름을 타고 오는 것을 볼 것입니다"(마태 26,64; 16,27)와 연결된다. 하늘이 열려 있는 모습은 하느님 진리가 드러난다는 표현으로 묵시문학에 널리 퍼졌다(에제키엘 1,1; 요한 묵시록 4,1). 천사들이 하늘과 사람의 아들 사이를 오르내리는 풍경은 야곱의 사다리 꿈(창세기 28,12)과 이어진다. 사람의 아들은 골고타 십자가에서 하늘 높이 들어 올려질 것이다.

이름 없는 제자는 곧 예수의 사랑받던 제자인가.[35] "그는 이 일들을 증언하고 또 글로 기록한 사람이며, 우리는 그의 증언이 참되다는 것을 알고 있다"(요한 21,24) 하지 않던가. 그러나 요한복음 21장은 요한복음 저자가 쓰진 않았고, 후대에 누군가 덧붙인 단락이라는 데 성서학자들 의견은 거의 일치하고 있다.[36] 요한복음 21장이 빠진 요한복음 사본은

---

34 Bultmann, R., *Das Evangelium des Johannes*, 74.

35 Kuhn, H.-J., *Christologie und Wunder*, BU 18 (Regensburg, 1988), 121.

36 Thyen, H., *Das Johannesevangelium*, 131.

없기 때문에, 요한복음 21장 없는 요한복음은 상상하기 어렵다. 요한복음 21장은 처음부터 요한복음에 포함되었다.[37] 요한복음 저자는 마가, 마태, 누가복음을 이미 알고 있었고, 그 복음서들을 요한복음 집필에 참고했다는 의견도 있다.[38]

37 Thyen, H., "Noch einmal; Joh 21 und "der Jünger, den Jesus liebte"", in: Fornberg, T./Hellholm, D. (ed.), *Texts und Contexts* (FS Hartmann, L.) (Oslo, 1995), 147-189.

38 Thyen, H., *Das Johannesevangelium*, 137.

20. 마귀 몰아낸 예수
(마가 1,21-28/누가 4,31-37)

안식일에 예수가 회당에서 가르쳤다는 사실과 사람들의 놀라운 반응(마가 1,22; 6,2; 11,18)은 소개되었지만, 예수가 회당에서 무엇을 가르쳤는지 언급되진 않았다(마가 1,21-22). 마귀 들린 사람을 고친 이야기는 (마가 1,23-28) 아람어 어휘로 보아 팔레스타인 외부 전승이[1] 아니라 팔레스타인 외부 전승에[2] 속한다. 가파르나움(마가 1,21; 2,1; 9,33)이 큰 마을은 아니지만, 예수 활동에서 특별한 장소였다(마태 11,23). 유다교 신자 예수는 안식일에 회당에 간다(마가 1,21; 3,1; 6,2).

율법학자가 마가복음에서 여기 처음 등장했다. 율법학자는 마가복음에 21번 나온다. 마가복음 저자는 율법학자들을 단독으로 언급하거나(마가 1,22; 2,6; 12,35), 대사제들과 함께 언급하거나(마가 10,33; 11,18; 15,31), 원로들과 대사제들과 함께 언급한다(마가 8,31; 11,27; 15,1). 마가복음에서 율법학자들이 단독으로 언급될 때(마가 12,28 제외) 언제나 예

---

1 Pesch, R., "Ein Tag vollmächtigen Wirkens Jesu in Kapharnaum (Mk 1,21-34.35-39)," *BiLe* 9 (1968): 114-128, 177-195, 261-277, 125.

2 Gnilka, J., *Das Evangelium nach Markus*. Teilband: Mk 1–8,26, EKK II/1 (Neukirchen-Vluyn, 1978), 77-78.

수의 반대자로 나온다.

예수의 가르침이 율법학자들의 가르침과 달리 권위가 있었던 것은 (마가 1,22) 내 생각에 예수 가르침이 행동으로 뒷받침되었기 때문인 듯하다. 마가 8,31부터 15장까지 율법학자들은 예수를 죽이려던 세력 중 하나로 나타난다.[3] 역사의 예수뿐 아니라 마가복음 저자에게도 율법학자들은 예수의 가장 강력한 반대자요 경쟁자였다.[4]

마가복음 저자는 나지르인 예수보다 나자렛 예수 Ἰησοῦ Ναζαρηνέ(마가 1,24; 10,47; 14,67) 단어를 선호한다. 마가복음에 12번 나오는 더러운 악령 πνεύματι ἀκαθάρτῳ(마가 1,23) 단어는 마가복음 저자가 악마를 즐겨 가리키는 표현이다.[5] 악한 영이 사람의 몸과 마음과 정신을 지배한다는 생각이 예수 당시 유다 사회와 그리스·로마 지역에 널리 퍼져 있었다.[6] 악마는 하느님을 반대하는 죽음의 영역에 속한다.[7]

"어찌하여 우리를 간섭하시려는 것입니까? 우리를 없애려고 오셨습니까?"(마가 1,24a) 구절은 악령의 대표적인 반항의 말이다(판관기 11,12; 사무엘하 16,10; 열왕기상 17,18). 악령은 예수에게 "나는 당신이 누구신지 압니다. 당신은 하느님의 거룩한 분이십니다"(마가 1,24b) 호소하지만,

---

3 Kampling, R., *Israel unter dem Anspruch des Messias. Studien zur Israelthematik im Markusevangelium*, SBB 25 (Stuttgart, 1992), 213.

4 Schenke, L., "Jesus als Weisheitslehrer im Markusevangelium," in: Fassnacht, Martin, u.a. (Hg.), *Die Weisheit - Ursprünge und Rezeption* (FS Löning, K.), NTA 44 (Münster, 2003), 125-138, 127.

5 Dschulnigg, P., *Sprache, Redaktion und Intention des Markus-Evangeliums. Eigentümlichkeit der Sprache des Markus-Evangeliums und ihre Bedeutung für die Redaktionskritik*, SBB 11 (Stuttgart, 1986, 2판), 98.

6 Limbeck, M., *Markus-Evangelium*. SKK.NT 2 (Stuttgart, 1998, 6판), 32-34.

7 Pesch, R., *Das Markusevangelium. Teil 1. Einleitung und Kommentar zu Kapitel 1,1-8,26*, HthK II/1 (Freiburg, 1976), 121.

예수는 아첨하는 악령을[8] 내쫓는다. 하느님의 거룩한 분ὁ ἅγιος τοῦ θεοῦ(마가 1,24; 누가 4,34; 요한 6,69) 표현은 예수를 그리스도로 고백할 때 쓰인 호칭이다. 모세(지혜서 11,1), 이스라엘 백성(신명기 7,6; 14,2)도 거룩하다 불렸고, 예언자 엘리사는 거룩한 하느님의 사람(열왕기하 4,9), 예언자 엘리야는 하느님의 사람(열왕기상 17,18)으로 불렸다. 예수가 악령을 꾸짖다ἐπιτιμᾶν(마가 1,27; 4,39; 9,25) 단어는 하느님의 능력을 나타내는 데 쓰였다(욥기 26,22; 열왕기하 22,16). 마가복음 저자는 하느님이 쓰는 단어를 예수가 쓴다고 소개한 것이다. 예수의 꾸짖음은 마가복음에서 침묵 명령(마가 1, 25; 3,12; 8,30)으로 이어진다.

마가복음에서 하느님 나라는 인간의 몸과 마음을 지배하는 악령을 예수가 쫓아냄으로써 시작된다.[9] 하늘 위에서 벌어지는 일이 아니라 내 몸과 마음을 지배하는 악한 영향력을 쫓아내는 사건에서 하느님 나라는 먼저 드러난다. 인간을 노예로 만드는 악의 세력이 지배하던 현실 세계에서 예수가 마귀를 쫓은 사건은 균열과 충격을 일으켰다. 예수는 악의 세력에게 도전한다. 악의 세력은 예수와 싸운다. 예수의 활동 무대는 죄뿐 아니라 악이 창궐하는 세상이었다.

예수의 첫 설교는(누가 4,16-30) 예수의 고향 나자렛에서 반대에 부닥쳤지만, 예수 기적은 가파르나움에서 환영받았다(누가 4,42). 지금부터 예수는 가파르나움에서 활동한다. 누가 4,31-8,1까지 나자렛과 가파르나움이라는 장소의 대립 구도가 만들어졌다.[10] 나자렛에서 예수는 등장하고 예언을 하고 성서를 해설했으나 거절당했지만, 가파르나움에

---

8 Bultmann, *Die Geschichte der synoptischen Tradition* (Göttingen, 1957, 3판), 239.

9 Kertelge, K., *Markusevangelium*, NEB.NT 2 (Würzburg, 1994), 27.

10 Goulder, M. D., *Type and History in Acts* (London, 1964), 125-137.

서 예수는 말씀을 선포하고 말씀을 체험한다.

갈릴래아 지방 가파르나움에서 귀신 쫓는 이야기에서 누가복음 저자는 히브리어로 귀신 뜻하는 단어 πνεῦμα 대신 그리스 독자들을 위해 δαιμόνιον 단어를 사용했다.[11] 대본으로 삼은 마가 1,27에서 교훈διδαχή 단어가 누가 4,36에서 말씀λόγος으로 바뀌었다. 누가복음 저자는 인간의 비극적 상황을 악마의 억압 탓으로 해석한다(누가 4,6; 이사야 61,1).[12] 예수 말씀은 곧 기적으로 실행되었고, 이것이 사람들을 놀라게 했다. 말씀λόγος(누가 4,36)은 사건(열왕기하 1,4; 사도행전 8,21; 546)을 뜻하기도 한다.[13]

하느님의 거룩한 분ὁ ἅγιος τοῦ θεοῦ(누가 4,34c) 호칭은 삼손(판관기 13,7), 아론(시편 105[106],16)에게도 쓰였다. 하느님과 관계 그리고 하느님께 받은 예언자적 사명을 가리키는 표현이었다. 누가복음 저자는 예수의 권위ἐξουσία(누가 4,36)를 용서(누가 5,24)와 기적(누가 4,36)에 연결시켰다. 예수 권위는 예수가 악마의 능력과 대결할 때(누가 4,6; 22,53; 사도행전 26,28), 예수가 제자들에게 마귀를 제어하는 권세와 병을 고치는 능력을 줄 때(누가 9,1; 10,19) 드러나기도 한다. 예수 능력δύναμις(누가 4,36)은 성령을 받을 때처럼 하느님에게서 온다(누가 3,22; 4,14, 18).

누가복음 저자는 예수를 돋보이려고 예수가 살던 동네 가파르나움을 도시πόλις로 불렀다. 그런데 바리사이파 사람들과 율법학자들은 예수가 촌κώμης(누가 5,17)에서 왔다고 무시했다. 그런데 우리말 번역성서에

---

11 Fitzmyer, J. A., *The Gospel According to Luke I*, AncB 28 (New York, 1981), 544.

12 Busse, U., *Die Wunder des Propheten Jesus. Die Rezeption, Komposition und Interpretation der Wundertradition im Evangelium des Lukas*, fzb 24 (Stuttgart, 1979), 65.

13 Fitzmyer, J. A., *The Gospel According to Luke I*, 546.

서 갈릴래아의 마을 가파르나움(공동번역), 갈릴래아의 고을 가파르나움(200주년 기념성서) 등으로 번역되었다. 안식일에는 사람들을 가르쳤다는(누가 4,31b) 표현은 예수가 상당 기간 회당에서 가르쳤음을 암시한다.

예수 말씀에 권위ἐξουσία(누가 4,32) 있었다. 가르치는 말씀뿐 아니라 마귀를 쫓아내는 말씀(누가 4,36b)에도 권위가 있었다. 예수는 스승이요 마귀를 쫓아내는 분이다. 예수 가르침에 대한 논쟁(마가 2,1-3,6)을 누가복음 저자가 여기서 소개하는 것은 아니다. 누가복음에서 예수 가르침에 대한 논쟁은 누가 5,17-6,1에 처음 나온다. 예수 고향 나자렛 사람들이 예수 말씀을 은혜의 말씀으로 알고 감탄했다면(누가 4,22), 나자렛처럼 갈릴래아 지역에 속한 가파르나움 사람들은 예수 말씀을 권위의 말씀λόγος τῆς ἐξουσίας(누가 4,36a)으로 알아들었다. 로마 군대 장교도 예수 말씀을 그렇게 인정했다(누가 7,7).

더러운 귀신의 영을 지닌(누가 4,33a) 표현은 신약성서에서 누가복음 여기에만 있다. 누가복음 저자가 왜 그 표현을 썼는지 알기 어렵다. 그리스 문화에 살던 독자들에게 친절하게 설명하려 했다면, 더러운 영들에게 시달리던ἀκάθαρτα πνεύματα(누가 6,18; 8,29; 9,42) 표현으로 충분했다.[14] 귀신 쫓는 사람이 다가오는 것을 귀신이 알아차려서 귀신 들린 사람의 목소리로 이야기하는 광경은 흔하다(누가 9,33). "당신이 우리와 무슨 상관이 있습니까?"(누가 4,34b)처럼 질문으로 번역하는 것보다(공동번역; 200주년 기념성서) "당신은 우리와 상관 없습니다"처럼 진술로서 번역하는 편이 낫다. 예수는 하느님의 거룩한 분(누가 4,34d)이기 때문에, 예수가 귀신을 만나면 어떻게 할지 귀신은 알고 있다. 귀신은 예수 이름이

---

14 Wolter, M., *Das Lukasevangelium*, HNT 5 (Tübingen, 2008), 202.

아니라 호칭을 불러서, 자신이 예수보다 무능함을 자백했다.[15]

예수는 귀신을 꾸짖으며 "잠자코 그 사람에게서 떠나가라"(누가 4,35a; 사도행전 16,18) 명령하였다. 꾸짖다^{ἐπιτιμᾶν}(누가 4,35b; 9,42) 단어는 하느님께서 원수를 굴복시키려 당신 능력을 발휘하실 때 쓰였다(시편 68,30; 106,8; 즈가리야 3,2).[16] 이 단어로써 누가복음 저자는 예수를 귀신 쫓는 하느님을 대표하는 인물로 묘사했다. 사람들은 귀신 쫓는 예수를 칭송하고 감탄했다(누가 4,36-37).[17] 놀라움^{θάμβος}(누가 4,36a; 5,9; 사도행전 3,10) 단어는 하느님이 나타나는 전승(사무엘상 14,15; 에제키엘 7,18)에서 왔다.

15 Scholtissek, K., *Die Vollmacht Jesu : traditions- und redaktionsgeschichtliche Analysen zu einem Leitmotiv markinischer Christologie* (Münster, 1992), 97.

16 Kee, H.-C., "The Terminology of Mark's Exorcism Stories," *NTS* 14 (1967/68): 232-246.

17 Theissen, G., *Urchristliche Wundergeschichten. Ein Beitrag zur formgeschichtlichen Erforschung der synoptischen Evangelien* (Gütersloh, 1974), 78; Wolter, M., "Inschriftliche Heilungsberichte und neutestamentliche Wundererzählungen," in: Klaus, B., u.a. (Hg.), *Studien und Texte zur Formgeschichte*, TANZ 7 (Tübingen/Basel, 1992), 135-175, 171.

21. 병자 치유하는 예수
(마가 1,29-34/누가 4,38-41/마태 8,14-17)

열병으로 앓던 시몬의 장모를 치유한 이야기(마가 1,31-32)는 예수가 제자들 가족에게 했던 유일한 기적이다. 마가복음 저자는 예수보다 여인에게 더 주목하였다.[1] 마가복음에서 예수가 여성의 내밀한 실내 공간에 들어온 유일한 이야기다. 마가복음에서 처음 나온, 가장 짧은 예수의 치유 사건이다. 베드로에 대한 관심, 예수를 따르던 여성 제자들 덕분에 마가복음에 수록된 기적 이야기 같다.[2]

집^{οἰκία}(마가 1,29; 7,17; 9,28)은 예수가 제자들을 가르치는 장소다. 말없이, 기도없이 예수는 그녀의 손을 잡아 열을 내리고 일으킨다. 병에서 해방된 베드로의 장모는 예수 일행의 시중을 들었다^{διηκόνει}(마가 1,29b). 돕다^{διακονέω} 동사는 마가복음에서 천사(마가 1,13), 여성(마가 1,31; 15,41), 예수(마가 10,45)와 연결되었고, 집안일 뿐만 아니라 예수 따르기와 연결된다.[3] 예수는 병과 심리적 고통이라는 구체적인 아픔을 모른 체 하

---

1 Fander, M., *Die Stellung der Frau im Markusevangelium. Unter besonderer Berücksichtigung kultur- und religionsgeschichtlicher Hintergründe*, MThA 8 (Würzburg, 2002), 501.

2 Dschulnigg, P., *Das Markusevangelium*, ThKNT 2 (Stuttgart, 2007), 83.

3 Schottroff, L., *Lydias ungeduldige Schwestern. Feministische Sozialgeschichte des frühen Christentums* (Gütersloh, 1994), 300.

지 않는다.

그러나 예수가 병자들을 고치고 마귀를 쫓아내는 일에만 독자들이 집중하면 안 된다. 시몬의 장모를 치유한 이야기에서 시작하여 예수는 온갖 병자들을 고쳐주고 많은 마귀를 쫓아낸다(마가 1,34). 예수의 하루 일정은 보통 그렇게 진행되었다고 마가복음 저자는 소개한다. 제자들을 부르고, 회당에서 가르치고, 치유 기적을 행하는 예수의 갈릴래아 활동은 확장되고, 그 소식은 널리 퍼져나간다.

단어 ἐπιστὰς(누가 4,39a)에는 다가섰다뿐만 아니라 허리를 굽혔다 (사도행전 20,10)는 뜻이 있다. "예수께서 그 부인 곁에 서서 열이 떨어지라고 명령하시자"(공동번역), "그분은 그의 머리맡으로 다가서서 열을 꾸짖으셨다"(200주년 기념성서) 번역은 충분하지 않다. "예수께서 그 여자에게 다가서서 굽어보시고, 열병을 꾸짖으셨다"(새번역) 번역이 낫다.

예수가 여인의 손을 잡아 일으키자 열이 내렸는데(마가 1,31a), 예수가 열이 떨어지라고 꾸짖자 열이 내렸다(누가 4,39a). 열이 내렸을 뿐만 아니라 부인은 다시 일하게 되었다. 예수를 최초로 따른 여인은 시몬의 장모였다.

자비로운 메시아 예수는 그리스 문화에서 의사 역할을 맡았다.[4] 귀신을 몰아내고 병을 고치는 일은 예수 활동의 일부였다. 예수가 귀신과 병을 몰아내는 행동에서 이스라엘 백성의 해방이 구체적으로 드러났다. 귀신들이 하느님을 알아채고 하느님 능력을 무서워한다는 사실이 누가복음 저자에게 중요하다. "당신은 한 분이신 하느님을 믿고 있습니까? 그것은 좋은 일입니다. 그러나 마귀들도 그렇게 믿고 무서워 떠니

---

4 Bovon, F., *Lukas in neuer Sicht*, BTS 8 (Neukirchen-Vluyn, 1985), 206, 주 7.

다"(야고보 2,19).

누가 4,38-41 단락은 마가 1,29-31 단락을 대본으로 삼았다. 마가복음 저자는 예수가 첫 제자를 부른 이야기를 앞에 배치했지만(마가 1,29-31), 누가복음 저자는 한참 뒤에(누가 5,1-11) 놓았다. 마가복음에서 예수가 시몬의 장모를 심한 열병에서 고친 이야기는 시몬을 제자로 부른 뒤에 생겼는데, 누가복음에서는 예수가 첫 제자를 부른 이야기보다 앞에 나온다. 누가복음에서 예수는 첫 제자 시몬을 부르기 전에 시몬과 그 집과 시몬의 장모까지 알게 되었다는 말인가. 마가 1,16에서 예수는 시몬을 처음 보자마자 제자로 부른 인상을 주었는데, 누가 5,1에서 예수는 시몬을 진즉 알았었고, 그래서 한참 지켜본 뒤에 시몬을 제자로 삼았다는 말인가. 마가복음 소개와 모순되는 이 사실을 누가복음 저자도 알고 있었을까.

시몬^{Σίμων}(누가 4,38a)은 유다식 이름 시메온^{Συμεών}(누가 2,25a)을 그리스식으로 바꾼 이름이다.[5] 누가복음에서 시몬 베드로는 누가 6,14까지 시몬, 그 후 베드로 이름으로만 나온다. "예수는 회당을 떠나 시몬의 집으로 갔다"(누가 4,38a) 구절에서 예수는 안식일 예배 후 곧장 시몬의 집으로 갔다고 볼 수 있을까. 안식일에 사람들, 즉 유다인들이 시몬의 집에 모여 있을 리 없다. 안식일에 유다인들이 예수에게 시몬의 장모의 병을 고쳐 달라고 간청할 리 없다.

예수가 열이 떨어지라 명령하자 부인은 열이 내렸고, 치유된 부인은 곧 일어나 시중들었다(누가 4,39). 열이 떨어지라 명령하자 열이 내렸다는 표현에 병에 대한 주술적 이해보다는[6] 유다교 회당에서 병 치유 전

---

5 Fitzmyer, J. A., "The Name Simon," in: ders., *Essays on the Semitic Background of the New Testament* (London, 1971), 105-112.

승과 연결하여 예수 권위를 드러내려는 누가복음 저자의 의도가 담긴 듯하다.[7] 예수는 온갖 병자들 한 사람 한 사람에게 손을 얹어 모두 고쳐 주었다(누가 4,40). 손을 얹어 병 고치는 사례는 신약성서에 많지만(마가 5,23; 6,5; 누가 13,13), 신약성서 밖에선 드물다.[8]

부활 이전에는 예수가 메시아임을 제대로 알아차리기 어렵다는 의미에서 마가복음에 '메시아 비밀' 용어를 충분히 쓸 수 있었다(마가 3,12). 악마들도 여러 사람에게서 떠나가며 "당신은 하느님의 아들이십니다!" 외쳤지만, 예수는 그들을 꾸짖으며 아무 말도 하지 못하게 하였다(누가 4,41). 그 구절에서 누가복음 저자가 메시아 비밀 개념을 의식했을까. 누가복음 저자는 하느님의 아들과 그리스도를 구분하였고, 악마들이 예수가 그리스도라는 것을 말하지 못하도록 막았다.

"그대가 과연 찬양을 받으실 하느님의 아들 그리스도인가"(마가 14, 61b) 대사제의 질문을 누가복음 저자는 하느님의 아들과 그리스도 두 질문으로 나누었다(누가 22,66-71; 사도행전 9,20-22). 예수는 하느님의 아들이냐는 질문에 예수는 그렇다고 고백했지만, 그리스도(메시아) 질문에는 답변을 회피했다. 그런 뜻에서 누가복음식 메시아 비밀Messiasgeheimnis이라 말할까.[9] 복음서 저자들은 예수가 유다인만을 위한 메시아가 아님을 말하기 위해 예수 부활을 기다려야 했고, 예수 부활에야 예수가 유다인과 유다인 아닌 사람 모두를 위한 메시아, 즉 그리스도임을 자신 있게 말할 수 있었다(누가 24,46; 사도행전 26,22).[10]

---

6 Kirchschläger, W., *Jesu exorzistisches Wirken aus der Sicht des Lukas*, ÖBS 3 (Klosterneuburg, 1981), 63.

7 Klutz, T., *The Exorcism Stories in Luke-Acts*, MSSNTS 129 (Cambridge, 2004), 80.

8 Weinreich, O., *Antike Heilungswunder*, RVV 8/1 (Giessen, 1909), 1.

9 Wolter, M., *Das Lukasevangelium*, HNT 5 (Tübingen, 2008), 206.

대본으로 삼은 마가 1,29-34를 마태복음 저자는 크게 줄였다. 회당에서 나와 야고보와 요한과 함께(마가 1,29a), 해가 지고 날이 저물었을 때(마가 1,32a), 온 동네 사람들이 문 앞에 모여들었다(마가 1,33), 자기 일을 입 밖에 내지 말라고 당부하였다(마가 1,34c) 구절은 마태복음에서 삭제되었다. 시몬과 안드레아의 집(마가 1,29b)은 베드로의 집(마태 8,14a)으로 바뀌었다. 마태 8,17에 인용된 "그분은 몸소 우리의 허약함을 맡아주시고 우리의 병고를 짊어지셨다"(이사야 53,4)는 그리스어 번역본이 아니라 히브리어 본문에 가깝다. 마태복음 저자가 구약성서 히브리어 본문을 그리스어로 번역했다고 보기 어렵다.[11]

제자들은 사라지고, 병 고쳐 달라는 부탁은 없어졌다. 열병으로 누워 있던 베드로의 장모를 본 예수가 선뜻 그 여인의 손을 잡자 열이 내렸다. 예수 중심 이야기가 된 것이다. 예수가 병 고친 여러 사례 중 하나다. 예수는 말씀 한마디로 악령을 쫓아내고 다른 병자들도 모두 고쳐주었다(마태 4,16b). 마태복음 저자는 예수가 이스라엘의 메시아로서 당신 백성을 치유한다는 뜻에서 이사야 53,4를 인용했다. 고난받는 하느님의 종 부분은 마태 4,17에서 인용되지 않았다.

10 Schröter, J., *Von Jesus zum Neuen Testament. Studien zur urchristlichen Theologiegeschichte und zur Entstehung des neutestamentlichen Kanons*, WUNT 204 (Tübingen, 2007), 257.
11 Rothfuchs, W., *Die Erfüllungszitate des Matthaeus-Evangeliums* (Stuttgart, 1969), 71.

22. 전도 여행
(마가 1,35-39/누가 4,42-44/마태 4,23-25)

새벽에(시편 5,4; 88,14), 예수는 외딴 곳에서 기도한다(마가 1,35; 6,46). 유다인 남자는 하루 세 번, 즉 저녁, 새벽, 낮에 기도한다.[1] 마가복음에서 예수의 기도 장면은 세 번 나온다(마가 1,35; 6,46; 14,32-42). 예수는 혼자서 산에서(마가 6,46) 기도하고, 제자들 가까이에서(마가 14,35) 기도한다. 예수는 활동과 기도를 연결하고 있다. 시몬 일행(마가 1,36) 표현은 신약성서에서 드물다.[2] 시몬 일행이 "모두 선생님을 찾고 있습니다"(마가 1,36-37) 구절과 예수는 온갖 병자들을 고쳐주었다(마가 1,34) 구절이 내용적으로 서로 어울리진 않는다. 여기서 시몬 일행이 예수를 잘 이해하지 못했다는 해석이 있다.[3]

예수는 갈릴래아 지방을 두루 찾아 전도하며 마귀를 쫓아낸다(마가 1,39). 가파르나움에서 갈릴래아 지방 전체로 예수 활동 무대가 넓어지고 있다. 제자들이 예수를 잘 이해하지 못하는 모습(마가 1,36-37)이 마

---

1 Lentzen-Deis, F./Langner, C., Grilli, M. (hg.), *Das Markus-Evangelium. Ein Kommentar für die Praxis* (Stuttgart, 1998), 33.

2 Dschulnigg, P., *Petrus im Neuen Testament* (Stuttgart, 1996), 11.

3 Gnilka, J., *Das Evangelium nach Markus,* Teilband: Mk 1-8,26, EKK II/1 (Neukirchen-Vluyn, 1978), 88.

가복음에서 처음으로 등장했다. 제자들은 예수의 갈릴래아 활동 처음부터 예수를 잘 이해하지 못하고 있다.

가파르나움을 떠나 한적한 곳으로 옮긴 예수를 다시 찾은 사람들은 자기들을 떠나지 말아 달라고 붙들었다(누가 4,42). 바울이 예루살렘으로 떠나려 하자 가이사리아 공동체 사람들은 자기들을 떠나지 말아 달라고 애원하였다(사도행전 21,8-14). "나는 하느님 나라의 복음을 다른 고을에도 전해야 합니다. 하느님께서는 이 일을 하도록 나를 보내셨습니다"(누가 4,43) 말하는 예수, "주 예수를 위해서 나는 예루살렘에 가서 묶일 뿐만 아니라 죽을 각오까지도 되어 있습니다"(사도행전 21,13b) 대답하는 바울이 서로 같은 심정 아닐까. "왜들 이렇게 울면서 남의 마음을 흔들어놓는 겁니까?"(사도행전 21,13a) 바울 말을 예수도 이해하리라.

"나는 하느님 나라의 복음을 다른 도시에도 전해야 합니다"(누가 4, 43a). 도시πόλις 단어가 중요하다. 누가복음 저자는 시골κώμης(누가 5,17; 10,38; 17,12)보다 도시를 더 많이 썼다. 나자렛(누가 4,29), 가파르나움(누가 4,31), 나인(누가 7,11)은 누가복음 저자에게 도시였다. 예수는 유다의 여러 회당을 다니며 복음을 전하였다(누가 4,44). 갈릴래아에서 복음 선포를 시작한 예수는 유다, 즉 이스라엘 전체로 복음 선포를 확장할 예정이다.

누가 4,42-44 대본인 마가 1,35-39에서 누가복음 저자는 "기도하고 있었다"(마가 1,35b) 구절을 삭제하고, "날이 밝자 예수는 그 곳을 떠나 한적한 곳으로 갔다"(누가 4,42) 구절을 기록했다. 시몬 일행이 예수에게 말한 "모두 선생님을 찾고 있습니다"(마가 1,37) 부분도 삭제했다. 마가 1,35-39에서 예수에게 제자들이 있었지만, 누가 4,42-44에서 예수에게 아직 제자가 없기 때문이다. 마가복음 저자와 누가복음 저자는 예수가 제자들을 부른 시점을 다르게 보고 있다.

예수의 고향 나자렛 사람들은 예수를 동네 밖으로 끌어내어 산 벼랑까지 끌고 가서 밀어 떨어뜨리려 하였지만(누가 4,29), 타향 가파르나움 사람들ὄχλοι은 예수가 자기들을 떠나지 말아 달라며 붙들고 있다(누가 4,42b). 가파르나움 사람들과 예수 사이에 어떤 갈등이 있었다고[4] 단정할 수는 없다.

예수는 하느님 나라의 복음βασιλεία τοῦ θεοῦ을 다른 동네에도 전해야 한다(누가 4,43a).[5]예수 제자들은 하느님 나라가 그들에게 다가왔다고 전해야 한다(누가 10,9, 11). 바울도 하느님 나라를 줄곧 선포하였다(사도행전 20,25). 바울은 "하느님 나라를 아주 대담하게 선포하며 주 예수 그리스도에 관하여 가르쳤다"(사도행전 28,31) 구절로써 누가복음 저자는 자신의 두 작품인 누가복음과 사도행전의 마지막 부분을 장식했다.

그 뒤 예수는 유다의 여러 회당을 다니며 복음을 전하였다(누가 4,44). 예수의 어떤 행동이 일정한 기간 동안 반복되는 모습을 그렸다. "이렇게 갈릴래아 지방을 두루 찾아 여러 회당에서 전도하며 마귀를 쫓아내었다"(마가 1,39) 구절을 누가복음 저자는 "그 뒤 예수는 유다의 여러 회당을 다니며 복음을 전하였다"(누가 4,44)로 바꾸었다. 예수 활동이 갈릴래아 지방에서 유다 지방으로 확장되었다. 바로 뒤 누가 5,1-6,49 단락은 유다 지방에서 예수 활동을 소개한다.

마태 4,23-11,30 단락은 예수가 이스라엘에서 한 행동과 말씀을 기록했다. "예수는 온 갈릴래아를 돌아다니며 회당에서 가르치고, 하늘

---

4 Busse, U., Die *Wunder des Propheten Jesus. Die Rezeption, Komposition und Interpretation der Wundertradition im Evangelium des Lukas*, fzb 24 (Stuttgart, 1979), 77.

5 Cosgrove, C. H., "The divine δεῖ in Luke-Acts," *NT* 26 (1984): 168-190.

나라의 복음을 선포하며, 백성 가운데 도는 모든 질병과 모든 허약함을 고쳐주었다"(마태 4,23) 구절은 거의 글자 그대로 마태 9,35에 되풀이된다. 즉, 마태복음 5장에서 9장은 한 덩어리로 볼 수 있다. 마태복음 5장에서 9장을 말씀의 메시아(마태 5-7장)와 치유하는 메시아(마태 8-9장)로 구분하기도 한다.6

마태 4,23-25는 마태복음 5-9장을 전체적으로 소개하는 단락이다. 마태 4,24-25는 산상수훈의 테두리 역할이다(마태 5,1; 7,28-8,1; 8,16).7 마태 4,23-5,2는 산상수훈 소개뿐 아니라 그 일부로서, 한 단락으로 보아도 좋겠다.8 마태복음 저자는 마가 1,39에 기초하여 마태 4,23을 썼다. 마태 4,24는 마가 1,28을, 마태 4,25는 마가 3,7을 대본으로 삼았다.

마태복음 저자는 자세한 일화를 먼저 소개하고, 그 후 전체 이미지가 드러나게 글을 쓰고 배치한다. 예수는 사는 곳 가파르나움 근처부터 소개된다(마태 8,5. 14; 9,1). 회당에서 가르쳤다는 말은 예수가 이스라엘의 스승이고, 예수 기적은 이스라엘을 향한 기적이라는 뜻이다. 그들의 회당에서ἐν ταῖς συναγωγαῖς αὐτῶν(마태 4,23a) 표현은 마태복음 저자와 공동체가 유다교 회당과 거리를 두고 있고, 회당과 다른 자신의 장소를 갖고 있음을 암시한다. 공동번역과 200주년 기념성서는 '그들의 회당에서συν αγωγαῖς αὐτῶν'(마태 4,23a; 9,35; 23,34)의 그들의αὐτῶν 단어를 빠트리고 번역하였다.

복음 선포의 내용(마태 4,23)은 앞에서 나왔다(마태 3,2; 4,17). 가르침

---

6 Schniewind, J., *Das Evangelium nach Matthäus*, NTD 2 (Göttingen, 1956, 8판), 36.

7 Lohfink, G., "Wem gilt die Bergpredigt? Eine redaktionskritische Untersuchung von Mt 4,23f und 7,28f," *ThQ* 163 (1983): 264-284, 268-271.

8 Luz, U., *Das Evangelium nach Matthäus (Mt 1-7)*, EKK I/1 (Neukirchen-Vluyn, 1992, 3판), 178, 주 2.

과 복음 선포뿐 아니라 병자 치유도 언급되었다. 예수는 백성 가운데서 병자와 허약한 사람들을 모두 고쳐주었다(마태 4,23b; 8,16; 9,35). 귀신 들린 사람들, 몽유병자들(마태 4,24b; 8,28-34; 9,1-8)이 대표적인 환자로서 소개되었다. 갈릴래아와 데카폴리스와 예루살렘과 유다와 요르단강 건너편에서 많은 군중이 모여와서 예수를 따랐다(마태 4,25b). 군중들은 제자들과 함께 산상수훈을 듣는 사람들이다(마태 5,1). 산상수훈은 제자들에게만 해당되는 것이 아니라 군중에게도 적용된다.

마태복음 저자에게 대본이던 마가 3,8에 있던 이두메아, 띠로, 시돈 이름이 마태복음에서 삭제되었다. 유다인 아닌 사람들이 사는 지역 이름을 마태복음 저자가 일부러 빼버렸다. 이두메아, 띠로, 시돈 지방이 거룩한 이스라엘 땅에 포함되느냐 여부는 데카폴리스 도시들을 어떻게 이해하느냐에 달려 있다.[9] 그리스어로 열 개 도시를 뜻하는 데카폴리스에 유다인들은 소수 민족으로서 살았다. 데카폴리스 지역은 이스라엘에 속했다.[10]

마태복음 저자는 군중ὄχλοι(마태 4,25; 5,1)과 이스라엘 백성λαός(마태 4,23)을 신중히 구분하고 있다. 이스라엘 백성뿐 아니라 유다인 아닌 군중도 예수를 따랐지만, 예수의 치유는 오직 이스라엘 백성을 향하고 있다. 예수의 사명은 이스라엘 백성에게만 향하고 있지만, 예수의 명성은 이스라엘 백성을 넘어 유다인 아닌 사람들에게도 퍼지고 있다.

---

9 Trilling, W., *Das wahre Israel. Studien zur Theologie des Matthäusevangeliums*, EThST 7 (München, 1975, 3판), 111; Lohfink, G., "Wem gilt die Bergpredigt? Eine redaktionskritische Untersuchung von Mt 4,23f und 7,28f," 264-284, 275.

10 Luz, U., *Das Evangelium nach Matthäus (Mt 1-7)*, 181.

23. 나병환자 치유하는 예수
(마가 1,40-45/누가 5,12-16/마태 8,1-4)

마가복음에서 나병환자 치유 이야기는 이곳에만 있다(마가 1,40-45). 나병은 각종 피부병을 가리키며, 구약성서와 유다교에서 가장 험악한 질병 중 하나로 여겨졌다. 나병환자는 불결하게 인정되고 격리되며(레위 13,45), 죽은 사람처럼 취급되었다(민수기 12,12). 예수 당시에 나병환자는 예루살렘 시내에 들어올 수 없었다.[1] 나병은 하느님만 고칠 수 있는 병으로 여겨졌다(열왕기상 5,7).[2]

예수를 만난 나병환자는 이미 깨끗하지 못한 상태다. 나병환자는 예수에게 와서 무릎 꿇고 애원하고 있다. 예수의 측은지심은 고통받는 인간을 향한다(마가 1,41; 6,34; 8,2). 예수가 손으로 환자를 만지지만(마가 1,41), 환자들이 예수를 만지기도 한다(마가 3,10; 6,56; 8,22). 손을 뻗치는 동작은 이집트 탈출 사건(탈출기 4,4; 7,19; 14,16)을 연상시킨다. 엘리사 전승(열왕기하 5,8-14)과 연결되어 예수는 치유 능력을 지닌 마지막 시대의 예언자로 소개되고 있다.

---

1 Gnilka, J., Das Evangelium nach Markus, Teilband: Mk 1-8, 26, EKK II/1 (Neukirchen-Vluyn, 1978), 92.

2 Stemberger, G., Einleitung in Talmud und Midrasch (München, 1992, 8판), 122.

"그렇게 해주겠습니다"(마가 1,41) 표현처럼 예수가 치유 의지를 밝힌 곳은 마가복음에서 여기밖에 없다. "아무에게도 말하지 말라"(마가 1,44a) 명령은 예수 생각이 유다교 토라와 일치함을 강조한다. "아무에게도 말하지 말라" 그리고 "사제에게 가서 몸을 보이라"(마가 1,44b; 레위 13,49) 구절이 서로 잘 어울리는 말은 아니다. 사제에게 몸을 보일 때까지만 침묵하라는 뜻3이 아니다. 침묵 명령은 기적 이야기에 포함되는 부분이다.4 치유된 환자가 유다교 사제를 찾아갔다거나 침묵 명령을 지킨 것 같진 않다. 오히려 이 일을 널리 선전하며 예수를 전하는 선교사 역할을 했다(마가 1,45a).

나환자 치유 이야기(누가 5,12-16)는 누가 4,43-44와 곧바로 연결되고 누가 5,17-39 단락을 준비한다. 대본으로 삼은 마가 1,40-45 단락을 마가복음 저자가 전승했는지, 마가복음 저자가 편집해 썼는지 논란이 되고 있다.5 마가 1,40-45에 주저와 침묵 명령이 뒤따른 치유 이야기, 동정심과 복음 선포가 뒤따른 치유 이야기가 섞여 있을까.6 시간이 지나면서 확장된 이야기일까.7

예수운동 공동체는 왜 이 이야기를 좋아했고, 왜 기적 이야기로서 전했을까. 나환자 치유 이야기는 예수가 메시아라는 상징이요 증거라고 예수운동 공동체는 이해했다.8 치유된 나환자는 다시 이스라엘 백성으

---

3 Dibelius, M., *Die Formgeschichte des Evangeliums* (Tübingen, 1959, 3판), 70, 주 1.

4 Theissen, G., *Urchristliche Wundergeschichten. Ein Beitrag zur formgeschichtlichen Erforschung der synoptischen Evangelien* (Gütersloh, 1974), 143-154.

5 Gnilka, J., D*as Evangelium nach Markus,* 94.

6 Grundman, W., *Das Evangelium nach Markus*, ThHK 2 (Berlin, 1965), 50.

7 Bultmann, R., *Die Geschichte der synoptischen Tradition* (Göttingen, 1957, 3판), 227.

8 Schürmann, H., *Das Lukasevangelium. Erster Teil: Kommentar zu Kap. 1,1-9,50*, HThK III/1 (Freiburg, 1970), 276.

로 받아들여졌다. 치유된 중풍병자 역시 마찬가지다. 예수운동 공동체
는 치유 이야기들을 세례 교육에서 사용한 듯하다.[9]

구약성서는 나병에 두 종류가 있다고 생각했다(레위 13,4-8, 23). 증상
이 확인되면 사제는 당사자를 나환자로 선언하고 격리시켜야 한다(레위
13,45-56). 부자냐, 가난한 사람이냐에 따라 치유된 나환자의 치유 의식
이 다르다(레위 14장).

어느 나환자는 예수 소문을 들었고(누가 4,37), 치유 희망을 가졌기
때문에 예수를 찾아 고쳐 달라고 간청했다. 나환자는 자신의 자유 의지
와 믿음을 알리기 위해 엎드려 애원한다. 예수에게 나환자를 치유할 의
지와 능력이 있을까. 누가복음 저자는 나환자 치유를 귀신을 쫓아내는
이야기로 생각[10]한 것 같진 않다. 나환자를 치유한 예수는 누구에게도
말하지 말라고 부탁하였다.

마가복음에 나오는 예수의 침묵 명령을 찬성하기 어려웠던 누가복
음 저자는 침묵 명령을 직접화법이 아니라 간접화법으로 바꾸어 부드
럽게 약화시켰다. 그런데 누가복음 저자는 예수의 침묵 명령을 왜 삭제
하지 않았을까. 기적을 감추려고, 사제의 검토 절차를 기다리려고, 예
수 자신이 메시아임을 아직 드러내지 않으려고, 병 고치는 예수의 신비
를 좀 더 강화하려고, 치유된 나환자가 예수와 연결되어 있다는 사실을
유다인에게 감추려고 등 여러 해설이 있다.[11]

치유된 몸을 사제에게 보이고 나았다는 확인을 받으라는 예수의 명

9 Bovon, F., *Das Evangelium nach Lukas* (1,1-9,50), EKK III/1 (Neukirchen-Vluyn, 1989),
    238.

10 Busse, U., *Die Wunder des Propheten Jesus. Die Rezeption, Komposition und Interpretation
    der Wundertradition im Evangelium des Lukas*, fzb 24 (Stuttgart, 1979), 110-114.

11 Bovon, F., *Das Evangelium nach Lukas* (1,1-9,50), 240, 주 22.

령이 누가복음 저자에게 특히 중요했다. 환자의 병은 나았지만, 환자가 유다 사회로 복귀하려면 남은 절차가 있었다. 예수는 나병을 치유했을 뿐 아니라 치유된 환자가 유다 사회에 순조롭게 복귀하도록 배려하고 있다. 나병을 치유할 의지와 능력이 있느냐 문제는 예수에게 달려 있지만, 치유된 환자가 유다 사회에 복귀하느냐 문제는 사제에게 달려 있다.

나병으로 흔히 번역되는 λέπρα(누가 5,12a)는 한센병^{Morbus Hansen}이 아니라 여러 피부 질환 중 하나(레위기 13-14장)를 가리킨다.[12] 그 병에 걸린 환자는 죽은 사람처럼 취급당했다(열왕기하 5,7; 욥기 18,13). 땅에 엎드린(창세기 17,3; 레위 9,24; 민수기 16,4) 환자는 "주님, 주님께서는 하시고자 하시면 저를 깨끗이 고쳐주실 수 있으십니다"(누가 5,12c) 간청한다. 주님^{κύριε}은 하느님(에제키엘 11,13), 다윗(열왕기상 1,23), 엘리야(열왕기상 18,7)에게 쓰이던 호칭이다. 예수는 환자를 만지려(예레미야 1,9) 손을 내민다(창세기 8,9; 누가 5,13a; 7,14). 예수는 말씀과 접촉으로(누가 5,13) 치유할 뿐 아니라 접촉만으로도 치유한다(누가 6,19; 8,44-47; 22,51). 환자와 접촉했기 때문에 예수가 불결해진 것이 아니라 예수는 불결을 깨끗함으로 바꾸었다. 곧 그의 병이 깨끗이 나았다(누가 1,64; 4,39; 5,12c). 예수의 소문은 더 널리 퍼졌고, 사람들이 예수의 말씀을 듣거나 병을 고치려고 사방에서 떼 지어 왔다(누가 5,15; 14,25).

마태 8,1은 마가 1,40-45에서 왔다. 마태복음 저자는 마가 1,40-45를 크게 줄이고 예수 대화 부분을 강조했다. 마태 8,1-4에는 누가 5,12-16과 비슷한 단어가 많다. 측은한 마음이 드시어^{σπλαγχνισθείς}(마가 1,41a)

---

12 Wohlers, M., ""Aussätzige reinigt" (Mt 10,8). Aussatz in antiker Medizin, Judentum und frühem Christentum," in: Maser, S. (Hg.), *Text und Geschichte* (FS Lührmann, D.), MThSt 50 (Marburg, 1999), 294-304.

단어를 누가복음 저자와 마태복음 저자는 왜 삭제했을까. 마태복음 저자 시절에 여러 종류의 마가복음이 있었다는 말일까.[13]

모세(탈출기 19,14; 32,1; 34,29)처럼 예수가 산에서 내려오자 많은 군중이 뒤따랐다(마태 8,1). 유다인 나환자는 예수를 주님κύριε(마태 8,2a)이라 불렀다. 심판자 예수를 뜻하는 호칭인 주님(마태 7,21)은 예수 제자들(마태 8,25; 14,28; 16,22)과 예수에게 도움을 청하는 사람들(마태 8,2; 9,28; 17,15)이 썼다. "주님, 주님은 하고자 하시면 저를 깨끗하게 하실 수 있습니다"(마태 8,2b) 간청하는 나환자에게 예수는 "내가 원하니 깨끗하게 되십시오"(마태 8,3b) 응답한다. 환자는 예수를 스승처럼 대했고, 예수는 환자를 제자처럼 대했다(마태 14,31). 예수는 제자들 위에 당신 손을 펴고 "보시오, 이들이 내 어머니요 내 형제들입니다. 사실 하늘에 계신 내 아버지의 뜻을 받들어 행하는 그런 사람이 내 형제요, 자매요, 어머니입니다"(마태 12,49) 말했다.

"어느 누구에게도 말하지 않도록 주의하시오"(마태 8,4b) 명령은 이해하기 쉽지 않다. 마태복음 저자는 왜 예수의 침묵 명령을 삭제하지 않고 그대로 인용했을까. 더구나 마태복음 저자는 "그러나 그는 떠나가서 널리 알리고 그 이야기를 퍼뜨리기 시작했기 때문에, 그분은 더 이상 드러나게 고을로 들어가실 수 없었고 바깥 외딴곳에 머물러 있었다. 그래도 사람들은 사방에서 그분을 찾아왔다"(마가 1,45) 구절을 인용하지도 않았다. 치유된 환자가 모세 율법을 지키는 일이 마태복음 저자에게 중요했다(마태 5,17-19). "가서 제관에게 당신 몸을 보이고, 모세가 지시한 예물을 갖다 바쳐 그들에게 증거μαρτύριον αὐτοῖς 되게 하시오"

---

13 Luz, U., *Das Evangelium nach Matthäus (Mt 8-17)*, EKK I/2 (Neukirchen-Vluyn, 1990), 9.

(마태 8,4) 구절을 유다교를 비판하거나 반대하는 뜻으로 해석하면 안된다.

24. 중풍환자 치유하는 예수
(마가 2,1-12/누가 5,17-26/마태 9,1-8)

예수가 중풍병자를 고친 짧은 이야기(마가 2,1-5a, 11-12)에 율법학자
들과 죄 용서 논쟁(마가 2,5b-10)이 후대에 덧붙여졌다.[1] 마가 2,6-10이
추가되었다는 의견도 있다.[2] 치유 사건이 예수의 능력에 대한 논쟁으로
확산되었다.[3]

말씀을 전하다(마가 2,2b) 표현은 예수운동 공동체에서 쓰이던 선교
용어다(사도행전 4,29; 8,25; 11,29). 중풍병자는 가난한 사람들이 쓰던 침
대κράβαττος(마르 2,4)에[4] 실려 왔다. 지붕을 벗겨내고 구멍을 내어 환자를
내려보냈다(마가 2,4) 표현은 그리스·로마 주택 구조를 바탕으로 이스
라엘 지붕을 합친 풍경을 그렸다.[5] 내 아이여(마가 2,5) 단수명사는 마가

1 Bultmann, *Die Geschichte der synoptischen Tradition* (Göttingen, 1957, 3판), 12-14;
  Gnilka, J., *Das Evangelium nach Markus*, Teilband: Mk 1-8,26, EKK II/1 (Neukirchen-
  Vluyn, 1978), 96.

2 Pesch, R., *Das Markusevangelium. Teil 1. Einleitung und Kommentar zu Kapitel 1,1-8,26,*
  HthK II/1 (Freiburg, 1976, 151-153; Kertelge, K., *Markusevangelium*, NEB.NT 2 (Würzburg,
  1994), 31.

3 Theissen, G., *Urchristliche Wundergeschichten. Ein Beitrag zur formgeschichtlichen
  Erforschung der synoptischen Evangelien* (Gütersloh, 1974), 114-120.

4 Gnilka, J., *Das Evangelium nach Markus*, 98.

5 Gnilka, J., *Das Evangelium nach Markus*, 97.

복음에서 여기에만 있다.

치유 말씀 대신에 마가복음 여기에서만 예수는 "당신은 죄를 용서받았습니다"(마가 2, 5) 말했다. 유다교는 병과 죄 용서를 연결하여 이해하였다(시편 103,3). 죄 용서는 하느님만 하시는 일이다(탈출기 34,7; 신명기 6,4; 이사야 43,25). 예수는 사람의 마음속을 꿰뚫어 본다(마가 2,8; 8,17; 12,15). 하느님은 사람의 마음을 꿰뚫어 보신다(사무엘상 16,7; 열왕기상 8,39; 예레미야 11,20). 마가복음에서 믿음은 기적 사건에 앞서 언급된다.[6]

"이제 땅에서 죄를 용서하는 권한이 사람의 아들에게 있다는 것을 보여주겠습니다"(마가 2,10) 구절은 역사의 예수가 진짜로 한 말일까. 사람의 아들 호칭은 예수 입에서만 나오고 마가복음에 14번 있는데, 마가복음에서 여기 처음으로 나타났다. 사람의 아들이 죄를 용서한다는 말은 유다교 묵시문헌 어디에도 없고,[7] 그리스 문헌에도 없다.[8] 하느님은 당신이 위촉한 사람의 아들을 통해 하늘의 은총을 내려주신다(시편 103).[9] 병에서 치유된 중풍병자는 벌떡 일어나 요를 걷어가지고 걸어나갔다(마가 2,12a). 이 광경을 보고 놀란 사람들은 하느님을 찬양하였다(마가 2,12b; 누가 7,16; 13,13). 침묵 명령은 이 단락에 이상하게도 없다.

중풍병자 치유 이야기는(누가 5,17-26) 마가 2,1-12를 대본으로 한다. 예수는 이미 가파르나움을 영원히 떠났기 때문에(누가 4,42-44), 예

---

6 Theissen, G., *Urchristliche Wundergeschichten. Ein Beitrag zur formgeschichtlichen Erforschung der synoptischen Evangelien*, 135.

7 Gnilka, J., *Das Evangelium nach Markus*, 101.

8 Jeremias, J., *Neutestamentliche Theologie I. Die Verkündigung Jesu* (Gütersloh, 1971, 4판), 248.

9 Heil, J. P., *The Gospel of Mark as a Model for Action, A Reader-Response Commentary* (New York, 1992), 17.

수는 다시 가파르나움으로 갔다(마가 2,1a)는 구절을 누가복음 저자는 삭제했다. 예수가 사는 집 문 앞에까지 사람들이 몰려들었다는 구절도 삭제했다. 누가복음 저자는 율법학자들(마가 2,6a)에 바리사이파 사람들을 추가했다. 율법학자들과 바리사이파 사람들이 함께 등장한 것은 누가복음에서 이곳이 처음이다. 그들은 갈릴래아와 유다와 예루살렘에서, 즉 예수의 주요 활동 지역에서 왔다. 예수 명성이 벌써 널리 퍼졌다는 말을 누가복음 저자는 하고 싶다.

지붕을 벗겨 구멍을 내고 중풍병자를 요에 눕힌 채 예수 앞에 달아내려보냈다(마가 2,4b) 구절이 기와를 벗겨 구멍을 내고(누가 5,19b) 구절로 바뀌었다. 마가복음 저자는 밀짚이나 보릿짚으로 엮어 만든 팔레스타인 농촌 가옥을 배경으로 썼고, 누가복음 저자는 돌판으로 엮어 지붕이 평평한 그리스 도시 주택을 배경으로 삼았다. 바울이 올라가 기도한 지붕(사도행전 10,9)도 그런 지붕이었다. 예수가 가르치는 곳에 바리사이파 사람들과 율법학자들이 앉아 있었다니(누가 5,17), 예수와 그들의 논쟁은 곧 시작될 터였다. 치유 기적과 논쟁이 어우러진 이야기다. 치유 기적은 예수운동 공동체의 교육에서, 논쟁은 예수운동 공동체와 유다교 회당과 논쟁에서 비롯한 듯하다.

바리사이파 사람들은 평신도 운동에 참여한 사람들이고, 율법학자들은 유다교에 속한 신학자라는 사실을 복음서 저자들은 알았고 또 구분했을까.[10] 유다교의 교육 체계는 유다교의 사제 조직처럼 아직 잘 정비되지는 않았다. 누가복음이 쓰였던 공통년 80~90년 무렵, 공통년 70

---

10 Sanders, J.T, "The Pharisees in Luke-Acts," in: Groh, D.E,/Jewett, R. (ed.), *The Living Text* (Fs Saunders, E.W.) (New York/London, 1985, 141-188; Carroll, J.T, "Luke's Portrayal of the Pharisees," CBQ 50 (1988) 604-621.

년 유다독립전쟁에서 패배하고 난 유다교에서 바리사이파 사람들만 사실상 유일하게 영향력 있는 조직으로 살아남았다. 누가복음에서 바리사이파 사람들은 예수의 가르침, 즉 율법, 하느님, 예수의 메시아 여부에 대해서만 논쟁 상대였다. 바리사이파 사람들은 예수의 재판과 죽음에는 관여하지 않았다. 사도행전에서 예수에 대한 바리사이파 사람들의 비판은 많이 누그러졌다. 예수운동 공동체와 바리사이파 사람들은 부활 믿음을 함께했다.

예수는 그들의 믿음을 보고 "'당신은 죄를 용서받았습니다' 말하였다"(누가 5,20) 구절은 해석하기 쉽지 않다. 그들의 믿음πίστιν αὐτῶν을, 즉 지붕에 올라가 기와를 벗겨 구멍을 내고 병자를 요에 눕혀 예수 앞에 내려보냈던 사람들의 믿음 덕택에 중풍환자의 죄가 용서받았다는 말인가. 예수에게 중풍환자를 모셔 온 사람들의 죄가 용서받았다는 말인가. 중풍환자를 모셔 온 사람들의 죄와 중풍환자의 죄가 함께 용서받았다는 말인가. 나와 우리의 아름다운 행동 덕분에 다른 사람의 병이 낫고 죄가 없어진다는 뜻인가. 마가복음 저자, 누가복음 저자, 마태복음 저자는 그 주제를 심각하게 고뇌한 것 같지는 않다.

누가복음 저자에 따르면, 죄 용서와 예수 활동은 연결되어 있다.[11] 누가복음 저자는 죄 용서를 단 한 번에 십자가에서 실현되는 것으로 생각하지는 않았다. 하느님과 새로운 관계를 위한 인간의 결단이 요청되기 때문이다. 예수 그리스도를 통해 죄 용서가 선포되었고(사도행전 13,38) 동시에 주어졌다(사도행전 5,31). 죄 용서는 개인에게 해당한다면, 하느님 나라는 모든 백성에게 해당한다.[12]

---

11 Taeger, J.-W., *Der Mensch und sein Heil. Studien zum Bild des Menschen und zur Sicht der Bekehrung bei Lukas*, StNT 14 (Gütersloh, 1982), 32.

율법학자들과 바리사이파 사람들은 왜 속으로 "이 사람이 누구인데 모독하는 말을 하는가? 오직 하느님이 아니고서야 누가 죄를 용서할 수 있단 말인가?"(누가 5,21) 생각했을까. 메시아라 할지라도 자기 힘으로 죄 용서를 말할 수 있다고 유다인은 생각하지 않았다.13 예수 당시 유다교는 죄 용서를 예루살렘 성전 의식과 연결하였다. 이 두 가지를 무시하는 듯한 예수의 태도에 율법학자들과 바리사이파 사람들은 화가 났을 것이다. 예수나 유다교나 죄 용서는 결국 하느님에게서 온다. 그렇다면 죄 용서를 누가 어떻게 중재하며, 어떻게 죄 용서를 경험할 수 있을까.

누가복음 저자에게 사람의 아들은 구원 역사의 마지막 시대를 열(누가 17,22, 26, 30) 심판자다(누가 9,26; 12,8; 21,36). 사람의 아들은 분명히 오지만, 언제 올지는 모른다(누가 17,22). 누가복음 저자는 사람의 아들과 예수를 동일시하기 때문에 사람의 아들 운명과 예수 운명은 구세주로서 같다(누가 19,10). 사람의 아들은 배신당하고(누가 22,48), 박해받을(누가 9,22; 18,31; 24,7) 것이다.14 "사람의 아들이 땅에서 죄를 용서하는 권한을 가지고 있음을 당신들이 알도록 하겠습니다"(누가 5,24a) 예수운동 공동체는 그렇게 생각했다. 누가복음 저자는 사람의 아들 호칭을 누가복음에서 여기에 처음 사용한다. 사람의 아들 예수가 죄를 용서할 수 있다는 근거는 예수 능력에 있다(누가 4,32). 그 능력은 하느님에게서 온다.

12 Bovon, F., *Das Evangelium nach Lukas* (1,1-9,50), EKK III/1 (Neukirchen-Vluyn, 1989), 248.

13 Billerbeck, P., Strack, H., *Kommentar zum Neuen Testament aus Talmud und Midrasch I* (München, 1961), 495.

14 Marshall, I. H., *The Gospel of Luke*, NIGTC (Grand Rapids, 1978), 215; Schneider, G., ""Der Menschsohn" in der lukanischen Christologie," in: Pesch, R./Schnackenburg, R. (hg.), *Jesus und der Menschensohn* (FS Vögtle, A.) (Freiburg, 1975), 267-282.

예수가 살아있을 때 죄의 용서는 예수에게서 왔다. 예수가 죽고 부활한 후, 특히 유다교에서 쫓겨나고 분열된 이후 예수운동 공동체는 어디서 누구에게 죄의 용서를 받아야 하는가. 하느님의 성령을 받았다고 믿은 예수운동 공동체는 사도들이 전하는 말씀을 통해 죄의 용서를 받는다고 생각했다. 군중은 사람들에게 죄 용서 권한을 주신 하느님을 찬양하였다(마태 9,8).

누가 5,23-24는 죄 용서가 기적보다 쉽다는 뜻이 아니다. "당신 죄는 용서받았다" 말하는 것과 "일어나 걸어가시오" 말하는 것 중에 어느 것이 더 말하기 쉽냐는 질문이다. 용서는 눈에 보이지 않으므로, "죄는 용서받았다" 말하기만 하면 된다. 그러나 "일어나 걸어가시오" 말한다면, 사람이 진짜로 일어나 걷는지 증명해야 하는 부담이 따른다. 그러니 "당신 죄는 용서받았다" 말하는 것이 "일어나 걸어가시오" 말하는 것보다 훨씬 쉽다.

예수가 율법학자들과 바리사이들에게 하는 말은 예수운동 공동체가 유다교 회당에게 사실상 하는 말이다. 예수운동 공동체에도 죄 용서가 있다는 말이다. 죄와 고통의 원인에 대해 묻거나 해명하지 않았던 예수는 죄에서 해방을 선언하고 실천하고 보여 주었다. 죄와 고통의 최종 해방인 부활은 미래의 일이지만, 죄와 고통의 해방을 지금 여기서 체험할 수 있다.

누가복음에서 지금까지 전혀 나타나지 않은 새로운 그룹인 바리사이가 등장했다.[15] 바리사이는 누가 5,17-6,11까지 네 이야기에 모두 나온다. 누가복음 저자는 바리사이를 예수와 논쟁 이야기에 포함시킨

---

15 Deines, R., *Die Pharisäer*, WUNT 101 (Tübingen, 1997), 534.

다. 바리사이는 예수에게 주요한 논쟁 상대다. 누가복음에서 예수와 바리사이 사이에 벌어진 최초의 논쟁은 치유와 죄 용서 논쟁이다(누가 5,17-26). 치유와 죄 용서가 연결되면서 치유는 단순한 병 고침을 넘어 예수의 죄 용서를 정당화하는 역할까지 맡았다. 정당화 기적Legitimationswunder 이라16 부를까.

대본으로 삼은 마가 2,1-12와 달리 누가복음 저자는 가파르나움이 아니라 유다 지방 어느 곳에서(누가 5,17; 4,44) 일어난 이야기를 설정했다. 바리사이파 사람들과 율법학자들이 예수의 논쟁 상대로 함께 나타난 곳은 누가복음이 처음이다. 바리사이파 사람들과 율법학자들이 예수 앞에 나타난 것은 예수에 대한 소문이 벌써 예루살렘까지 전해졌다는 사실을 알려주고 있다. 누가복음 저자는 예수 이야기 배경을 갈릴래아(누가 4,14-43), 유다(누가 4,44-9,50), 예루살렘(누가 9,51-19,28)으로 점점 넓히고 있다.

예수는 하느님의 능력(여호수아 4,24; 역대기상 29,11)으로 병자들을 고쳐주었다(누가 5,17c). 중풍병자는 요κράβαττος(마가 2,4), 침대κλίνη(누가 5,18; 마태 9,2)에 눕혀져 들려왔다. 요와 침대에는 다리가 달려 있고, 사람이 그 위에 눕거나 잘 수 있다(마가 6,55; 누가 17,34; 요한 5,8). 요는 키 작은 사람의 침대를 가리키는 것17은 아니다.

중풍 들린 사람을 침상에 눕혀 데려온 사람들이 예수의 병 치유 능력을 신뢰하였다고 예수는 생각한 듯하다(누가 7,9; 8,48; 17,19). 주님께서 약속하신 말씀이 꼭 이루어지리라 믿었던 마리아(누가 1,45)처럼 중풍 들린 사람을 데려온 사람들의 믿음이 인정되었다. 누가 5,21b에서 예

---

16 Wolter, M., *Das Lukasevangelium*, HNT 5 (Tübingen, 2008), 220.

17 Klostermann, E., *Das Markusevangelium*, HNT 3 (Tübingen, 1971, 4판), 23.

수는 중풍 들린 사람의 죄가 용서받았다고 말했을 뿐이다. 말씀이나 행동으로 치유하는 장면은 없었다. 치유 장면은 누가 5,24에서 가서야 나온다. 죄가 용서받았다고 말해주는 분은 예수(누가 5,20b; 요한 20,23; 요한 1서 2,12)이고, 죄를 용서하시는 분은 하느님이시다. 죄를 용서하는 세례를 베푼 사람은 세례자 요한(마태 3,6)이지만, 죄를 용서하시는 분은 하느님이시다.

"하느님 말고 누가 죄를 용서할 수 있단 말인가?"(누가 5,21b) 수군거렸던 율법학자와 바리사이파 사람들이 잘못 생각한 것은 아니다. 하느님 말고 과연 그 누가 죄를 용서할 수 있을까(사무엘하 12,13; 이사야 44,22).[18] "당신 죄는 용서받았습니다"(누가 5,20b) 예수 발언은 하느님 모독죄(레위 24,15; 요한 10,36; 요한 묵시록 13,1)에 해당되지 않는다. 마음속 생각을 알아채는 능력은 하느님 특징에 속한다(사무엘상 16,7; 열왕기상 8,39; 시편 94,11). 예수가 자기들 생각을 알아차렸을 때 율법학자와 바리사이파 사람들은 예수가 누구인지 눈치챘어야 했다. 율법학자와 바리사이파 사람들은 하느님 특징을 잘 모르고 있었다는 사실을 누가복음 저자는 말하고 싶다.

"사람의 아들이 땅에서 죄를 용서하는 권한을 가지고 있음을 당신들이 알도록 하겠습니다"(누가 5,24a) 구절은 누가복음 저자와 마태복음 저자가 마가 2,10a에서 단어 그대로 베꼈다. 땅에서ἐπὶ τῆς γῆς(누가 5,24a) 표현이 누가복음 저자에게 중요하다. 하느님 부탁으로 예수가 땅에서 죄를 용서한다(마태 16,19; 18,18; 23,9). 죄 용서 권한은 사람의 아들이 지닌 독특한 존엄에 속한다(다니엘 7,13; 누가 19,10; 요한 5,27). 치유된 병

---

18 Klauck, H.-J., "Die Frage der Sündenvergebung in der Perikope von der Heilung des Gelähmten (Mk 2,1-12 parr)," *BZ NF* 25 (1981): 223-248, 239.

자는 예수가 아니라 하느님을 찬양하며 집으로 돌아갔다(누가 5,25). 병자 치유는 예수 안에서 하느님께서 실행하셨다고 누가복음 저자는 분명히 밝혔다(누가 7,16; 8,39; 19,37). 신기한 일παράδοξα 단어는 신약성서에서 여기에만 나온다.

예수가 율법학자들, 바리사이파 사람들, 세례자 요한 제자들과 논쟁한 세 이야기가 마태 9,1-17에 있다. 예수와 율법학자들의 논쟁(마태 9,1-8)에서 예수 혼자만 일방적으로 말하고 있다. 마가 2,1-12가 마태 9,1-8의 대본이다. 마태 8,1-17에 나오던 단어가 마태 9,1-8에 많이 보인다. 누가 5,17-26과 마태 9,1-8은 마가 2,1-12와 다른 단어가 많지만, 누가 5,17-26과 마태 9,1-8 사이에 서로 일치하는 단어가 많다. 누가복음 저자와 마태복음 저자가 사용했던 마가복음과 21세기 우리가 사용하는 마가복음이 조금 다른가.[19]

용서받았다άφίενται(마태 9,2c) 현재완료 동사는 용서받은 상태가 지속됨을 가리킨다. 죄는 병의 원인이란 생각이 구약성서에 있었다(레위 26, 14-16; 신명기 28,21; 역대기하 21,15). 환자는 다 죄인이라거나 병 없는 사람은 죄가 없다는 뜻은 아니다. 율법학자 몇 사람이 속으로 "이 사람이 하느님을 모독하는구나!"(마태 9,3) 수군거렸던 소리를 예수는 어떻게 알았을까. 예수가 무슨 이유로 "왜 당신들은 악한 생각을 합니까?"(마태 9,4b) 말했는지 마태복음 저자는 설명하지 않았다. "이 사람이 어쩌자고 이런 말을 하는가? … 하느님 한 분이 아니고서야 감히 누가 죄를 용서할 수 있단 말인가?"(마가 2,7) 구절을 마태복음 저자는 인용하지 않고 삭제했다. 유다교에서 하느님 모독죄는 하느님 이름을 발음하는 경우

---

19 Luz, U., *Das Evangelium nach Matthäus (Mt 8-17)*, EKK I/2 (Neukirchen-Vluyn, 1990), 36.

에만 적용된다(Sanh 7,5). "당신 죄는 용서받았습니다"(마태 9,2c) 예수
발언은 하느님 모독죄에 해당되지 않는다.

죄 용서는 마태복음에서 중요한 주제다. 마태복음 처음부터 예수는
자기 백성을 죄에서 구원할 것이었다(마태 1,21). 사람의 아들이 땅에서
죄를 용서하는 권한이 있음이 드러났다(마태 9,6a). 부활한 예수는 하늘
과 땅의 모든 권한을 받았다(마태 28,18). 예수운동 공동체는 죄 용서를
주님의 기도에서(마태 6,12, 14), 형제자매들끼리 서로 용서함(마태 18,15-
35)에서, 빵 나눔(마태 26,28)에서 체험하였다. 마가복음 저자는 죄 용서
와 예수와의 관계를 주로 언급했다면, 마태복음 저자는 죄를 용서하는
사람의 아들 권능이 예수운동 공동체에서 어떤 의미를 지니는지 주로
설명하였다.

25. 세리 부르심
(마가 2,13-17/누가 5,27-32/마태 9,9-13)

사람들이 호숫가에 몰려들고, 예수는 그들을 가르친다(마가 1,16, 21; 2,2). 예수가 레위를 부르고 세리와 죄인들과 식사하는 자리에 예수의 제자들이 마가복음에서 처음으로 단체로서 언급되었다. 제자들 단어는 마가복음에서 46번 언급된다. 율법학자들이 예수를 따라다녔다거나 세리와 죄인들과 식사했다고 이 단락에서 결론을 이끌어 낼 수는 없다. 마가복음 저자는 율법학자들의 질문을 소개하려 했을 뿐이다. 예수와 율법학자들의 논쟁뿐 아니라 유다 사회에서 멸시받던 세리와 죄인들이 예수를 따랐다는 사실이 중요하다.

부정기적인 관세 징수를 위탁받아 집행하던 세리들은 동족 유다인에게 사기꾼 취급을 받았고, 법정에서 증인으로서 인정받지도 못했다.[1] 바리사이파 율법학자들은 마가복음에서 여기에만 언급되었는데, 마가 3,6까지 예수와 네 번의 논쟁에 연결된다. 마가복음에 12번 언급된 바리사이파 사람들은 마가복음에서 예수를 가장 반대했던 그룹은 아니다.[2] 바리사이파 사람들은 위선자라는, 오늘 그리스도교에 널리 퍼진

---

1 Jeremias, J., "Zöllner und Sünder," ZNW 30 (1951): 293-300, 300; Witherington, B., *The Gospel of Mark. A Socio-Rhetorical Commentary* (Grand Rapids/Cambridge, 2001), 120.

오해의 근거를 마가복음 저자에게 돌릴 수는 없다.[3]

예수가 세리와 죄인들과 어울려 식사하는 처신은 바리사이파 율법 학자들에게 불쾌했다. "건강한 사람에게 의사는 필요하지 않지만 병자에게는 필요합니다"(마가 2,17a) 예수의 말은 "나는 야훼, 너희를 치료하는 의사이다"(탈출기 15,26) 구절과 이어진다. 의사는 건강한 사람을 외면한다는 말이 아니라 병자에게 먼저 필요하다는 뜻이다.[4] 예수 말씀에서 의사보다 의사가 필요한 병자가 중심이다. "나는 왔습니다" 표현은 하느님 백성 그룹에서 버림받은 죄인과 가난한 사람들을 모으겠다는 예수 생각을 가리킨다.[5] "나는 의인을 부르러 온 것이 아니라 죄인을 부르러 왔습니다"(마가 2,17b)에서 예수가 의로운 사람이나 의로움을 위해 애쓰는 사람을 외면한다는 뜻을 이끌어 낼 수는 없다. 예수는 죄인이 의인이 되어 이스라엘의 회복에 참여하길 바란다. 회복 종말론restauration eschatology일까.[6] 역사의 예수가 실제로 마가 2,17 전체 또는 일부를 말했는지 알아내기는 어렵다.[7] 예수가 세리와 죄인들과 어울리고 사랑을 베푼 사실은 복음서 전체에서 분명하다.

모든 것을 버리고 예수를 따라나섰다는(누가 5,28) 레위는 여전히 자

---

2 Dschulnigg, P., *Das Markusevangelium*, ThKNT 2 (Stuttgart, 2007), 98.

3 Vetter, D., "Für Christen nur ein Schimpfwort. Rückbesinnung auf die Bedeutung der Pharisäer für das jüdische Volk," in: ders., *Das Judentum und seine Bibel. Gesammelte Aufsätze*, RS 40 (Würzburg, 1996), 229-231.

4 Pesch, R., *Das Markusevangelium. Teil 1. Einleitung und Kommentar zu Kapitel 1,1-8,26*, HthK II/1 (Freiburg, 1976), 166.

5 Ernst, J., *Das Evangelium nach Markus*, RNT (Regensburg, 1981), 94-96.

6 Sanders, E. P., *Jesus and Judaism* (London, 1985), 335-340.

7 Gnilka, J., *Das Evangelium nach Markus*, Teilband: Mk 1-8,26, EKK II/1 (Neukirchen-Vluyn, 1978), 110.

기 집을 소유하고 있었고, 큰 잔치를 베풀 재산이 있었다. 누가복음 저자는 자기 글에 있는 모순에 크게 신경 쓰지 않는다. 예수는 "여러분의 재산을 팔아 자선을 베푸시오"(누가 12,33), "누구든지 자기 재산을 모두 버리지 않는 사람은 내 제자가 될 수 없습니다"(누가 14,33) 요구하고 있다. 레위는 예수만 식사에 초대했는지, 예수뿐 아니라 많은 세리들과 여러 사람을 함께 초대했는지 분명하지 않다. 그 자리에 어떻게 바리사이파 사람들과 율법학자들이 있게 되었는지 누가복음 저자는 설명하지 않았다. 누가복음 저자는 예수와 바리사이파 사람들과 율법학자들 사이에 벌어진 논쟁에만 관심 있다. 예수가 레위를 부른 이야기와 식사에서 논쟁 이야기는 원래 각각 따로 발전된 전승인 듯하다.

유다와 사마리아와 갈릴래아에 직접세 말고도 여러 간접세가 있었다. 유다와 사마리아 지방에서 걷은 세금은 로마제국 금고에, 갈릴래아 지방에서 걷은 세금은 헤로데 안티파스 영주의 금고에 들어갔다. 건축 공사에 하도급이 유행하듯이 세금 징수에도 하도급이 유행했다. 제멋대로 액수를 부풀려 징수하고 착복하던 세금 징수 하청업자들은 유다인에게 미움받았다.[8]

따르다^{ἀκολουθέω}(5,27b) 단어는 구약성서에 겨우 14번 나온다. 룻이 시어머니 나오미를 따르고(룻기 1,18), 이스라엘 모든 남자가 유딧과 그 여인들을 따르고(유딧 15,13), 이집트 농민과 에티오피아 상인들, 스바 거인족이 이스라엘을 따른다(이사야 45,14). 예수 시대 유다교에서 제자들이 스승을 따르고, 백성이 지도자를 따른다는 말은 있었다.[9] 그러나

---

8 Gnilka, J., *Das Evangelium nach Markus*, 105; Herrenbrück, F., "Wer waren die "Zöllner"?," *ZNW* 72 (1981): 178-194.

9 Schulz, A., *Nachfolgen und Nachahmen. Studien über das Verhältnis der neutestamen-

하느님의 초월성을 존중하는 의미에서 사람이 하느님을 따른다는 표현은 구약성서에도 신약성서에도 없다.[10] 신약성서에서 예수 따른다는 (누가 14,33) 표현은 무엇보다도 먼저 예수 고난의 길을 따른다는 의미를 갖고 있다(누가 9,23-24). "누구든지 자기 십자가를 지고 나를 따라오지 않으면 내 제자가 될 수 없습니다"(누가 14,27).

"이 사람이 누구인데 모독하는 말을 하는가? 오직 하느님이 아니고서야 누가 죄를 용서할 수 있단 말인가?"(누가 5,21b) 수군댔던 바리사이파 사람들과 율법학자들은 "어찌하여 당신들은 세리들과 죄인들과 어울려 먹고 마십니까?"(누가 5,30b) 불평한다(탈출기 17,3; 민수기 11,1). 예수에게가 아니라 예수 제자들에게 불평한다. 제자μαθητὰς(누가 5,30b) 단어가 누가복음에서 여기 처음 나왔다. 그리스와 달리 이스라엘에는 스승과 제자라는 구조와 문화가 오랫동안 없었다.[11] 하느님 은혜가 왜 죄인들을 향하는지 이해하지 못하고 찬성하지 않는 바리사이파 사람들과 율법학자들은 자신들의 특권을 예수가 침범하고 있다고 생각했다.

의사도 이스라엘에서 비교적 늦게서야 의미를 갖게 되었다. "길르앗에 약이 떨어질 리 없고 의사가 없을 리 없는데, 어찌하여 내 딸, 이 백성의 상처를 치료하지 못합니까?"(예레미야 8,22)처럼 의사는 긍정적으로, "아사는 왕이 된 지 삼십구 년 되던 해에 다리를 크게 앓았다. 이렇게 병이 들었지만 그는 야훼를 찾지 아니하고 의사들을 찾았다"(역대기하

tlichen Jüngerschaft zur urchristlichen Vorbildethik, StANT 6 (München, 1962), 19-32; Hengel, M., Nachfolge und Charisma: Eine exegetisch-religionsgeschichtliche Studie zu Mt 8,21f. und Jesu Ruf in die Nachfolge, BZNW 34 (Berlin, 1968), 20-37.

10 Bovon, F., Das Evangelium nach Lukas (1,1-9,50), EKK III/1 (Neukirchen-Vluyn, 1989), 257.

11 Bovon, F., Das Evangelium nach Lukas (1,1-9,50), 258, 주 23.

16,12)처럼 부정적으로 그려졌다. "건강한 사람에게는 의사가 필요하지 않으나 병자에게는 필요합니다"(누가 5,31b) 기록한 누가복음 저자가 특별한 의학 용어를 쓴 것은 아니다. 건강한 사람에게도 의사는 필요하다.

"나는 의인을 불러 회개시키러 온 것이 아니라 죄인들을 불러 회개시키러 왔습니다"(누가 5,32) 구절을 과장하여 해석하면 안 된다. 이스라엘에 건강한 사람(누가 5,31b)과 의인(누가 5,32a)이 이미 있다는 뜻은 아니다. 예수는 "회개할 것 없는 의인 아흔아홉보다 죄인 한 사람이 회개하는 것을 하늘에서는 더 기뻐할 것입니다"(누가 15,7b) 말했다. 이스라엘에 의인이 죄인보다 많다고 전제한 것도 아니다. 이스라엘 모든 사람이 회개해야 한다. 지금 예수는 죄인들을 가까이하며 죄인들의 회개를 부드럽게 격려하고 있다.[12]

오늘 그리스도교를 반대하거나 비판하는 사람들은 예수를 따른다는 목사, 신부들에게 "어찌하여 당신들은 세리와 죄인들과 어울려 먹고 마시는 것입니까?" 질문할까, 아니면 "어찌하여 당신들은 부자들과 권력자들과 어울려 먹고 마시는 것입니까?" 질문할까. 재산을 팔아 자선을 베풀어야 하고 또 자기 십자가를 지고 예수를 따라야 한다니, 예수 따르기가 쉽겠는가. 예수를 따른다고 아무나 즐겨 말하지만, 누구나 예수를 따르는 것은 아니다.

레위라는 세리가 세관에 앉아 일하다가 예수에게 따라오라고 부름 받았다(누가 5,27). 다윗(사무엘상 16,11-13), 엘리사(열왕기상 19,19-21), 아모스(아모스 7,15)처럼 자기 직업에 충실하다가 부르심 받은 경우는 있었다. 누가복음에서 자기 일을 하다가 부르심 받은 경우는 세리 레위

---

12 Bultmann, R., *Die Geschichte der synoptischen Tradition* (Göttingen, 1957, 3판), 167.

가 처음이다. 예수는 구체적인 개인을 부르고, 기존의 인적 관계를 떠나 유랑 생활에 참여하라고 요구하였다(누가 9,57; 14,27; 66; 105-132).[13] 그러자 세리 레위는 모든 것을 버리고 예수를 따라나섰다.[14]

예수를 따르던 사람 중에는 "세리와 죄인들도 많았는데"(마가 2,15b) 구절을 누가복음 저자는 "많은 세리들과 그 밖에 여러 사람으로"(누가 5,29b) 바꾸었다. 마가복음에서 바리사이파의 율법학자들은 예수의 제자들에게 왜 예수는 세리와 죄인들과 음식 나누냐고 물었는데(마가 2,16d), 누가복음에서는 바리사이파 사람들과 그들의 율법학자들은 왜 예수의 제자들이 세리와 죄인들과 어울려 먹고 마시냐고 직접 따졌다(누가 5,30). 누가복음 저자는 마가복음 본문을 왜 바꾸었을까.

바리사이들과 그들의 율법학자들만 예수에게 투덜거리지는(누가 5,30a; 15,2) 않았다. 이스라엘 백성들이 광야에서 그랬던 것(탈출기 15,24; 민수기 11,1; 신명기 1,27)처럼 예수 당시 유다 백성들도 예수에게 투덜거렸다(누가 19,7). 누가복음 저자는 "마음이 비뚤어진 자들도 슬기를 깨치고 불평하던 자들도 사람 된 도리를 터득하리라"(이사야 29,24)를 떠올렸을까. 먹고 마시다(누가 5,33b) 표현은 자주 함께 언급되었지만(창세기 26,30; 사무엘하 19,36; 이사야 22,13), 세리들과 죄인들(누가 5,30b)은 그렇지 않았다. 세리들과 죄인들이 자주 한데 어울린다거나 먹고 마시는 사람들의 대명사도 아니었다. 세리들과 죄인들은 마가, 누가, 마태복음에만 나오는 독특한 표현이다(누가 7,34; 15,1; 19,2). 죄인은 하느님과 관계에서 자칭(누가 5,8; 18,13) 또는 타칭으로(창세기 13,13; 누가 7,39) 모든 인

---

13 Hengel, M., *Nachfolge und Charisma: Eine exegetisch-religionsgeschichtliche Studie zu Mt 8,21f. und Jesu Ruf in die Nachfolge*, BZNW 34 (Berlin, 1968), 66.

14 Radl, W., *Das Evangelum nach Markus I* (Freiburg u.a., 2003), 328.

간에게 해당될 수 있는 개념이다.[15]

 "의사는 건강한 사람들에게 필요한 것이 아니라 앓는 사람들에게 필요합니다"(누가 5,31b) 격언은 예수운동 주변의 그리스 문화에서 왔다.[16] "나는 의인들을 부르러 온 것이 아니라 죄인들이 회개하도록 부르러 왔습니다"(누가 5,32) 예수 발언은 환자와 죄인이라는 두 차원의 서로 다른 개념을 뒤섞어 놓아버렸다. 환자에게 의사가 필요하다는 사실에 바리사이들과 율법학자들이 반대할 리 있겠는가. 바리사이들과 율법학자들도 의사가 필요한 환자처럼 바라보라는 예수의 가르침이다. 죄인이 회개해야 한다는 데 예수도 바리사이들과 율법학자들과 생각이 같다. 그러나 회개는 죄인들이 예수와 함께 어울리기 위한 전제 조건은 아니다.[17] 세리 레위처럼 죄인들이 예수를 따를 때(누가 5,28; 7,36-50; 15,1-10) 회개는 비로소 이루어진다.

 예수가 식사했다는 그 집ἐν τῇ οἰκίᾳ (마태 9,10a)은 누구 집일까. 마태오 집(공동번역), 예수 집,[18] 그 집(200주년 기념성서) 중에서 어느 집일까. 누가복음 저자는 마태오의 집(누가 5,29)이라 밝혔다. 예수의 집은 가파르나움에 있었고(마태 4,13; 9,1), 자기 집에 있는 예수(마태 9,10. 28; 13,1. 36; 17,25) 장면도 있었다. 그 집이 누구 집인지 마태복음 저자는 관심 없다.

---

15 Dunn, J. D. G., Jesus Remembered: Christianity in the Making I (Grand Rapids, 2003), 528.

16 Klauck, H.-J., Allegorie und Allegorese in synoptischen Gleichnistexten, NTA NF 13 (Münster, 1978), 153; Ebner, M., Jesus — ein Weisheitslehrer?, HBS 15 (Freiburg u.a., 1998), 150.

17 Zimmermann, H., Neutestamentliche Methodenlehre, neubearb. v. Kliesch, K. (Stuttgart, 1982, 7판), 100.

18 Luz, U., Das Evangelium nach Matthäus (Mt 8-17), EKK I/2 (Neukirchen-Vluyn, 1990), 41, 주 5.

예수가 끊임없이 유랑하며 복음을 전했다는 언급(마태 8,19; 9,1; 13,54)은 무슨 뜻일까. 예수운동 공동체가 파견한 선교사들이 복음을 전하고 공동체로 복귀하는 모습을 생전의 예수 모습에 연결한 듯하다.[19]

마태오^{Μαθθαῖον}(마태 9,9b)는 하느님의 선물이라는 뜻의 마따니야를 (열왕기하 24,17; 느헤미야 8,4) 가리키는가. 마태복음 저자는 왜 레위 이름을 마태오라고 바꾸었을까. 마태복음을 예수의 열두 제자 중 하나인 마태오가 썼을 리 없다. 왜 마태복음이라고 이름 붙여졌는지 마태 9,9에서 찾는 의견도 있다.[20]

"내가 바라는 것은 동물을 잡아 나에게 바치는 제사가 아니라 이웃에게 베푸는 자선입니다"(마태 9,13a; 12,7) 구절은 호세아 6,6을 인용하였다. 여기서 제사와 자선의 관계를 어떻게 해석해야 할까. 제사가 아니라 자선이라고 보는 의견에 따르면,[21] 마태복음 저자는 종교의식을 없애버렸다. 호세아 6,6b와 유다교 성서주석은 제사보다 자선이라고 보았다. 마태복음 저자는 율법이 여전히 유효하다(마태 5,18, 23; 23,23-28) 보았다.[22] 제사가 무의미한 것이 아니라 자선 없는 제사는 무의미하다는 뜻이다. 마태복음 저자 생각에 예수는 율법과 예언서 정신을 실천한 분이다. "여러분이 율법학자들이나 바리사이파 사람들보다 더 옳게 살지 못한다면 결코 하늘 나라에 들어가지 못할 것입니다"(마태 5,20) 말씀을

---

19 Luz, U., *Das Evangelium nach Matthäus (Mt 8-17)*, 43.

20 Luz, U., *Das Evangelium nach Matthäus (Mt 8-17)*, 76.

21 Strecker, G., *Der Weg der Gerechtigkeit. Untersuchung zur Theologie des Matthäus*, FRLANT 82 (Tübingen, 1962), 32.

22 Barth, G., 'Das Gesetzesverständnis des Evangelisten Matthäus', in: Bornkamm, G./ Barth & Held, H.-J. (Hg.), *Überlieferung und Auslegung im Matthäusevangelium*, WMANT 1 (Neukirchen, 1961), 77.

예수는 몸소 실천하고 있다. 병자들이 예수에게 자비^{ελέησον}를 청한 것은 우연이 아니다(마태 9,27; 15,22; 17,15).

26. 단식 논쟁
(마가 2,18-22/누가 5,33-39/마태 9,14-17)

세례자 요한의 제자들은 회개 운동의 상징으로 세례자 요한 생전에 단식한 듯하다. 바리사이파 사람들은 정해진 단식일 뿐만 아니라 매주 월요일과 목요일에 자발적으로 단식했다(누가 18,12). 세례자 요한의 제자들과 바리사이파 사람들은 단식하는데, 예수의 제자들은 왜 단식하지 않느냐는 질문이 느닷없이 등장했다.

금욕적인 세례자 요한의 삶, 죄인들과 어울리고 밥 먹는 예수 활동이 대조되고 있다. 단식에 대해 세례자 요한의 제자들과 예수의 제자들 사이에 의견 다툼이 있었고, 예수운동 공동체와 바리사이파 사람들이 논쟁했던 역사가 있었던 듯하다.[1] 세례자 요한의 제자들이 스승의 죽음을 슬퍼하며 단식했는지 분명하지 않다.

신랑을 빼앗길 날이 오면, 제자들도 단식하게 될 것이라는 예수 답변은 의아하다. 예수의 예루살렘 활동은 아직 멀었고, 갈릴래아 활동은 이제 시작되지 않았는가. 벌써 신랑, 즉 예수를 빼앗길 이야기를 하다니. 바리사이파 사람의 제자들(마가 2,18b) 표현도 의아하다. 바리사이

---

1 Gnilka, J., *Das Evangelium nach Markus*, Teilband: Mk 1-8,26, EKK II/1 (Neukirchen-Vluyn, 1978), 112.

파 사람들에게 제자는 없었다.

결혼식 잔치는 메시아가 온 구원의 시간을 상징한다(요한 묵시록 21,2, 9). 신랑을 빼앗길 날은(마가 2,20) 메시아이자 신랑으로 비유된 예수의 죽음을 가리킨다. 신랑을 빼앗길 날은 하느님의 고통받는 종 이야기와 연결할 수 있다. "그가 억울한 재판을 받고 처형당하는데, 그 신세를 걱정해 주는 자가 어디 있었느냐? 그렇다, 그는 인간 사회에서 끊기었다. 우리의 반역죄를 쓰고 사형을 당하였다"(이사야 53,8).

예수의 갈릴래아 활동이 시작된 시점에서 벌써 예수 죽음 이야기가 나오고 있다. "잔칫집에 온 신랑 친구들이 신랑이 함께 있는 동안에야 어떻게 단식할 수 있겠습니까?"(마가 2,19a) 구절은 역사의 예수가 실제로 한 말 같다.[2] 마가 2,19b-20은 후대에 편집된 구절이 분명하다.[3] 마가 2,20은 예수운동 공동체가 역사의 예수를 오해하여 만든 부분이라고[4] 단정할 수는 없다.

옷, 포도주를 비유한 격언을 담은 마가 2,21-22는 지혜문학을 배경으로 한다.[5] 낡은 옷과 새 천 조각, 낡은 가죽 부대와 새 포도주 비유(마가 2,21-22)는 예수에게서 비롯된 듯하다.[6] 낡은 가죽 부대에 새 포도주를 넣으면, 새 포도주도 낡은 부대도 다 버리게 된다(욥기 32,19; 여호수아

---

2 Schweizer, E., *Das Evangelum nach Markus*, NTD 1 (Göttingen, 1952, 6판), 33; Roloff, J., *Das Kerygma und der historische Jesus. Historische Motive in den Jesus-Erzdahlungen der Evangelien* (Göttingen, 1970), 223-229.

3 Gnilka, J., *Das Evangelium nach Markus*, 111.

4 Schweizer, E., *Das Evangelum nach Markus*, 33.

5 von Rad, G., *Theologie des alten Testaments. Band 1. Die Theologie der geschichtlichen Überlieferungen Israels* (München, 1969, 4판), 430-454.

6 Hahn, F., "Die Bildworte vom neuen Flicken und vom jungen Wein (Mk. 2, 21f parr)," *EvTh* 31 (1971): 357-375, 369; Schweizer, E., *Das Evangelum nach Markus*, NTD 1 (Göttingen, 1975, 14판), 32.

9,4). 포도주는 구원의 시간을 상징하고,7 새 포도주는 하느님 나라를 가리킨다.8

예수로 인해 새 시대가 시작되었는데, 세례자 요한의 제자들과 바리사이파 사람들은 그 사실을 모르고 있다. 2세기 초 예수운동에서 생긴 문헌 Didache에 따르면, 유다교 사람들은 월요일과 목요일에 단식했고, 예수운동 공동체는 수요일과 금요일에 단식했다.9 예수운동 공동체의 단식에서 예수의 죽음이 기억되었다. 예수운동 공동체의 단식에 대한 자료는 많지 않다(고린토전서 7,5; 사도행전 13,2; 14,23). 예수를 받아들인 유다인을 의식한 마태복음 저자는 옛 포도주와 새 포도주의 연속성(마태 13,52)을 더 강조했다면, 유다인 아닌 민족에 대한 복음 전파를 의식한 마가복음 저자는 옛 포도주보다 새 포도주를 더 강조했다.

구약시대에도 자발적 단식은 있었다(시편 34[35],13; 다니엘 9,3). "야훼께서 우리야의 아내가 다윗에게 낳아준 아이에게 중병을 내리셨다. 다윗은 식음을 전폐하고 베옷을 걸친 채 밤을 새우며 어린것을 살려달라고 맨땅에 엎드려 하느님께 애원하였다"(사무엘하 12,15-16). 모세는 40일간 빵도 먹지 않고 물을 마시지 않았다(탈출기 34,29; 신명기 9,9b).

기쁜 날에는 단식을 중단할 권리뿐 아니라 중단할 의무 또한 있었다. 이스라엘에 대한 하느님의 역사를 상징하던 결혼식 날(호세아 1-2장; 에제키엘 20장) 율법학자는 수업하면 안 되었다. 단식이 금지된 날도 있었다.10

---

7 Jeremias, J., *Die Gleichnisse Jesu* (Göttingen, 1965, 7판), 118.

8 Gnilka, J., *Das Evangelium nach Markus*, 116.

9 Didache 8,1; Reicke, B., "Die Fastenfrage nach Luk. 5,33-39," *ThZ* 30 (1974): 321-328.

10 Strack, H. L., Stemberger, G., *Einleitung in Talmud und Midrasch* (München, 1982, 7판), 44.

단식과 기도는 세례자 요한의 제자들과 바리사이파 사람들의 제자들에게 기본이었다(누가 5,33b). 바리사이파 사람들이 쓴 문헌을 지금 우리가 하나도 갖고 있지 못하다는 사실을 잊지 말아야 한다. 세례자 요한 그룹이나 바리사이파 그룹은 예수운동 공동체처럼 유다교 개혁운동에 속했다.

신랑을 빼앗길 때(누가 5,35a), 즉 예수가 제자들과 더 이상 함께 있지 못하게 될 때 제자들은 단식할 것이다(마태 6,16-18; 사도행전 13,2-3). 신랑과 신부, 즉 예수와 예수운동 공동체 비유(고린토후서 11,2; 에페소 5,25; 요한 묵시록 21,2)가 아니라 신랑과 신랑 친구들 비유다(마태 25,1-13). 유다교에서 신랑이 메시아를 가리키는 호칭은 아니었다.[11] 예수가 제자들과 함께 있을 때 단식하지 않고 함께 있지 않을 때 단식함으로써 예수는 언제나 우리와 함께 있음을 기념한다.

"아무도 새 천 조각을 헌 옷에 대고 깁지 않습니다. 그렇게 하면 헌 옷에 기워댄 새 헝겊이 그 옷을 당겨 더 형편없이 찢어집니다"(마가 2,21) 대본을 누가복음 저자는 "아무도 새 옷에서 조각을 찢어 내어 헌 옷에 대고 깁지 않습니다. 그렇게 하면 새 옷을 찢을 뿐 아니라, 새 옷에서 찢어 낸 조각이 헌 옷에 어울리지도 않을 것입니다"(누가 5,36b)로 바꾸었다. 새 천 조각은(마가 2,21) 새 옷에서 찢어 낸 조각이 아니라 아직 쓰이지 않은 새 천 조각일 수 있다. 새 천 조각과 헌 옷의 대립이 새 옷과 헌 옷의 대립으로 바뀌었다. 마가복음 저자와 누가복음 저자는 세례자 요한 그룹과 바리사이파 그룹의 단식이 충분히 개혁적이지는 못하다고 생각했을까.

---

11 Bovon, F., *Das Evangelium nach Lukas* (1,1-9,50), EKK III/1 (Neukirchen-Vluyn, 1989), 260.

옷 비유에 포도주 비유가 덧붙여졌다. "또한 아무도 새 포도주를 헌 가죽부대에 넣지 않습니다. 그렇게 하면 새 포도주가 그 가죽부대를 터뜨려 포도주는 쏟아지고 가죽부대도 못쓰게 됩니다. 그러므로 새 포도주는 새 가죽부대에 넣어야 합니다"(누가 5,37-38) 구절은 누가복음 저자가 대본으로 사용한 마가 2,22와 단어가 거의 같다.

발효가 다 끝난 지 오래된 포도주는 헌 가죽부대에 넣어도 되고, 새 가죽부대에 넣어도 된다. 어느 경우에나 포도주도 상하지 않고, 가죽부대도 상하지 않는다. 발효가 진행 중인 새 포도주는 반드시 새 가죽부대에 넣어야 한다. 그래야 새 포도주도 보존되고, 새 가죽부대도 보존된다. 새 포도주를 헌 가죽부대에 넣으면, 헌 가죽부대에 담겨 있던 새 포도주는 땅에 쏟아져 버리고 만다.

새 포도주와 새 가죽부대를 모두 살리자는 말이다. 예수라는 새 포도주와 예수운동이라는 새 가죽부대를 모두 살리겠다는 뜻이다. 새로운 예수운동을 세례자 요한 그룹과 바리사이파 그룹이라는 헌 가죽부대에 담을 수는 없다. 오래된 포도주와 헌 가죽부대인 세례자 요한 그룹과 바리사이파 그룹을 폄하하는 뜻이 전혀 아니다. 오래된 포도주에 해당하는 세례자 요한 그룹과 바리사이파 그룹은 헌 가죽부대에 담아 살고, 새 포도주에 해당하는 예수운동은 새 가죽부대에 담아 살자는 말이다. 세례자 요한 그룹과 바리사이파 그룹을 낮추면서 동시에 예수운동을 높이려는 비유가 아니다. 세례자 요한 그룹, 바리사이파 그룹, 예수운동은 각자 고유한 가치를 지니고 있다.

"묵은 포도주를 마셔 보면, 아무도 새 포도주를 원치 않습니다. '묵은 것이 좋다' 하기 때문입니다"(누가 5,39). 이 구절은 누가복음 저자가 쓰지 않았다.[12] 그 문장만 따로 떼어놓고 글자 그대로 해석한다면, 묵은 포도주가 새 포도주보다 더 좋다는 말이 된다. 먼저 마신 술에 취한 사람은 나중에 마시는 술맛을 제대로 알기 어렵다.

그러나 예수는 술 이야기가 아니라 술 비유를 하고 있다. 세례자 요한 그룹과 바리사이파 그룹이 주는 기쁨에만 익숙한 낡은 인간은 하느님 나라의 기쁨이라는 새 포도주를 원하지 않고, 새 맛을 음미할 수도 없다. 하느님 나라의 기쁨에 비유된 새 포도주는 예수운동 공동체에 들어온 새로운 인간만 충분히 느낄 수 있다.

누가복음 저자는 세례자 요한의 제자들을 자주πυκνά(누가 5,33b) 단식하고 기도하는 그룹으로 소개하고 있다. 예수의 제자들은 먹고 마시기만 한다는 편잔(누가 5,33c)으로 보아 이 단락의 주제는 기도가 아니라 단식이다. 단식하다νηστεύειν 단어는 오랜 기간 특정한 음식을 먹지 않거나(예레미야 35,6; 다니엘 1,6; 토비트 1,10-12), 일정한 날 또는 계기에 특정한 음식을 먹지 않는 행위를 가리킨다(레위 16,29; 열왕기상 21,27; 이사야 58,1-9). 단식 의무는 모세오경에 속죄일에만(레위 16,29; 23,27) 있었다. 겸손의 표시로 이해되던 자발적 단식에는 죄를 줄여주는 효과가 있다(에즈라 8,21; 이사야 58,3-5)고 인정되었다.

신랑의 친구들로(공동번역) 번역된 신랑의 아들들υίούς τοῦ νυμφῶνος(누가 5,34b)은 혼인 잔치 손님들을(200주년 기념성서) 가리킨다. 예수를 신랑에(마태 25,1; 요한 3,29; 고린토후서 11,2), 예수의 제자들을 결혼식 잔치의 손님에 비유한 사실이 중요하다.[13] 구원의 시간은 잔치에 비유되었다(이사야 25,16; 요한 묵시록 19,9; 누가 14,16). "때가 오면 신랑을 빼앗길 것이니 그 때에는 그들도 단식할 것입니다"(누가 5,35)에서 예수는 자기

---

12 Bovon, F., *Das Evangelium nach Lukas* (1,1-9,50), 263.

13 Kingsbury, J. D., *Conflict in Luke* (Minneapolis, 1991), 88.

운명을 미리 말하고 있다.

털을 벗긴 양가죽이나 염소 가죽으로 된 가죽부대(욥기 32,19; 여호수아 9,4)는 포도주 보관용이 아니라 운반용으로 사용되었다.[14] 신랑 비유나 포도주와 가죽부대 비유는 둘 다 예수 시대를 어떻게 해석하느냐 주제에 이어진다.[15] 마가복음 저자는 낡은 옷을 염려했고, 누가복음 저자는 새 옷과 새 옷 조각을 염려했다. 예수 시대를 유다교와 그리스도교의 대조로 본 것은 아니다. "새 포도주는 새 부대에 넣어야 합니다"(누가 5,38). 새 포도주는 예수의 하느님 나라 복음이다. 예수의 하느님 나라 복음 앞에서 유다인 개인은 새롭게 처신해야 한다는 뜻이다.

"묵은 포도주를 마셔본 사람은 '묵은 것이 더 좋다' 하면서 새것을 마시려 하지 않습니다"(누가 5,39) 구절은 왜 나왔을까. 바로 앞 구절 누가 5,36-38과 모순되는 말은 아닌가.[16] 예수는 묵은 포도주와 새 포도주의 품질을 비교한 것이 아니라 포도주 마시는 습관을 이야기하고 있다. 누가 5,36-38은 포도주 운반 방법이, 누가 5,39는 포도주 마시는 습관이 주제다.

예수에게 "요한의 제자들과 바리사이파 사람의 제자들은 단식을 하는데, 선생님의 제자들은 왜 단식을 하지 않습니까?" 물었던 사람들이 누구인지 마가 2,18-22에서 분명하지 않다. 마태복음에서 요한의 제자들이 예수에게 "우리와 바리사이파 사람들은 자주 단식하는데 선생님의 제자들은 왜 단식하지 않습니까?"(마태 9,14) 물었다. 마태복음 공

---

14 Habbe, J., *Palästina zur Zeit Jesu* (Neukirchen-Vluyn, 1996), 96.

15 Wolter, M., *Das Lukasevangelium*, HNT 5 (Tübingen, 2008), 232.

16 Steinhauser, M. G., *Doppelbildworte in den synoptischen Evangelien*, FzB 44 (Stuttgart/Würzburg 1981), 50; Good, R. S., "Jesus, Protagonist of the Old, in Lk 5:33-39," *NT* 25 (1983): 19-36.

동체 사람들과 마태복음 독자들은 요한의 제자들이 금욕주의자라는 사실을 알고 있다(마태 3,4; 11,18). 요한의 제자들과 바리사이파 사람의 제자들이 한편이 되어 예수와 논쟁하는 구도가 흥미롭다. 마태복음에서 요한의 제자들은 언제나 예수 편에 있기 때문이다(마태 3,1; 11,2; 14,2).

신랑을 빼앗길 날은 예수 부활과 재림 사이 시간이라고 마태복음 공동체 사람들은 생각했는가. 예수 부활과 재림 사이 시간에도 예수는 공동체와 함께 있다(마태 28,20). 그 시간은 슬픔의 시간이 아니라 노동하며 깨어 있는 시간이다(마태 25,1-13; 25,14-30). 마태복음 공동체 사람들이 이미 단식하고 있다는 사실이 중요하다.

마태복음 저자는 포도주와 부대 둘 다 보존하고 싶다(마태 9,17). 마태복음 저자는 낡은 가죽 부대에, 즉 율법이나 예언서의 말씀을 완성하러 왔다는 예수에게 관심 있다(마태 5,17). 하늘 나라의 교육을 받은, 그래서 자기 곳간에서 새것도 꺼내고 낡은 것도 꺼내는 집주인과 같은 율법학자에게 관심 있다(마태 13,52). 마태복음 저자는 유다교의 오래된 전통에 담긴 긍정적인 가치를 보존하는 일에 관심 있다.[17]

---

17 Gundry, R. H., *Matthew. A Commentary on his Literary and Theological Art* (Grand Rapids, 1982), 171; Klauck, H.-J., *Allegorie und Allegorese in synoptischen Gleichnistexten*, NTA NF 13 (Münster, 1978), 173.

27. 안식일 논쟁
(마가 2,23-28/누가 6,1-5/마태 12,1-8)

안식일에 쉬라는 계명(탈출기 20,8-11; 신명기 5,12-15)이 전제된 이야기다. 마가 2,23-28 단락이 어떻게 생겼을까. 성서학자들의 의견이 다양하다. 마가 2,27이 예수의 원래 답변이었고, 마가 2,25-26, 28을 마가복음 저자가 덧붙였다는 의견이 있다.[1] 예수가 인용한 다윗 일화(마가 2,25-26; 사무엘상 21, 2-7)는 안식일과 원래 연결된 이야기[2]라고 보기는 어렵다. 마가 2,23-26이 처음부터 있었고, 마가 2,27-28이 나중에 덧붙여졌다는 의견도 있다.[3] 마가 2,23-26이 예수의 갈릴래아 활동에서 실제로 일어난 사건에 바탕을 두고 있다고 생각할 필요는 없다.[4]

예수는 단식 논쟁(마가 2,19)과 안식일 논쟁(마르 2,25-26)에서 답변보다 반문을 먼저 한다. 구약성서에 익숙한 바리사이파 사람들에게 예수

---

1 Haenchen, E., *Der Weg Jesu. Eine Erklärung des Markus-Evangeliums und der kanonischen Parallelen*, STö.H 6 (Berlin, 1966), 120; Kuhn, H.-W., *Ältere Sammlungen im Markusevangelium*, StUNT 8 (Göttingen, 1971), 74.

2 Jeremias, J., *Neutestamentliche Theologie I. Die Verkündigung Jesu* (Gütersloh, 1971, 4판), 202.

3 Bultmann, *Die Geschichte der synoptischen Tradition* (Göttingen, 1957, 3판), 14.

4 Roloff, J., *Das Kerygma und der historische Jesus. Historische Motive in den Jesus-Erzdahlungen der Evangelien* (Göttingen, 1970), 58.

가 구약성서를 인용하여 받아치는 방법은 적절하다. 안식일 계명을 지키는 정도는 유다교 여러 그룹 사이에 다양했다. 유다교 구약성서 해설집 미쉬나Mischna 따르면, 생명의 위험이 있는 경우 안식일 계명을 지키지 않아도 되었다(Joma 8,6).

지중해 지역 이스라엘에서 보리는 이른 봄에 열리는 파스카 축제보다 조금 전에, 밀은 파스카 축제 직후에 수확 철을 맞는다.[5] 안식일에 예수가 밀밭 사이를 정말로 지나갔다면, 바리사이파 사람들은 예수에게 마땅히 항의해야 했다. 그런 말은 없었다. 이웃집 밭에 서 있는 곡식 이삭을 손으로 잘라 먹는 것은 괜찮다(신명기 23,26). 그런데 안식일에는 그렇게 하면 안 된다. 위급한 경우 안식일 계명을 어겨도 된다고 말하기 위해서 예수는 모세를 인용(사무엘상 21,1-7)할 필요도 없었다.[6] "안식일이 사람을 위하여 있는 것이지, 사람이 안식일을 위하여 있는 것은 아닙니다"(마가 2,27b) 구절과 비슷한 속담은 유다교에 있었다.[7] 안식일이 사람을 위하여 있는 것은 긍정적 표현이고, 사람이 안식일을 위하여 있는 것은 아니라는 말은 부정적 표현이다. 다윗이나 예수가 안식일 계명을 어기는 자유가 안식일 논쟁(마가 2,23-28)에서 강조되었다. 하느님의 사람 모세에게 안식일 계명을 어길 자유가 있듯이, 하느님의 아들 예수에게 안식일 계명을 어길 자유가 주어져 있다고 마가복음 저자는 강조하였다.

---

5 Gnilka, J., *Das Evangelium nach Markus.* Teilband: Mk 1–8,26, EKK II/1 (Neukirchen-Vluyn, 1978), 121, 주 18.

6 Pesch, R., *Das Markusevangelium. Teil 1. Einleitung und Kommentar zu Kapitel 1,1-8,26,* HthK II/1 (Freiburg, 1976), 182.

7 Lohse, E., "Jesu Worte über den Sabbat," in: Eltester, W. (Hg.), *Judentum-Urchristentum-Kirche* (FS Jeremias, J.), BZNW 26 (Berlin, 1964, 2판), 79-89, 85.

마가 2,27b 뒤에 창세기 1장과 2장 해석을 둘러싼 논쟁이 있었을까. 인간은 안식일보다 먼저 창조되었다(창세기 1, 26-27). 인간보다 안식일이 먼저 생겼다는(창세기 2,7) 기록도 있었다. 마가 2,23-28 단락에서 주제는 창조의 시간 순서가 아니라 안식일 계명이다. 예수에게 가장 중요한 것은 안식일 계명을 지키느냐 여부가 아니라 고통받는 인간에 대한 사랑이다. "사람의 아들은 또한 안식일의 주인입니다"(마가 2,28) 구절로써 예수가 안식일 계명을 약화시켰다고[8] 오해하면 안 된다. 예수는 마가 2,28에서 안식일 계명을 폐지한 것이 아니다. 안식일 계명을 지키지 않아도 좋다는 뜻이 아니라 안식일 계명은 고통받는 인간에 대한 사랑을 향해야 한다는 말이다. 예수운동 공동체는 안식일의 주인이신 야훼 하느님(레위기 23,3) 자리에 사람의 아들을 놓았다.

누가 6,1-5는 시간과 공간이 특정되지 않은 설명의 한 사례다. 신약성서 NA 28판처럼 안식일에$^{ἐν\ σαββάτῳ}$(누가 6,1a) 아니라 첫째 다음의 둘째 안식일에$^{ἐν\ σαββάτῳ\ δεμτεροπρώτῳ}$ 기록한 성서 사본이 많다. 그에 대해 여러 설명이 나왔지만, 여전히 해명하기 까다롭고,[9] 만족스러운 해설은 아직 나오지 못했다.[10] 베자^{Beza} 사본은(D) 누가 6,5를 누가 6,10과 11 사이로 놓았다. 마가 2,28처럼 사람의 아들을 안식일 앞에 써넣은 사본들이 있고, 마태 12,8처럼 안식일을 사람의 아들 앞에 써넣은 사본들도 있다.

---

8 Käsemann, E., "Das Problem des historischen Jesus," in: Ders., *Exegetische Versuche und Besinnungen I* (Göttingen, 1960), 187-214, 207.

9 Bovon, F., *Das Evangelium nach Lukas* (1,1-9,50), EKK III/1 (Neukirchen-Vluyn, 1989), 266-267; Metzger, B. M., *A textual commentary on the Greek New Testament* (London/New York, 1971, 3판), 139.

10 Bock, D. L., *Luke I*, BECNT 3 (Grand Rapids, 1994), 534; Radl, W., *Das Lukas-Evangelium*, EdF 261 (Darmstadt, 1988), 338.

"안식일이 사람을 위하여 있는 것이지, 사람이 안식일을 위하여 있는 것은 아닙니다"(마가 2,27b) 문장을 누가복음 저자와 마태복음 저자는 왜 인용하지 않고 삭제했을까. 누가복음 저자는 마가복음 말고도 다른 전승을 알고 있었을까.[11] 예수가 진짜 한 말인 마가 2,27은 마가복음 이전부터 전해진 듯하다. 마가 2,27-28에 대한 해설 문헌은 많다.[12] 누가 6,2-5처럼 제자들이 받은 질문에 스승이 대신 답변하는 경우는 이스라엘에 많았다.[13]

이웃집 밭에 서 있는 곡식 이삭을 손으로 잘라 먹는 것은 괜찮지만, 이웃집 밭에 서 있는 곡식에 낫을 대면 안 된다(신명기 23,26). 그러나 안식일 노동을 막기 위해 안식일에 이삭 자르는 일은 금지되었다.[14] "왜 당신들은 안식일에 해서는 안되는 일을 합니까?"(누가 6,2) 바리사이들 질문에 예수는 사무엘상 21장에 나오는 다윗 일화를 들어 반박한다.

바울 시대와 누가복음 시대에 예수운동 공동체는 더 이상 유다교 율법을 지키지 않았지만, 주일예배 제도가 아직 확실히 자리 잡지는 못했다. 예수운동 공동체는 여전히 안식일을 존중한 듯하다. 그 시대에 안식일 의미에 대한 토론과 논쟁이 없었을 리 없다. 누가복음 저자 생각에 예수는 안식일을 올바르게 해석한 분일 뿐만 아니라 안식일의 주인이다.[15] 예수는 안식일을 선행(누가 6,9), 해방(누가 13,16), 치유(누가 14,3)

---

11 Schramm, T., *Das Markus-Stoff bei Lukas. Eine Literarkritische und Redaktionsgeschichtliche Untersuchung*, MSSNTS 14 (Cambridge, 1971), 111.

12 Bovon, F., *Das Evangelium nach Lukas* (1,1-9,50), 268, 주 18.

13 Daube, D., "Responsibilities of Master and Disciples in the Gospels," *NTS* 19 (1972/73): 1-15, 7.

14 Fitzmyer, J. A., *The Gospel According to Luke I*, AncB 28 (New York, 1981), 608.

15 Busse, U., *Die Wunder des Propheten Jesus. Die Rezeption, Komposition und Interpretation der Wundertradition im Evangelium des Lukas*, fzb 24 (Stuttgart, 1979), 139.

를 위한 시간으로 해석하고 하느님의 창조의 본래 의미를 상기시켰다. 안식일을 어떻게 올바르게 이해하느냐(누가 13,10-17; 14,1-6)가 주제였다.

누가복음 저자와 마태복음 저자는 마가 2,23-28을 참고했다. 마가 2,23-28과는 조금 다르지만, 누가복음과 마태복음 사이의 어휘에 공통점이 많은 것으로 보면, 누가복음 저자와 마태복음 저자는 지금 우리가 보고 있는 마가복음과는 조금 다른 마가복음 개정판을 본 듯하다.[16]

밀 이삭을 잘라 손으로 비벼 먹었던 제자들은 안식일 계명을 두 번 어겼다. 안식일에 추수와 음식 준비는 금지되었다(탈출기 34,21). "다윗과 그 일행이 굶주렸을 때, 다윗이 한 일을 당신들은 읽어 보지 못했습니까? 어떻게 그가 하느님의 집에 들어가서, 오직 제관들이 아니면 먹어서는 안 되는 그 진설된 빵을 받아먹고 자기 일행에게도 주었습니까?"(누가 6,3b-4; 사무엘상 21,2-7) 구절은 성서학자들을 당황시켰다. 다윗 시대에 예루살렘 성전은 존재하지도 않았다.[17] 사무엘상 21,2-7이 안식일을 언급한 것도 아니었다. 다윗 일행에게 성전이 아니라 거룩한 빵 이야기만 있었다(사무엘상 21,5, 7a). 예수 제자들이 배가 고파서(마태 12,1) 밀 이삭을 잘라 먹었다는 말은 누가 6,1에 있지도 않았다.

누가 6,1-5 단락은 어떤 상황에서 안식일 규정을 어길 수 있는가가 주제가 아니라 다윗이 안식일 규정을 어길 권한을 갖고 있느냐를 다루고 있다. 다윗이 안식일 규정을 어길 권한을 갖고 있다면, 다윗보다 훨씬 더 인물인 사람의 아들은 안식일 규정을 능히 어길 권한을 가졌다는 말이다. 사람의 아들이 안식일을 없앴다는 말을 한 것[18]은 아니다. 유다

---

16 Ennulat, A., *Die 'Minor Agreements'*, WUNT 2/62 (Tübingen, 1994), 77.

17 Wolter, M., *Das Lukasevangelium*, HNT 5 (Tübingen, 2008), 234.

18 Schürmann, H., *Das Lukasevangelium. Erster Teil: Kommentar zu Kap. 1,1-9,50*, HThK

교와 이미 분열되었던 누가복음 공동체 사람들은 누가 6,1-5에서 예수가 안식일 규정을 폐지했다고 오해했을 수 있었다.[19]

마태복음 저자는 대본인 마가 2,23-27에서 마가 2,27을 삭제하고 그 자리에 마태 12, 5-7을 새로 써넣었다. 누가복음 저자 역시 마가 2,27을 삭제하였다. "잘 들으시오. 성전보다 더 큰 이가 여기에 있습니다"(마태 12,6) 구절은 예수가 한 말이 아니라 마태복음 저자가 써넣은 것 같다.[20]

마태복음 9장과 11장은 예수를 둘러싼 갈등을 계속 소개하고 있다. 예수의 제자들이 배가 고파 밀 이삭을 잘라 먹었다(마태 12,1b). 예수 제자들의 배고픔이 강조되었다. 유다인은 안식일에 좋은 음식이 기다림을 잘 알고 있다. 안식일은 먹고, 마시고, 토라 연구하며, 거룩하게 지내야 한다.[21] 안식일에 단식은 금지되었다.[22] 유다인에게 안식일 예배에 참여하는 것이 의무는 아니지만, 안식일에 좋은 음식을 먹는 일은 의무에 속한다. 예수 제자들은 안식일에 배가 고팠다. 유다교 랍비들은 배고픔을 생명에 위험한 것으로 생각했고, 배고픔을 달래기 위해서는 안식일 규정을 어겨도 되었다.[23]

III/1 (Freiburg, 1970), 305.

19 Mayer-Haas, A. J., *"Geschenk aus Gottes Schatzkammer" (bSchab 10b). Jesus und der Sabbat im Spiegel der neutestamentlichen Schriften*, NTA NF 43 (Münster, 2003), 309.

20 Luz, U., *Das Evangelium nach Matthäus (Mt 8-17)*, EKK I/2 (Neukirchen-Vluyn, 1990), 229.

21 Billerbeck, P., Strack, H., *Kommentar zum Neuen Testament aus Talmud und Midrasch I* (München, 1961), 611.

22 Lohse, E., Art. σάββατον κτλ, ThWNT VII 1-35, 16.

23 Cohn-Sherbok, D. M., "An Analysis of Jesus' Arguments concerning the Plucking of Grain on the Sabbath," *JStNT* 2(1979): 31-41, 33-36.

사제들은 안식일에 성전 안에서 안식일 규정을 어겨도 죄가 되지 않는다(마태 12,5; 민수기 28,9). 예수는 더 나아가 말한다. "성전보다 더 큰 이가 여기에 있습니다"(마태 12,6b). 무엇이 또는 누가 성전보다 더 크다는 말일까. 예수 자신이 성전보다 더 크다는 말일까.24 하느님 나라가 성전보다 더 크다는 말일까.25 제사 때문에 안식일 규정을 어겨도 된다면, 인간의 고통을 위로하려는 자비 때문에 안식일 규정을 어겨야 하지 않겠는가. 성전보다 더 큰 것은 자비26 아닐까.

"내가 반기는 것은 제물이 아니라 사랑이다. 제물을 바치기 전에 이 하느님의 마음을 먼저 알아다오"(호세아 6,6), "야훼께서는 옳고 바르게 사는 것을 제물보다 반기신다"(잠언 21,3) 구절을 유다교 랍비들도 인용하였고, 특히 랍비 요하난 벤 자카이Johanan ben Zakkai 그렇게 생각했다.27 예수는 제사보다 자비를 강조하였지 제사를 폐지한 것은 아니다. 예수는 자신의 행동을 통해 자비를 실천하려 했다(마태 5,17; 9,13). 바리사이파 사람들도 예수처럼 자비를 실천하라는 말이다. 구약성경을 잘 안다고 자부하던 바리사이파 사람들은 당연히 호세아 6,6과 잠언 21,3을 알지 않느냐는 말이다.

배고파서 밀 이삭을 잘라 먹던 예수의 제자들에게 바리사이파 사람들은 "안식일에 해서는 안 될 일을 하고 있습니다"(마태 12,2b) 말하면 안 된다. 그들은 예수 제자들에게 정의와 자비와 신의 같은 중요한 율법(마태 23,23)을 지키는 모습을 보여야 했다. 마태 12,7은 마태복음 공동

---

24 Gnilka, J., *Das Evangelium nach Markus,* Teilband 1: Mk 1-8, 26, 444.

25 Schweizer, E., "Matthäus 12,1-8; Der Sabbat. Gebot und Geschenk," in: *Glaube und Gerechtigkeit, R. Gyllenberg im memoriam* (Helsinki, 1983), 169-179, 171.

26 Luz, U., *Das Evangelium nach Matthäus (Mt 8-17),* 231.

27 Schweizer, E., "Matthäus 12,1-8; Der Sabbat. Gebot und Geschenk," 169-179, 171, 주 38.

체보다 먼저 바리사이파 사람들을 겨냥하고 있다. 예수의 제자들이 안식일 규정을 어겼느냐 여부가 마태 12,1-7 주제는 아니다. 배고파 밀 이삭을 잘라 먹던 예수 제자들이 율법을 완성한 것도 아니고,[28] 밀 이삭을 잘라 먹던 제자들을 예수가 칭찬한 것도 아니다.[29] 배고픈 사람들에게 베푸는 자비가 안식일을 올바로 지키는 일이라는 가르침이 중요하다.[30]

마태복음 공동체는 유다교 제사를 폐지하고 윤리 규정만 남겼다는 의견이 있다.[31] 그에 반대하는 의견도 있다.[32] 마태복음이 쓰여질 무렵 예루살렘 성전은 이미 파괴되었었다. 마태복음 공동체는 안식일을 지켰던 듯하다. 안식일에 대한 유다교 생각과 예수 생각은 연결된다. "이렛날은 너희 하느님 야훼 앞에서 쉬어라. 그 날 너희는 어떤 생업에도 종사하지 못한다. 너희와 너희 아들딸, 남종 여종뿐 아니라 소와 나귀와 그 밖의 모든 가축과 집안에 머무는 식객이라도 일을 하지 못한다. 그래야 네 남종과 여종도 너처럼 쉴 것이 아니냐?"(신명기 5,14). 안식일은 무엇보다도 먼저 가난한 사람들을 위해 존재한다.

28 Barth, G., 'Das Gesetzesverständnis des Evangelisten Matthäus', in: Bornkamm, G./ Barth & Held, H.-J. (Hg.), *Überlieferung und Auslegung im Matthäusevangelium*, WMANT 1 (Neukirchen, 1961), 54-154, 77.

29 Roloff, J., *Das Kerygma und der historische Jesus. Historische Motive in den Jesus-Erzdahlungen der Evangelien*, 76.

30 Schotroff, L., Stegemann, W., "Der Sabatt ist um des Menschen willen da. Auslegung von Mk 2,23-28," in: Schotroff, W./Stegemann, W. (Hg.), *Der Gott der kleinen Leute II* (München/Gelnhausen, 1979), 58-70, 66.

31 Strecker, G., *Der Weg der Gerechtigkeit. Untersuchung zur Theologie des Matthäus*, FRLANT 82 (Tübingen, 1962), 32.

32 Luz, U., *Das Evangelium nach Matthäus (Mt 1-7)*, EKK I/1 (Neukirchen-Vluyn, 1992, 3판), 240.

28. 안식일에 치유
(마가 3,1-6/누가 6,6-11/마태 12,9-14)

단식 논쟁(마가 2,18-22), 안식일 논쟁(마가 2, 23-28), 안식일 치유 사건(마가 3,1-6)에 공통점이 있다. 예수 행동과 처신이 남다르고, 예수와 논쟁 당사자 사이에 갈등이 더 커지고 있다. 예수는 안식일에 기적을 행해야 했는가. 예수가 행하는 치유와 기적은 예수가 어떤 인물인지 말해준다. 예수 행동과 말씀을 소개하는 마가복음 저자는 예수와 반대자들 사이에 벌어지는 갈등과 그 정도를 차분히 알려주고 있다.

예수는 충실한 유다인답게 회당에 간다(마가 1,21, 39; 3,1). 한쪽 손이 오그라든 사람(마가 3,1)의 경제적 처지와 사회적 지위는 비참하였다.[1] 바리사이파의 두 주요 파벌인 힐렐 그룹과 삼마이 그룹은 안식일에 슬퍼하는 사람을 위로하고 병든 사람을 문병해도 되는지 논쟁했다. 판단 기준은 생명이 위험한가 여부였다. "일어나 이 앞으로 나오시오"(마가 3,3)에서 한쪽 손이 오그라든 사람은 안식일에 치유받아야 할 만큼 목숨이 위급한 상태는 아니었다. 예수는 그 환자를 안식일에 치유할 의무는 없었다. 예수는 환자를 고치기 전에 반대자들과 논쟁부터 시작한다.

---

1 Theissen, G., *Urchristliche Wundergeschichten. Ein Beitrag zur formgeschichtlichen Erforschung der synoptischen Evangelien* (Gütersloh, 1974), 249.

"안식일에 착한 일을 하는 것이 옳습니까? 악한 일을 하는 것이 옳습니까?"(마가 3,4a)는 "사람을 살리는 것이 옳습니까? 죽이는 것이 옳습니까?"(마가 3,4b) 구절과 이어진다. 유다인도 어느 문화와 종교에서도 착한 일을 하고 사람을 살리는 데 찬성할 것이다. 안식일에 악한 일을 하고 사람을 죽이라고 가르치거나 배운 유다인은 없다.

한 손이 오그라든 사람은 살아있으나 죽은 사람과 다름없다고 예수는 생각하였다. 그러니 지금 안식일에 당장 그 사람을 치유해야 한다. 사회적으로 죽은 사람처럼 취급당하는 사람을 안식일에 치유하지 않고 그냥 놓아두는 일은 악한 일을 하는 것과 다름없다. 예수의 이 해방적인 생각은 안식일 규정에 매어 사는 당시 유다인에게 신선한 충격을 주었다.

그러나 바리사이파 사람들은 헤로데 당원들과 만나 예수를 없애버릴 방도를 모의하였다(마가 3,6). 예수 반대자들이 예수를 죽이려 한다는 말은 마가복음에서 이곳에 처음 나왔다. 헤로데 당원들은 세금 논쟁(마가 12,13)에 다시 등장한다. 마가복음 저자가 어떤 헤로데를 구체적으로 가리키는지 분명하지 않다.[2]

안식일 치유 사건(마가 3,1-6)은 예수를 믿던 유다인들이 예수를 받아들이지 않던 유다인들과 안식일에 대한 예수 권한을 두고 논쟁할 때 쓰던 이야기 같다.[3] 1세기 예수운동 내부에서 예수를 받아들인 유다인 아닌 사람들에게 안식일을 소개하던 유다인 그룹과 안식일 의무를 말하지 않던 유다인 그룹(갈라디아 4,10)이 있었다.[4] "바리사이파 사람들은

---

2 Kertelge, K., *Die Wunder Jesu im Markusevangelium; eine redaktionsgeschichtliche Untersuchung*, StANT 23 (München, 1970), 83.

3 Schenke, L., *Die Wundererzählungen des Markusevangeliums* (Stuttgart, 1974), 169.

4 Mussner, F., *Der Galaterbrief*, HThK IX (Freiburg, 1974), 301; Kuhn, H.-W., *Ältere Sammlungen im Markusevangelium*, StUNT 8 (Göttingen, 1971), 78.

나가서 즉시 헤로데 당원들과 만나 예수를 없애버릴 방도를 모의하였
다"(마가 3,6) 구절에서 불행하게도 그리스도교 역사에서 바리사이파가
대표하던 유다교를 적대시하는 해설이 나오기도 했다.[5]

누가 6,6은 예수가 안식일마다 유다교 회당을 돌아다니며 활동했다
는 사실을 말하는가.[6] 누가복음 저자는 대본으로 삼은 마가 3,3에 "그들
의 속셈을 알고"(누가 6,8a), "일어나 가운데로 나와 서시오"(누가 6,8b)를
추가했고, "그들의 마음이 완고한 것을 탄식하시며 노기 띤 얼굴로"(마
가 3,5a)를 삭제했다. "그들은 말문이 막혔다"(마가 3,4b) 구절도 삭제했다.

예수운동 공동체 선교사들(사도행전 14,1; 17,1-2)처럼 예수는 안식일
에 회당을 돌아다니며 가르쳤다(누가 4,43-44; 5,17; 6,6). 오른손이 마른
ξηρός(누가 6,6b; 마태 23,15; 히브리 11,29), 즉 손이 마비된 사람이 있었다.
아무도, 환자 자신도 예수에게 치유를 부탁하진 않았다. 당시 유다교에
서 환자는 단순히 개인 자신에게만 해당되는 문제가 아니라 공동체 전
체와 관계된 문제였다. 죄와 병은 연결되었다고 생각했기 때문에, 하느
님께 선택받은 거룩한 백성은 모두 건강한 상태에 있어야 했다.[7] 누가
6,6-11에서 주제는 치유가 아니라 안식일에 하는 치유다. 율법학자들
과 바리사이파 사람들은 안식일에는 율법이 요구하는 선행을 하지 않
는다(요한 5,9-16; 9,14).

---

5 Schottroff, L., "Antijudaismus im Neuen Testament," in: dies, *Befreiungserfahrungen.*
  Studien zur Sozialgeschichte des Neuen Testaments, TB 82 (München, 1990), 217-228,
  218-220.

6 Busse, U., *Die Wunder des Propheten Jesus. Die Rezeption, Komposition und Interpretation*
  der Wundertradition im Evangelium des Lukas, fzb 24 (Stuttgart, 1979), 135.

7 Bovon, F., *Das Evangelium nach Lukas* (1,1-9,50), EKK III/1 (Neukirchen-Vluyn, 1989),
  274.

"안식일에 선한 일을 해야 됩니까, 악한 일을 해야 됩니까? 목숨을 구해야 됩니까, 없애 버려야 됩니까?"(누가 6,9c) 예수 질문은 "안식일에 병자를 치유해도 됩니까? 치유하면 안 됩니까?" 물어야 옳았다. 안식일에 악한 일을 해야 한다고, 목숨을 없애 버려야 된다고 어느 누가 답할 수 있을까. 단어 ψυχή는 인간(누가 6,9c; 사도행전 2,41; 7,14)을 가리킨다.[8] 목숨이 위험한 경우 안식일에도 긴급한 도움은 유다교에서 허용되었다(누가 14,5).[9] 안식일이든 아니든 목숨이 위험한 경우가 아니더라도, 어떤 요일이든 어떤 경우라도 선행하라는 예수 말씀이다.

바리사이들은 헤로데 일당과 함께 예수를 없애 버리기로 모의하였다(마가 3,6) 구절이 줄 해석의 위험을 누가복음 저자는 알아챘다. 바리사이들과 헤로데 일당은 예수 처형에 전혀 관련되지 않았기 때문이다. 그래서 누가복음 저자는 마가 3,6을 "그들은 잔뜩 화가 나서 예수를 어떻게 하면 좋을까 서로 의논하였다"(누가 6,11)로 부드럽게 고쳤다.

한쪽 손이 말라버린(마가 3,1) 대신에 오른손이 말라버린ἐηρά(누가 6, 6b), 즉 오른손이 마비된 사람이 있었다(누가 6,6). 당시 사람들은 마비를 몸의 액체가 말라서 생긴 병으로 이해한 듯하다.[10] 왼손이 아니라 오른손이 마비되면 그 불편함은 더 심하다. 지켜보다παρατηρεῖν(누가 6,7a) 단어는 의로운 사람을 반대하는 죄인의 처신을 가리킨다(누가 14,1; 20,20; 사도행전 9,24). 안식일에 병을 치유해도 되느냐 주제가 유다교 문헌에서 일반적으로 논의되진 않았다.[11] 가운데로 나와 서시오(누가 4,35; 5,19;

---

8 Dautzenberg, G., *Sein Leben bewahren*, StANT 14 (München, 1966), 154.

9 Billerbeck, P., Strack, H., *Kommentar zum Neuen Testament aus Talmud und Midrasch I* (München, 1961), 623-629.

10 Wolter, M., *Das Lukasevangelium*, HNT 5 (Tübingen, 2008), 237.

11 Wolter, M., *Das Lukasevangelium*, 237.

6,8b) 명령으로 예수는 모든 사람이 보는 가운데서 치유할 뜻을 드러냈다. 안식일 주인은 사람의 아들이다(누가 6,5).

그들은 잔뜩 화가 나서 예수를 어떻게 하면 좋을까 하고 서로 의논하였다(누가 6,11) 구절은 누가 6,6-11 단락뿐 아니라 누가 5,17-6,11을 마감하는 문장이다. 예수의 치유 기적을 지켜본 사람들은 두려움으로(누가 1,65; 7,16; 8,37) 반응하는데, 예수를 못마땅하게 생각하는 고향 사람들은 화가 나서 예수를 벼랑에서 밀어 떨어뜨리려 하였고(누가 4,28-29), 율법학자들과 바리사이파 사람들은 화가 나서 예수를 어떻게 할까 의논하였다(누가 6,11).

한쪽 손이 오그라든 사람을 치유한 사건은 뒤로 물러나고, 바리사이파 사람들과 예수 사이 갈등이 앞에 나타났다. 바리사이파 사람들은 헤로데 당원들과 만나 예수를 없애버릴 방도를 모의하였다(마가 3,6) 문장에서 마태복음 저자는 헤로데 당원들 부분을 삭제했다(마태 12,14). 구덩이에 빠진 양 한 마리 비유(마태 12,11-12a)는 마가 3,1-6에 원래 없었다. 사람들의 마음이 완고한 것을 예수가 탄식하거나 분노한 얼굴(마가 3,5a) 구절을 마태복음 저자는 삭제했다.

양 한 마리가 안식일에 구덩이에 빠졌다면 그 양을 끌어내지 않을 사람이 있겠습니까(마태 12, 11)라는 질문은 유다교에서 흔한 토론 주제에 속했다. 에세네파 사람들은 그 경우에도 도움을 거절했다. 양을 직접 구출하지 말고 양이 스스로 탈출하도록 돕자고 랍비들은 주장했다.[12] 예수는 에세네파 사람들이나 랍비들 생각이 아니라 가난한 갈릴래아 농부의, 더구나 양 한 마리만 가진 가난한 사람의 예를 들고 있다. "가난

---

12 Billerbeck, P., Strack, H., *Kommentar zum Neuen Testament aus Talmud und Midrasch I*, 629.

한 이에게는 품삯으로 얻어 기르는 암컷 새끼 양 한 마리밖에 없었습니다. 그는 이 새끼 양을 제 자식들과 함께 키우며, 한 밥그릇에서 같이 먹이고 같은 잔으로 마시고 잘 때는 친딸이나 다를 바 없이 품에 안고 잤습니다"(사무엘하 12,3) 문장을 예수는 떠올리지 않았을까.

안식일에 구덩이에 빠진 양 한 마리를 누구라도 꺼낸다면, 곤경에 처한 사람을 안식일에 돕지 않을 사람이 어디 있겠는가. 사람은 양보다 훨씬 더 귀하다(마태 12,12a). 자비는 제물이나 안식일 예배보다 더 중요하다. 하느님을 사랑하고 이웃을 내 몸같이 사랑하는 것이 모든 율법과 예언서의 핵심이다(마태 22,40).

29. 하느님께서 택하신 종
(마태 12,15-21)

마태 12,18-21에 인용된 이사야 예언서 42,1-4는 구약성서 히브리어 본문이나 그리스어 번역본에서도 글자 그대로 찾을 수는 없다. 마태복음 저자는 자신만 알고 있는 구약성서 히브리어 본문을 가지고 있었을까. 마태복음 저자 또는 마태복음 학파는 자신들만 사용한 이사야 예언서를 따로 갖고 있었을까.[1]

많은 사람이 바리사이파 사람들을 따른 것이 아니라 예수를 뒤따라왔다는 사실이 중요하다. 예수는 모든 병자를 고쳐주었다(마태 12, 15b; 8,16)는 구절을 듣는 예수 당시 사람들이나 오늘 제3세계 가난한 사람들은 감동할 것이다.

악령들이 예수를 보기만 하면 "당신은 하느님의 아들이십니다!" 소리 질렀다(마가 3,11)는 구절을 마태복음 저자는 못마땅하게 여겼을 수 있다.[2] 하느님 아버지에 대한 예수의 존중에서 예수가 하느님의 아들인 근거를 보았던 마태복음 저자에게는, 예수가 하느님의 아들임을 악령

---

1 Luz, U., *Das Evangelium nach Matthäus (Mt 8-17)*, EKK I/2 (Neukirchen-Vluyn, 1990), 243.

2 Wrede, W., *Das Messiasgeheimnis in den Evangelien* (Göttingen, 1963, 3판), 154.

들이 알았다는 마가복음 기록이 불편했을 것이다. 악령들은 하느님 존중과는 거리가 먼 존재가 아닌가. 예수는 당신을 남에게 알리지 말아 달라고 당부하였다는(마태 12,16) 문장은 "그는 다투지도 않고 큰소리도 내지 않으리니 거리에서 그의 소리를 들을 자 없으리라"(마태 12,19) 인용과 관계있을까. 마태복음 저자가 예수의 침묵 명령을 수록했기 때문에 이사야 42장을 인용한 것이 아니라 이사야 42장을 인용했기 때문에 예수의 침묵 명령을 수록한 것 같다.[3]

마태복음에 가장 길게 인용된 구약성서 구절은 이사야 예언서 42, 1-4다(마태 12,18-21). 문맥, 어휘, 내용으로 보아 가장 까다로운 인용이기도 하다.[4] 예수는 사람들에게 침묵하라고 부탁했는데(마태 12,16), 예수 자신이 오히려 침묵한다는 인상을 주고 있다(마태 12,19). 마태 12,18-21은 문맥을 벗어나 하느님의 종 이야기를 하고 있다. 이사야 42,1-4는 예수의 침묵(마태 12,16, 19)을 가리키려 인용[5] 되었을까, 아니면 마태복음 전체에서 예수 역사와 연관되는가.[6]마태복음 저자는 왜 여기에 이사야 예언서 42,1-4를 인용했을까. 예수 침묵만 강조하려 했다면 마태 12,19로 충분했을 것이다. 예수의 겸손과 낮춤을 강조하려 했을까.[7] 유다인 아닌 민족에게 복음 전파를 마태복음 저자는 생각했다는 말일까.[8]

---

3 Luz, U., *Das Evangelium nach Matthäus (Mt 8-17)*, 244.

4 Luz, U., *Das Evangelium nach Matthäus (Mt 8-17)*, 244-246.

5 Strecker, G., *Der Weg der Gerechtigkeit. Untersuchung zur Theologie des Matthäus*, FRLANT 82 (Tübingen, 1962), 67.

6 Barth, G., "Das Gesetzesverständnis des Evangelisten Matthäus," in: Bornkamm, G., u.a. (Hg.), *Überlieferung und Auslegung im Matthäusevangelium*, Neukirchen-Vluyn 1960), 54 -154, 117.

7 Barth, G., "Das Gesetzesverständnis des Evangelisten Matthäus," 120.

8 Walker, R., *Die Heilsgeschichte im ersten Evangelium* (Göttingen, 1967), 78.

그리스 단어 παῖς(마태 12,18)는 자녀를 가리키지만, 종을 뜻하기도 한다. 권력관계에서 노예δοῦλος보다 가족처럼 여겨지는 종을 가리킨다. 그리스 문화의 영향을 받은 유다교 그룹은 παῖς θεοῦ를 하느님의 자녀로 이해했다.[9] 마태복음에서 하느님의 아들 그리스도론은 있지만, 하느님의 종 그리스도론은 없다.[10] '내 사랑하는 사람, 내 마음에 드는 사람' (마태 12,18a)은 세례받는 예수를 가리킨다(마태 3,17). 하느님은 세례받는 예수에게 성령을 부어주실 것이다(마태 3,16; 12,18b).

"그는 유다인 아닌 민족들에게 심판을 선포하리라κρίσιν τοῖς ἔθνεσιν ἀπαγγελεῖ"(마태 12,18d) 문장에서 κρίσις는 해석하기 까다롭다. 법[11] 또는 판결 뜻으로 번역할 수 있지만, 마태복음 저자는 최후 심판(마태 12,36.41; 이사야 42,1)을 생각한 듯하다. 유다인 아닌 민족들에게 심판을 선포하리라(마태 12,18d) 표현은 갑자기 나왔다. 아직까지 예수는 이스라엘의 심판만 선포했을 뿐이다(마태 8,11; 10,18). 마태 12,18d는 마태복음에서 예수가 유다 민족 아닌 민족에게도 심판을 말하리라는 예고 같다.

"그는 다투지도 않고 큰소리도 내지 않으리니 거리에서 그의 소리를 들을 자 없으리라"(마태 12,19) 구절을 마태복음 저자는 왜 인용했을까. 예수가 자신의 명예를 위해 활동하지는 않는다는 말일까. 하느님의 아들은 다툼이 아닌 평화를 추구한다는 말일까. 고난받는 예수는 폭력이 아닌 비폭력으로 대응한다는 뜻일까. 아무도 예수의 말과 행동에 관심 갖지 않는다는 뜻일까.

"그는 상한 갈대도 꺾지 않고, 꺼져가는 심지도 끄지 않으리라"(마태

---

9 Jeremias, J., Art. παῖς θεοῦ, ThWNT V, 683.

10 Luz, U., *Das Evangelium nach Matthäus (Mt 8-17)*, 247.

11 Fohrer, G., *Das Buch Jesaja II*, ZBK (Zürich, 1964), 47.

12,20a) 구절도 마태 12,19처럼 여러 뜻이 연상하게 한다. 예수는 상한 갈대도 꺾지 않고 오히려 존중할 분이며, 꺼져가는 심지도 끄지 않고 되살릴 분이다. 상한 갈대와 꺼져가는 심지를 죄인이나 약한 믿음을 가진 사람으로 해석해도 좋을까.

"그는 심판을 승리로 이끌어 가기까지 그러하리라"(마태 12,20b). 예수의 부활보다 심판자 예수를 가리키는 문장 같다. 하느님 심판은 유다인 아닌 민족들에게도 희망이 되리라고 강조하는(마태 28,16-20) 마태복음 저자는 예수 역사 전체를 보고 있다. 예수 역사는 하느님 아들의 역사요 하느님의 역사다. 그런 관점에서 예수를 보아야 예수 역사 전체를 비로소 이해할 수 있다.

30. 메시아 비밀
(마가 3,7-12)

예수의 갈릴래아 활동이 자세히 소개되는 단락이다. 이스라엘 각지에서, 특히 갈릴래아에서 많은 사람이, 특히 아픈 사람들이 예수에게 몰려왔다. 이스라엘 일곱 지역 이름이 남부, 동부, 북부 순서로 언급되었다. 유다 백성이 사는 곳 전체가 언급되었다. 에돔Ἰδουμαία(마가 3,8) 이름은 신약성서에서 여기가 유일하다. 예수가 그곳에서 활동한 적은 없었다. 사마리아 이름은 나오지 않았다. 지중해 바닷가에 있는 띠로와 시돈은 유다인 아닌 사람이 많이 거주한 곳이다(마가 7,24-37). 마가복음이 쓰일 무렵 예수운동 공동체가 있던 지역 이름을 마가복음 저자가 말한 듯하다.[1] 이 지역에 예수운동 공동체가 있었는지, 그 규모는 어땠는지 알 수 없다. 세례자 요한에게 온 사람보다(마가 1,5) 예수에게 온 사람이 더 많았고, 더 다양한 지방에서 왔다고 마가복음 저자는 강조하였다.

사람들이 앞다투어 예수를 만지려고 밀려들었다(마가 3,10; 5,27; 6,56). 예수는 기적을 행하는 사람으로 알려졌다. 예수는 많은 병자를 고쳐주

---

1 Marxsen, W., *Der Evangelist Markus. Studien zur Redaktionsgeschichte des Evangeliums*, FRLANT 67 (Göttingen, 1959), 39-41.

었다(마가 1,34; 3,10). 예수는 밀어닥치는 군중을 왜 피하려 했을까(마가 3,9; 6,30-34, 53-56). 예수는 자신에게 닥친 죽음의 위험에서 피신한 듯하다.[2] 병자들과 악령들에 둘러싸인 광경은 당시 사람들이 겪는 고통을 보여 주고 있다. 예수는 이 불쌍한 사람들을 어찌할 것인가.

예수의 행동과 말씀은 고통받는 사람들을 먼저 향하고 있다. 예수 기적에 대한 사람들의 반응을 마가복음 저자는 비판적인 눈으로 보고 있지만, 하느님의 아들이 드러나는 계기인 예수 기적을 긍정적으로 보고 있다.[3] 악령들은 예수를 하느님의 아들이라(마가 3,11) 소리치고 다녔다. 예수는 악령들에게 알리지 말라고 명령하였다(마가 3,12; 1,34).

더러운 악령들은 예수를 보기만 하면 그 앞에 엎드려 "당신은 하느님의 아들이십니다!" 소리 질렀다. 그러나 예수는 그들에게 당신을 남에게 알리지 말라고 엄하게 명령하였다(마가 3,11)는 구절은 독자들에게 의아한 느낌을 줄 수 있다. 악령들은 예수가 하느님의 아들인 줄 어떻게 알았을까. 예수는 악령들에게 왜 예수 자신을 남에게 알리지 말라고 명령하였을까.

예수를 따르는 사람들이 열두 제자와 함께 와서 비유의 뜻을 물었을 때 예수는 대답하였다. "여러분에게는 하느님 나라의 신비를 알게 해주었지만, 다른 사람들에게는 모든 것을 비유로 들려줍니다"(마가 4,11). 예수는 열두 제자를 비롯하여 자신을 따르는 사람들에게 하느님 나라의 신비를 알게 해주었지만, 다른 사람들에게는 비유로 들려주었다는 말인가. 예수를 따르는 사람들에게 하느님 나라의 신비를 알게 해주었지만,

---

2 Gnilka, J., *Das Evangelium nach Markus*, Teilband: Mk 1-8, 26, EKK II/1 (Neukirchen-Vluyn, 1978), 134, 주 6.

3 Gnilka, J., *Das Evangelium nach Markus*, 135, 주 15.

예수를 따르지 않는 사람들에게 하느님 나라의 비유만 들려주었다는 말인가. 예수는 듣는 사람에 따라 다른 방식으로 가르쳤다는 말인가.

예수는 치유 받은 사람들(마가 1,44), 악령들(마가 3,12), 제자들(마가 5,43)에게 예수 자신에 대해 침묵하라고 명령하였다. 제자들은 예수를 이해하지 못하고 믿지 못하였다(마가 4,40; 6,52; 7,18). 20세기 초 성서학자 브레데Wrede는 메시아 비밀이라는 용어를 고안했다. 마가복음 저자에게 전해진 메시아 비밀 사상을 이용하여 예수 부활 이후 예수운동 공동체는 예수를 메시아로 믿는 공동체의 고백을, 메시아적이지 않았던 예수의 삶과 활동을 연결했다는 것이다.4 예수는 제자들에게 "사람의 아들이 죽었다 다시 살아날 때까지는 지금 본 것을 아무에게도 말하지 마시라" 단단히 당부하였다(마가 9,9)는 구절이 마가복음의 메시아 비밀 사상에 결정적으로 작용한다.

브레데 해석은 후대 학자들에 의해 보완되었지만, 마가복음 주석에서 오늘도 큰 영향을 미치고 있다.5 예수는 죽음 이전에 자신이 메시아라는 사실을 말하기 꺼렸다.6 자신의 복음 전파 행동이 정치 운동으로 오해받고 로마제국의 탄압을 불러일으킬 위험을 피하고자 자신이 메시아임을 유다인 앞에서 드러낼 수 없었다.7 그리스 문화의 영향을 받은 예수운동 공동체가 지상에 내려온 하느님의 아들 사상을 예수 전승과 일치시키려는 의도에서 나왔다.8 마가복음의 핵심은 십자가 신학이기 때문에, 십자가 관점에서 보아야만 예수의 메시아 비밀을 이해할 수 있

---

4 Wrede, W., *Das Messiasgeheimnis in den Evangelien* (Göttingen, 1963, 3판), 145.

5 Gnilka, J., *Das Evangelium nach Markus,* 167.

6 Taylor, V., *The Gospel According to St. Mark* (London, 1966, 2판), 122-124.

7 Schmid, J., *Das Evangelium nach Markus,* RNT 2 (1958, 4판), 157.

8 Bultmann, R., *Die Geschichte der synoptischen Tradition* (Göttingen, 1957, 3판), 371-373.

다.9 기적의 비밀과 메시아 비밀을 구분했던 마가복음 저자는 기적에 담긴 하느님의 아들 이미지보다 십자가에 나타난 하느님의 아들 이미지를 메시아 비밀 사상에서 더 강조했다.10

마가복음에서 예수의 기적은 고난 사상(마가 2,1-10; 3,1-6)과 예수 따르기 사상(마가 10,46-52)과 연결되었다. 악령들과 제자들에게 준 침묵 명령을 결국 예수 자신이 깨트렸다(마가 14,61; 15,2). 제자들이 예수를 이해하지 못했다는 사실을 예수는 강조했다(마가 4,13b; 6,52; 10,32). 메시아 비밀 사상은 마가복음을 제대로 이해하기 위한 해석의 열쇠다. 마가복음 선포의 중심은 십자가와 부활이기 때문이다. 마가복음 저자가 특히 좋아했던 하느님의 아들 호칭을 보면, 메시아 비밀보다는 '하느님 아들의 비밀'이 마가복음 이해에 더 적절한 표현 아니었을까.11

9 Schweizer, E., "Zur Frage des Messiasgeheimnises bei Markus," *ZNW* 56 (1965): 1-8, 7.
10 Luz, U., "Das Geheimnismotiv und die markinische Christologie," *ZNW* 56 (1965): 9-30.
11 Gnilka, J., *Das Evangelium nach Markus*, 170.

31. 열두 제자 선발
(마가 3,13-19/누가 6,12-16/마태 10,1-4)

사람들이 예수를 찾아 호숫가로 몰려들었는데, 예수는 열두 제자들과 산에서ἐ ὄρος(마가 3,13; 6,46; 9,2) 어울렸다. 모세가 산에서 판관들을 선발했다면 예수는 산에서 열두 제자를 선발한다.[1] 예수 당시 이스라엘 백성은 12부족이 아니라 유다, 벤자민, 절반의 레위족, 즉 2.5부족으로 줄어들었다. 나머지 9.5부족은 북왕국 이스라엘이 아시리아 제국에게 정복당한 공통년 722년부터 사라지고 말았다.[2] 이스라엘 백성은 세상이 완성되는 메시아 시대에 12부족으로 회복되리라는 희망을 가졌다 (이사야 11,1; 미가 7,12; 에제키엘 39,27). 꿈란Qumran 공동체도 그런 생각을 했다.[3] 마가복음 저자는 이스라엘 백성의 희망을 예수의 열두 제자의 역사와 연결하였다.[4]

---

1 Marcus, J., *Mark 1-8*, AncB 27 (New York, 2000), 265.

2 Jeremias, J., *Neutestamentliche Theologie I. Die Verkündigung Jesu* (Gütersloh, 1971, 4판), 225.

3 Klauck, H.-J., "Die Auswahl der Zwölf(Mk 3,13-19)," in: ders., *Gemeinde - Amt - Sakrament* (Würzburg, 1989), 131-136, 135.

4 Kertelge, K., "Die Funktion der "Zwölf" im Markusevangelium," *TThZ* 78 (1969): 193-206, 199.

마가복음에서 제자들에 대한 직접적인 표현은 이 단락에서 처음 나왔다(마가 3,14, 16). 마가복음에서 열두$^{\delta\acute{\omega}\delta\epsilon\kappa\alpha}$ 제자 언급은 열 번 있다. 열두 제자 중에서도 돋보이는 세 제자(마가 5,37; 9,2; 14,33), 제베대오의 아들 야고보와 그 동생 요한, 예수를 팔아 넘긴 유다(마가 14,10; 18,21, 44)는 비교적 자세히 설명되었다. 시몬 베드로는 예수가 처음 부른 제자 같다(마가 1,16; 16,7). 사람의 이름이 아니라 돌이나 보석을 가리키던 아람어 베드로$^{\Pi\acute{\epsilon}\tau\rho\text{o}\varsigma}$(마가 3,16) 단어가 그리스어 명사 베드로$^{\Pi\acute{\epsilon}\tau\rho\text{o}\varsigma}$(마가 3,16)로 옮겨졌다. 베드로의 애칭인 시몬은 열두 제자 중에 보석이나 주춧돌로 여겨진 듯하다.[5] 보아네르게스$^{\text{Bo}\alpha\nu\eta\rho\gamma\acute{\epsilon}\varsigma}$ 단어가 천둥의 아들이라는 뜻(마가 3,17)인지 확실하진 않다.[6] 또 다른 시몬과 유다는 혁명당원으로 소개되었다.[7] 이스가리옷$^{\text{'I}\sigma\kappa\alpha\rho\iota\acute{\omega}\theta}$ 뜻은 분명하지 않다.

열두 제자의 명단은 신약성서에 세 군데 더 있다(누가 6,14-16; 마태 10,2-4; 사도행전 1,13). 누가복음에만 타대오 자리에 야고보의 아들 유다가 있다. 열두 제자는 예수와 함께 있고, 또 파견되어야 한다(마가 3,14). 말씀을 전하고 마귀를 쫓아내는 일이 제자들에게 주어졌다(마가 3,14b-15; 6,7-13). 마가복음 저자는 넘겨받은 전승에 마가 3,14b-15를 덧붙여 끼워 넣은 듯하다. 그는 예수의 열두 제자 명단을 전승에서 받았을까, 아니면 처음으로 열두 제자 명단을 작성했을까. 열두 제자 명단이 마가복음 이전에 있었다는 사실은 성서학계에서 널리 인정되고 있다.[8]

5 Dschulnigg, P., *Das Markusevangelium*, ThKNT 2 (Stuttgart, 2007), 118.

6 Gnilka, J., *Das Evangelium nach Markus*, Teilband: Mk 1-8,26, EKK II/1 (Neukirchen-Vluyn, 1978), 141.

7 Cullmann, O., "Der zwölfte Apostel," in: Ders., V*orträge und Aufsätze* (Tübingen, 1966), 214-222, 218.

8 Gnilka, J., *Das Evangelium nach Markus*, 137.

예수는 정말로 열두 제자들을 뽑았는가. 열두 제자들은 예수 부활 이후 예수운동 공동체에서 생겨난 현상이라는 의견이 있다.9 예수 죽음 이전에 열두 제자들이 있었다면, 예수 죽음과 부활 이후 열두 제자들이 그렇게 빨리 역사에서 사라질 수 있었을까. 예수 어록은 열두 제자를 딱 한 번(마태 19,28) 언급했다. 그러나 예수가 열두 제자들을 불렀다고 보는 의견이 더 많고 설득력 있다.10 언제 예수가 열두 제자들 불렀는지, 즉 예수 활동 초기 또는 말기에 제자들을 불렀는지 알기 어렵다. 예수 부활 이후 열두 제자들이 곧 언급된 사실(고린토전서 15,5) 자체가 열두 제자들이 오래전부터 있었다는 사실을 전제하지 않는가.

마가 3,13-19를 역사적 사실에 근거한 보도보다 예수 역사에 열두 제자들이 있었다는 기억으로 보는 편이 더 낫다.11 예수가 열두 제자들을 부른 사실은 하느님 나라가 곧 다가왔음을 알리려는 종말론적 상징은 아닐까. 열두 제자는 예수 시대와 예수운동 시대를 연결하는 고리로 해석할 수 있다. 열두 제자가 이스라엘 열두 부족 족장을 상징하려면 예수의 열두 제자는 남자여야 했고 결혼한 사람이어야 했다. 예수의 열두 제자는 곧 열두 제자 부부를 가리킨다.12 예수가 남자 열두 제자를 뽑았다는 전승에서 예수가 여성을 차별했다는 결론을 이끌어 낼 수는 없다.

---

9 Vielhauer, P., "Gottesreich und Menschensohn in der Verkündigung Jesu," in: Ders., *Aufsätze zum NT, TB* 31 (1965): 55-91, 68-71.

10 Jeremias, J., *Neutestamentliche Theologie I. Die Verkündigung Jesu*, 244; Pesch, R., *Das Markusevangelium. Teil 1. Einleitung und Kommentar zu Kapitel 1,1-8,26*, HthK II/1 (Freiburg, 1976), 208.

11 Gnilka, J., *Das Evangelium nach Markus*, 142.

12 Ebner, M., *Jesus von Nazaret. Was wir von ihm wissen können* (Freiburg, 2018), 53; Lührmann, D., Das Markusevangelium, HNT 3 (Tübingen, 1987), 71.

호숫가에 모여든 군중(마가 3,7-12)과 열두 사도 부르심(마가 3,13-19) 단락의 순서를 누가복음 저자는 뒤집어 놓았다. 마태 4,24-5,1처럼 누가복음 저자는 마가 3,7-13을 행복 선언을 소개하는 테두리로 이용한다.[13] 누가복음 저자는 예수의 열두 제자들이 예수의 삶에 기초한다고 생각했기 때문에, 사도ἀποστολοι(누가 6,14d) 단어를 등장시켰다.[14]

마가 3,13-19와 비교하면, 누가복음에 야고보와 요한이 형제라는 언급은 사라졌고, 타대오가 없어지고, 야고보의 아들 유다가 그 대신 기록되었다. 예수운동 공동체들은 예수의 제자들 부르심과 그 명단을 기록하고 보존하여 자기 공동체의 정당성을 주장했다. 다른 제자들 명단을 수록한 예수운동 공동체를 비판하는 뜻도 있었다.[15] 누가복음 저자는 당대 철학자들과 위인들의 전기 문학 양식에 비추어 인물, 즉 예수에 대한 설명과 예수의 가르침 사이에서 균형을 잡으려 애썼다.[16]

누가복음 저자는 열두 제자단 구성을 시나이산에서 이스라엘 민족 형성(탈출기 3,12; 24,9-18; 34,29) 구도에 비추어 기록했는가. 그렇다는 의견,[17] 그렇지 않다는 의견[18]이 있다.

예수의 기도에서 구원 역사가 핵심이었다면, 예수 따르는 사람들의

13 Schramm, T., *Das Markus-Stoff bei Lukas. Eine Literarkritische und Redaktionsgeschichtliche Untersuchung*, MSSNTS 14 (Cambridge, 1971), 113.

14 Bovon, F., *Das Evangelium nach Lukas* (1,1-9,50), EKK III/1 (Neukirchen-Vluyn, 1989), 278.

15 Bovon, F., *Lukas in neuer Sicht*, BTS 8 (Neukirchen-Vluyn, 1985), 212.

16 Talbert, Ch., *Literary Patterns. Theological Themes, and the Genre of Luke-Acts*, SBLMS 20 (Missoula, 1974), 89-99.

17 Schürmann, H., *Das Lukasevangelium. Erster Teil: Kommentar zu Kap. 1,1-9,50*, HThK III/1 (Freiburg, 1970), 313, 주 7.

18 Schweizer, E., *Das Evangelium nach Lukas*, NTD 3 (Göttingen, 1982), 75.

기도에서는 윤리가 중심이었다.[19] 예수는 하느님께 말하기 위해서가 아니라 듣기 위해서 기도했다. 예수는 밤에(누가 6,12) 하느님과 함께 있었고, 낮에(누가 6,13) 제자들과 함께 있었다.

누가복음 저자는 마가복음 저자와 마태복음 저자보다는 좀 더 군중과 열두 제자를 구분하였다. 선택하다^{ἐκλέγομαι}(누가 6,13c) 단어는 예수(누가 9,35), 열두 제자(사도행전 1,2; 15,7), 다른 사도(사도행전 1,24; 6,5; 15,22)에도 쓰였다. 사도들이 어떻게 뽑혔냐는 주제보다 그들이 예수 곁에 존재한다는 사실이 누가복음 저자에게 더 중요했다. 예수가 장엄하게 열두 제자를 뽑아 사도라는 호칭을 공식적으로 선사했다고 누가 6,13이 말하는 것은 아니다.[20] 열두 제자는 군중보다 앞에 있지도 않고, 위에 있지도 않다. 지도자 없는 공동체는 없지만, 지도자 단어는 역할을 가리키지 존엄을 가리키지 않고, 봉사를 뜻하지 권력을 뜻하지 않는다.

누가복음 저자는 여러 시몬들, 즉 혁명당원 시몬(누가 6,15; 사도행전 1,13), 바리사이 시몬(누가 7,40), 키레네 사람 시몬(누가 23,26), 주술사 시몬(사도행전 8,9), 피혁업자 시몬(사도행전 9,43)을 알고 있다. 예수의 열두 제자 중 첫 번째로 불리는 시몬은 누가복음에서, 몇 예외(누가 22,31; 24,34)도 있지만, 베드로라는 새 이름으로 불렸다. 열두 제자 중에서 시몬은 예수에게 새 이름을 선사 받은 유일한 인물이다. 열두 제자 중 마지막 순서로 이스가리옷 유다가 기록되었다. 유다 이름은 여러 성서 사본에 동일하지는 않다. 이스가리옷 이름은 찾아볼 수 없다.[21] 이스가리옷 이름은 거짓말쟁이, 가리옷 지방 출신, 칼잡이 뜻 중 하나를 가리키

---

19 Bovon, F., *Das Evangelium nach Lukas* (1,1-9,50), 281.

20 Bovon, F., *Das Evangelium nach Lukas* (1,1-9,50), 282, 주 25.

21 Gnilka, J., *Das Evangelium nach Markus*, 141.

는가. 가리옷 출신 유다라고 보는 것이 낫다.[22] 열두 제자 중 베드로와 유다를 제외하면 다른 열 제자가 예수의 죽음 이전과 부활 이후에 어떤 활동을 했는지 누가복음 저자는 거의 말하지 않았다. 예수에게 열두 제자 선택은 이스라엘 회복을 상징하지만, 복음서 저자들에게 열두 제자 선택은 예수운동 공동체 형성과 연결되었다. 예수는 교회를 세우지 않았지만, 종말론적 모임의 결정적 시작을 수놓았다.[23]

밤에 예수는 산에서 홀로 있으면서 기도하였다(누가 6,12). 낮에 예수는 산에서 제자 중에서 열둘을 뽑아 사도로 삼았다(누가 6,13). 예수는 열두 제자들과 함께 산에서 내려와 평지에 이르니, 많은 제자와 함께 유다 각 지방과 예루살렘과 띠로와 시돈에서 온 사람들이 많이 모여 있었다(누가 6,17). 예수 활동이 점차 넓어지고, 사람들의 호의적인 반응이 더 확대되고 있다.

예루살렘과 에돔과 요르단강 건너편과 띠로와 시돈 근방 사람들까지 예수에게 많이 몰려왔고(마가 3,8), 그 후 예수는 열두 제자를 뽑아 사도로 삼고 곁에 있게 하였다(마가 3,14). 예수가 제자 중에 열두 제자를 따로 뽑아 사도로 삼은 다음, 유다 각 지방과 예루살렘과 띠로와 시돈에서 온 사람들이 예수에게 많이 몰려왔다(누가 6,17). 마가복음과 누가복음에서 예수가 열두 제자를 뽑은 시점과 순서가 서로 다르다.

마태복음의 산상 설교와 누가복음의 평지 설교는 사람들이 예수에게 많이 몰려온 다음(마태 4,25; 누가 6,17) 소개되었다. 마태복음 산상 설교와 누가복음 평지 설교는 호숫가에서 펼쳐지지 않았기 때문에, 예수

---

22 Wolter, M., *Das Lukasevangelium*, HNT 5 (Tübingen, 2008), 244.

23 Lohfink, G., *Die Sammlung Israels. Eine Untersuchung zur lukanischen Ekklesiologie*, StANT 39 (München, 1975), 93-99.

는 밀어닥치는 군중을 피하기 위해 제자들에게 배 한 척을 준비하라고 부탁했다(마가 3,9) 구절은 마태복음과 누가복음에서 삭제되었다. 마태복음 저자는 예수가 제자 중에 열두 제자를 따로 뽑아 사도로 삼았다는 설명을 삭제하고 열두 제자 이름만 적어놓았다(마태 10,1-4).

누가 6,13-18a가 하나의 문장인지 또는 두 문장으로 이루어졌는지 물을 수 있다.[24] 두 문장으로 이루어졌다고 보는 편이 낫다.[25]

누가복음에서 예수의 중요한 결정은 기도 후에 또는 기도와 함께 행해졌다(누가 9,18; 11,1; 22,41). 열두 제자 선발도 기도 후에(누가 6,12; 사도행전 1,23) 이루어졌다.[26] 구약성서에서 그랬던 것처럼[27] 산은 누가복음 저자에게도 예수가 하느님을 만나는 특별한 장소였다(누가 9,28; 22, 39-42). 예수는 열두 제자를 이스라엘에 파견하였다.[28] 예수 부활 이후 사도 개념은 열두 제자와 예수운동 공동체의 연결을 강화하기 위한 호칭이 되었다(로마 1,1-5; 갈라디아 1,1).[29]

신약성서에 예수의 열두 제자 목록이 세 군데 더 있다(마가 3,16-19; 마태 10,2-4; 사도행전 1,13). 그런데 네 목록 어느 하나에서도 이름이 완전히 일치하지는 않는다. 누가복음 저자가 쓴 두 목록에서도(누가 6,13-16; 사도행전 1,13) 일치하지 않는다. 베드로가 처음에, 유다 이스가리옷이 마지막에 언급된다는 점이 복음서 세 목록에서 공통된다. 예수의 열두

---

24 Beutler, J., "Lk 6,16: Punkt oder Komma?," *BZ NF* 35 (1991): 231-233.

25 Wolter, M., *Das Lukasevangelium*, 241.

26 Dietrich, W., *Das Petrusbild der lukanischen Schriften*, BWANT 94 (Stuttgart u.a., 1972), 86.

27 Radl, W., Radl, W., *Das Lukas-Evangelium*, EdF 261 (Darmstadt, 1988), 355.

28 Lohmeyer, M., *Der Apostelbegriff im NT*, SBB 29 (Stuttgart, 1995), 133.

29 Haacker, K., "Verwendung und Vermeidung des Apostelbegriffs im lukanischen Werk," *NT* 30 (1988): 9-38, 10.

제자 목록은 예수 부활 이후 관점을 반영하고 있다.

도마(누가 6,15a) 이름은 쌍둥이란 뜻이다. 도마 이름은 신약성서 시대에 아직 사용되지 않았다.[30] 누가복음의 열두 제자 목록에 유다는 셋이 있다. 도마(누가 6,15a)가 누구와 쌍둥이 관계인지 알기 어렵다. 누가 6,13-16과 사도행전 1,13에서 야고보의 아들 유다(누가 6,16; 사도행전 1,13)가 포함되고 타대오(마가 3,18; 마태 10,3)는 빠졌다. 왜 그랬는지 설명하기 어렵다. 이스가리옷 유다는 누가 6,16에만 배신자προδότης로 소개되었다.

예수는 열두 제자를 불러 악령을 제어하는 권능을 주어 악령을 쫓아내게 하고, 병자와 허약한 사람을 모두 고쳐주라(마태 10,1-2a; 4,23; 9,35)고 열두 제자를 파견하였다(마태 10,5a; 28,18). 마태 10,1은 마태복음 저자가 편집하였다(마가 3,13; 6,7). 마태복음 저자는 열두 제자 목록을 작성할 때 마가 3,16-19를 참고하였다. 예수가 열두 제자를 불러 권능을 주고 이스라엘에 파견한 것은 이스라엘이 부닥친 위기에 대한 예수의 대응이었다. 예수는 이스라엘이 심각한 위기를 맞았다고 생각했다.

예수가 부른 열두 제자는 이스라엘 열두 부족에 상응한다는 사실을 마태복음 저자는 알고 있다(마태 19,28). 마태 9,36-10,6은 오직 이스라엘을 향하고 있다. 열두 제자단이 결성된 사실 자체를 주목하는 마가복음 저자와 달리, 마태복음 저자는 열두 제자가 예수에게 받은 권능과 치유에 더 관심을 두었다. 그만큼 이스라엘의 상처가 크다. 열두 제자는 마태복음 저자에게 예수운동 공동체의 출발을 뜻한다기보다 이스라엘을 치유하는 사람들이다. 열두 제자는 마태복음 저자에게 사도보다 제

---

30 Wolter, M., *Das Lukasevangelium*, 243.

자들$^{\mu\alpha\theta\eta\tau\alpha\iota}$(마태 10,24, 42; 11,1)이다.

마태복음 저자에게 사도$^{\dot\alpha\pi\acute{o}\sigma\tau o\lambda o\varsigma}$(마태 10,2)는 무엇보다도 먼저 역사의 예수와 연결된다.[31] 사도들은 예수의 사명, 기적, 존재를 선포한다. 사도들은 부활 이후 드높여진 존재가 곧 지상의 예수라는 사실을 널리 알리고 있다(마태 10,40; 28,16-20). $\Sigma\acute{\iota}\mu\omega\nu$ $\acute{o}$ $K\alpha\nu\alpha\nu\alpha\hat{\iota}o\varsigma$(마태 10,4a)는 어떻게 번역해야 좋을까. 가나안 사람 시몬(공동번역) 또는 열혈당원 시몬(200주년 기념성서) 어느 번역이 적절할까. 열혈당원 시몬으로 번역하는 것이 낫다.[32]

---

31 Luz, U., *Das Evangelium nach Matthäus (Mt 8-17)*, EKK I/2 (Neukirchen-Vluyn, 1990), 84.

32 Luz, U., *Das Evangelium nach Matthäus (Mt 8-17)*, 84.

32. 마귀와 예수
(마가 3,20-30/누가 11,14-23;12,10/마태 12,22-32)

마가 3,20-21과 31-35는 곧바로 연결하는 편이 더 낫다. 마가복음 저자는 일부러 둘 사이에 마가 3,22-30을 끼워 넣었다. 그는 샌드위치 수법sandwich agreement을[1] 일곱 번 사용했다(마가 3,20-35; 5,21-43; 6,6b-30; 11,12-25; 14,1-11; 14,53-72; 15,6-32). 율법학자들이 예수를 반대한 것처럼 예수의 가족들과 친척들이 예수를 반대하고 있다. 군중이 예수에게 몰려들고(마가 3,7-12), 예수는 열두 제자를 뽑는다(마가 3,13-19). 그러자 곧바로 예수를 이해하지 못하거나 반대하는 세력이 나타난다(마가 3,20-35). 예수를 따르는 사람들과 반대하는 사람들이 예수를 둘러싸고 있다.

예수 친척들$^{οἱ\ παρ'\ αὐτοῦ}$(마가 3,21)은 아는 사람들이나 보내진 사람들 (마카베오상 9,44, 58) 또는 예수 가문 사람들로 볼 수 있다.[2] 어떻게 번역하든 독자들이 받을 충격은 줄지 않는다.[3] 붙들러 나섰다^{κρατῆσαι}(마가

---

1 Van Iersel, B., *Markus. Kommentar* (Düsseldorf, 1993), 67, 295.

2 Pesch, R., *Das Markusevangelium. Teil 1. Einleitung und Kommentar zu Kapitel 1,1-8,26*, HthK II/1 (Freiburg, 1976), 212.

3 Haenchen, E., *Der Weg Jesu. Eine Erklärung des Markus-Evangeliums und der kanonischen Parallelen*, STö.H 6 (Berlin, 1966), 140.

3,21a) 동사는 예수 반대자들이 하던 행동(마르 6,17; 12,12; 14,44)을 표현하던 단어였다. 예언자들은 가족들과 지인들의 반대에 부딪히기도 한다. "너의 집 식구, 너의 친척들이 너를 헐뜯으며 배신하지 않았느냐?" (예레미야 2,6; 지혜서 5,4; 즈가리야 13,3)

그런데 마가 3,20-21은 역사의 예수에게 실제로 있었던 사건을 가리키는 것은 아니고, 역사의 예수보다 40여 년 뒤 마가복음 저자가 꾸며낸 구절이라는 의견이 있다.4 마가 3,21은 역사의 예수가 가족들과 친척들에게 실제로 겪었던 사실을 기억했다는 의견도 있다.5

예루살렘에서 내려온 율법학자들(마가 3,22)은 예수운동 예루살렘 공동체를 가리킨다는 해석은6 지나치다. 예수에 대한 첫 비난은 "예수가 베엘제불에게 사로잡혔다"(마가 3,22a) 발언이다. 베엘제불 단어의 어원은 확실하지 않다. 마귀 두목 베엘제불(마태 12,24)과 달리 마가복음에서 베엘제불은 마귀 중 하나(마가 3,30)에 불과하다. 유다교 문헌에서 베엘제불 이름은 찾을 수 없다. 집주인을 가리켜 베엘제불(마태 10,25) 표현하는 것을 보면, 갈릴래아 백성 사이에 퍼진 마귀의 이름 같다.7 예수는 마귀 두목과 동맹을 맺은 한 패거리(마가 3,22b) 비난이 뒤따라 나왔다. "예수가 베엘제불에게 사로잡혔다"(마가 3,22a) 구절은 마귀에 대한 그리스 문화에서, "예수가 마귀 두목의 힘을 빌려 마귀를 쫓아낸다"

4 Gnilka, J., *Das Evangelium nach Markus*, Teilband: Mk 1-8, 26, EKK II/1 (Neukirchen-Vluyn, 1978), 144, 148; Lührmann, D., *Das Markusevangelium*, HNT 3 (Tübingen, 1987), 74.

5 Kertelge, K., *Markusevangelium*, NEB.NT 2 (Würzburg, 1994), 42; Pesch, R., *Das Markusevangelium. Teil 1. Einleitung und Kommentar zu Kapitel 1,1-8,26*, 212.

6 Crossan, J. D., "Mark and the Relatives of Jesus," *NT* 15 (1973): 81-113, 113.

7 Gnilka, J., *Das Evangelium nach Markus*, 149.

(마가 3,22b)는 유다교 배경에서 비롯된 듯하다.[8]

예수는 분열된 나라와 가정이라는 비유와 해설로써 이를 반박한다. "한 나라가 갈라져 서로 싸우면 그 나라는 제대로 설 수 없습니다"(마가 3,24; 다니엘 2,41; 11,4), "누가 힘센 사람의 집에 들어가서 그 세간을 털어가려면 그는 먼저 그 힘센 사람을 묶어놓아야 하지 않겠습니까?"(마가 3,27) 구절 뒤에 "적장에게 사로잡힌 사람을 빼낼 수 있느냐? 폭군의 손에서 포로를 건져낼 수 있느냐? 야훼께서 말씀하신다. '적장에게서 포로를 빼낼 수 있다. 폭군에게 사로잡힌 사람도 건져낼 수 있다. 너와 다투던 자를 내가 몸소 치고 너의 아들들을 내가 몸소 건져내리라'"(이사야 49,24-25) 인용이 있다.

야훼 하느님께서 폭군에게 사로잡힌 사람을 건져내듯이, 예수는 마귀에 붙들린 사람을 해방시킨다. 광야에서 유혹받는 예수(마가 1,12-13)가 마귀를 쫓아내는 활동에서 마귀에서 해방되고 하느님 나라가 가까이 왔다는 사실을 느낄 수 있다. 고통받는 사람은 하느님께 벌 받는 사람이라는 유다교 통념에 저항하는 예수의 행동과 말씀이기도 하다.[9] 마귀와 예수(마가 3,20-30) 단락은 광야에서 유혹받는 예수(마가 1,12-13) 이야기와 비슷하다.[10]

"어떤 죄를 짓든 입으로 어떤 욕설을 하든 그것은 다 용서받을 수 있으나, 성령을 모독하는 사람은 영원히 용서받지 못할 것이며 그 죄는 영원히 벗어날 길이 없을 것"(마가 3,28-29) 구절은 모순처럼 보이기에

---

8 Bultmann, *Die Geschichte der synoptischen Tradition* (Göttingen, 1957, 3판), 11.

9 Hengel, M., *Nachfolge und Charisma: Eine exegetisch-religionsgeschichtliche Studie zu Mt 8,21f. und Jesu Ruf in die Nachfolge*, BZNW 34 (Berlin, 1968), 66.

10 Jeremias, J., *Die Gleichnisse Jesu* (Göttingen, 1965, 7판), 123.

앞서 두려움을 주는 말씀이다. 그런 식의 말은 구약성서에도 있었다(창세기 2,16; 탈출기 12,10). 유다교 역시 용서받지 못할 죄에 대해 토론해 왔다.11

성령을 모독하는 사람은 영원히 용서받지 못할 것(마가 3,29) 구절은 "너희는 그를 존경하여 그의 소리를 잘 따르고, 거역하지 마라. 그는 너희 잘못을 용서하지 않을 것이다. 그는 나의 대리자이다"(탈출기 23,21)를 배경으로 한다.12 성령을 모독하는 사람은 영원히 용서받지 못할 것(마가 3,29) 구절은 예수를 마귀 패거리에 속한 인물로 여기지 말라는 뜻이다. 예수 가족들은 예수가 미쳤다고 생각했고, 예수의 반대자들은 예수를 마귀와 한 패거리라고 비난했다. 예수는 가족들에게 하느님 뜻을 실천하라고 요청하고(마가 3,35), 율법학자들에게 성령을 모독하지 말라 요구했다(마가 3,29). 유다교와 예수운동 공동체 사이에 벌어진 논쟁이 마귀와 예수(마가 3,20-30) 단락의 배경에 있다.13 마가복음 저자는 역사의 예수가 성령과 함께 있다고 생각했다.

악마의 세계는 예수 당시 사람들에게 생생한 현실처럼 받아들여졌다. 악마의 존재를 의심하지 않았던 고대 사람들은 자신들이 악마와 어떻게 탈 없이 잘 지낼까 고뇌했다. 누가복음 공동체 사람들은 예수가 정말로 악마를 몰아냈다고 확신했다. 예수를 받아들이지 않은 사람들은 예수를 악마와 한 패거리라고 생각했다. 예수뿐 아니라 예수운동 공동체는 예수가 악마와 연결되었다는 의혹에 계속 시달렸다.

---

11 Moore, G. F., *Judaism in the First Centuries of the Christian Era I* (Cambridge, 1927), 465-467.

12 Berger, K., *Die Amen-Worte Jesu. Eine Untersuchung zum Problem der Legitimation in apokalyptischer Rede*, BZNW 39 (Berlin, 1970), 37.

13 Gnilka, J., *Das Evangelium nach Markus*, 152.

예수는 누구인가, 예수운동의 선포는 대체 무엇인가. 예수운동 공동체는 두 질문에 대해 공동체 내부와 외부에 해명해야 했다.[14] 예수는 마귀와 한패가 아니라는 해명은 예수를 비난하는 유다인과 이스라엘 밖에서 활동하던 해외 공동체Diaspora에서 두루 행해졌다.[15]

말 못 하는 마귀 하나를 쫓아낸 예수의 행동을 보며(누가 11,14), 군중들은 두 가지 반응을 드러냈다. 예수는 마귀 두목 베엘제불 힘을 빌려 마귀들을 쫓아낸다고 부정적으로 생각하는 사람이 있었고, 예수를 의심하면서 하늘에서 오는 기적을 보여달라고 요구하는 사람도 있었다(누가 11,15-16). 예수 답변은 악마의 나라(누가 11,18)와 하느님의 나라(누가 11,20)를 대립시킨다. 유다교 문헌에 마귀 두목 베엘제불은 거의 나타나지 않는다.[16] 베엘제불은 높은 집의 주인(열왕기하 1,2-16; 이사야 63,15)이라는 뜻이다. 예수 당시 그 이름은 알려진 듯하다.[17] 드물게 쓰이는 그 단어를 예수가 왜 골랐을까. 여전히 수수께끼다.

예수는 내전으로 멸망한 나라와 가문의 예를 들었다. "어느 나라든지 갈라져서 싸우면 쓰러지게 마련이고, 한 집안도 갈라져서 서로 싸우면 망하는 법입니다"(누가 11,17b; 요한 묵시록 18,15-19). 예수는 분리와 지배divide et impera 통치 전략을 알았을까. 유혹받은 예수 이야기(누가 4,1-13)처럼 누가복음 저자는 악마의 힘과 악마가 세상에 주는 나쁜 영향을 모르지 않았다.[18] "나는 하느님의 능력으로 마귀를 쫓아내고 있습니다"

---

14 Baumbach, G., *Das Verständnis des Bösen in den synoptischen Evangelien*, ThA 19 (Berlin, 1963), 184-185.

15 Bovon, F., *Das Evangelium nach Lukas* (9,51-14,35), EKK III/II (Neukirchen-Vluyn, 1996), 169.

16 Fitzmyer, J. A., *The Gospel According to Luke II*, AncB 28a (New York, 1985), 920.

17 Bovon, F., *Das Evangelium nach Lukas* (9,51-14,35), 171.

(누가 11,20a) 구절은 역사의 예수가 했던 말이다.[19] 하느님의 손가락(탈출기 8,15; 31,18; 신명기 9,10)은 하느님의 손(시편 8,4), 즉 하느님의 능력을 가리킨다.

누가복음 저자의 하느님 나라 개념은 야훼 하느님의 왕권에 근거한다.[20] 예수를 만난 사람은 하느님 나라를 깊이 체험한다.[21] 하느님 나라 통치와 악마의 통치는 반대된다. 예수는 악마와 싸워 하느님 나라를 소개할 결심을 했다.[22] 하느님 나라에 들어가기 위한 준비를 하지 않는 사람은 불행하다(누가 9,62; 12,31; 18,17). 하느님 나라는 예수 가르침(누가 4,43)과 예수 증인들의 가르침(사도행전 28,31)을 종합한다.

힘센 사람과 더 힘센 사람의 비유는 이사야 49,24-26에서[23] 온 듯하다. 악마의 잘못은 하느님 대신 자기 자신을 믿은 데 있다. "돈이 많다고 우쭐대다가는 쓰러지지만, 착하게 살면 나뭇잎처럼 피어난다"(잠언 11, 28). 구원은 수확 또는 모임에 비유되었다. 흩어졌던 이스라엘은 다시 모일 것이다(이사야 40,11; 에제키엘 34,10-16; 마태 25,32).

간단한 장면 소개(누가 11,14-17a)에 이어 예수의 긴 발언이 뒤따른다. 예수는 마귀 베엘제불의 힘을 빌려 마귀를 쫓아내지 않고 하느님의

---

18 Bovon, F., *Das Evangelium nach Lukas* (1,1-9,50), EKK III/1 (Neukirchen-Vluyn, 1989), 196-197.

19 Kümmel, W. G., *Verheissung und Erfüllung: Untersuchungen zur eschatologischen Verkündigung Jesu* (Basel, 1945), 98-100.

20 Bovon, F., *Das Evangelium nach Lukas* (9,51-14,35), 176, 주 64.

21 Käsemann, E., "Lukas 11,14-28," in: ders., *Exegetische Versuche und Besinnungen I* (Göttingen, 1970), 242-248, 244.

22 Becker, J., *Das Heil Gottes: Heils- und Sündenbegriffe in den Qumrantexten und im Neuen Testament*, StUNT 3 (Göttingen, 1964), 197-217.

23 Westermann, C., *Das Buch Jesaja. Kapitel 40-66*, ATD 19 (Göttingen, 1966), 179-180.

능력으로 마귀를 쫓아낸다(누가 11,17b-20). 예수 편에 서지 않는 사람은 예수를 반대하는 사람이다(누가 11,21-23). 누가복음 저자는 마가 3, 22-27보다 예수 어록을 참조한 듯하다.[24]

예수가 마귀 두목 베엘제불의 힘을 빌려 마귀들을 쫓아낸다는 비판은 예루살렘에서 내려온 율법학자들(마가 3,22), 바리사이파 사람들(마태 12,24), 군중 가운데 몇 사람(누가 11,15)을 통해 각각 다르게 소개되었다. 마귀 두목 베엘제불^{Βεελζεβούλ}(누가 11,15)은 아하지야 왕이 자기 병세를 문의했던 에크론의 신이었다(열왕기하 1,2). 사람들은 예수를 시험하여 하늘로부터 오는 표징을 요구하였다(누가 11,16) 구절은 마가 8,11에서 왔다. 사람들은 예수가 마귀가 아니라 하느님과 연관되는지 알고 싶었다. 어떤 증거라도 야훼께서 주셨는지 묻는 히즈키야에게 예언자 이사야는 대답하였다. "여기에 야훼께서 당신의 약속을 그대로 이루시리라는 증거가 있습니다. 그림자를 열 칸 앞으로 나가게 할까요? 열 칸 뒤로 물러나게 할까요?"(열왕기하 20,8-11; 이사야 38,7)

예수가 마귀 두목 베엘제불의 힘을 빌려 마귀들을 쫓아낸다면, 마귀나라는 지탱할 수 없다(누가 11,18). 예수는 마귀 두목 베엘제불의 힘을 빌려 마귀들을 쫓아내지는 않는다는 말이다. "여러분의 아들들은 누구 힘을 빌려 귀신들을 쫓아낸단 말입니까?"(누가 11,19b) 질문에서 유다인 퇴마사들이 어떻게 귀신들을 쫓아내는지 예수가 밝힌 것은 아니다. 유다인 퇴마사들이 마귀 두목 베엘제불의 힘을 빌려 마귀들을 쫓아낸다고 예수가 말하진 않았다. 여러분의 아들들$^{οἱ υἱοὶ ὑμῶν}$(누가 11,19b)은 예수 제자들을 가리킨 것[25]은 아니다. 유다교에서 마귀 쫓는 이야기는 신

---

24 Laufen, R., *Die Doppelüberlieferungen der Logienquelle und des Markusevangelium*, BBB 54 (Königstein/Bonn, 1980), 126.

약성서 시대까지 드물게 언급되었다.[26] 유다인 퇴마사들이 하느님 나라의 존재를 지금 보여 주기 위해 마귀를 쫓는 것은 아니다. 그것은 오직 예수만 하는 일이다.

예수는 하느님의 손가락으로$^{ἐν \ δακτύλῳ \ θεοῦ}$(누가 11,20a), 하느님의 영으로$^{ἐν \ πνεύματι \ θεοῦ}$(마태 12,28) 마귀를 쫓아낸다. 둘 중 어느 표현이 예수 어록에 있었는지 논란되고 있다.[27] 하느님의 손가락은 "마술사들이 파라오에게 '이것은 하느님의 손가락입니다.' 말했으나, 파라오의 마음은 굳어져서 그들의 말이 귀에 들어오지 않았다"(탈출기 8,15; 31,18; 신명기 9,10) 구절과 연결된다. 하느님의 손가락은 하느님의 능력을 가리킨다.[28] 예수는 하느님의 손가락으로 귀신들을 쫓아내고 있으니, 하느님 나라는 지금 와 있다(누가 11,20b). 하느님 나라는 표징[29]뿐만 아니라 현실이다.[30]

누가 11,21-22는 마가 3,27과 마태 12,29와 다르게, 집 지키는 사람이 아니라 왕궁을 지키는 사람을 예로 들었다. 누가복음 저자는 "적장에게 사로잡힌 사람을 빼낼 수 있느냐? 폭군의 손에서 포로를 건져낼 수 있느냐?"(이사야 49,24) 구절을 떠올린 듯하다. 힘센 사람이 무장하고 왕궁을 지킨다 해도 더 힘센 사람이 달려들어 그를 무찌르면 그 무기와

---

25 Shirock, R., "Whose Exorcists are they? The Referents of οἱ υἱοὶ ὑμῶν at Matthew 12.27/Luke 11.19," *JSNT* 46 (1992): 41-51.

26 Kollmann, B., *Jesus und die Christen als Wundertäter*, FRLANT 170 (Göttingen, 1996), 131.

27 Wolter, M., *Das Lukasevangelium*, HNT 5 (Tübingen, 2008), 418.

28 Van der Horst, P. W., "The Finger of God," in: *Sayings of Jesus: Canonical and Non-Canonical* (FS Baarda, T.), NT.S 89 (Leiden u.a., 1997), 89-103, 93.

29 Bovon, F., *Das Evangelium nach Lukas* (9,51-14,35), 175.

30 Wolter, M., *Das Lukasevangelium*, 419.

재산은 약탈당한다(누가 11,21-22). 더 힘센 사람은 누구를 가리키는가. 예수?31 하느님? 예수는 지상에서 하느님의 대리자로서 행동하고 있으니 예수와 하느님을 여기서 분리할 수는 없다. 예수는 마귀 두목 베엘제불 힘을 빌려 마귀들을 쫓아내는 것(누가 11,15)이 아니고, 하느님 능력으로 마귀를 쫓아내고 있다(누가 11,20a).

"내 편에 서지 않는 사람은 나를 반대하는 사람이며, 나와 함께 모아들이지 않는 사람은 헤치는 사람입니다"(누가 11,23) 구절은 "나에게 의심을 품지 않는 사람은 참으로 행복합니다"(누가 7,23) 구절을 떠올리게 한다. 예수를 아는 사람은 예수에게 무관심할 수 없다. 예수 곁에 모이든지, 흩어지든지 둘 중 하나다.

마태 12,22-24는 누가 11,14-16을 대본으로 삼았다. 논쟁 이야기인 마태 12,25-30은 마가 3,24-27과 누가 11,17-23을 섞어 연결했다. "또 내가 여러분 말대로 베엘제불의 힘을 빌려 마귀를 쫓아낸다고 하면, 여러분은 누구의 힘으로 마귀를 쫓아낸다는 말입니까? 그러니 바로 그 사람들이 여러분 말이 그르다는 것을 지적할 것입니다"(마태 12,27) 구절은 마가복음에 없었다.

사람들은 마귀가 들려 눈이 멀고 말 못 하는 사람 하나를 예수에게 데려왔다(마태 12,22a). 눈먼 두 사람을 고친 이야기(마태 9,27-31), 말 못하는 사람 하나를 고친 이야기(마태 9,32-34)를 독자들은 기억할 것이다. 예수가 눈멀고 말 못 하는 사람을 고쳐주자 모든 군중이 놀라며 예수는 다윗의 자손 아닐까 수군거렸다(마태 12,22b-23). 바리사이파 사람들은 예수가 마귀 두목 베엘제불의 힘을 빌려 마귀를 쫓아내고 있다고 헐뜯

---

31 Fitzmyer, J. A., *The Gospel According to Luke II*, 919.

었다(마태 12,24). 마귀 쫓는 사람들은 그런 비난을 받았다.32

예수는 즉시 반박한다. "어느 나라든지 갈라져서 서로 싸우면 망하고, 어느 동네나 집안도 갈라져서 서로 싸우면 지탱하지 못합니다"(마태 12,25: 다니엘 2,41; 11,4). 예수가 마귀 두목 힘을 빌려 마귀를 쫓아낸다면, 마귀 나라는 이미 갈라진 셈이다. 마귀 나라가 망하도록 마귀가 예수와 연합할 리 있겠느냐는 반문이다.33 예수가 마귀 두목 베엘제불의 힘을 빌려 마귀를 쫓아낸다면, 바리사이파 사람들은 누구 힘으로 마귀 쫓아낸다는 말일까(마태 12,27a). 바리사이파 사람들도 마귀를 쫓아내는 일을 한다고 예수는 생각했다는 말일까.34 바리사이파 사람들의 마귀 쫓는 행위 자체가 마귀 쫓는 예수를 비난하는 그들의 말을 반박하고 있다.

예수는 자신의 행위를 해명한다. "나는 하느님께서 보내신 성령의 힘으로 마귀를 쫓아내고 있습니다"(마태 12,28a). 그러니 "하느님 나라βα σιλεία τοῦ θεοῦ는 이미 여러분에게 와 있습니다"(마태 12,28a; 4,17; 10,7). 하느님 나라는 바리사이파 사람들에게도 와 있다는 예수의 말씀이다. 예수가 마귀 들린 사람들을 고쳐준 장면에서 하느님 나라가 와 있다는 말이 있었다(마태 4,24; 10,8). 바리사이파 사람들이 마귀 쫓는 행위는 하느님 나라와 관계없지만, 예수가 마귀 들린 사람들을 고쳐준 장면은 하느님 나라와 연결된다.

"누가 힘센 사람의 집에 들어가서 그 세간을 빼앗아 가려면, 먼저 그 힘센 사람을 묶어놓아야 하지 않겠습니까?"(마태 12,29a) 예수는 "적장

---

32 Theissen, G., *Urchristliche Wundergeschichten. Ein Beitrag zur formgeschichtlichen Erforschung der synoptischen Evangelien* (Gütersloh, 1974), 241.

33 Weiss, J., *Die Predigt Jesu vom Reiche Gottes* (Göttingen, 1964, 3판), 89.

34 Luz, U., *Das Evangelium nach Matthäus (Mt 8-17)*, EKK I/2 (Neukirchen-Vluyn, 1990), 259, 주 60.

에게 사로잡힌 사람을 빼낼 수 있느냐? 폭군의 손에서 포로를 건져낼 수 있느냐?"(이사야 49,24) 구절을 기억했을까. "나는 그로 하여금 민중을 자기 백성으로 삼고 대중을 전리품처럼 차지하게 하리라. 이는 그가 자기 목숨을 내던져 죽었기 때문이다"(이사야 53,12) 구절을 연결할 수 있다. 세상 끝 날에 천사는 악마를 천 년 동안 결박하여 끝없이 깊은 구렁에 던져 가둘 것이다(요한 묵시록 20,2-3). 마귀는 이미 힘을 잃고 결박당했다고 예수는 말한다. 마귀를 무력화시킨 예수 편에 서지 않는 사람은 예수를 반대하는 사람이다(마태 12,30). 마태복음 독자들은 예수 안에서 하느님이 우리와 함께 계신다(마태 1,23; 28,20)고 믿었다. 예수 제자는 죽을 때까지(마태 26,29, 36, 69) 예수와 함께 있는(마태 12,3) 사람이다.

성령을 모독한 죄는 대체 무엇일까. 용서받을 수 있는 죄도 있고, 용서받지 못할 죄도 있다는 말인가. 하느님 은혜에 한계가 있다는 말인가. 이 구절은 하느님의 사랑과 모순되지 않는가. 성서학 주제와 신학 주제가 복잡하게 뒤섞인 이 문장을 두고 그리스도교 역사에서 갖가지 해석과 주장이 쏟아져 나왔다.[35] 예수 신성을 거절하는 것이 성령을 모독한 죄라는 말 같다는[36] 성서학자 울리히 루츠Ulrich Luz는 이 구절을 설교하지 않겠다고 솔직히 고백했다. 이 문장에 대해 나도 해설을 삼가려 한다.

---

35 Luz, U., *Das Evangelium nach Matthäus(Mt 8-17)*, 263-267.

36 Luz, U., *Das Evangelium nach Matthäus(Mt 8-17)*, 267.

33. 누가 예수 가족인가
(마가 3,31-35/누가 8,19-21/마태 12,46-50)

예수의 어머니와 형제들이 예수를 불러달라고 사람을 보냈다(마가 3,31) 구절은 예수의 어머니와 형제들에 대한 부정적 인상을 주고 있다. 예수의 자매들이 함께 오지 않았느냐는 질문은 여기서는 중요하진 않다. 예수의 아버지는 여기도 마가 6,2-3에도 언급되지 않았다. 예수의 어머니와 형제들이 집안으로 밀고 들어와 예수를 데려갈 수 있었다. "하느님 뜻을 행하는 사람이 곧 내 형제요, 자매요, 어머니입니다"(마가 3,35) 구절은 예수 가족과 제자들을 대조한 표현이다. 예수의 활동과 말씀이 점점 더 퍼져나가고 있으며, 예수를 받아들이는 사람과 그렇지 못한 사람이 생겼다는 사실이 드러났다.

자라나는 씨 비유(마가 4,26-29), 비유로 가르친 예수(마가 4,32-34) 단락을 누가복음 저자는 수록하지 않았다. 누가복음 저자가 참고했던 마가복음은 오늘 우리가 보는 마가복음과 다른 책이었던가. 겨자씨 비유(마가 4,30-32)는 누가 13,18-19에 늦게서야 인용되었다.

하느님 나라가 자라나는 씨에 비유된다면 그리고 씨앗은 싹 트고 자라나지만 씨 뿌린 사람은 씨앗이 어떻게 자라는지 모르고(마가 4,27b), 땅이 저절로^{αὐτομάτη} 열매를 맺게 하는 것이라면(마가 4,28a), 하느님 나라에 대한 인간의 역할과 책임은 어떻다는 말인가. 자라나는 씨앗이 시들게 된다면, 그것은 씨 뿌린 사람의 책임인가, 땅의 책임인가. 씨 뿌린 사람의 책임이 아니고 땅의 책임이라면, 그것은 하느님의 책임을 가리키는가. 자라나는 씨 비유(마가 4,26-29)를 누가복음 저자는 잘 이해하지 못했거나 자라나는 씨 비유에 의문을 품었던 것은 아닐까.

예수가 미쳤다는 소문이 돌고 있었기 때문에 예수의 친척들이 예수를 붙잡으러 나섰다(마가 3,21). 예루살렘에서 내려온 율법학자들도 예수가 베엘제불에게 사로잡혔다거나 마귀 두목의 힘을 빌려 마귀를 쫓아낸다느니(마가 3,22-30) 하는 소문에 누가복음 저자는 상당히 당황한 듯하다.

"하느님의 말씀을 듣고 그대로 실행하는 사람들이 내 어머니이고 내 형제들입니다"(누가 8,21) 말씀을 결론으로 내놓기 위해 누가복음 저자는 누가 8,4-18에서 하느님의 말씀이 무엇인지 먼저 설명했다. 하느님의 말씀이 무엇인지 이해해야 누가 예수의 어머니이고 예수의 형제자매인지 알 수 있다.

예수의 어머니와 형제들이 예수를 만나러 왔지만, 사람들이 많아서 만날 수 없었다(누가 8,19). 예수의 진짜 형제들이[1] 예수를 만나러 왔지만, 누가복음 저자는 예수의 자매들을 언급하지는 않았다. 예수에게 누가 어머니이고 형제자매들이냐(누가 8,19-21) 단락은 문학 유형으로 교훈적인 격언Apophthegma 같다.[2]

---

1 Bovon, F., *Das Evangelium nach Lukas* (1,1-9,50), EKK III/1 (Neukirchen-Vluyn, 1989), 419, 주 86.

2 Schneider, G., "Jesu überraschende Antworten. Beobachtungen zu den Apophthegmen des dritten Evangeliums," *NTS* 29 (1983): 321-336.

예수가 미쳤다는 소문이 돌고 있었기 때문에 예수의 친척들은 예수를 붙들러 나섰다(마가 3,21) 구절과 달리, 누가 8,19는 예수의 어머니와 형제들이 왜 예수에게 왔는지 설명하지 않았다. 예수와 예수의 가족 사이에 특별한 갈등이 있었다고 보이진 않는다. 누가복음 저자가 예수 가족을 예수의 모범적인 제자로 소개한 것은[3] 아니다. 예수 생각에 사회적 친분은 생물학적 기준이 아니라 윤리적 기준에 기초한다.[4] 예수가 혈연관계의 중요성과 의미를 약화시킨 것은 아니다. "하느님의 말씀을 듣고 그대로 실행하는 사람들이"(누가 8,21b; 6,46-49; 야고보 1,22-25) 많아지기를 예수는 바라고 있다.

마태복음 저자는 대본으로 삼은 마가 3,31-35를 크게 줄였다. 예수가 아직 군중에게 말하고 있을 때 예수의 어머니와 형제들이 와서 예수와 말씀을 나눌 기회를 찾고 있었다(마태 12,46). 군중은 유다인 아닌 사람들로 이루어진 예수운동 공동체를 미리 보여 주는 것은[5] 아니고, 군중이 율법학자들과 바리사이파 사람들과 함께 악한 세대에 속했다는 말도[6] 아니다. 예수가 미쳤다는 소문이 돌고 있었기 때문에, 예수의 친척들은 예수를 붙들러 나섰다(마가 3,21)는 오해받을 구절을 마태복음 저자는 삭제했다. 예수 가족에 대한 논쟁을 소개하려는 이야기도[7] 원래 아니었다.[8]

---

3 Fitzmyer, J. A., *The Gospel According to Luke I*, AncB 28 (New York, 1981), 723.

4 Wolter, M., *Das Lukasevangelium*, HNT 5 (Tübingen, 2008), 312.

5 Gundry, R. H., *Matthew. A Commentary on his Literary and Theological Art* (Grand Rapids, 1982), 248.

6 Verseput, D., *The Rejection of the Humble Messianic King*, EHS.T 291 (Frankfurt u.a., 1986), 283.

7 Pesch, R., *Das Markusevangelium. Teil 1. Einleitung und Kommentar zu Kapitel 1,1-8,26*, HthK II/1 (Freiburg, 1976), 224.

예수의 어머니와 형제들이 예수를 찾는다는 소식(마태 12,47)을 듣고 예수는 "누가 내 어머니이고 내 형제들입니까?"(마태 12,48) 반문한다. 제자들은 마태 12,2 이후 전혀 언급되지 않았다. 예수 어머니 마리아는 아들들과 함께 예수를 찾아 나선 듯하고, 마리아의 딸들은 당시 습관대로 집에 머물렀던 듯하다. 예수의 아버지 요셉은 이미 사망한 듯하다. 예수의 어머니 마리아가 예수운동 공동체에서 벌써 높이 존경받았다고9 보기 어렵다. 예수는 답변할 때 제자들을 손으로 가리켰다(마태 12, 49a). 손가락으로 가리키는 모습에 병자를 향한 마음(마태 8,3), 호수에 가라 앉는 베드로를 도움(마태 14,31), 적개심(마태 26,51), 축복(창세기 48,14) 등 여러 뜻이 있었다. 마태 12,49는 제자들이 예수에게 보호받는다(마태 28,20)는 말 같다.

예수는 제자들을 가리키며 "바로 이 사람들이 내 어머니이고 내 형제들입니다"(마태 12,49) 답변한다. "하늘에 계신 내 아버지의 뜻을 실천하는 사람이면 누구나 다 내 형제요 자매요 어머니입니다"(마태 12,50). 예수 자신이 하늘에 계신 아버지의 뜻을 실천하며 살았다(마태 26,42). 예수운동 공동체는 예수가 가르쳐준 기도(마태 6,10)를 바치면서 하늘에 계신 아버지의 뜻을 공동체가 실천하게 해달라고 빌었다. 마태복음 저자에게 마태복음 공동체 사람들은 예수의 형제(마태 23,8; 25,40; 28,10)라고 부른다. 예수운동 공동체는 스스로 가족으로 여겼다(마가 10,30; 로마 16,13; 디모테오전서 5,2). 하늘에 계신 아버지의 뜻을 실천하는 예수운동 공동체는 가족이다. 예수운동 공동체가 하늘에 계신 아버지의 뜻을

---

8 Luz, U., *Das Evangelium nach Matthäus (Mt 8-17)*, EKK I/2 (Neukirchen-Vluyn, 1990), 287.

9 Schnackenburg, R., *Das Evangelium nach Markus I* (Düsseldorf, 1966), 116.

실천하지 않는다면, 가족이 아니라 이익 집단에 불과하다.

예수의 어머니와 형제들이 예수를 찾는다는 소식(마태 12,47)은 마리아 평생 동정 교리 가르침과 연결되어 그리스도교 역사에서 논란을 일으켰다. 예수의 형제들은 사촌들을 가리킨다는 4세기 신학자 예로니무스 주장은 19세기 개신교 신학에서도 당연히 받아들여졌다. 그리스 정교회에서 예수의 아버지 요셉이 첫 결혼에서 낳은 아들들을 가리킨다는 주장이 생겼다. 20세기 가톨릭 성서신학자 그닐카의 말을 들어보자. "예수의 형제들이 누구를 가리키느냐 문제는 믿음에 별로 중요하지 않다."[10]

---

10 Gnilka, J., *Das Evangelium nach Markus*, Teilband 1: Mk 1–8,26, EKK II/1 (Neukirchen-Vluyn, 1978), 235.

34. 예수에게 몰려든 사람들
(누가 6,17-19/마태 4,23-25)

마가 3,7-12를 대본으로 삼았던 누가복음 저자는 또한 예수 어록을 참조했을까.[1] 누가복음 저자는 호수와 배 언급을 여기서 삭제했다. 유다교 전승에 따르면, 시나이산에서 새로 태어난 유다 민족은 한동안 이상적인 상태에서 살았다. 그때 이스라엘에는 가난한 사람도 없고, 아픈 사람도 없었다(신명기 15,4). 그래서 누가복음 저자는 예수가 산에서 내려온 직후 병자 치유 장면을 덧붙인 듯하다.

산을 오르면 하느님을 뵙고, 산에서 내려오면 하느님 뜻을 백성에게 전하는 모세 모습이 탈출기 19장에 기록되었다. 마태복음 저자에게 산은 세상 끝 날에 하느님 뜻이 드러나는 장소이고, 누가복음 저자에게 모든 산이 세상 끝 날에 평평하게 될 것이었다. 그래서 마태복음 저자는 행복 선언을 산에, 누가복음 저자는 평지에 배치한 듯하다.[2]

많은 제자들, 유대와 예루살렘에서 온 유다 백성들, 지중해 해안 지

---

1 Schürmann, H., *Das Lukasevangelium. Erster Teil: Kommentar zu Kap. 1,1-9,50*, HThK III/1 (Freiburg, 1970), 323.

2 Bovon, F., *Das Evangelium nach Lukas* (1,1-9,50), EKK III/1 (Neukirchen-Vluyn, 1989), 286, 주 6.

방 띠로와 시돈에서 온 유다인 아닌 백성 등 세 무리의 사람들이 산에서 내려와 평지에 선 예수 곁에 모였다(누가 6,17). 누가복음 어디에도 예수의 성공이 이토록 멋지게 소개된 곳은 없다. 누가복음 공동체 모습이 누가 6,17에 투영된 듯하다. 유다 백성과 유다인 아닌 백성들이 예수 말씀을 예루살렘 밖에서 듣는다는 사실(누가 6,18a)이 중요하다. 예수는 예루살렘의 유다교 지배층과 아무 관계 없이, 독자적으로 하느님 나라 복음을 선포하고 있다. 복음이 예루살렘 성전이라는 장소보다 하느님 나라 복음을 듣는 사람들, 즉 남자와 여자들로 연결되었다는 사실이 예수 시대 세계관에 비추면 큰 충격이다.

사람들은 예수가 하는 일을 들을(마가 3,8b) 뿐만 아니라 자기들 병도 치유 받으러 왔다(누가 6,18a). 예수를 통해 전하시는 하느님 말씀과 예수를 통해 행하시는 하느님 권능으로 우리는 살 수 있다(마태 4,42-44). 누가복음 저자는 해안 지방 띠로와 시돈에서 온 사람들을(누가 6,17b) 유다인 아닌 사람들이라 여겼지만, 또한 그들을 백성의 많은 무리$πλῆθος πολὺ$ $τοῦ λαοῦ$에 속한다고 생각했다. 누가복음 저자가 유다인 아닌 사람들을 이 백성$λαός$ 일부로 보았다는 사실이 중요하다. 예수에게 힘이 나와 모든 사람을 낫게 하였기 때문에, 군중은 모두 예수를 만지려고[3] 했다(누가 6,19; 8,44; 18,15).

마태 1,1-4,22를 예수 등장을 소개하는 마태복음 1부로 본다면, 마태 4,23-11,30은 예수의 활동을 소개하는 마태복음 2부로 볼 수 있다. 마태 4,23-25는 마태복음 2부 서문에 해당한다. 마태 4,23은 마태 9,35와 단어가 거의 같다. 마태복음 저자는 마태 4,23과 마태 9,35 사이

---

3 Theissen, G., *Urchristliche Wundergeschichten. Ein Beitrag zur formgeschichtlichen Erforschung der synoptischen Evangelien* (Gütersloh, 1974), 71.

에 있는 마태복음 5-9장을 하나의 덩어리로 생각하고 있다. 마태복음 5-9장에서 마태복음 5-7장은 가르치는 예수, 마태복음 8-9장은 치유하는 예수를 주로 다루고 있다. 마태 4,23-25은 마태 5,1; 7,28-8,1; 8,16과 함께 산상수훈을 둘러싸고 있다.[4]

"예수는 온 갈릴래아를 두루 다니며 회당에서 가르치고 하늘 나라의 복음을 선포하며 백성 가운데서 병자와 허약한 사람들을 모두 고쳐주었다"(마태 4,23) 구절은 마태복음 5-9장 내용을 종합하고 요약한다(마가 1,14. 39; 6,6). 마태 8,1; 9,35; 12,15에도 마태 4,23과 비슷한 내용이 있다. 예수는 갈릴래아를 두루 다니고 있다(마가 6,6). 마태복음 저자는 "예수는 이 말씀을 마치고 갈릴래아를 떠나 요르단강 건너편 유다 지방으로 가는데"(마태 19,1) 문장을 의식하고 있다. 예수는 사는 곳 가파르나움부터 먼저 다닌다(마태 8,5. 14; 9,1).

"예수의 소문이 온 시리아에 퍼지자 사람들은 갖가지 병에 걸려 신음하는 환자들과 마귀 들린 사람들과 간질병자들과 중풍병자들을 예수에게 데려왔다. 예수는 그들도 모두 고쳐주었다"(마태 4,24) 구절에서 마태복음 저자는 마가 1,28. 32. 34를 참고했다. 예수가 회당에서 가르쳤다는 말은 두 가지를 말한다. 예수는 이스라엘을 향하고 있고, 이스라엘의 스승으로서 가르치고 있다. 예수의 기적도 이스라엘을 향하고 있다(마태 1,21). 그들의 회당에서 ἐν ταῖς συναγωγαῖς αὐτῶν(마태 4,23a; 10,17; 23,34) 표현은 마태복음이 쓰였던 공통년 80~90년 무렵에 마태복음 공동체가 유다교와 거리를 두고 있었음을 암시하고 있다. 공통년 30년 무렵에 역사의 예수가 유다교와 거리를 두고 있었다는 말이 아니다. 가르치고 선

---

4 Lohfink, G., "Wem gilt die Bergpredigt? Eine redaktionskritische Untersuchung von Mt 4,23f und 7,28f," *ThQ* 163 (1983): 264-284, 268-271.

포하는 일은 동떨어진 둘이 아니라 결국 하나다.5 예수의 선포 내용은 이미 나왔다. "회개하시오. 하늘 나라가 다가왔습니다!"(마태 3,2; 4,17)

예수는 가르쳤을 뿐만 아니라 백성 가운데서 병자와 허약한 사람들을 모두 고쳐주었다. 모든 병자를 데려오게 했고 모든 병을 고쳐주었다(마태 4,23b; 8,16; 12,15). 신약성서에서 마태복음에만 나오는 단어 μαλακία(마태 4,23b)는 병보다 허약함(신명기 7,15)을 가리킨다. 마귀 들린 사람들과 간질병자들과 중풍병자들(마태 4,24b)은 예수에게 다가온 병자 중 대표적인 사례를 나타낸다(마태 8,28-34; 9,1-8; 17,14-21).

"그러자 갈릴래아와 데카폴리스와 예루살렘과 유다와 요르단 강 건너편에서 온 많은 사람들이 예수를 따랐다"(마태 4,25) 구절은 마가 3,7-8을 대본으로 삼았다. 많은 사람들이 예수를 따랐다는 사실(마태 8,1; 12,15; 14,13)은 예수 삶의 특징 중 하나를 가리킨다. 많은 사람들과 제자들을 서로 분리된 무리로 여길 필요는 없다.6 많은 사람들과 제자들이 함께 예수의 산상수훈을 듣는다는 사실(마태 5,1)을 마태복음 저자는 강조한다.

"갈릴래아와 데카폴리스와 예루살렘과 유다와 요르단 강 건너편에서 온 많은 무리가 예수를 따랐다"(마태 4,25) 문장은 마가 3,8을 대본으로 삼았다. 그런데 마태복음 저자는 이두매아, 띠로, 시돈(마가 3,8)을 마태 4,25에 포함하지 않고 삭제해 버렸다. 갈릴래아와 데카폴리스와 예루살렘과 유다와 요르단강 건너편 지역은 데카폴리스를 제외하면 이스라엘 백성만 가리킨다.7 이스라엘을 넘어 로마 속주 시리아 지방 전역

---

5 Luz, U., *Das Evangelium nach Matthäus (Mt 1-7)*, EKK I/1 (Neukirchen-Vluyn, 1992, 3판), 181-183.

6 Luz, U., *Das Evangelium nach Matthäus (Mt 1-7)*, 180.

에서 사람들이 예수를 찾아왔다(마태 4,24a)는 사실을 마태복음 저자는 빼놓지 않았다.

---

7 Trilling, W., *Das wahre Israel. Studien zur Theologie des Matthäusevangeliums*, EThST 7 (München, 1975, 3판), 111; Lohfink, G., "Wem gilt die Bergpredigt? Eine re-daktionskritische Untersuchung von Mt 4,23f und 7,28f," *ThQ* 163 (1983): 264-284, 275.

35. 행복 선언과 저주 선언
(누가 6,20-26/마태 5,1-12)

마태복음 산상수훈과 누가복음 평지 설교의 관계에 대한 연구가 많이 진척되었다.[1] 그런데 신학계와 그리스도교에서 누가복음 행복 선언은 마태복음 행복 선언에 비해 덜 주목받고 덜 연구되어 왔다.[2] 독일의 유명한 신학 사전에 속하는 *RGG* 3판이나 *TRE*에 마태복음 행복 선언 표제어는 있지만, 누가복음 행복 선언 표제어는 없다. 누가복음에서 예수의 평지 설교(누가 6,20-49)는 그 자체로서 존중되고 연구되어야 한다.

누가복음 저자는 행복 선언 내용을 여기저기 나누어 이미 말한 바 있다(누가 2,49; 4,4, 8, 12). 예수의 나자렛 첫 설교도 포함된다. 예수가 제자들을 부르고(누가 5,1-11, 27-28), 열두 제자를 뽑고(누가 6,12-16), 이제 행복 선언을 할 차례다. 제자나 예수운동 공동체뿐 아니라 모든 인간에게 하는 말씀이다. 예수의 행복 선언은 비밀스러운 가르침이 아니다. 누가복음에서 예수의 평지 설교(누가 6,20-49)를 한 단락으로 볼

---

1 Luz, U., *Das Evangelium nach Matthäus (Mt 1-7)*, EKK I/1 (Neukirchen-Vluyn, 1992, 3판), 183-185.

2 Bovon, F., *Das Evangelium nach Lukas* (1,1-9,50), EKK III/1 (Neukirchen-Vluyn, 1989), 289.

수 있다. 행복 선언(누가 6,20-23)과 불행 선언(누가 6,24-26)은 예수의 평지 설교에서 첫 부분에 해당한다. 행복 선언뿐만 아니라 불행 선언도 우리는 함께 보아야 한다.

누가복음 행복 선언의 처음 세 문장은 예수가 직접 말했고, 넷째 문장도 예수가 말한 듯하다.[3] 누가복음 저자는 예수 어록에서 행복 선언 첫 네 문장을 넘겨받은 듯하고, 여기에 누가복음 저자 또는 다른 필사자가 불행 선언을 추가한 듯하다. 행복 선언의 문학 유형은 이집트나 그리스에도 있다.[4] 유다교 문헌에도 흔적이 보인다(시편 1,1; 잠언 8,32-36). 구원(다니엘 12,12), 축복(토비트 13,15-16)을 강조한 행복 선언이 고대 사회의 어떤 상황에서 정확히 생겼는지 알기는 어렵다. 종교의식, 가정생활, 학교, 노동 현장 등 여러 곳에서 행복 선언을 가르친 듯하다.

누가복음 행복 선언 첫 세 문장은 마태복음 행복 선언(마태 5,3-12) 첫 네 문장에 있다. 마태 5,3-10은 3인칭으로, 누가복음 행복 선언은 2인칭으로 말한다. 행복 선언은 원래 3인칭으로 작성된 듯하다.[5] 누가복음 불행 선언(누가 6,24-26)은 누가복음 저자가 전승받은 것일까, 누가복음 저자가 직접 추가한 것일까. 불행 선언의 문학 유형(누가 10,13; 11,42-52; 17,1)을 누가복음 저자는 이미 알고 있다. 가난한 사람들과 부자들을 대조하는 방식은 누가복음 저자의 특징 중 하나다(누가 16,19-31).

예수는 누가복음 행복 선언을 말하고, 누가복음 저자는 듣는다. 성서학자도 마찬가지다. 성서학자도 행복 선언을 말하는 예수 편이 아니

---

3 Bovon, F., *Das Evangelium nach Lukas* (1,1-9,50), 295.

4 Koch, K., *Was ist Formgeschichte? Neue Wege der Bibelexegese* (Neukirchen-Vluyn, 1989, 5판), 23.

5 Bovon, F., *Das Evangelium nach Lukas* (1,1-9,50), 297.

라 행복 선언을 듣는 사람들 편에 자신을 위치시켜야 한다. 성서학자 보폰Bovon의 정직한 고백이 내 가슴을 울린다. 안락하게 살아온 성서학자가 누가복음 행복 선언을 어떻게 감히 가난한 사람들에게 설명하려 시도하겠는가.6 가난한 사람들이 사는 남미 엘살바도르에서 해방신학을 겨우 3년 공부한 내가 누가복음 행복 선언을 어떻게 감히 해석하려 덤비겠는가.

예수의 행복 선언과 누가복음 저자의 누가복음 집필 사이에 적어도 50년의 시간이 흘렀다. 우리는 누가복음 저자에 대해 아는 것이 많지 않다. 누가복음 행복 선언은 예수의 언어뿐 아니라 누가복음 저자에 대해서도 말해주고 있다. 예수는 누구이며 누가복음 저자는 누구인가. 두 주제를 우리는 동시에, 따로 떼어놓지 말고 다루어야 한다는 뜻이다. 예수에 대한 자료보다 누가복음 저자에 대한 자료가 우리에게 훨씬 적다.

그리스도교 성서학자들 의견을 듣기 전, 먼저 나는 유다교 성서학자들에게 귀 기울이고 싶다. 예수의 가르침을 유다교 성서학자들은 어떻게 들었을까. 누가복음 행복 선언에 영향을 준 구약성서 구절은 없지 않다(이사야 61,1-2; 29,18-19; 40,29-31). 누가복음 행복 선언의 예수 언어에 영적인 차원뿐 아니라 사회적 차원이 드러난다.7 예수는 이사야 예언서를 전공한 성서학자 같다.

"행복합니다, 가난한 사람들은Μακάριοι οἱ πτωχοί"(누가 6,20b). 이 세 단어만 제대로 이해한다면, 예수 제자 되기에 부족함은 없을 것이다. 행복은 무엇인가. 가난한 사람들은 누구인가. 가난은 무엇인가. 가난과 가

---

6 Bovon, F., *Das Evangelium nach Lukas* (1,1-9,50), 298.

7 Flusser, D., "Some Notes on the Beatitudes (Mt 5,3-12; Lc 6,20-26)," *Imm.* 8 (1976): 37-47, 43.

난한 사람들은 어떻게 연결되는가. 이 주제에 대해 쏟아지는 문헌을 다 살펴볼 시간이 내게 솔직히 부족하다.

그 일부라도 살펴보자.[8] 하느님 나라와 소유는 서로 어울릴 수 없는 가. 가난의 의무는 정신적, 종교적으로 발전된 사람에게만 해당하는가. 가난은 하나의 이상에 불과한가. 누가복음 저자는 모든 소유를 버리고 떠날 자세만 가리켰는가. 예수의 가난했던 제자들을 가리키는 단어였 던가.

가난 개념은 구약성서에서 하느님께 처벌받은 상태부터 하느님과 가까이 있는 상태까지 폭넓게 가리킨다. 가난 영성이란 주제도 있다(시 편 39[40],18; 68[69],30-34). 신약성서에서 가난과 거룩함이 연결되기도 했다(야고보 1,9; 2,5; 5,1-6). 가난한πτωχός 사람은 감추어진 사람, 드러나 지 않는 사람을 뜻하기도 한다. 있는 듯 없는 듯, 있으나 마나 한 존재 의미가 인정받지 못하는 걸인이 대표적인 사례다(사도행전 4,34). 가난한 사람은 검소한 사람이 아니라 생존을 위해 치열하게 애쓰는 걸인을 가 리킨다.

누가복음 공동체 사람들은 사회학적으로 상류층에 속하며,[9] 소유 문 제를 심각하게 토론해야 할 만큼 빈곤한 처지는 아니었다는[10] 의견이 있다. 누가복음 저자는 종말론 관점에서 부자와 가난한 사람들을 심판 하는 전통에 서 있다는[11] 의견도 있다.

---

8 Bovon, F., *Lukas in neuer Sicht*, BTS 8 (Neukirchen-Vluyn, 1985), 51-54; Schottroff, L., Stegemann, W., *Jesus von Nazareth — Hoffnung der Armen* (Stuttgart, 1978), 89-153.

9 Bovon, F., *Das Evangelium nach Lukas* (1,1-9,50), 300.

10 Karris, R. J., "Poor and Rich. The Lukan Sitz im Leben," in: Talbert, C. H. (hg.), *Luke-Acts. New Perspectives from the Society of Biblical Literatur Seminar* (New York, 1984), 112-125.

11 Nickelsburg, G. W. E., "Riches, the Rich, and God's Judgment in I Enoch 92-105 and

가난 주제가 누가복음 행복 선언에서 가장 먼저 언급된 사실이 우선 놀랍다. 누가복음 저자는 재산에 대한 태도에서 예수 그리스도에 대한 믿음 여부가 결판난다고 보았다. 바울에게 예수 그리스도에 대한 믿음이 예수 따르기에 중요했다면, 누가복음 저자에게 재산에 대한 태도가 예수 따르기에 중요했다. 재산에 대한 태도는 누가복음 저자에게 예수 믿음과 예수 따르기에서 여러 주제 중 하나가 아니라 가장 중요한 주제였다.[12]

가난한 사람들은 행복하다고 어떻게 우리가 감히 말할 수 있는가. 모순이나 역설처럼 보이는 이 선언 뒤에 해답이 곧장 나온다. "하느님 나라가 여러분 것입니다$ὅτι ὑμετέρα ἐστὶν ἡ βασιλεία τοῦ θεοῦ$"(누가 6,20c). 하느님 나라가 가난한 사람들 것이기 때문에 가난한 사람들은 행복하다. 가난이란 경제적 상태나 가난이라는 윤리적 덕목 때문에 가난한 사람들이 행복한 것이 아니다. 하느님 나라가 가난한 사람들에게 주어지기 때문에 가난한 사람들은 행복하다. 하느님이 곧 세상 질서를 정의롭게 펼치실 것이다. "의인들은 당신 이름 부르며 감사드리고 성도들은 당신을 모시고 살리다"(시편 139[140],13).

신약성서에 47번 나오는 단어 οὐαί는 불행보다 저주에 가까운 뜻을 갖고 있다. 사람의 아들을 배반한 그 사람(마가 14,21), 율법학자들과 바리사이파 사람들(마태 23,29), 고운 모시옷과 주홍색 옷과 진홍색 옷을 몸에 두르고 금과 보석과 진주로 단장하던 큰 도시(요한 묵시록 18,16)는 저주받았다. 그런 저주를 부자들이 받는다.

가난한 사람들은 행복하지만, 부자들은 불행하다. "부자들아, 여러

the Gospel according to Luke," *NTS* 25 (1978/1979): 324-344.
12 Bovon, F., *Lukas in neuer Sicht*, 110-112.

분은 불행합니다. 여러분은 받을 위로를 이미 다 받았기 때문입니다πλὴ
ν οὐαὶ ὑμῖν τοῖς πλουσίοις, ὅτι ἀπέχετε τὴν παράκλησιν ὑμῶν"(누가 1,24). "부자들아,
여러분은 불행합니다" 번역보다 "부자들아, 여러분은 저주받습니다" 번
역이 더 적절하다. 부자들은 하느님께 더 이상 받을 것이 아무것도 없
다. 가난한 사람들에게 주어지는 하느님 나라는 부자들에게 주어지지
않는다. 가난한 사람들은 미래에 하느님께 받을 것이 있지만, 부자들은
미래에 하느님께 받을 것이 아무것도 없다.

"지금 굶주린 사람들아, 여러분은 행복합니다. 여러분은 배부르게
될 것입니다"(누가 6,21a). 굶주린οἱ πεινῶντες 사람들은 먹을 것뿐만 아니
라 식욕조차 없는 사람들을 가리킨다.13 지금 굶주린 사람들이 행복한
이유는 굶주림 때문이 아니고, 굶주림에 대한 종교적 열망 때문도 아니
다. 하느님께서 그들을 배부르게 하실 것이기 때문이다. 예수는 이사야
61,1-2를 나자렛 첫 설교(누가 4,16-30)에 인용했다. 누가복음 행복 선
언에서 주님의 은총(누가 4,19)은 오직 가난한 사람들에게만 해당된다.

"권세 있는 자들을 그 자리에서 내치시고 보잘것없는 이들을 높이셨
으며, 배고픈 사람은 좋은 것으로 배불리시고 부요한 사람은 빈손으로
돌려보내셨습니다"(누가 1,52-53). 누가복음 행복 선언과 저주 선언은
마리아 찬가처럼 기존의 잘못된 질서를 뒤엎으려 한다. 오늘의 비참한
고통이 가난한 사람들에게 마지막 말은 아니다. 오늘 가난한 사람들은
절망할 이유도 없고, 절망할 필요도 없다(이사야 35,10; 에제키엘 34,29; 요
한 묵시록 21,4). "타는 목을 시원하게 축여주시고 주린 배를 좋은 음식으
로 채워주셨습니다"(시편 106[107],9). "이리하여 사람들이 모두 배불리

---

13 Bovon, F., *Das Evangelium nach Lukas* (1,1-9,50), 301, 주 51.

먹고 남은 조각을 모아들였더니 열두 광주리나 되었다"(누가 9,17). 하느님 나라에서 잔치 자리에 앉을 사람은 참으로 행복할 것이다(누가 14,15).

"지금 우는 사람들οἱ κλαίοντες은 행복합니다. 여러분은 웃게 될 것입니다"(누가 6,21b). 울다κλαίω 동사는 '외치다' 뜻을 포함한다. '울다'는 '웃다'처럼 자신뿐 아니라 남을 위한 행위를 가리킨다. 나 때문에 웃고, 남 때문에 웃는다. 나 때문에 울고, 남 때문에 운다. 함께 웃고, 함께 울고, 함께 비명을 지른다. 하느님은 우리 눈물을 닦아주신다(이사야 25,8; 40,1; 예레미야 33,6). 바빌론 유배에서 고향으로 돌아오는 사건은 유다 백성에게 기쁨의 상징이 되었다. "나는 그들의 슬픔을 기쁨으로 바꾸고 근심에 찼던 마음을 위로하여 즐겁게 하리라"(예레미야 31,13b).

누가복음 행복 선언의 첫 세 문장은 유다 백성에게 주시는 하느님의 구원 약속과 연결된다. "예루살렘아, 즐거워하여라. 예루살렘을 사랑하는 자들아, 기뻐 뛰어라. 예루살렘이 망했다고 통곡하던 자들아, 이제 예루살렘과 함께 기뻐하고 기뻐하여라"(이사야 66,10). 누가복음 행복 선언에서 유다 백성에게 주시는 하느님의 구원 약속을 그리스도교는 너무나 오래 망각해 왔다.

"지금 우는 사람들은 웃게 될 것이니 행복합니다"(누가 6,21b) 구절을 "지금 웃고 지내는 사람들은 불행합니다. 여러분이 슬퍼하며 울 날이 올 것입니다"(누가 6,25b) 구절과 따로 떼어놓고 생각할 수 있을까. 지금 우는 사람들은 곧 울게 될 사람을 지켜보며 보복의 기쁨을 누린다는 말인가. 억압받는 사람들은 억압하는 사람들의 몰락을 지켜보며 환호한다는 말인가. "파괴자 바빌론아, 네가 우리에게 입힌 해악을 그대로 갚아주는 사람에게 행운이 있을지라. 네 어린것들을 잡아다가 바위에 메어치는 사람에게 행운 있을지라"(시편 136[137],9).

"사람의 아들 때문에 사람들에게 미움 받고, 추방 되고, 모욕 받고, 누명 쓰는 여러분은 행복합니다"(누가 6,22). 박해받는 사람들은 행복하다는 선언(누가 6,22-23, 26)은 구약성서에서 박해받는 예언자 전통에 이어진다. 미움받다ᵐⁱˢᵉᵒ 동사는 미움받는다는 느낌뿐 아니라 미움받는 느낌을 숨길 수 없다는 뜻도 포함한다. 추방되다ᵃᵖʰᵒʳⁱᶻᵒ 동사는 특히 유다교 회당에서 쫓겨나는 종교적 따돌림을 가리킨다. 유다교에 여러 등급의 종교적 추방이 있었다. 유다교 회당 예배에 참석을 거절당하지만, 유다교 사회에서 추방되지 않는 경우도 있었다.[14] 모욕받다ᵒⁿᵉⁱᵈⁱᶻᵒ 동사는 예수운동 사람들이 겪은 체험을[15] 떠올리게 한다(로마 15,3; 히브리 11,26). "여러분이 그리스도 때문에 모욕을 당하면 행복합니다"(베드로전서 4,14a).

"모든 사람에게 칭찬받는 사람들은 불행합니다. 그들의 조상들도 거짓 예언자들을 그렇게 대하였습니다"(누가 6,26). 사람들에게 받는 칭찬이 긍정적으로 평가된 곳도 있지만(마태 5,16; 필립비 2,15), 누가 6,26은 가짜 예언자들을 의식한 듯하다(사도행전 13,6).

누가복음 행복 선언과 저주 선언은 오늘 우리가 어디에 있는지 돌아보게 한다. 지금 우리는 가난한 사람들인가, 굶주린 사람들인가, 울부짖는 사람들인가. 그렇다면 우리는 행복한 사람들이다. 지금 우리는 부자들인가, 배불리 먹고 지내는 사람들인가, 웃고 지내는 사람들인가. 그렇다면 우리는 저주받을 불행한 사람들이다.

---

14 Schiffmann, L. H., "At the Crossroads. Tannaitic Perspectives on the Jewish-Christian Schism," in: Sanders, E. P. (Hg.), *Jewish and Christian Selfdefinition II* (London, 1981), 114-156, 149-153.

15 Hoffmann, P., "Q 6,22 in der Rezeption durch Lukas," in: ders, *Tradition und Situation*, NTA 28 (Münster, 1995), 162-189, 183.

예수는 말씀을 들으려 모여든 사람들(누가 5,1; 6,18, 27a)을 향하고 있다. 사람들은 예수에게 무슨 말을 듣고 싶었을까. 예수는 행복 선언을 제자들에게 말하고, 저주 선언을 부자들에게 말한다. 예수의 제자들과 부자들을 이처럼 반대 개념으로 놓은 사례는 신약성서 안팎에서 더 찾을 수 없다.[16] 예수의 제자들은 부자가 아니고, 부자들은 예수의 제자가 아니다.

행복의 대명사는 가난한 사람들이요, 저주받을 사람의 대명사는 부자들이다. 굶주리고 울부짖는 사람들은 가난한 사람들에 속하고, 배불리 먹고 웃는 사람들은 부자들에 속한다. 굶주리고 울부짖는 가난한 사람들에게 행복 선언이 주어지고, 배불리 먹고 웃는 부자들에게 저주 선언이 주어진다. 세상의 상식을 뒤엎는 선언이 예수에게서 나왔다. 부자와 라자로 비유(누가 16,19-31)는 누가복음 행복 선언과 저주 선언을 하나의 이야기로 풀어냈다.

"가난한 사람들은 행복합니다. 하느님 나라가 여러분 것이기 때문입니다"(누가 6,20b) 구절은 "주께서 나에게 기름을 부으시어 가난한 이들에게 복음을 전하게 하셨습니다"(누가 4,18; 이사야 61,1) 구절을 다른 말로 풀어낸다. 제자들이 어떻게 가난한 사람들이 되었을까. 제자들은 모든 것을 버리고(누가 5,11; 14,26; 18,28) 예수를 따랐다. 제자들은 모든 것을 하느님께 의지하고 산다. 하느님은 그들을 보호할 것이다. "하느님은 이 세상의 가난한 사람을 택하셔서 믿음을 풍부하게 하시고 당신을 사랑하는 사람들에게 약속해 주신 그 나라를 차지하게 하지 않으셨습니까?"(야고보 2,5b)

---

16 Wolter, M., *Das Lukasevangelium*, HNT 5 (Tübingen, 2008), 247.

모든 것을 버리지 않았고 모든 것을 하느님께 의지하고 살아가지 않는 사람은 부자들이다. 하느님께 의지하지 않고도 충분히 살 수 있다고 생각하는 사람은 예수의 제자가 아니다. 모든 것을 버리지도 않고 모든 것을 하느님께 의지하고 살지도 않는 부자들은 하느님의 저주 선언을 기다려야 한다.

누가복음 저주 선언의 선구자는 구약성서 예언자들이다(이사야 1,4; 예레미야 13,27; 호세아 7,13). 누가복음에서 저주 선언은 예수 입에서만 나왔다(누가 17,1; 21,23; 22,22). 그래서 예수운동 역사를 기록한 사도행전에 저주 선언이 없다. "모든 사람에게 칭찬을 받는 사람들은 불행합니다. 그들의 조상들도 거짓 예언자들을 그렇게 대하였습니다"(누가 6,26) 구절은 누가복음 공동체에 들어온 부자들을 경고하려 누가복음 저자가 직접 쓴 듯하다.[17]

마태복음이 빵 나눔 모임에서 낭독되기 위한 목적에서 우선 쓰여진 것은 아니다.[18] 마태복음 산상수훈은 예수 어록을 참고했다. 마태복음 저자는 누가복음 평지 설교 6,20-49에 수록된 예수 어록의 구조를 따랐지만, 마태복음 저자 고유의 자료도 참고하여 둘 다 함께 사용했다. 그러나 마태복음 산상수훈과 누가복음 평지 설교에서 예수 어록 문장을 글자 그대로 다시 찾아내기는 불가능하다.

"예수는 군중을 보고 산에 올라가 앉자 제자들이 곁으로 다가왔다"(마태 5,1) 구절에서 예수가 군중을 피했는지, 아니면 가르쳤는지 분명하지 않다. "예수가 이 말씀을 마치자 군중은 그의 가르침을 듣고 놀랐

---

17 Schottroff, L., Stegemann, W., *Jesus von Nazareth — Hoffnung der Armen*, 128; Stenger, W., "Die Seligpreisung der Geschmähten," *Kairos* 28 (1986): 33-60, 57.

18 Luz, U., *Das Evangelium nach Matthäus (Mt 1-7)*, 185, 주2.

다"(마태 7,28) 구절을 보면 예수는 군중을 가르쳤다. 마태복음 산상수훈이 예수 제자들과 군중이라는 두 부류 청중을 갖고 있다면, 산상수훈이 예수 제자들에게만 해당한다는 주장은 타당하지 않다. 산은 기도(마태 14,23), 치유(마태 15,29), 계시(마태 17,1; 28,16), 가르침(마태 24,3) 등 여러 뜻과 연결된다. 마태 5,1에서 산이 어떤 뜻으로 쓰였는지 정확히 말할 수는 없다. 산에 올라간 예수에게서 산에 오른 모세(탈출기 19,3; 24,15; 34,1)를 연상하면 될까. 하느님이 그 옛날 모세를 시켜 하신 것처럼 지금 예수를 시켜 이스라엘 백성에게 말씀하려 하신다. 하느님의 아들 예수는 처음으로 이스라엘 백성에게 자신의 복음을 선포한다.

마태복음 산상수훈 열 문장(마태 5,3-12)에서 마태 5,3과 5,10은 "하늘 나라가 그들의 것이니ὅτι αὐτῶν ἐστιν ἡ βασιλεία τῶν οὐρανῶν" 표현으로 끝난다. 그다음 문장 마태 5,11-12는 산상수훈에서 가장 길다. 하늘 나라가 산상수훈의 주제라는 말이다. 행복 선언 넷째 문장과 여덟째 문장에 나오는 의로움δικαιοσύνη 단어가 마치 시의 단락을 이루는 연처럼 여덟 개 행복 선언으로 이루어진 산상수훈을 둘러싸고 있다.

마태복음 저자가 예수 어록에서 가져온 구절에 덧붙인 마태 5,5, 7-10은 마태복음 이전에 확장된 예수 어록에[19] 있었을까, 아니면 마태복음 저자의 작품일까,[20] 마태복음 저자가 자신의 고유 자료에서[21] 가져왔을까. 성서학자들 의견은 엇갈리고 있다. 마음이τῷ πνεύματι(마태 5,3a) 단

19 Strecker, G., "Die Makarismen der Bergpredigt," 259; Guelich, R. A., *The Sermon on the Mount. A Foundation for Understanding* (Waco, 1982), 113-115.

20 Frankemölle, H., "Die Makarismen (5,1-12; Lk 6,20-23). Motive und Umfang der redaktionellen Komposition," *BZ NF* 15 (1971): 52-75; Walter, N, "Die Bearbeitung der Seligpreisungen durch Matthäus," *StEv* 4 1968 (TU 102): 246-258, 248.

21 Hoffmann, P., "Auslegung der Bergpredigt II," *BiL2* 10 (1969): 111-122, 118.

어는 마태복음 저자가 써넣었다는 의견은 많지만, 그 사실을 우리가 증명할 수는 없다. 일곱 개 행복 선언으로 확장되었던 행복 선언을 마태복음 저자가 발견한 듯하다.[22]

행복 선언의 문학 유형은 구약성서 지혜문학에서 생겼다.[23] 대부분 3인칭 주어 문장으로서, 구체적인 청취자를 적시하지 않고 사용되었다. 마태복음 행복 선언은 성도 교육 목적에서 탄생하였다.[24] 행복 선언 처음 세 구절(누가 6,20b, 21)은 역사의 예수가 직접 말한 것 같다.[25] 예수가 행복 선언 처음 세 구절을 2인칭 또는 3인칭 복수로 말했는지 분명하지 않다.[26] 행복 선언 처음 세 구절은 마태복음 공동체에서 네 개로 늘어난 듯하다.[27]

가난한 사람들οἱ πτωχοί(마태 5,3a)은 돈이 없을 뿐만 아니라 또한 억압받는 사람들을 가리킨다.[28] 그리스 단어에서 πένης 단어는 노동해야 하는 가난한 사람을, πτωχός 단어는 구걸해야 하는 가난한 사람을 가리킨다.[29] 가난한 사람들οἱ πτωχοί(마태 5,3a)은 돈이 없고 노동할 수도 없을 뿐만 아니라 또한 억압받는 사람들을 가리킨다.[30] 두 그리스 단어의 뜻 차이를 무시할 수 없다.[31]

---

22 Luz, U., *Das Evangelium nach Matthäus (Mt 1-7)*, 200.

23 Kähler, C., *Studien zur Form- und Traditionsgeschichte der biblischen Makarismen* (Jena, 1974), 69.

24 Koch, K., *Was ist Formgeschichte? Neue Wege der Bibelexegese*, 36.

25 Luz, U., *Das Evangelium nach Matthäus (Mt 1-7)*, 200-201.

26 Luz, U., *Das Evangelium nach Matthäus (Mt 1-7)*, 201.

27 Luz, U., *Das Evangelium nach Matthäus (Mt 1-7)*, 201.

28 Luz, U., *Das Evangelium nach Matthäus (Mt 1-7)*, 204.

29 Hauck, F., Art. πτωχός κτλ., ThWNT VI 886, 30.

30 Luz, U., *Das Evangelium nach Matthäus (Mt 1-7)*, 204.

31 Schweizer, E., "Formgeschichtliches zu den Seligpreisungen," in: Ders, *Matthäus und*

가난한 사람들^{οἱ πτωχοί}(마태 5,3a; 누가 6,20)은 사회적 가난을 말하는 것이지 선택할 수 있는 가난 또는 어디에도 얽매이지 않은 정신적 종교적 가난을 가리키진 않는다. 그렇다면 마태복음 저자가 덧붙인 마음이 ^{τῷ πνεύματι}(마태 5,3a) 가난한 사람들은 가난한 사람들^{οἱ πτωχοί}(마태 5,3a; 누가 6,20)과 모순되지 않는가. 마태복음 저자가 추가한 단어로 인해 예수의 첫째 행복 선언의 의미가 크게 달라지지 않았는가. 누가복음 저자는 예수의 첫째 행복 선언에 충실하지만, 마태복음 저자는 예수의 첫째 행복 선언에서 상당히 벗어나지 않았는가. 돈이 없고 또한 억압받는 사람들에게 말한 행복 선언이 종교적 가난(이사야 61,1) 뜻으로 바뀐 것[32] 아닌가.

마음이 가난한 사람들^{οἱ πτωχοὶ τῷ πνεύματι}(마태 5,3a) 표현을 어떻게 해석해야 옳은가. 실제로 가난한 사람들을 말하는가. 비유적으로 낮은 자세를 가진 사람들을 말하는가. 3격 표현 τῷ πνεύματι는 도구적 의미와 관계적 의미 두 가지로 번역할 수 있다. 마음으로써, 마음 안에서, 둘 중 어느 해석이 더 적절할까. 하느님의 영, 사람의 영, 둘 중에서 πνεῦμα는 무엇을 가리킬까. 가난한 사람들^{πτωχοί}, 영^{πνεῦμα} 단어를 어떻게 해석하느냐에 따라 여러 이해 가능성이 생긴다.

가난한 사람들^{οἱ πτωχοί}은 실제로 가난한 사람들을 말한다. 자발적 가난을 뜻한다고 보기는 어렵다.[33] 흔히 그렇게 오해되고 있다. 하느님의 영을 통해 가난한 사람들이라는 해석도 적절하지 않다. 마태복음 저자

seine Gemeinde, SBS 71 (Stuttgart, 1974), 69-77, 76, 주 13.

32 Guelich, R. A., *The Sermon on the Mount. A Foundation for Understanding*, 74.

33 Schlatter, A., *Der Evangelist Matthäus* (Stuttgart, 1933, 2판), 133; Lohmeyer, E., *Das Evangelium des Matthäus*, hg. v. Schmauch, W., KEK Sonderband (Göttingen, 1958, 2판), 83.

가 그런 뜻을 생각했다면, 3격이 아니라 2격, 즉 소유격 명사를 사용해야 했다.34 하느님의 영에게 가난한 사람들이란 해석은 어원학적으로 불가능하니, τῷ πνεύματι(마태 5,3a)는 사람의 영을 가리킨다고 볼 수밖에 없다.

그렇다면 마음이 가난한 사람들은 경제적으로 가난하고 정치적으로 억압받은 사람뿐 아니라 정서적으로 낮은 자세를 지닌 사람을 말하는가. 하느님 앞에 걸인처럼, 벌거벗은 나약한 인간처럼 종교적으로 겸손하고 낮은 사람을35 가리키는가. 그런 의미에서 마음이 가난한 사람들οἱ πτωχοὶ τῷ πνεύματι(마태 5,3a)과 비슷한 표현이 구약성서에 있던가. 마음을 낮추는 낮은 사람들(잠언 16,19), 억눌려 그 마음이 찢어지고 나의 말을 송구스럽게 받는 사람(이사야 66,2), 불행이 겹친 올바른 사람(시편 34,19) 표현이 있다.

마태복음 저자 역시 사회적으로 가난한 사람들을 강조했다는 의견36이 없진 않다. 그러나 누가복음 저자가 말하는 가난한 사람들과 마태복음 저자가 말하는 마음이 가난한 사람들을 비교하면, 사용된 단어뿐 아니라 뜻이 서로 같지 않다.

누가복음 저자는 사회적으로 가난한 사람들을 강조했는데, 마태복음 저자는 심리적으로 가난한 사람들을 강조했다. 2세기 이후 신학자들은 마태복음 저자가 말하는 마음이 가난한 사람들을 대부분 종교적, 심

---

34 Luz, U., *Das Evangelium nach Matthäus (Mt 1-7)*, 205, 주 47.

35 Best, E., "Matthew 5,3," *NTS* 6 (1960/61): 255-258, 256; Strecker, G., "Die Makarismen der Bergpredigt," 262.

36 Schottroff, L., "Das geschundene Volk und die Arbeit in der Ernte. Gottes Volk nach dem Matthäusevangelium," in: Schottroff, H./Schottroff, L. (hg.), *Mitarbeiter der Schöpfung* (München, 1983), 149-206, 162-166.

리적 겸손의 뜻으로 받아들였다. 부자들도 얼마든지 마음이 가난한 사람들이 될 수 있다는 말이다. 누가복음 저자가 말하는 가난한 사람들을 위한 편파적 사랑이 마태복음에서 크게 퇴색되고 말았다.

"슬퍼하는 사람은 행복합니다. 그들은 위로를 받을 것이기 때문입니다"(마태 5,4) 구절에서도 "지금 우는 사람들은 행복합니다, 여러분이 웃게 될 것이기 때문입니다"(누가 6,21b) 구절에 비해 영성화 경향이 한층 더 뚜렷하다. 예수가 구체적으로 우는 사람을 가리켜 말한 행복 선언이 고대 교회에서 오리게네스[37] 이후 자기 죄뿐 아니라 남의 죄에 대해 우는 사람들이라는 해석으로 크게 바뀌어 버렸다.[38] 울다πενθέω 동사에서 인간의 불완전함이나 죄에 대한 슬픔의 뜻으로 사용된 경우는 마태복음 저자 시대에 찾기 어렵다.

"온유한 사람은 행복합니다. 그들은 땅을 차지할 것이기 때문입니다"(마태 5,5) 문장은 해석하기 까다롭다. 단어 πραεῖς 의미 범위가 아주 넓다. "겸손하지 않은 자들이 이 몸을 짓밟지 못하게 하시고, 불의한 자들이 팔을 휘두르지 못하게 하소서"(시편 36,11) 구절을 떠올리는 사람은 단어 πραεῖς를 겸손으로(마태 11,29, 21,5; 고린토후서 10,1) 생각할 수 있다. 단어 πραεῖς는 비폭력(마태 11,29), 친절(마태 21,5) 뜻에 더 가깝다. 마태복음의 행복 선언 첫 세 구절은 누가복음 행복 선언 첫 세 구절에 비해 개인화, 영성화, 윤리화 경향을 보인다.

"행복하여라, 의로움에 굶주리고 목마른 사람들. 그들은 배부르게 될 것입니다"(마태 5,6) 구절과 "행복하여라, 사람의 아들 때문에 미움받고 쫓겨나고 모욕받으며 사악하다고 버림받는 사람들은"(누가 6,22) 문

---

37 Origenes, *Comm in Psalmos* 37, 7.
38 Luz, U., *Das Evangelium nach Matthäus (Mt 1-7)*, 208.

장을 비교하자. 마태 5,6에 누가 6,22가 통째로 빠지고, 의로움에 굶주리고 목마른 사람들 표현이 그 자리에 대신 들어섰다. 마태복음 저자에게 중심 단어인 의로움δικαιοσύνη은 굶주리고 목마른 형용사로써 수식되었다. 여기서 '의로움' 단어는 인간의 행동,[39] 하느님의 능력과 선물,[40] 하느님의 선물과 인간의 과제[41] 세 가지와 연결되어 해석될 가능성이 있다. 그 문맥으로 보아 셋째 행복 선언과 마태 3,15로 보아 의로움에 굶주리고 목마른 사람들(마태 5,6)은 인간의 행동과 연결되어 해석하는 것이 적절하다고 성서학자 루츠는 말한다.[42]

마태복음 행복 선언의 넷째부터 여섯째 문장은 구약성서 지혜문학의 관심사와 가깝다.[43] "자비를 베푸는 사람은 행복합니다. 그들은 자비를 입을 것이기 때문입니다"(마태 5,7). 모든 시대에 걸쳐 자비를 권고했던 유다교 랍비들의 가르침을 예수는 따랐고,[44] 마태복음 저자 또한 제사보다 자선을(마태 9,13; 12,7; 23,23) 더 강조했다.

죄 없이 하느님을 존중하는 사람을 가리키는[45] 마음이 깨끗한 사람(마태 5,8a) 표현은 시편에서 왔다(시편 23,4; 50,12; 73,1). 예수가 유다교 종교의식을 폐지하거나 그 효력이 없어졌다고 선언한 것은 아니다(마태

39 Guelich, R. A., *The Sermon on the Mount. A Foundation for Understanding*, 87; Strecker, G., "Die Makarismen der Bergpredigt," 265.

40 Giesen, H., *Christliches Handeln. Eine redaktionskritische Untersuchung zum «Gerechtigkeits»— Begriff im Matthäus-Evangelium*, EHS.T 181 (Berlin, 1982), 102.

41 Schweizer, E., *Das Evangelium nach Matthäus*, NTD 2 (Göttingen, 1973), 53.

42 Luz, U., *Das Evangelium nach Matthäus (Mt 1-7)*, 210.

43 Zimmerli, W., "Die Seligpreisungen der Bergpredigt und das Alte Testament," in: Bammel, E., u.a. (Hg.), *Donum Gentilicium* (FS Daube, D.) (Oxford, 1978), 8-26, 20.

44 Montefiore, H., *Rabbinic Literature and Gospel Teachings* (New York, 1970), 23.

45 Luz, U., *Das Evangelium nach Matthäus (Mt 1-7)*, 211.

5,23; 23,25). 평화를 위하여 일하는 사람(마태 5,9a) 표현도 구약성서에서 왔다. 평화 교육은 지혜문학과 유다교 랍비들의 가르침에서 핵심에 속한다.[46] "원수를 사랑하고 여러분을 박해하는 사람들을 위하여 기도하는"(마태 5,44b) 사람과 "평화를 위하여 일하는 사람은"(마태 5,9a) 하느님의 아들이 될 것이다(마태 5,9b, 45a). 예수운동 공동체뿐 아니라 예수운동 공동체를 넘어서는 범위에서도 평화를 위하여 적극적으로 노력하라는 뜻이다.[47]

마태복음 저자는 박해받는 현실을 예수운동 공동체의 대표적인 특징으로 여겼다(마태 10,17, 22, 24). 그리스도에 대한 고백은 행동에서 드러난다(마태 7,21-23; 25,31-46). 모욕당하고, 박해받으며, 비난받게 되면(마태 5,11a) 행복하다. 로마 황제 도미티안과 네로 시대에 예수운동 공동체 사람들에게 박해는 일상적 현실(베드로전서 2,12; 4,12-17; 히브리 10,32-34)이 되었다.[48] "여러분은 그리스도의 고난에 참여하는 것이니, 오히려 기뻐하십시오"(베드로전서 4,13a). 유랑 선교사들은 마태복음에서 큰 역할을 차지한다(마태 10,41; 23,34, 37). 그들에게 "받을 큰 상이 하늘에 마련되어 있습니다."[49]

예수는 율법과 예언서의 진정한 의미를 무엇이라 생각했을까. 마태복음 5-7장 산상수훈의 주제다.[50] 마태복음에서 최초로 자세하게 소개

46 Lapide, P., "Zukunftserwartung und Frieden im Judentum," in: Liedke, G., u.a. (Hg.), *Eschatologie und Frieden II*, TM.FEST A7 (Heidelberg, 1978), 127-178.

47 Schnackenburg, R., "Die Seligpreisungen der Friedensstifter (Mt 5,9) im matthäischen Kontext," *BZ NF* 26 (1982): 161-178, 173.

48 Goppelt, L., *Der erste Petrusbrief*, KEK 12/1 (Göttingen, 1978), 60-64.

49 마태 5,12b; Strecker, G., *Der Weg der Gerechtigkeit. Untersuchung zur Theologie des Matthäus*, FRLANT 82 (Tübingen, 1962), 162.

50 Riesner, R., "Der Aufbau der Reden im Matthäus-Evangelium," *ThBeitr* 9 (1978): 173-176;

된 예수의 가르침이 산상수훈이다. "내가 여러분에게 명한 모든 것을 지키도록 가르치시오"(마태 28,20) 구절은 산상수훈을 가리킨다. 그래서 마태복음 저자는 가르침과 실천의 일치를 강조했다(마태 5,19; 7,21-23). 산상수훈을 어떻게 이해하느냐 질문과 산상수훈을 어떻게 실천하느냐 주제는 떼어놓을 수 없다.

산상수훈이 정말로 실천 가능한가 하는 질문이 산상수훈 해설에서 언제나 등장한다. 산상수훈은 실천해야 하고 또한 실천할 수 있다. 산상수훈은 예수의 설교이고, 예수의 설교 안에서 하느님께서 말씀하신다. 산상수훈의 실천 핵심에 기도가 있다. 그 사실을 망각하면 산상수훈을 올바로 이해하기 어렵다.[51] 마태복음 저자는 실천이 무엇인지 정의하진 않았지만, 예수 따르는 사람들의 삶을 완성에 이르는 길(마태 5,48)로 표현한다. 예수 따르는 사람들은 어떤 경우라도 율법학자들이나 바리사이파 사람들보다 더 옳게 살지 못한다면 하늘 나라에 들어가지 못할 것이다(마태 5,20).

산상수훈은 예수 제자들의 윤리지만,[52] 제자들에게만 해당하는 특수 윤리가 아니다. 그래서 온 세상 모든 사람에게(마태 4,25; 7,28) 널리 선포해야 한다. 예수의 요구는 예수운동 공동체 범위를 넘어선다(마태 5,25; 39-41, 44). 산상수훈은 심판 직전에 해당되는 특별한 임시 윤리 Interimsethik[53] 정도에 그치는 것이 아니다. 예수 복음 선포에서 하느님 나

Bornkamm, G., "Der Aufbau der Bergpredigt," *NTS* 24 (1977/78): 419-432.

51 Stuhlmacher, P., "Jesu vollkommenes Gesetz der Freiheit. Zum Verständnis der Bergpredigt," *ZThK* 79 (1982): 249-282.

52 Jeremais, J., "Die Bergpredigt," in: Ders, *Abba* (Göttingen, 1966), 171-189, 183-189; Lohfink, G., "Wem gilt die Bergpredigt? Eine redaktionskritische Untersuchung von Mt 4,23f und 7,28f," *ThQ* 163 (1983): 264-284.

라의 현존이 드러난다. 예수는 산상수훈을 옛 세상 가운데에 드러나는 하느님의 대조 윤리Kontrastethik로54 이해했다. 산상수훈은 그리스도교 역사에 많은 영향을 주었다.55

산상수훈이 실천될 수 없다는 의견은 종교개혁 이전에 거의 없었다. 종교개혁가들56은 산상수훈이 실천될 수 없다는 생각을 처음으로 드러내기 시작했다.57 어느 누구도 산상수훈을 지킬 수 없다고 생각한 종교개혁가들에게 산상수훈은 하느님 법정에서 검사 역할을 하는 율법처럼 여겨졌고, 그런 해석은 산상수훈을 실천으로 연결하기보다 내면화하는 흐름을 개신교에서 낳고야 말았다.58 그러나 독일 개신교 신학자 본회퍼는 산상수훈의 실천을 강조하고 산상수훈의 내면화 풍조에 저항했다.59

53 Schweitzer, A., *Geschichte der Leben-Jesu-Forschung* (Tübingen, 1951, 6판), 640; Weiss, J., *Die Predigt Jesu vom Reiche Gottes* (Göttingen, 1964, 3판), 139.

54 Luz, U., *Das Evangelium nach Matthäus (Mt 1-7)*, 191.

55 Schnackenburg, R., "Die Bergpredigt," 36-55; Stuhlmacher, P., "Jesu vollkommenes Gesetz der Freiheit. Zum Verständnis der Bergpredigt," 249-282.

56 Luther, M., *Von den Conciliis und Kirchen*, WA 50,562; Calvin, J., *Institutio Christianae Religionis* 2,7,5; Zwingli, H., *Von göttlicher und menschlicher Gerechtigkeit*, Hauptschriften 7 (Zürich, 1942), 53-64.

57 Beyschlag, "Zur Geschichte der Bergpredigt in der Alten Kirche," *ZThK* 74 (1977): 291-322, 297.

58 Luz, U., *Das Evangelium nach Matthäus (Mt 1-7)*, 195.

59 Luz, U., "Die Bergpredigt im Spiegel ihrer Wirkungsgeschichte," in: Moltmann, J. (hg.), *Nachfolge und Bergpredigt*, KT 65 (München, 1982), 37-72.

36. 원수를 사랑하라
(누가 6,27-36/마태 5,38-48)

누가복음 저자는 예수의 들판 설교 2부(누가 6,27-38)에서 원수 사랑 계명을 그리스 독자들에게 소개한다. 누가복음 저자는 유다교 율법이 아니라 그리스 철학 배경에서 예수 사명을 해설한다.[1] 누가복음에서 예수의 들판 설교는 행복 선언과 원수 사랑의 결합으로 이루어진다. 여기서 성서학자들은 어원학적 문제뿐 아니라 더 근본적인 질문에 부닥친다. 원수 사랑은 가능한가, 원수 사랑은 인간에게 지나친 요구 아닌가, 황금률과 원수 사랑은 모순 아닌가.[2]

도덕 원리로서 원수 사랑을 알지 못하는 유다교에 예수의 원수 사랑 계명은 전혀 새로운 특별한 가르침이다.[3] 착한 사마리아인의 비유(누가 10,25-37)는 유다교와 예수운동이 이웃 사랑 계명의 해석을 두고 논쟁

---

1 Theissen, G., "Gewaltverzicht und Feindesliebe (Mt 5,38-48; Lc 6,27-38) und deren sozialgechichtlicher Hintergrund," in: ders, *Studien zur Soziologie des Urchristentums,* WUNT 19 (Tübingen, 1979), 160-197, 180-183.

2 Bovon, F., *Das Evangelium nach Lukas* (1,1-9,50), EKK III/1 (Neukirchen-Vluyn, 1989), 312; Merkelbach, R., "Über eine Stelle im Evangelium des Lukas," *GrB* 1 (1973): 171-175, 171.

3 Lapide, P., *Die Bergpredigt. Utopie oder Programm?* (Mainz, 1982), 371.

했음을 알려준다. 유다교에도 원수 사랑에 가까운 말씀(잠언 24,17; 탈출기 23,4-5)은 없지 않았다. "네 원수가 주리거든 먹을 것을 주고, 목말라 하거든 물을 주어라. 그것은 그의 얼굴에 모닥불을 피워주는 셈이니, 야훼께서 너에게 갚아주시리라"(잠언 25,21). 그러나 약한 원수에게 자비를 베푼다고 할지라도, 점령국 군대나 독재자에게도 사랑을 하라는 말인가?

이스라엘은 자신의 정치적 원수에게 어떻게 대응해야 하는가. 무력 저항, 무관심, 종교적 선택 사상을 지닌 채 정치적 타협 등 여러 방식이 제안되었다. 무력에는 무력으로 보복하는 방법도 없지 않았다(민수기 25,17). 예수운동 사람들은 원수 사랑 계명은 악에 대한 하느님의 혐오(시편 5,5; 118[119],113-115; 역대기하 19,2)를 예수가 깨뜨렸다고 이해했다.[4] "너희를 괴롭히던 너희 원수와 적들에게 그 모든 저주를 내리시리라"(신명기 30,7) 하느님 말씀을 예수는 위반한 셈이다. 예수는 스테파노(사도행전 7,60)처럼 원수를 위해 기도하라고 가르쳤다(누가 23,34).

역사의 예수는 원수 사랑(누가 6,27b-28)을 분명히 말했고, 원수 사랑을 하느님 사랑(누가 6,35)과 연결하였다. 보복 금지(누가 6,29-30), 자비 실천(누가 6,36), 판단 금지(누가 37ab), 보상 기준(누가 6,38c)을 말하였다. 예수의 말씀은 입에서 입으로 예수운동 공동체에 전해졌다. 황금률(누가 6,31)은 역사의 예수가 말한 것이 아니라 예수운동 공동체가 추가한 듯하다.[5] 예수 말씀이 전해지는 과정에서 또는 처음으로 예수 어록

---

4 Bovon, F., *Das Evangelium nach Lukas* (1,1-9,50), 313; Seitz, O., "Love your Enemies," *NTS* 16 (1969/70): 39-54, 47.

5 Lührmann, D., "Liebet eure Feinde (Lk 6,27-36/Mt 5,39-48)," *ZThK* 69 (1972): 412-438, 427.

에서 행복 선언과 원수 사랑이 연결되었다.[6]

예수 말씀이 전해진 예수운동 공동체는 하나가 아니라 여럿이었다. 바울 편지와 예수운동 공동체도 누가복음 평지 설교와 마태복음 산상 수훈 내용 일부를 받아들였다(로마 12,14, 17-20; 데살로니카전서 5,15; 베드로전서 3,9). 누가복음과 마태복음은 바울 편지처럼 예수 가르침을 그 맥락과 떼어놓지는 않았고, 예수의 삶과 행동이라는 자리에 담아 생생하게 드러냈다. 그런데 예수 말씀이 전해진 역사적 배경 또는 성서신학 용어로 삶의 자리Sitz im Leben는 무엇이었을까.

"누가 억지로 오 리를 가자 하거든 십 리를 같이 가주시오"(마태 5,41) 구절은 로마 군대가 식민지 백성인 유다 민족에게 요구한 강제 노역에서 비롯된 듯하다.[7] 원수 사랑(누가 6,27b-28)은 로마 군대와 유다교 열혈당 그룹을 동시에 겨냥한 듯하다.[8] 로마인들은 그리스도인들을 인류 전체의 공공의 적odium humani generis이라[9] 불렀다.

누가복음 저자는 황금률(누가 6,31)을 원수 사랑(누가 6,27b-28) 뒤에 배치하고, 보복 금지 계명(누가 6,29-30)을 덧붙였다. 누가 6,29-30 제목을 저항 금지라고 말해야 하는가. 네 개 명령형 동사가 2인칭 단수로 네 번 나온다.

황금률은 그리스 철학을 통해 이스라엘에 들어왔다. 예수운동은 긍정 황금률(누가 6,31; 마태 7,12)과 부정 황금률(사도행전 15,29)을 둘 다 받아들였다. 완전함을 강조하는 마태복음 저자도, 자비를 강조하는 누가

---

6 Bovon, F., *Das Evangelium nach Lukas* (1,1-9,50), 311.

7 Theissen, G., "Gewaltverzicht und Feindesliebe (Mt 5,38-48; Lc 6,27-38) und deren sozialgechichtlicher Hintergrund," 176.

8 Bovon, F., *Das Evangelium nach Lukas* (1,1-9,50), 311, 주 12.

9 Tacitus, *Ann* XV 44.

복음 저자도 "나 야훼 너희 하느님이 거룩하니, 너희도 거룩한 사람이 되어라"(레위 19,2)라는 말씀을 잊지 않았다. 그런데 레위기는 완전함이나 자비가 아니라 거룩함을 강조했다. 구약성서 그리스어 번역본*septua-ginta*은 자비로운*οἰκτίρμον*(누가 6,36a) 단어를 하느님에게 13번, 사람에게 3번 또는 4번 썼다. 하느님의 두 가지 주요한 특징인 거룩함과 자비 중에서 누가복음 저자는 자비를 예수운동의 특징으로 선택했다.[10]

다른 사람이 내 삶을 존중하지 않을 때 나는 어떻게 대응해야 할까. 누가복음 저자는 누가 6,27-36을 두 윤리 명령(누가 6,27b-30; 6,32-34)으로 구성했다.[11] 누가 6,27b-30에 명령형 동사가 8번 나온다. 누가 6,27b-28은 존중받지 못하는 집단의 대응을, 누가 6,29-30은 존중받지 못하는 개인의 대응을 다루고 있다. 누가 6,32-34는 지극히 높으신 분의 자녀(누가 6,35c)가 갖추어야 할 특징을 언급한다.

누가 6,27-28은 예수 말을 듣는 똑같은 청중(누가 6,27a)에게 말하고 있다. 원수, 미워하는 사람들, 저주하는 사람들, 학대하는 사람들은 누가 6,27-28에서 같은 사람들을 가리킨다. 예수 말을 듣는 사람을 미워하고, 저주하고, 학대하는 사람이 원수라는 뜻이다. 누가 6,27c-28b에서 잘해 주고, 축복해 주고, 기도해 주는 것이 곧 사랑이다. 예수 말을 듣는 사람을 미워하고, 저주하고, 학대하는 사람이 예수 말을 듣는 사람의 원수라면, 그런 원수에게 잘해 주고, 축복해 주고, 기도해 주는 것이 곧 예수 말을 듣는 사람이 하는 원수 사랑이라는 말이다.

"여러분은 원수를 사랑하시오"(누가 6,27b) 구절은 마태 5,44b와 글자 그대로 같다. 역사의 예수가 한 말은 아니라는[12] 의견에 찬성하긴

---

10 Bovon, F., *Das Evangelium nach Lukas* (1,1-9,50), 323.
11 Lührmann, D., "Liebet eure Feinde," 421.

어렵다.[13] 누가 6,27b와 마태 5,44b처럼 분명히 원수 사랑을 요구하는 문장을 신약성서 밖의 고대 다른 문헌에서 찾기는 어렵다.[14] 예수운동 주변에서 원수 사랑과 가까운 언급이 없지는 않았다. 친구에게 선하게 대하고, 원수에게 악하게 대하는 것이 정의롭다는 명제에 의문을 품은 경우는 드물지 않다.[15] 바울은 "네 원수가 주리거든 먹을 것을 주고 목 말라하거든 물을 주어라. 그것은 그의 얼굴에 모닥불을 피워주는 셈이니, 야훼께서 너에게 갚아주시리라"(잠언 12,20) 구절을 로마 12,20에 인용했다. "야훼여, 일어나십시오. 당신의 원수들을 쫓으십시오. 당신의 적수들을 면전에서 쫓으십시오"(민수기 10,5), "너희를 괴롭히던 너희 원수와 적들에게 그 모든 저주를 내리시리라"(신명기 30,7) 구절을 누가복음 저자는 알았을까. 하느님께서 원수를 물리친다는 확신을 가졌기 때문에, 누가복음 저자는 편안한 마음으로 예수 말을 듣는 사람에게 원수 사랑을 말했을까.

누가 뺨을 치거든 다른 뺨마저 돌려대 주고(누가 6,29a) 표현은 다른 문헌에서 찾아보기 어렵다. 불의를 견디는 것이 보복하는 것보다 낫다는 말은 예수운동 주변에 없지 않았다.[16] "나는 때리는 자들에게 등을

---

12 Sauer, J., "Traditionsgeschichtliche Erwägungen zu den synoptischen und paulinischen Aussagen über Feindesliebe und Wiedervergeltungsverzicht," *ZNW* 76 (1985): 1-28, 26.

13 Becker, J., *Jesus von Nazareth* (Berlin/New York, 1996), 313; Lührmann, D., "Liebet eure Feinde," *ZThK* 69 (1972): 412-438, 412.

14 Wolter, M., *Das Lukasevangelium*, HNT 5 (Tübingen, 2008), 256.

15 Betz, H. D., *The Sermon on the Mount* (Philadelphia, 1995, 305; Gill, D., "Socrates and Jesus on Non-Retaliation and Love of Enemies," *HBT* 18 (1991): 246-262.

16 Dihle, A., *Die goldene Regel*, SAW 7 (Göttingen, 1962), 41; Schottroff, L., "Gewaltverzicht und Feindesliebe in der urchristlichen Jesustradition (Mt 5,38-48; Lk 6,27-36)," in: Strecker, G. (hg.), *Jesus Christus in Historie und Theologie* (FS Conzelmann, H.) (Tübingen,

맡기며 수염을 뽑는 자들에게 턱을 내민다. 나는 욕설과 침뱉음을 받지 않으려고 얼굴을 가리지도 않는다"(이사야 50,6). 가해자나 세상을 용서하고 개선하기 위해서가 아니라 하느님을 생각해서 보복하지 않는다는 말이다.

"여러분은 남에게서 바라는 대로 남에게 해주시오"(누가 6,31). 이 규칙을 모르는 문화나 민족이 세상 어디 있을까. 공통년 이전 5세기에 이 원칙은 그리스 철학에 알려졌다.[17] "네가 싫어하는 일은 아무에게도 행하지 마라"(토비트 4,15).[18] 누가 6,32-34는 누가 6,27-30을, 더 자세히 말하면 누가 6,32는 누가 6,27b를, 누가 6,33은 누가 6,27c를, 누가 6,34는 누가 6,30을 다시 해설한다.[19] 예수 말을 듣는 사람은 세상에서 통용되는 상호성 원칙을 따르는 것이 아니라 원수 사랑의 원칙을 따른다는 뜻이다. 누가 6,32-34가 예수 말을 듣는 사람과 그렇지 않은 사람을 구분하는 외적 표지boundary marker라면, "여러분은 원수를 사랑하고 남에게 좋은 일을 해주시오"(누가 6,35a)는 예수 말을 듣는 사람의 특징을 나타내는 내적 표지identity marker에 해당한다.[20] 왜 예수 말을 듣는 사람은 상호성 원칙을 따라 행동하지 않고, 원수를 사랑하여 지극히 높으신 분의 자녀가 되려는 것일까. "그분은 은혜를 모르는 자들과 악한 자들에게도 인자하시다. 그러니 여러분의 아버지께서 자비로우신 것같이 여

1975), 197-221, 208.

17 Betz, H. D., *The Sermon on the Mount*, 508; Dihle, A., *Die goldene Regel*, 85.

18 토비트 4,15; Nissen, A., *Gott und der Nächste im antiken Judentum*, WUNT 15 (Tübingen, 1974), 390.

19 Kirk, A., "Love your Enemies," the Golden Rule, and Ancient Reciprocity (Luke 6:27-35), *JBL* 122 (2003): 667-686; van Unnik, W. C., "Die Motivierung der Feindesliebe in Lukas VI 32-35," *NT* 8 (1966): 284-300.

20 Wolter, M., *Das Lukasevangelium*, 259.

러분도 자비로운 사람이 되시오"(누가 6,35d-36).

"'눈은 눈으로, 이는 이로' 하신 말씀을 여러분은 들었습니다. 그러나 나는 이렇게 말합니다"(마태 5,38-39a) 구절을 제외하면, 마태 5,38-42 는 Q문헌에서(예수 어록) 왔다. Q문헌 또는 예수 어록은 예수 말씀만 들어있는 자료는 아니다. 원수 사랑을 말한 누가 6,27-36에서 마태복음 저자는 산상수훈 다섯째 계명을 만들어 냈다. 마태 5,38-39a는 예수에게서,21 마태복음 이전 전승에서,22 마태복음 저자에게서23 비롯되었다는 의견이 있다. 그런데 마태 5,38-42 경고 말씀에서 경고의 근거가 빠져 있다.

"누가 억지로 오 리를 가자고 하거든 십 리를 같이 가주시오"(마태 5,41) 구절은 마태복음 저자가 대본으로 삼았던 누가 6,27-36에 없다. 로마 군대의 점령 지역에 살지 않았던 누가복음 저자는 로마 군대의 강제노역 강요를 몰랐을 수 있다.24 "꾸려는 사람의 청을 물리치지 마시오"(마태 5,42b) 구절은 "빼앗는 사람에게는 되받으려고 하지 마시오"(누가 6,30b) 구절에 비해 과격함이 줄어들었다. 누가복음 저자가 살던 곳에 도둑과 강도가 많았다는 말일까. "달라는 사람에게 주고 꾸려는 사람의 청을 물리치지 마시오"(마태 5,42) 구절을 본 누가복음 저자가 "만일 되받을 가망이 있는 사람에게만 꾸어준다면 칭찬받을 것이 무엇이겠습니까?

---

21 Hübner, H., *Das Gesetz in der synoptischen Tradition* (Göttingen, 1973), 93; Dietzfelbinger, C., *Die Antithesen der Bergpredigt*, TEH 196 (München, 1975), 39.

22 Jeremias, J., *Neutestamentliche Theologie I. Die Verkündigung Jesu* (Gütersloh, 1971, 4판), 240; Wrege, H. T., *Die Überlieferungsgeschichte der Bergpredigt*, WUNT 9 (Tübingen, 1968), 80-82.

23 Luz, U., *Das Evangelium nach Matthäus (Mt 1-7)*, EKK I/1 (Neukirchen-Vluyn, 1992, 3판), 291.

24 Schweizer, E., *Das Evangelium nach Matthäus*, NTD 2 (Göttingen, 1973), 67.

죄인들도 고스란히 되받을 것을 알면 서로 꾸어줍니다"(누가 6,34) 문장을 만들었나,[25] 아니면 마태복음 저자가 누가복음 본문을 보고 나서 줄였는가.[26]

마태 5,38-42를 문자 그대로 해석해야 하나. 우리가 실제로 그렇게 행동하라는 말인가, 아니면 그런 생각을 갖고 살라는 말인가. 그런 마음가짐이 적용되는 분야나 범위는 무엇인가. 마태 5,38-42는 독자들을 당황스럽게 만든다. 뺨 맞음은 고통보다는 모욕감을 먼저 준다. "나는 때리는 자들에게 등을 맡기며 수염을 뽑는 자들에게 턱을 내민다. 나는 욕설과 침뱉음을 받지 않으려고 얼굴을 가리지도 않는다"(이사야 50,6). 오른편 뺨을 맞는 일은 흔하지 않았다. 내 오른편 뺨을 때리려면 상대는 자신의 왼손이나 오른손등으로 후려쳐야 한다. 오른편 뺨을 때리는 사람은 왼뺨을 때리는 사람보다 두 배 사죄해야 한다.[27] 주인이 종을, 억압자가 억압당하는 사람에게 보통 그렇게 폭력을 가했을까.[28] 예수운동 선교사들이 그런 모욕을 실제로 당하고 다녔을까.[29] 뺨 때리는 일은 일상생활에 흔히 있었다(호세아 11,4).

"당신을 재판에 걸어 당신의 속옷을 가지려는 사람에게는 겉옷마저 내주시오"(마태 5,40). 가난한 사람들은 입고 있던 옷마저 저당 잡혀야 했다. 이불로도 쓰이던 겉옷은 사람에게 속옷보다 훨씬 더 중요했다.

---

25 Merklein, H., *Die Gottesherrschaft als Handlungsprinzip*, fzb 34 (Würzburg, 1981, 2판), 225.

26 Luz, U., *Das Evangelium nach Matthäus (Mt 1-7)*, 292.

27 Billerbeck, P., Strack, H., *Kommentar zum Neuen Testament aus Talmud und Midrasch I* (München, 1961), 342.

28 Daube, D., *The New Testament and Rabbinic Judaism* (London, 1956), 260-263.

29 Jeremais, J., "Die Bergpredigt," in: Ders, *Abba* (Göttingen, 1966), 171-189, 186.

"만일 너희가 이웃에게서 겉옷을 담보로 잡거든 해가 지기 전에 반드시 돌려주어야 한다. 덮을 것이라고는 그것밖에 없고, 몸을 가릴 것이라고는 그 겉옷뿐인데 무엇을 덮고 자겠느냐?"(탈출기 22,25-26; 신명기 24,12) 가난한 사람들의 최소 생존권을 담보로, 즉 이불로 쓰이는 겉옷을 담보로 잡고 재판에 걸지 말라는 뜻이다. "누가 억지로 오 리를 가자고 하거든 십 리를 같이 가주시오"(마태 5,41) 구절은 로마 군대나 공무원이 점령지 사람들에게 시키는 강제노역을 언급하고 있다.[30] 마태 5,41에 로마 군대에 대한 유다인의 적개심이 담겨 있다.[31]

불의하게 당하는 고통을 애써 참으라는 권고는 고대 사회에도 없지 않았다.[32] 유다교에서 개인의 원수에게 받는 억울한 고통은 하느님과 관계가 단절되지 않는 한, 보복을 피하고 참아내라는 요청이 있었다.[33] 개인이 보복을 삼가한다면 결국 하느님이 그 대신 심판해 주시리라 믿었다.[34] 예수는 마태 5,38-41에서 독자에게, 아니 유다인에게 무슨 말을 하고 싶었을까. 왜 보복을 삼가야 하는지 그 이유나 동기를 마태 5,38-41은 말하지 않는다. 보복할 능력이 없기 때문에 보복하려 덤비지 말라는 절망적인 조언은[35] 아니었다. 보복을 포기하면 원수를 언젠가 내 친구로 만들 수도 있다는 긍정적인 계산도 없었다. 보복하지 말라는 요청이 보복하라는 권유보다 더 현명하고 합리적이라는 설명도 없었다.

---

30 Fiebig, P., ἀγγαρεύω, ZNW 18 (1917/18): 64-72.

31 Luz, U., Das Evangelium nach Matthäus (Mt 1-7), 293.

32 Schottroff, L., "Gewaltverzicht und Feindesliebe in der urchristlichen Jesustradition (Mt 5,38-48; Lk 6,27-36)," 211-213.

33 Nissen, A., Gott und der Nächste im antiken Judentum, 266.

34 Nissen, A., Gott und der Nächste im antiken Judentum, 304-316.

35 Schottroff, L., "Gewaltverzicht und Feindesliebe in der urchristlichen Jesustradition (Mt 5,38-48; Lk 6,27-36)," 207.

피식민지 백성이 식민지 군대에게 협조적인 자세를 보인다고 해서 식민지 군대가 피식민지 백성에게 느닷없이 온순해질 리 없다. 왼뺨마저 돌려 대주는 행동이 가해자에 대한 피해자의 수동적 저항이라고 터무니없이 칭송할 수도 없다. 왼뺨마저 대주는 행위는 가해자를 부끄럽게 만든다거나 피해자가 가해자에게 멋지게 정신 승리했다는 해석36은 지나치다. 왼뺨마저 대주다가 식민지 군대에게 겉옷마저 빼앗길지도 모른다. 가해자가 피해자를 대하는 태도와 관계없이, 보복을 삼가는 피해자는 가해자를 이미 하느님 나라의 눈으로 보고 있다.37 가해자가 피해자를 개돼지처럼 취급한다 해도, 보복을 삼가는 피해자는 가해자를 이미 하느님의 심판 관점에서 가해자를 대하고 있다.38 4세기 로마 황제 콘스탄티누스가 교회를 인정하기 전에 교회는 그리스도인의 입대를 거부했다.39 "보복하지 마시오"(마태 5,39) 구절은 러시아 작가 톨스토이에게 그리스도교의 핵심 구절이었다.40

원수 사랑(마태 5,43-47) 단락은 누가 6,27-36을 대본으로 삼았다. 마태 5,43은 마태복음 저자가 창작했다.41 원수 사랑(마태 5,43-47)과 다르게 마태 5,48은 '완전함' 주제를 다루고 있다. 마태 5,48은 마태 5,43-47과 내용이 이어지는 것은 아니고, 다음 단락으로 건너가는 역할을 한다.

36 Lapide, P., *Die Bergpredigt. Utopie oder Programm?*, 101.

37 Machovec, M., *Jesus Jesus für Atheisten* (Stuttgart, 1972), 131.

38 Bloch, E., *Atheismus im Christentum* (Frankfurt, 1968), 185.

39 Blank, J., "Gewaltlosigkeit – Krieg – Militärdienst," *Orien* 46 (1982): 220-223; Lienemann, W., *Gewalt und Gewaltlosigkeit. Studien zur abendländischen Vorgeschichte der gegenwärtigen Wahrnehmung von Gewalt*, FBESG 36 (München, 1982), 87-98.

40 Tolstoi, L., *Mein Glaube* (Leipzig, 1902), 28.

41 Luz, U., *Das Evangelium nach Matthäus (Mt 1-7)*, 306.

"원수를 사랑하고 여러분을 박해하는 사람들을 위하여 기도하시오"
(마태 5,44b) 구절은 "여러분은 원수를 사랑하시오. 여러분을 미워하는
사람들에게 잘해주고"(누가 6,27b) 구절에서 가져왔다.[42] 보상ʰⁱσθός(마태
5,46b)은 마태복음에서 언제나 하늘의 보상을 가리키며, 행복 선언에서
중요한 단어다(마태 5,12, 46; 6,2, 16). 원수 사랑 계명은 예수운동에서 핵
심 주제에 속한다. 예수운동 문헌에 자주 인용(로마 12,14; 베드로전서 3,9)
되었을 뿐만 아니라[43] 유다인 아닌 사람들을 놀라게 한 예수운동 고유
의 새로운 가르침으로 여겨졌다.[44]

원수 사랑은 정말로 예수운동이 처음으로 내세운 계명인가. 유다교
에는 원수 사랑 계명이 없었는가. 다른 종교나 철학에서 그런 의견은
없었는가. 유다교,[45] 스토아 철학,[46] 불교와 노자에게도 비슷한 생각은
없지 않았다.[47] "너희는 길을 잃은 원수의 소나 나귀를 만나면, 그것을
임자에게 반드시 데려다 주어야 한다"(탈출기 23,4), "네 원수가 주리거
든 먹을 것을 주고 목말라하거든 물을 주어라"(잠언 25,21) 가르침처럼
일상생활에서 실천 가능한 구체적인 사례를 들었을 뿐이다.[48] 일반적
인 명제나 계명으로서 원수를 사랑하라고 분명히 말한 구절은 유다교

---

42 Wrege, H. T., *Die Überlieferungsgeschichte der Bergpredigt*, 84.

43 Bauer, W., "Das Gebot der Feindesliebe und die alten Christen," in: Ders, *Aufsätze und kleine Schriften* (Tübingen, 1967), 240-252.

44 Beyschlag, K., "Zur Geschichte der Bergpredigt in der Alten Kirche," *ZThK* 74 (1977): 291-322, 314.

45 Nissen, A., *Gott und der Nächste im antiken Judentum*, 304-329; Piper, J., *Love your Enemies*, MSSNTS 38 (Cambridge/New York, 1979), 19-49.

46 Dihle, A., *Die goldene Regel*, 61-71.

47 Schottroff, L., "Gewaltverzicht und Feindesliebe in der urchristlichen Jesustradition (Mt 5,38-48; Lk 6,27-36)," 207-211.

48 Nissen, A., *Gott und der Nächste im antiken Judentum*, 317.

문헌에는 없었다.[49]

원수를 친구로 만들고야 말겠다는 숨은 야심은 원수를 사랑하라는 예수 말에 없었다. 모든 종류의 원수를 가리키는 포괄적인 뜻의 원수χθ ρός(마태 5,43b)를[50] 개인 사이의 인간관계 안에서 벌어지는 사례로 축소할 필요는 없다. 미워하고, 저주하고, 학대하는(누가 6,27-28) 원수들의 모습과 그들에 대한 예수의 요구는 완전히 대조적이다.[51]

"그래야만 여러분은 하늘에 계신 아버지의 아들이 될 것입니다"(마태 5,45) 구절은 예수가 원수 사랑과 연결하여 한 말일까. 확실하지 않다.[52] 유다교 랍비들도 "야훼는 모든 것을 인자하게 보살피시고 그 부드러운 사랑은 모든 피조물에 미친다"(시편 145,9) 구절을 알았지만, 그 시편 구절을 원수 사랑에 연결하지는 않았다. 마태복음 저자는 예수의 원수 사랑 발언을 특히 예수운동 공동체에서 생각한 듯하다. 원수 개념에서 유다 민족의 원수를 맨 먼저 내세우진 않았지만, 유다독립전쟁의 참상을 뒤돌아보았던 마태복음 저자는 로마 군대를 원수에 포함하지 않을 수 없었다.[53] 원수 사랑을 실천한 사람은 최후 심판에서 하느님의 자녀로 불릴 것이다(마태 5,45).

그런데 바로 앞 구절 "'여러분의 이웃을 사랑하고 원수를 미워하시오' 하신 말씀을 여러분은 들었습니다"(마태 5,43) 구절은 성서학자들을

---

49 Lapide, P., *Die Bergpredigt. Utopie oder Programm?*, 99-108.

50 Huber, W., "Feindschaft und Feindesliebe," *ZEE* 26 (1982): 128-158, 135.

51 Reuter, R., "Liebet eure Feinde! Zur Aufgabe einer politischen Ethik im Licht der Bergpredigt," in: *Zeitschrift Für Evangelische Ethik* 26 (1982): 159-187, 167.

52 Luz, U., *Das Evangelium nach Matthäus (Mt 1-7)*, 309, 주 30.

53 Theissen, G., "Gewaltverzicht und Feindesliebe (Mt 5,38-48; Lc 6,27-38) und deren sozialgechichtlicher Hintergrund," 179.

당황시키기에 충분하다. 이웃을 사랑하고 원수를 미워하라는 말씀은 구약성서에 없다. 마태 5,43에서 여러분이 누구를 가리키는지, 원수가 누구인지 분명하지도 않다.[54] 마태 5,43처럼 마태복음 저자가 유다인에게 혐오를 드러낸 구절도 마태복음에 또 없다. 원수를 미워하라고 배운 적이 없는 동족 유다인들이 마치 원수를 미워하라고 들었다는 식으로 마태복음 저자는 과장해서 말했을까.

유다교에서 미움의 대상은 하느님의 원수나 유다 민족의 원수를 가리킨다(신명기 23,6; 25,19; 시편 119,113-115). 원수에 대한 미움을 언급하지 않았지만, 사랑의 대상을 유다인 아닌 이스라엘로 제한하는 구절은 유다교에 많았다.[55] "여러분이 여러분을 사랑하는 사람들만 사랑한다면 무슨 상을 받겠습니까? 세리들도 그만큼은 하지 않습니까?"(마태 5,46) 구절은 원수 사랑이 친구 사랑을 제외하지 않는다는 말이다. 친구 사랑은 원수 사랑을 포함해야 한다. 예수운동 사람들은 율법학자들이나 바리사이파 사람들보다 더 옳게 살아야 한다(마태 5,20).

"하늘에 계신 아버지께서 완전하신 것같이 여러분도 완전한 사람이 되시오"(마태 5,48) 구절은 유다교에서 하느님 따르기Imitatio Dei 가르침에 속하는 말이다.[56] 하느님의 완전함에 대한 논의는 그리스 철학에 많았지만, 마태복음 저자는 하느님의 완전τέλειος(마태 5,48) 사상을 구약성서(판관기 9,5; 욥기 37,16; 시편 18,31)에 연결하여 생각한 듯하다. 아브라함(창세기 6,9)은 거룩함과 하느님 존중으로 인해 완전한 사람으로 칭송되

54 Davies, W. D., *The Setting of the Sermon on the Mount* (Cambridge, 1966), 245-248; Seitz, O., "Love your Enemies," 49-51.

55 Nissen, A., *Gott und der Nächste im antiken Judentum*, 322-327.

56 Kosmala, H., "Nachfolge und Nachahmung Gottes II. Im jüdischen Denken," *ASTI* 3 (1964): 65-110.

었다. 하느님 계명을 온전히 따르는 사람은 완전한 사람이다.[57]

왜 마태복음 저자는 "그러니 여러분의 아버지께서 자비로우신 것처럼, 여러분도 자비로운 사람이 되시오"(누가 6,36) 구절을 "하늘에 계신 아버지께서 완전하신 것같이 여러분도 완전한 사람이 되시오"(마태 5,48) 구절로 바꾸어 놓았을까. 마태복음 저자는 원수 사랑 계명이 여러 계명 중 하나가 아니라 모든 계명 중 핵심으로 놓으려 했다.[58] 원수 사랑 계명을 지키는 사람은 완전한 사람이란 뜻이다.

원수 사랑 계명은 지나친 요구 아닌가. 유다인 누구도 율법을 다 지킬 수 없는 것처럼 예수운동 사람 누구도 원수 사랑 계명을 다 지킬 수 없지 않은가. 유다인이 율법을 다 지키지 못한다고 예수운동 사람들이 비판한다면, 예수운동 사람들도 원수 사랑 계명을 다 지키지 못한다고 비판받아야 당연하지 않은가. 원수 사랑 계명을 기록했던 마태복음 저자 자신도 율법학자들과 바리사이파 사람들에게 저주 선언을 마태복음 23장에서 길고 자세하게 하지 않았는가. 마태복음 저자가 율법학자들과 바리사이파 사람들에게 선사했던 위선자(마태 23,13, 15, 23), 눈먼 인도자(마태 23,16, 23, 24), 눈먼 자(마태 23,17) 호칭을 마태복음 저자 자신이 되돌려 받아야 하지 않겠는가.

예수 그리스도의 종이며 사도인 시몬 베드로(베드로후서 2,1)는 원수 사랑 계명을 지킨 것일까.

---

57 Barth, G., "Das Gesetzesverständnis des Evangelisten Matthäus," in: Bornkamm, G./Barth & Held, H.-J. (Hg.), *Überlieferung und Auslegung im Matthäusevangelium*, WMANT 1 (Neukirchen, 1961), 54-154, 91; Schnackenburg, R., "Die Vollkommenheit des Christen nach den Evangelien," *GuL* 32 (1959): 420-433, 424.

58 Luz, U., *Das Evangelium nach Matthäus (Mt 1-7)*, 313.

그 악인들은 마치 잡혀서 죽으려고 태어난 이성이 없는 짐승과 같아서 알지도 못하는 일들을 헐뜯습니다. 그러다가 그들은 그 짐승들처럼 멸망을 당하고 말 것입니다. 이와 같이 그들은 자기들의 불의의 값으로 벌을 받게 됩니다. 그들은 대낮에 흥청거리며 노는 것을 낙으로 삼고 여러분과 함께 음식을 나누는 자리에서도 방탕한 짓을 즐기며 티와 흠을 남기는 자들입니다. 그들의 눈에는 음욕이 가득하고 끊임없이 죄만 지으며 들뜬 사람들의 마음을 유혹합니다. 그들은 욕심을 채우는 데만 잘 훈련되어 있는 자들이니 하느님의 저주를 받기에 알맞은 자식들입니다. 그들은 바른 길을 버리고 그릇된 길로 갔습니다. 그들은 부정한 소득을 좋아하던 보소르의 아들 발라암이 간 길을 따른 것입니다. 그러나 발라암은 자기가 저지른 잘못 때문에 책망을 받았습니다. 말 못하는 나귀가 사람의 음성으로 말해서 이 예언자의 미친 행동을 막은 것입니다. 이런 자들은 물 없는 샘이며 폭풍에 밀려가는 안개입니다. 이런 자들을 위해서 깊은 암흑이 마련되어 있습니다. 그들은 허무맹랑한 큰소리를 하며 그릇된 생활을 하는 자들로부터 가까스로 빠져 나온 사람들을 육체의 방탕한 정욕으로 유혹합니다. 그들은 남들에게는 자유를 약속하면서 그들 자신은 부패의 노예가 되어 있습니다. 정복을 당한 사람은 누구든지 정복자의 종이 되는 것입니다. 만일 우리 주님이시며 구세주이신 예수 그리스도를 알게 됨으로써 세상의 더러운 것에서 벗어난 사람들이 다시 거기에 말려 들어가서 정복당하고 만다면 그런 사람들의 나중 처지는 처음보다 더 나빠질 것입니다. 그들이 올바른 길을 알았다가도 자기들이 받은 거룩한 계명을 저버린다면 차라리 올바른 길을 알지 못했던 편이 더 나을 것입니다. "개는 제가 토한 것을 도로 먹는다" "돼지는 몸을 씻겨주어도 다시 진창에 뒹군다"라는 속담이 그들에게 그대로 들어맞았습니다(베드로후서 2,12-22).

원수 사랑 계명을 제대로 실천하지 못한 그리스도인들에게 유다인 처럼 오래 고통당해 온 사람들이 또 있을까. 어느 유다인 성서학자는 예수 가르침의 약점을 이렇게 요약했다. "예수 가르침은 모세오경, 예 언자들, 유다교 랍비들의 가르침보다 훨씬 드높아서, 실제로 실천되기 어렵다."[59] 원수 사랑 계명은 인간 본성에 어울리지 않는, 심지어 인간 본성에 폭력적으로 여겨질 계명은 혹시 아닌가.[60]

독일 시인 하이네[Heine] 말이 더 인간적이고 더 설득력 있지 않을까. "사랑 가득한 하느님께서 저를 아주 행복하게 만드시려면, 내 원수 여닐 곱이 저 십자가에 매달리게 해주시기를… 누구나 자기 원수를 사랑해야 만 하지만, 그들이 십자가에 매달리기 전에 원수 사랑은 안된다."[61] 독일 철학자 니체는 원수 사랑은 허약하고 부정직하다고 생각했다. "보복할 수 없음을 보복을 원하지 않음이라고 사람들은 둘러댄다. 원수 사랑을 말하면서 진땀을 흘리고 있다."[62] 예수의 원수 사랑 가르침과 정반대되 는 사건이 그리스도교 역사에 하나둘이 아니었다.

59 Montefiore, C. G., *The Synoptic Gospels II* (London, 1927, 2판), 523.

60 Lapide, P., *Die Bergpredigt. Utopie oder Programm?*, 101.

61 Heine, H., "Gedanken und Einfälle," in: Briegleb, K. (hg.), *Sämtliche Schriften* VI/1 (München, 1975), 653.

62 Nietzsche, F., *"Genealogie der Moral, I Abh., 14,"* in: Werke, Bd. 7 (Leipzig, 1923), 326.

37. 자선을 감추어라
(마태 6,1-4)

자선을 감추어라(마태 6,1-4) 단락은 예수에게서 왔는가. 마태 6,1-4 는 유다교[1] 또는 유다교 개혁파[2] 분위기에 가깝다. 예수 부활 후 예수운 동 공동체가 낳은 단락일까. 역사의 예수에게서 온 문장은 아니라는 의 견의 강력한 근거는 예수의 제자들이 단식하지 않았다는 데 있다(마태 2,19a). 마태 6,1-4 단락이 누구에게서 왔는지 분명하지 않다.

유다교 영성은 단식, 기도, 자선에서 잘 드러난다.[3] "옳지 못한 방법 으로 부자가 되는 것보다는 진실한 마음으로 기도를 드리고 올바른 마 음으로 자선을 행하는 것이 더 좋습니다. 황금을 쌓아두는 것보다는 자 선을 행하는 것이 더 좋은 일입니다"(토비트 12,8). 단어 ἐλεημοσύνη(마 태 6,2)는 자비 개념뿐 아니라 자비로운 행동을 가리킨다.[4] 예수운동 시

---

1 Haenchen, E., *Der Weg Jesu. Eine Erklärung des Markus-Evangeliums und der kanoni- schen Parallelen*, STö II 6 (Berlin, 1966), 117.

2 Betz, H. D., "Eine judenchristliche Kult-Didache in Matthäus 6,1-18," in: Strecker, G. (hg.), *Jesus Christus in Historie und Theologie* (FS Conzelmann, H.) (Tübingen, 1975), 445-457, 456.

3 Billerbeck, P., Strack, H., *Kommentar zum Neuen Testament aus Talmud und Midrasch I* (München, 1961), 454.

4 Przybylski, B., *Righteousness in Matthew and his World of Thought*, MSSNTS 41

대에 유다교 회당에서 가난한 사람들을 위한 자선이 공동체 차원에서 조직적으로 행해지진 않았다. 가난한 사람들에게 주는 십일조는 개인의 선의에 맡겨져 있었고, 그래서 개인의 선행은 더 격려되고 강조되었다(162~174). 유다교 회당에서 헌금을 많이 낸 사람에게 나팔을 불어주진 않았지만, 예배에서 공개적으로 이름을 불러주었고 랍비 옆에 앉게 했다.5

그리스에서 연극 배우ὑποκριτής(마태 6,2)를 가리키던 단어가 윤리 분야에 도입되면서 자기가 한 말과 다르게 행동하는 사람을 일컫게 되었다. 특히 연극에 관심 없는 유다 문화에서 그 단어는 부정적인 뜻으로 받아들여졌다.6 마태 6,2에서 말과 행동이 다른 사람이 아니라, 말과 행동은 같지만 이웃 사랑에서가 아닌 자신을 드러내기 위해 행동하는 사람을 가리켰다. 여기서 마태복음 저자는 바리사이파 사람과 율법학자를 생각한 듯하다(마태 5,20; 6,1; 23,5). 그들이 잘못했다는 말은 아니다. 그들은 지상에서 이미 받을 상을 다 받아서 하늘 나라에서 받을 상이 없다(마태 6,2c).

자선을 베풀 때 오른손이 하는 일을 왼손이 모르게 하여(마태 6,3) 구절은 오해되기 쉽다. 자선을 하는 사람이 자신의 자선 행동을 완전히 모를 수는 없다. 자신도 모르게, 스스로 의식하지 못한 상태에서 자선 행위를 할 수는7 없다. 자신의 자선 행동을 가까운 사람도 알지 못하게 신경 쓰라는 말이다. 자선은 하느님 앞에서 하는 행동이므로(마카베오하

(Cambridge, 1980), 100.

5 Luz, U., *Das Evangelium nach Matthäus (Mt 1-7)*, EKK I/1 (Neukirchen-Vluyn, 1992, 3판), 323.

6 Luz, U., *Das Evangelium nach Matthäus (Mt 1-7)*, 323, 주 31.

7 Bonhoeffer, D., *Nachfolge* (München, 1971, 10판), 135.

12,41; 로마 2,16, 18), 최후 심판에서 하느님께서 보상해 주실 것이다.[8] 선행한 사람은 하느님께 상을 받는다. 가난한 사람들이 창피당하지 않도록 남모르게 자선하는 일은 유다교에서 권장되었다.[9]

---

8 Schweizer, E., "Der Jude im Verborgenen..., dessen Lob nicht von Menschen, sondern von Gott kommt." Zu Röm 2,28f und Mt 6,1-18, in: ders, *Matthäus und seine Gemeinde*, SBS 71 (Stuttgart, 1974), 90.

9 Billerbeck, P., Strack, H., *Kommentar zum Neuen Testament aus Talmud und Midrasch I*, 391.

38. 올바른 기도
(누가 11,1-13/마태 6,5; 6,9-13; 7,7-11)

기도하지 않는 사람이 기도를 해설하는 일이 얼마나 위험한지 모르는 성서학자가 있을까. 기도를 해설하지 않으면서 기도하라고 윽박지르는 일이 얼마나 위험한지 성서학자들은 또한 모르지 않는다. 잘 기도하기 위해 기도 해설은 필요하고 유익하다. 누가복음 저자는 누가복음 11장에서 주의 기도(누가 11,1-4), 끈질기게 요청하는 친구 이야기(누가 11,5-8), 끈질기게 기도하라(누가 11,9-13) 세 단락을 기도에 대한 내용으로 연결했다. 기도에 대해 말하기 전에 누가복음 저자는 예수의 행동과 말씀을 누가복음 10장까지 자세히 소개했다. 예수의 행동과 말씀을 정확히 알고 나서야 올바른 기도가 가능하다는 뜻이다.

기도에 대한 글에서 누가복음 저자와 마태복음 저자 사이에 차이가 없진 않다. 주의 기도(누가 11,1-4; 마태 6,9-13), 끈질기게 기도하라(누가 11,9-13; 마태 7,7-11) 단락은 두 저자에게 공통으로 나온다. 마태복음 저자는 끈질기게 요청하는 친구 이야기(누가 11,5-8)를 모르고, 누가복음 저자는 자선에 대한 가르침(마태 6,1-4), 기도할 때 골방에 들어가 기도하라(마태 6,5-6), 기도에서 빈말을 되풀이하지 말라(마태 6,7-8), 단식 가르침(마태 6,16-18) 단락을 모르고 있다.

주의 기도(누가 11,1-4; 마태 6,9-13)에서도 누가복음과 마태복음 사이에 차이가 없진 않다. 아버지(누가 11,2b)는 하늘에 계신 우리 아버지(마태 6,9b)로 확대되었다. 아버지의 뜻이 하늘에서와 같이 땅에서도 이루어지게 하소서(마태 6,10b) 구절은 누가복음에 없다. 같은 단어 ἐπιούσιος (누가 11,3a; 마태 6,11)를 쓰지만, 누가복음 저자는 시간의 지속을 가리키며 '날마다' 빵을 주시고, 마태복음 저자는 지금 당장을 가리키며 '오늘' 빵을 주시라고 기도한다.

악에서 구하소서(마태 6,13b) 구절은 누가복음에 없다. 누가복음의 짧은 주님의 기도가 마태복음의 긴 주님의 기도보다 본문을 더 잘 보존했다. 누가복음 저자는 마태복음에 있는 주의 기도를 본 적이 없기 때문에, 주의 기도는 본래 예수 어록에 있었다고 보아야 한다.[1] 주의 기도 원문은 히브리어보다 아람어로 쓰였다.[2]

예수가 기도하는 장면은 마가복음이나 마태복음보다 누가복음에 훨씬 자주 나온다(누가 3,21; 5,16; 9,18). 구약성서는 하느님을 아버지에 비유했지만, 하느님을 아버지라고 표현한 곳(이사야 64,7; 말라기 1,6; 지혜서 14,3)은 구약성서에 드물다.[3] 요아킴 에레미아스는 유다교가 하느님을 내 아버지, 아빠[Abba]로 부르지 않았다고 주장하면서, 예수와 하느님과 독특한 관계를 예수의 아버지 호칭에서 찾았다.[4] 그러나 최근 성서신학 연구는 그의 주장을 뒤흔들어 놓았다.[5]

---

1 Bovon, F., *Das Evangelium nach Lukas* (9,51-14,35), EKK III/II (Neukirchen-Vluyn, 1996), 120.

2 Bovon, F., *Das Evangelium nach Lukas* (9,51-14,35), 121.

3 Cullamnn, O., *Das Gebet im Neuen Testament* (Tübingen, 1994), 55.

4 Jeremias, J., *Das Vater-Unser im Lichte der neueren Forschung* (Stuttgart, 1962), 18-19.

5 Fitzmyer, J. A., "Abba and Jesus' Relation to God," in: À ca use de l' évangile: Études sur

아버지$^{Π\acute{α}τερ}$(누가 11,2a) 단어를 해설하는 데 21세기 성서학자는, 특히 남성 신학자는 당연히 주저할 수밖에 없다. 하느님의 아버지다움에 대해 성서학자들은 오래 연구해 왔다.6 하느님을 아버지 특징의 단어로써 부를 수 있다면, 하느님을 어머니 특징의 단어로써 당연히 부를 수 있다고 나는 생각한다. 모든 어머니다움과 여성성은 하느님 안에 그 근원이 있다. "나는 하늘과 땅에 있는 모든 가족에게 이름을 주신 하느님 아버지 앞에 무릎을 꿇고 기도드립니다"(에페소 3,14-15).

거룩히 드러내소서$^{\acute{α}γι\acute{α}ζω}$(누가 11,2b) 단어는 우상숭배(레위 18,21; 20,3)와 죄(레위 21,6; 22,2, 32)를 물리치고 하느님 이름을 거룩히 드러냄(이사야 29,3)을 가리킨다. 하느님 이름을 거룩히 드러낼 수 있는 유일한 분은 하느님 자신이시다. 하느님은 인류를 심판해서가 아니라 구원함으로써 당신 이름을 거룩히 드러내실 것이다. "거룩하신 하느님은 정의로 당신의 거룩하심을 드러내시리라"(이사야 5,16b). 예수 행동과 말씀의 핵심은 아버지의 나라이다(누가 11,2d; 4,43; 8,1).

하느님 나라는 예수 오심과 연결되고(사도행전 28,31), 가난한 사람들과 예수 믿는 사람들은 하느님 나라 덕분에 산다(누가 6,20). 우리 기대(사도행전 1,6-8)와 희망(누가 21,31)과 기도(누가 11,2) 대상인 하느님 나라는 이미(누가 17,20-21), 부분적으로(누가 8,4-10), 신비스럽게(누가 8,10) 우리 곁에 있다. 유다인들도 하느님 나라를 기다렸다. 그러나 유다인들은 하느님 나라가 가까이 있다거나 역사 안에 벌써 들어와 있다고 말하

les synoptiques et les A ctes, LD 123 (Paris, 1985), 15-38; Vermes, G., *Jesus the Jew: A Historian's Reading of the Gospels* (London, 1973), 210-213.

6 Fitzmyer, J. A., *The Gospel According to Luke II*, AncB 28A (New York, 1985), 902-903; Vermes, G., *Jesus the Jew: A Historian's Reading of the Gospels*, 210-213.

지는 못했다.7 신약성서는 하느님 나라가 왔다는 표현을 자주 쓴다(마가 9,1; 13,28-30; 마태 10,23).

"우리가 일용할 빵을 날마다 우리에게 주소서"(누가 11,3). 하느님께 기도하는 우리에게 예수는 "나를 따르려는 사람은 누구든지 자기를 버리고 매일 제 십자가를 지고 따라야 합니다"(누가 9,23b)라고 말한다. 빵을 매일 주십사 기도하면서도, 우리 십자가를 매일 져야 함을 잊지 말아야 한다. "배부른 김에, '야훼가 다 뭐냐?' 하며 배은망덕하지 않게, 너무 가난한 탓에 도둑질하여 하느님의 이름에 욕을 돌리지 않게 해주십시오"(잠언 30,9). 평생 먹을 빵을 이미 다 가진 사람도, 매일 먹을 빵을 매일 걱정해야 하는 사람도 하느님의 이름을 얼마든지 모욕할 수 있다.

누가복음 저자는 죄 용서에 관심이 많다(누가 11,4a; 1,77; 7,36-50). "그리스도께서 성서에 기록된 대로 우리의 죄 때문에 죽으셨습니다"(고린토전서 15,3). 누가복음 저자는 회개를 강조했다(사도행전 5,31; 20,28). 그리스도인의 영성에 크게 영향을 끼친 주님의 기도는 누가복음 저자가 전해준 주님의 기도가 아니라 마태복음 저자가 전해준 주님의 기도였다.8 주님의 기도에 드러난 가부장 중심주의와 권력에 기초한 표현은 오늘 여성신학에 의해 정당하게 비판받고 있다.9

"요한의 제자들은 물론이요 바리사이파 사람들의 제자들까지도 자주 단식하며 기도하는데 어찌하여 당신의 제자들은 먹고 마시기만 합니까?"(누가 5,33) 구절을 누가복음 저자는 잊지 않았다. "주님, 요한이

---

7 Billerbeck, P., Strack, H., *Kommentar zum Neuen Testament aus Talmud und Midrasch I* (München, 1961), 418-419.

8 Bovon, F., *Das Evangelium nach Lukas* (9,51-14,35), 137.

9 Sorge, E., *Religion und Frau. Weibliche Spiritualität im Chrsitentum* (Stuttgart, 1987, 2판), 93-97.

자기 제자들에게 가르쳐준 것같이 저희에게도 기도를 가르쳐주십시오"(누가 11,1c), "당신은 나의 하느님이시오니, 당신 뜻대로 사는 법 가르쳐주소서"(시편 143,10a). 세례자 요한이 자기 제자들에게 어떤 기도를 가르쳐 주었는지, 우리는 알 수 없다. 예수 제자들의 기도와 세례자 요한 제자들의 기도는 같지 않다는 사실이 전제되었다. 예수가 제자들에게 가르쳐준 기도는 누가복음 공동체에서 이미 알려졌다는 사실도 전제되었다.

예수가 제자들에게 가르쳐준 기도(누가 11,2b-4)는 두 개의 2인칭 단수 기도(누가 11,2d-e)와 세 개의 1인칭 복수 기도(누가 11,3-4c)로 이루어진 청원 기도다. 누가복음 저자는 이 기도를 마태복음 저자처럼(마태 6,9b-13) 예수 어록에서(Q문헌) 발견한 듯하다. 누가복음 저자와 마태복음 저자는 이 기도를 예수 어록뿐만 아니라 공동체의 빵 나눔 예배에서 알았을 것이다.[10] 누가복음 저자는 예수 어록에 수록된 기도를 잘 보존한 듯하다.[11] 예수는 제자들에게 이 기도를 아람어로 가르친 듯하다.[12] 누가복음과 마태복음에 기록된 그리스어 주님의 기도를 아람어로 번역하는 시도는 없지 않았다.[13] 주님의 기도는 유다교 기도와 내용적으로 겹치는 부분이 있다.[14]

하느님을, 소유대명사 또는 명사 어미 없이, 아버지라고 부르는 사례

---

10 Wolter, M., *Das Lukasevangelium,* HNT 5 (Tübingen, 2008), 404.

11 Neirynck, F., "Documenta Q: Q 11,2-4," in: ders, *Evangelica III,* BEThL 150 (Löwen 2001), 432-439.

12 Wolter, M., *Das Lukasevangelium,* 405.

13 Jeremias, J., "Das Vater-Unser im Lichte der neueren Forschung," in: ders, *Abba, Studien zur neutestamentlichen Theologie und Zeitgeschichte* (Göttingen, 1966), 152-171, 160.

14 Leonhard, C., "Art. Vaterunser II," *TRE* 34 (2002): 512-515, 512-514.

는 유다교 기도에 드물었다.[15] 예수운동 당시 히브리 문헌과 아람어 문헌에는 그런 예가 보이지 않는다.[16] 아버지 호칭은 실제 아버지뿐 아니라 예언자(열왕기하 2,12; 6,21; 13,14)를 호칭할 때도 사용되던 존중의 표시였다. 예수운동 밖의 그리스 종교에서 신들에게 사용되던 호칭이었다.[17] "아버지의 이름을 거룩히 드러내소서. 아버지의 나라가 오게 하소서"(누가 11,2d-e) 구절은 고대 후기에 생긴 유다교 Quaddish 기도의 처음과 비슷하다.[18] 주님의 기도와 유다교 Quaddish 기도는 유다교 기도 전통에 있지만, 주님의 기도가 Quaddish 기도에서 유래했다고 보기는 어렵다.

하느님 아버지의 이름은 사람에 의해(이사야 29,23) 또는 하느님 자신에 의해(에제키엘 36,22) 거룩히 드러날 수 있다. "만백성이 그의 높고 두려운 이름을 찬양하리니, 그분은 거룩하시다"(시편 99,3). 하느님 나라가 오다^{ερχεσται}(누가 11,2e) 표현은 복음서의 예수 전승에서만 있다(마가 9,1; 누가 17,20; 22,18). 하느님 나라가 오심은 하느님 오심을 다르게 표현한 것이다(이사야 35,4; 즈가리야 14,5; 시편 50,3). 하늘에 이미 있는 하느님 통치가 지상에도 펼쳐지기를 우리는 희망한다.

---

15 Zimmermann, C., *Die Namen des Vaters. Studien Zu Ausgewählten Neutestamentlichen Gottesbezeichnungen*, AJEC 69 (Leiden/Boston, 2007), 41; Schelbert, G., "ABBA Vater. Der literarische Befund vom Altaramäischen bis zu den späten Midrasch-und Haggada-Werken in Auseinandersetzung mit den Thesen von Joachim Jeremias," *FZPhTh* 40 (1993): 259-281.

16 Wolter, M., *Das Lukasevangelium*, 405.

17 Zimmermann, C., *Die Namen des Vaters. Studien Zu Ausgewählten Neutestamentlichen Gottesbezeichnungen*, 64.

18 Lehnardt, A., *Quaddish, Untersuchungen zur Entstehung und Rezeption eines rabbinischen Gebetes* (Tübingen, 2002), 297; Leonhard, C., Art. "Vaterunser II," *TRE* 34 (2002): 512-515, 513.

"우리가 일용할 빵을 날마다$τὸ$ $καθ'$ $ἡμέραν$ 우리에게 주소서$δίδου$"(누가
11,3) 구절에서 날마다$τὸ$ $καθ'$ $ἡμέραν$, 주소서$δίδου$ 표현이 눈에 띈다. 단어
$ἐπιούσιος$(누가 11,3; 마태 6,11)를 어떻게 번역할까. 첫째, 물질$οὐσία$에서
연유한 단어라고 여긴다면, $ἐπιούσιος$는 '비물질적인, 하늘의 빵' 뜻이
된다. 라틴어 번역본 성서$Vulgata$에서 마태 6,11은 하늘의 빵$panis...supersub-$
$stantialis$으로 옮겨졌다. 단어 $οὐσία$를 실존 또는 존재로 본다면, $ἐπιούσιος$
는 '생존에 필요한' 뜻이 된다. 그러면 날마다$τὸ$ $καθ'$ $ἡμέραν$ 표현과 잘 어울
린다(탈출기 16,4). 가장 가까운 날, 즉 내일이라고 옮길 수도 있다. 오늘
성서학계에서 가장 널리 받아들여진 번역이다.[19] 날마다 굶주리지 않
게 빵을 우리에게$ἡμῶν$(레위 26,5; 이사야 4,1; 시편 145,15) 주시라는 기도다.
하느님은 당신 피조물을 살리시는 분이다(시편 104,14; 136,25; 147,9).
사회적으로 곤경에 처한 경우에만 바치는 기도는 아니다.[20]

"풍족한 생활을 누리는 성서학자인 내가 가난한 세상에 선포된 누가
복음 행복 선언을 어떻게 감히 해설하려고 덤빌 수 있겠는가? 나는 행
복 선언과 저주 선언을 잠자코 귀담아들어야만 한다."[21]성서학자 보폰
의 정직한 고백에서 나는 크게 감동받았다. 평생 먹고살 것을 다 갖춘
목사 신부나 신학자가 주님의 기도를 제대로 이해하거나 설교할 수 있
을까.

"우리가 우리에게 빚진 이들을 모두 용서하오니, 우리의 죄를 용서
하소서"(누가 11,4a-b) 구절은 "우리 아버지시여, 우리가 당신께 죄를 지

---

19 Wolter, M., *Das Lukasevangelium*, 405.

20 Luz, U., *Das Evangelium nach Matthäus (Mt 1-7)*, EKK I/1 (Neukirchen-Vluyn, 1992,
   3판), 451.

21 Bovon, F, *Das Evangelium nach Lukas* (Lk 1,1-9,50), EKK III/1 (2012, 2판), 298.

었으니, 우리를 용서하소서"(유다교의 18 청원기도중 여섯 째) 구절을 닮았다.[22] 개인적으로 용서를 간청하는 기도는 구약성서에 있었다(탈출기 34,9; 시편 25[24],11; 호세아 14,3). 하느님께서 우리 죄를 용서하시기 때문에 비로소 우리가 우리에게 빚진 이들을 모두 용서하는 것이 아니다. 우리에게 빚진 이들을 먼저 우리가 모두 용서할 테니, 비로소 하느님께서 우리 죄를 용서하시라는 요청이다.

"우리를 유혹에 빠지지 않게 하소서"(누가 11,4c) 구절은 오해되기 쉽다. 하느님께서 우리를 악으로 유혹하시지 말라는 뜻이[23] 아니다. 고통과 두려움에 있을 때도 우리가 하느님에 대한 존중과 충실을 갖고 있는지 하느님께서 시험하시지는 말라는 요청이다(사도행전 20,19; 야고보 1,2; 베드로후서 2,9). 예수가 올리브 산에서 제자들에게 "유혹에 빠지지 않도록 기도하시오"(마가 14,38; 누가 22,40b) 부탁과 다르지 않다. 하느님이 그 유혹을 일으키시는지, 아니면 예수 믿는 사람이 그런 상황을 유혹으로 여기는지[24] 질문은 누가복음 저자의 의도에서 한참 벗어난다. 예수를 믿는 사람만이 그런 상황을 유혹으로 알아차릴 수 있다는 사실이 우선 중요하다.

유다교에서 존중되던 기도 장소는 회당이었다. 그러나 유다교에서 회당이 거룩한 공간으로 이해되지는 않았기 때문에, 유다인은 어디서나 기도할 수 있었다.[25] 마태 6,5-6에서 기도는 유다인이 하루에 세 번

---

22 Kellermann, U., *Das Achtzehn-Bitten-Gebet* (Neukirchen-Vluyn, 2007), 97.

23 Jenni, E., "Kausativ und Funktionsverbgefüge. Sprachliche Bemerkungen zur Bitte : "Führe uns nicht in Versuchung"," *ThZ* 48 (1992): 77-88, 82.

24 Fitzmyer, J. A., "And lead us not into Temptation," *Bib.* 84 (2003): 259-273; Gielen, M., "Und Führe uns nicht in Versuchung," *ZNW* 89 (1998): 201-216.

25 Billerbeck, P., Strack, H., *Kommentar zum Neuen Testament aus Talmud und Midrasch*

바치는 기도를 가리킨다. 유다교에서 기도 시간은 이슬람처럼 정확히 정해지지 않았기 때문에, 유다인은 정오까지 한번, 저녁까지 한번 기도 하면 되었고, 저녁 기도는 특별히 정해진 시간이 없었다.[26] 유다인은 보통 서서 기도했지만, 길모퉁이에서 땅에 엎드려 기도하는 모습도 흔히 볼 수 있었다. 회당 안에서 예배 중에 유다인은 큰 소리로 자유롭게 개인 기도를 바치기도 했다.[27] 유다인은 자연스럽게 회당이나 길모퉁이에 서서 기도하였다.

예수가 혼자(마태 14,23; 누가 9,18), 조용한 곳에서(마가 1,35; 누가 5,16) 기도했지만, 예수가 왜 "그들은 남에게 보이려고 회당이나 한길 모퉁이에 서서 기도하기를 좋아한다"(마태 6,5b)며 민감하게 비판했는지 우리는 알기 어렵다.[28] "여러분은 기도할 때 골방에 들어가 문을 닫고 보이지 않는 여러분의 아버지께 기도하시오"(마태 6,6a). 골방ταμεῖόν은 유다 농가에 보통 있던 창고를 가리킨다.[29] 예수가 특정한 공간을 기도 장소로 정한 것은 아니다. 기도가 자기 자랑의 수단으로 악용될 수 있다는 사실을 예수가 지적한 듯하다. 유다교 기도를 폄하하거나 그리스도교의 기도가 유다교의 기도보다 우월하다는 결론을 마태 6,5-6에서 이끌어 내면 안 된다.

I, 399.

26 Luz, U., *Das Evangelium nach Matthäus (Mt 1-7)*, 325, 주 46.

27 Heinemann, J., *Prayer in the Talmud: forms and patterns* (Berlin Berlin/New York, 1977), 191.

28 Luz, U., *Das Evangelium nach Matthäus (Mt 1-7)*, 325.

29 Krauss, S., *Talmudische Archäologie I* (Hildesheim, 1966), 44.

39. 남을 판단하지 말라
(누가 6,37-42/마태 7,1-5)

이웃의 약점을 모르지 않는 우리 또한 하느님께 심판받는다. 그러나 예수는 우리가 이웃을 무조건 받아들여야 한다고 요구하지 않았다. 우리가 이웃을 정확히 파악하는 일을 예수가 반대한 것도 아니다. 예수가 우리에게 판단 중지를 요구한 것이 아니다. 바울 역시 같은 생각이다. "영적인 사람은 무엇이나 판단할 수 있지만, 그 사람 자신은 아무에게서도 판단받지 않습니다"(고린토전서 2,15), "남을 비판하지 마시오"(누가 6, 37a) 구절은 유다인의 종교적, 사회적 삶을 율법 아래 판단하는 유다교 지배층을 겨냥하여 예수가 한 말이다.[1]

누가 6,39-40 비유에서 세 가지 해석을 생각할 수 있다.[2] 첫째, 누가 6,39-40 비유는 바리사이파 사람들을 비판하고 있다(마태 5,12-14; 로마 2,19). 누가 6,40은 예수운동 공동체에서 우월감에 빠진 사람들을 또한 겨냥하고 있다.[3] 누가복음의 들판 설교 맥락에서 본다면, 예수를 따르

---

1 Bovon, F., *Das Evangelium nach Lukas* (1,1-9,50), EKK III/1 (Neukirchen-Vluyn, 1989), 324.

2 Bovon, F., *Das Evangelium nach Lukas* (1,1-9,50), 332.

3 Schürmann, H., *Das Lukasevangelium. Erster Teil: Kommentar zu Kap. 1,1-9,50*, HThK III/1 (Freiburg, 1970), 365.

는 모든 사람에게 하는 말이기도 하다. "눈을 뜨게 하여 그들을 어둠에서 빛으로, 사탄의 세력에서 하느님께로"(사도행전 26,18a) 가는 일이다. 예수 제자들은 예수 부활에서 눈이 열려 예수를 알아보았다(누가 24,31a).

구덩이(누가 6,39c) 비유는 심판을 가리킬 때 쓰였다(이사야 24,17-18; 예레미야 48,43-44). "제자가 스승보다 더 높을 수는 없습니다. 제자는 다 배우고 나도 스승만큼 밖에는 되지 못합니다"(누가 6,40) 구절은 예수와 제자들의 관계를 해설하고 있다. 유다교에서 제자 교육의 목표는 스승처럼 되는 일이었다. 누가복음 저자는 제자가 스승보다 더 앞서가는 상황까지 생각하진 않았다.

예수 말씀의 특징은 다른 사람을 향한 내 눈이 먼저 내 자신을 향하도록 요청하는 데 있다. 다른 사람을 정확히 보기 위해서 먼저 내 자신을 올바로 보아야 한다는 말이다. 예수 교육학의 특징을 이런 순서로 설명할 수 있다.[4] 나 자신을 다른 사람에 대한 심판자로 내세우지 않는다. 사랑과 희망으로 나를 바라보는 예수 말씀에 내 자신을 열고, 내 자신의 약점을 정직하게 인정하고, 내가 새로운 사람이 되겠다고 결단하고, 예수처럼 되려고 애쓴다.

누가 6,37-42 단락은 클레멘스 전서 13,2와 내용과 형식에서 비슷하다.[5] "심판하지 마시오, 불의하다고 단정하지 마시오, 용서하시오"(누가 6,37) 세 조언은 서로 다른 세 명령이 아니라 똑같은 하나의 명령이다.[6] "남에게 주시오"(누가 11,38a) 구절은 "누구든지 당신에게 청하는 사

---

4 Bovon, F., *Das Evangelium nach Lukas* (1,1-9,50), 335.

5 Betz, H. D., *The Sermon on the Mount* (Philadelphia, 1995), 615; Lindemann, A., Die Clemensbriefe (Tübingen, 1992), 54.

6 Kollmann, B., "Jesu Verbot des Richtens und die Gemeindedisziplin," *ZNW* 88 (1997): 170-186, 175.

람에게는 주고"(누가 11,30a) 구절을 다시 확인한다. "착한 사람은 동정하고 후하게 준다"(시편 37,21b). 하느님은 인간에게 되받지 않으시고 인간에게 거저 주신다.

"어떻게 시각 장애인이 시각 장애인을 인도할 수 있습니까? 둘 다 구덩이에 빠지지 않겠습니까?"(누가 11,39b-c) 구절은 눈먼 사람에게 길잡이가 되고 어둠 속에서 헤매는 사람에게 빛이 될 수 있다고 자신하는 유다인 비유에(로마 2,19-22) 연결된다. 시각 장애인에게 도우미가 필요하다. 예수운동 공동체에도 가르치는 사람이 필요하다. 누가복음 저자는 누가 11,39b에서 누구를 시각 장애인이라고 생각했을까.

"제자가 스승보다 높지 않습니다. 그러나 누구든지 다 배우고 나면 제 스승처럼 될 것입니다"(누가 6,40) 구절은 주로 누가 6,39와 연결되어 해석되었다. 예수 제자들은 언제, 어떻게 해야 예수처럼 될 수 있을까. 예수가 제자들에게 가르친 내용을 예수 제자들이 사람들에게 똑같이 가르칠 때, 예수 제자들은 예수처럼 될 수 있다. 예수가 제자들에게 가르친 내용이 예수 제자들이 사람들에게 가르칠 기준이다.[7] "왜 당신은 형제 눈 속의 티는 보면서도 제 눈 속의 들보는 깨닫지 못합니까?"(누가 6,41)

"남을 판단하지 마시오, 그러면 여러분도 판단받지 않을 것입니다"(마태 7,1) 구절은 예수가 실제로 한 말 같다. "남을 판단하는 대로 여러분도 하느님의 심판을 받을 것"(마태 7,2a-b) 구절은 예수가 한 말이 아니라 편집된 구절 같다. 마태 7,3-5는 마태복음 저자가 전해 받은 구절 같다.

판단하다^{κρίνειν}(마태 7,1) 단어는 뜻과 가리키는 범위도 넓고 다양해

---

7 Schürmann, H., *Das Lukasevangelium. Erster Teil: Kommentar zu Kap. 1, 1–9, 50, 369.*

서 그 단어가 어떤 뜻으로 쓰였는지 정확히 알기 어렵다. 여기서 예수가 말한 판단 금지의 범위는 어디까지 해당하는가. 개인 사이의 일에 대한 것인가(마태 7,3-5). 국가나 사회에 대한 판단도 금지한 것인가(마태 7,1). 대부분 성서학자들은 마태 7,1-5 단락이 국가나 사회에 대한 판단과 관계없다는 데 일치한다.[8]

여러분도 판단받지 않을 것(마태 7,1b) 표현에서 판단은 최후 심판을 가리키는 듯하다. 사법부의 판결을 가리킨 것은[9] 아니고, 세상 끝 날에 닥칠 심판을 의식하고 있다. 예수의 놀라운 선언 마태 7,1은 구약성서와 유다교 문헌 어디서도 찾을 수 없다. 그 정도로 파격적인 발언이다. "남을 판단하는 대로 여러분도 하느님의 심판을 받을 것이고, 남을 저울질하는 대로 여러분도 저울질을 당할 것입니다"(마태 7,2) 구절은 "남을 판단하지 마시오, 그러면 여러분도 판단받지 않을 것입니다"(마태 7,1) 구절을 해설한다. 마태 7,2는 경제 활동에서, 일상생활에서, 법 적용에서 흔히 적용되는 원칙이다. 인간 모두가 하느님의 심판을 받을 것이라는 전제를 마태 7,2는 하고 있다. 내 자신이 하느님께 심판받을 것을 잊지 말라. 무자비한 종의 비유(마태 18,23-35)는 비유를 들어 마태 7,2를 해설한다.

"어찌하여 여러분은 형제의 눈 속에 있는 티는 보면서 제 눈 속에 들어 있는 들보는 깨닫지 못합니까? 제 눈 속에 있는 들보도 보지 못하면서 어떻게 형제에게 '네 눈의 티를 빼내어 주겠다' 하겠습니까?"(마태 7,3-4) 문장은 오해되기 쉽다. 남의 흠은 아예 쳐다보지 말고 오직 자기

---

8 Luz, U., *Das Evangelium nach Matthäus (Mt 1-7)*, EKK I/1 (Neukirchen-Vluyn, 1992, 3판), 377.

9 Käsemann, E., "Die Anfänge christlicher Theologie," *ZThK* 57 (1960): 162-185.

자신의 흠만 살펴보라는 요구가 아니다. 남의 흠을 볼 적에도 판단하는 자기 자신을 판단 받는 처지로 반드시 보라는 요청이다. 내 눈 속에 들보가 있다면, 형제의 눈 속에 있는 티를 내가 꺼내기는커녕 그 티를 볼 수조차 없다.

　남의 흠을 못 본 척하라거나 각자 자기 문제에만 몰두하라는 말이 아니다. 형제자매의 잘못은 그 개인만의 문제가 아니다. 내 흠도, 내 형제자매의 흠도 공동체 전체에 연결된 문제다. 악의 현실과 악인들의 난동에 침묵하거나 눈 감고 있으라는 말이 아니다. 나 자신의 구원을 위해서라도, 내 형제자매의 구원을 위해서라도 내 눈 속의 들보를 꺼내는 심정으로 내 형제자매의 흠을 지적해야 한다.

40. 열매 보고 나무 안다
(누가 6,43-45/마태 7,16-20; 12,33-37)

누가 6,43-45 단락은 논쟁이 구전으로 전승되어 생겼다.[1] 예수를 믿지 않는 사람들에게 하는 말이 아니라 예수를 믿고 따르는 사람들에게 하는 말이다.[2] 열매를 보면 나무를 알 수 있다(누가 6,44a). "특종 포도나무를 진종으로 골라 심었는데 너는 품질이 나쁜 잡종으로 변하였구나"(예레미야 2,21). 예수는 믿는 사람의 말(누가 6,45b)뿐만 아니라 행동에서(누가 6,39-45a) 열매를 요구한다.

나무와 열매 비유(누가 6,43-44)는 선한 사람과 악한 사람의 비유로 확장되었다. 곳간과 마음(누가 6,45)은 감추어진 것을 가리킨다(신명기 15,9; 마태 13,44; 로마 2,29). 누가 6,45c는 감추어진 것이 행동이 아니라 말과 연결되었다. 입과 심장 사이에, 말과 행동 사이에 엄청난 차이가 있다는 사실을 누가복음 저자도 알고 있다. 누가복음 저자는 예수의 제자들에게 우선 자신들의 말을 돌아보고 반성하라고 요청한다.[3]

---

1 Krämer, M., "Hütet euch vor den falschen Propheten. Eine überlieferungsgeschichtliche Untersuchung zu Mt 7,15-23/ Lk 6,43-46 / Mt 12,33-37," *Bib* 57 (1976): 349-377.

2 Bovon, F., *Das Evangelium nach Lukas* (1,1-9,50), EKK III/1 (Neukirchen-Vluyn, 1989), 336.

3 von Gemünden, P., *Vegetationsmetaphorik im Neuen Testament und seiner Umwelt*, NTOA

"좋은 열매를 얻으려거든 좋은 나무를 기르시오"(마태 12,33a). 나무와 열매의 비유는 독자들이 마태 7,16-18에서 이미 알았다. 세례자 요한은 바리사이파 사람들과 사두가이파 사람들을 독사 새끼들γεννήματα ἐχιδνῶν(마태 12,34a)이라 불렀다. 예수도 독사 새끼들 표현을 썼다(마태 12,34; 23,33). 바리사이파 사람들이 왜 그런 욕설을 들어야 했을까. 바리사이파 사람들이 악하기 때문에 예수에게 악한 말을 했다는 것이다. 마태 12,34-37에서 예수는 반대자들을 처음으로 직접 비판하고 있다.[4]

말씀Λόγος(요한 1,1a)과 달리 말ῥῆμα(마태 12,36a)은 발음된 단어를 가리킨다. "심판 날이 오면 자기가 지껄인 터무니없는 말을 낱낱이 해명해야 될 것입니다"(마태 12,36b) 구절은 열매 없는 믿음을 비판하고 있다. "행동이 뒤따르지 않는 믿음은 아무 소용이 없습니다"(야고보 2,20).

---

18 (Göttingen, 1993), 149.

4 Verseput, D., *The Rejection of the Humble Messianic King*. EHS.T 291 (Frankfurt u.a., 1986), 242.

41. 거룩한 것을 모욕하지 말라
(마태 7,6)

"거룩한 것을 개에게 주지 말고, 진주를 돼지에게 던지지 마시오. 그것들이 발로 그것을 짓밟고 돌아서서 여러분을 물어뜯을지도 모릅니다"(마태 7,6) 문장은 수수께끼다. 그 말이 어디서 왔는지, 본래 뜻은 무엇인지, 마태복음에서 그 의미는 무엇인지 여전히 밝혀지지 않고 있다.[1] 마태 7,6는 "예쁜 여자가 단정하지 못한 것은 돼지 코에 금고리다"(잠언 11,22) 문장에 가깝긴 하지만, 마태복음 저자는 무슨 목적으로 마태 7,6을 기록했을까. 개는 고대 사회에서 존중받지 못한 동물이었고, 유다교에서 불결하게 여겨진 돼지는 유다인 아닌 민족이나 로마를 가리키기도 했다.[2] 개와 돼지는 함께 언급되기도 했다(이사야 66,3).

마태 7,6의 모든 단어가 비유 표현이다. 격언 같은 이 문장은 지혜를 바보에게 주지 말라는 뜻 같다. "개가 게운 것을 도로 먹듯이, 미련한 자는 어리석은 짓을 되풀이한다"(잠언 26,11) 구절을 나는 발견했다. 개와

---

1 Luz, U., *Das Evangelium nach Matthäus (Mt 1-7)*, EKK I/1 (Neukirchen-Vluyn, 1992, 3판), 381.

2 Billerbeck, P., Strack, H., *Kommentar zum Neuen Testament aus Talmud und Midrasch I* (München, 1961), 448-450.

돼지를 유다인 아닌 사람들에게 비유한다면, 마태 7,6은 지혜를 유다인 아닌 사람들에게 주지 말라는 뜻이 된다. 마태복음 공동체에서 유다인 아닌 사람들에게 복음을 전하지 말라는 뜻이었을까. 마태복음 저자는 유다인 아닌 사람들에게 복음을 전하지 말자고 주장한 적이 없다. 마태 7,6은 마태복음 맥락에서 해석하지 말자는 제안도 있다.[3]

---

3 Luz, U., *Das Evangelium nach Matthäus (Mt 1-7)*, 382.

42. 용기 내어 기도하라
(누가 11,5-13/마태 7,7-11)

누가 11,5-8과 누가 11,9-13 단락을 따로 나누어 해설하는 주석서도 없지 않다.[1] 그러나 나는 누가 11,5-13을 한 단락으로 보고 해설하는 주석서를 더 선호한다.[2] 누가 11,5-8은 누가복음 특수 자료에서, 누가 11,9-13은 예수 어록에서 왔다.[3]

왜 빵 세 개를(누가 11,5d) 꾸어달라고 했을까. 시리아 지역에서 만드는 작은 빵인 듯하다.[4] 요르단과 이집트 광야 지역에서 사람들은 밤에 이동하지만, 정착 지역인 이스라엘에서 한밤중에 남의 집을 두드리는 일은 집주인에게 놀랄 만하다. 깊은 밤의 시간은 손님이 아니라 도둑이 드는 시간이다(누가 5,5c; 마태 24,42-44; 요한 묵시록 3,3). 단칸방에, 침대 하나뿐인, 안에서 잠그는 문이 하나 있는 소박한 농가였을 것이다.[5]

---

1 Marshall, I. H., *The Gospel of Luke*, NIGTC (Grand Rapids, 1978), 462-470; Fitzmyer, J. A., *The Gospel According to Luke II*, AncB 28a (New York, 1985), 909-916.

2 Bovon, F., *Das Evangelium nach Lukas*(9,51-14,35), EKK III/II (Neukirchen-Vluyn, 1996), 143-162; Wolter, M., *Das Lukasevangelium*, HNT 5 (Tubingen, 2008), 410.

3 Bovon, F., *Das Evangelium nach Lukas*(9,51-14,35), 146.

4 Bailey, K.E, *Poet and Peasant. A literary-cultural approach to the parables in Luke*(Grand Rapids, 1976), 121.

5 Jeremias, J., *Die Gleichnisse Jesu* (Göttingen, 1965, 7판), 137.

누가복음 저자가 공동체 사람들에게 끊임없이 기도하라고 요청한 이유가 있다. 누가복음 공동체에 들어온 유다인 아닌 사람들에게 기도 습관이 없었기 때문이다.[6]"만일 여러분 중에 지혜가 부족한 사람이 있으면 하느님께 구하십시오. 그러면 아무도 나무라지 않으시고 모든 사람에게 후하게 주시는 하느님께서 지혜를 주실 것입니다. 조금도 의심을 품지 말고 오직 믿음으로 구하십시오"(야고보 1,5-6a).

예수의 제자들이 한밤중에 자는 친구를 깨워 빵 세 개를 꾸어달라고 조르는 친구에 비유되었다. 예수의 제자들은 자신들이 먹을 것을 위해 하느님을 찾은 것은 아니었다. 자신들에게 먹을 것을 조르는 사람들을 위해 예수의 제자들은 하느님께 간청하고 있다. 곤히 자고 있는 하느님을 깨울 권리가 예수의 제자들에게, 인간에게 있다.[7] 하느님은 주실 것이고 열어 주실 것이다.[8] "야훼를 찾아라. 만나주실 때가 되었다. 그를 불러라, 옆에 와 계신다"(이사야 55,6). "청하라, 주실 것이다"(역대기하 1,7; 시편 2,8), "구하라, 찾을 것이다"(신명기 4,29; 이사야 65,1) 말씀은 구약성서에 있다. 누가복음 저자는 "두드려라, 열릴 것이다"(누가 13,36; 사도행전 12,13) 말씀을 기록했다.

하느님은 정말로 인간의 모든 기도를 들어주시는가. 인간은 하느님께 무엇이라도 청해도 좋은가. 솔로몬은 서로 연결된 두 질문을 비껴갈 수 없었다. 솔로몬의 꿈에 나타나셨던 하느님은 "내가 너에게 무엇을 해주면 좋겠느냐?" 물으셨다(열왕기상 3,5). 솔로몬은 장수, 재산, 원수

6 Bovon, F., *Das Evangelium nach Lukas* (9,51-14,35), 162.

7 Haacker, K., "Mut zum Bitten, Eine Auslegung von Lukas 11,5-8," *ThBeitr* 17 (1986): 1-6, 6.

8 Zeller, D., *Die weisheitlichen Mahnsprüche bei den Synoptikern*, FzB 17 (Stuttgart/Würzburg, 1977), 127.

갚음이 아니라 백성을 다스릴 수 있고 흑백을 잘 가려낼 수 있는 명석한 머리를 주시라 청했다(열왕기상 3,9). "구해도 얻지 못한다면, 그것은 욕심을 채우려고 잘못 구하기 때문이다"(야고보 4,3).

생선을 청하는 아들에게 뱀을 줄 아버지가 있겠으며(누가 11,11), 달걀을 청하는 아들에게 전갈을 줄 아버지가 있겠는가(누가 11,12). 빵을 달라는 아들에게 돌을 줄 아버지가 있겠으며(마태 7,9), 생선을 달라는데 뱀을 줄 아버지가 있겠는가(마태 7,10). 누가복음 저자와 마태복음 저자가 각각 비유로 든 대상이 똑같지는 않다. "여러분은 악한데도 여러분의 자녀들에게는 좋은 선물을 줄 줄 안다면, 하늘에 계신 아버지께서야 당신에게 청하는 이들에게 얼마나 후하게 성령을 주시겠습니까"(누가 11,13). 하느님과 인간은 그 차원이 아주 다름을 누가복음 저자는 강조한다. 예수의 제자들을 누가복음 저자가 도덕적으로 얕잡아보거나 인간에 대한 비관적인 생각을 하는 것은 아니다.9

마태복음 저자는 산상수훈을 소개하는(마태 6,9-7,11) 마지막 부분에서 용기 내어 기도하라(마태 7,7-11) 단락을 배치했다. 마태복음 저자는 우리에게 용기 가질 근거를 제공한 뒤, 용기 내라고 촉구한다. 마태 7,7-11은 예수가 직접 한 말로 여겨진다.10 구하여라Αἰτεῖτε, 찾아라ζητεῖτε, 두드려라κρούετε 세 단어(마태 7,7)는 종교적 의미를 갖고 있다. 인간은 하느님을 찾고(예레미야 29,13; 이사야 65,1), 자비의 문을 두드린다.11 "누구든지 구하면 받고, 찾으면 얻고, 문을 두드리면 열릴 것이다"(마태 7,8)

---

9 Bovon, F., *Das Evangelium nach Lukas* (9,51-14,35), 155.

10 Luz, U., *Das Evangelium nach Matthäus (Mt 1-7)*, EKK I/1 (Neukirchen-Vluyn, 1992, 3판), 383.

11 Billerbeck, P., Strack, H., *Kommentar zum Neuen Testament aus Talmud und Midrasch I* (München, 1961), 458.

구절에서 동사는 현재형이다. 기도하면 세상 끝 날에 비로소 받는 것이 아니라 현재에 받는다고 마태복음 저자는 강조했다.

"여러분 중에 아들이 빵을 달라는데 돌을 줄 사람이 어디 있으며, 생선을 달라는데 뱀을 줄 사람이 어디 있겠습니까?"(마태 7,9-10) 빵과 생선은 유다인의 주요 먹거리에 속했다. 빵과 돌, 생선과 뱀은 모양이 서로 비슷하기도 하다. 지느러미와 비늘이 없는 것은 유다인이 먹지 못하도록 금지되었다(레위 11,10). 유다인이 먹지 못할 뱀을 하느님이 주시겠냐는 말이다. "여러분은 악하면서도 자기 자녀에게 좋은 것을 줄 줄 알거든, 하물며 하늘에 계신 여러분의 아버지께서야 구하는 사람에게 더 좋은 것을 주시지 않겠습니까?"(마태 7,11)

예수처럼 기도의 확신을 강조한 기록은 구약성서에 많다. "여인이 자기의 젖먹이를 어찌 잊으랴! 자기가 낳은 아이를 어찌 가엾게 여기지 않으랴! 어미는 혹시 잊을지 몰라도 나는 결코 너를 잊지 아니하리라"(이사야 49,15).

43. 율법과 예언서의 정신
(누가 6,31-36; 마태 5,17-20)

"여러분은 사람들이 여러분을 위해 해주기를 바라는 대로, 그들에게
해 주시오"(누가 6,31) 이 황금률은 세상이 다 알고 있다. 공통년 이전 5
세기에 그리스 철학자들은 그렇게 말했다.[1] 유다교 역시 황금률을 모르
지 않았다. "네가 싫어하는 일은 아무에게도 행하지 마라"(토비트 4,15).

황금률이 보복의 원칙[2] 또는 상호 비례의 원칙에[3] 따르기 때문에, 누
가복음 저자가 황금률을 누가 6,29-30과 누가 6,32-34 사이에 배치한
사실을 의아하게 보는 의견이 있었다. 그렇게 볼 필요는 없다.[4] 황금률
이 특별히 중요한 까닭은 무엇일까. 개인이나 이름 없는 사람들의 희망
이 내 행동의 원칙일 뿐만 아니라 사회적으로 무시당하는 사람들의 집
단적 희망이 또한 내 행동의 원칙으로 작용하기 때문이다. "사람의 아들
때문에 사람들에게 미움을 사고, 내어쫓기고, 욕을 먹고, 누명을 쓰면,

---

1 Betz, H. D., *The Sermon on the Mount* (Philadelphia, 1995), 508; Dihle, A., *Die goldene
  Regel*, SAW 7 (Göttingen, 1962), 85.

2 Dihle, A., *Die goldene Regel*, 113.

3 Horn, F. W., *Das Angeld des Geistes*, FRLANT 154 (Göttingen, 1992), 105.

4 Strecker, G., *Die Bergpredigt* (Göttingen, 1984), 158; Wattles, J., *The Golden Rule* (Oxford,
  1996), 63.

여러분은 행복합니다"(누가 6,22). 억압받는 사람들의 희망이 내 행동의 기준이다.

"여러분이 율법학자들이나 바리사이파 사람들보다 더 옳게 살지 못한다면, 결코 하늘 나라에 들어가지 못할 것입니다"(마태 5,20; 4,10) 구절은 마태 5,17-19를 요약하는 제목 역할을 한다.[5] "천지가 없어지는 일이 있더라도, 율법은 일 점 일 획도 없어지지 않고 다 이루어질 것입니다"(마태 5,18) 구절은 예수가 한 말은 아니고, 유다계 예수운동 사람들이 전해준 특수 자료에 근거한 말 같다.[6]

마태 5,17-20은 마태복음에서 가장 해설하기 까다로운 단락에 속한다.[7] 단어 καταλύω는 '효력을 없애다'부터 '없애다'까지 의미 범위가 넓다.[8] 마태 5,17에서 없애다[καταλύω], 완성하다[πληρόω] 동사가 예수의 가르침과 연결된다면, 예수의 가르침이 율법을 바꾸는 것인지 아닌지 우리가 물을 수 있다. 예수의 가르침이 율법을 전혀 바꾸지 않는다면, 완성하다 동사는 율법을 완벽하게 표현한다는 말이다.[9] 예수의 가르침이 율법을 바꾼다면, 완성하다 동사는 율법에 부족한 부분을 양적으로 보충하거나[10] 질적으로 더 완성한다는[11] 뜻이다.

---

5 Broer, I., *Freiheit vom Gesetz und Radikalisierung des Gesetzes*, SBS 98 (Stuttgart, 1980), 73.

6 Luz, U., *Das Evangelium nach Matthäus (Mt 1-7)*, EKK I/1 (Neukirchen-Vluyn, 1992, 3판), 230.

7 Luz, U., *Das Evangelium nach Matthäus (Mt 1-7)*, 230.

8 Luz, U., "Die Erfüllung des Gesetzes bei Matthäus (5,17-20)," *ZThK* 75 (1978): 398-435, 415.

9 Kümmel, W. G.,"Jesus und der jüdische Traditionsgedanke," in: ders, *Heildgeschehen und Geschichte I*, MThSt 3.16 (1965), 34,

10 Jeremias, J., *Neutestamentliche Theologie I. Die Verkündigung Jesu* (Gütersloh, 1971, 4판), 88.

없애다καταλύω, 완성하다πληρόω 단어가 예수의 활동과 연결된다면, 예수의 역사가 구원역사에서 율법과 예언서를 완성하거나[12] 예수가 율법을 지킴으로써 율법과 예언서를 완성하거나[13] 예수의 죽음과 부활로 예수가 율법을 완성한다는[14] 뜻이다. 단어 καταλύω, πληρόω는 예수 실천을 통한 율법의 완성으로 이해할 수 있다.[15] 예수는 유다교 율법을 사랑의 계명으로 심화시켰다는 의견은[16] 마태 5,8과 어울리지 않는다.

천지가 없어지는 일이 있더라도(마태 5,18a) 표현은 전혀 아니다 또는 율법의 효력은 세상 끝 날까지만 해당한다는[17] 뜻으로 해석할 수 있다. 둘 중에 전혀 아니다 뜻이 더 설득력 있다. 단어 ἰῶτα(마태 5,18a)는 히브리어에서 가장 작은 철자이고, 그리스어에서는 작은 철자에 속한다.

하늘 나라에 작은 사람이 있고 큰 사람이 있는가. 하늘 나라에도 사람 사이 차별이 있다는 말인가. 유다교는 마태복음 저자 또한 하늘 나라에 여러 자리가 있다고 생각했다(마태 11,11; 18,1; 20,21). 유다교는 큰 계명이든 작은 계명이든 모든 계명이 다 유효하고, 그렇기에 다 지켜야 한다고 생각했다. 그러나 랍비 힐렐 그룹은 모든 계명을 다 지키는 것이 하느님 나라에 들어가는 조건이라고 여기지 않았다.[18]

---

11 Merklein, H., *Die Gottesherrschaft als Handlungsprinzip*, fzb 34 (Würzburg, 1981, 2판), 77.

12 Guelich, R. A., *The Sermon on the Mount. A Foundation for Understanding* (Waco, 1982), 141.

13 Luz, U., "Die Erfüllung des Gesetzes bei Matthäus (5,17-20)," 414.

14 Luz, U., *Das Evangelium nach Matthäus (Mt 1-7)*, 238.

15 Luz, U., *Das Evangelium nach Matthäus (Mt 1-7)*, 235.

16 Harnack, A., *Geschichte eines programmatischen Wort Jesu (Mt 5,17) in der ältesten Kirche* (SPAW, 1912), 184-207, 185.

17 Strecker, G., *Der Weg der Gerechtigkeit. Untersuchung zur Theologie des Matthäus*, FRLANT 82 (Tübingen, 1962), 144.

가장 작은 계명 중에 하나라도 스스로 어기거나 어기도록 남을 가르치는 사람은 바울과 바울의 영향을 받아들인 사람들을 가리키는가. 그들은 하늘 나라에 들어가긴 하지만, 하늘 나라에서 가장 낮은 자리를 차지한다고 여겨졌다.[19] 마태 5,19는 19세기에 바울을 반대하는 뜻으로 해석되곤 했다.[20] 마태복음 저자는 유다교의 윤리 규정은 동의했지만, 종교의식은 거절했다는 주장이[21] 지난 수백 년 동안 그리스도교에 있었다. 그 의견은 마태 5,19와 어울릴 수 없다. 마태복음 저자가 유다교의 종교의식을 인정한 곳은 여럿 있다(마태 23,23, 26; 24,20).

그렇다면 율법 주제에서 유다교와 마태복음 공동체의 차이는 무엇인가. 마태복음 공동체에도 율법의 모든 규정은 유다교처럼 유효하지만, 예수의 이웃 사랑 규정이 가장 중요하였다. 유다교의 종교의식 규정은 예수의 이웃 사랑 규정에 비교하면 중요성이 적다는 것이다. 예수운동은 질적으로나 양적으로나, 율법학자들이나 바리사이파 사람들보다, 유다교보다 더 옳게 살아야 한다.

예수 어록에서 원수 사랑 단락에 분명히 있던 황금률 문장을 마태복음 저자는 산상수훈 결론 부분으로 옮겨놓았다.[22] "내가 율법이나 예언서의 말씀을 없애러 온 줄로 생각하지 마시오. 없애러 온 것이 아니라 오히려 완성하러 왔습니다"(마태 5,17) 구절과 "이것이 율법과 예언서의

---

18 Broer, I., *Freiheit vom Gesetz und Radikalisierung des Gesetzes*, 56.

19 Käsemann, E., "Die Anfänge christlicher Theologie," in: *ders., Exegetische Versuche und Besinnungen II* (Göttingen, 1970), 82-104, 86.

20 Luz, U., *Das Evangelium nach Matthäus (Mt 1-7)*, 238, 주 85.

21 Strecker, G., *Der Weg der Gerechtigkeit. Untersuchung zur Theologie des Matthäus*, 30-33; Hoppe, R., *Der theologische Hintergrund des Jakobusbriefes*, FzB 28 (Würzburg, 1977), 123.

22 Luz, U., *Das Evangelium nach Matthäus (Mt 1-7)*, 387.

정신입니다"(마태 7,12b) 구절이 마태복음 산상수훈을 앞뒤로 둘러싸고 있다. 마태복음 저자는 율법을 산상수훈과 연결하고 있다.

"여러분은 남에게서 바라는 대로 남에게 해주시오"(마태 7,12a) 이 황금률이 유다교에서 일찍부터 퍼진 것은 아니었다. 최초의 황금률 언급은 그리스 영향을 받은 토비트서나 예수 당대의 유다인 철학자 필론의 저작에서 보인다. 예수운동 외부의 문헌에서 황금률은 주로 부정적 문장 형식으로 있다. 이웃 사랑 계명인 "네 이웃을 네 몸처럼 아껴라"(레위 19,18)와 황금률의 결합은 유다교의 작품이다.23 한쪽 발로 서 있는 동안 토라 전체를 요약하라는 어느 유다인 아닌 사람의 요구에, 예수 당대에 유명한 유다교 랍비 힐렐은 황금률을 말했다고 전해진다.24

부정적 황금률과 긍정적 황금률 사이에 큰 차이가 있다고 말할 수는 없다. 부정적 황금률과 긍정적 황금률이 예수운동의 특징이라고 말할 수도 없다. 그러나 예수는 황금률의 한계를 모르지 않았다. "여러분이 만일 자기를 사랑하는 사람만 사랑한다면, 칭찬받을 것이 무엇이겠습니까?"(누가 6,32) "세리들도 그만큼은 하지 않습니까?"(마태 5,46b) 황금률의 한계를 알았던 것이 예수 특징이다.

23 Berger, K., *Die Gesetzesauslegung Jesu. Ihr historischer Hintergrund im Judentum und im AT. Teil 1: Markus und Parallelen*, BZNW 39 (Berlin, 1970), 134.

24 Nissen, A., *Gott und der Nächste im antiken Judentum*, WUNT 15 (Tübingen, 1974), 397.

44. 들은 말씀을 실천하라
(누가 6,46-49/마태 7,24-27)

말씀을 듣고 실천하시오(누가 6,46-49) 단락을 누가복음 저자가 처음
썼는지,[1] 전해 받은 자료를 누가복음 저자가 요약했는지[2] 여전히 논란
되고 있다. "여러분은 나에게 '주님, 주님!' 하면서 어찌하여 내 말을 실
행하지 않습니까?"(누가 6,46) 구절은 역사의 예수가 실제로 한 말일 수
는 없다. 예수는 자기 자신을 주님이라고 한 적이 없기 때문이다. 누가
복음 공동체는 개인 기도와 공동체 빵 모임에서 하느님뿐 아니라 부활
한 예수를 주님Κύριε(누가 6,46; 13,25)으로 불렀다.[3]

구약성서의 예언자들도 하느님 이름을 함부로 부르는 유다교 사제
들에게 경고했다.[4] "나 만군의 야훼가 너희 사제들에게 말하였다. '너희
사제라는 것들은 내 이름을 함부로 부르고 있다' 그랬더니, 너희는 뻔뻔

---

1 Schneider, G., "Christusbekenntnis und christliches Handeln. Lk 6,46 und Mt 7,21 im
  Kontext der Evangelien," *EThSt* 38 (1977): 9-24, 10-14; Schürmann, H., *Das Lukasevan-
  gelium. Erster Teil: Kommentar zu Kap. 1,1-9,50*, HThK III/1 (Freiburg, 1970), 379.

2 Hahn, F., *Christologische Hoheitstitel. Ihre Geschichte im frühen Christentum*, FRLANT
  83 (Göttingen, 1966, 3판), 97.

3 Fitzmyer, J. A., *The Gospel According to Luke I*, AncB 28 (New York, 1981), 200-204.

4 Westermann, C., *Grundformen prophetischer Rede*, BEvTh 31 (München, 1960), 102-106.

스럽게도 이렇게 말하였다. '우리가 하느님의 이름을 함부로 부르다니요, 당치도 않습니다'"(말라기 1,6).

예수의 말씀을 듣고 실천하는 사람(누가 6,47-48)과 예수 말씀을 듣고 실천하지 않는 사람(누가 6,49)이 집짓기 사례에 비유되고 대조되었다. 율법 계명을 듣고 실천하는 사람과 율법 계명을 듣고 실천하지 않는 사람이 대조되는 모습(레위 26,3-17; 신명기 28,1-44; 30,15-20)과 비슷하다. 누가 6,46-49 단락은 야고보 1,22-25 단락과 비슷하다. 예수 말씀을 듣고 실천하는 사람과 예수 말씀을 듣고 실천하지 않는 사람이 두 단락에서 뚜렷하게 대조되었다. 들판 설교처럼 긍정적인 사례가 부정적인 사례보다 먼저 언급되었다(누가 8,18; 13,9).

누가복음 저자는 행동 없는 믿음(야고보 2,14-26)을 강하게 비판한다. 누가복음과 야고보 편지보다 훨씬 먼저 쓰여진 로마서에서 특히 믿음으로 구원이 강조되었다. "예수는 주님이시라고 입으로 고백하고, 또 하느님께서 예수를 죽은 자들 가운데서 다시 살리셨다는 것을 마음으로 믿는 사람은 구원을 받을 것입니다"(로마 10,9), "주님의 이름을 부르는 사람은 누구든지 구원을 얻으리라는 말씀이 있지 않습니까?"(로마 10,13)

예수운동 공동체에서 행동 없는 믿음, 즉 믿음 만능주의가 생길 위험이 적지 않았다. "왜 여러분은 나를 '주님, 주님' 하고 부르면서 내가 말하는 것은 행하지 않습니까?"(누가 6,46), "영혼이 없는 몸이 죽은 것과 마찬가지로 행동이 없는 믿음도 죽은 믿음입니다"(야고보 2,26) 구절은 믿음 만능주의에 대한 강한 경고다. 예수에게 와서 예수의 말씀을 듣는 사람들(누가 5,1; 15; 6,18, 27)이 많았다. 단순히 말씀을 듣는 것이 아니라 들은 말씀을 실천하는 행동이 자주 강조되었다(신명기 5,28; 에제키엘 33,31;

로마 2,13).

마태복음 저자는 두 집이 다른 장소에 지어졌다고 설명하지만, 누가 복음 저자는 두 집이 같은 장소에서 다른 방식으로 지어졌다고 설명한다. 예수 말씀을 듣고 그대로 실행하는 사람은 비가 내려 큰물이 밀려오고 바람이 불어 들이쳐도 바위 위에 세워진 집처럼 무너지지 않지만(마태 7,25), 예수 말씀을 듣고도 실행하지 않는 사람은 비가 내려 큰물이 밀려오고 바람이 불어 들이치면 그 집은 무너지고 말 것이다(마태 7,27). 예수의 말씀을 듣고 그대로 실행하는 사람은 홍수가 나서 큰물이 그 집을 덮쳤으나 흔들리게 하지 못하지만(누가 6,48b), 예수의 말씀을 듣고도 실행하지 않는 사람은 큰물이 그 집을 덮치자 곧 무너지고 말았다(누가 6,49b).

마태 7,12부터 실천하다^{ποιέω}(마태 7,24b) 동사는 예수의 말씀을 듣는 사람들에게 핵심 단어가 되었다. 예수의 말씀을 듣고 실천하는 일은 최후 심판의 관점에서 해설된다. 바위 위에 집 짓는 사람과 모래 위에 집 짓는 사람 중에 어떤 사람이 될 것인가. 예수의 말씀을 듣는 사람들은 둘 중 하나를 택하라는 말이다. 비, 큰물, 바람 세 가지가 집에 미치는 위험을 마태복음 저자는 소개했다(마태 7,25; 에제키엘 13,11-14; 이사야 28, 17). 이스라엘 농촌에서 황토로 지은 주택을 생각한 듯한 마태복음 저자는 집의 기초를 중요하게 여겼다.

모세오경을 공부하고 실천하는 것을 집에 비유한 문헌이 유다교에 많았다. 마태 7,24-27 비유는 "가장 작은 계명 중에 하나라도 스스로 어기거나, 어기도록 남을 가르치는 사람은 누구나 하늘 나라에서 가장 작은 사람 대접을 받을 것입니다. 그러나 스스로 계명을 지키고, 남에게도 지키도록 가르치는 사람은 누구나 하늘 나라에서 큰 사람 대접을 받을 것입니다"(마태 5,19) 구절에 연결된다. 최후 심판을 의식한 비유다.[5] "누구든지 사람들 앞에서 나를 안다고 증언하면, 사람의 아들도 하느님의 천사들 앞에서 그를 안다고 증언하겠습니다"(누가 12,8b). 예수의 가르침과 계명을 실천하는 체험에서 예수 믿기와 예수 따르기는 비로소 은혜를 체험할 수 있다. 실천 없는 은혜는 은혜가 무엇인지 제대로 느낄 수도 없다.

---

5 Luz, U., *Das Evangelium nach Matthäus (Mt 1-7)*, EKK I/1 (Neukirchen-Vluyn, 1992, 3판), 413.

45. 불과 소금
(마가 9,49-50/누가 14,34-35/마태 5,13-16)

불과 소금(마가 9,49-50) 바로 앞 구절은 "지옥에서는 그들을 파먹는 구더기도 죽지 않고 불^{πūρ}도 꺼지지 않습니다"였다(마가 9,48). 곡식 예물(레위 2,13), 향료(탈출기 30,35)에 소금을 쳐야 했다. "누구나 다 불소금에 절여질 것입니다"(마가 9,49) 구절은 예수의 제자들이 곡식 예물과 향료에 필요한 소금처럼 존재하고 행동해야 한다는 뜻이다.

금, 은, 구리, 쇠, 주석, 납 같은 불에 타지 않을 금속은 불에 넣었다 꺼내면 깨끗해진다(민수기 31,23). 소금은 그리스 문화에서 손님에게 친절함을 뜻한다.[1] 이처럼 불과 소금이 다양한 뜻으로 사용되었기 때문에, 이 단락에서 불과 소금이 정확히 무엇을 가리키는지 분명하게 말하기는 어렵다. 수난에 대한 두 번째 예고(마가 9,31) 다음에 불과 소금 비유가 등장한 사실로 보면, 예수가 제자들에게 단련과 희생을 요구한[2] 듯하다.

누가 14,34-35, 마태 5,13-16과 다르게 마가복음에서만 소금 발언

---

[1] Gnilka, J., *Das Evangelium nach Markus,* Teilband: Mk 8,27-16,20, EKK II/2 (Neukirchen-Vluyn, 1979), 66.

[2] Gnilka, J., *Das Evangelium nach Markus,* 66.

이 평화 발언과 연결되었다. 단어 εἰρηνεύετε는 "화목하게 지내시오"보다(공동번역; 개역개정 성경전서) "평화롭게 지내시오"(200주년 기념성서) 번역이 더 낫다. 평화를 재촉하는 마가복음의 이 구절은 "짠맛을 잃은 소금은 내버릴 수밖에 없다"보다(누가 14,34-35; 마태 5,13) 심판 사상이 줄어들었다.[3]

누가복음에서 갈릴래아 예수의 활동을 마감하는 단락이다. "소금은 좋습니다. 그러나 소금이 싱거워지면 무엇으로 그것이 제맛 나게 되겠습니까?"(누가 14,34) 소금 되기도 좋지만, 소금으로 유지되는 것도 중요하다는 말이다. 제자 되기도 좋지만, 제자로 유지되는 것도 중요하다.

망대 지을 때 잘 준비하고 계산하는 사람처럼(누가 14,28-32), 부모나 처자나 형제자매나 자기 자신마저 미워했고(누가 14,27), 가지고 있는 것을 모두 버렸고(누가 14,33b), 자기 십자가를 지고 예수를 따랐으며(누가 14,27b), 예수의 제자가 되었다(누가 14,26, 27, 33). 그렇게 예수 제자 되기는 소금 되기처럼 좋은 일이다. 그러나 제자로 유지하지 못하고 중단하면, 싱거워진 소금처럼 땅에도 맞지 않고 거름에도 맞지 않아 곧 버려진다. 제자로 유지하기를 거절하는 사람은 이집트 노예 생활에서 있었던 고기 냄비를 그리워하는 사람(탈출기 16,3), 쟁기를 잡고 뒤를 자꾸 돌아다보는 사람이다(누가 9,62).

소금 비유는 예수 제자들에게 연결하여 사용되었다(마가 9,50; 마태 5,13). "소금이 짠맛을 잃으면 무엇으로 다시 짜게 하겠습니까?"(누가 14, 34b-c) 구절은 어떻게 해석해야 할까 많이 토론되어 왔다. 소금은 그 화학적 특징상 짠맛을 잃어버릴 수 없기 때문이다.

---

3 Pesch, R., *Das Markusevangelium. — Teil 2. Kommentar zu Kapitel 8,27-16,20*, HthK II/2 (Freiburg, 1977), 118.

소금은 짠맛을 잃어버릴 수 있을까. 소금이 짠맛을 잃어버릴 수 있다면, 어떻게 잃어버릴 수 있는가. 고대의 소금에는 석회, 마그네슘, 식물 성분 등 많은 것이 포함되었다고 한다. 그래서 시간이 지나면, 습기 탓에 소금이 분해되었고, 소금으로 사용할 수 없는 부분이 여전히 소금이라는 이름으로 불렸다는 것이다.[4]

소금과 빛의 비유가 어디서 왔는지 우리가 정확하게 알기는 어렵다. 역사의 예수에게서 왔을 수 있다.[5] 마태 5,13-16은 제자들에게 하는 말이다. "그들이 여러분의 선행을 보고 하늘에 계신 아버지를 찬양하게 하시오"(마태 5,16b) 구절은 마태 5,17-48 단락의 표제어[6] 같다. 선행이 무엇인지 마태 5,17-48이 설명한다.

"여러분은 세상의 소금입니다"(마태 5,13a). 복음을 전하는 제자들이나 사도들[7]뿐만 아니라 모든 예수운동 사람들을 가리킨다. 예수 때문에 모욕당하고 박해받으며 갖은 비난을 받아 행복한 예수운동 사람들(마태 5,11)이 세상의 소금이라는 말이다. 소금이 소금 자체를 위해 존재하지 않듯이, 예수운동 사람들이 자기 자신들을 위해 존재하지는 않는다.

버려지고 짓밟힐 따름이라는 표현은 예수운동 사람들에게 주는 경고다. 등경 위에 얹어놓는 등불처럼, 산 위의 도시처럼 예수운동 사람들

---

4 Deatrick, E. P., "Salt, Soil, Savior," *BA* 25 (1962): 41-48; Jeremias, J., *Die Gleichnisse Jesu* (Göttingen, 1965, 7판), 169.

5 Luz, U., *Das Evangelium nach Matthäus (Mt 1-7)*, EKK I/1 (Neukirchen-Vluyn, 1992, 3판), 220.

6 Burchard, C., "Versuch, das Thema der Bergpredigt zu finden," in: Strecker, G. (hg.), *Jesus Christus in Historie und Theologie* (FS Conzelmann, H.) (Tübingen, 1975), 409-432, 420.

7 Schnackenburg, R., "Ihe seid das Salz der Erde, das Licht der Welt," In: ders, *Schriften zum Neuen Testament* (München, 1971), 177-200, 194.

의 빛을 사람들 앞에 비추라(마태 5,16a)는 말이다. 등경 위에 얹어놓은 등불은 방 안에 있는 모든 사람을 비춘다. 말씀보다 실천을 더 강조하는 마태복음 저자 의도가 잘 드러난 비유다.[8]

---

8 Luz, U., *Das Evangelium nach Matthäus (Mt 1-7)*, 225.

46. 살인하지 말라
(마태 5,21-26)

"여러분이 율법학자들이나 바리사이파 사람들보다 더 옳게 살지 못한다면 결코 하늘 나라에 들어가지 못할 것입니다"(마태 5,20) 구절을 주제로 내건 마태복음의 예수는 율법학자들이나 바리사이파 사람들보다 예수운동이 더 탁월한 특징이 무엇인지 제시한다. 살인, 간음, 이혼, 맹세, 비폭력, 원수 사랑 등 사람들과 관계에서 예수운동은 율법학자들이나 바리사이파 사람들보다 더 훌륭하게 처신해야 한다(마태 5,21-48). 자선, 기도, 단식 등 하느님과 관계에서도 예수운동은 율법학자들이나 바리사이파 사람들보다 더 훌륭하게 처신해야 한다(마태 6,1-18). 마태 5,21-26 단락은 이른바 반대 명제 모음집에 속한다.

마태복음의 반대 명제들이 어디서 왔는지 여전히 논란되고 있다. 살인, 간음, 맹세에 대한 반대 명제는 마태복음 저자가 전해 받은 특수 자료이고,[1] 이혼, 비폭력, 원수 사랑에 대한 반대 명제는 마태복음 저자가 써넣었다는 가설이 있다.[2] 여섯 반대 명제 모두 마태복음 저자가 전해

---

1 Luz, U., *Das Evangelium nach Matthäus (Mt 1-7)*, EKK I/1 (Neukirchen-Vluyn, 1992, 3판), 245.

2 Bultmann, R., *Die Geschichte der synoptischen Tradition* (Göttingen, 1957, 3판), 143;

받았다는 의견도 있다.3 여섯 반대 명제 모두 마태복음 저자가 만들었다는 주장도 있다.4 마태복음 저자의 업적은 여섯 반대 명제를 한데 모아 원수 사랑의 계명 아래 둔 것이다.5

"살인하지 마라. 살인하는 자는 누구든지 재판받아야 한다"(마태 5,21a) 구절에서 살인 금지 계명은 탈출기 20,13에서 인용되었지만, "살인하는 자는 누구든지 재판받아야 한다" 구절은 탈출기 21,12; 레위 24,17; 민수기 35,16-18가 뒤섞여 인용되었다. "자기 형제에게 성내는 사람은 누구나 재판을 받아야 하며, 자기 형제를 바보라고 욕하는 사람은 중앙 법정에 넘겨질 것입니다. 또 자기 형제에게 미친놈이라고 하는 사람은 불붙는 지옥에 던져질 것입니다"(마태 5,22) 구절은 자세한 설명이 필요하다.

바보 또는 미친놈이라고 흔히 번역되는 단어 Ῥακά, Μωρος는 평범한, 악의 없는 투덜거림을 가리킨다.6 두 단어 사이에 특별한 차이는 없다. 중앙 법정συνέδριον은 예루살렘에 있는 유다 의회를 말한다.7 형제에게 성내는 사람, 형제를 바보라고 욕하는 사람, 형제더러 미친놈이라고 하는 사람 등 세 사례는 재판과 중앙 법정과 불붙는 지옥처럼 욕설과

Strecker, G., "Die Antithesen der Bergpredigt (Mt 5,21-48 par)," *ZNW* 69 (1978): 36-72, 47.

3 Jeremias, J., *Neutestamentliche Theologie I. Die Verkündigung Jesu* (Gütersloh, 1971, 4판), 240; Lührmann, D., *Die Redaktion der Logienquelle*, WMANT 33 (Neukirchen-Vluyn, 1969), 118.

4 Berger, K., *Die Gesetzesauslegung Jesu in der synoptischen Tradition und ihr Hintergrund im Alten Testament und im Spätjudentum* (München, 1966), 175-182; Broer, I, "Die Anththesen und der Evangelist Matthäus," *BZ NF* 19 (1975): 50-63, 56-63.

5 Luz, U., *Das Evangelium nach Matthäus (Mt 1-7)*, 246.

6 Luz, U., *Das Evangelium nach Matthäus (Mt 1-7)*, 252.

7 Dietzfelbinger, C., *Die Anththesen der Bergpredigt*, TEH 186 (München, 1975), 17.

처벌의 정도가 갈수록 심해지는 모습으로 교회 역사에서 해석되곤 했다. 그런 해석과 이제는 결별해야 한다.[8]

소극적으로 욕설을 삼가는 모습에서 벗어나 적극적으로 화해를 위해 노력해야 한다(마태 5,23-25). "야훼께서는 악한 사람의 제물을 역겨워하시고, 바른 사람의 기도는 반가워하신다"(잠언 15,8; 21,3).[9] "제단에 예물을 드리려 할 때에 너에게 원한을 품고 있는 형제가 생각나거든, 그 예물을 제단 앞에 두고 먼저 그를 찾아가 화해하고 나서 돌아와 예물을 드리시오"(마태 5,23-24) 구절에서 그 형제가 옳은지 그른지 여부는 화해를 위한 노력에서 아무런 전제 조건이 되지 않았다.

형제와 화해하기 위해 예루살렘 성전을 찾아가던 갈릴래아 유다인들은 예수의 말씀을 어떻게 받아들였을까. 마태복음 저자에게 "내가 반기는 것은 제물이 아니라 사랑이다. 제물을 바치기 전에 이 하느님의 마음을 먼저 알아다오"(호세아 6,6) 말씀이 중요하다.

"네가 마지막 한 푼까지 다 갚기 전에는 결코 거기에서 풀려 나오지 못할 것이다"(마태 5,26b) 구절은 유다인에게 낯선 말이다. 경제적 채무 때문에 유다인이 이스라엘에서 감옥에 갇히진 않았기 때문이다.[10] 이스라엘 밖 시리아에 살던 유다인은 빚 때문에 감옥에 갇히는 사례를 보았을 수 있다. 마태복음 저자는 일상생활에서 벌어지는 재판 사례를 통해 예수운동 사람들에게 하느님의 최후 심판을 차분히 말하고 있다.

---

8 Luz, U., *Das Evangelium nach Matthäus (Mt 1-7)*, 253.

9 von Rad, G., *Weisheit in Israel* (1982, 2판), 240-244.

10 Jeremias, J., *Die Gleichnisse Jesu* (Göttingen, 1965, 7판), 179.

47. 간음하지 말라
(마태 5,27-30)

간음하지 못한다(탈출기 20,14) 계명과 "네 이웃의 아내나 남종이나 여종이나 소나 나귀 할 것 없이 네 이웃의 소유는 무엇이든지 탐내지 못한다"(탈출기 20,17b) 계명이 유다교에서는 이미 연결되었다.[1] 단어 γυνή(마태 5,28b)는 모든 여성이 아니라 기혼 여성을 가리킨다. "누구든지 기혼 여성을 보고 음란한 생각을 품는 사람은 벌써 마음으로 그 여자를 범했습니다"(마태 5,28b) 문장은 번역이 까다롭다. 전치사 πρὸς가 부정사와 결합하면, 결과가 아니라 의도를 가리킨다(마태 6,1; 23,5; 26,12).

그러면 τὸ ἐπιθυμῆσαι αὐτὴν 구절을 어떻게 옮겨야 하나. 탐내기 위해 바라보는, 즉 의도적으로 바라보는? 이미 탐냈기 때문에, 즉 결과적으로 바라보는? '기혼 여성의 마음속에 음란한 생각이 생기도록 바라보는' 뜻으로 번역되기도 했다.[2] 그 번역을 받아들인다면, 기혼 여성을 바라보는 남자의 눈길이 그 여인의 마음속에 음란한 생각을 일으키게 한 것이며, 기혼 여성을 바라보는 남자의 눈길 그 자체로써 그 남자는 간음

---

1 Berger, K., *Die Gesetzesauslegung Jesu in der synoptischen Tradition und ihr Hintergrund im Alten Testament und im Spätjudentum* (München, 1966), 327.

2 Haacker, K., "Der Rechtssatz zum Thema Ehebruch (Mt 5,28)," *BZ NF* 21 (1977): 113-116.

죄를 이미 범했다는 뜻이다.

간음죄를 범한 남성의 손을 자른다는 발언이 랍비 문헌에 간혹 있지만,[3] 간음죄를 범한 남성의 손을 실제로 잘랐다는 기록은 유다교에 없었다.[4] 예수 당시 유다교는 간음죄 피의자 남성에게 간음죄 증거를 입증하라고 요구함으로써 피의자 남성이 처형될 가능성을 줄일 수 있었다.[5] 마태 5,27-30에서 예수가 간음죄 피의자를 사형에 처하자고 요구하는 것은 아니다. 마태 5,27-30에서 예수 발언이 유다교 가르침과 반대되거나 유다교 가르침에 비해 특별하다고[6] 보기 어렵다.[7]

라틴어 번역성서 Vulgata는 남의 아내γυνή(마태 5,28b)를 아내γυνη가 아니라 여성μυλιερ으로 옮겼다. 남의 아내를 탐내어 바라보는 사람(마태 5,28b)이 마치 모든 여성, 심지어 자기 아내를 탐내어 바라보는 사람이라는 뜻으로 확대되어 해석되었다. 간음μοιχεία(마태 5,28b) 단어가 성욕, 심지어 모든 성관계를 가리키는 것으로 과장되어 해석되기도 했다. 성욕이 모든 죄의 근본인 것처럼 이해되기도 했다. 그리스도교 역사에서 한편에서 성에 대한 혐오를 부추겼던 흐름이 있었고, 다른 편에서 간음 금지를 어긴 사람에 대한 처벌을 약화하려는 노력이 계속되었다.[8]

---

3 Billerbeck, P., Strack, H., *Kommentar zum Neuen Testament aus Talmud und Midrasch I* (München, 1961), 302.

4 Luz, U., *Das Evangelium nach Matthäus (Mt 1-7)*, EKK I/1 (Neukirchen-Vluyn, 1992, 3판), 266-267.

5 Luz, U., *Das Evangelium nach Matthäus (Mt 1-7)*, 297.

6 Lohmeyer, E., *Das Evangelium des Matthäus*, v. Schmauch, W. (hg.), KEK Sonderband (Göttingen, 1958, 2판), 128; Strecker, G., "Die Antithesen der Bergpredigt (Mt 5,21-48 par)," *ZNW* 69 (1978): 36-72, 52.

7 Luz, U., *Das Evangelium nach Matthäus (Mt 1-7)*, 264.

8 Luz, U., *Das Evangelium nach Matthäus (Mt 1-7)*, 262-264.

48. 맹세하지 말라
(마태 5,33-37)

　　"거짓 맹세를 하지 마라$^{Oὐκ \ ἐπιορκήσεις}$"(마태 5,33) 구절은 구약성서에 없다. "너희는 너희 하느님의 이름 야훼를 함부로 부르지 못한다"(마태 5,33)는 "야훼는 자기의 이름을 함부로 부르는 자를 죄없다고 하지 않는다"(탈출기 20,7) 구절과 연결되지 않고, "너희는 남을 속일 생각으로 내 이름을 두고 맹세하지 마라. 그것은 나의 이름을 욕되게 하는 것이다. 나는 야훼다"(레위 19,12) 구절과도 어휘로 보아 관계없다. 마태 5,33-37은 "무엇보다도 명심할 것은 맹세하지 않아야 한다는 것입니다. 하늘이나 땅이나 그 밖에 무엇을 두고도 맹세하지 마십시오. 다만 '예' 할 것은 '예'라고만 하고 '아니오' 할 것은 '아니오'라고만 하십시오. 그래야 심판을 받지 않을 것입니다"(야고보 5,12) 구절과 연결된다.

　　"아예 맹세하지 마시오"(마태 5,34b) 구절은 예수가 실제로 한 말씀 같다.[1] 그리스 문화에서 맹세에 대한 비판은 흔했다. 맹세는 자유로운 인간의 품위에 걸맞지 않다고 여겨졌다.[2] "이 땅에는 사랑하는 자도, 신

---

[1] Dautzenberg, G., "Ist das Schwurverbot Mt 5,33-37; Jak 5,12 ein Beispiel für die Torakritik Jesu?," *BZ NF* 25 (1981): 47-66, 65.

[2] Luz, U., *Das Evangelium nach Matthäus (Mt 1-7)*, EKK I/1 (Neukirchen-Vluyn, 1992,

실한 자도 없고 이 하느님을 알아주는 자 또한 없어 맹세하고도 지키지 않고 살인과 강도질은 꼬리를 물고 가는 데마다 간음과 강간이요, 유혈 참극이 그치지 않는다"(호세아 4,2).

"여러분은 그저 '예' 할 것은 '예' 하고 '아니오' 할 것은 '아니오' 하시오"(마태 5,37a) 구절은 무슨 뜻일까. 두 번 반복되는 예 또는 아니오는 강한 긍정 또는 부정을 뜻한다.3 맹세가 사람을 속이는 수단으로 일상에서 흔히 사용되는 모습에 예수는 저항했다.4 소극적으로 거짓말을 하지 말라는 정도를 넘어 적극적으로 진실을 말할 것을 예수는 요청하였다. 진실을 말하는 곳에 하느님이 계신다.

3판), 282.

3 Luz, U., *Das Evangelium nach Matthäus (Mt 1-7)*, 286.

4 Zeller, D., *Die weisheitlichen Mahnsprüche bei den Synoptikern*, FzB 17 (Stuttgart/Würzburg, 1977), 126.

49. 단식하는 자세
(마태 6,16-18)

"여러분은 단식할 때 위선자들처럼 침통한 얼굴을 하지 마시오. 그들은 단식한다는 것을 남에게 보이려고 얼굴에 그 기색을 하고 다닙니다"(마태 6,16). 슬픔, 회개, 겸손, 기도의 표시로 하는 개인 단식에 대한 언급이다. 유다교 랍비들은 지나친 단식을 경계했다.[1] "단식할 때 얼굴을 씻고 머리에 기름을 바르시오"(마태 6,17). 기름을 바르는 일은 축제에서 특별한 기쁨을 나타낸다(시편 45,8). 그러나 단식할 때 얼굴 씻으라는 말은 유다 문헌에서 찾기 어렵다.[2]

얼굴을 자주 씻고, 목욕탕을 자주 방문하고, 기름 바르는 일은 일상적인 위생의 일부였다.[3] 랍비들은 목욕탕 없는 도시에 살지 말라고 권고했다.[4] 단식할 때 얼굴을 씻고 기름을 바르라는 말은 단식에 대한 합리화도 아니고, 단식에 대한 비판도 아니다. 단식할 때 하느님과 관계에 좀 더 집중하라는 권유다.

---

1 Abrahams, J., *Studies in Pharisaism and the Gospels I* (New York, 1917), 121.

2 Schweizer, E., *Das Evangelium nach Matthäus*, NTD 2 (Göttingen, 1973), 91.

3 Krauss, S., *Talmudische Archäologie I* (Hildesheim, 1966), 209-233.

4 Luz, U., *Das Evangelium nach Matthäus (Mt 1-7)*, EKK I/1 (Neukirchen-Vluyn, 1992, 3판), 327, 주 68.

50. 예수 권위
(마태 7,28-29)

율법학자들과 달리 권위^{ἐξουσία}(마태 7,29; 9,6.8; 10,1) 있는 예수의 가르침을 듣고, 군중은 놀랐다(마태 7,28b; 11,1; 13,53). 마태 7,28-29은 마태복음 5-7장에서 소개하는 산상수훈을 마감한다. 마태복음 저자는 가르치는 예수를 강조하려고 예수 설교 모음을 다섯 군데 배치했다. 그런 멋진 생각을 어떻게 했고, 어디서 착안했을까. 신명기 31,1, 24; 32,44-46이 후보가 되겠다. 산상수훈은 새로운 모세 율법이요 새로운 토라로 구상했을까.[1]

산상수훈을 시작하는 구절은 이렇다. "예수는 군중을 보고 산에 올라가 앉자 제자들이 곁으로 다가왔다. 예수는 비로소 입을 열어 이렇게 가르쳤다"(마태 5,1). 산상수훈이 끝나는 구절은 이렇다. "예수가 이 말씀을 마치자 군중은 그의 가르침을 듣고 놀랐다"(마태 7,28). 군중이 좀 더 강조되었고, 잠재적인 제자들로 여겨졌다. 율법학자들과 마태복음 공동체의 사이는 점차 멀어졌다. 군중은 율법학자들과 마태복음 공동체 사이에 있다.

---

1 Frankemölle, H., *Jahwe-Bund und Kirche Christi*, NTA.NS 10 (Aschendorff, 1974), 334, 340.

51. 로마 장교의 부하를 치유함
(누가 7,1-10/마태 8,5-13/요한 4,43-54)

로마 군대 장교의 부하를 치유한 예수(누가 7,1-10; 마태 8,5-13; 요한 4,
43b-54) 단락은 예수 어록에 실린, 즉 마가복음 저자가 알지 못하는 이
야기다. 동일한 한 사건을[1] 요한복음 저자는 예수 어록이 아닌 다른 자
료를 바탕으로 누가복음 저자와 마태복음 저자와는 조금 다르게 전하
고 있다.

병자는 가파르나움에 있는 로마 군대 장교 집에 살고, 장교는 갈릴래
아 영주 헤로데 안티파스에게 복무하고, 장교가 예수에게 병 치유를 먼
저 부탁하고, 예수에 대한 신뢰가 중요한 역할을 하는 것이 세 복음에서
공통이다.[2] 누가복음과 마태복음에서 로마 군대 장교는 예수를 자기 집
에 모실 만한 자격이 못 된다고 말하면서, 멀리서 예수가 한 말씀만 하
면 부하의 병이 나을 것이라고 겸손하게 말한다(누가 7,6-7; 마태 8,8). 그
러나 요한복음에서 로마 군대 장교가 예수를 직접 찾아와 자기 집에 모

---

1 Fitzmyer, J. A., *The Gospel According to Luke I*, AncB 28 (New York, 1981), 648; Schürmann,
　H., *Das Lukasevangelium. Erster Teil: Kommentar zu Kap. 1, 1-9,50*, HThK III/1 (Freiburg,
　1970), 397.

2 Schnackenburg, R., "Zur Traditionsgeschichte von Joh 4,46-54," *BZ NS* 8 (1964): 58-88,
　71.

시고 가려고 애원한다(요한 4,47).

예수 시대에 로마 군대가 갈릴래아에 주둔하지 않았기 때문에, 로마 군대 장교는 갈릴래아 영주인 헤로데 안티파스에게 복무하는 외국인 용병일 수 있다.3 로마 군대 장교는 유다교의 가르침에 호감을 가진 '하느님을 두려워하는 사람들'에 속할 수도 있다. 그들은 할례를 받진 않지만, 유다교 회당 예배에 참석했다. 예수운동은 그런 사람들 사이에서 지지자를 많이 얻었다. 누가복음 저자도 '하느님을 두려워하는 사람들' 출신일 수 있다.4 로마 군대 장교는 유다인 예수가 유다인 아닌 사람의 집에 들어갈 수 없다는 사실을 존중했다(사도행전 10,28).

"그저 한 말씀만 하십시오. 그러면 제 종이 낫겠습니다"(누가 7,7b) 구절은 로마 군대 장교의 놀라운 고백이다. 고대 사회에서 치유 기적은 기적을 행하는 사람이 병자를 직접 접촉해야 비로소 가능하다고(누가 5,17; 6,19) 여겨졌다. 로마 군대 장교가 예수 말씀의 힘을 그토록 신뢰한다는 사실이 예수를 깜짝 놀라게 했다. "어떤 이스라엘 사람에게서도 이런 믿음을 본 일이 없습니다"(마태 8,10b) 구절이 "나는 이런 믿음을 이스라엘 사람에게서도 본 일이 없습니다"(누가 7,9b)로 바뀌었다. 마태복음 저자의 이스라엘 비판이 누가복음 저자에게서 조금 누그러졌다. 처음에 이스라엘 비판으로 시작했던 이야기가 믿음의 사례로 소개되다가 유다인 아닌 사람의 예수운동 참여를 칭찬하는 분위기로 바뀌었다.5

베들레헴/예루살렘(누가 2,4-39), 나자렛/가파르나움(누가 4,16-42)

---

3 Bovon, F., *Das Evangelium nach Lukas* (1,1-9,50), EKK III/1 (Neukirchen-Vluyn, 1989), 348.

4 Schweizer, E., *Das Evangelium nach Matthäus*, NTD 2 (Göttingen, 1973), 4; Finn, T. M., "The God-fearers Reconsidered," *CBQ* 47 (1985): 75-84.

5 Bovon, F., *Das Evangelium nach Lukas* (1,1-9,50), 352.

에서 생긴 사건처럼, 누가복음 저자는 두 곳에서 일어난 이야기를 한데 모으기 좋아한다. 예수는 가파르나움으로 다시 갔다가 나인으로 돌아온다(누가 7,1-11). 로마 군대 백인대장의 종을 고친 이야기(누가 7,1-10)와 다시 살아난 과부의 아들 이야기(누가 7,11-17)를 독자들이 함께 읽기를 누가복음 저자는 바란다. 백인대장의 종을 고친 이야기에서 누가 주인공인가. 백인대장인가, 백인대장의 종인가. 백인대장에게 좀 더 관심이 모아지고 있다. 치유 기적을 소개하는 이 이야기에 치유를 일으킨 말씀이나 행동은 언급되지 않았다.

백인대장의 종을 고친 이야기는 마태 8,5-13에도 있다. 그 이야기는 예수 어록에 이미 수록되었다는 뜻이다. 마태 8,5-13과 달리 누가 7,1-10에서 예수가 백인대장을 만나는 장면은 생략되었다. 백인대장의 중재 없이도 먼 거리에서 백인대장의 종을 치유하는 예수의 놀라운 능력이 강조되었다. 백인대장의 종을 고친 이야기가 고관의 아들을 고친 이야기(요한 4,46b-53)와 어떤 관계에 있는지 알기 어렵다.[6] 치유 기적과 가르침 일화가 뒤섞였던 이야기를 요한복음 저자가 치유 기적 이야기로 바꾸었을 가능성이 있다.[7]

얼마 뒤 Ἐπειδή(누가 7,1; 창세기 50,4; 탈출기 34,33) 표현은 새 단락이 시작된다는 신호를 한다. 100명 군인을 부하로 둔 백인대장 ἑκατοντάρχος(누가 7,2; 마카베오상 3,55)은 로마인 장교와 유다인 아닌 용병으로 구성되었다.[8] 유다인은 종교적 이유로 로마 군대 징집에서 면제되었다. 누가복음 저자는 백인대장이 당연히 로마인이라고 전제하였다. 백인대장이

---

6 Wolter, M., *Das Lukasevangelium*, HNT 5 (Tübingen, 2008), 269.

7 Wilckens, U., *Das Evangelium nach Johannes*, NTD 4 (Göttingen, 1998), 89.

8 Wegner, U., *Der Hauptmann von Kafarnaum*, WUNT 2/14 (Tübingen, 1985), 60.

예수의 이야기를 듣고 "유다인의 원로 몇 사람을 예수께 보내, 집에 오셔서 자기 종을 살려주십사 간청하게 하였다"(누가 7,3).

이스라엘을 무력으로 점령했던 로마 군대 장교가 피식민지 유다 백성의 원로들에게 청탁 또는 압력을 한 셈인가. 그 백인대장은 유다 민족을 사랑할 뿐만 아니라 회당까지 지어주었다고 유다인 원로들은 예수에게 말하였다(누가 7,4-5). 피식민지 백성 예수는 점령군 장교의 좋은 평판에 마음이 흔들려 백인대장의 종을 치유하러 갔을까, 아니면 백인대장의 종이 불쌍해서 치유하러 갔을까.

피식민지 유다 백성 원로들이 점령군 장교를 칭송하다니? 로마 군대 백인대장은 유다교에 호의를 가진, 하느님을 두려워하는 사람들에 속하는가.9 코르넬리우스(사도행전 10,1) 또한 로마 군대 백인대장이었다. 그는 유다인들에게 많은 자선을 베풀며 하느님께 늘 기도드리고 있었다(사도행전 10,2). 점령군 장교들은 피식민지 백성들을 돈으로 도와주어서 좋은 이미지를 확보하는가.

백인대장이 예수를 자기 집에 들어오지 못하게 막은 세심한 처신(누가 7,6-8) 덕분에 예수는 유다인 아닌 민족의 불결한 집에(사도행전 10,28; 11,3) 들어갈 곤란을 피하게 되었다. 예수와 로마 군대 장교가 직접 만나 대화하지 않는 사실이 누가복음 저자에게는 참 다행스럽다. 로마 군대 장교의 겸손한 태도와 자기 인식에 예수는 감탄한다.10 누가복음 저자는 로마 군대 장교의 발언을 예수의 신분에 대한 고백으로 해석하였

---

9 Mitchell, S., "Wer waren die Gottesfürchtigen?," *Chiron* 28 (1998): 55-64.

10 Haapa, E., "Zur Selbst-einschätzung des Hauptmanns von Kafarnaum im Lukasevangelium," in: Jarmo, K., u.a. (Hg.), *Glaube und Gerechtigkeit. Im Memoriam Rafael Gyllenberg* (Helsinki, 1983), 69-76, 76.

다.[11] 로마 군대 장교는 예수의 말씀에 권위^{ἐξουσία}(누가 7,8a; 4,32; 5,24)가 있다고 인정한 것이다. 예수 능력을 신뢰하는 것이 곧 믿음이다^{πίστις}(누가 5,18-20).

가파르나움은 이스라엘 국경에 있는 동네였다. 갈릴래아 영주 헤로데 안티파스는 자치 군대를 갖고 있었는데,[12] 로마 군대 장교는 그에 복무한 용병 같다. 단어 παῖς(마태 8,6)를 200주년 기념 성서나 공동번역처럼 하인으로 번역하는 것에 찬성할 수는 없다. 여기서 단어 παῖς는 종^{δοῦλος}(마태 8,9)이 아니라 아들(마태 17,15. 18)을 가리킨다.

로마 군대 장교는 유다인 예수에게 보내는 사절로 유다인 원로를 선택했다. 유다인 예수가 로마 사람의 집에 들어갈 수는 없다(사도행전 10,28). 마태복음 저자는 예수를 율법에 충실한 분으로 나타내고 있다. 그래서 로마 군대 장교는 "주님, 저는 주님을 제 집에 모실 만한 자격이 없습니다. 그저 한 말씀만 하시면 제 아들이 낫겠습니다"(마태 8,8)라고 말한다.

로마 황제를 주님이라 부를 의무가 있는 로마 군대 장교가 유대인 예수를 두 번이나 주님^{Κύριε}(마태 8,6. 8)이라 호칭한다. 그 종교적 의미뿐 아니라 정치적 의미가 상당하다. 로마 군대 장교는 유다인 예수를 오직 유다인에게 보내진 분으로 인정하지만, 자신을 유다인 예수 아래 놓고서 자신의 아들을 예수가 고쳐주리라 굳게 신뢰하였다. "저도 남의 밑에 있는 사람입니다만, 제 밑에도 부하들이 있어서 제가 이 사람더러 가라 하면 가고 또 저 사람더러 오라 하면 옵니다. 또 제 종더러 이것을 하라

---

11 Catchpole, D., "The Centurion's Faith and its Function in Q," in: The Four Gospels I (FS Neirynck, F.), BEThL 100 (Löwen, 1992), 517-540, 530.

12 Josephus, *Ant*, 18, 113.

하면 합니다"(마태 8,9) 구절은 이해하기 쉽지 않다. 하급 장교에 불과한 자신도 부하들에게 명령할 권리가 있는데, 더구나 주님이신 예수는 얼마나 남에게 명령할 권리가 많겠느냐는 말이다.[13]

점령군대 장교가 피식민지 청년을 주님이라 부르다니, 예수는 깜짝 놀란다. 사실 사람을 많이 만나진 않은 예수가 그런 말을 들을 단계는 아직 아니다. 많은 유다인에게 거절당한 경험을 가진 마태복음 공동체는 예수의 저 말을 금방 이해했을 것이다. 마태복음을 집필할 당시, 적어도 10여 년 전 로마 군대가 예루살렘 성전을 파괴한 사실을 마태복음 저자는 알고 있다. 유다인 아닌 사람들이 점점 더 예수운동 공동체에 들어오고 있었다. 그러니 유다인은 "하느님의 나라를 빼앗길 것입니다"(마태 21,43).

자신을 따라오는 군중을 돌아보며 친절히 설명하는 예수의 모습이 이채롭다.[14] 모든 민족이 이스라엘로 모여 하느님을 찬양할 것이라는 유다인의 기대를 예수는 존중했지만, "이 나라 백성들은 바깥 어두운 곳에 쫓겨나 땅을 치며 통곡할 것입니다"(마태 8,12)라며 유다인을 비판하고 있다.[15] 유다인의 운명은 암흑이라는 말이다.[16] 마태복음 공동체에 들어온 유다인 아닌 사람들은 로마 군대 장교의 태도를 예수에 대한 믿음의 모범으로 여겼다.

---

13 Luz, U., *Das Evangelium nach Matthäus (Mt 8-17)*, EKK I/2 (Neukirchen-Vluyn, 1990), 15.

14 Held, H. J., "Matthäus als Interpret der Wundergeschichten", in: Bornkamm, G., u.a. (Hg.), *Überlieferung und Auslegung im Matthäusevangelium*, WMANT 1 (Neukirchener, 1960), 155-287, 185.

15 Zeller, D., "Das Logion Mt 8,11f/Lk 13,28f," *BZ NF* 16 (1972): 84-93, 87.

16 Gnilka, J., *Das Evangelium nach Markus*. Teilband 1: Mk 1-8,26, EKK II/1 (Neukirchen-Vluyn, 1978), 304.

예수는 "예언자는 자기 고향에서 존경받지 못합니다"(요한 4,44; 마가 6,4b; 마태 13,57b; 누가 4,24) 말했었다. 비슷한 말이 그리스 철학에 있었다.[17] 고향에서 존경받지 못하는 사람은 곧 예언자라는 말은 아니다. 예수가 자신을 예언자로 자처했거나 고향 사람들을 폄하했거나 하진 않았고, 자신을 예언자 운명에 빗댈 뿐이었다.[18] 자기 고향 $^{ἰδία\ πατρίς}$(요한 4,44a)은 갈릴래아나 나자렛[19] 또는 예루살렘을[20] 가리킨다.

가파르나움에서 어느 왕궁 관리의 아들을 예수가 치유한 이야기(요한 4,46b-54) 비슷한 사례가 마태 8,5-13과 누가 7,1-10에 있다. "당신 아들은 살 것입니다 $^{ὁ\ παῖς\ αὐτοῦ\ ζῇ}$"(요한 4,50, 51, 53) 말씀을 예수는 세 번이나 했다. 예언자 엘리야가 사렙타의 과부에게 비슷한 말을 했었다. "부인의 아들이 살아났습니다"(열왕기상 17,23), "당신들은 표징들과 기적들 $^{σημεῖα\ καὶ\ τέρατα}$을 보지 않고서는 결코 믿지 않을 것입니다"(요한 4,48) 구절에서 예수가 표징들과 기적들에 대해 비판적 생각을 했다는 의견과[21] 그렇게 볼 필요는 없다는 의견이[22] 있다. 표징 단어는 요한복음에서 긍정적 의미로 쓰이고 있다.[23] 이집트 사람들은 표징들과 기적들을 보고 하느님이 주님이신 줄 알아차려야 했다(탈출기 7,3-5; 11,9). "야훼께서 모세에게 말씀하셨다. 이 백성은 언제까지 나를 멸시할 것이

---

17 Bauer, W., *Das Johannesevangelium*, HNT 6 (Tübingen, 1933, 3판), 77.

18 Klostermann, E., *Das Markusevangelium*, HNT 3 (Tübingen, 1926), 64.

19 Schnackenburg, R., *Das Johannesevangelium 2*, HthK IV 1 (Freiburg, 1965), 186; Wilckens, U., *Das Evangelium des Johannes*, 90.

20 Dodd, C. H., *The Interpretation of the Fourth Gospel* (Cambridge, 1968, 8판), 351; Hoskyns, E. C., *The Fourth Gospel* (London, 1947, 2판), 260.

21 Bultmann, R., *Das Evangelium des Johannes*, KEK (Göttingen, 1986, 21판), 152.

22 Bittner, W. J., *Jesu Zeichen im Johannesevangelium*, WUNT II/26 (Tübingen, 1987), 128.

23 Thyen, H., *Das Johannesevangelium*, HNT 6 (Tübingen, 2015, 2판), 289.

냐? 그렇게도 내 힘을 나타내 보였는데 아직도 나를 믿지 못하는구나"
(민수기 14,11).

믿음πίστις 명사는 신약성서에 243번 나오는데, 요한복음계 문헌에는
딱 한 번 나온다(요한1서 5,4). 믿는다πιστεύειν 동사는 요한복음에 98번,
요한 편지에 9번 등 신약성서 전체에서 44%를 차지한다.[24] 왕궁 관리와
그의 온 집안이 믿었다(요한 4,53c). 요한복음 저자는 니고데모(요한 3,1)
가 예루살렘 사람들을 대표하고, 왕궁 관리βασιλικὸς(요한 4,46)는 갈릴래
아 사람들을 대표한다고 설정했다.[25] 그 후 유대인들의 축제가 되어 예
수는 예루살렘으로 올라갔다(요한 5,1) 구절 앞에 "예수는 유대로부터
갈릴래아로 오셔서 다시 이렇게 두 번째 표징을 행하였다"(요한 4,54) 구
절이 있다. 요한 4,54는 요한복음 2막에서 마지막 장면에 해당한다.[26]

24 Thyen, H., *Das Johannesevangelium*, HNT 6, 290.

25 Brown, R. E., *The Gospel According to John*, AncB 29A (New York, 1966), 191.

26 Thyen, H., *Das Johannesevangelium*, HNT 6, 291.

52. 과부의 아들을 되살림
(누가 7,11-17)

과부의 아들을 되살린 사건(누가 7,11-17)은 누가복음에만 있다. 예수 어록에도 그 이야기의 일부가 얼핏 보이지만(누가 6,20-7,10; 7,18-35), 예수 어록 아닌 다른 자료에서 누가복음 저자가 발견한 듯하다. 예수 어록에 그 이야기가 원래 있었다면 마태복음 저자가 빼놓았을 리 없다.[1] 누가복음에 지금까지 죽은 자의 소생 이야기는 없었고, 예수는 요한의 제자들에게 죽은 사람이 살아나는 것을 보게 될 것이라고 곧 말하기 때문에(누가 7,22), 그전에 죽은 자의 소생 이야기를 해야 했다.

타보르산 남쪽에 있는 나인 마을은 구약성서에 언급되지 않았다. 예수와 제자들의 생명의 행진, 과부의 외아들 죽음과 동네 사람들이 상여를 따라오는 죽음의 행진이 대조되었다.[2] 예수는 과부를 보고 "울지 마시오" 위로하며, 상여에 손대고 "젊은이여, 일어나시오" 명령하였다(누가 7,14-15). 하느님이 자비하시듯이(누가 6,36), 슬픈 사람을 지켜보는 일

---

1 Harbarth, A., *"Gott hat sein Volk heimgesucht": eine form-und redaktionsgeschichtliche Untersuchung zu LK 7,11 - 17: "Die Erweckung des Jünglings von Nain"* (Heidelberg 1977), 17-79; Jeremias, J., *Die Sprache des Lukasevangeliums. Redaktion und Tradition im Nicht-Markusstof des dritten Evangeliums* (Gottingen, 1980), 156-160.

2 Grundmann, W., *Das Evangelium Nach Lukas*, ThHK 3 (Berlin, 1966, 4판), 159.

이 예수 자비의 시작이다. 외아들의 죽음을 슬퍼함은 구약성서에서 슬픔의 깊이를 표현하였다(아모스 8,10; 예레미야 6,26; 즈가리야 12,10). 예수가 자청하여 기적을 행한 사실이 여기서 중요하다. 과부는 죽은 외아들을 살리기 위해 자신의 믿음을 걸고 예수에게 부탁하지는 않았다. 죽었던 젊은이는 벌떡 일어나 앉으며 말하기 시작하였다. 보기처럼(사도행전 9,40), 말하기는 인간 생명이 살아있다는 표시다(누가 7,15).

사람들은 두려움에 사로잡혀 하느님을 찬양하며 "우리 가운데 위대한 예언자가 나타나셨다" 또는 "하느님께서 당신 백성을 찾아주셨다" 말하였다(누가 7,16). 예수를 예언자(신명기 18,15) 또는 되돌아온 엘리야(말라기 3,23-24)라고 본 것이다.3 바로 앞에서 로마 군대 장교의 믿음이 강조되었다면(누가 7,1-10), 여기서 죽음을 이기는 예수의 능력만 돋보인다(누가 7,11-17). 이 이야기는 다신론 사상이 유행했던 당시 그리스 문화에서 선교에 좋은 소재가 되었다.

가파르나움에서 세 등장인물 예수, 백인대장, 종(누가 7,1-10)은 나인에서 세 등장인물 예수, 과부, 아들(누가 7,11-17)에 해당한다. 누가 7,1-10과 누가 7,11-17이 같은 문학 양식으로 쓰였다. 누가 7,1-10에서 치유 받은 종보다 치유를 부탁한 백인대장이 더 부각되었다면, 누가 7,11-17에서 죽음에서 깨어난 아들보다 그 어머니가 더 강조되었다. 누가 7,11-17은 문학 유형으로는 부활 설명(열왕기하 4,8-37; 마가 5,21-24a; 사도행전 9,36-42)에 속한다.4 여기서 누가복음 저자는 사렙타의 과부의 아들 이야기(열왕기상 17,23b; 누가 4,25-27)를 떠올렸다.

예수가 많은 사람과 함께 다니는 모습은 누가복음에서 예수가 예루

---

3 Fitzmyer, J. A., *The Gospel According to Luke I*, AncB 28 (New York, 1981), 213-215.
4 Fischbach, S. M., *Totenerweckungen*, FzB 69 (Stuttgart/Würzburg, 1992), 22.

살렘에 도착할 때까지 계속된다(누가 7,11; 14,25; 18,36). 다음 날ἐν τῷ ἑξῆς (누가 7,11a; 8,1; 사도행전 21,1) 표현은 신약성서에서 누가복음 저자에게 만 보인다. 나인 도시πόλις는 성서에서 여기에만 나온다. 누가복음 저자 는 나인이 정확히 어디인지 모르는 듯하다.5 죽은 자는 도시 밖에 묻힌 다.6 어떤 과부의 외아들이 사망했으니(누가 7,12b), 그녀는 이제 자신을 먹여줄 사람이 세상에 없다. "선생님, 제 아들을 좀 보아주십시오. 하나 밖에 없는 자식입니다"(누가 9,38).

누가복음 저자는 예수를 처음으로 여기서 주님Κύριος(누가 7,13)으로 부른다. 주님 호칭은 마가, 마태, 누가복음 중에 오직 누가복음에만 있 고, 누가복음 특수 자료(누가 10,39; 13,15; 12,42)에 예수 어록을 보충할 때(누가 7,19; 11,39; 17,5), 마가복음 자료를 보충할 때(누가 22,61; 24,4) 나온다.7 누가복음 저자의 특징이 잘 드러나는 곳이다.8 주님 호칭은 누 가복음 전에 예수운동에서 예수 부활에 대한 믿음 고백의 하나로 나오 긴 했다(고린토전서 12,3; 로마 10,9; 필립비 2,9-11). 누가복음에서 주님 호 칭은 예수 호칭 중 하나로 확실하게 자리 잡았다. 역사의 예수와 믿음의 그리스도 사이 간격을 없애는데 주님 호칭은 중요한 역할을 했다.

죽은 자를 모신 관은 언제나 뚜껑으로 덮여 있다(창세기 50,26). 그런 데 예수가 "젊은이여, 일어나라"(누가 7,14b) 명령했을 때 누가복음 저자 는 관 뚜껑이 열린 상태를 전제한 듯하다. 명령형 동사 수동태 일어나시 오ἐγέρθητι(누가 7,14b) 단어는 신약성서에서 여기에만 있다. 젊은이에게

---

5 Wolter, M., *Das Lukasevangelium*, HNT 5 (Tübingen, 2008), 274.

6 Weinreich, O., *Antike Heilungswunder*, RVV 8/1 (Giessen, 1909), 171.

7 Wolter, M., *Das Lukasevangelium*, 275.

8 Rowe, C. K., *Early Narrative Christology : the Lord in the Gospel of Luke*, BZNW 139 (Berlin/New York, 2006), 119.

혼자 힘으로 스스로 일어나라고 명령하는 것이 아니라 하느님께서 젊은이를 일으켜 세우시리라는 뜻이다. 그런데 죽은 자의 부활에 일어나다 ἐγείρω(누가 7,22; 24,6; 사도행전 3,15) 동사가 보통 쓰였다. 죽음이 잠에 비유된 것이다. "그는 그를 그 어머니에게 돌려주셨다καὶ ἔδωκεν αὐτὸν τῇ μητρὶ αὐτοῦ"(누가 7,15b) 구절은 열왕기상 17,23b와 그 단어가 똑같다. 예수는 죽은 젊은이의 어머니 때문에 죽은 젊은이를 일으켜 세웠다.

모두 두려움에 사로잡혀 하느님을 찬양하였다(누가 7,16a; 1,65; 5,26). 예수의 행동은 이스라엘에 대한 하느님 행동의 일부라고 해석되었다. "하느님께서 당신 백성을 찾아오셨다!"(누가 7,16c; 1,68, 78) 내 스승 소브리노 신부는 하느님께서 로메로 대주교와 함께 엘살바도르를 찾아오셨다고 즐겨 말했다. "우리 가운데에 큰 예언자가 나타났다"(누가 7,16b)[9] 구절은 절반의 진실을 말하고 있다. 큰 예언자는 세례자 요한이다(누가 1,15-17, 76). 예수는 하느님의 아들이요 메시아다(누가 9,19-20; 24,19c-21a). 죽은 자를 일으킨 사건으로써 누가복음에서 예수 행동은 절정에 이르렀다.

---

9 Croatto, J. S., "Jesus, Prophet Like Elija, and Prophet-Teacher Like Moses in Luke-Acts," *JBL* 124 (2005): 451-465.

53. 세례자 요한에 대한 예수 생각
(누가 7,18-35/마태 11,2-19)

누가복음 저자는 예수 어록(누가 7,1-10; 7,18-35)과 누가복음 특수 자료(누가 7,11-17; 7,36-50)를 교대로 인용한다. 예수 활동(누가 7,1-17; 7,36-50)과 예수 말씀(누가 6,20-49; 7,18-35; 8,2-18)도 적절하게 교대로 인용되었다. 누가복음 저자는 두 시대의 갈림길에 있는 세례자 요한의 역할을 일찍 소개했었다(누가 1,5-80; 3,1-20). 그 후 예수 활동이 펼쳐졌고(누가 4,14), 예수에 대한 엇갈리는 평가와 여론이 드러났다(누가 4,32; 5,21; 9,7-9). 세례자 요한은 제자 두 사람을 예수에게 보내 "오시기로 되어 있는 분이 바로 선생님이십니까? 아니면 우리가 다른 분을 기다려야 하겠습니까?" 묻게 하였다(누가 7,19-20). 재판에서도 증인 두 사람 의견이 일치해야 효력을 인정받는다(신명기 19,15; 마태 18,16; 히브리 10,28). 예수 부활 이후 막 태동한 예수운동에 비해 종교적 입지가 불안정해진 세례자 요한 운동의 고뇌가 담긴 질문이었다.

부활한 예수를 보고서야 믿는 도마 이야기(요한 20,24-29)와 역사의 예수를 보고도 믿기를 주저하는 세례자 요한 사람들 이야기(누가 7,19-22)는 자주 비교되고 연구되었다. 부활한 예수는 도마에게 "나를 보지 않고도 믿는 사람은 행복합니다"(요한 20,29b) 말했다면, 역사의 예수는 요한의 제자들에게 "여러분이 보고 들은 대로 요한에게 가서 알리시오"(누가 7,22b) 말했다. 두 발언은 서로 모순이 아니다. 요한복음의 계시와 누가복음의 증거라는 다른 방식으로써 내용을 표현하였다.

부활한 예수를 믿지 못하는 사람은 "시각 장애인이 보게 되고, 절름발이가 제대로 걸으며, 나병환자가 깨끗해지고, 청각 장애인이 들으며, 죽은 사람이 살아나고, 가난한 사람이 복음을 듣습니다"(누가 7,22c)라는 사실을 믿지 않은 사람과 다름없다. 부활한 예수를 믿지 않거나 메시아 예수를 믿지 않는 사람은 예수의 활동과 말씀을 인정하지 않기 때문이다.

예수는 군중에게 묻는다. 바람에 흔들리는 갈대나 화려한 옷을 입은 사람을 구경하기 위해서가 아니라 예언자를 보러 광야에 가지 않았냐는 질문이다. 그런데 세례자 요한은 예언자보다 더 훌륭한 사람이다(누가 7,24). "너를 보내기에 앞서 내 일꾼을 먼저 보낸다. 그가 네 갈 길을 미리 닦아놓으리라"(누가 7,27a)[1] 문장은 탈출기 23,20과 말라기 3,1을 섞어 만든 인용이다.

세례자 요한은 다른 예언자들보다 더 훌륭한 마지막 예언자로서, 메시아를 최초로 준비하고 동행하는 예언자다. 그러나 세례자 요한은 여전히 옛 시대에 발을 담그고 있기 때문에, 하느님 나라에서는 가장 작은 사람이라도 세례자 요한보다 크다(누가 7,28b). 모든 백성은 물론, 세리들도 세례자 요한의 설교를 듣고 그의 세례를 받으며 하느님의 뜻을 받아들였으나, 바리사이파 사람들과 율법학자들은 요한의 세례를 받지 않고 하느님의 뜻을 받아들이지 않았다(누가 7,29-30)는 구절은 역사의

---

1 Fitzmyer, J. A., *The Gospel According to Luke I*, AncB 28 (New York, 1981), 674.

예수가 실제로 한 말은2 아니고, 누가복음 저자가 요약한 말이다.3

하느님의 계획βουλή(누가 7,30; 23,51; 사도행전 2,23) 표현은 신약성서에서 누가복음 저자만 쓴다.4 세례자 요한은 예수가 오시기로 되어 있는 분인지 예수에게 물었고(누가 7,18-23), 예수는 세례자 요한이 돌아온 엘리야 예언자라고 설명하고(누가 7,24-28), 세례자 요한과 예수의 활동에 대한 바리사이파 사람들과 율법학자들의 반응이 소개되었다(누가 7,29-35). 이 세 가지 내용이 마태 11,1-19에도 있지만, 누가 7,20-21, 29-30에 해당하는 부분은 마태복음에 없다. 그래서 누가 7,18-35 단락이 모두 예수 어록에 들어있는지 연구되었다.5 누가 7,18-23 단락보다 짧은 마태 11,2-6 단락이 예수 어록에 좀 더 가깝다는 의견이 많다.6 마태복음 저자가 예수 어록 본문을 크게 줄였을 수도 있다.7

예수는 세례자 요한이 예고했던 물세례에 어울리지 않는 인물이다. 예수가 하느님과 특별한 관계에 있는지 궁금해하는 사람들이 없지 않았다. 세례자 요한이 역사의 예수에게 묻기보다 예수운동 공동체에 묻는 듯하다. 역사의 예수보다 예수운동 공동체가 세례자 요한에게 답하

---

2 Schürmann, H., *Das Lukasevangelium. Erster Teil: Kommentar zu Kap.* 1,1-9,50, HThK III/1 (Freiburg, 1970), 421; Schneider, G., *Das Evangelium nach Lukas I*, ÖTK 3/1 (Gütersloh/Würzburg, 1984, 2판), 172.

3 Bovon, F., *Das Evangelium nach Lukas* (1,1-9,50), EKK III/1 (Neukirchen-Vluyn, 1989), 378.

4 Conzelmann, H., *Die Mitte der Zeit. Studien zur Theologie des Lukas*, BHTh 17 (Tübingen, 1960, 3판), 141.

5 Cameron, R., ""What have you come out to see?"," *Semeia* 49 (1990): 35-69; Kee, H. C., "A Glutton and a Drunkard," *NTS* 42 (1996): 374-393.

6 Wolter, M., *Das Lukasevangelium*, HNT 5 (Tübingen, 2008), 278.

7 Davies, W. D., Allison, D. C., *A Critical and exegetical commentary on the Gospel according to Saint Matthew II*, ICC (London u.a., 1991), 235.

는 듯하다. 예수 부활 후 예수운동 공동체는 예수가 누구인지 진지하게 물었다. 세례자 요한은 예수의 십자가 죽음도 모르고 예수의 부활도 알지 못하지만, 예수운동 공동체는 예수의 십자가 죽음과 예수 부활을 둘 다 알고 있다. 예수운동 공동체는 세례자 요한보다 예수를 더 잘 알고 있다.

"요한의 제자들이 이 모든 일을 요한에게 알렸다"(누가 7,18a). 모든 일περὶπάντων τούτων이 누가 7,1-17을 가리키는지, 지금까지 예수의 모든 활동을 가리키는지 분명하지 않다.[8] 예수는 요한의 두 제자에게 "보고 들은 대로 요한에게 가서 알리시오"(누가 7,22b)라고 대답한다. 본 것과 들은 것이 다르다는 말은 아니다. "시각 장애인이 보게 되고, 절름발이가 제대로 걸으며, 나병환자가 깨끗해지고, 청각 장애인이 들으며, 죽은 사람이 살아나고, 가난한 사람이 복음을 듣습니다"(누가 7,22c) 구절은 누가 4,18에 해당한다. "가난한 이들에게 복음을 전하게 하셨다. 주께서 나를 보내시어 묶인 사람들에게는 해방을 알려주고, 눈먼 사람들은 보게 하고, 억눌린 사람들에게는 자유를 주며, 주님의 은총의 해를 선포하게 하셨다"(누가 4,18-19) 구절에 해당한다. 하느님께서 예수의 활동을 통해 무엇을 하시는지 세례자 요한과 그 제자들은 똑바로 보고 들으라는 말이다.

세례자 요한이 예수는 누구인가(누가 7,18-23) 물었다면, 예수는 세례자 요한이 누구인가 묻는다(누가 7,24-28). 예수의 스승이었던 세례자 요한은 제자인 예수가 누구인지 잘 몰랐다면, 세례자 요한의 제자였던 예수는 스승 세례자 요한이 누구인지 잘 알았다. 예수는 세 가지 질문을

---

8 Wolter, M., *Das Lukasevangelium*, 278.

통해 갈릴래아 사람들이 세례자 요한에게 몰려간 이유와 기대를 먼저 묻고, 그다음 요한이 누구인지 설명한다. 누가 7,24-27과 누가 7,28은 원래 따로 전승되었는데, 예수 어록이 처음으로 한데 묶은 듯하다.[9]

단어 ἔρημος(누가 7,24b)를 사막이라고 번역하면 안 된다. 갈대^{κάλαμος}(누가 7,24b)는 물 있는 곳에서만 자란다. 화려한 옷을 입은 사람들을 보러 광야에 가는 사람은 없다. 세례자 요한은 소박한 옷을 입고 살았다. 광야에 예언자 요한이 있기 때문에 사람들은 광야로 갔다. 예언자보다 더 큰 사람$^{περισσότερον\ προφήτου}$(누가 7,26b)은 예언자보다 더 훌륭한 사람이 아니라 평범한 예언자가 아닌 사람을 가리킨다.

"보라, 내 심부름꾼을 너보다 먼저 보내니 그는 너에 앞서 네 길을 닦아 놓으리라"(누가 7,27b-c) 구절은 누가복음 저자가 탈출기 23,20과 말라기 3,1을 섞어 인용한 마가 1,2를 그대로 기록했다. "그는 너에 앞서 네 길을 닦아 놓으리라"(누가 7,27c) 구절은 그리스어 말라기 3,1이 아니라 히브리어 말라기 3,1을 인용했다. 예수는 세례자 요한을 돌아온 예언자 엘리야(누가 1,17. 76)로 평가했다. 세례자 요한 말고 그 어떤 예언자도 모태에서부터 성령으로 가득 찬 사람(누가 1,15c)은 없었다.

인간 세상에서 통용되는 순서와 기준이 하느님 나라에서 통용되는 순서와 기준에 대조되었다(누가 7,28). 인간을 가리키는 '여자에게서 태어난 사람들'(욥기 14,1; 15,14; 갈라디아 4,4) 표현은 사람이 하느님과 멀리 떨어져 있다는 사실을 강조할 때 주로 쓰였다. 인간 세상에서 누구도 세례자 요한보다 더 크지 않지만, 하느님 나라에서 가장 작은 사람도 세례자 요한보다 더 크다(누가 7,28). 이 문장으로써 세례자 요한은 하느

---

9 Wolter, M., *Das Lukasevangelium*, 281.

님 나라에서 사실상 제외되었다. 세례자 요한에 대한 이 평가는 누가복음이 쓰여진 시대의 예수운동 상황과 관계있다.[10] 누가 7,28은 역사의 예수가 실제로 한 말은 아니고, 부활 이후 예수운동 공동체가 창작하였다. 예수운동 공동체가 세례자 요한 운동과 거리를 두고 서로 경쟁하던 시대였다.

누가 7,29-35는 예수 말인가, 누가복음 저자 말인가. 요한 설교를 듣고 그 세례를 받은 모든 백성(누가 7,29a)은 예수가 요한을 두고 설명했던 군중과 같을 수 없다.[11] 예수의 말로 여겨진다.[12] 율법학자들^{νομικοί} (누가 7,29a; 11,45.46; 14,3) 단어는 네 복음서에서 마태 22,35를 제외하면 누가복음에만 나온다. 율법학자들은 바리사이파 사람들과 함께 언급되었다(누가 7,29a; 11,42; 14,3). 유다교 문헌에서는 마카베오 4서 5,4에만 있다. 엘르아잘(마카베오하 6,18)은 뛰어난 율법학자 중 하나로 소개되었다. 자기들에 대한$^{εἰς ἑαυτούς}$(누가 7,30b) 표현은 하느님의 뜻^{βουλὴν} $^{τοῦ Θεοῦ}$(누가 7,30b)이 아니라 받아들이지 않았다^{ἠθέτησαν}(누가 7,30b) 단어에 문법적으로 연결된다. "바리사이들과 율법학자들은 요한에게 세례를 받지 않음으로써 자기들에 대한 하느님의 계획을 물리쳤습니다" (200주년 기념성서). 바리사이들과 율법학자들은 예수 복음을 받아들이기 전에 요한의 메시지를 이미 거절했다.

이 세대$^{γενεᾷ αὕτη}$ 표현은 예수 전승에 흔히 나온다(마가 8,12; 누가 11,31; 마태 12,41). 죄 많고 하느님과 멀어진 사람들을 가리킨다(창세기

---

10 Wolter, M., *Das Lukasevangelium*, 283.

11 Ernst, J., "Der Spruch von den "frommen" Sündern und den "unfrommen" Gerechten (Lk 7,29f)", in: *Der Treue Gottes trauen* (FS Schneider, G.) (Freiburg u.a., 1991), 197-213, 198.

12 Wolter, M., *Das Lukasevangelium*, 284.

7,1; 시편 12,8). "이 세대 사람들을 무엇에 비길 수 있을까요? 도대체 무엇과 같을까요?"(누가 7,31) 표현은 "하느님이 누구의 모습이라도 닮았다는 말이냐? 어떤 모습이 그를 닮을 수 있다는 말이냐?"(이사야 40,8) 구절을 닮았다.

장터에서 편 갈라 노는 아이들(누가 7,32) 풍경을 어떻게 이해할 것인지, 그 아이들이 세례자 요한과 예수 등장에 대한 당시 사람들의 반응을 어떻게 드러내는지 논의되어 왔다. 세례자 요한의 장례식 애곡 같은 심판 메시지에도, 예수의 결혼식 춤 같은 하느님 나라 메시지에도 응답하기 싫어하는 당시 사람들의 반응이 표현되었다.[13] 그들에게 세례자 요한은 너무 지나친 금욕주의자로 보였고, 예수는 너무 덜 금욕주의자로 보였다.[14] 그들은 세례자 요한에게도 예수에게도 관심 없다(누가 7,33-34).

"그러나 하느님의 지혜가 옳다는 것은 지혜를 받아들인 모든 사람에게서 드러납니다"(누가 7,35). 하느님의 뜻(누가 7,30)은 하느님의 지혜(누가 7,35; 잠언 1,20-33; 8,1-21)로서 드러났다.[15] 하느님의 지혜는 세례자 요한과 예수에게서 나타났다. 그 지혜를 바리사이들과 율법학자들은 거절했다.

마태복음 독자들은 "나는 여러분을 회개시키려고 물로 세례를 베풀

---

13 Luz, U., *Das Evangelium nach Matthäus (Mt 1-7)*, EKK I/1 (Neukirchen-Vluyn, 1992, 3판), 184; Zeller, D., "Die Bildlogik des Gleichnisses Mt 11,16f./Lk 7,31f," *ZNW* 68 (1977): 252-257.

14 Müller, P., *In der Mitte der Gemeinde. Kinder im Neuen Testament* (Neukirchen-Vluyn, 1992), 252.

15 Christ, F., *Jesus Sophia*, AThANT (Zürich, 1970), 77; Kilgallen, J. J., "What does it mean to say: "Wisdom is Justified by her Children?"," *ChiSt* 42 (2003): 205-211.

거니와 내 뒤에 오시는 분은 성령과 불로 세례를 베푸실 것입니다"(마태 3,11)라는 세례자 요한의 고백을 기억할 것이다. 그 세례자 요한이 제자들을 예수에게 보내어 "오기로 되어 있는 분이 바로 선생님입니까? 그렇지 않으면 우리가 다른 분을 기다려야 하겠습니까?" 묻게 하였다니, 이상하지 않은가. 세례자 요한은 성령과 불로 세례를 베푸실 분이 예수가 아니라 다른 분이라고 생각했다는 말일까.

그래서 마태 11,2-19를 역사의 예수가 아니라 마태복음 공동체가 낳은 작품이라는 의견이16 있었다. 아니면 예수 소식을 들은 세례자 요한이 예수를 오실 분으로 생각하기 시작했다는 말일까. 한때 자신의 문하에 있었던 예수의 정체를 세례자 요한은 아직도 제대로 파악하지 못했다는 말인가.

세례자 요한의 제자들은 예수에 대해 호의적인 제자들과 그렇지 않은 제자들로 나뉜 듯하다.17 세례자 요한의 죽음 이후 일부 제자들은 예수운동에 가담하고, 일부는 그렇지 않았다. "오시기로 되어 있는 분이 바로 선생님이십니까?"(마태 11,3a) 질문에서 구약성서 여러 구절을 생각할 수 있다(창세기 49,10; 이사야 59,20; 시편 118,26). 오시기로 되어 있는 분을 꼭 메시아라고 말할 수는 없다. 마태복음 저자는 오시기로 되어 있는 분이 사람의 아들이라(다니엘 7,13) 생각한 듯하다.18

"여러분이 듣고 본 대로 요한에게 가서 알리시오. 시각 장애인이 보

---

16 Pesch, R., *Jesu ureigene Taten?*, QuD 52 (Freiburg, 1970), 36-44; Vögtle, A., "Wunder und Wort in urchristlicher Glaubenswerbung (Mt 11,205 / Lk 7,18-23)," in: ders, *Das Evangelium und die Evangelien*, KBANT (Düsseldorf, 1970), 219-242.

17 Luz, U., *Das Evangelium nach Matthäus (Mt 8-17)*, EKK I/2 (Neukirchen-Vluyn, 1990), 166.

18 Luz, U., *Das Evangelium nach Matthäus (Mt 1-7)*, 149.

게 되고, 절름발이가 제대로 걸으며, 나병환자가 깨끗해지고, 청각 장애인이 들으며, 죽은 사람이 살아나고"(마태 11,4b-5a) 구절은 마태복음 8-9장에 소개된 다섯 기적들, 즉 나환자 치유(마태 8,1-4), 중풍병자 치유(마태 9,2-8), 회당장의 딸 소생(마태 9,18-26), 못 보는 두 사람 치유(마태 9,27-31), 말 못 하는 사람 치유(마태 9,32-34)를 가리킨다. "가난한 사람들에게 복음이 전해진다"(마태 11,4b-5a) 구절은 "마음이 가난한 사람은 행복하다. 하늘 나라가 그들의 것이다"(마태 5,3)를 가리킨다. 세례자 요한의 제자들이 예수에 대해 보고 들은 것은 예언자가 주는 희망(이사야 29,18; 35,5; 61,1)을 말한다. 새로운 시대, 곧 메시아 시대에는 질병과 고통이 사라지리라는 희망이 유다교에 있었다.[19]

세례자 요한의 질문에 예수는 직접 답변하진 않았다. 세례자 요한의 제자들이 보고 들은 희망에 대해 스스로 눈감지 말라고 부탁할 뿐이었다. 그 태도에 따라 세례자 요한의 제자들이 예수를 받아들일지 거절할지 결정될 것이다. 이스라엘도 세례자 요한의 제자들도 예수가 보여준 희망의 행동과 말씀을 보고 예수를 받아들일지 거절할지 결정할 것이다.

화려한 옷을 입은 사람을 보러 광야에 나갈 수 있다(마태 11,7-8). 터무니없는 말은[20] 아니다. 예리고, 키프로스, 마싸다 광야에 헤로데 별장이 있었다. 갈릴래아를 다스리던 헤로데 안티파스 영주는 공통년 26년 티베리아스로 왕궁을 옮기기 전 동전에 왕궁을 가리키는 갈대 모양을 새기게 했다.[21] "내가 내 심부름꾼을 너보다 먼저 보내니 그는 너에 앞

---

19 Hoffmann, P., *Studien zur Theologie der Logienquelle*, NTA 3 (Münster, 1972), 206-208.

20 Theissen, G., "Das "schwankende Rohr" in Mt. 11, 7 und die Gründungsmünzen von Tiberias"," *ZDPV* 101 (1985): 43-55, 43.

21 Theissen, G., "Das "schwankende Rohr" in Mt. 11, 7 und die Gründungsmünzen von Tiberias," 45-49.

서 네 길을 닦아 놓으리라"(마태 11,10a; 탈출기 23,20; 말라기 3,1) 구절은 예수운동에서 세례자 요한과 예수를 연결하는 데 중요했다(마가 1,2; 누가 1,17). 그 구절은 돌아온 예언자 엘리야를 가리킨다고 여겨졌다(말라기 3,23).

"여자의 몸에서 태어난 사람 중에 세례자 요한보다 더 큰 인물은 없었습니다. 그러나 하늘 나라에서 가장 작은 사람이라도 그 사람보다는 큽니다"(마태 11,11) 구절은 해석하기 까다롭다. 단어 μικρότερος를 비교급 형용사로 보아야 하는가, 최상급 형용사로 보아야 하는가. 비교급 형용사로 본다면, 예수나 세례자 요한의 제자들 또는 세례자 요한[22]을 가리킬 수 있다. 최상급 형용사로 보면, 하늘 나라에서 가장 작은 사람이라고 옮길 수 있다.[23]

하늘 나라(마태 11,11b)는 어디를 가리킬까. 교회를 가리킨다는 해석이 그리스도교 역사에 오래되었다. 가장 작은 그리스도인이라도 가장 큰 유다인보다 크다.[24] 교회에서 가장 작은 사람은 누구인가. 아니면 하늘 나라는 막 시작된 하느님 나라를 가리키는가. 그러면 가장 작은 사람은 가난한 사람들이다. 하늘 나라는 다가올 하느님 나라인가. 하느님 나라에 들어갈 사람을 골라내는 심판이 있고, 그 사람들 중에서도 사람 사이 순서가 결정된다는 말인가.

"세례자 요한 때부터 지금까지 하늘 나라는 폭행 당해 왔습니다. 그리고 폭행을 쓰는 사람들이 하늘 나라를 빼앗으려고 합니다"(마태 11,12). 신약성서 주석가들에게 가장 난해한 구절 중 하나다. 110년 전 하르낙

22 Hoffmann, P., *Studien zur Theologie der Logienquelle*, NTA 3 (Münster, 1972), 221-224.

23 Luz, U., *Das Evangelium nach Matthäus (Mt 1-7)*, 175.

24 Wellhausen, J., *Das Evangelium Matthaei* (Berlin, 1904), 54.

이 그렇게 말했는데,[25] 오늘도 여전히 그렇다. 크게 세 가지 해석이 있다.[26]

첫째, 세례자 요한 이후 하늘 나라는 막을 수 없이 시작되었고, 예수 추종자들이 적극적으로 하늘 나라를 쟁취하려 한다는 해석이 있다.[27] 이 제안은 강탈하다ἁρπάζω, 폭력βιαστής 단어와 어울릴 수 없다. 둘째, 예수의 말씀을 들은 사람들이 회개와 금욕과 말씀 추종으로써 자신들을 하늘 나라와 분열시키는 모든 장애를 극복한다는 해석이 있다.[28] 종교개혁가들이 이 해석을 받아들였다.[29] 회개하는 엄청난 사람들 덕분에 하느님이 하늘 나라가 금방 오도록 했다는 것이다.[30] 이 해석은 폭력βιαστής 단어와 어울릴 수 없고, 마태 11,12b가 긍정적 의미로 쓰일 수 없다는 사실과 어긋난다.

셋째, 하늘 나라는 막을 수 없이 시작되었지만, 하늘 나라를 강탈하려는 폭력 집단이 있다는 해석이 있다.[31] 악의 세력이 하늘 나라를 폭행하고 빼앗으려 한다는 뜻이다.[32] 오늘 가장 널리 받아들여지는 해석이

25 Harnack, A. v., *Zwei Worte Jesu*, SPAW.PH (Berlin, 1907), 942-957, 947.

26 Luz, U., *Das Evangelium nach Matthäus (Mt 1-7)*, 177-178.

27 Merklein, H., *Die Gottesherrschaft als Handlungsprinzip*, fzb 34 (Würzburg, 1981, 2판), 89.

28 Schniewind, J., *Das Evangelium nach Matthäus*, NTD 2 (Göttingen, 1956, 8판), 145.

29 Luz, U., *Das Evangelium nach Matthäus (Mt 1-7)*, 177, 주 46.

30 Schweitzer, A., *Geschichte der Leben-Jesu-Forschung* (Tübingen, 1951, 6판), 404.

31 Betz, O., "The Eschatological Interpretation of the Sinai Tradition in Qumran and in the New Testament," *RQ* 6 (1967): 89-107, 103; Kosch, D., *Die Gottesherrschaft im Zeichen des Widerspruchs*, EHS 23/257 (Bern/New York, 1985), 26.

32 Schweizer, A., "Ob in der Stelle Matth 11,12 ein Lob oder ein Tadel enthalten sei?," *ThStKr* 9 (1836): 90-122; Weiss, J., *Die Predigt Jesu vom Reiche Gottes* (Göttingen, 1964, 3판), 192-197; Schrenk, G., Art. "βιάζομαι," *ThWNT* I: 608-613.

다. 폭력βιαστής 단어에서 출발하여 보면, 이 셋째 해석이 가장 적절하다.

즉, 하늘 나라는 세례자 요한 이후 폭력을 당해 왔다. 하늘 나라에 폭력을 가하는 세력으로 젤로데파가 자주 지목되었다. 그러나 젤로데파는 세례자 요한 이전에 이미 존재했기 때문에, 이 해석은 곤란하다. 하늘 나라에 폭력을 가하는 세력으로 세례자 요한과 예수를 반대하는 세력으로 보는 것이 가장 자연스럽다.33 갈릴래아 영주 헤로데 안티파스, 유다교 지배층, 로마 군대가 하늘 나라에 폭력을 가하는 세력에 포함된다.

마태복음 저자 의도는 분명하다. 예언자들이 다시 온다고 말한 엘리야는 바로 세례자 요한(마태 11,10, 13)이다. 세례자 요한은 예언자들에 속하지만, 여느 예언자보다 더 큰 예언자다. 하느님 나라의 표징을 실행하진 못했지만(마태 11,2-6), 세례자 요한은 하느님 나라를 선포했다(마태 3,2). 자신의 고통 속에서 세례자 요한은 예수 운명을 미리 보여주었다. 폭력에 시달리는 것이 예언자의 운명이다(마태 21,33-39; 23,29-37). 세례자 요한이 구시대에 속하는지 또는 새 시대에 속하는지 마태복음 저자는 알지 못했다.34

마태 11,16-17 비유가 어디서 왔는지 알 수는 없다. 마태 11,16-17 비유와 마태 11,18-19 해석이 잘 어울리지는 못한다.35 "하느님의 지혜가 옳다는 것은 이미 나타난 결과로 알 수 있습니다"(마태 11,9e) 문장은 예수가 한 말은 아닌 듯하다.36 이 세대τὴν γενεὰν ταύτην(마태 11,16)는

---

33 Luz, U., *Das Evangelium nach Matthäus (Mt 1-7)*, 178.

34 Luz, U., *Das Evangelium nach Matthäus (Mt 1-7)*, 179, 주 59.

35 Hoffmann, P., *Studien zur Theologie der Logienquelle*, NTA 3 (Münster, 1972), 227-230; Gnilka, J., *Das Evangelium nach Markus*. Teilband 1: Mk 1-8,26, EKK II/1 (Neukirchen-Vluyn, 1978), 423.

이스라엘 역사가 아니라 세례자 요한과 예수 당시 사람들을 가리킨다.[37]

마태 11,16-17 비유의 원래 뜻이 무엇인지 성서학자들은 고뇌해 왔다. 크게 두 가지 제안이 있다. 첫째, 이 세대는 시장에서 노는 아이들을 가리킨다. 결혼식 잔치에서 기쁘게 춤추지 않고, 장례식에도 슬피 울지 않는다.[38] 둘째, 이 세대는 시장에서 노는 어린이들이 아니라 모든 어린이를 가리킨다. 어떤 어린이들은 결혼식 놀이를 하고 싶고, 다른 어린이들은 장례식 놀이를 하고 싶다. 그러니 어린이들은 어떤 놀이도 못 하고 만다.[39] 놀이하는 어린이들처럼 유다인은 세례자 요한과 예수의 메시지에 대해 어떤 반응을 해야 할지 도대체 모르고 있다.

---

36 Luz, U., *Das Evangelium nach Matthäus (Mt 1-7)*, 179, 184.

37 Verseput, D., *The Rejection of the Humble Messianic King*, EHS XXIII/291 (Bern/New York, 1986), 106.

38 Gundry, R. H., *Matthew. A Commentary on his Literary and Theological Art* (Grand Rapids, 1982), 212; Schürmann, H., *Das Lukasevangelium. Erster Teil: Kommentar zu Kap. 1,1-9,50*, 424.

39 Zeller, D., "Die Bildlogik des Gleichnisses Mt 11,16f/ Lk 7,31f," 254.

54. 예수에 대한 세례자 요한 생각
(요한 1,29-34; 3,22-30)

요한 1,29-34는 요한복음 2장 2막에 해당한다고 볼 수 있다. 세례자 요한이 무대에서 요한복음 독자들에게, 아니 청중들에게 독백으로 말하고 있다. 마가복음 저자가 세례자 요한이 "회개하고 세례를 받으시오. 그러면 죄를 용서받을 것입니다"(마가 1,4)라고 말하게 했다면, 요한복음 저자는 세례자 요한이 예수를 가리키며 "보시오. 세상의 죄를 치워 없애시는 하느님의 어린양입니다"(요한 1,29b)라고 말하게 했다. 마가복음에서 세례자 요한에게 고유의 역할이 있었다면, 요한복음에서 세례자 요한은 예수를 가리키는 역할에 머무른다.[1]

신약성서에서 유일하게 등장한 하느님의 어린 양ὁ Ἀμνὸς τοῦ Θεοῦ(요한 1,29b; 이사야 53,7) 표현은 다양한 해석을 낳았다.[2] 세례자 요한은 하느님의 어린 양을 이사야 53장과 연결했는데, 요한복음 저자는 과월절 양에 연결했다.[3] 요한 1,29b는 예수운동 공동체의 빵 모임에서 왔다는 의

---

1 Hasitschka, M., *Befreiung von Sünde nach dem Johannesevangelium* (Innsbruck/Wien, 1989), 52.

2 van Belle, G., *Johannine Bibliography 1966-1985*, BEThL 82 (Leuven, 1988), 191.

3 Wolff, H.-W., *Jesaja 53 im Urchristentum* (Giessen, 1984, 4판), 81.

견이 있다.[4]

예수를 과월절 양(요한 19,36; 고린토전서 5,7)에 비유한 것은 탈출기 12장에서 비롯된 듯하다. 과월절 양 비유에서 이사악을 제물로 바치려는 아브라함 이야기(창세기 22,1-19)를 떠올리면 어떨까. 이사악은 아버지 아브라함에게 번제물로 드릴 어린 양은 어디 있냐고 물었다(창세기 22,7c). 창세기 본문에서 아브라함의 굳건한 믿음이 주제였다면, 마카베오 항쟁이후 유다교에서는 아브라함의 믿음보다 이사악의 희생이 더 관심을 끌었다.[5] 이사악의 자발적 희생과 그 희생이 후대에 가져다줄 죄의 용서에 대한 생각은 공통년 1세기에 널리 퍼졌다.[6]

흔히 쓰는 명사 사람ἄνθρωπος(요한 1,6) 대신에 남자ἀνήρ(요한 1,13, 30; 4,6; 6,10)를 쓴 것은 요한복음 저자가 평범한 사람 세례자 요한과 사람이 되신 로고스 예수 사이의 차이를 강조하기 위해서일까.[7] 요한복음 저자는 세례자 요한이 예수에게 세례를 베풀었던 사실을 삭제해 버렸다. 신약성서에 118번 나오는 머무르다μένω 동사는 요한복음과 요한 편지에 67번 나온다. 영이 하늘로부터 비둘기처럼 내려와 예수 위에 머무는 것을 세례자 요한은 보았다(요한 1,32b). 세례자 요한은 예수를 하느님의 어린양이요 하느님의 아들(요한 1,34)이라고 증언한다.

예수가 세례를 베풀었다(요한 3,22b) 기록은 신약성서에 이곳밖에 없다. 머물면서 세례를 주었다διέτριβεν καὶ ἐβάπτιζεν 동사 미완료 형태는 예수가 상당 기간 머물렀고 오래 세례를 주었음을 가리킨다. 요한복음 공동

---

4 Becker, J., *Das Evangelium nach Johannes*, ÖTK 4/1 (Gütersloh, 1991, 3판), 111.

5 Moore, G. F., *Judaism in the First Centuries of Christian Era I* (Cambridge, 1927), 539.

6 Vermes, G., *Scripture and Tradition in Judaism*, StPB 4 (Leiden, 1961), 208.

7 Thyen, H., *Das Johannesevangelium*, HNT 6 (Tübingen, 2015, 2판), 122.

체가 세례자 요한 그룹과 같은 시대에 서로 경쟁하며 세례를 주었고, 세례자 요한 그룹이 점차 사라졌음(요한 3,30)을 가리킨다. 예수 자신이 아니라 예수의 제자들이 세례를 주었다.[8] 예수는 유다 지역에서도 많은 제자들을 얻었다(요한 4,1). 세례자 요한이 세례를 베풀었다는, 살림에 가까운 애논Aἰνὼν ἐγγὺς τοῦ Σαλείμ(요한 2,23b) 위치를 정확히 알아내려는 시도는 성공하지 못했다.[9]

정결 예식을 두고 세례자 요한의 제자들과 어떤 유다인 사이에 논쟁이 벌어졌다(요한 3,25). 세례자 요한의 제자들과 예수 사이에 벌어진 논쟁이 아니라 예수를 받아들이지 않은 어느 유다인과 요한의 제자들 사이에 생긴 논쟁 같다.[10] 요한은 제자들에게 "사람은 하늘이 주시지 않으면 아무것도 받을 수 없습니다"라고 말하였다(요한 3,27). 하느님께서 보내셨고(요한 1,6), 빛을 증언하러 온(요한 1,7) 요한은 자신에게 주어진 몫을 겸손하게 받아들여 "나는 그리스도가 아닙니다"(요한 1,20a), "그분은 더욱 커지셔야 하고 나는 작아져야 합니다"(요한 1,30) 말할 수 있었다.

이스라엘은 하느님의 아내(이사야 62,4; 예레미야 2,2; 호세아 2,21), 예수 운동 공동체는 그리스도의 신부(고린토후서 11,2; 에페소 5,25; 요한 묵시록 21,2) 비유가 있었다. 기쁨의 소리였던 신랑 또는 신부의 소리는 이스라엘의 죄 때문에 사라지고, 그들의 기쁨도 사라지고 말았다(예레미야 7,34; 16,9; 25,10). "유다 성읍들과 예루살렘 거리들은 사람도 없고 짐승도 어른거리지 않는 텅 빈 곳이 되리라. 그러나 여기에서 또다시 기쁜 소리, 흥겨운 노래, 신랑 신부의 즐거운 소리가 나리라"(예레미야 33,10b-11a).

---

8 Thyen, H., *Das Johannesevangelium*, 225.

9 Schnackenburg, R., *Das Johannesevangelium 2*, HthK IV 1 (Freiburg, 1965), 450.

10 Thyen, H., *Das Johannesevangelium*, 227.

세례자 요한은 예수를 생각하며 제자들에게 선언한다. "신랑의 친구도 옆에 서 있다가 신랑의 목소리가 들리면 기쁨에 넘칩니다. 내 마음도 이런 기쁨으로 가득 차 있습니다"(요한 3,29b).

55. 가나 혼인 잔치
(요한 2,1-12)

　　가나의 혼인 잔치 이야기(요한 2,1-11)를 그리스 신화의 포도주의 신 디오니소스와 연결하려는 시도는[1] 적절하지 않다.[2] 그리스도이며 하느님의 아들 예수(요한 20,31b)를 강조하려는 요한복음 저자가 낯선 그리스 신화를 들먹일 필요가 있었을까. 마가 2,18-21과 연결하여 논의하는 편이 더 낫다.[3] 갈릴래아 지방 가나^{Kανὰ}(요한 2,1, 11; 4,46; 21,2)는 요한복음에 네 번이나 나오지만, 요한복음 밖에서는 전혀 언급되지 않았다. 요한복음에서 갈릴래아 가나는 예수에 대한 믿음이 생긴 곳으로, 유다 예루살렘은 예수를 거절하고 박해한 곳으로, 즉 상징적인 반대 지명으로 사용되었다. 가나는 요한복음 저자에게 하느님 백성이 새로 탄생한 장소다.[4] "이제 너희가 나의 말을 듣고 내가 세워준 계약을 지킨다

1　Barrett, C. K., *Das Evangelium nach Johannes* (Göttingen, 1990), 211.

2　Thyen, H., *Das Johannesevangelium*, HNT 6 (Tübingen, 2015, 2판), 149.

3　Goulder, M. D., "John 1,1-2,12 and the Synoptics," in: Denaux, A., (ed.), *John and the Synoptics*, BEThL 90 (Leuven, 1990), 201-237, 219; Williams, F. E., "Fourth Gospel and Synoptic Tradition. Two Johannine Passages (John 1,19-28; 2,1-12)," *JBL* 86 (1967): 311-319, 311.

4　Olsson, B., *Structure and Meaning in the Fourth Gospel. A Text-Linguistic Analysis of 2:1-11 and 4:1-42*, CB.NT 5 (Lund, 1974), 109.

면, 너희야말로 뭇 민족 가운데서 내 것이 되리라"(탈출기 19,5a), "신랑이 신부를 반기듯 너의 하느님께서 너를 반기신다"(이사야 62,5b).

결혼식 비유는 세상 끝 날에 이스라엘 백성의 구원을 상징한다(마가 2,19: 요한 3,29: 마태 22,1). 예수 어머니 마리아는 요한복음에 두 번, 즉 가나에서 혼인 잔치(요한 2,1-11)와 골고타 언덕에서 예수의 십자가 아래(요한 19,25-27) 등장한다. 두 번 모두 마리아 자신의 이름이 아니라 예수의 어머니라고 언급되었다. 예수의 사랑받는 제자가 대표하는 유다인 아닌 예수운동 사람들의 뒤로 물러선 유다인 출신 예수운동 사람들을 마리아가 대표한다는 불트만의 추측은[5] 근거 없다. 마리아는 토라에 충실한 유다교를 대표한다는 의견이[6] 더 적절해 보인다.

가나 혼인 잔치에서(요한 2,1-11), 십자가 아래에서도(요한 19,25-27) 예수는 자신의 어머니를 여인γύναι이라 부른다. 거리를 두는 호칭은 아니다. Τί ἐμοὶ καὶ σοί(요한 2,2b) 구절을 어떻게 번역할까. "그것이 저에게 무슨 상관이 있다고 그러십니까?"(공동번역), "부인이 저와 무슨 상관이 있습니까?"(200주년 기념성서) 번역은 찬성하기 어렵다. "그것이 나와 당신에게 무슨 상관이 있습니까?"(새번역)가 더 적절하다. 더러운 영에 사로잡힌 사람이 예수에게 "당신이 우리와 무슨 상관이 있습니까Τί ἡμῖν καὶ σοί"(마가 1,24b) 외친 적이 있었다.

"아직 제 때가 오지 않았습니다"(요한 2,4c) 구절에서 예수의 시간은 십자가에 높이 올려질 시간을 가리킨다(요한 7,30: 8,20: 17,1). 예수는 자신의 뜻이 아니라 하느님 뜻에 따라 행동한다(요한 11,6). 예수의 어머니

---

5 Bultmann, R., *Das Evangelium des Johannes*, KEK (Göttingen, 1986, 21판), 520.
6 Bauer, W., *Das Johannesevangelium*, HNT 6 (Tübingen, 1933, 3판), 46; Minear, P. S., *John. The Martyr's Gospel* (New York, 1984), 143.

는 시중드는 사람들에게 "그가 무엇이든지 당신들에게 이르는 대로 하시오"라고 말하였다(요한 2,5). "내가 있는 곳에 나를 섬기는 사람^{διάκονος}도 있을 것입니다"(요한 12,26). 그 단어는 요한복음에 여기와 12,26에만 있다.

정결 예식에 쓰이는 두세 동이들이 돌항아리 여섯 개(요한 2,6)는 부정해지기 쉬우니 깨뜨려야 한다는 옹기(레위 11,33)를 가리킬까. 사람들이 두세 동이들이 돌항아리 여섯 개에 물을 가득 채워(요한 2,6-10) 약 600리터의 값비싼 포도주가 생겼다.[7] "이제 퍼서 잔치 맡은 이에게 갖다 주시오" 예수 말씀에서 요한복음 저자는 "너희는 기뻐하며 구원의 샘에서 물을 길으리라"(이사야 12,3) 구절을 떠올렸을까.

가나의 포도주 기적을 골고타의 예수 피와 연결하려는 성서학자들의 시도는 적지 않았다. 엄청난 양의 포도주를 만든 기적은 최후 만찬의 포도주와 연결될까.[8] 가나의 혼인 잔치는 예수의 혼인 잔치였다는 주장까지 나왔다.[9]

---

7 Thyen, H., *Das Johannesevangelium*, HNT 6 (Tübingen, 2015, 2판), 155.

8 Cullmann, O., *Urchristentum und Gottesdienst*, AThANT 3 (Zürich, 1962, 4판), 69.

9 Lütgehetmann, W., *Die Hochzeit von Kana (Job 2,1 -11). Zu Ursprung und Deutung einer Wundererzählung im Rahmen johanneischer Redaktionsgeschichte*, BU 20 (Regensburg, 1990), 308.

56. 예수와 사마리아 여인
(요한 4,1-42)

반드시 Ἔδει 예수는 사마리아 지방을 거쳐가야 했다. 사마리아 지방 시카르 동네에 있는 야곱의 우물가에서 예수는 어느 사마리아 여인과 대화를 나눈다(요한 4,4-26). 시카르 동네에 물이 풍부했다.[1] 그런데 유다교 문헌도, 사마리아 전승도 야곱의 우물가에 대해 말이 없다.[2] 어떤 특정한 지리적 역사적 우물가가 아니라 사마리아의 종교적 성지를 가리킨 듯하다.[3] 낯선 땅을 유랑하던 야곱은 우물가에서 라헬을 만난다(창세기 29,9). 이집트 왕 파라오의 손을 피해 미디안 땅으로 달아나 그곳 우물가에 앉아 있었던 모세는 양 떼에게 물을 먹여주었다(탈출기 2,15-22).

먼 길을 오느라 지친 예수는 우물가에 앉아 사마리아 여인에게 물을 달라(요한 4,6-7) 청하였다.[4] 사마리아 여인은 이 구절을 생각했을 것이

---

1 Schenke, H.-M., "Jakobsbrunnen -Josephsgrab- Sychar. Topographische Untersuchungen und Erwägungen in der Perspektive von Joh 4,5.6," *ZDPV* 84 (1968): 159-184, 168.

2 Olsson, B., *Structure and Meaning in the Fourth Gospel. A Text-Linguistic Analysis of 2:1-11 and 4:1-42*, CB.NT 5 (Lund, 1974), 140.

3 Schottroff, L., "Johannes 4,5-15 und die Konsequenzen des johanneischen Dualismus," *ZNW* 60 (1969): 199-214, 199.

다. "너에게 몸붙여 사는 외국인을 네 나라 사람처럼 대접하고 네 몸처럼 아껴라. 너희도 이집트 나라에 몸붙이고 살지 않았느냐? 나 야훼가 너희 하느님이다"(레위 19,34). 그러나 종교적 차별과 지역감정의 희생자였던 사마리아 여인은 예수의 부탁을 선뜻 수락하지 못하고 망설였다.[5]

그녀는 낯선 여인에게 말을 거는 예수를 이상한 남자로, 더구나 사마리아 사람에게 말을 거는 예수를 이상한 유다인으로 여겼을 수 있다. "당신은 유다인이고 저는 사마리아 여자인데, 어떻게 저더러 물을 달라 하십니까?"(요한 4,9a) 유다인들과 사마리아인들은 서로 상종하는συνχρῶνται 일이 없었기 때문이다. 교제하다συνχρῶνται 단어는 신약성서에 여기만 있다. 예수의 친절은 유다인과 사마리아인을 갈라놓았던 미움과 의심의 장벽을 무너뜨렸다.[6] 불트만은 불교의 아난다 존자가 계급이 다른 여인에게 물을 청하는 이야기를 인용했다.[7]

"이 우물물을 마시는 사람은 다시 목마르겠지만, 내가 주는 물을 마시는 사람은 영원히 목마르지 않을 것입니다"(요한 4,13-14a). 예수는 자신의 시간이 오면, 즉 십자가에서 하늘 높이 들어 올려지게 되면, 생명의 물을 선사할 것이다. 예수는 야곱을 대신하는 정도가 아니라 넘어선다.[8] 생명의 물ὕδωρ ζωῆν(요한 4, 14; 7,37-39)과 비슷한 표현은 요한 묵시록 7,17; 21,6에도 보인다. "나는 목마른 땅에 물을 부어주고 메마른 곳

---

4 Thompson, M. M., *The Humanity of Jesus in the Fourth Gospel* (Philadelphia, 1988), 3.

5 O'Day, G. R., *The Word Disclosed. John's Story and Narrative Preaching* (St. Louis, 1987), 33.

6 Boers, H., *Neither on this Mountain nor in Jerusalem*, SBL.MS 35 (Atlanta, 1988), 149.

7 Bultmann, R., *Das Evangelium des Johannes*, KEK (Göttingen, 1986, 21판), 131.

8 Neyrey, J., "Jacob Traditions and the Interpretation of John 4;10-26," *CBQ* 41 (1979): 419-437, 424.

에 시냇물이 흐르게 하리라. 나는 너의 후손 위에 내 영을 부어주고 너의 새싹들에게 나의 복을 내리리라"(이사야 44,3).

"주님, 저에게 그 물을 주십시오. 그러면 제가 목마르지도 않을 것이고 물을 길으러 여기에 오지 않아도 되겠습니다"(요한 4,15). 그러나 여인은 자신이 무엇을 청하는지도 잘 모르고, 누구에게 청하는지도 아직 잘 모른다.[9] 대낮에 예수를 만난 사마리아 여인은 밤중에 예수를 방문한 니고데모(요한 3,2; 13,30)와 대조된다. 낮 열두 시쯤 여인은 "선생님, 그 물을 저에게 좀 주십시오. 그러면 다시는 목마르지도 않고 물을 길으러 여기까지 나오지 않아도 되겠습니다" 청하였고(요한 4,15), 같은 시간에 빌라도는 유다인들을 둘러보며 "자, 여기 너희의 왕이 있다" 말하였다(요한 19,14). 요한 4,16-26은 사마리아 여인이 예수를 믿을 수 있게 된 대화다.[10] 예수와 대화하는 사마리아 여인은 자신의 과거를 숨기는 여인이 아니라 자신의 고유성을 남편이나 공동체에 의지하지 않는, 당당하고 자의식 있는 여성이다.[11]

여인에게 남편이 다섯 있었고, 지금 함께 살고 있는 남자도 남편이 아니라는 예수 발언(요한 4,18)은 여인의 사생활이 아니라 사마리아 사람들의 종교를 가리킨 듯하다(호세아 2,4; 열왕기하 17,24). "과연 선생님은 예언자이십니다"(요한 4,19) 발언은 예언서를 인정하지 않는 사마리아 사람들의 생각을 반영한다. 사마리아 사람들이 모세 같은 예언자를 기다렸다는 뜻이[12] 아니라 사마리아 여인은 예수를 사마리아 사람이 아

---

9 O'Day, G. R., *Revelation in the Fourth Gospel. Narrative Mode and Theological Claim* (Philadelphia, 1986), 64.

10 Boers, H., *Neither on this Mountain nor in Jerusalem*, 169.

11 Schneiders, S. M., "Women in the the Fourth Gospel and the Role of Women in the Contemporary Church," *BTB* 12 (1982): 35-45, 44.

니라 유다인이라고 단순히 인정했다.[13]

"여러분 사마리아인들은 무엇인지도 모르고 예배하지만, 우리 유다
인은 우리가 예배드리는 분을 잘 알고 있습니다. 구원은 유다인에게서
오기 때문입니다"(요한 4,22) 구절은 무슨 뜻일까. 유다인 예수와 예수를
메시아요 하느님의 아들로 받아들인 유다인들로부터 사마리아 사람들
과 온 세상에 구원이 온다는[14] 뜻일까. "구원은 유다인에게서 오기 때문
입니다"(요한 4,2b2) 구절은 요한복음 저자가 쓴 문장이 아니라 후대에
덧붙여진 문장일까.[15] 요한 4,22는 로마 3,1; 9,4와 내용이 비슷하다.
"영적으로 참되게 하느님께 예배드려야 합니다"(요한 4,24b) 구절은 예
루살렘 성전의 예배를 육적 예배로, 예수운동 예배를 영적 예배로 표현
하고 대조한 것이[16] 아니고, 그리스도에게서 먼 예배와 그리스도에게
응답한 예배를 대조한다.[17]

"저는 그리스도라 하는 메시아가 오실 것을 알고 있습니다"(요한 4,25a)
는 여인의 발언은 범상치 않다. 사마리아인들은 메시아를 기다리지 않
았기 때문이다.[18] 사마리아 여인은 구원은 유다인에게서 온다는 예수

---

12 Kippenberg, H. G., *Garizim und Synagoge. Traditionsgeschichtliche Untersuchungen zur samaritanischen Religion der aramäischen Periode* (Berlin, 1971), 313.

13 Okure, T., *The Johannine Approach to mission. A contextual study of John 4:1-42*, WUNT II/83 (Tübingen, 1996), 114.

14 Olsson, B., *Structure and Meaning in the Fourth Gospel. A Text-Linguistic Analysis of 2:1-11 and 4:1-42*, 197.

15 Schulz, S., *Das Evangelium nach Johannes*, NTD 4 (Göttingen, 1983, 4판), 76.

16 Zahn, T., *Das Evangelium nach Johannes*, KNT 4 (Leipzig, 1921, 6판), 249.

17 Lindars, B., *The Gospel of John*, NCeB (London, 1972), 189; Schenke, L., *Johannes. Kommentar* (Düsseldorf, 1998), 87.

18 Kippenberg, H. G., *Garizim und Synagoge. Traditionsgeschichtliche Untersuchungen zur samaritanischen Religion der aramäischen Periode*, 303.

의 설명을 긍정적으로 받아들인 듯하다.[19] 하느님께서 모세에게 "나는 곧 나다"(탈출기 3,14; 20,2) 알려주셨다면, 예수는 사마리아 여인에게 "내가 바로 그 사람입니다"(요한 4,26) 말한다. 하느님의 알려지지 않았던 아들 예수는 이미 알려져 있던 하느님에 의해 알려지게 되었다.[20]

예수의 제자들은 예수와 여자와 이야기하는 것을 보고 놀랐다(요한 4, 27a). 더 정확히 말하면 예수의 제자들은 예수가 여자와 '이야기한' 것에 놀란 것이 아니라 예수가 '여자와' 이야기한 것에 놀랐다.[21] 유다교 랍비들은 남자가 여자와 실외에서 대화하는 행동을 엄하게 경고했었다.[22] 예수는 여자와 대화했고, 실외에서 대화했고, 사마리아 여인과 대화했다.[23] 세 가지 모두 놀랄 만한 일이었다.

"아직도 넉 달이 지나야 추수 때가 옵니다"(요한 4,35a) 구절은 12월 중순에 씨뿌리고 4월 중순에 수확하는 팔레스타인 농사 방식을 가리킨다.[24] 예수가 사마리아 여인과 만난 시기를 요한복음 저자는 단순히 기록한 듯하다.[25] "곡식이 이미 다 익어서 추수하게 되었습니다"(요한 2,35c). 하느님이 오셔서 심판하신다는 비유다(이사야 18,5; 호세아 6,11; 시편 126,5). "과연 한 사람은 심고 다른 사람은 거둔다는 속담이 맞습니다"(요한 4,37).

심은 분은 누구이고 거둘 분은 누구인가. 하느님과 예수가 함께 씨를 뿌렸으니, 하느님과 예수가 함께 거둔다는 뜻인가.[26] 여기서 씨뿌리는

19 Thyen, H., *Das Johannesevangelium*, HNT 6 (Tübingen, 2015, 2판), 262.

20 Barth, K., *Erklärung des Johannes-Evangeliums* (Zürich, 1976), 365.

21 Bultmann, R., *Das Evangelium des Johannes*, 142, 주 6.

22 Brown, R. E., *The Gospel According to John*, AncB 29/A (New York, 1966), 1173.

23 Okure, T., *The Johannine Approach to mission. A contextual study of John 4:1-42*, 134.

24 Olsson, B., *Structure and Meaning in the Fourth Gospel. A Text-Linguistic Analysis of 2:1-11 and 4:1-42*, 226.

25 Bultmann, R., *Das Evangelium des Johannes*, 145.

사람은 사마리아 여인27 아닐까. 사마리아 여인은 세례자 요한보다도 더 예수의 복음 선포에 적극적으로 참여했다. 사마리아 여인을 통해 사마리아 부족도 이스라엘 열두 부족에 참여하게 된다(요한 4,39-42).

---

26 Schnackenburg, R., *Das Johannesevangelium 2*, HthK IV 1 (Freiburg, 1965), 484; Thüsing, W., Die Erhöhung und Verherrlichung Jesu im Johannesevangelium, NTA 21/1 (Münster, 1970, 2판), 54.

27 Boers, H., *Neither on this Mountain nor in Jerusalem*, 185.

57. 믿지 않는 제자들
(요한 6,60-65)

어려운 σκληρός(요한 6,60) 형용사 단어는 신약성서에 5번 나오는데, 요한복음에는 여기에만 있다. 예수의 제자들은 예수 말씀이 이해하기 어렵다는 데 동의한다. "사람의 아들이 전에 있던 곳으로 올라가는 것을 보게 되면 어떻게 하겠습니까"(요한 6,62) 구절은 이해하기 쉽지 않다. 요한 6,62는 예수가 제자들에게 하는 질문인가.[1] 십자가 없으면 영광도 없다는 설명인가.[2] 십자가를 포함하여 하늘로 올라가는 예수? 제자들에게 가장 이해하기 어렵고 받아들이기 어려운 내용이었다.[3]

육 σὰρξ 단어는 요한복음에 13번 나온다. 요한 6,51-58에 6번 나오는데, 모두 세상을 위해 목숨을 바치는 사람의 아들의 몸을 가리킨다. "생명을 주는 것은 영이요 육은 아무런 소용도 없습니다. 내가 여러분에게

---

1 Schulz, S., *Untersuchungen zur Menschensohn-Christologie im Johannesevangelium* (Göttingen, 1957), 117; Bultmann, R., *Das Evangelium des Johannes*, KEK (Göttingen, 1986, 21판), 341.

2 Strathmann, H., *Das Evangelum nach Markus*, NTD 4 (Göttingen, 1951, 6판), 122; Zahn, T., *Das Evangelium nach Johannes*, KNT 4 (Leipzig, 1921, 6판), 364.

3 Barrett, C. K., *Das Evangelium nach Johannes* (Göttingen, 1990), 313; Thüsing, W., Die Erhöhung und Verherrlichung Jesu im Johannesevangelium, NTA 21/1 (Münster, 1970, 2판), 261.

이야기한 말들은 영이며 생명입니다"(요한 6,63) 역시 이해하기 까다롭다. "육은 아무 소용 없습니다ἡ σὰρξ οὐκ ὠφελεῖ οὐδέν"(요한 6,63a) 구절은 바로 앞 요한 6,62에 모순되는 것처럼 보이기 때문이다. 요한 6,62에서 예수는 자신의 몸, 즉 자신의 자발적인 죽음이 영원한 생명을 주는 빵이라고 강조했다. 이제 그것이 다 소용없다니, 무슨 말인가. 이 문제를 해결하기 위해 여러 설명이 시도되었다. 요한 6,63의 육은 요한 6,51-58의 육과 다른 뜻을 갖고 있다는 의견이 있다. 영πνεῦμά, 육σὰρξ(요한 6,63) 단어는 인간의 몸과 마음을 가리킨 것이 아니라 믿음과 불신을 가리킨다는 해설이 있다.4

"여러분 가운데는 믿지 않는 사람들이 있습니다"(요한 6,64a). 이때부터 많은 제자들이 예수를 버리고 물러갔으며 더 이상 따라다니지 않았다(요한 6,66). Ἐκ τούτου 표현을 어떻게 번역할까? 이때부터,5 그 때문에,6 여기에서7 제안들이 있다. 이 구절 바로 다음에 베드로의 신앙 고백(요한 6,67-69)이 나온다. 즉, 요한 6,66까지 갈릴래아 예수의 역사에 해당한다.

---

4 Schnelle, U., *Antidoketische Christologie im Johannesevangelium. Eine Untersuchung zur Stellung des vierten Evangeliums in der johanneischen Schule*, FRLANT 144 (Göttingen, 1987), 214; Molony, E. J., *The Johannine Son of Man* (Rom, 1978, 2판), 123.

5 Thyen, H., *Das Johannesevangelium*, HNT 6 (Tübingen, 2015, 2판), 376.

6 Theobald, M., "Häresie von Anfang an?," in: Kampling, R./Söding, T. (Hg.), *Ekklesiologie des Neuen Testaments* (FS Kertelge, K.) (Freiburg/Basel/wien, 1996), 212-246, 219.

7 Brown, R. E., *The Gospel According to John*, AncB 29/A (New York, 1966), 297.

58. 용서받은 죄 많은 여인
(누가 7,36-50)

용서받은 죄 많은 여인(누가 7,36-50) 이야기와 예수의 머리에 향유 부은 여인(마가 14,3-9) 이야기는 서로 비교되어 연구되곤 했다. 예수에게 기름 부은 두 여인의 이야기이기 때문이다. 누가복음 저자는 왜 이 이야기를 세례자 요한에 대한 이야기 바로 다음에 놓았을까. 예수가 즐겨 먹고 마시며 세리나 죄인들하고 어울릴(누가 7,34b) 뿐만 아니라 이스라엘의 분열을 가져오기 때문이다(누가 7,29-30). 세례자 요한과 예수 시대에 죄인들은 해방의 복음을 듣고 받아들였지만(누가 7,29), 의롭다고 자처한 바리사이파 사람들과 율법학자들은 복음을 거절했다(누가 7,30).[1] 하나의 사건이 네 복음에서 여러 모습(마가 14,3-9; 누가 7,36-50; 마태 26,6-13; 요한 12,1-8)으로 기록된 듯하다.[2]

잔칫상 앞에서 눕는 습관을 유다인은 그리스 문화에서 받아들였다.[3] 남자들을 위한 잔치에 초대받지 않은 성 노동자 여성이 불쑥 들어왔다.

---

1 Löning, K., "Ein Platz für die Verlorenen. Zur Formkritik zweier neutestamentlicher Legenden (Lk 7,36-50; 19,1-10)," *BiLe* 12 (1971): 198-208, 200.

2 Elliot, J. K., "The Anointing of Jesus," *ET* 85 (1973/1974): 105-107, 105.

3 Bovon, F., *Das Evangelium nach Lukas* (1,1-9,50), EKK III/1 (Neukirchen-Vluyn, 1989), 390.

성 노동자 여성이란 사실은 그 고을ἐν τῇ πόλει(누가 7,37a)에서 죄인으로 소문난 여자라는 표현에서 드러났다. 향유의 비싼 가격은 다른 세 복음에서와 달리 누가복음에서 언급되지 않았다. 기름 가격보다 여인의 겸손한 태도가 누가복음 저자에게 더 중요했다. 여인은 예수 앞쪽이 아니라 뒤편으로 들어왔다. 현재완료 동사 '울다'κλαίουσα(누가 7,38a)는 잠시 우는 정도가 아니라 계속 울고 있음을 나타낸다. 식사에 초대받은 손님의 발을 물로 씻어주는 관습(누가 7,44c)에 비하면, 흘린 눈물의 양이 상당했으리라. 수건 대신 여인은 자신의 긴 머리카락으로 물기를 닦아주고 있다(누가 7,38c). 머리카락을 늘어뜨린 모습은 여성이 남성을 유혹하는 몸짓에 속했다.

머리카락에 기름 바르는 일은 매일 하는 머리 손질에 해당하지만, 발에 기름 붓는 행동은 드문 일이었다.[4] 아내나 딸이 남편이나 아버지의 발을 닦아주는 경우도 있었다.[5] 여인은 당시 예의범절에 어긋나게 눈물을 흘렸다. 은밀히 해야 하던 입맞춤을 여인은 많은 사람이 지켜보는 가운데 계속해서 예수 발에 했다(탈출기 4,25). 여인의 행동을 제지하지 않는 예수를 보며, 예수를 초대한 바리사이파 사람이 "저 사람이 정말 예언자라면 자기 발에 손을 대는 저 여자가 어떤 여자며 얼마나 행실이 나쁜 여자인지 알았을 텐데!"라고 수군댔다(누가 7,39). 바리사이파 사람은 여인의 사회적 신분을 알아챘고, 예수는 여인의 인간적 가치를 인정했다.

예언자 나단이 다윗을 꾸짖듯이(사무엘하 12,1-14), 예수는 자신을 초

---

4 Bovon, F., *Das Evangelium nach Lukas* (1,1-9,50), 391.

5 Weiss, K., "Der westliche Text von Lc 7,46 und sein Wert," *ZNW* 46 (1955): 241-245, 243.

대한 바리사이파 사람을 꾸짖는다. 채권자와 채무자의 사례(누가 7,41-42)는 유다교에서 교육 목적으로 격언이나 이야기 형태로써 자주 쓰였다.6 예수의 비유에서 엄청난 빚을 탕감해 주는 사람은 세상 끝 날에 인간의 죄를 용서해 주실 하느님을 가리킨다.7 바리사이파 사람 시몬은 이제 여인을 새로운 눈으로 바라보아야 한다. "이 여자를 보시오"(누가 7,44b). 여인은 예수의 가치를 알아챘지만, 바리사이파 사람 시몬은 예수를 초대해 놓고서도 예수의 가치를 알아채지 못했다. 바리사이파 사람 시몬은 예수를 알아보지도 못했고, 여인을 알아보지도 못했다.

"이 여자는 이토록 극진한 사랑을 보였으니 그만큼 많은 죄를 용서받았습니다. 적게 용서받은 사람은 적게 사랑합니다"(누가 7,47b-c) 구절은 특히 종교개혁 시대부터 논쟁의 대상이었다.8사랑을 했기 때문에 죄를 용서받았다면(누가 7,47b), 사랑이 용서의 이유가 된다. 그런데 "적게 용서받은 사람은 적게 사랑합니다"(누가 7,47c) 구절에서는 용서가 사랑의 이유가 된다. 누가 7,47b과 누가 7,47c는 모순 관계인가. 여인의 사랑은 용서를 낳은 원인일까, 용서의 결과일까.9

사랑이 용서를 낳는다거나 용서가 사랑을 낳는다기보다 사랑할 때 비로소 용서를 알게 되고, 용서할 때 비로소 사랑을 알게 된다는 말은 아닐까. 내 생각은 그렇다. 예수는 여인과 바리사이파 사람 중에 누가 더 사랑을 했느냐 묻고 싶었다. 예수는 여인에게 "당신의 죄는 용서받았

6 Grundmann, W., *Das Evangelium Nach Lukas*, ThHK 3 (Berlin, 1966, 4판), 171.

7 Schürmann, H., *Das Lukasevangelium. Erster Teil: Kommentar zu Kap. 1,1-9,50*, HThK III/1 (Freiburg, 1970), 434.

8 Wilckens, U., "Vergebung für die Sünderin (Lk 7,36-50)," in: Hoffmann, P. (hg.), *Orientierung an Jesus. Zur Theologie der Synoptiker* (FS Schmid, J.) (Freiburg, 1973), 394-424, 404-411.

9 Wilckens, U., "Vergebung für die Sünderin (Lk 7,36-50)," 404-411.

습니다"(누가 7,48) 말했고, 사람들은 "저 사람이 누구인데 죄까지 용서해 준다고 하는가?"(누가 7,49b) 수군거렸다.

누가 7,36-50에서 주인공은 여인, 바리사이파 사람, 예수 중에 결국 누구인가. 흥미로운 질문이다. 인간은 몸으로써 믿음(누가 7,50)과 사랑(누가 7,47a)을 표현한다. 예수는 성 노동자 여성을 직접 만나고 그녀의 사랑을 직접 경험함으로써 성 노동자 여성에 대한 사회적 선입견을 무너뜨렸다. 예수에 대한 사랑을 이처럼 몸으로 직접 표현한 경우는 신약성서에서 드물었다. 예수는 성 노동자 여성이 자신의 사랑을 몸으로 자연스럽게 표현한다는 사실을 외면하지 않았고, 인정했고, 이해했다. 성노동자 여성은 예수 덕분에 용서를 알았다면, 예수는 성 노동자 여성덕분에 사랑을 체험했다. 성 노동자 여성과 예수는 서로를 격려하고 성장시키고 있다.

예수가 죄인과 바리사이와 함께 있는 장면은 누가복음에 여럿 있다(누가 5,29-32; 15,1-32). 세 장면 모두 식사 자리에서 예수와 죄인의 가까움이 먼저 소개되고, 그 예수를 바리사이가 비판하고, 예수가 그 비판을, 비유를 들어 반박한다. 누가 7,36-50과 비슷한 이야기가 마가 14,3-9와 요한 12,1-8에 있다. 누가 7,36-50이 마가 14,3-9를 편집하여 여기에 수록한 것 같진 않다.[10] 누가복음에서 예수는 바리사이 집에 세번 식사에 초대되었는데(누가 7,36-50; 11,37-52; 14,1-24), 그중 첫 번째 초대 이야기다. 예수가 바리사이 집에 식사 초대된 이야기는 누가복음에만 있다. 누가복음에서만 죄인과 바리사이가 비교된다.

바리사이파 사람과 죄지은 여인(누가 7,36-50) 이야기는 예수가 세리

---

10 von Bendemann, R., "Liebe und Sündenvergebung," *BZ NF* 44 (2000): 161-182.

들과 죄인들의 친구임(누가 7,34b)을 보여준다. 죄와 거리가 먼 바리사이의 집에 죄인으로 소문난 여자가 들어왔다는 사실(누가 7,37)이 충격이다. 먹보요 술꾼(누가 7,34b) 예수를 바리사이가 자기 집에 식사 초대한 사실도 충격이다.[11] 바리사이가 예수를 왜 자기 집으로 식사 초대했는지 설명되지 않았다. 그 이유는 본문에서 중요하지 않다. 죄인으로 소문난 여자는 성 노동자 여성으로 여겨졌다.[12] 그녀가 성 노동자 여성인지 아닌지 여부는 본문에서 중요하지 않다.[13]

여인은 자발적으로 오직 예수를 위해 행동했다. 초대받지 않은 손님인 그녀는 초대받은 손님인 예수와 함께 식사하진 않았다. 그녀는 향기나는 기름μύρον(누가 7,37)이 담긴 병을 들고 식사 자리에 누운 예수의 발치에 앉는다. 전형적인 여종의 자세다.[14] 예수 발치에 선 여인이 울며, 예수 발을 자기 머리카락으로 닦고, 발에 입 맞추며, 향유를 발라 드린 네 가지 동작을(누가 7,38) 예수는 여인의 위대한 사랑이라(누가 7,47b) 해석했다. 발에 입 맞추며, 향유를 발라 드린 여인이 사회 통념을 깨트리는 도발적인 행동을 한 것은[15] 아니다.[16]

세리들과 죄인들과 식사하는 예수를 비판하는 바리사이 독백(누가 7,39)은 누가 5,30과 15,2에도 나온다. 예수가 예언자라면, 자기에게 손을 대는 여자가 누구이며 어떤 여자인지 알았어야(누가 7,39b) 했다. 예

---

11 Neale, D. A., *Non but the Sinners*, JSNT.S 58 (Sheffield, 1991), 141.

12 Melzer-Keller, H., *Jesus und die Frauen*, HBSt 14 (Freiburg, 1997), 119.

13 Oberlinner, L., "Begegnungen mit Jesus. Der Pharisäer und die Sünderin nach Lk 7, 36-50," in: *Liebe, Macht und Religion* (FS Merklein) (Stuttgart, 2003), 253-278, 264.

14 Wolter, M., *Das Lukasevangelium*, HNT 5 (Tübingen, 2008), 292.

15 Bovon, F., *Das Evangelium nach Lukas* (1,1-9,50), 392.

16 Wolter, M., *Das Lukasevangelium*, 293.

언자는 사람 속을 꿰뚫어 보고 감추어진 것을 알아차리는 능력이 있기 때문이다(사무엘상 9,19; 요한 4,17-19). 예수가 죄 많은 여인을 알아보지 못하고, 그녀의 행동을 제지하지도 않는 것을 보니, 바리사이 생각에 예수는 예언자가 아니다. 누가 7,47에서, 예수는 그녀가 죄인인 줄 알아차렸다. 시몬은 누가복음에서 예수를 선생님^{Διδάσκαλε}(누가 7,40c; 9,38; 10,25)으로 호칭한 최초의 바리사이파 사람이다. 예수 제자가 아닌 사람들이 예수를 부르던 호칭이었다. 예수 당시 유다교 문헌에 그런 호칭은 없었다.[17]

누가 7,41-43 구절은 듣는 사람에게 결단을 촉구하는(사무엘하 12,1-15; 누가 10,25-37; 마태 21,28-31) 비유다.[18] 빚진 두 사람 비유(누가 7,41-42a; 마태 18,23-35)는 경제적 빚과 죄의 용서를 연결하고 있다. 빚과 죄는 어원적으로 서로 교환할 수 있는 단어다(누가 13,2; 11,4; 마태 6,12). 예수의 비유(누가 7,41-42a)와 해설(누가 7,42b-47)에 따르면, 바리사이 시몬은 죄지은 여인보다 적게 행동한 것이 아니라 아무것도 하지 않았다.[19] 시몬은 예수에게 물도 주지 않았고, 입맞춤도 하지 않았고, 기름도 주지 않다. 예수를 초대한 시몬이 손님 대접을 제대로 하지 못했다고 예수가 말하는 것은 아니다. 예수는 여인의 사랑을 강조하고 싶었다.[20]

---

17 Hahn, F., *Christologische Hoheitstitel. Ihre Geschichte im frühen Christentum*, FRLANT 83 (Göttingen, 1966, 3판), 74; Karrer, M., *Jesus Christus im Neuen Testament*, NTD.E 11 (Göttingen, 1998), 229.

18 Bultmann, R., *Die Geschichte der synoptischen Tradition* (Göttingen, 1957, 3판), 198; Berger, K., "Materialien zu Form und Überlieferungsgeschichte neutestamentlicher Gleichnisse," *NT* 15 (1973): 1-37, 20-25.

19 Hofius, O., "Fusswaschung als Erweis der Liebe," *ZNW* 81 (1990): 170-177, 176.

20 Jülicher, A., *Die Gleichnisreden Jesu I* (Darmstadt, 1976), 297.

죄의 용서를 받은 사람은 남에게 주는 사랑이 저절로 커진다고 예수가 말하는 것은 아니다. 여인은 사랑했기 때문에 죄를 용서받는다는 뜻이지, 용서받기 위해 사랑한다는 말은 아니다. "적게 용서받는 사람은 적게 사랑합니다"(누가 7,47b) 발언은 오해되기 쉽다. 많이 사랑하기 위해 많이 용서받아야 한다는 말이 아니고, 많이 용서받기 위해 죄를 많이 지어야 한다는 말도 아니다. 많이 사랑하고 또 많이 용서받으려고 일부러 죄를 많이 지을 필요는 없다.

예수는 여인에게 "당신의 믿음이 당신을 구원했습니다" 말했다(누가 7,50b). 중풍 걸린 사람을 침대에 누인 채 데려와서 지붕 위로 올라가 기와를 헤치고 예수 앞에 내려보낸 남자들이 있었다. 예수는 그들의 믿음을 보고 "사람이여, 그대의 죄는 용서받았소" 말했다(누가 5,18-20). 사랑을 실천하여 믿음을 보인 사람은 죄를 용서받는다. "평안히 가십시오"(누가 7,50c; 판관기 18,6; 사무엘상 1,17).

59. 예수를 도운 여성들
(누가 8,1-3)

예수 어록에 있지 않았던[1] 예수를 도운 여성들(누가 8,1-3) 목록은 예수의 남자 제자들 목록(마가 3,13-19; 누가 6,12-16; 마태 10,1-4; 사도행전 1,13)과 비교된다. 예수운동은 남자 제자들을 통해 복음이 공동체 밖으로 퍼져나가고, 여자 제자들을 통해 공동체 내부가 탄탄해지는 그림을 그렸다.[2] 예수운동은 베드로가 배신하고 회개한 역사를 기억했듯이, 막달라 마리아가 악령에서 해방된 역사를 또한 잊지 않았다. 베드로는 남자 제자들의 대표로, 막달라 마리아는 여자 제자들의 대표로 예수운동 전승에 자리 잡았다. 여성을 제자로 받아들인 사례는 예수 말고 찾을 수 없던 시대였다. 집 나온 여인들을 제자로 받아들인다는 것은 상상하기도 어려운 시절이었다.[3] 누가복음 저자만 요안나를 알았고, 예수 부

---

1 Schneider, G., *Das Evangelium nach Lukas I*, ÖTK 3/1 (Gütersloh/Würzburg, 1984, 2판), 179.

2 Bovon, F., *Das Evangelium nach Lukas* (1,1-9,50), EKK III/1 (Neukirchen-Vluyn, 1989), 398.

3 Witherington, B. III, "On the Road with Mary magdalene, Joanna, Susanna, and other Disciples — Lk 8,1-3," *ZNW* 70 (1979): 243-248, 244; Cassidy, R. J., *Jesus, Politics, and Society. A Study of Luke's Gospel* (New York, 1978), 35-37.

활 장면에서도 막달라 마리아 옆에 언급되었다(누가 24,10).[4]

예수가 예루살렘 가는 여정을 준비하는 누가 8,1-9,50 단락은 마가 4,1-9,1 순서와 내용을 대체로 충실히 반영하고 있다. 누가 8,1-3을 제외하면 마가 4,1-9,1에 없는 내용이 누가 8,1-9,50에 나오진 않는다. "여러분이 남에게 주면, 주는 만큼 받을 뿐만 아니라 덤까지 얹어 받을 것입니다"(마가 4,24b) 구절은 누가 6,38b에, 겨자씨 비유(마가 4,31-32)는 누가 13,18-18에, 고향 나자렛에서 환영받지 못한 예수 이야기(마가 6,1-6a)는 누가 4,16-30으로 옮겨졌다. 자라는 씨의 비유(마가 4,26-29), 비유로 가르치는 예수(마가 4,33-34), 세례자 요한의 죽음(마가 6,17-29) 그리고 마가 6,45-8,26 단락은 마가 4,1-9,1에 있었지만 누가 8,1-9,50에서는 빠졌다.

누가 8,1-9,50은 예수가 예루살렘으로 떠나려는 준비를 소개한다. 그런데 누가복음 저자는 누가 8,1-3에서 예수 역사의 마지막을 벌써 의식하고 있다. 예수를 도와준 여인들의 목록(누가 8,2-3; 마가 15,40-41)이 그렇다.[5] 누가복음 저자는 마가 15,40 단락을 알았고, 또 자기 나름의 자료를 통해 누가 8,1-3을 단 하나의 문장으로 작성한 듯하다.[6] 누가 8,1a는 누가 5,17을, 누가 8,1b-c는 누가 9,6과 13,22를 문장 구조상 쏙 빼닮았다.[7] 예수가 언제나 병든 여인들과 함께 있었던 것은 아니고, 경제적으로 자신을 도와준 여인들과도 동행했다.

---

4 Moltmann-Wendel, E., *Ein eigener Mensch werden. Frauen um Jesus* (Gütersloh, 1981, 2판), 142.

5 Hentschel, A., *Diakonia im Neuen Testament*, WUNT 2/226 (Tübingen, 2007), 221.

6 Melzer-Keller, H., *Jesus und die Frauen*, HBSt 14 (Freiburg, 1997), 194-196.

7 Jeremias, J., *Die Sprache des Lukasevangeliums. Redaktion und Tradition im Nicht-Markusstof des dritten Evangeliums* (Gottingen, 1980), 175.

악령πνευμάτων πονηρῶν 표현은 마태 12,45를 제외하면, 누가복음 저자의 작품에만 나온다(누가 8,2a; 7,21; 사도행전 19,12). '악령 일곱'(누가 11,26) 단어가 고대 지중해 지역에 있었다.[8] '일곱 질병'(신명기 28,22, 27) 단어도 이와 연결되는가. 누가복음 저자가 어디에서 여인들 이름 목록(누가 8,2-3)을 가져왔는지 분명하지 않다. 막달라 여자 마리아(히브리 이름 미리암Miriam) 이름이 처음에 나온 세 여자 이름의 목록은 예수 무덤가 이야기에도 있다(마가 15,40; 16,1; 요한 20,1). 막달라는 갈릴래아 호숫가 서쪽 도시 티베리아스에서 북쪽으로 5킬로미터 떨어진 동네 같다. 막달라 여자 마리아는 죄 많은 여인(누가 7,36-50) 또는 간음하다 붙잡힌 여인(요한 7,53-8,11)이라는 주장은 근거 없다. 요안나(누가 8,3; 24,20), 수산나(누가 8,3)에 대해 우리가 아는 것이 없다. 돌봄διακονία(누가 8,3b) 단어는 일반적인 도움보다[9] 경제적 후원 뜻에 가깝다.[10] 세 여자가 모든 재산을 팔아 예수를 도왔다는 결론을[11] 누가 8,3b에서 이끌어 낼 수는 없다.

---

8 Wolter, M., *Das Lukasevangelium*, HNT 5 (Tübingen, 2008), 300.

9 Hengel, M., "Maria Magdalena und die Frauen als Zeugen," in: Betz, O., u.a. (Hg.), *Abraham unser Vater : Juden und Christen im Gespräch über die Bibel* (FS Otto Michel, O.) (Leiden, 1963), 243-256, 248; Witherington, B., "On the Road with Mary Magdalene, Joanna, Susanna, and other Disciples — Luke 8,1-3," 246.

10 Hentschel, A., *Diakonia im Neuen Testament*, 232.

11 Melzer-Keller, H., *Jesus und die Frauen*, 201.

60. 뿌려진 씨앗 비유
(마가 4,1-20, 33-34/누가 8,4-15/마태 13,1-23)

마가 4,1-34 단락은 비유 안에서 예수 가르침을 소개한다. 마가복음 4장, 12장, 13장은 유다교 랍비들의 비유와 여러 면에서 비슷하다.[1] 마가 4,1-9, 13-20 단락은 씨 뿌리는 사람 비유보다 뿌려진 씨앗 비유라고 이름 붙이는 것이 더 정확하다. "묵은 땅을 갈아엎고 정의를 심어라" (호세아 10,12) 구절처럼 씨 비유는 구약성서에 많았다(이사야 61,3; 욥기 4,8). 마가복음에서 예수가 군중에게 가장 자세히 비유를 설명하는 곳이다. 예수는 비유로써 말씀을 전하지만(마가 4,33), 비유를 이해하기 위해 따로 설명이 필요했다(마가 4,34).

배 안에 앉아 가르치는 예수와 호숫가에 서서 배우는 군중 모습을 마가복음 저자는 설정했다(마가 4,1). 예수는 가르치고, 군중은 배운다는 사실이 중요하다. 수많은 군중ὄχλος πλεῖστος(마가 4,1) 표현은 마가복음에서 여기에만 있다. 들어보시오Ἀκούετε(마가 4,3) 단어는 경건한 유다인이 매일 두 차례 바치는 기도의 첫 단어다. "너, 이스라엘아 들어라. 우리의 하느님은 야훼시다. 야훼 한 분뿐이시다. 마음을 다 기울이고 정성

---

1 Dschulnigg, P., *Das Markusevangelium*, ThKNT 2 (Stuttgart, 2007), 129.

을 다 바치고 힘을 다 쏟아 너의 하느님 야훼를 사랑하여라"(신명기 6,4-5).

마가 4,3-8 단락에서 예수는 씨앗이 뿌려지는 네 가지 사례를[2] 들었다. 길바닥에, 흙이 많지 않은 돌밭에, 가시덤불 속에 씨앗이 뿌려지는 경우를 한국인 독자들은 이해하기 쉽지 않다. 예수는 뿌려진 씨앗이 실패하는 사례를 실제와 다르게 과장하여 해설했다. 예수는 일부러 부정적으로 부풀렸을까, 예수가 농사일을 잘 몰랐을까. 이스라엘에서 농부들은 땅을 간 뒤에 씨앗을 뿌리지 않고, 씨앗을 뿌린 뒤에 땅을 갈아엎는다(이사야 28,24).[3] 제주도 땅처럼 갈릴래아 땅에도 얇은 흙 아래 돌이 많이 숨어 있다. 길바닥에 떨어진 씨를 쪼아먹는 새(마가 4,4) 모습은 밭과 길이 만나는 곳에도 씨앗을 뿌릴 수밖에 없는 가난한 소작농을 연상케 한다. 이 비유에서 어떤 땅에 씨앗이 뿌려졌는지 중요하진 않다. 잃은 씨앗에도 불구하고 결국 엄청난 수확을 거둔다는 사실이 중요하다.

뿌려진 씨앗 비유(마가 4,3-8)에 대한 예수 자신의 해설(마가 4,14-20)은 예수가 실제로 했던 말씀이라고 보기 어렵다는 의견이 있다.[4] 역사의 예수에서 비롯되었다는 의견도 있다.[5] 예수운동 공동체에서 덧붙여졌고, 그래서 예수가 실제로 한 말은 아니라는 해설도 있다.[6] 유다인들이 예수 메시지를 귀담아듣지 않았던 상황에서[7] 나온 말인지, 사람들이

---

2 Dschulnigg, P., *Rabbinische Gleichnissen und das Neue Testament*, JudChr 12 (Bern u.a., 1986, 2판), 455.

3 Jeremias, J., *Die Gleichnisse Jesu* (Göttingen, 1965, 7판), 7.

4 Jeremias, J., *Die Gleichnisse Jesu*, 9-14.

5 Dschulnigg, P., *Rabbinische Gleichnissen und das Neue Testament*, 585.

6 Gnilka, J., *Das Evangelium nach Markus*. Teilband: Mk 1-8,26, EKK II/1 (Neukirchen-Vluyn, 1978), 167; Pesch, R., *Das Markusevangelium. Teil 1. Einleitung und Kommentar zu Kapitel 1,1-8,26*, HthK II/1 (Freiburg, 1976), 238.

7 Gnilka, J., *Das Evangelium nach Markus*. 165; Kertelge, K., *Markusevangelium*, NEB.NT

예수를 주목하지 않았기 때문에 생긴 말인지[8] 논란되고 있다.

간단하게 보이는 뿌려진 씨앗 비유는 해석하기 쉽지 않다. 씨 뿌리는 사람, 뿌려진 씨앗, 씨앗이 뿌려진 땅 셋 중에 무엇에 중심을 두느냐에 따라 비유 제목이 달라질 수 있다. 애쓴 분야에서 성공하지 못한 사람을 위로하는 비유일까, 예수 말씀을 듣거나 설교하는 사람에게 주는 경고일까, 아니면 예수 말씀과 전혀 관계없었던 비유일까.[9] 뿌려진 씨앗 비유의 본래 뜻을 알아내기는 불가능하다는 의견도[10] 있다.

씨앗이 뿌려진 때와 수확 때가 다르다는 사실이 해석에서 중요하다. 모든 실패와 절망에도 불구하고, 하느님 나라의 종말론적 시각에서 보면, 하느님은 놀라운 결과를 가져다주신다.[11] 씨 뿌리는 사람, 즉 하느님 나라를 위해 애쓰는 사람들에게 위로되는 해석이다. 씨 뿌리는 사람에게 주는 경고 말씀으로도 해석할 수 있다. 씨 뿌리는 사람은 지금 절망을 겪을 수 있고, 아직 수확을 체험할 수 없기 때문에 실망하기 쉽다.[12] 뿌려진 씨앗 비유에서 놀라운 결과에만 주목하는 사람이 많지만, 하느님 나라를 방해하는 온갖 시작과 역경을 더 보아야 한다.

"보고 또 보아도 알아보지 못하고, 듣고 또 들어도 알아듣지 못하게 하려는 것입니다. 그들이 알아보고 알아듣기만 한다면, 나에게 돌아와 용서를 받게 될 것입니다"(마가 3,12; 이사야 6,9-10) 구절이 마가복음 저

---

2 (Würzburg, 1994), 46.

8 Dschulnigg, P., *Das Markusevangelium*, 134.

9 Bultmann, *Die Geschichte der synoptischen Tradition* (Göttingen, 1957, 3판), 216.

10 Linnemann, E., *Gleichnisse Jesu. Einführung und Auslegung* (Göttingen, 1964, 3판), 123.

11 Jeremias, J., *Die Gleichnisse Jesu*, 150.

12 Dietzfelbinger, C., "Das Gleichnis vom ausgestreuten Samen," in: Lohse E. u.a. (Hg.), *Der Ruf Jesu und die Antwort der Gemeinde* (FS Jeremias, J.) (Göttingen, 1970), 80-93, 91.

자가 전해 받은 것인지 편집한 것인지 분명하지 않다.[13] 마가 3,12에서 인용된 이사야 6,9-10는 구약성서 그리스어 번역본 "듣기는 들어라. 그러나 깨닫지는 마라. 보기는 보아라. 그러나 알지는 마라. 너는 이 백성의 마음을 둔하게 하고 귀를 어둡게 하며 눈을 뜨지 못하게 하여라. 눈으로 보고 귀로 듣고 마음으로 깨달아 돌아와서 성해지면 어찌 하겠느냐?"(이사야 6,9a-10) 구절과 상당히 다르다.[14] 이스라엘이 하느님께 선택된 백성이라는 사실 뿐만 아니라 이스라엘의 마음이 하느님께 닫혀있다는 사실을 마가복음 저자는 여기서 말하고 싶었을까. "여러분에게는 하느님 나라의 신비를 알게 해주었지만, 다른 사람들에게는 모든 것을 비유로 들려줍니다"(마가 4,11) 구절에서 다른 사람들τοῖς ἔξω 표현이 이스라엘을 가리킨다고 볼 필요는 없다는 의견도 있다.[15] 예수 행동과 말씀을 잘 이해하지 못하는 사람들을 가리키는 듯하다.[16]

묵시문학과 꿈란 문헌에는 신비에 대한 언급이 많았다.[17] 밖에 있는 사람들ἐκείνοις δὲ τοῖς ἔξω(마가 4,11b) 표현은 예수 생전에 하느님 나라 메시지를 거절한 유다인을 가리킨다. 마가복음에서 하느님 나라를 신비μυστήριον(마가 4,11)와 연결한 곳은 여기뿐이다. 메시아 신비를 모르면 하느님 나라 메시지를 알기 어렵다. 메시아 신비는 십자가에 이르러서야 비로소 드러난다. 갈릴래아의 하느님 나라 신비는 예루살렘의 십자가 신

---

13 Gnilka, J., *Das Evangelium nach Markus*. 163.

14 Gnilka, J., *Die Verstockung Israels. Isaias 6, 9-10 in der Theologie der Synoptiker*, StANT 3 (München, 1961), 13-17.

15 Van Iersel, B., *Markus. Kommentar* (Düsseldorf, 1993, 128-130; Ernst, J., *Das Evangelium nach Markus*, RNT (Regensburg, 1981), 134.

16 Guelich, R. A., *Mark 1,1-8,26*, WBC 34A (Dallas, 1989), 208.

17 Gnilka, J., *Die Verstockung Israels. Isaias 6, 9-10 in der Theologie der Synoptiker*, 155-185.

비와 연결해야 비로소 이해될 수 있다. 그래서 마가복음에서 메시아 신비는 십자가에 이르기까지 감추어져 있을 수밖에 없다. 부자와 가난한 사람에 대한 예언자 나단의 비유(사무엘하 12,1-13)를 다윗은 자신이 역사의 중심에 설 때까지 이해하지 못했다.

"여러분이 이 비유도 알아듣지 못하면서 어떻게 다른 비유들을 알아듣겠습니까?"(마가 4,13) 마가복음에서 예수가 제자들을 처음으로 혼내는 구절이다. 마가복음 4장부터 그런 모습이 자주 나온다. 마가복음 저자는 예수 제자들을 영웅시하지 않고 그들의 약함과 몰이해를 잘 드러냈다.[18] "씨 뿌리는 사람이 뿌린 씨는 하늘 나라에 관한 말씀입니다"(마가 4,14). 씨, 즉 말씀λόγος은 예수의 복음 전파(데살로니카전서 1,6; 갈라디아 6,6; 사도행전 4,4)를 가리키는 전문 용어다.[19] 씨앗은 예수 말씀뿐 아니라 예수 행동을 당연히 포함한다. 씨 뿌리는 사람(마가 4,14)이 누구인지 예수가 굳이 설명할 필요는 없다. 하느님 나라를 전하는 예수, 제자들 그리고 모든 사람을 가리킨다.

뿌려진 씨앗이 실패한 사례들이 먼저 언급되었다. 사탄, 환난이나 박해, 세상 걱정과 재물의 유혹과 여러 욕심 등 실패 원인이 사람 외부에서 시작하여 내부로 이동하며 소개되었다. 짧은 시간에 영향을 미치는 사탄, 환난, 박해가 먼저 언급되고, 오랜 시간에 걸쳐 영향을 미치는 세상 걱정과 재물의 유혹이 길게 설명되었다. 돈 유혹이 믿음에 걸림돌이 된다는 생각이 일찌감치 예수운동 공동체에 자리 잡았다.[20] 마지막으

---

18 Pesch, R., *Das Markusevangelium. Teil 1. Einleitung und Kommentar zu Kapitel 1,1-8,26,* 243-245.

19 Marcus, J., *Mark 1-8,* AncB 27 (New York, 2000), 308.

20 Gnilka, J., *Das Evangelium nach Markus.* 175.

로 말씀을 듣고 잘 받아들여 열매 맺는 사람들이 있다.

예수의 설명은 하느님 나라를 전하는 사람에게 주는 위로이며[21] 듣는 사람에게 주는 경고[22] 아닐까. 뿌려진 씨앗 비유는 예수 복음 전파의 소박한 처음 결과와 나중의 놀라운 결과 사이 대조가 아니라 처음의 실패와 저항과 나중의 놀라운 결과 사이 대조를 가리킨다. 하느님 나라 메시지가 처음에 소박한 결과를 거두다가 나중에 놀라운 결과를 얻는다는 말이 아니라 처음에 실패와 저항에 부딪히다가 나중에 놀라운 결과를 만난다는 말이다. 하느님 나라는 이미 조금 시작되었지만, 나중에 엄청난 열매를 맺는다는 말을 하려는 것이 아니다. 지금은 하느님 나라를 억압하고 방해하는 반대자들의 저항에 부딪히지만, 나중에 엄청난 열매를 맺는다는 말이다. 처음의 실패보다는 처음의 박해를 더 주목하라는 비유라고 나는 해석하고 싶다. 하느님 나라는 이미 시작되었다기보다 하느님 나라는 지금 박해받고 있다.

누가 8,4-21 주제는 하느님 말씀이다.[23] 누가복음 저자는 마가 4,1-20, 33-34만 참고한 듯하다.[24] 예수는 비유를 들어 말하였다(누가 8,4b) 표현을 누가복음 저자는 누가복음에서 13번이나 썼다. 누가복음 저자는 마가 4,14와 다르게 씨 뿌리는 사람이 아니라 씨앗을 중심에 둔다. 말씀을 전하는 예수보다 예수가 전하는 하느님의 말씀이 비유에서 더

---

21 Gnilka, J., *Das Evangelium nach Markus*, 176.

22 Jeremias, J., *Die Gleichnisse Jesu*, 77; Haenchen, E., *Der Weg Jesu. Eine Erklärung des Markus-Evangeliums und der kanonischen Parallelen*, StÖ.H 6 (Berlin, 1966), 169.

23 Robinson, W. C., "On Preaching the Word of God (Luke 8,4-21)," in: Keck, L. E./Martyn, J. L. (Hg.), *Studies in Luke-Acts* (FS Schubert, P.) (Philadelphia, 1980, 2판), 131-138, 131-133.

24 Bovon, F., *Das Evangelium nach Lukas* (1,1-9,50), EKK III/1 (Neukirchen-Vluyn, 1989), 405.

중요하다. "하늘에서 쏟아지는 비와 내리는 눈이 하늘로 되돌아가지 아니하고 땅을 흠뻑 적시어 싹이 돋아 자라게 하며 씨 뿌린 사람에게 씨앗과 먹을 양식을 내주듯이, 내 입에서 나가는 말도 그 받은 사명을 이루어 나의 뜻을 성취하지 아니하고는 그냥 나에게로 돌아오지는 않는다"(이사야 55,10-11).

누가 8,5에서 남성 관사 ὁ로 읽어야 하나, 중성 관계대명사 ὅ로 읽어야 하나. 누가 8,5 마지막 단어 αὐτό가 중성명사인 것으로 보아 중성 관계대명사 ὅ로 읽는 편이 낫다.[25] Παρὰ τὴν ὁδόν(누가 8,5b) 표현은 '길바닥에'(공동번역)가 아니라 '길가에'(200주년 기념성서)로 번역하는 것이 옳다. 어떤 씨앗들은 길바닥이 아니라 길가에 떨어졌고, 그래서 지나가던 행인의 발에 밟히기도 했고, 하늘의 새가 쪼아먹기도 했다. "씨가 길바닥에 떨어졌다는 것은 말씀을 듣기는 하였지만 악마가 와서 그 말씀을 마음에서 빼앗아 가기 때문에 믿지도 못하고 구원도 받지 못하는 사람들을 두고 하는 말입니다"(누가 8,12)라는 해석이 비유와 썩 잘 어울리지는 않는다. 사람이 씨앗이나 땅바닥과 동일시될 수는 없기 때문이다.

말씀을 듣는 사람도 있고, 하늘의 새(누가 8,5c)처럼 말씀을 제대로 듣지 않는 사람도 있다는 말이다. 누가복음 저자도 마가복음 저자처럼 말씀을 받아들이는 데 방해하는 세 가지 위험, 즉 걱정과 재물(누가 6,24; 18,24), 쾌락(12,19; 16,19)을 소개했다(누가 8,14b). 걱정μέριμναι은 정당한 걱정(누가 21,34)을 가리키진 않는다. 걱정, 재물, 쾌락이 하느님 말씀을 받아들이는 데 장애가 된다고 누가복음 저자는 생각했다.

"여러분에게는 하느님 나라의 신비를 알게 해주었지만, 다른 사람들

---

25 Bovon, F., *Das Evangelium nach Lukas* (1,1-9,50), 408, 주 28.

에게는 보아도 알아보지 못하고 들어도 깨닫지 못하게 하려고 비유로 말하는 것입니다"(누가 8,10) 구절은 무슨 뜻일까. 예수를 받아들이느냐를 두고 이스라엘이 여러 반응으로 분열한다는 말이다.26 "주께서 이르셨다. 너는 가서 이 백성에게 일러라. '듣기는 들어라. 그러나 깨닫지는 마라. 보기는 보아라. 그러나 알지는 마라.' 너는 이 백성의 마음을 둔하게 하고 귀를 어둡게 하며 눈을 뜨지 못하게 하여라. 눈으로 보고 귀로 듣고 마음으로 깨달아 돌아와서 성해지면 어찌하겠느냐?"(이사야 6,9-10) 누가복음 저자는 이스라엘 백성 대부분 예수를 받아들이지 않는 사실을 하느님 계획에 따른 것이라고 해석했다.

누가 8,4-8 단락은 씨 뿌리는 사람의 비유가 아니라 뿌려진 씨앗의 비유라고 부르는 것이 적절하다. 먼저 밭을 갈고 나서 씨를 뿌리는지, 아니면 먼저 씨 뿌리고 그다음에 밭을 가는지 토론되었다. 밭 갈고 나서 씨 뿌리기도 했고, 씨 뿌린 뒤 밭 갈기도 했다.27 바닥에 떨어져 발에 밟히고 새가 쪼아 먹었던 씨앗, 바위에 떨어져 싹이 났지만 바닥에 습기가 없어 곧 말라버렸던 씨앗, 가시덤불 속에 떨어져 숨 막혀버렸던 씨앗, 좋은 땅에 떨어져 잘 자라나 백 배 되는 열매를 맺었던 씨앗 등 뿌려진 씨앗의 운명은 네 가지로 설명되었다(누가 8,5b-8a). 삼십 배, 육십 배, 백 배가 된 열매의 비유(마가 4,8)는 백 배(누가 8,8a)로 간편하게 정리되었다. 백 배 되는 열매라니, 좀 과장된 표현은 아닐까.28 "이사악은

26 Gnilka, J., *Die Verstockung Israels. Isaias 6, 9-10 in der Theologie der Synoptiker*, 120.

27 von Gemünden, P., *Vegetationsmetaphorik im Neuen Testament und seiner Umwelt*, NTOA 18 (Göttingen, 1993), 214.

28 Lohfink, G., "Die Metaphorik der Aussaat im Gleichnis vom Sämann (Mk 4,3-9)," in: À cause de l'Evangile (FS Dupont, J.), LeDiv 123 (Paris, 1985), 211-228; Klauck, H.-J., *Allegorie und Allegorese in synoptischen Gleichnistexten*, NTA NF 13 (Münster, 1978),

그 땅에 씨를 뿌려 그해에 수확을 백 배나 올렸다"(창세기 26,12) 구절을 예수는 기억했을까.

누가 8,9-18 단락은 예수가 학교 선생님처럼 제자들에게 설명하는 단락이다. 군중이 같이 듣고 있었는지(누가 6,20; 12,1) 확실하진 않다. "여러분에게는 하느님 나라의 신비들을 알아듣게 해 주셨지만, 다른 사람들에게는 수수께끼 같은 비유들입니다. 그들이 보아도 보지 못하고 들어도 깨닫지 못하게 하려는 것입니다"(누가 8,10b-d) 구절은 해설하기 까다로운 구절이다. 예수가 당신 제자들에게는 하느님 나라의 신비들을 알아듣게 해주고, 다른 사람들에게는 보아도 보지 못하고 들어도 깨닫지 못하게 수수께끼 같은 비유들로 이야기한다니? 예수가 제자들을 특별히 대우하고, 제자 아닌 사람들을 차별한다는 뜻인가.

씨는 하느님의 말씀이다(누가 8,11b; 욥기 4,8; 잠언 22,8).[29] "하늘에서 쏟아지는 비, 내리는 눈이 하늘로 되돌아가지 아니하고 땅을 흠뻑 적시어 싹이 돋아 자라게 하며 씨 뿌린 사람에게 씨앗과 먹을 양식을 내주듯이"(이사야 55,10) 구절에서 비와 눈이 하느님 말씀처럼 비유되기도 했다.[30] 누가 8,12-15에서 사람이 마치 씨앗처럼 길가에, 바위 위에, 가시덤불 속에, 좋은 땅에 뿌려진 것처럼 보인다.

듣기는 했는데 그 뒤 악마가 와서 마음에서 말씀을 빼앗아 믿지 못하고 구원받지 못하게 되는 사람들(누가 8,12)은 예수운동이 복음 전파에서 거둔 변변찮은 성과를 가리킨다. 들을 때 말씀을 기뻐하며 받아들이기는 하지만 유혹의 때가 오면 떨어져 나가는 사람들(누가 8,13)은 말씀

186-209, 191.

29 Klauck, H.-J., *Allegorie und Allegorese in synoptischen Gleichnistexten*, 192.

30 Lohfink, G., "Die Metaphorik der Aussaat im Gleichnis vom Sämann (Mk 4,3-9)," 216.

때문에 환난이나 박해를 당하게 되면 곧 넘어지는 사람들(마가 4,17; 고린
토전서 7,5; 데살로니카전서 2,17)을 가리킨다. 듣기는 하였지만 걱정(누가
12,22; 21,34; 고린토전서 7,32-34), 재물(누가 12,22-30), 삶의 쾌락(누가 16,
19-31)에 사로잡혀 성숙하지 못하는 사람들(누가 8,14)은 우리 대부분에
해당하는 듯하다. 그러나 좋고 선한 마음^{καλὸς καὶ ἀγαθὸς}으로 말씀을 듣고
지켜서 참고 견디는 가운데 열매 맺는(이사야 5,2; 예레미야 17,10; 로마 7,4)
사람들이 있다.

비유를 모아놓은 마태복음 13장은 마태복음의 전환점이라는 의견
도[31] 있지만, 마태복음 13장 구성에 대해 성서학자들 사이에 일치된 견
해는 아직 없다.[32] 예수가 집에서 나와^{τῆς οἰκίας}(마태 13,1) 표현은 지금까
지 마태복음에 없었다. 예수가 제자들을 처음 불렀던 겐네사렛 호숫가
(마태 4,18)에 많은 군중^{ὄχλοι}, 즉 유다인이 모였다. 마태 12,23 이후 군중
은 이미 예수 곁에 있었다. 예수는 배에 올라앉고 군중은 호숫가에 서
있었다(마태 13,2b). 배는 군중과 일정한 거리를 두었다는 표현이다(마태
14,13; 15,39). 고대에 스승은 앉아서 가르친다(마태 5,1; 15,29; 23,2). 예
수는 그들에게 여러 가지를 비유^{παραβολαῖς}(마태 13,3a; 21,28-22,14)로 말
하였다. 비유는 군중에게 공개적으로 가르칠 때 사용되었다.[33]

비유에서 씨 뿌림에 관계된 여러 내용이 언급되지 않았다. 씨 뿌리는
땅에 흙이 많았는지 적었는지, 땅이 메말랐는지 수분이 많았는지, 평평
했는지 그렇지 않았는지 마태복음 저자는 말하지 않았다. 땅이 건조한

---

31 Kingbury, J. D., *The Parables of Jesus in Matthew XIII* (London, 1969), 130.

32 Luz, U., *Das Evangelium nach Matthäus (Mt 8-17)*, EKK I/2 (Neukirchen-Vluyn, 1990),
292.

33 Kingbury, J. D., *The Parables of Jesus in Matthew XIII*, 31.

가을에 처음으로 씨를 뿌렸는가, 첫 비가 내린 초겨울에 씨 뿌렸는가. 가을에는 처음 씨 뿌릴 때 갈지 않은 땅 위에 그냥 씨를 뿌린다.[34] 그 후 자란 씨앗과 가라지가 있는 땅을 갈아엎는다. 첫 비가 내린 초겨울에는 씨 뿌리기 전에 땅을 먼저 갈아엎는다. 땅을 두 번 갈아엎는다는 기록도 있다.[35]

씨 뿌리는 사람이 주목되는가 싶더니, 씨가 곧 주제가 되었다. 어떤 씨는 길바닥에 떨어져 새들이 쪼아먹었다(마태 13,4). 일부러 길바닥에 씨 뿌리는 농부는 없다. "엉겅퀴 속에 씨를 뿌리지 말고 땅을 새로 갈아엎고 심어라"(예레미야 4,3b). 돌 위에 얇게 덮여 있지만 메마른 상태는 아닌 흙에 농부는 그냥 씨를 뿌린다. 그런 흙에 뿌려진 씨앗은 곧 싹트긴 하지만, 뜨거운 태양 아래 곧 시들고 만다. 비유에서 땅을 갈아엎었느냐 아니냐는 해석에 크게 중요하진 않다.

좋은 땅에 떨어져 맺은 열매가 백 배, 육십 배, 삼십 배가 된 것도 있었다(마태 13, 8)는 표현은 사실에 가까운 말일까, 과장된 말일까. 그 열매는 씨 뿌려진 땅 전체에서 나온 수확과 비교하여 나온 결과일까, 맺은 열매를 뿌려진 씨앗 하나와 비교하여 생긴 결과일까. 마태복음 저자는 뿌려진 씨앗과 맺은 열매를 비교했다. 그렇다면 백 배, 육십 배, 삼십 배 표현은 지나치다. 네 배에서 아홉 배, 아주 좋은 땅에서 난 소출은 열 배에서 열다섯 배로 보는 것이 합리적이다.[36] 뿌려진 씨앗의 비유(마태 13,3-8)는 예수운동 공동체의 복음 전파 활동과 연결된 비유임은 분

---

34 Jeremias, J., "Palästinakundliches zum Gleichnis vom Sämann," *NTS* 13 (1966/67): 48-53, 49.

35 Klauck, H.-J., *Allegorie und Allegorese in synoptischen Gleichnistexten*, 190.

36 ben David, A., *Talmudische Ökonomie I* (Hildesheim, 1974), 104.

명하다.37 비유의 본래 뜻은 무엇인지 치열한 토론이 있어 왔다.38 여러 제안이 나왔지만, 본래 뜻은 정확히 알기는 어렵다.39 크게 두 가지 의견이 있다.

좋은 땅에 뿌려져 맺어진 엄청난 열매에 집중하는가. 예수의 복음 선포는 결국 열매 맺게 된다는 선언인가. 하느님 나라는 씨 뿌림에서 이미 시작되었다.40 자신의 복음 전파 활동을 예수가 스스로 해석한 비유는 아닐까. 예수 자신도 실패 경험을 의식하지 않았을 리 없다.41 예수의 복음 전파에 호응한 사람들과 거절한 사람들을 앞에 두고 예수가 묵상한 것은 아닐까.

제자들이 예수에게 "저 군중에게는 왜 비유로 말하십니까?" 묻자, 예수는 "여러분은 하늘 나라의 신비를 알 수 있는 특권을 받았지만 다른 사람들은 받지 못하였습니다"(마태 13,10-11) 대답했다. "못 가진 사람은 그 가진 것마저 빼앗길 것입니다"(마태 13,12b) 구절은 대체 무슨 말일까. "여러분은 하느님의 나라를 빼앗길 것이며 도조를 잘 내는 백성들이 그 나라를 차지할 것입니다"(마태 21,4; 13,8, 23) 구절을 가리킨다. 이스라엘이 예수를 거절했기 때문이다. 지금까지 예수에게 충실했고 호의적이었던 군중이 보아도 보지 못하고, 들어도 듣지 못하고, 깨닫지도 못하다니?(마태 13,13) 예수가 좀 더 알아듣게 설명했어야 하지 않았나.

37 Jeremias, J., *Die Gleichnisse Jesu*, 75; Klauck, H.-J., *Allegorie und Allegorese in synoptischen Gleichnistexten*, 203.

38 Luz, U., *Das Evangelium nach Matthäus (Mt 8-17)*, 308-311.

39 Bultmann, Die *Geschichte der synoptischen Tradition*, 216; Kuhn, H. W., *Ältere Sammlungen im Markusevangelium*, StUNT 8 (Göttingen, 1971), 112-122, 112.

40 Lohfink, G., "Das Gleichnis vom Sämann," *BZ NF* 30 (1986): 36-69, 66.

41 Krämer, M., Die "Parabelrede in den synoptischen Evangelien," in: *Theologie und Leben* (FS Söll, G.) (Rom, 1983), 31-53, 39.

그 책임을 예수가 져야 하지 않나.

마태복음 저자는 유다인 대부분이 예수를 거절했던 이유를 마태복음 공동체 사람들에게 해명해야 했다. "이 백성이 마음의 문을 닫고 귀를 막고 눈을 감은"(마태 13,15a) 사실을 예언자들이 벌써 예언했다는 말이다. 그러면 제자들은 무엇을 보고 무엇을 들었는가(마태 13,16). 그들은 병자 치유를 보았고 하늘 나라의 복음을 들었다. 많은 예언자들과 의인들(마태 10,41; 13, 17; 23,34)이 그토록 보고 싶었으나 보지 못했고, 듣고 싶었으나 듣지 못하였던 것을 예수의 제자들은 보고 들었다. 그러니 예수의 제자들은 행복하다.

61. 등불 이야기
(마가 4,21-25/누가 8,16-18/마태 5,15)

등불 이야기(마가 4,21-25)를 마가복음 저자가 전해 받았는지, 직접 처음 썼는지 분명하지 않다. 등불이 온다$ἔρχεται ὁ λύχνος$(마가 4,21) 표현은 히브리식으로 사람이 등불을 가져온다는 뜻이다. 마가 4,21은 팔레스타인에 흔한 단칸방을, 누가 11,33은 지하실 있는 그리스 주택 구조를 전제한다. 십일조에 맞게 곡식 수확물을 측정하고 바치려면 곡식 양을 재는 도구인 됫박$μόδιον$이 모든 유다인 가정에 필요했다. 됫박은 등불을 끌 때도 사용되었다. 밤에 등불이 없으면 집안에 소동과 불편이 일어날 수 있다.[1] 예언자와 율법교사가 등불로도 비유되었다(요한 5,35; 8,12). 랍비 요하난 벤 자카이$Jochanan\ b.\ Zakkai$는 제자들을 세상의 빛이라고 말했다.[2] 등불을 됫박으로 가리거나 침상 밑에 두지 않듯이, 하느님 나라를 가리거나 숨길 수는 없다.

유다인은 대부분 농산물 수확에서 1/10을 성전을 담당하는 레위족에게 바쳤다(민수기 18,21-32; 느헤미야 13,10-14). 레위족은 받은 십일조

---

1 Jeremias, J., "Die Lampe unter dem Scheffel," *ZNW* 39 (1940): 237-240, 238.

2 Schneider, G., "Das Bildwort von der Lampe. Zur Traditionsgeschichte einse Jesus-Wortes," *ZNW* 61 (1970): 183-209, 192-194.

에서 다시 1/10을 사제에게 주었다. 떠돌이와 고아와 과부에게 나누어 주는 십일조(신명기 26,12-15)도 있었다. 십일조는 오직 이스라엘 땅에서만 생산되는 농산물에만 적용되었기 때문에, 이스라엘 밖에 사는 유다인에게 해당되지 않았다.[3] 짐승은 낳은 첫 새끼에게만 십일조가 해당되었다. 이스라엘에 사는 유다인에게만 십일조가 요구되었다. 민수기 18장과 느헤미야 13장 말고도 십일조에 대한 언급은 있었다(창세기 1,20; 28,22; 레위기 27,30-33; 신명기 12,17-19; 14,22-29; 26,12-13). 바울은 십일조를 말한 적이 없었다.

"감추어 둔 것은 드러나게 마련이고 비밀은 알려지게 마련입니다" (마가 4,22) 구절은 재판, 특히 하느님 심판을 가리킨 듯하다. 마가 4,22는 재판보다는 하느님 나라를 가리킨다고 보는 편이 더 낫다. 하느님 나라는 드러나게 마련이고 알려지게 마련이다. "여러분이 남에게 달아주면 달아주는 만큼 받을 뿐만 아니라 덤까지 얹어 받을 것입니다. 누구든지 가진 사람은 더 받을 것이며 가지지 못한 사람은 그 가진 것마저 빼앗길 것입니다"(마가 4,24-25) 구절은 하느님 나라를 받아들이는 사람과 거절한 사람에 대한 설명이다.

받을 것이다, 빼앗길 것이다 등 하느님 수동태passivum divinum 동사가 마가 4,24-25에서 두 번이나 사용되었다. 하느님 나라를 남에게 전하는 사람은 전하는 만큼 하느님 나라를 받을 뿐만 아니라 덤까지 얹어 받을 것이다. 하느님 나라를 전하거나 가진 사람은 하느님 나라의 풍부함을 더 받을 것이다. 하느님 나라를 받아들인 사람은 더 받을 것이고,

---

3 Sanders, E. P., *Paul. The Apostle's Life, Letters, and Thought* (Minneapolis, 2015), 36; Sanders, E. P., "Jewish Association with Gentiles and Galatians 2:11-14," in: Fortna, R./Gaventa, B. (ed.), *The Conversation continues* (Nashville, 1990), 170-188, 283-308.

하느님 나라를 거절한 사람은 아무것도 받지 못할 것이다. "지혜로운 사람은 배울수록 더욱 지혜로워지고, 의로운 사람은 배울수록 학식이 더해지리라"(잠언 9,9). 하느님 나라는 결국 알려지고 말 것이다. 하느님 나라를 받아들인 사람은 풍부해질 것이고, 거절한 사람은 심판받을 것이다.

"가진 사람은 더 받을 것이고 가지지 못한 사람은 가진 줄 알고 있는 것마저 빼앗길 것입니다"(누가 8,18b) 문장의 본래 뜻은 무엇일까. 누가복음 저자는 예수운동 사람들과 하느님의 관계를 가리킨 듯하다. 예수 말씀에 귀를 기울이고 예수운동 공동체에서 노력하는 사람은 하느님과의 관계가 갈수록 더 풍부해진다는 뜻이다.[4]

아무도 등불을 켜서 그릇으로 덮어 두거나 침대 아래 놓지 않는다(누가 8,16a). 예수 말씀을 듣고서 자기 마음속에만 담아두는 사람은 없다는 말이다. 등불을 켜서 등경 위에 놓아 들어오는 사람들이 그 빛을 보게 한다(누가 8,16b). 즉, 예수 말씀이 세상을 널리 비추게 전한다.[5] 등불을 켜서 등경 위에 놓으면, 집을 방문하는 외부인보다는 집에 사는 식구들이 먼저 밝은 빛을 보며 산다. 예수운동 공동체 사람들이 먼저 빛 속에 사는 모습을 본다면(사도행전 28,30), 외부인들이 그 빛을 알고 싶을 것이다.

"사실 숨겨진 것은 드러나게 되고, 감추어진 것도 알려져서 드러나게 마련입니다"(누가 8,17) 구절에서 누가복음 저자는 최후 심판을 의식

---

4 Bovon, F., *Das Evangelium nach Lukas* (1,1-9,50), EKK III/1 (Neukirchen-Vluyn, 1989), 417.

5 Schürmann, H., "Lukanische Reflexionen über die Wortverkündigung in Lk 8,4-21," in: ders, *Ursprung und Gestalt* (Düsseldorf, 1970), 29-42, 39.

한 듯하다(고린토전서 3,13). 조심하시오^{Bλέπετε}(누가 8,18a) 명령형 동사는 경고할 때 주로 쓰인다(마가 13,5; 누가 21,8; 에페소 5,15). "가진 사람에게는 더 주실 것이고, 갖지 못한 사람, 그에게서는 가진 줄로 여기는 것마저 빼앗을 것입니다"(누가 8,18b). 부익부 빈익빈이라는 자본주의 경제 논리를 말하는 것이 전혀 아니다. 가진 사람, 즉 좋고 선한 마음으로 말씀을 듣고 지켜서 참고 견디는 가운데 열매 맺는 사람들에게는(누가 8,15) 더 주실 것이고, 갖지 못한 사람, 즉 듣기는 하였지만 걱정과 재물과 삶의 쾌락에 사로잡혀 숨이 막히고 성숙하지 못하는 사람들에게는 (누가 8,14) 그들이 가진 줄로 여긴 것마저 다 빼앗을 것이다.

마태 5,13-37 단락은 제자들에게 주는 말씀이다. 마태 5,16은 마태 5,17-48의 제목이라고 해도 좋겠다.[6] "등불을 켜서 됫박 밑에 놓지 않고 등경 위에 놓습니다. 그래야 집 안에 있는 모든 사람에게 비칩니다" (마태 5,15) 구절에서 곧바로 떠오르는 말씀이 있다. "어둠 속에 앉아 있는 백성이 큰 빛을 보았고, 죽음의 그늘진 땅에 앉아 있는 사람들에게 빛이 솟아올랐도다"(마태 4,16; 이사야 9,1).

---

6 Burchard, C., "Versuch, das Thema der Bergpredigt zu finden," in: Strecker, G. (hg.), *Jesus Christus in Historie und Theologie* (FS Conzelmann, H.) (Tübingen, 1975), 409-432, 420.

62. 씨 뿌리는 사람과 자라는 씨앗 비유
(마가 4,26-29)

씨 뿌리는 사람과 자라는 씨앗 비유(마가 4,26-29)는 마가복음 특수 자료에 속한다. 자라는 씨앗은 하느님 말씀보다 하느님 나라를 가리킨다. 씨 뿌리는 사람과 자라는 씨앗 둘 다 관심에서 멀어질 수 없다. 씨 뿌리는 사람과 자라는 씨앗 모두 하느님 나라와 연결되고 있다. "곡식이 익으면 그 사람은 추수 때가 된 줄을 알고 곧 낫을 댑니다"(마가 4,29) 구절이 후대에 추가되었는지 여부는 결정하기 어렵다.[1] 마가 4,29가 "낫을 대어라. 곡식이 익었다. 와서 밟아라. 포도주 술틀이 찼다. 독이 차 넘친다. 뭇 민족의 악이 이토록 극에 달하였다"(요엘 4,13) 구절을 인용했다고 보기는 어렵다.

씨 뿌리는 사람은 뒤로 물러나고, 자라는 씨앗이 비유 중심에 등장했다. 씨 뿌릴 때부터 수확할 때까지 씨 뿌리는 사람의 역할은 분명히 있었지만, 전혀 언급되지 않았다.[2] 자라는 씨앗의 적극적 역할만 더욱 돋보인다. 씨 뿌리는 사람, 즉 인간의 역할보다 자라는 씨앗, 즉 하느님

---

1 Suhl, A., *Die Funktion der alttestamentlichen Zitate und Anspielungen im Markusevangelium* (Gütersloh, 1965), 154-157.

2 Schweizer, E., *Das Evangelum nach Markus*, NTD 1 (Göttingen, 1975, 14판), 51.

역할이 강조되었다. 젤로데파의 열정, 바리사이의 교만, 하느님 나라에 대한 사람들의 의구심을 비판하는 비유 같다.[3] 하느님 나라의 소박한 지금 상태와 엄청난 미래가 대조되었다. 하느님 나라가 다가왔고, 그래서 지금 경험 가능하다는 뜻이 담겨 있는 비유다.[4]

---

3 Jeremias, J., *Die Gleichnisse Jesu* (Göttingen, 1965, 7판), 152.

4 Gnilka, J., *Das Evangelium nach Markus*. Teilband: Mk 1-8,26, EKK II/1 (Neukirchen-Vluyn, 1978), 185.

63. 겨자씨 비유
(마가 4,30-32/누가 13,18-19/마태 13,31-32)

마가 4,30-32에 나오는 겨자씨 비유와는 다른 겨자씨 비유가 신약
성서에 또 있다. 누가 13,18-19와 마태 13,31-32에 있는 예수 어록(Q
문헌) 전승이 그것이다. 어떤 사람이 겨자씨 한 알을 밭에 뿌렸다(누가
13,18)는 구절이 마가 4,30에는 없다. 겨자씨는 자라서 큰 나무가 된다
(누가 13,18)는 과장이 마가복음에는 없다. 예수의 말씀 하나가 두 가지
로 전해져 온 것이다. "공중의 새들이 그 그늘에 깃들일 만큼 됩니다"(마
가 4,32b) 구절은 구약성서를 직접 인용한(다니엘 4,9; 에제키엘 17,23) 것은
아니고, 구약성서를 응용했다.

겨자씨는 이스라엘에서 볼 수 있는 가장 작은 씨앗이다. 그러나 갈릴
래아 호수 근처에서 자란 겨자 나무는 3미터 높이에 이르기도 한다.[1]
자라나는 씨 비유(마가 4,26-29)처럼 겨자씨 비유(마가 4,30-32)도 하느
님 나라는 아주 소박하게 시작했음에도 반드시 온다고 말한다. 자라나
는 씨 비유와 겨자씨 비유는 씨앗에서 나무로 성장하는 과정보다는 씨
앗과 나무의 놀라운 대조를 더 강조하고 있다.

---

1 Jeremias, J., *Die Gleichnisse Jesu* (Göttingen, 1965, 7판), 147.

겨자씨 비유(누가 13,18-19)와 누룩 비유(누가 13,19-21)는 최근 수백 년 동안 성서학자들에게 특별한 관심을 받아 왔다.2 예수에게서 비롯된 두 비유는 하느님 나라에 대한 비유로서 종말론에 대한 예수 생각을 잘 드러낸다.3 두 비유에서 하느님 나라의 시작과 끝의 엄청난 대조를4 주목하거나 하느님 나라의 꾸준한 성장을5 보기도 한다. 겨자씨의 비유와 누룩의 비유는 누가복음과 마태복음에 같은 순서로 이어져 있다.

누가복음 저자와 마태복음 저자는 두 비유를 예수 어록에서 발견했다.6 마가복음에 겨자씨 비유는 있지만(마가 4,30-32), 누룩 비유는 없다. 잃었던 양 한 마리 비유(누가 15,1-7)는 남성의 세계에서, 잃었던 은전 비유(15,8-10)는 여성의 세계에서 왔듯이, 겨자씨 비유(누가 15,1-7)는 남성의 세계에서, 누룩 비유(누가 13,19-21)는 여성의 세계에서 왔다.

누가복음 저자는 하느님 나라를 정의할 수 없음을 잘 안다.7 하느님 나라 $\beta \alpha \sigma \iota \lambda \varepsilon \acute{\iota} \alpha$ $\tau o \tilde{v}$ $\Theta \varepsilon o \tilde{v}$(누가 11,18b)는 구약성서의 묵시 사상에서 비롯되었고8 예수가 즐겨 사용한 개념이다.9 누가복음 저자는 예수의 하느님 나라 사상을 존중하고 받아들여 사도들의 선포 내용으로 삼았다(사도행전

2 Kogler, F., *Das Doppelgleichnis vom Senfkorn und vom Sauer-teig in seiner traditionsge-schichtlichen Entwicklung*, FzB 59 (Würzburg, 1988), 31-42; Schweizer, E., *Jesus das Gleichnis Gottes* (Göttingen, 1995), 30-35.

3 Jeremias, J., *Die Gleichnisse Jesu*, 127-130.

4 Jeremias, J., *Die Gleichnisse Jesu*, 127.

5 Kuss, O., "Zum Sinngehalt des Doppelgleichnisses vom Senfkorn und Sauerteig," in: ders, *Auslegung und Verkündigung I* (Regensburg, 1963), 85-97, 90-94.

6 Schulz, S., Q. *Die Spruchquelle der Evangelisten* (Zürich, 1972), 298-300; Weder, H., *Die Gleichnisse Jesu als Metaphern*, FRLANT 120 (Göttingen, 1984, 3판), 128-131.

7 Völkel, M., "Zur Deutung des "Reiches Gottes" bei Lukas," ZNW 65 (1974): 57-70.

8 Schnackenburg, R., *Gottes Herrschaft und Reich* (Freiburg, 1965, 4판), 1-47.

9 Schnackenburg, R., *Gottes Herrschaft und Reich*, 49-180.

8,12; 14,22; 19,8). 겨자씨(누가 13,19a)는 팔레스타인 지방에 널리 퍼진 검은 겨자를 가리킨다.[10]

열여덟 해 동안 허리가 굽어 몸을 제대로 펴지 못하는 여자를 안식일에 고쳐준 사건(누가 13,10-17)을 예수는 하느님 나라 비유 두 개를 들어 해설하고 있다(누가 13,18-21). 그 첫 비유는 겨자씨 비유(누가 13,18-19)와 누룩 비유(누가 18,20-21)다. 이처럼 누가복음 저자는 비유 두 개를 연속으로 드는 것을 좋아한다.[11] 모든 끝은 시작이 있어야 하고, 시작과 끝은 뗄 수 없는 관계가 있고, 시작과 끝의 관계는 크고 작은 대조를 포함한다는 사실을 겨자씨 비유와 누룩 비유는 보여준다.[12] 마태 13,31-33에도 두 비유가 소개된다.

겨자씨는 싹이 돋고 자라서 큰 나무가 되어 공중의 새들이 그 가지에 깃들었다(누가 13,19b). 겨자씨를 뿌릴 때와[13] 자란 겨자씨 사이에 엄청난 크기 차이가 대조되었다. 일년생 식물인 겨자는 아주 빨리 자란다. 작은 씨앗과 다 자란 나무의 크기가 대조되었다. 자란 겨자씨는 높이가 2.5~3미터에 이르기도 한다.[14]

사람 눈에 보이지도 않을 만큼 작은 겨자씨가 큰 나무로 자라는 것처럼 사람 눈에 잘 보이지 않는 예수의 활동 시작은 엄청난 하느님 나라 열매로 맺을 것이다. "이스라엘의 높은 산에 그것을 심으면 햇가지가

---

10 Bovon, F., *Das Evangelium nach Lukas* (9,51-14,35), EKK III/II (Neukirchen-Vluyn, 1996), 413.

11 Morgenthaler, R., *Die Lukanische Geschichtsschreibung als Zeugnis I*, AThANT 14 (Zürich, 1948), 60.

12 Wolter, M., *Das Lukasevangelium*, HNT 5 (Tübingen, 2008), 486.

13 Kähler, C., *Jesu Gleichnisse als Poesie und Therapie*, WUNT 78 (Tübingen, 1995), 84.

14 Wolter, M., *Das Lukasevangelium*, 486.

나서 열매를 맺는 훌륭한 송백이 되고, 온갖 새들이 거기에 깃들이며 온갖 날짐승이 그 가지 그늘에 깃들일 것이다"(에제키엘 17,23). 나뭇가지에 깃든 새들은 유다인 아닌 민족에 대한 복음 전파의 비유로써 사용되었다.15

---

15 Weder, H., *Die Gleichnisse Jesu als Metaphern*, 136.

64. 보물, 진주, 그물 비유
(마태 13,44-52)

보물과 진주 비유가 마태복음 이전에 한 쌍의 비유로서 설명되었는
지, 아니면 마태복음 저자가 처음으로 두 비유를 한데 묶었는지 분명하
지 않다.[1] 밭에 묻혀 있는 보물(마태 13,44a)은 많은 민담과 동화에 즐겨
등장하는 소재였다.[2] 땅속 또는 폐허에서 보물을 발견한다거나 농부나
노동자가 땅속에서 보물을 발견하여 횡재한다는 이야기는 고대 사회에
널리 퍼졌다.[3]

찾은 보물의 가치나 찾은 사람의 기쁨이[4] 아니라 보물을 발견한 사
람의 행동이 주제다. 그는 보물을 훔치거나 주인을 찾아주기 위해 보물
을 공개할 수도 있었다. 보물을 소유하기 위해 그는 가진 재산을 다 팔
아 그 밭을 샀다. 하늘 나라를 차지하기 위해 그 나머지를 모두 포기
했다.[5]

---

1 Luz, U., *Das Evangelium nach Matthäus (Mt 8-17)*, EKK I/2 (Neukirchen-Vluyn, 1990),
350.

2 Crossan, J. D., *Finding is the First Act* (Philadelphia, 1979), 53-71.

3 Luz, U., *Das Evangelium nach Matthäus (Mt 8-17)*, 350.

4 Jeremias, J., *Die Gleichnisse Jesu* (Göttingen, 1965, 7판), 199; Schweizer, E., *Das Evangelium nach Matthäus*, NTD 2 (Göttingen, 1973), 202.

상인^{ἔμπορος}(마태 13,45)은 수출과 수입에 종사하는 사람을 가리킨다. 인도에서 수입되었던 사치품의 대명사인 진주는 알렉산더 대왕 이후 유다 사회에서 유행했다. 진주는 토라, 이스라엘, 훌륭한 생각, 거룩한 사람에 대한 하느님의 보상을 가리켰다.[6] 하늘 나라를 차지하기 위해 가진 재산을 다 팔고 나머지를 모두 포기한 사람처럼 값진 진주를 발견한 상인은 있는 것을 다 팔아 진주를 샀다. 마태복음 저자는 예수를 전하기 위해 자발적으로 유랑 선교사가 된 사람들의 재산 포기를 생각한 듯하다. "가진 것을 다 팔아 가난한 사람들에게 나누어주시오. 그러면 하늘에서 보화를 얻게 될 것입니다. 그러니 내가 시키는 대로 하고 나서 나를 따라오시오"(마가 10,21; 마태 6,19-34).

그물의 비유(마태 13,47-50)에서 모으기와 나누기가 아니라 모은 것에서 나누기가 주제다. 던지는 그물^{σαγήνη}(마태 13,47)은 길이가 2.5미터에서 4.5미터, 넓이가 2미터 정도 되는 그물이다.[7] 가득 차다^{πληρόω} 단어는 마태복음과 유다교에서 하느님이 정하신 기준이나 때가 완성되었다는 뜻을 가리킨다.[8] 어부들과 마태복음 독자들은 좋은 물고기와 버려질 물고기(레위 11,10-12; 신명기 14,9)가 무엇인지 알고 있다.

앉아서 좋은 물고기를 추려 그릇에 담고 나쁜 것은 내버리는 어부들 모습은 사람의 아들이 최후 심판을 하는(마태 19,28; 25,31; 26,64) 모습을

5 Linnemann, E., *Gleichnisse Jesu. Einführung und Auslegung* (Göttingen, 1966, 4판), 108; Flusser, D., *Die rabbinischen Gleichnisse und der Gleichniserzähler Jesus I* (Bern/New York, 1981), 131.

6 Luz, U., *Das Evangelium nach Matthäus (Mt 8-17)*, 353.

7 Dunkel, F., "Die Fischer am See Genesareth und das NT," *Bib.* 5 (1924): 375-390, 377-379.

8 Stuhlmann, R., *Das eschatologische Mass im Neuen Testament*, FRLANT 132 (Gottingen, 1983), 189.

연상케 한다. 어부들이 지금 물고기를 골라내는 것처럼 세상 끝 날에도 천사들이 그렇게 할 것이다(마태 13,49-50). 교회는 이 비유에서 그물에 가까울까, 어부에 가까울까. 교회는 물고기에 속한다. 물고기는 태생부터 좋은 물고기와 버려질 물고기로 분류되지만, 교회와 개인은 자기 운명을 스스로 정한다. 교회와 개인은 자기 행동과 역사에 의해 심판받을 것이다.

마태 13,51은 마태복음 저자의 작품이고, 마태 13,52는 거의 마태복음 저자의 작품이다.9 예수가 진짜 한 말은 아니라는 뜻이다. 마태복음 저자는 왜 느닷없이 다음 말을 끼워 넣었을까. "하늘 나라의 교육을 받은 율법학자는 마치 자기 곳간에서 새 것도 꺼내고 오래된 것도 꺼내는 집주인과 같습니다"(마태 13,52b). 집주인은 자기 곳간에서 자녀에게는 빵과 기름을, 종에게는 옥수수와 값싼 기름을, 개에겐 뼈다귀를 꺼내줄 것이다. 율법학자는 선조에서 내려온 지혜라는 보물을 자기 곳간에서 꺼내는 집주인에 비유되었다.10 "햇 것도 해묵은 것도 임을 기다리며 마련해 두었답니다"(아가 7,14b).

예수는 말씀을 마치고 "지금 한 말을 다πάντα 알아듣겠습니까?"라고 제자들에게 물었고, 제자들은 "예Ναί"라고 대답하였다(마태 13,51). 예수 말씀을 다 알아듣고 "예" 응답하는 것이 제자의 본분에 속한다. 그런데 하늘 나라의 교육을 받은 '율법학자'는(마태 13,52b) 누구일까. 그리스어 γραμματεὺς는 비서, 공무원을 가리키기도 했다.11 마태복음 저자 자신을 말하는가.12 하늘 나라의 추종자가 된 유다교 율법학자를13 가리키

9 Luz, U., *Das Evangelium nach Matthäus (Mt 8-17)*, 362.

10 Zeller, D., "Zu einer jüdischen Vorlage von Mt 13,52," *BZ NF* 20 (1976): 223-226, 225.

11 Luz, U., *Das Evangelium nach Matthäus (Mt 8-17)*, 363, 주 20.

는가. 한때 유다교 율법학자였다가 마태복음 공동체나 또는 다른 예수 운동 공동체에 참여했다는 율법학자를 우리는 거의 알지 못한다(마태 23,34). 단어 γραμματεὺς는 율법학자보다 성서, 즉 구약성서를 아는 사람을 가리키는가.

하늘 나라의 교육을 받은 율법학자, 즉 성서를 아는 사람은 창고에서 새 것도 꺼내고 오래된 것도 꺼내는, 즉 보물을 관리하는 사람이다. 낡은 것은 구약성서를, 새것은 예수의 하느님 나라 복음을 가리키는 듯하다.[14] 예수는 율법과 예언서를 완성한 분(마태 5,17)이므로, 마태복음 저자는 새것과 오래된 것의 연결, 즉 구약성서와 예수의 하느님 나라 복음을 연결하는 데 관심이 많다.[15]

---

12 Kremer, J., ""Neues und Altes". Jesu Wort über den christlichen Schriftgelehrten (Mt 13,52)," in: Kremer, J., u.a. (Hg.), *Neues und Altes* (Freiburg, 1974), 11-33, 26.

13 Hoh, J., "Der christliche γραμματεὺς," *BZ* 17 (1926): 256-269, 266-268.

14 Luz, U., *Das Evangelium nach Matthäus (Mt 8-17)*, 364.

15 Luz, U., "Das Matthäusevangelium und die Perspektive einer biblischen Theologie," *Jahrbuch für biblische Theologie* 4 (1989): 236-238.

65. 비유로 가르치는 예수
(마가 4,33-34/마태 13,34-35)

"예수는 그들이 알아들을 수 있게 여러 비유로써 말씀을 전했다"(마가 4,33) 구절과 "그들에게는 비유로만 말했지만 제자들에게는 따로 그 뜻을 풀이해 주었다"(마가 4,34) 구절이 서로 잘 어울리진 않는다.[1] 마가 4,33은 비유가 예수 가르침의 일부 수단이지만, 마가 4,34a는 비유가 예수 가르침의 유일한 수단이라는 느낌을 주기 때문이다. 마가 4,33은 마가복음 이전에 생긴 전승에 속하고, 마가 4,34b는 마가복음 이전에 어느 편집자가, 마가 4,34a는 마가복음 저자가 손을 대었다.[2]

예수는 가르칠 때 즐겨 비유를 사용했다는 사실, 그러나 그중 일부만 복음서에 수록되었다는 사실이 여기서 드러났다. 가난한 백성들은 예수의 비유를 즐겨 들었고 또 이해할 수 있었다는 뜻도 포함되었다. 마가복음 저자는 비유라는 소통 수단을 통해 가난한 백성들이 하느님 나라 신비를 깨닫고 받아들이기를 원하고 있다.

---

1 Gnilka, J., *Das Evangelium nach Markus*. Teilband: Mk 1–8,26, EKK II/1 (Neukirchen-Vluyn, 1978), 190.

2 Kuhn, H.-W., *Ältere Sammlungen im Markusevangelium*, StUNT 8 (Göttingen, 1971), 132-135; Räisänen, H., *Die Parabeltheorie im Markusevangelium* (Helsinki, 1973), 63.

예수의 비유는 사람들이 알아듣기 쉽다. 또한 비유는 하느님 나라 신비를 설명한다. 비유를 알아들었지만 하느님 나라 신비를 아직 알아듣지 못했다면, 비유는 절반의 성공에 불과하다. 하느님 나라 비유만으로 예수가 하느님 아들이고 메시아라는 사실을 전하기에는 여전히 부족하다. 하느님 나라 비유를 들은 사람들이 예수 십자가를 아직 모르기 때문이다. 갈릴래아 예수만으로 예수 역사 전체를 이해하기는 충분하지 않다.

"예수는 이 모든 것을 군중에게 비유로 말하고, 비유가 아니면 아무것도 말하지 않았다"(마태 13,34) 구절은 "예수는 그들이 알아들을 수 있을 정도로 이와 같은 여러 가지 비유로써 말하였다"(마가 4,33-34) 구절을 줄였다. "내가 말할 때 비유로 말하겠고"(마태 13,35b) 구절은 "내가 역사에서 교훈을 뽑아내어 그 숨은 뜻을 밝혀주리라"(시편 78,2) 구절과 이어진다. "예언자를 시켜, 천지 창조 때부터 감추인 것을 드러내리라" 말씀(마태 13,35c)을 구약성서에서 찾을 수는 없다. 제자들은 예수 말씀을 알아들었고, 군중은 알아듣지 못했다. 예수는 군중에게 비유로 친절하게 설명했지만, 예수의 말씀을 알아듣지 못하는 사람이 많았다는 사실은 마태복음 저자에게 큰 고뇌를 던져주었다.

66. 가라지 비유
(마태 13,24-30, 36-43)

"하늘 나라는 어떤 사람이 밭에 좋은 씨를 뿌린 것에 비길 수 있습니다. 사람들이 잠을 자고 있는 동안에 원수가 와서 밀밭에 가라지를 뿌리고 갔습니다"(마태 13,24-25) 구절은 마태복음 저자가 창작했는가.[1] 그렇게 보긴 어렵다.[2] 추수 때를 하느님이 정하실 것이다.[3] 원수들의 방해에도 불구하고 하느님 나라는 커진다. 그런데 하느님 나라는 커지지만, 원수들의 방해는 계속된다는 말인가.[4]

하늘 나라를 전하는 사람들은 자신들이 뿌리는 좋은 씨만 주로 생각하고, 사람들이 잠자는 동안 원수가 와서 밀밭에 가라지를 뿌리고 간다는 사실을 자칫 망각할 수 있다. 가라지는 그 얇은 이파리로 인해 수확 때뿐만 아니라 자라는 과정에서도 밀과 구분된다.[5] 심지도 않은 가라지

---

1 Gundry, R. H., *Matthew. A Commentary on his Literary and Theological Art* (Grand Rapids, 1982), 261.

2 Luz, U., *Das Evangelium nach Matthäus (Mt 8-17)*, EKK I/2 (Neukirchen-Vluyn, 1990), 322.

3 Jeremias, J., *Die Gleichnisse Jesu* (Göttingen, 1965, 7판), 224; Dodd, C. H., *The Parables of the Kingdom* (London, 1936), 38.

4 Dschulnigg, P., *Rabbinische Gleichnisse und das Neue Testament*, JeC 12 (Bern u.a., 1988), 496.

가 자란 것을 본 종들이 놀랐지만, "원수가 그랬구나!" 태연하게 답하는 주인의 태도가 더 놀랍다. 원수가 가라지를 심었다는 사실을 주인은 알고 있었다. "저희가 가서 그것을 뽑아버릴까요?" 종들이 당연하게 물었다(마태 13,28). 흔히 가라지를 그렇게 뽑아버린다. 추수 때 가라지를 먼저 뽑아 단으로 묶어 불에 태워버린 다음에 밀을 거두어들이는 것(마태 13,30)이 아니라 그 반대 순서로 한다.6

밀과 가라지 비유는 이스라엘과 유다인 아닌 사람을 대조하는데 자주 쓰였다.7 심판 때 먼저 가라지를 불태우고, 즉 악인을 먼저 벌한다. 마태복음 공동체는 가라지 비유에서 최후 심판을 읽었다. 예수를 거절한 유다인을 가라지로, 예수를 거절한 유다인들과 일상에서 부닥쳐야하는 자신들을 밀로 여겼다. 마태복음 공동체가 유다교와 분리된 후 밀과 가라지 비유는 해석 방향이 달라졌다. 마태복음 공동체에서 복음을 제대로 실천하는 사람은 밀, 복음에서 멀어진 사람은 가라지로 해석되었다. 밀과 가라지 비유는 예수운동 내부 비판에 쓰였다.

5 Luz, U., "Vom Taumelolch im Weizenfeld," in: Frankemölle, H., u.a. (Hg.), *Vom Urchristentum zu Jesus* (FS Gnilka, J.) (Freiburg, 1989), 154-171, 156.

6 Dalman, G., *Arbeit und Sitte in Palästina II* (Guetersloh, 1932), 325.

7 Flusser, D., *Die rabbinischen Gleichnisse und der Gleichniserzähler Jesus I* (Bern/New York, 1981), 135; Luz, U., "Vom Taumelolch im Weizenfeld," in: Frankemölle, H., u.a. (Hg.), *Vom Urchristentum zu Jesus* (FS Gnilka, J.) (Freiburg, 1989), 154-171, 157, 주 19.

67. 풍랑 가라앉힌 예수
(마가 4,35-41/누가 8,22-25/마태 8,23-27)

예수의 비유(마가 4,1-34)에 이어 예수의 기적 이야기가 풍랑을 가라 앉힌 사건(마가 4,35-41)에서 시작된다. 예수가 제자들과 배를 타고 갈릴래아 호수를 건너는 이야기도 마가복음에서 여기서 시작된다(마가 4,35; 5,1; 6,45). 배에 탄 사람에게 폭풍이 밀어닥치는 이야기는 요나서 1장과 탈무드에도 있다.[1] 구원 기적이라고[2] 불러도 좋은 단락이다.

예수는 군중과 헤어졌고, 제자들이 사건의 증인이다. 거센 바람으로 배 안에 물이 가득 차게 되었는데, 호수 저편으로 건너가자고 제안한, 즉 책임져야 마땅할 예수는 태연히 자고 있다. 제자들은 다급하게 "선생님, 저희가 죽게 되었는데도 돌보시지 않습니까?"(마가 4,38)라며 예수를 깨웠다. 선생님^{διδάσκαλε} 호칭은 마가복음에서 여기 처음 나온다. 예수가 바람을 꾸짖으며 "고요하고 잠잠해져라!" 명령하자 바다는 잔잔해졌다. 갈릴래아 호수에서 갑작스러운 바람은 오늘도 드물지 않다.[3]

---

1 Bultmann, *Die Geschichte der synoptischen Tradition* (Göttingen, 1957, 3판), 249.

2 Theissen, G., *Urchristliche Wundergeschichten. Ein Beitrag zur formgeschichtlichen Erforschung der synoptischen Evangelien* (Gütersloh, 1974), 107-111.

3 Kertelge, K., *Markusevangelium*, NEB.NT 2 (Würzburg, 1994), 53.

예수는 더러운 악령에게 "입을 다물고 이 사람에게서 나가거라"(마가 1,25) 명령한 것처럼, 바다에게 "고요하고 잠잠해져라"(마가 4,39) 명령한다. 명령하다ἐπιτιμάω(마가 4,39) 단어는 하느님께서 저주받을 사람이나 세력(이사야 40,12; 예레미야 31,35; 욥기 12,15)을 꾸짖을 때 썼다(시편 106,9; 119,21).[4] 하느님은 크신 힘으로 바다를 가르시고, 바다 위에 솟은 괴물들의 머리를 짓부수신 분이시다(시편 74,13; 104,6-9). "그들이 그 고통 중에서 울부짖자 야훼께서 고통에서 건져주셨다"(시편 107,28; 이사야 43,2) 구절이 풍랑을 가라앉힌 예수(마가 4,35-41) 배경이다.

예수는 제자들에게 두 가지 질문을 한다. "왜 그렇게들 겁이 많습니까? 아직도 믿음이 없습니까?"(마가 4,40) 제자들이 자신들의 안위만 생각하고, 위험을 서로 함께할 생각을, 예수와 함께할 생각을 하지 않았기 때문일까?[5] 마가복음 독자들은 예수 제자들처럼 겁먹지 말고 믿음을 가지라는 부탁의 말이다. 도대체 예수는 누구일까(마가 4,41). 마가복음 저자는 이 질문을 독자에게 제안하고 있다. 이 질문은 십자가와 부활에 이르러서야 비로소 답변할 수 있다.[6]

구출 기적[7]에 속하는 이야기다. 예수는 열두 제자들과 여성 제자들과 함께 배를 탔다. 여성 제자들은 열두 제자들과 함께 이동하고 있다(누가 8,1-3). 예수가 열두 제자들과만 같이 있다고 생각하면 안 된다.[8]

---

4 Schenke, L., *Die Wundererzählungen des Markusevangeliums* (Stuttgart, 1974), 55.

5 Gnilka, J., *Das Evangelium nach Markus*. Teilband: Mk 1–8,26, EKK II/1 (Neukirchen-Vluyn, 1978), 196.

6 Lührmann, D., *Das Markusevangelium*, HNT 3 (Tübingen, 1987), 97.

7 Theissen, G., *Urchristliche Wundergeschichten. Ein Beitrag zur formgeschichtlichen Erforschung der synoptischen Evangelien*, 107-111; van der Loos, H., *The Miracles of Jesus*, NT.S 9 (Leiden, 1965), 644.

8 Bovon, F., *Das Evangelium nach Lukas* (1,1-9,50), EKK III/1 (Neukirchen-Vluyn, 1989),

잠든 예수, 갑자기 들이닥친 바람은 제자들에게 두려움을 주었다. 잠은 구약성서에서 하느님의 멀어짐을 가리킨다(시편 7,7; 79[80],3; 이사야 51,9). 부활한 예수가 예수운동 공동체에서 멀어짐은 공동체 사람들에게 심각한 주제가 되었다.[9]

묻으로부터 호수로 사나운 바람이 내리 불었다(누가 8,23b). 누가복음 저자는 갈릴래아 호수 위쪽 산에서 호수로 불어오는 바람을 생각했다.[10] 단어 $\lambda\alpha\hat{\iota}\lambda\alpha\psi$는 아래에서 위로 휘몰아치는 회오리바람을 가리킨다(욥기 21,18; 지혜서 5,14; 베드로후서 2,17). 단어 $\dot{\epsilon}\pi\iota\sigma\tau\acute{\alpha}\tau\alpha$(누가 8,24; 4,35)는 가르치는 스승님보다 힘과 권위를 가진 두목을 가리킨다. "두목님, 두목님, 우리가 죽게 되었습니다$^{\dot{\alpha}\pi o\lambda\lambda\acute{\nu}\mu\epsilon\theta\alpha}$"(누가 8,24b).

예수가 일어나 바람과 사나운 물결을 꾸짖자 바람과 물결이 잔잔해지고 바다가 고요해졌다. 그런 놀라운 일은 하느님만 하실 수 있다(시편 103[104],6-7; 나훔 1,4). 예수는 제자들에게 "여러분의 믿음은 어디 있습니까$^{\Pi o\hat{\upsilon}\ \dot{\eta}\ \pi\acute{\iota}\sigma\tau\iota\varsigma\ \dot{\upsilon}\mu\hat{\omega}\nu}$"(누가 8,25a) 묻는다. "그러나 사람의 아들이 올 때, 땅 위에서 과연 믿음을 찾아볼 수 있겠습니까?"(누가 18,8) 제자들은 "도대체 이분이 누구신데, 바람과 물결까지도 그 명령에 복종하는가?" 수군거렸다(누가 8,25b). 갈릴래아 영주 헤로데 안티파스의 질문, "소문에 들리는 그 사람은 도대체 누구란 말인가?"(누가 9,9)는 예수가 제자들에게 하는 질문, "사람들이 나를 누구라고 합니까?"(누가 9,18-22)를 준비하는 단락이다.

대본으로 삼은 마가 4,35-41에서는 같은 사건이 밤에 일어났지만,

424.

9 Bovon, F., *Lukas in neuer Sicht*, BTS 8 (Neukirchen-Vluyn, 1985), 83.

10 Finegan, J., *The Archeology of the New Testament* (Princeton, 1969), 47.

누가 8,22-25에서는 낮에 생긴 사건으로 바뀌었다. 일행이 호수를 건너가고 있을 때 예수는 잠이 들었다. 그때 마침 뭍으로부터 호수로 사나운 바람이 내리 불고 배에 물이 들기 시작하여 사람들이 위태롭게 되었다. 제자들은 예수께 가서 흔들어 깨우며 "선생님, 선생님, 우리가 죽게 되었습니다!" 소리쳤다.

거센 바람으로 물결이 들이쳐 배에 물이 가득 차게 되었는데도 예수는 뱃고물을 베개 삼아 자고 있었다(마가 4,37-38). 일행이 호수를 건너가고 있을 때 예수는 잠들었고, 그때 사나운 바람으로 배에 물이 들기 시작하고 사람들이 위태롭게 되었다(누가 8,23). 제자들이 예수를 깨우며 "선생님, 저희가 죽게 되었는데도 돌보시지 않습니까?" 부르짖었지만(마가 4,38), 제자들은 예수께 가서 흔들어 깨우며 "선생님, 우리가 죽게 되었습니다!" 소리쳤을 뿐이다(누가 8,24a). 누가 8,24에서 제자들은 예수에게 왜 자신들을 돌보지 않느냐고 항의하지 않았고, 살려달라고 애원하지도(마태 8,25) 않았다.

예수가 일어나 바람과 사나운 물결을 꾸짖자 바람과 물결이 잔잔해지고 바다가 고요해졌다(누가 8,24b). "깊은 물로 땅을 입히셨더니 산꼭대기까지 덮은 물결은 꾸짖으시는 일갈에 움찔 물러나고 천둥소리, 당신 목소리에 줄행랑을 칩니다"(시편 104,6). 예수는 제자들에게 "여러분의 믿음은 다 어떻게 되었습니까?"(누가 8,25a) 책망하였다. 예수는 믿지도 못하고 구원도 받지 못하는 사람들(누가 8,12)을 앞에서 언급하였다. 제자들은 그 말을 알아차렸어야 했다. 제자들은 두렵기도 하고 놀랍기도 하여 "도대체 이분이 누구신데 바람과 물결까지도 그 명령에 복종하는가?" 수군거렸다(누가 8,25b). 무엇인가 놀라운 일이 생긴 것을 알았지만, 제자들은 그 의미를 충분히 깨닫지 못했다. 누가복음 저자는 예수의 제자들을 즈가리야의 친척들(누가 1,63), 목자들의 말을 들은 사람들(누가 2,18), 아기 예수의 부모(누가 2,33), 예수의 첫 설교를 들은 나자렛 사람들(누가 4,22)과 같은 수준에 놓고 있다.

폭풍σεισμὸς은 마태복음 공동체가 처한 세상 마지막 날에 속하는 상징(마태 24,7; 27,54; 8,5)으로 적합한 단어다. 풍랑은 예수운동 공동체에 닥친 박해(마태 5,11; 10,16-39; 23,34-37)를 가리킨다. 배πλοῖον는 교회를 가리키는 상징으로서 초대 교회부터[11] 지금까지[12] 쓰여 왔다. 고대에 국가는 배에 즐겨 비유되었다.[13] 마태복음 저자는 예수운동 공동체를 배를 비유하고 싶었다. 제자들이 예수를 깨우며 "주님, 살려주십시오. 우리가 죽게 되었습니다"라고 부르짖었다(마태 8,25)는 구절에는 부활 이후 예수운동 공동체의 시각이 담겨 있다. 부활한 예수를 예수운공 공동체는 주님이라 부르기 시작했다.

11 Rahner, H., *Symbole der Kirche* (Salzburg, 1964), 304-360.

12 Goldammer, K., "Das Schiff der Kirche. Ein antiker Symbolbegriff aus der politischen Metaphorik in eschatologischer und ekklesiologischer Umdeutung," *ThZ* 6 (1950): 232-237.

13 Rahner, H., *Symbole der Kirche*, 324-329.

68. 마귀와 돼지 떼
(마가 5,1-20/누가 8,26-39/마태 8,28-34)

마가복음에서 가장 폭넓고 화려하게 소개된 기적 설명이다.[1] 마가복음에 이르기까지 세 단계[2] 걸쳐 편집된 단락이라는 의견이 있다. 마귀와 돼지 떼(마가 5,1-20) 이야기는 예수운동이 이사야 65,1-5를 해설한 것일까.[3] 탈출기 14,27-31이 그 단락의 배경일까.[4]

마귀와 돼지 떼(마가 5,1-20) 단락은 마가복음에서 마가 1,21-28에 이어 두 번째로 나오는 마귀 쫓은 이야기다. 예수는 갈릴래아 호수 서쪽 가파르나움에서 마귀 쫓은 행동으로 자신의 활동을 시작했다(마가 1,21-28). 예수는 갈릴래아 호수에서 남동쪽 게라사 지방에서 마귀를 쫓아낸다(마가 5,1-20). 게라사는 그리스 사람들이 많이 사는 도시 중 하나였다.[5]

---

1 Kertelge, K., *Markusevangelium*, NEB.NT 2 (Würzburg, 1994), 54; Lührmann, D., *Das Markusevangelium*, HNT 3 (Tübingen, 1987), 98.

2 Schenke, L., *Die Wundererzählungen des Markusevangeliums* (Stuttgart, 1974), 173-195; Kertelge, K., *Die Wunder Jesu im Markusevangelium; eine redaktionsgeschichtliche Untersuchung*, StANT 23 (München, 1970), 101-110.

3 Sahlin, H., "Die Perikope vom gerasenischen Besessenen und der Plan des Markusevangeliums?," *StTh* 18 (1964): 159-172, 160.

4 Cave, C. H., "The Gerasene Demoniac," *CBQ* 30 (1968): 522-536.

5 Kertelge, K., *Markusevangelium*, 55.

예수는 유다인 아닌 사람들이 많이 사는 지역에 온 것이다. 건너편$^{εἰς τό}$ ^{πέραν}(마르 5,1) 표현이 마가복음에 다섯 번이나 있다(마가 4,35; 5,1; 21; 6,45; 8,13). 마가복음 저자는 유다인 아닌 사람들에 대한 복음 전파를 크게 의식하고 있다.

무덤 사이에서 사는 더러운 악령 들린 사람, 즉 이중으로 고통받는 사람은 예수에게 다가와 엎드리고 큰 소리로 외친다. "지극히 높으신 하느님의 아들 예수님, 왜 저를 간섭하십니까? 제발 저를 괴롭히지 마십시오"(마가 5,7). 마귀들은 하느님을 무서워한다(야고보 2,19b). 지극히 높으신 분 호칭은 유다인 아닌 사람들이 하느님을 가리킬 때 주로 썼다 (누가 1,32; 6,35; 사도행전 7,48).

귀신 이름은 로마제국 군대에서 약 6,000명 단위 부대를 가리키는 군대^{λεγιών}였다. 이스라엘을 식민지로 지배하는 로마 군대의 힘이 강력하다는 뜻이다.[6] 로마 군대에 대한 적개심이 담긴 이야기다.[7] 로마 군대에 저항하여 싸우다 숨진 유다인의 영혼들을 가리킨다는 해석이 있다.[8] 자기 나라를 침략한 로마 군대에 죽은 유다인 영혼들은 편히 잠들지 못해 무덤가에서 맴돈다.

로마 군대라는 귀신들은 점령 지역에서 퇴각하고 싶지 않기 때문에, 그 지방에서 쫓아내지 말아 달라고 예수에게 애걸한다(마가 5,10). 점령군 로마 군대가 점령당한 피지배 민족인 유다인 예수에게 로마 군대에 저항하지 말라고 요구한 것이다. 로마 군대 귀신들은 예수를 지극히 높

---

6 Pesch, R., *Das Markusevangelium. Teil 1. Einleitung und Kommentar zu Kapitel 1,1-8,26*, HthK II/1 (Freiburg, 1976), 286.

7 Winter, P., *On the Trial of Jesus* (Berlin, 1961), 129.

8 Theissen, G., *Urchristliche Wundergeschichten. Ein Beitrag zur formgeschichtlichen Erforschung der synoptischen Evangelien* (Gütersloh, 1974), 252.

으신 하느님의 아들(마가 5,7a)이라 부른다. 마가복음에서 지금까지 어떤 사람도 예수에게 그 호칭을 쓰지 않았다.

지극히 높으신$^{τοῦ ὑψίστου}$(마가 5,7) 표현은 그리스 문화에서 제우스 신을 가리키는 데 쓰였지만, 구약성서 그리스어 번역본에서도 하느님을 가리키는 호칭 중 하나로 쓰였다.9 하느님의 아들$^{υἱὲ τοῦ θεοῦ}$(마가 5,7) 표현은 마가복음 저자가 즐겨 쓰는 호칭이다.10 예수는 로마 군대 귀신들을 이천 마리 돼지 떼에 넣고 호수에 빠져 죽게 한다(마가 5,13). 유다인 입장에서 돼지 떼는 이스라엘 밖을 상징한다. 억압받던 피식민지 청년 예수는 점령군 로마 군대를 상징적으로 이스라엘 바깥으로 몰아냈다.

돼지 치던 목자나 주인뿐 아니라 온 동네가 예수 때문에 경제적 피해를 보았다. 그들은 예수에게 그 지방을 떠나달라고 간청한다(마가 5,17). 계산 빠른 사람들은 경제적 이유로 종교를 반대할 수 있다. 언제부터 유다인에게 돼지 사육이 금지되었는지 분명하진 않다. 돼지가 큰 역할을 하던 시리아 문화와 대결에서 유다교는 돼지를 불결한 동물로 낙인찍은 듯하다(이사야 65,4; 66,17).

마귀에서 해방된 사람은 지역 주민들이 자신을 받아들일까 염려할 수밖에 없다. 그는 예수를 따라다니게 해달라고 애원하였지만, 예수는 그를 가족 품으로 돌려보낸다. 귀신에서 벗어난 사람은 지역 사회보다 가정에서 먼저 받아들여져야 한다는 뜻일까. 그는 데카폴리스 지방, 즉 그리스 사람들이 많이 살던 동네에서 예수를 알리는 첫 제자가 되었다.

---

9 Pesch, R., *Das Markusevangelium. Teil 1. Einleitung und Kommentar zu Kapitel 1,1-8,26*, 287.

10 Gnilka, J., *Das Evangelium nach Markus*. Teilband: Mk 1-8,26, EKK II/1 (Neukirchen-Vluyn, 1978), 208.

바울이나 안티오키아 공동체가 부활한 예수를 전하기 전에 갈릴래아에서 가까운 그리스 사람들 동네에서는 역사의 예수가 하느님의 아들이라고 벌써 전파되기 시작했다. 기적 이야기가 복음 전파 이야기로 확장되었다.

갈릴래아 호수 건너편 게르게사 지방에서, 즉 유다인이 살지 않는 곳에서 일어난 사건이다. 누가복음 저자는 마가 5,1-20만 참조했다.[11] 누가복음 저자가 마귀 쫓아내는 이야기를 자주 수록하진 않았지만(누가 4,33-37; 8,2; 11,14), 마귀의 존재와 위력을 잘 알고 있다(누가 11,14-26). 이 사건이 어디에서 일어났는지, 돼지 떼를 몰살시킨 예수의 책임을 어떻게 해명하고 추궁할 것인지 성서 역사비평 연구가 발달하기 이전 시대에 자주 질문되었다.[12] 누가복음 저자는 그런 내용보다는 예수에게 드러나는 하느님 나라의 통치, 마귀의 힘이 몰락하는 사실에 더 관심이 있었다.

무덤은 유다인에게 불결한 장소로 여겨졌다.[13] 마귀들은 무덤에서 이방신에게 제사하고 벽돌 제단 위에 분향하는 것들이다(이사야 65,3). 유다인 아닌 사람들은 굴 무덤 속에 들어가 살며 으슥한 곳에서 밤을 지내는 것들이요, 돼지고기를 먹고 부정한 음식을 그릇에 담는 것들로(이사야 65,4) 유다인에게 취급당했다. 오래전부터 옷을 걸치지 않고 집 없이 무덤들 사이에서 살고 있었던 마귀 들린 사람이 예수를 보고 엎드

---

11 Schramm, T., *Das Markus-Stoff bei Lukas. Eine Literarkritische und Redaktionsgeschichtliche Untersuchung*, MSSNTS 14 (Cambridge, 1971), 126; Annen, F., *Heil für die Heiden*, FTS 20 (Frankfurt u.a., 1976), 22.

12 Bovon, F., *Das Evangelium nach Lukas* (1,1-9,50), EKK III/1 (Neukirchen-Vluyn, 1989), 435.

13 Annen, F., *Heil für die Heiden*, 92.

려 "지극히 높으신 하느님의 아들 예수님, 왜 저를 간섭하십니까? 제발 저를 괴롭히지 마십시오" 소리 질렀다(누가 8,27-28; 4,34). 지극히 높으신 분Ὕψιστος(누가 8,28a) 표현은 유다인 아닌 사람들이 유다인의 하느님을 가리킬 때 쓰던 호칭이었다(창세기 14,19-20). 마귀 이름은 군대Λεγιών, 즉 6천 명의 군인이었다. 천사(마태 26,53)처럼 악마도 대규모 병력으로 구성되었다. 악의 세력을 과소평가하지 말라는 뜻이다.[14] 불결한 세상에 속하는 악마는 불결한 돼지 떼로 들어가고 싶다. 악마가 불결한 돼지 떼로 쫓겨가는 광경은 유다인에게는 가장 큰 악마, 즉 로마 군대가 물러가는 상상을 선사한다.

마귀 들렸던 사람은 예수를 따라다니게 해달라고 애원하였지만, 예수는 그를 가족 품으로 돌려보낸다. 예수의 다른 제자들은 집을 떠나 예수에게 왔지만(누가 9,59-60; 14,26; 18,28), 마귀 들려 사회에서 격리되고 소외되었던 그는 다시 가족에게 돌아간다. 가족으로 돌아가는 일이 그에게는 치유와 해방이다.

마가 5,1-20을 대본 삼은 누가복음 저자는 악령에게 붙들린 사람이 예수를 만나기 전에 행태를 두 번(누가 8,27b-c; 8,29b-d)이나 소개했다. 겟네사렛 호수에서 남동쪽으로 55킬로미터 떨어진 곳에 위치한 게라싸 도시는 공통년 1세기 중반에 건설된 그리스 도시 열 개 중(마가 5,20) 하나였다. 누가복음 저자는 게라사 사람들이 유다인이 아님을 알고 있다. 누가복음에서 예수가 체포되고 고난당하기 전 유다인 아닌 사람들이 살던 곳에서 유다인 아닌 사람들과 접촉했던 유일한 이야기다. 예수는 이 도시를 일부러 방문했다(누가 8,22).

---

14 Haenchen, E., *Der Weg Jesu. Eine Erklärung des Markus-Evangeliums und der kanonischen Parallelen*, STö.H 6 (Berlin, 1966), 193.

"그는 오래전부터 옷을 걸치지 않고 집 없이 무덤들 사이에서 살고 있었다"(누가 8,27, 공동번역) 구절에서 '옷을 걸치지 않고' 부분은 '윗옷을 걸치지 않고'라고 고쳐져야 한다. 윗옷ἱμάτιον(누가 8,27b)을 벗었고 속옷χιτών(누가 3,11; 6,29)을 입었기 때문에, 그 사람이 발가벗고 다녔다고(Radl I, 554) 말할 수는 없다. 무덤들 사이에서ἐν τοῖς μνήμασιν(누가 8,28b) 표현은 굴 무덤 속에 들어가 살며 으슥한 곳에서 밤을 지내는 것들(이사야 65,4a)을 떠올렸을까. 악령 들린 모습은 유다인 아닌 사람들의 특징이라고[15] 누가복음 저자가 말하진 않았다. 악령 들린 사람이 예수를 보자 그 앞에 엎드리고, "지극히 높으신 하느님의 아들 예수님"이라 부른 것은 예수에게 굴복한 모습이다(마가 5,7; 누가 1,32; 사도행전 16,17).

악령의 이름이 군대Λεγιών(누가 8,30b)라는 고백에는 로마제국 군대에 대한 유다인의 반감과 저항 의식이 포함되었다.[16] 예루살렘에 주둔한 로마 10군단은 군대 깃발에 수퇘지를 그려 넣었고, 게라사가 속한 10개 그리스 도시는 로마 군대와 동맹을 맺었다.[17] 마귀들은 자기들을 지옥ἄβυσσος에 넣지는 말아 달라고 예수에게 애원하였다(누가 8,31). 우주를 3층으로 묘사했을 때, ἄβυσσος는 땅 아래에 물로 가득 찬 곳이다(창세기 1,2; 시편 32,7; 107,26). 악령은 지옥보다 유다인이 불결하다고 여긴 돼지 떼(레위 11,7; 신명기 14,8) 속으로 들어가기를 원했다. 처벌받는 장소로

---

15 Merklein, H., "Die Heilung des Besessenen von Gerasa," in: *The Four Gospels II* (FS Neirynck, F.), BEThL 100 (Löwen, 1992), 1017-1037, 1027.

16 Theissen, G., *Lokalkolorit und Zeitgeschichte in den Evangelien. Ein Beitrag zur Geschichte der synoptischen Tradition*, NTOA 8 (Fribourg/Göttingen, 1989), 116; Karris, R. J., "Luke 8:26-39; Jesus, the Pigs, and human Transformation," *NTR* 4 (1991): 39-51, 47.

17 Lichtenberger, A., *Kulte und Kultur der Dekapolis*, ADPV 29 (Wiesbaden, 2003), 1.

여겨진 지옥은 신약성서에서 로마 10,7과 요한 묵시록에 주로 나온다. 짐승이 지옥에서 올라와 세상을 통치할 것이다(요한 묵시록 11,7; 17,8). 천사는 악마이며 사탄인 용을 잡아 천 년 동안 결박할 것이다(요한 묵시록 20,1, 3).

마귀들은 악령 들린 사람에게서 빠져나와 돼지들 속으로 들어갔고, 돼지 떼는 비탈을 내리 달려 모두 호수에 빠져 죽고 말았다(누가 8,33). 돼지 떼가 불쌍하다, 돼지 떼를 잃어버린 사람들의 경제적 손해가 크다, 돼지 떼는 수영할 수 있기에 몰살당하진 않았을 것이다 등의 설명은 누가복음 저자 의도와 거리가 멀다. 마귀 들렸던 사람이 옷을 입고 멀쩡한 정신으로 예수 앞에 앉아 있는 모습(누가 8,35b)에서 그가 예수의 제자가 되었다거나[18] 예수 말씀을 경청했다고[19] 단정할 수는 없다. 게르게사 근방에서 나온 사람들은 모두 겁을 먹고 예수께 떠나가 달라고 간청하였다(누가 8,37). 유다인 아닌 사람들이 예수를 이해하기에는 아직 멀고도 멀었다는 뜻이다. 하느님의 구원 말씀이 유다인 아닌 사람들에게로 돌아가게 되었다(사도행전 28,28a) 말하기에는 아직 갈 길이 멀다.

예수가 마귀 들렸던 사람에게 했던 부탁과 그 사람이 실제로 한 행적에는 차이가 있다. 집으로 돌아가라 했지만, 그는 동네로 돌아갔다. 하느님께서 베풀어 주신 모든 일을 이야기하라고 예수는 그에게 말했지만, 그는 예수께서 자기에게 해준 일을 다른 사람들에게 널리 선포했다. 마귀 들렸던 사람이 재미있는 착각을[20] 한 것은 아니다. 예수 활동에서

---

18 Annen, F., *Heil für die Heiden*, 207; Kirchschläger, W., *Jesu exorzistisches Wirken aus der Sicht des Lukas*, ÖBS 3 (Kosterneuburg, 1981), 129.

19 Pesch, R., *Der Besessene von Garasa*, SBS 56 (Stuttgart, 1972), 62.

20 Busse, U., *Die Wunder des Propheten Jesus. Die Rezeption, Komposition und Interpretation der Wundertradition im Evangelium des Lukas*, fzb 24 (Stuttgart, 1979), 213.

다름 아닌 하느님의 활동이 드러났다(누가 1,17; 9,43a; 18,43)는 사실이다. 마귀 들렸던 사람은 부활 이후 사도들보다 훨씬 전에, 그것도 이스라엘 땅 밖에서 예수를 전했던 최초의 인물이 되었다. 예수가 악령의 지배를 끝장냈다는 사실, 그것도 이스라엘 사람들의 땅뿐 아니라 유다인 아닌 사람들의 땅에서도 그랬다는 사실이 누가복음 저자에게 중요하다.[21]

마태 8,28-34 단락은 수의 관점에서가 아니라 마귀 들린 사람들, 마귀들, 돼지 치던 사람들, 동네 사람들의 관점에서 쓰였다. 마태복음 저자는 참조했던 마가 5,1-21a 단락을 크게 줄였다. 이 사건 자체가 마태복음 저자 마음에 들지 않았기 때문에 간단히 기록한 것일까.[22] "예수가 배에 오를 때 마귀 들렸던 사람이 예수를 따라다니게 해달라고 애원하였지만, 예수는 허락하지 않고 '주께서 자비를 베풀어 너에게 얼마나 큰 일을 해주셨는지 집에 가서 가족에게 알려라' 일렀다"(마가 5,18-20) 구절을 마태복음 저자는 통째로 빼버렸다. 군대라는 마귀 이름도 빼버렸다. 공통년 70년 유다독립전쟁 이후 정치 상황 때문에 로마제국과 갈등을 피하기 위해 로마제국 군대를 가리키는 단어 군대$^{\Lambda\epsilon\gamma\iota\grave{\omega}\nu}$(마가 5,9)를 일부러 삭제했을까.

---

21 Wolter, M., *Das Lukasevangelium*, HNT 5 (Tübingen, 2008), 320.

22 Trilling, W., *Das wahre Israel. Studien zur Theologie des Matthäusevangeliums*, EThST 7 (München, 1975, 3판), 134.

69. 하혈병 치유된 여인
(마가 5,24-34/누가 8,43-48/마태 9,20-23)

여자가 군중 속에 있다는 사실은 예수 시대에는 평범한 사건이 아니었다. 열두 해 동안이나, 즉 아주 오래 하혈병[1] 앓던 여인이었다. 의사들에게 보이느라고 가산마저 탕진했는데도, 그녀의 병은 더 심해졌다(마가 5,26). 부자들만 의사를 찾을 수 있었다.[2] 의사는 칭찬받기도 했지만, 부정적으로 평가받기도 했다(욥 13,4; 역대기하 16,12; 토비트 2,10). 지금 그녀는 불결한 여인으로 취급받고(레위기 15,19-33; 에제키엘 36,17), 성전 제사에 참여할 수도 없다. 피 흘리는 여인과 접촉하는 사람도 저녁때까지 불결한 사람으로 여겨진다(레위 15,25). 그녀가 예수 옷을 만진다면, 자신도 예수도 불결한 상태가 되고 만다. 병자들은 예수를 만지고 싶어 했다(마가 3,10; 5,27; 6,56).

예수의 옷에 손을 대자마자 출혈이 그치고 병이 나은 것을 여인은 직감했다(마가 5,27-29). 여인은 병에서 치유되었을 뿐 아니라 성전에도

---

1 Janssen, C., "Verachtet und ausgegrenzt? Menstruation und jüdisches Frauenleben (Mk 5,25-34)," in: Henze, D., u. a, (Hg.), *Antijudaismus im Neuen Testament?*, KT 149 (Gütersloh, 1997), 98-106.

2 Theissen, G., *Urchristliche Wundergeschichten. Ein Beitrag zur formgeschichtlichen Erforschung der synoptischen Evangelien* (Gütersloh, 1974), 234.

출입할 수 있다.[3] 그녀의 종교적 삶도 회복된 것이다. 두려움과 떨림은 (마가 5,33; 탈출기 15,16; 신명기 2,25) 인간이 하느님을 뵐 때 생기는 자연스러운 현상 중 하나다. 아픈 여인이 자기 옷에 손댄 행동을 예수는 믿음(마가 5,34; 10,52)으로 해석했다.[4] 예수는 치유 받은 여인에게 인사한다. "안심하고 가십시오"(마가 5, 34,b; 사무엘상 1,17; 사도행전 16,36).

여러 의사에게 보이느라고 가산마저 탕진했던 여인은 극빈자에 속한다. 가난하고, 병든, 여인이니, 가장 가난한 사람으로서 필요한 세 가지를 다 갖추었다. 신약성서에서 이 여인처럼 가난한 사람이 또 있을까. 그녀는 군중 속에 끼어 있었으니, 율법까지 어겼다. 예수의 옷자락을 만진 행동 역시 율법 위반에 해당한다. 그녀는 가난한 사람에, 더구나 죄인이다. 불결한 여인에게 접촉 당한 예수는 하루 동안 불결한 상태에 있다. 그런데 예수는 여인의 이 행동을 믿음이라고 해석한다.

이 여인은 예수운동 공동체에서 믿는 사람의 대표로서 소개되었다. 예수에 대한 믿음 말고 아무것도 의지하거나 희망할 수 없는 그녀의 처지는 예수운동 공동체 사람들의 신세를 대변하기 때문이다. "딸이여, 당신의 믿음이 당신을 구원하였습니다. 평안히 가십시오"(누가 8,48) 구절은 예수가 여인에게, 예수운동 공동체에게, 예수를 진심으로 믿고 따르는 역사의 모든 사람에게 선사하는 말이다.

예수가 야이로라는 회당장의 딸을 죽음에서 소생시킨 사건과 열두 해 동안 하혈병을 앓던 여인을 치유한 사건이 왜 마가복음과 누가복음에서 한데 묶였는지 우리가 분명히 말할 수는 없다.[5] 회당장의 딸 나이

---

3 Fiedler, P., *Das Matthäusevangelium*, ThKN 1 (Stuttgart, 2006), 221.

4 Trummer, P., *Die blutende Frau. Wunderheilung im Neuen Testament* (Freiburg u.a., 1991), 99.

와 하혈병을 앓던 여인의 12년 고통의 기간이 비슷해서(마가 5,25, 42) 그랬을까. 회당장의 딸이 죽음에서 일으켜진 사건(누가 8, 40-42c, 49-56)과 나인 동네의 어느 과부의 아들이 죽음에서 일으켜진 사건(누가 7, 11-17)은 연결된다. 과부의 외아들, 아버지의 외동딸 이야기다. 죽음에서 일으켜진 이야기(열왕기하 4,8-37; 요한 11,1-44) 문학 유형에 해당한다.[6]

열두 해 동안이나 하혈병을 앓아온 여인은 계속된 불결함 상태에 있다(레위 15,19-24). 여러 의사에게 보이느라 가산마저 탕진하였지만, 아무도 그 병을 고쳐주지 못하였다(누가 8,43b)는 구절은 치유 이야기에 흔히 소개되는 내용이다.[7] 여자가 뒤로 와서 예수의 옷자락에 손을 대자 그 순간에 출혈이 그쳤다(누가 8,44; 사도행전 19,12)는 구절은 접촉 치유(누가 6,19; 마가 6,56)를 가리킨다.[8] "여인아, 당신의 믿음이 당신을 살렸습니다"(누가 8,48b). 여기서 믿음은 구원과 치유가 예수에게서 가능하다는 확신을 가리킨다(누가 5,20; 7,9; 8,25). "병이 완전히 나았으니 평안히 가시오"(누가 8,48c; 24,36).

마태복음을 읽는 유다인 독자는 열두 해 동안 하혈병을 앓던 어떤 여인이 종교적, 사회적 차별에 시달려 왔음(레위 15,33)을 금방 눈치챌 것이다. 그녀는 왜 예수 앞이 아니라 뒤로 와서 예수의 옷단에 달린 자줏빛 끈에 손을 대었을까. 자신의 불결함을 의식해서 부끄러웠을까. 그녀는 예수의 옷단에 달린 끈에 손만 대어도 자신의 병이 나을 것을 기대

---

5 Wolter, M., *Das Lukasevangelium*, HNT 5 (Tübingen, 2008), 323.

6 Fischbach, S.M, *Totenerweckungen*, FzB 69 (Stuttgart/Würzburg, 1992), 22.

7 Kollmann, B., *Jesus und die Christen als Wundertäter*, FRLANT 170 (Göttingen, 1996), 230.

8 Wells, L., *The Greek Language of Healing from Homer to New Testament Times*, BZNW 83 (Berlin Berlin/New York, 1998), 195.

했다. 예수는 손가락 서너 개 길이의 끈을 옷의 네 귀퉁이에 매달고 다니며, 그것을 볼 때마다 야훼의 모든 명령을 기억하고 지키도록 명심하는 경건한 유다인으로 그려졌다(민수기 15,38-40; 신명기 22,12). 옷 끈을 만지는 행동은 애원하는 몸짓으로 여겨졌다.9 "나 만군의 야훼가 말한다. 앞으로는 말이 다른 종족의 열 사람이 유다 사람 하나의 옷자락을 붙잡고 '하느님께서는 당신들과 함께 계신 줄 압니다. 그러니 우리도 함께 데려가 주십시오' 부탁하리라"(즈가리야 8,23; 사무엘상 15,27).

예수는 뒤돌아서서 "힘내시오, 딸이여, 당신의 믿음이 당신을 구원하였습니다" 하였다(마태 9,22a). 믿음은 예수에 대한 한없는 신뢰를 가리킨다(마태 14,28). 예수는 그런 믿음을 하느님께서 듣고 받아주시리라 확신했다(마태 8,10; 9,29; 15,28). "여인은 바로 그 시간에 구원받았다"(마태 9,22b).

---

9 Hutter, M., "Ein altorientalischer Bittgestus in Mt 9,20-22," *ZNW* 75 (1984): 133-135.

70. 회당장 딸을 살린 기적
(마가 5,21-23, 35-43/누가 8,40-42, 49-56/
마태 9,18, 23-26)

회당장 딸을 살린 기적(마가 5,21-23, 35-43) 이야기는 네 기적 이야기
(마가 4,35-5,43)에서 마지막으로 소개되었다. 마가복음 기적 설명에서
최고조에 이르는 사건이다. 죽음을 이기는 예수 능력이 마가복음에서
처음으로 나타난다. 회당장 딸을 살린 기적 이야기는 하혈병이 치유된
여인(마가 5,24-34) 이야기와 마가복음 작성 이전에 연결되었다는 의견
과[1] 마가복음 저자가 연결했다는 의견이[2] 있다.

예수가 배를 타고 건너편으로 다시 갔다(마가 5,21)는 구절은 예수가
갈릴래아 호수 서쪽, 즉 유다인 지역으로 다시 왔다는 뜻이다. 마가복음
은 예수가 갈릴래아 호수 서쪽 유다인 지역과 동쪽 유다인 아닌 사람들
의 지역으로 오가는 구도를 설정했다. 예수가 유다인과 유다인 아닌 사

---

1 Bultmann, *Die Geschichte der synoptischen Tradition* (Göttingen, 1957, 3판), 228-230;
  Pesch, R., *Das Markusevangelium. Teil 1. Einleitung und Kommentar zu Kapitel 1,1-8,26*,
  HthK II/1 (Freiburg, 1976), 295.

2 Gnilka, J., *Das Evangelium nach Markus*. Teilband: Mk 1-8,26, EKK II/1 (Neukirchen-
  Vluyn, 1978), 209, 주 2; Lührmann, D., *Das Markusevangelium*, HNT 3 (Tübingen, 1987),
  103.

람들에게 하느님 나라 복음을 선포하고 전파했음을 강조하려는 것이다. 그리고 호숫가에 있었다$\kappa\alpha\grave{\iota}$ $\mathring{\eta}\nu$ $\pi\alpha\rho\grave{\alpha}$ $\tau\grave{\eta}\nu$ $\theta\acute{\alpha}\lambda\alpha\sigma\sigma\alpha\nu$(마가 5,21b) 문장에서 주어가 예수인지 군중인지 분명하지 않다. 예수가 주어라면, 예수가 한참 호숫가에 있었다는 뜻이다.

회당장 야이로가 병든 어린 딸을 살려달라고 예수에게 엎드려 애원한다(마가 5,23-24). 회당장은 회당 건물을 관리하고 예배를 주관하는 책임을 맡고 있다.[3] 이름이 네 번이나 언급될 정도로 야이로 회당장은 이 단락에서 존중되었다.[4] 야이로$^{'}I\acute{\alpha}\ddot{\iota}\rho o\varsigma$ 이름에는 하느님께서 일으켜 세우신다는 뜻이 있다는 의견과[5] 그에 회의적인 의견이[6] 있다.

회당장 딸은 열두 살이었고(마가 5,42), 예수 옷을 만진 여인은 열두 해 동안 하혈병을 앓았다(마가 5,25). 야이로라는 이름의 회당장이 예수 앞에 엎드려 애원하였다. "제 어린 딸이 다 죽게 되었습니다. 제 집에 오셔서 그 아이에게 손을 얹어(마가 6,5; 8,23; 야고보 5,14) 병을 고쳐 살려 주십시오"(마가 5,23a). 예수가 그를 따라나설 때 많은 사람들이 예수를 둘러싸고 밀어대며 따라갔다(마가 5,23-24). 그 가는 길에 예수 옷을 만진 여인 이야기가 끼어들었다(마가 5,24-34).

그 사이에 회당장의 어린 딸이 사망했다는 소식이 전해왔지만, 예수

---

3 Marcus, J., *Mark 1-8*, AncB 27 (New York, 2000), 365.

4 Kahl, B., "Jairus und die verlorenen Tochter Israels. Sozioliterarische Überlegungen zum Problem der Grenzüberschreitung in Mark 5,21-43," in: Schottroff, L./Waker, M.-Th. (Hg.), *Von der Wurzel getragen. Christlich-feministische Exegese in Auseinandersetzung mit Antijudaismus*, BIS 17 (Leiden u.a., 1991), 61-78, 68, 주 25.

5 Pesch, R., *Das Markusevangelium. Teil 1. Einleitung und Kommentar zu Kapitel 1,1-8,26*, 300; Schweizer, E., *Das Evangelum nach Markus*, NTD 1 (Göttingen, 1975, 14판), 60.

6 Gnilka, J., *Das Evangelium nach Markus*. Teilband: Mk 1-8,26, 211, 주 12; Lohmeyer, E., *Das Evangelium des Markus*, KEK I/2 (Göttingen, 1963, 16판), 104, 주 1.

는 회당장에게 "걱정하지 말고, 믿기만 하시오μὴ φοβοῦ, μόνον πίστευε"(마가 5,36) 말한다. 믿음은 희망 없는 상황에서도 희망을 가짐을 가리킨다. 예수는 베드로와 야고보와 야고보의 동생 요한만 데리고 회당장 집으로 갔다. 베드로와 야고보와 야고보의 동생 요한은 예수가 처음 부른 제자에 속하고(마가 1,16-20), 열두 제자 중에 우선 언급되고(마가 3,16), 높은 산에서(마가 9,2), 게쎄마니 언덕에서(마가 14,33) 예수와 함께 있는 세 제자 중 하나다.

몹시 가난한 유다인의 장례에도 피리 부는 두 사람과 애곡하는 여인 하나가 적어도 있어야 했다.[7] 빈소는 시끌벅적하다. 소녀는 죽은 것이 아니라 잠자고 있다고 말한 예수는 소녀의 손을 잡고 어서 일어나거라ταλιθα κουμ(마가 5,41b) 말하였다. "야훼께서 그의 손을 붙잡아주시니, 넘어져도 거꾸러지지는 아니하리라"(시편 37,24; 탈출기 3,20; 사도행전 11,21). 하느님은 죽은 이들의 하느님이 아니라 살아 있는 이들의 하느님이시다(마가 12,27). 죽음을 이기는 힘이 하느님의 아들 예수에게서 드러났다. 곧 일어나 걸어 다닌 소녀는 열두 살이었다(열왕기상 17,17-24; 열왕기하 4,18-37). 12살 반 넘은 유다인 소녀는 결혼할 수 있다.

회당장 딸을 살린 기적 사건은 비밀에 부치려는 예수 노력(마가 5,37, 40)에도 불구하고 예수 능력에 대한 소문은 널리 퍼질 수밖에 없었다.[8] 마가복음 저자는 여기서 예수 기적을 오직 십자가 관점에서만 보려는

---

7 Billerbeck, P., Strack, H., *Kommentar zum Neuen Testament aus Talmud und Midrasch I* (München, 1961), 521.

8 Fassnacht, M., "Konfrontation mit der Weisheit. Das Verhätnis von Wissen und Rettung dargestellt an der Wundergeschichte Mk 5,21-43," in: Fassnacht, M., u.a. (Hg.), *Die Weisheit - Ursprünge und Rezeption* (FS Löning, K.), NTA.NF 44 (Münster, 2003), 105-124, 120.

시각을 고쳐주고 있다.9 예수 기적은 하느님 나라 관점에서도 보아야 한다는 말이다.

군중은 예수를 기다렸다(누가 8,40). 군중ὄχλος은 중립적인 관찰자들이 아니라 메시아(누가 7,19-20)를 애타게 기다려왔던 하느님의 백성이다(누가 8,47). 유다교와 이미 분리해 버린 누가복음 공동체 사람들에게 야이로라는 유다교 회당장이 예수 발 앞에 엎드려 자기 집에 와주기를 간청하는 모습은 평범한 일이 아니다. 회당 건물을 관리하고 안식일 예배를 주관하는 책임을 맡은 회당장의 열두 살쯤 된 외동딸이 거의 죽게 되었다. 자녀가 많아야 든든한 고대 사회에서 딸 하나만 가진 부모 심정을 오늘 우리가 잘 가늠하기는 어렵다. 열두 살쯤 된 외동딸, 즉 아직 결혼도 하지 못한 딸이 죽게 생겼으니, 그 아버지는 얼마나 애가 탔을까.

예수가 배를 타고 돌아오자 기다리고 있던 군중이 모두 반가이 맞았다(누가 8,40). 야이로Ἰάϊρος 이름은 하느님께서 밝혀주시다(민수기 32,41; 신명기 3,14), 하느님께서 일으켜주시다(사무엘하 21,19; 역대기상 20,5)는 뜻이다. 예수는 회당장 야이로에게 "두려워하지 말고 믿기만 하시오. 그러면 딸이 살아날 것입니다" 말하였다(누가 8,50). "두려워하지 마시오"(창세기 21,17; 탈출기 14,13; 이사야 35,4) 믿음은 하느님은 위기 상황에서도 인간을 구원하신다는 하느님에 대한 신뢰(탈출기 14,30; 역대기하 20,20; 시편 78,32)를 가리킨다. 아무도 따라 들어오지 못하게 하였다(누가 8,51b) 구절은 치유 기적 이야기에 흔히 있는 표현이다(마가 7,33; 8,23; 사도행전 9,40).10

---

9 Gnilka, J., *Das Evangelium nach Markus*, 219.

10 Bultmann, R., *Die Geschichte der synoptischen Tradition*, 239; Theissen, G., *Urchristliche Wundergeschichten. Ein Beitrag zur formgeschichtlichen Erforschung der synoptischen*

사람들은 모두 아이가 죽었다고 통곡하고 있었지만, 예수는 아이가 자고 있다고 말하였다(누가 8,52). 예수는 죽은 소녀 앞에서 죽음의 힘을 부정했다.[11] '잠들다'는 표현은 죽음(고린토전서 7,39; 데살로니카전서 4,13)을 비유한 것을 넘어 죽은 소녀가 곧 깨어난다는 뜻을 포함한다. 사람들은 아이가 죽은 것을 알고 있었기 때문에 코웃음만 쳤다(누가 8,53)는 구절은 소녀가 거의 죽을 뻔했다는 말이[12] 아니라 진짜로 사망했다는 뜻이다.

예수는 아이의 손을 붙잡고 "아이야, 일어나거라!" 말하였다(누가 8,54). 아픈 사람을 일으킬 때 손을 붙잡고 κρατήσας τῆς χειρὸς(누가 8,54a; 마가 1,31; 5,41) 표현이 꼭 나온다. 아이는 숨을 다시 쉬며 ἐπέστρεψεν τὸ πνεῦμα (누가 8,55a; 판관기 15,19; 열왕기상 17,21) 벌떡 일어났다. 일어난 아이에게 먹을 것을 주라(누가 8,55b; 4,39; 5,25)는 말이 기적의 성공으로 이해해야 하는지 분명하지는 않다. 마가 5,42와 달리 예수의 세 제자는 제외된 채, 아이의 부모만 깜짝 놀랐다(누가 8,56a). 마가 5,42에서 예수는 아이의 부모에게 기적의 결과를 침묵하라고 명령했다면, 누가 8,56b에서 기적의 과정을 말하지 말라고 일렀다.

회당의 지도자 한 사람이 와서 예수에게 절하며 "제 딸이 방금 죽었습니다. 그러나 오셔서 그 위에 당신 손을 얹어 주시면 제 딸은 살 것입니다" 말씀드렸다(마태 9,18b). 마가 5,23과 달리 그 딸은 이미 사망했다. 회당의 지도자가 예수를 시험하는 행동을 한 것은 아니다. 예수는 제자

Evangelien (Gütersloh, 1974), 70.

11 Kertelge, K., *Die Wunder Jesu im Markusevangelium; eine redaktionsgeschichtliche Untersuchung*, StANT 23 (München, 1970), 116.

12 Weissenrieder, A., *Images of Illness in the Gospel of Luke*, WUNT 2/164 (Tübingen, 2003), 267.

들과 함께 즉시 그를 뒤따라갔다(마태 9,19).

예수는 상갓집에서 피리 부는 사람들과 소란 피우는 군중을 보고 "물러나시오. 어린 소녀는 죽은 것이 아니라 자고 있습니다" 말하였다(마태 9,23b-24). 소녀는 가짜로 죽은 것이 아니다. 17~18세기 서양의 계몽주의 시대에 그런 해석이 유행하기도 했다.[13] 열대 지방인 이스라엘에서는 빨리 진행되는 시신의 부패와 냄새 때문에 사망 이후 시신을 서둘러 매장하였다. 아직 살아있는 사람을 매장할 위험이 있기도 했다. 제자들이 배석하지 않은 가운데 예수가 소녀의 손을 잡자 그녀는 일어났다(마태 9,25b).

시신이 깨어나는 장면에 대한 마태복음 저자의 설명은 또 하나의 해석 방식이다.[14] 이 소문이 그 지방에 두루 퍼졌다(마태 9,26). 마가복음 저자가 예수의 메시아 신비를 십자가와 부활 장면까지 유보하려는 생각에 마태복음 저자는 찬성하지 않았다. 온갖 병자들을 고쳐주고 많은 마귀를 쫓아낸 예수가 당신 일을 입 밖에 내지 말라고 당부하는(마가 1,34c) 구절은 마태복음에 없다.

---

13 Luz, U., *Das Evangelium nach Matthäus (Mt 8-17)*, EKK I/2 (Neukirchen-Vluyn, 1990), 54, 주 27.

14 Held, H. J., "Matthäus als Interpret der Wundergeschichten," in: Bornkamm, G., u.a. (Hg.), *Überlieferung und Auslegung im Matthäusevangelium*, WMANT 1 (Neukirchener, 1960), 155-287, 169.

71. 못 듣는 사람을 고침
(마가 7,31-37)

못 듣는 사람을 고친 기적 이야기는 마가 7,31-37과 베싸이다의 기적(마가 8,22-26) 두 가지로 전해진 듯하다. 띠로 지방을 떠나 시돈에 들렀다가 데카폴리스 지방을 거쳐 갈릴래아 호수로 돌아왔다(마가 7,31)는 보도에서, 마가복음 저자가 이스라엘 지리에 어두웠다는 의견이 나오기도 했다.[1] 모두 갈릴래아 호수 근처에 있는 지역이다. 유다인 아닌 사람이 많이 사는 지역에서 예수는 마귀를 돼지 떼에 넣어 호수에 빠져 죽게 한 사건(마가 5,1-20)에 이어 두 번째로 기적을 행한다. 유다인 아닌 사람이 많이 사는 지역에서 예수를 기적을 일으키는 분으로 소개하는 것이 예수운동 선교 전략 중 하나였다.

들지도, 거의 말하지도 못하는 사람이 예수 앞에 왔다. 자신의 아픔을 말할 수도 없는 처지다. 그를 불쌍히 여긴 사람들이 예수에게 데려온 것이다. 고통 중에 있는 사람을 예수에게 데려온 사람들의 수고를 잊어서는 안 되겠다. 예수는 그를 고쳐주었다. 예수는 이 일을 아무에게도 말하지 말라고 부탁했지만, 유다인 아닌 사람들은 더 널리 소문을 퍼뜨

---

1 Marxsen, W., *Der Evangelist Markus. Studien zur Redaktionsgeschichte des Evangeliums*, FRLANT 67 (Göttingen, 1959), 43-45.

렸다(마가 7,36). 유다인 아닌 사람들이 유다인이 믿는 하느님을 찬양하고 있다(마가 7,37). "그 때에 못 보는 사람은 눈을 뜨고 못 듣는 사람은 귀가 열리리라"(이사야 35,5). 예수를 통해 모든 민족이 하느님 구원을 볼 것이다. "야훼께서 되찾으신 사람이 이 길을 걸어 시온 산으로 돌아오며 흥겨운 노래를 부르리라"(이사야 35,10).

72. 말 못 하는 사람 고침
(마태 9,32-34)

사람들이 귀신 들리고 말 못 하는 한 사람을 예수에게 데리고 왔고, 예수가 귀신을 쫓아내자 말 못 하는 사람은 말을 했다(마태 9,32-33a). 사람들의 반응은 두 가지였다. 군중ὄχλοι은 놀라며 "이런 일은 이스라엘에서 한 번도 본 적이 없다"고 긍정적으로(마태 8,27; 15,31; 27,14) 반응하였는데, 바리사이들은 예수가 귀신 두목의 힘을 빌려 귀신들을 쫓아낸다고 비난했다(마태 9,33b-34). 마태복음 8-9장은 예수에 대한 반응으로 인해 이스라엘 여론이 둘로 분열되는 모습을 그렸다.[1]

바리사이들은 예수의 주요한 적대자 중 하나로 마태복음에 등장한다(마태 9,2-17; 12,22). 마태복음 저자는 이스라엘에서 한 번도 본 적 없다(마태 9,33c)는 표현을 통해 예수가 이스라엘 안에서, 이스라엘을 위해 활동한다는 사실을 강조한다.

---

1 Luz, U., "Wundergeschichten von Mt 8-9," in: Hawthorne, G., u.a. (Hg.), *Tradition and Interpretation in the New Testament* (FS Ellis, E. E.) (Tübingen, 1987), 149-165, 152-158.

73. 목자 없는 양 비유
(마태 9,35-38)

　　하늘 나라의 복음은 마태복음 5-7장에, 병자와 허약한 사람들을 치유하는 활동은 마태복음 8-9장에 소개되었다. 예수는 온 갈릴래아를 두루 다니며 회당에서 가르치고, 하늘 나라의 복음을 선포하며, 백성 가운데 병자와 허약한 사람들을 모두 고쳐주었다(마태 4,23)는 구절이 마태복음 5-9장을 예고한다면, 마태 4,23을 조금 고친 마태 9,35는 마태복음 5-9장을 회고한다. 예수 활동 소식은 이스라엘 모든 도시와 마을에 퍼지지 않을 수 없었다(마태 9,26, 31, 35). 마태복음 5-9장을 읽은 독자들은 예수 활동이 성서 말씀(신명기 7,15; 28,59; 역대기하 21,15)을 완성한다는 사실을 알 수 있다(마태 5,17; 7,12; 8,17).

　　예수의 제자들은 그 태도와 운명에서 산상수훈 말씀에 어울린다. 예수의 제자들은 가난하고(마태 6,19-34; 10,9-14), 자신을 보호하지 않으며(마태 5,38-42; 10,10, 16), 박해받고(마태 5,10-12; 10,16-23), 하느님의 보살핌 아래 있으니(마태 6,25, 31; 10,28-31), 걱정할 필요 없다(마태 6,25-34; 10,19). 마태복음 저자는 마가 6,7-13, 30이나 누가 10,1, 17-20과는 달리 제자 파견 소식을 수록하진 않았다.

　　목자 없는 양들처럼 지쳐서 풀이 죽었기ἐσκυλμένοι καὶ ἐρριμμένοι 때문에,

예수는 군중ὄχλους을 보고 불쌍히 여겼다(마태 9,36a). 목자 없는 양들은 이스라엘 백성을 가리키는 표현이다(민수기 27,17; 역대기하 18,16; 에제키엘 34,5). 마태복음 저자 눈에 이스라엘 백성 전체가 지쳐서 풀이 죽었다. 마태복음 8-9장에서 병자는 이스라엘 백성 전체를 대표한다.[1]

예수의 제자들은 결국 군중을 위해서 파견되었다. 목자 없는 양들이라는 표현에서 악한 목자들에 대한 예수의 비판을 지나칠 수 없다. "화를 입으리라! 양떼를 버리는 못된 목자야, 팔도 오른눈도 칼에 맞아서 팔은 오그라들고 눈은 아주 멀어버려라"(즈가리야 11,17). 마태복음 저자는 하느님의 백성 이스라엘의 목자가 될 지도자(마태 2,6)를 예수라고 보았다.

"추수할 것은 많은데 일꾼이 적습니다"(마태 9,37b). 수확은 심판을 가리킨다.[2] 제자들을 파견하여 하느님 나라를 위해 이스라엘을 모으는 일은 마지막 날을 기다린다는 뜻이다(마태 3,12; 13,39). 마지막 날을 기다린다는 말은 심판을 포함한다(마태 10,13-15). 제자들을 파견할 때 예수는 기도하라고 부탁한다. "추수할 것은 많은데 일꾼이 적습니다. 그러니 여러분은 추수 주인에게 빌어 그의 추수밭에 일꾼들을 보내시라고 기도하시오"(마태 9,37-38; 사도행전 13,1-3).

목자와 수확 단어는 사실 서로 잘 어울리는 단어는 아니다. 목자는 자비를, 수확은 심판을 가리키기 때문이다. 자비로운 목자와 심판하는 사람의 아들의 모순을 독자는 어떻게 생각해야 하나. 마태복음 저자는 그 긴장을 그대로 유지한다(마태 10,7-15).

---

1 Luz, U., *Das Evangelium nach Matthäus (Mt 8-17)*, EKK I/2 (Neukirchen-Vluyn, 1990), 81.

2 Uro, R., *Sheep among the Wolves. A Study on the Mission Instructions of Q*, AASF 47 (Helsinki, 1987), 201.

74. 고향에서 존중받지 못한 예수
(마가 6,1-6/누가 4,22-30/마태 13,53-58)

고향에 나타난 예수가 고향 사람들에게 거절당하는 장면에서 기적과 믿음, 가르침과 믿음 주제가 연결되고 있다.[1] 앞 단락에서 사람들의 믿음을 바탕으로 예수는 기적을 행했지만, 이번 단락에서 예수는 사람들의 불신 탓에 거의 아무 기적도 행하지 않았다. 율법학자, 바리사이, 헤로데 당원들(마가 2,1-3,6), 예루살렘에서 온 율법학자들과 예수 가족들(마가 3,20-35)에 이어 고향 사람들까지 예수를 귀담아듣지 않는다(마가 6,1-6). 이 단락이 예수에 대한 이스라엘의 불신을 대표적으로 드러냈다는 의견은[2] 지나치다. 마가복음 독자들은 예수를 어떻게 대할 것인지 간접적으로 지금 질문받고 있다.

"어디서나 존경받는 예언자라도 자기 고향과 친척과 집안에서만은 존경받지 못합니다"(마가 6,4b) 구절의 배경에 예수운동 유랑 선교사들이 겪었던 쓰라린 경험이 있었을까.[3] 고향에서 예수 활동이 별다른 성

---

1 Koch, D. A., *Die Bedeutung der Wundererzählungen für die Christologie des Markuse-vangeliums*, BZNW 42 (Berlin/New York, 1975), 148-151.

2 Gnilka, J., *Das Evangelium nach Markus*. Teilband: Mk 1-8,26, EKK II/1 (Neukirchen-Vluyn, 1978), 233.

3 Steck, O. H., *Israel und das gewaltsame Geschick der Propheten*, WMANT 23 (Neukirchen-

과를 거두지 못했던 충격을 예수운동 공동체가 해명하려고 애쓴 단락일까.4 예수가 고향에서 거절당하는 모습과 예수의 실패 사례를 예수운동 공동체가 아무 근거 없이 지어냈을 리 없다. 예수 가족에 대한 정보 또한 근거 없이 기록했을 리 없다. 적어도 마가 6,45 또는 마가 6,1-6 전체는6 마가복음 저자에게 전승되었다는 의견이 있다.

예수 고향πατρίς(마가 6,1) 나자렛은 해발 350~400미터 높이에 있는, 갈릴래아 호수 서쪽으로 30킬로미터, 갈릴래아 지역 수도 세포리스에서 4.5킬로미터 거리의 작은 마을이다(요한 1,46).7 나자렛은 구약성서나 유다인 역사가 요세푸스의 책에 전혀 언급되지 않았다.

세상에 등장한 뒤 회당에서 가르침은 예수에게 일상이 되었다(마가 1,21, 39; 6,2). 율법 학교를 다닌 적 없었던 예수에게 고향 사람들이 품었던 질문은 다섯 가지였다. 셋은 예수 능력, 지혜, 기적 등 예수 활동에 대해, 둘은 예수 가족에 대한 질문이었다. 예수 능력과 지혜는 어디서 왔으며, 어떤 것인가. 고향 사람들은 예수에게 감탄과 비판을 동시에 하고 있다.8

단어 τέκτων(마가 6,3)은 돌이나 나무를 다루는 사람을 가리킨다. 목수보다 건설 노동자로 번역하는 것이 더 적절하다. 예수가 아버지 이름

Vluyn, 1967), 213.

4 Haenchen, E., *Der Weg Jesu. Eine Erklärung des Markus-Evangeliums und der kanonischen Parallelen*, STö.H 6 (Berlin, 1966), 220.

5 Lührmann, D., *Das Markusevangelium*, HNT 3 (Tübingen, 1987), 106.

6 Pesch, R., *Das Markusevangelium. Teil 1. Einleitung und Kommentar zu Kapitel 1,1-8,26*, HthK II/1 (Freiburg, 1976), 315.

7 Lührmann, D., Das *Markusevangelium*, HNT 3 (Tübingen, 1987), 107.

8 Pesch, R., *Das Markusevangelium. Teil 1. Einleitung und Kommentar zu Kapitel 1,1-8,26*, HthK II/1 (Freiburg, 1976), 317.

이 아니라 어머니 이름에 따라 불린 것이 독특하다. 예수 부친 요셉이 벌써 세상을 떴기 때문에, 예수는 어머니 이름과 연결되어 불렸는가.9 부친이 사망했다 하더라도, 아들은 선친과 관계로써 보통 언급되었다. 예수 아버지 요셉은 마가복음에 한 번도 안 나온다. 마리아의 아들(마가 6,3) 표현은 예수를 길거리에서 굴러먹던 놈10 정도로 비하하는 표현일 수 있고, 이슬람교 꾸란처럼 예수 동정 탄생(3,45; 5,72; 19)을 가리킬 수 있다.11 예수 탄생 예고(누가 1,26-38) 이야기를 마가복음 저자는 전혀 모르고 있다.

예수의 형제 이름이 곧이어 나온다. 예수의 형제 중 가장 유명한 사람은 야고보다. 그는 나중에 예수운동 예루살렘 공동체를 이끄는 인물이 되었다(갈라디아 1,19; 사도행전 12,17). 야고보, 요셉, 유다, 시몬은 이스라엘 족장 이름을 갖고 있다. 예수의 누이들 숫자와 이름은 형제들 경우와 달리 언급되지 않았다. 예수의 형제와 자매들이 예수를 어떻게 생각하는지 언급되지 않았다. 예수의 형제자매는 실제 형제자매인지 친척을 가리키는지 논란이 되어 왔다.

고향 사람들이 예수를 푸대접하는 모습은 예레미야 예언자가 친척들과 고향 사람들에게 겪었던 장면(예레미야 11,21; 12,6)과 비슷하다. 이 풍경을 보고 예수 제자들이 놀랄 수 있다. 제자들을 파견하기에 앞서, 예수는 제자들을 위로하고 용기를 주어야 할 때다. 예언자는 고향과 친척과 집안에서 존경받지 못한다는 말이지, 고향과 친척과 집안에서 존경받지 못하는 사람은 예언자라는 말이 아니다. 고향과 집안에서 존경

9 Gnilka, J., *Das Evangelium nach Markus*. Teilband: Mk 1-8,26, EKK II/1, 231.

10 McArthur, H. K., "Son of Mary," *NT* 15 (1973): 38-58, 57.

11 Räisänen, H., *Das koranische Jesusbild* (Helsinki, 1971), 23-37.

받는 악인들이 얼마나 많은가.

다른 기적은 행할 수 없었다(마가 6,5a)는 구절이 예수의 무능으로 오해되는 것을 막기 위해 마태복음 저자는 예수가 별로 기적을 행하지 않았다(마태 13,58)는 표현으로 바꾸었다. 기적과 믿음의 관계가 주제인 이 단락에서 예수의 형제자매들(마가 3,31-35; 요한 2,12; 7,3, 9; 사도행전 1,14; 고린토전서 9,5; 갈라디아 1,19)이 또한 관심을 받아 왔다. 예수의 지혜에 대한 언급은 마가복음에서 여기밖에 없다.

누가복음에 1번, 사도행전에 11번 나오는 단어 μαρτυρέω는 '좋은 증거를 보여주다'라는 뜻이다(사도행전 22,5). 누가복음에 드물게 보이는 단어 χάρις는 예수에 대한 하느님의 은혜로서(누가 2,40), 예수에게서 지혜를 통해(누가 2,52) 드러난다. "저 사람은 요셉의 아들이 아닌가?" 문장은 여러 전승을 통해 전해졌다(누가 4,22b; 마태 13,55; 요한 6,42). "의사여, 너 자신부터 고치시오"처럼(누가 4,23b) 의사에 대한 비유(누가 5,31)는 유다교와 예수운동에 드물었다.

"어떤 예언자도 자기 고향에서는 환영을 받지 못합니다"(누가 4,24b) 구절에서 기쁨의 해와 고향의 관계를 제대로 주목하는 글은 드물었다. "오십 년이 되는 이 해를 너희는 거룩한 해로 정하고 너희 땅에 사는 모든 사람에게 해방을 선포하여라. 이 해는 너희가 희년으로 지킬 해이다. 저마다 제 소유지를 찾아 자기 지파에게로 돌아가야 한다"(레위기 25,10). 기쁨의 해에 난민, 이주민, 유랑인들은 자기 고향에 돌아가 '충분한 복'을 받으라(레위기 25,10b). 고향 사람들이 예수 말을 거절했지만, 예수가 자기 고향에서 기쁨의 해를 해설한 일은 구약성서에 걸맞은 행동이었다.

누가 4,26-27은 유다교 영역을 돌파하고 뛰쳐나간 예수운동 역사를 암시하고 있다. 회당에 모였던 고향 사람들이 예수 말씀을 듣고 왜 화가 나서 예수를 동네 밖으로 끌어내고 산 벼랑까지 끌고 가서 밀어 떨어뜨리려 하였을까. 누가복음 저자는 설명하지 않았다. 이스라엘 백성이 왜 예수 말씀을 거절하였을까. 누가복음 저자는 사도행전 끝부분을 쓸 때까지도 그 수수께끼를 풀지 못했다.[12]

나자렛은 신약성서에서 누가 4,16과 마태 4,13에만 아람어 Ναζαρά로 나온다. 성장한τεθραμμένος 단어는 어릴 적부터 성인까지 전체 기간을 가리킨다(누가 2,40, 51; 사도행전 22,3). 마가복음 저자와 마태복음 저자는 예수가 활동을 시작한 후 한참 지나서 고향 나자렛을 방문한 이야기를 실었다(마가 6,1-6a; 마태 13,53-58). 그러나 누가복음 저자는 예수의 고향 방문 이야기를 예수 활동 처음에 실었다. 만일 누가복음 저자가 마가복음 순서를 따랐다면, 누가 8장과 9장 사이에 예수의 고향 방문 이야기가 기록되었을 것이다. 그 후 예수는 다시는 고향에 돌아오지 않았다.

회당의 안식일 예배에서 구약성서가 어떤 순서로 낭독되었는지 알아내려는 시도는 성공하지 못했다.[13] 예수는 회당에서 책이 아니라 예언서 두루마리를 펼쳤다.[14] 예수가 읽었다는 누가 4,18-19는 이사야 61,1-2와 58,6을 누가복음 저자가 편집한 것이다. 누가복음 저자는 "찢긴 마음을 싸매 주고"(이사야 61,1d) 표현을 삭제하고, "압제받는 이들을 석방하고"(이사야 58,6e) 표현을 이사야 61,1과 61,2 사이에 끼워 넣고, "야훼께서 우리를 반겨주실 해"(이사야 61,2a) 표현을 인용문 맨 뒤에

---

12 Bovon, F., *Das Evangelium nach Lukas* (1,1-9,50), EKK III/1 (Neukirchen-Vluyn, 1989), 215.

13 Monshouwer, "The Reading of the Prophet in the Synagogue at Nazareth," *Bib.* 72 (1991): 90-99.

14 van Minnen, P., "Luke 4,17-20 and the Handling of Ancient Books," *JThS* 52 (2001): 689-690.

갖다 놓았다.

"주께서 나에게 기름을 부으시어"(누가 4,18b) 구절은 메시아(누가 2,11, 26) 언급을 기억해 준다.[15] 묶인 사람들, 눈먼 사람들, 억눌린 사람들은 가난한 사람들의 대표적인 모습이다. 부자가 묶이거나, 눈멀거나, 억눌린 경우가 역사와 현실에 있던가. "억눌린 사람들에게는 자유를 주며, 주님의 은총의 해를 선포하게 하셨다"(누가 4,18e-19) 부분이 예수의 어떤 행동에 연결되는지 구체적으로 알려는 성서학자들의 노력은 계속되었다.[16]

예수는 실제적인 신체적, 사회적 고통에서 가난한 사람들을 해방시키려 했다.[17] 예수의 이사야 예언서 인용은 구원 약속의 성취를 미리 보여주는 역할이다.[18] 누가복음 저자는 누가 4,26-27에서 누가복음에서 처음으로 이른바 이중 사례를[19] 든다(누가 11,31; 12,24; 13,18-21). 누가복음 저자는 이스라엘 백성이 마음의 문을 닫고 귀를 막고 눈을 감은(사도행전 28,26) 첫째 언급을 누가 4,28-29에서 하고 있다. 그런 이스라엘이 펼쳐진 작은 무대가 다름 아닌 바로 예수의 고향 나자렛이었다.

예수가 고향의 회당에서 사람들을 가르치니, 사람들이 깜짝 놀랐다(마태 13,53; 7,28; 22,33). 마가 6,1-6을 조금 고친 마태 13,53-58에서

15 Rusam, D., *Das Alte Testament bei Lukas*, BZNW 112 (Berlin/New York, 2003), 178.

16 Busse, U., *Das Nazareth-Manifest Jesu. Eine Einführung in das lukanische Jesusbild nach Lk 4, 16-30*, SBS 91 (Stuttgart, 1978), 33; Rusam, D., *Das Alte Testament bei Lukas*, 179.

17 Albertz, R., "Die "Antrittspredigt" Jesu im Lukasevangelium auf ihrem alttestamentlichen Hintergrund," *ZNW* 74 (1983): 182-206, 198.

18 Busse, U., *Das Nazareth-Manifest Jesu. Eine Einführung in das lukanische Jesusbild nach Lk 4, 16-30*, 226.

19 Morgenthaler, R., *Die Lukanische Geschichtsschreibung als Zeugnis I*, AThANT 14 (Zürich, 1948), 60.

핵심은 나자렛 사람들의 질문이다. 예수의 부모 형제가 언급되었으니, 주제는 예수의 진정한 가족(마태 12,46-50)에 이어진다. 그들의 회당에 서$\dot{\epsilon}\nu$ $\tau\tilde{\eta}$ $\sigma\upsilon\nu\alpha\gamma\omega\gamma\tilde{\eta}$ $\alpha\dot{\upsilon}\tau\tilde{\omega}\nu$(마태 13,53a) 표현은 마태복음 공동체가 유다고 회당과 거리를 두었다는 사실을 가리킨다. 나자렛 예수는 회당에 다녔지만, 예수운동 마태복음 공동체는 회당 출입을 더 이상 하지 않았다.

"어디서 이 사람한테 이런 지혜와 기적들이 내렸을까?"(마태 14,54c) 지혜$\sigma o\phi\acute{\iota}\alpha$는 예수 말씀을, 놀라운 일들$\delta\upsilon\nu\acute{\alpha}\mu\epsilon\iota\varsigma$은 예수 기적을 가리킨다. 목수의 아들$\acute{o}$ $\tauo\tilde{\upsilon}$ $\tau\acute{\epsilon}\kappa\tauo\nu o\varsigma$ $\upsilon\acute{\iota}\acute{o}\varsigma$, 즉 목수에게는 지혜와 기적의 능력이 당연한 일은 아니다. 목수는 나무, 돌, 쇠를 다루는 사람이다. 그의 어머니는 마리아(마태 13,55b) 구절에서 마태복음 저자가 마리아 동정 탄생을 가리키진 않았다. 예수의 고향 사람들이 마리아 동정 탄생을 알지 못했다는 사실을 마태복음 저자가 말하기 위해서가[20] 아니라 마리아 동정 탄생이 예수 그리스도 이해에 중심은 아니기 때문이다.[21]

고향 사람들은 예수에게 걸려 넘어졌다$\dot{\epsilon}\sigma\kappa\alpha\nu\delta\alpha\lambda\acute{\iota}\zeta o\nu\tauo$. 고향 사람들은 예수에게 화가 났다. 예수는 왜 "예언자는 어디서도 모욕을 당하지 않는데 다만 자기 고향과 자기 집안에서는 그렇지 않습니다"(마태 13,57c)라고 말했을까. 예수는 아나돗 사람들이 예레미야를 죽이려 한 사례(예레미야 11,18-23)를 가리켰을까. 예수는 가족에게도 아직 이해받지 못하고 있고, 사람들에게 충분히 이해받지도 못하고 있다(마태 16,14; 21,11, 46). 마태복음에서 예수가 회당에 마지막으로 나타난 사례는 이 사건이다.

예수의 형제자매들은 사촌들을 가리킨다는 의견이 4세기 예로니무

---

20 Schnackenburg, R., *Das Johannesevangelium 1*, HthK IV 1 (Freiburg, 1965), 131.

21 Luz, U., *Das Evangelium nach Matthäus (Mt 8-17)*, EKK I/2 (Neukirchen-Vluyn, 1990), 385.

스부터 시작하여 가톨릭뿐 아니라 19세기 개신교까지 유행했다.[22] 그리스 동방교회에서 예수의 형제자매들은 요셉의 첫 결혼에서 낳은 자녀들이라는 주장이 있었다. 가톨릭에서는 마리아 평생 동정 가르침과 관계되어 뜨거운 주제가 되었다.

현대 가톨릭 성서학자 중에 예수의 친 형제자매들을 가리킨다는 의견,[23] 결정하지 않는 의견,[24] 어느 쪽 의견도 우리 믿음에 큰 영향을 주지 못한다는 의견이[25] 있다. 형제들ἀδελφοί, 누이들ἀδελφαί 단어가 그리스어로 형제자매뿐 아니라 동료나 친척도 가리킬 수 있다. 가톨릭 성서학자로서 나는 이 단락에서 예수의 친 형제자매들을 가리키지 않는다는 해석을 지지할 어떤 이유도 주석학적으로 찾기 어렵다고 생각한다.

22 Blinzler, J., *Die Brüder und Schwestern Jesu*, SBS 21 (Stuttgart, 1967), 143; Luz, U., *Das Evangelium nach Matthäus (Mt 8-17)*, 108.

23 Oberlinner, L., *Historische Überlieferung und christologische Aussage zur Frage der Brüder Jesu in der Synopse*, fzb 19 (Stuttgart, 1975), 350-355.

24 Brown, R., u.a. (Hg.), *Mary in the New Testament* (London, 1978), 72.

25 Gnilka, J., *Das Evangelium nach Markus*. Teilband: Mk 1-8, 26, EKK II/1, 235; Beutler, J., Art. "Brüder Jesu," *NBL* 1 (1991), 337.

75. 열두 제자 파견
(마가 6,7-13/누가 9,1-6/마태 10,5-15)

　　마가 6,7-8,6 단락까지는 제자들과 연결된 이야기가 주로 나온다. 예언자는 고향에서 존경받지 못한다(마가 6,4) 바로 뒤에 열두 제자 파견 이야기(마가 6,7-13)가 곧바로 나온다. 제자들은 존경받지 못할 운명을 잊지 말라는 뜻이다. 제자 파견과 복귀 장면 중간에 세례자 요한이 처형되는 단락이 끼어 있다. 예수 제자들은 세례자 요한처럼 박해받을 각오를 하라는 뜻이다. 존경받지 못하고 박해받는 예언자 운명을 예수 제자들은 세례자 요한과 예수와 함께 나눈다.

　　고향에서 푸대접받은 예수는 이에 실망하지 않고 근처 마을을 다니며 복음을 전하고 제자들을 파견한다. 예수도 선교 활동에서 실패한 경험이 있다. 여러 마을을 두루 다니며 가르치는 예수(마가 6,7b)는 찾아오는 사람을 마냥 기다리던 세례자 요한 모습(마가 1,5)과 대조된다. 예수 제자들은 스승 예수처럼 곳곳을 몸소 다니라는 뜻이다. 제자들이 파견된다(마가 3,13; 4,10; 6,7)는 사실이 마가복음 저자에게 중요하다. 둘씩 짝지어 파견함은 증언을 의식한 말 같다. "한 사람의 증언만으로는 증언이 성립되지 않는다"(신명기 19,15a). 제자들은 서로에게 증인이다.

　　더러운 악령을 제어하는 권세까지 받은 제자들은 파견될 때 금지 조

항부터 예수에게 듣는다. 예수의 제자들은 세상에서 악마의 세력을 물리치는 임무를 받았다.[1] 무엇을 가르치냐보다 어떤 몸가짐을 갖추어야 하는지가 제자들에게 우선 중요하다. 지팡이는 허용되었는가(마가 6,8), 금지되었는가(누가 9,3; 10,4; 마태 10,10). 지팡이는 들짐승을 만날 때 방어 용도로 쓰였다. 먹을 빵은 물론이고 동냥할 때 쓸 수 있는 자루도 가지지 말며(마가 6,8a), 끈으로 묶을 수 있는 고급 신발이 아니라 평소 신고 있는 보통 신발로 만족하며(마가 6,9a), 동전을 넣고 다니는 허리띠도 금지되었다(마가 6,9b). 여기서 동전은 금화나 은화가 아니라 값싼 구리 동전을 가리킨다.[2] 속옷은 두 벌씩 껴입지 말라(마가 6,9b) 명령은 여벌 내의도 가지고 다니지 마라(누가 9,3) 명령보다 느슨한 말이다.

거절당하는 곳에서 선교사들은 하늘을 지붕 삼아 노숙할 수밖에 없었다. 받아주는 가정이 있다면, 좀 더 부유한 집을 골라 머물지는 말아야 한다(마가 6,10). 하느님 나라 복음을 거절하는 동네에는 발에서 먼지를 털어버리는 동작(마가 6,11; 사도행전 18,6; 느헤미야 5,13)처럼 경고해야 한다. 예수처럼 제자들은 회개를 촉구하고 마귀들을 많이 쫓아냈다(마가 6,12-13). 제자들이 병자들에게 기름을 발라 병을 고쳐주었다는 언급(마가 6,13; 누가 10,34; 이사야 1,6)은 마가복음에서 여기에만 있다. 마가복음 저자는 자신이 속한 공동체에서 병자에게 기름을 바르던 관행을 생각하여 여기에 끼워 넣은 듯하다.

역사의 예수는 정말로 제자들을 파견했을까. 그렇지 않았다는 의견

1 Pesch, R., *Das Markusevangelium. Teil 1. Einleitung und Kommentar zu Kapitel 1,1-8,26*, HthK II/1 (Freiburg, 1976), 327.

2 Gnilka, J., *Das Evangelium nach Markus*. Teilband: Mk 1-8,26, EKK II/1 (Neukirchen-Vluyn, 1978), 239.

과3 파견했다는 의견이4 맞서 있다. 예수운동 선교사들의 가난은 선택이 아니라 필수였다. 예수운동 선교사들의 가난은 그리스 유랑 철학자들의 가난과 즐겨 비교되었다.5 얻어먹는 것은 허용되었던 그리스 유랑 철학자들보다 예수 제자들은 더 가난하게 살라는 말이다.6 예수 가르침과 그리스도교 관행 사이에 가장 거리가 멀어진 성서 구절 중 하나가 바로 이 단락 아닐까.

누가 9,1-50은 예수는 누구인가 주제를 주로 다룬다. 열두 제자 파견(누가 9,1-6) 이야기는 파견되는 열두 제자들뿐만 아니라 파견하는 예수 이야기이기도 하다. 예수운동 공동체에서 유다인 아닌 사람들에게 복음을 전파하던 상황이 이 단락을 낳은 배경이다.7 열두 제자 파견을 기록한 마가복음과 예수 어록의 설명에서 차이가 거의 없기 때문에,8 하나의 공통된 전승에서 비롯된 이야기로 보인다.9

열두 제자는 누가복음에서 세 번째로 등장한다. 부르심 받음(마태 6, 12-16), 여성 제자들과 함께 예수 따르기(마태 8,1-3)에 이어 이스라엘 곳곳에 파견된다(마태 9,1-6). 열두 제자는 하느님 나라를 선포해야 한다(누가 9,2; 4,43; 사도행전 28,31). 누가복음 저자는 하느님 나라를 세상 끝

---

3 Bultmann, *Die Geschichte der synoptischen Tradition* (Göttingen, 1957, 3판), 155.

4 Pesch, R., *Das Markusevangelium. Teil 1. Einleitung und Kommentar zu Kapitel 1,1-8,26*, 330; Hahn, F., *Das Verständnis der Mission im NT*, WMANT 13 (Heidelberg, 1963), 36.

5 Hengel, M., *Nachfolge und Charisma: Eine exegetisch-religionsgeschichtliche Studie zu Mt 8,21f. und Jesu Ruf in die Nachfolge*, BZNW 34 (Berlin, 1968), 31.

6 Lührmann, D., *Das Markusevangelium*, HNT 3 (Tübingen, 1987), 111.

7 Bovon, F., *Das Evangelium nach Lukas* (1,1-9,50), EKK III/1 (Neukirchen-Vluyn, 1989), 455.

8 Hahn, F., *Das Verständnis der Mission im NT*, 33-36.

9 Bultmann, *Die Geschichte der synoptischen Tradition*, 155.

날과 연결하기보다는 예수와 연결시킨다.[10]

지팡이, 식량 자루, 빵, 돈, 여벌 내의는 유다인이 예루살렘에 순례 갈 때 필수품에 속한다.[11] 예수는 제자들을 예루살렘이 아니라 이스라엘 모든 곳에 파견할 생각이다. 예수의 제자들을 예루살렘 성전이 아니라 이스라엘 모든 가정을 거룩하게 만들어야 한다.

제자들은 예루살렘 성전이 아니라 예수에게 더 관심이 있다. 누가복음 저자는 예수 제자들을 지팡이, 식량 자루, 빵, 돈, 여벌 내의를 지니고 유랑하던 그리스 철학자들과 다르게 표현하고 싶었다.[12] 예수 제자들의 가난은 레위족의 가난을 모범으로 삼았다(민수기 18,31). 예수 제자들은 예수를 믿는 사람이자(누가 5,1-11; 6,12-16) 예수를 증거하는 사람이다(누가 8,1; 사도행전 1,11-21).

누가복음 9장 구조와 역할은 성서학자들에게 여러 가지 고뇌를 주었다. 예수 따르기를 준비하는 제자들이라는 제목을 붙여도 좋은 누가복음 9장을 어떻게 단락 나누기할지 다양한 제안이 있어 왔다.[13]

예수 생전에 제자들은 하느님 나라만 전하면 되었다. 그러나 예수의 십자가 죽음과 부활 이후에는 십자가 죽음과 부활까지 전해야 했다. 예수의 제자들은 예수가 전하는 하느님 나라뿐만 아니라 하느님 나라를

---

10 Conzelmann, H., *Die Mitte der Zeit. Studien zur Theologie des Lukas*, BHTh 17 (Tübingen, 1960, 3판), 105.

11 Billerbeck, P., Strack, H., *Kommentar zum Neuen Testament aus Talmud und Midrasch I* (München, 1961), 565.

12 Schürmann, H., *Das Lukasevangelium. Erster Teil: Kommentar zu Kap. 1,1-9,50*, HThK III/1 (Freiburg, 1970), 502; Schneider, G., *Das Evangelium nach Lukas I*, ÖTK 3/1 (Gütersloh/Würzburg, 1984, 2판), 201.

13 Green, J. B., *The Theology of the Gospel of Luke* (Cambridge, 1995), 352; Radl, W., *Das Evangelium nach Lukas I* (Freiburg u.a., 2003), 578.

전하는 예수를 전해야 했다. 예수가 전하는 하느님 나라와 하느님 나라를 전하는 예수, 이 두 가지 사이의 연결과 긴장을 제대로 파악하지 못하면, 예수를 올바로 전하기는 어렵다.

마태복음 저자는 마가 6,8-11; 누가 10,4-12 단락을 참고했다. 명령형 동사 가득한 마태 10,5-15 단락은 예수 활동을 주목한다. 예수처럼(마태 9,37) 예수의 제자들은 이스라엘 백성 중의 길 잃은 양들을 찾아가야 한다(마태 10,6). 예수처럼(마태 4,17) 예수의 제자들은 하늘 나라가 다가왔다고 선포해야 하고(마태 10,7), 예수처럼(마태 8,1-5, 28-34; 9,18-26, 32-35) 예수의 제자들은 앓는 사람은 고쳐주고, 죽은 사람은 살려주고, 나병환자는 깨끗이 낫게 하고, 마귀는 쫓아내야 한다(마태 10,8).

예수운동 유랑 선교사들의 원조는 예수 자신이었다.14 "이방인들이 사는 곳으로도 가지 말고 사마리아 사람들의 도시에도 들어가지 마시오"(마태 10,5), "심판 날이 오면 소돔과 고모라 땅이 오히려 그 도시보다 가벼운 벌을 받을 것입니다"(마태 10,15) 구절은 역사의 예수가 한 말은 아니고 예수운동 유다계 공동체의 작품이다.15

예수는 대부분 유다인들과 달리 사마리아 지역을 자주 방문했다(누가 9,51-56; 10,30-35; 17,11-19; 요한 4,1-42). 이스라엘 백성 중 길 잃은 양은 모든 이스라엘 사람, 특히 사제와 율법학자들이 아니라 죄인들과 가난한 사람들을 가리킨다.16

---

14 Theissen, G., "Wanderradikalismus. Literatursoziologische Aspekte der Überlieferung von Worten Jesu im Urchristentum," in: ders, *Studien zur Soziologie des Urchristentums* (Tübingen, 1979), 91; Hengel, M., *Nachfolge und Charisma: Eine exegetisch-religions-geschichtliche Studie zu Mt 8,21f. und Jesu Ruf in die Nachfolge*, 82.

15 Lührmann, D., *Die Redaktion der Logienquelle*, WMANT 33 (Neukirchen-Vluyn, 1969), 62; Luz, U., *Das Evangelium nach Matthäus (Mt 8-17)*, EKK I/2 (Neukirchen-Vluyn, 1990), 89.

"오직 이스라엘 백성 중의 길 잃은 양들만 찾아가시오."(마태 10,6) 구절과 "여러분은 가서 이 세상 모든 사람들을 내 제자로 삼아"(마태 28,19) 구절은 서로 모순 관계에 있다. 두 구절을 어떻게 화해시켜야 하는가. 마태 10,6은 부활 이전에, 마태 28,19는 부활 이후 작성된 것이라는[17] 가설로 모순이 충분히 해명될 수 있을까. 마태복음 공동체에 있던 여러 그룹 중에서 마태복음 저자는 유다인 아닌 사람들에게 선교하려는 열정이 가득한 사람들을 편든 것일까.[18] 마태 10,6은 열두 제자들에게, 마태 28,19는 온 세상 모든 교회에 주는 말씀인가.[19] 마태복음 저자는 이스라엘 백성만 찾아가라는 예수 명령을 이미 과거의 일로 여긴 듯하다.[20]

예수와 제자들은 왜 이스라엘 백성만 찾았을까. 구약성서의 약속을 완성하는 일이기 때문이었다.[21] 마태 10,6은 마태 28,19와 어떤 관계인가. 예수가 이스라엘 백성을 찾았던 역사를 예수의 제자들이 확장한 것인가. 그러면 이스라엘 백성이 중심에 있고, 모든 민족은 이스라엘 백성을 둘러싸고 있다.[22] 예수와 예수운동은 이스라엘 백성과 연결된다. 모든 민족을 찾는 마태 28,19를 이스라엘 백성과 단절로 이해하는

16 Levine, A. J., *The Social and Ethnic Dimensions of Matthean Salvation History*, SBEC 14 (Lewiston/Queenston, 1988), 56.

17 Klostermann, E., *Das Matthäusevangelium*, HNT 4 (Tübingen, 1927, 2판), 232.

18 Brown, S., "The Two-fold Representation of the Mission in Matthew's Gospel," *StTb* 31 (1977): 21-32, 30-32.

19 Goulder, M. D., *Midrash and Lection in Matthew* (London, 1974), 343.

20 Strecker, G., *Der Weg der Gerechtigkeit. Untersuchung zur Theologie des Matthäus*, FRLANT 82 (Tübingen, 1962), 196; Vögtle, A., "Das christologische und ekklesiologische Anliegen von Mt 28,18-20," in: ders, *Das Evangelium und die Evangelien*, KBANT (Düsseldorf, 1970), 266-294, 266.

21 Kasting, H., *Die Anfänge der urchristlichen Mission*, BEvTh 55 (München, 1969), 113; Frankemölle, H., *Jahwe-Bund und Kirche Christi*, NTA.NS 10 (Aschendorff, 1974), 128.

22 Gnilka, J., *Das Evangelium nach Markus*. Teilband 1: Mk 1–8,26, EKK II/1, 362.

의견도[23] 있다.

"일하는 사람은 자기 먹을 것을 얻을 자격이 있습니다"(마태 10,10b)
구절은 돈 받고 복음을 전하거나 기적을 행하고 돈 받으라는 말이 전혀
아니다. 유다교 랍비들도 토라를 가르치고 돈 받는 행위를 금지했다.[24]
마태복음 저자에게 가난은 복음 전파에서 필수 조건이었다.[25] 가난은
복음 전파하는 사람들을 신뢰하게 만드는 표징이었다(마태 6,19-34). 신
없이 맨발로 다니는 행동은 극도의 가난 표시였다. 이사야는 하느님 말
씀대로 맨발로 다녔다(이사야 20,2).

마태 10,11-15는 마치 한 문장처럼 서로 연결되어 있다. 복음 전파
하는 사람이 곧 심판하는 사람은 아니다.[26] 예수 시대 상황과 21세기
우리의 사정이 마태 10,5-15처럼 차이 나는 성서 구절은 드물다. 이스
라엘의 길 잃은 양들을 찾아가라는 명령은 오래전에 무효가 된 듯하다.
마태 10,5-15는 우리 시대의 교회 성당에 눈엣가시인가 양심의 가시인
가. 오늘날 교회는 돈과 권력에서 멀어지는 방향으로 길을 걸어야 한
다.[27] 그렇지 않고서는 사람들과 세상에 교회를 믿어달라고 요청할 방
법이 없다.

---

23 Trilling, W., *Das wahre Israel. Studien zur Theologie des Matthäusevangeliums*, EThSt
   7 (München, 1975, 3판), 103; Walker, R., *Die Heilsgeschichte im ersten Evangelium*
   (Göttingen, 1967), 63.

24 Billerbeck, P., Strack, H., *Kommentar zum Neuen Testament aus Talmud und Midrasch
   I* (München, 1961), 562.

25 Luz, U., *Das Evangelium nach Matthäus (Mt 8-17)*, 96.

26 Schottroff, L., Stegemann, W., *Jesus von Nazareth — Hoffnung der Armen* (Stuttgart, 1978),
   69.

27 Luz, U., "Die Kirche und ihr Geld im Neuen Testament," in: Lienemann, W. (Hg.), *Die
   Finanzen der Kirche* (München, 1989), 525-554, 554.

76. 치유하는 하느님의 아들 예수
(마태 12,15-21)

바리사이파는 예수를 따르지 않았지만, 많은 사람이 예수를 뒤따라왔다는 사실이 마태복음 저자에게 중요했다. 하느님을 존중하지도 않는 악령들이 예수가 하느님의 아들임을 알아차렸다는 마가복음 저자의 보도가 하느님에 대한 예수의 존중을 강조하던 마태복음 저자 마음에 들진 않았을 것이다.[1] 마태복음 중간쯤에 해당하는 12장에서 이스라엘과 예수의 갈등이 더 뚜렷해지게 된다.

당신을 남에게 알리지 말아 달라고 당부한 예수(마태 12,16)는 정작 자신이 침묵하는 모습으로 소개되었다(마태 12,19). 마태복음 저자가 구약성서를 인용할 때 문맥에 의해 이해되거나(마태 1,23; 2,6; 8,17) 저자 자신이 해설하는데(마태 2,18; 4,15; 21,5), 마태 12,18-21은 왜 여기서 인용되었는지 우리가 이해하기 쉽지 않다. 인용된 이사야 42,1-4는 히브리어 구약성서에도 그리스어 구약성서와도 그 단어가 정확하게 들어맞지 않는다. 마태복음에서 가장 길게 인용되는 구약성서 구절은 마태 12,18-21이다. 왜 길게 인용했을까. 왜 인용했을까. 왜 여기에 인용했

---

1 Wrede, W., *Das Messiasgeheimnis in den Evangelien* (Göttingen, 1963, 3판), 154.

을까. 셋 모두 의아하다.

왜 길게 인용했을까. 예수 활동을 대놓고 선전하지 않기 위해, 즉 예수의 침묵을 말하려 했다면,[2] 마태 12,19 한 구절로 충분했을 것이다. 이사야 42,1-4 단락은 예수의 침묵뿐 아니라 예수 활동 전체를 말하려 했다. 마태복음 저자는 특히 예수의 겸손과 낮음을[3] 또는 유다인 아닌 사람들에 대한 복음 전파를[4] 강조하려 했다.

구약성서와 마태복음에서 그리스어 παῖς(마태 12,18a)는 드물게 종을, 대부분 어린이를 가리킨다.[5] "그는 유다인 아닌 사람들에게τοῖς ἔθνεσιν 정의를 선포하리라"(마태 12,16d) 구절은 해석하기 쉽지 않다. 단어 ἔθνη를 유다인 아닌 사람들로 번역해야 할지 또는 모든 백성들로 번역해야 할지 뚜렷하지 않다.[6] 정의κρίσιν 단어에는 법, 판결, 정의 뜻이 있다. 그 중에서 판결 뜻에 가장 가깝다.[7] 유다인 아닌 사람들에게 판결을 선포하리라는 말도 독자들이 쉽게 납득하긴 어렵다. 예수는 마태복음 이곳까지 이스라엘 구원만 선포해 왔기 때문이다.

"다투지도 않고 큰소리도 내지 않으리니"(마태 12,19a) 구절은 무슨 뜻일까. 예수가 체포되고 재판받을 때 저항하지 않겠다는 말인가. 하느

---

2 Strecker, G., *Der Weg der Gerechtigkeit. Untersuchung zur Theologie des Matthäus*, FRLANT 82 (Tübingen, 1962), 69.

3 Weiss, J., *Die Predigt Jesu vom Reiche Gottes* (Göttingen, 1964, 3판), 326; Barth, G., 'Das Gesetzesverständnis des Evangelisten Matthäus', in: Bornkamm, G./Barth & Held, H.-J. (Hg.), *Überlieferung und Auslegung im Matthäusevangelium*, WMANT 1 (Neukirchen, 1961), 54-154, 120.

4 Walker, R., *Die Heilsgeschichte im ersten Evangelium* (Göttingen, 1967), 78.

5 Luz, U., *Das Evangelium nach Matthäus (Mt 8-17)*, EKK I/2 (Neukirchen-Vluyn, 1990), 246, 주 30.

6 Luz, U., *Das Evangelium nach Matthäus (Mt 8-17)*, EKK I/2, 247, 주 37.

7 Elliger, K., *Deuterojesaja*, BK XI/1 (Neukirchen-Vluyn, 1989, 2판), 53.

님의 아들이 주는 평화, 즉 "고생하며 무거운 짐을 지고 허덕이는 사람은 다 나에게 오시오. 내가 편히 쉬게 하겠습니다"(마태 11,28) 구절을 가리키는가. "상한 갈대도 꺾지 않고, 꺼져가는 심지도 끄지 않으리라"(마태 11,20a) 구절은 너무 범위가 큰 말이어서, 거기에서 어떤 구체적 의미를 우리가 캐내긴 어렵다. 상한 갈대는 딱히 쓸모가 없고, 꺼져가는 심지는 어서 교체되어야 한다. 예수가 갈대를 상하게 하거나 심지를 꺼버릴 분도 아니다. 마태 11,20a는 마태복음 21장의 평화로운 예수를 가리키는 듯하다. 하느님의 아들이 전하는 하느님의 판결은 세상에 승리를 가져오고, 모든 백성은 그 하느님에게 희망을 걸리라(마태 12,20b-21).

77. 오천 명 먹인 기적
(마가 6,30-44/누가 9,10-17/마태 14,13-21/
요한 6,1-14)

　　오천 명을 먹인 기적(마가 6,30-44)과 사천 명을 먹인 기적(마가 8,1-10)
이야기는 원래 있었던 한 사건을 두 갈래 전승으로 나뉘어 전한 듯하
다.[1] 오천 명을 먹인 기적은 다급한 상황이 아닌 상태에서 제자들이 예
수에게 요청하여 생겼고, 사천 명을 먹인 기적은 다급한 상태에서 예수
가 먼저 행한 기적으로 소개되었다. 배고픈 군중을 먹인 기적에 예수운
동 공동체의 예배가 덧붙여져 생긴 이야기 같다.[2] "빵 다섯 개와 물고기
두 마리를 손에 들고 하늘을 우러러 감사의 기도를 드린 다음, 빵을 떼
어 제자들에게 주며 군중들에게 나누어주라고 하였다. 그리고 물고기
두 마리도 모든 사람에게 나누어주었다"(마가 6,41) 구절이 그렇다.

　　가장 오래된, 오천 명을 먹인 기적 전승인 요한 6,1-15[3] 단락은 예수
운동 공동체의 예배와 연결되진 않았다.[4] 오천 명을 먹인 기적(마가 6,

---

1 Gnilka, J., *Das Evangelium nach Markus*. Teilband: Mk 1-8,26, EKK II/1 (Neukirchen-
　Vluyn, 1978), 255.

2 Van Iersel, B., "Die wunderbare Speisung und das Abendmahl in der synoptischen
　Tradition (Mk VI 35-44 par, VIII 1-20 par)," *NT* 7 (1964/65): 167-194, 169-182.

3 Gnilka, J., *Das Evangelium nach Markus*. Teilband: Mk 1-8,26, EKK II/1, 257.

30-44) 단락은 역사의 예수에게 실제로 일어난 사건 기록이 아니라 예수운동 공동체 신학의 기록이라는 의견이 있다.5 실제 사건과 해석이 섞여 만들어진 교리 교재라는 의견도 있다.6

사도들ἀπόστολοι(마가 6,30) 단어는 마가복음에서 여기에만 있다. 역사의 예수가 사도 단어를 쓴 적은 없었다. 사도들이 돌아와서 자기들이 한 일과 가르친ἐδίδαξαν 것을 예수께 낱낱이 보고하였다(마가 6,30). 가르치다διδάσκω 단어는 마가복음에서 예수에게만 쓰는 동사다. 예수 제자들은 예수가 가르친 것을 가르치라는 말이다.

배를 타고 호수를 건넌 예수 일행보다 남자만도 오천 명이 넘는 군중이 걸어서 어떻게 먼저 도착했는지(마가 6,33) 따로 물을 필요는 없다. 저녁때 군중들을 헤쳐 음식을 사 먹도록 농가나 근처 마을로 보내는 것이 좋겠다는 제자들 의견(마가 6,35-36)에서 농가와 마을 크기와 숙박 시설 규모를 알아볼 필요도 없다. 남자만도 오천 명이 넘는 군중(마가 6,44)에서 당시 인구를 추정할 필요도 없다. 엄청난 기적을 강조하기 위한 마가복음 저자의 설정일 뿐이다.

한적한 곳을 찾아 떠나는 예수(마가 1,35.45; 6,32)에게 사람들이 밀려들어(마가 2,2; 3,7; 6,33), 예수 일행은 식사할 겨를도 없다(마가 3,20; 6,31). "따로 한적한 곳으로 가서 함께 좀 쉽시다"(마가 6,31a) 구절은 휴식을 갖자는 뜻보다는 세례자 요한 죽음 소식을 듣고 헤로데 안티파스 영주의 예상되는 박해를 잠시 피하자는 말로 해석할 수도 있다(마태 14,13).

4 Schnackenburg, R., *Das Johannesevangelium 2*, HthK IV 2 (Freiburg, 1971), 21.

5 Pesch, R., *Das Markusevangelium. Teil 1. Einleitung und Kommentar zu Kapitel 1,1-8,26*, HthK II/1 (Freiburg, 1976), 356.

6 Kertelge, K., *Markusevangelium*, NEB.NT 2 (Würzburg, 1994), 70.

그러나 다시 예수는 목자 없는 양과 같은 군중을 측은히 여겨 여러 가지로 가르쳐주었다(마가 6,34). 가난한 사람들은 빵뿐 아니라 가르침에도 굶주리고 목마르다. 자신들을 인간으로 존중해 주고 동등한 대화 상대로 여기며 친절하고 올바르게 설명해 줄 사람이 필요하다.

목자 없는 양 비유는 여러 뜻으로 해석할 수 있다. "목자가 없어서 흩어져 온갖 야수에게 잡아먹히며 뿔뿔이 흩어졌구나"(에제키엘 34,5; 열왕기상 22,17)처럼 의무를 소홀히 하는 목자에 대한 비판의 뜻이 있다. "칼아, 일어나 나의 일을 돕는다고 하는 목자를 쳐라. 만군의 야훼가 하는 말이다. 나의 목자를 쳐서 양떼를 흩뜨려라. 나 또한 손을 돌려 흩어지는 가련한 것들을 치리라"(즈가리야 13,7)처럼 이스라엘 백성을 심판하는 뜻도 있다. 모세는 "야훼의 백성을 목자 없는 양떼처럼 버려두지 마십시오"(민수기 27,17) 기도했다.

예수는 새로운 모세로서 백성을 양 떼처럼 돌볼 것이다. "여러분이 먹을 것을 주시오"(마가 6,37a) 말하는 예수에게 "저희가 가서 빵을 이백 데나리온 어치나 사다가 먹이라는 말씀입니까?"(마가 6,37b) 반문하는 제자들 모습은, 같이 있는 사람들에게 나누어 먹이라고 말하는 예언자 엘리사에게 "어떻게 이것을 백 명이나 되는 사람들 앞에 내놓을 수 있겠습니까?" 반문하는 엘리사의 제자 모습을 닮았다.

이백 데나리온은 노동자 2백 명의 일당에 해당한다. 제자들이 갖고 있는 현금이 그 정도였다고 추측할[7] 필요는 없다. 노동자 2백 명의 일당으로 남자만도 오천 명이 넘는 군중을 먹일 수도 없다. 빵 다섯 개와 물고기 두 마리(마가 6,38)로 제자들은커녕 예수의 배를 채우지 못할 수도

---

7 Gnilka, J., *Das Evangelium nach Markus.* Teilband: Mk 1–8,26, EKK II/1 (Neukirchen-Vluyn, 1978), 260.

있다. 예수와 제자들을 위해 준비한 먹을 것이 겨우 그 정도라고 단정할 필요도 없다. 여기서 제자들의 준비 부족을 탓하거나 예수와 제자들의 가난을 이끌어 낼 필요는 없다. 마가복음 저자는 엄청난 기적과 그에 따른 가르침에 집중하고 있다.

밀이나 보리로 만든 빵은 유다인의 주식에 속한다.8 보리빵(요한 6,9)은 주로 가난한 사람들이 먹었다. 구운 생선이나 소금에 절인 생선은 갈릴래아 호수 지역에서 흔한 반찬이다. 풀밭에 앉은 사람들(마가 6,39-40) 모습은 축제 분위기를 가리킨다. 4월 봄날 유월절 축제 무렵 푸르른 풀밭(마가 6,39)을 두고, 기적이 실제로 봄철에도 일어났다는 뜻이다.9

"메마른 땅과 사막아, 기뻐하여라. 황무지야, 내 기쁨을 꽃피워라"(이사야 35,1). 메시아 시대에는10 "야훼는 나의 목자, 아쉬울 것 없어라. 푸른 풀밭에 누워 놀게 하시고"(시편 23,1) 구절을 떠올릴 수 있다. 백 명씩 오십 명씩 모여 앉은 모습은 모세가 이스라엘 백성의 지도자로 뽑은 사람들과 혹시 연결될까(탈출기 18,25; 민수기 31,14). 예수 제자들을 이스라엘 백성의 지도자로 뽑는다는 뜻은 오천 명을 먹인 기적 이야기에는 (마가 6,30-44) 없다.

예수는 이스라엘 가정에서 식사할 때 가장이 하던 모습대로 기도하고 음식을 나누었다(마가 6,41). 하늘을 우러르는 자세(마가 6,41)는 찬양과 감사 기도를 뜻한다(요한 11,41; 17,1). 오천 명을 먹인 기적(마가 6,30-44) 사건을 최후 만찬(마가 14,22-25) 단락과 연결하는 의견이 적지 않다.11

---

8 Billerbeck, P., Strack, H., *Kommentar zum Neuen Testament aus Talmud und Midrasch I* (München, 1961), 683.

9 Schmidt, K. L., *Der Rahmen der Geschichte Jesu* (Darmstadt, 1964), 191.

10 Friedrich, G., "Die beiden Erzählungen von der Speisung in Mark 6,31-44; 8,1-9," *ThZ* 20 (1964): 10-22, 18-20.

그런데 최후 만찬 기사에 생선 언급이 없고, 오천 명을 먹인 기적 이야기에 포도주 언급이 없다. 남은 빵조각과 물고기가 열두 광주리에 가득 찼으며, 먹은 사람은 남자만도 오천 명이나 되었다(마가 6,43-44)는 구절에서 숫자 열둘과 다섯을 이리저리 연결하여 해석할 필요는 없다. 오천 명을 먹인 기적 이야기는 남자들만의 이야기도 아니고(마태 14,21), 유다인만의 이야기도 아니다(마가 8,1).

오천 명을 먹인 기적 보도에 이스라엘 백성이 이집트에서 탈출하여 해방된 사건이 배경으로 있다.[12] 하느님이 모세를 시켜 이스라엘 백성을 정치적 억압에서 해방하셨듯이, 하느님이 예수를 시켜 이스라엘 백성을 경제적 굶주림에서 해방하신다는 설정이다. 예수는 흩어진 이스라엘 열두 부족을 모으고, 배불리 먹이고, 양 떼처럼 돌본다. 오천 명을 먹인 기적 보도는 오늘 그리스도교에 곤혹스런 과제를 주고 있다. "여러분이 먹을 것을 주시오"(마가 6,37a) 예수 명령을 오늘 그리스도교는 어떻게 받아들이고 있을까. 목사 신부를 목자로, 성도 신도를 양으로 여기는 신분 차별 사회에서 먹혀들었던 비유가 평등사상을 기본으로 하는 오늘날 민주주의 사회에서 별다른 저항 없이 받아들여질 수 있을까.

예수의 열두 제자들은 복음 전파(누가 9,1-6)와 빵 나눔(누가 9,10-17) 단락에서 중요한 역할을 한다. 기쁜 소식을 전하고 빵을 나누는 일이다. 네 복음은 빵 나눔 이야기를 모두 여섯 차례, 즉 오천 명을 먹인 기적(마

---

11 Van Iersel, B., "Die wunderbare Speisung und das Abendmahl in der synoptischen Tradition (Mk VI 35-44 par, VIII 1-20 par)," NT 7 (1964/65): 167-194, 179; Pesch, R., Das Markusevangelium. Teil 1. Einleitung und Kommentar zu Kapitel 1,1-8,26, 352.

12 Lentzen-Deis, F./Langner, C., Grilli, M. (hg.), Das Markus-Evangelium. Ein Kommentar für die Praxis (Stuttgart, 1998), 149; Böttger, P. C., Der König der Juden - das Heil für die Völker, NStB 13 (Neukirchen-Vluyn, 1981), 52-54.

가 6,32-44; 마태 14,13-21; 누가 9,10-17; 요한 6,1-15)과 사천 명을 먹인 기적(마가 8,1-10; 마태 15,32-39)에 전한다. 빵 나눔 기적은 자연 기적보다[13] 선물 기적에[14] 가깝다.

빵 다섯 개와 물고기 두 마리 표현에서 어떤 상징적 의미를 찾지 못할 수도 있다.[15] "군중을 대략 오십 명씩 떼지어 자리잡게 하시오"(누가 9,14b) 구절에서 오십 명(탈출기 18,21, 25)에 어떤 특별한 뜻이 있다는 말일까.[16]

마태복음 저자는 대본 삼은 마가 6,32-44 단락을 30% 정도 줄였다. 예언자 엘리사의 기적 이야기에 가장 가깝다(열왕기하 4,42-44). 오천 명을 먹인 기적 이야기가 어떤 문학 유형에 속하느냐 주제도 연구할 만한 의미가 있지만, 굶주리는 사람들이 당시에 많았다는 사실을 놓치지 않는 것이 중요하다.

예수는 측은한 마음이 들어(마태 9,36; 14,14b) 병자들을 고쳐주었다. 병 고침에 음식을 주는 일도 포함된다. 시간도 늦었으니 제각기 음식을 사 먹도록 마을로 보내는 것이 좋겠다(마태 14,15b)는 구절에서 저녁 식사가 하루 중 가장 큰 식사임을 알 수 있다. 빵과 말린 물고기는 가난한 사람들의 주식이었다.[17] 보리빵은 종이나 가난한 사람들의 주식이었다.[18]

---

13 Bultmann, R., *Die Geschichte der synoptischen Tradition* (Göttingen, 1957, 3판), 230; Fitzmyer, J. A., *The Gospel According to Luke I*, AncB 28 (New York, 1981), 763.

14 Theissen, G., *Urchristliche Wundergeschichten. Ein Beitrag zur formgeschichtlichen Erforschung der synoptischen Evangelien* (Gütersloh, 1974), 111-114.

15 Bovon, F., *Das Evangelium nach Lukas* (1,1-9,50), EKK III/1 (Neukirchen-Vluyn, 1989), 471.

16 Fitzmyer, J. A., *The Gospel According to Luke I*, 767; Schürmann, H., *Das Lukasevangelium. Erster Teil: Kommentar zu Kap. 1,1-9,50*, HThK III/1 (Freiburg, 1970), 516.

17 Luz, U., *Das Evangelium nach Matthäus (Mt 8-17)*, 401, 주 51.

오천 명을 먹인 기적 이야기가 예수운동 공동체의 빵 나눔 예배를 기억하기 위해 작성되었느냐 질문은 계속 논의되고 있다. 빵 나눔 예배에 어울리지 않는 물고기 분배를 삭제한 마태복음 저자는 예수운동의 빵 나눔 예배를 의식하고 있다.[19] 예수운동의 빵 나눔 예배를 의식하고 있는지, 유다 사회의 보통 식사를 의식하고 있는지 둘 중 하나를 꼭 선택할 필요는 없다는 의견도 있다.[20]

대부분 중요한 성서 사본은 갈릴래아 호수 곧 티베리아 호수(요한 6,1)라는 이중 표현을 썼다.[21] 티베리아는 공통년 26/27년에 갈릴래아 영주 헤로데 안티파스가 로마 황제 티베리우스를 기념하여 그리스 도시로서 건설했다. 티베리아는 신약성서에서 요한복음에만 세 번 나온다(요한 6,1; 23; 21,1).

요한복음 4장에서 7장은 시간적, 지리적으로 순서가 뒤엉켜 있다. 그래서 요한복음에 나오는 순서를 다르게 제안하는 의견이 많다. 4,1-54, 6,1-71, 5,1-47, 7,15-24, 7,1 순서로 읽는 편을 선호하는 의견이 있다.[22] 요한복음의 지금 순서를 더 적절하다고 보는 의견도 있다.[23]

유다인들의 명절인 과월절이 이제 얼마 남지 않은 때였다.Ἧν δὲ ἐγγὺς

---

18 Barrett, C. K., *Das Evangelium nach Johannes* (Göttingen, 1990), 92.

19 van Iersel, B., "Die wunderbare Speisung und das Abendmahl in der synoptischen Tradition (Mk VI 35-44 par, VIII 1-20 par)," 172.

20 Luz, U., *Das Evangelium nach Matthäus (Mt 8-17)*, 402.

21 Thyen, H., *Das Johannesevangelium*, HNT 6 (Tübingen, 2015, 2판), 331.

22 Becker, J., *Das Evangelium nach Johannes*, ÖTK 4/1 (Gütersloh, 1991, 3판), 35; Bultmann, R., *Das Evangelium des Johannes*, 154; Schnackenburg, R., *Das Johannesevangelium 2*, 6.

23 Brown, R. E., *The Gospel According to John*, AncB 29/A (New York, 1966), 201; Barrett, C. K., *Das Evangelium nach Johannes*, 41; Schenke, L., *Johannes. Kommentar* (Düsseldorf, 1998), 116.

τὸ πάσχα, ἡ ἑορτὴ τῶν Ἰουδαίων(요한 6,4) 구절은 요한 2,13이나 11,55와 단어가 거의 같다. 그래서 요한복음을 과월절 복음이라고 이름 붙인 학자도 있다.[24] 세 과월절 장면에서 공통점은 예수의 죽음이다. 요한복음 저자는 오천 명을 먹인 기적(마가 6,35-44)과 사천 명을 먹인 기적(마가 8,1-9)을 하나의 이야기 단락으로 묶은 듯하다.[25]

필립보는 "이 사람들에게 빵을 조금씩이라도 먹이자면 이백 데나리온 어치를 사온다 해도 모자라겠습니다"라고 대답하였다(요한 6,7)는 구절은 "그러면 저희가 가서 빵을 이백 데나리온 어치나 사다가 먹이라는 말씀입니까?"라고 제자들이 물었다(마가 6,37)는 구절을 참조했다. 단어 어린아이παιδάριον(요한 6,9)는 신약성서에서 여기에만 나온다. 빵을 손에 들고 감사 기도를 올리는 동작은 유다교 식사 예절에 속한다.[26]

---

24 Wilkens, W., *Die Entstehungsgeschichte des vierten Evangeliums* (Zürich, 1958), 9.

25 Thyen, H., *Das Johannesevangelium, HNT* 6, 335.

26 Lohse, E., "Wort und Sakrament im Johannesevangelium," *NTS* 7 (1960/61): 110-125, 117.

78. 물 위를 걸은 예수
(마가 6,45-52/마태 14,22-33/요한 6,15-21)

물 위를 걸은 예수(마가 6,45-52) 이야기와 오천 명을 먹인 기적(마가 6,30-44)은 원래 따로 전해졌다.[1] 두 이야기는 마가복음 이전에 벌써 연결되어 전해진 듯하다.[2] 부활한 예수 사건(누가 24,37; 요한 21,4)을 생전의 예수에 투사한 이야기[3] 아닐까? 마가복음 저자는 예수가 제자들을 구출했다는 사실 자체보다는 예수는 어떤 분일까(마가 4,41) 독자들에게 묻고 싶다.

예수가 제자들에게 먼저 가라고 말한 베싸이다는 갈릴래아 호수 북동쪽에 있다. 헤로데 안티파스 영주의 통치 지역 밖에 있는 베드로와 안드레아 고향이다(요한 1,44). 예수는 제자들을 보내고 나서 기도하려고 산으로 올라갔다(마가 6,46). 산으로 올라간 예수는 하느님처럼 산에서 내려오는 분이다(신명기 33,2; 하바국 3,3). 제자들이 왜 밤중에 바다 한가운데 배 안에 있었는지 궁금해할 필요는 없다. 예수 능력을 돋보이게

---

1 Schenke, L., *Die Wundererzählungen des Markusevangeliums* (Stuttgart, 1974), 238.

2 Gnilka, J., *Das Evangelium nach Markus.* Teilband: Mk 1-8,26, EKK II/1 (Neukirchen-Vluyn, 1978), 266.

3 Bultmann, *Die Geschichte der synoptischen Tradition* (Göttingen, 1957, 3판), 231.

하려고 마가복음 저자가 설정한 것이다.

새벽 네 시περὶ τετάρτην φυλακὴν τῆς νυκτός(마가 6, 48b)는 로마 문화에서 새벽 3시에서 6시 사이를 가리킨다. 새벽은 하느님의 도움 시간이다. "해질 때 갑자기 닥쳐온 두려움이 아침 해 뜨기 전에 가신 듯 사라진다"(이사야 17,14; 시편 46,6). 물 위를 걸은 예수는 "홀로 하늘을 펼치시고 바다의 물결을 밟으시는 이"(욥기 9,8)에 이어진다. 하느님이 사람 곁을 지나치듯이(탈출기 33,19-23; 열왕기상 19,11), 예수도 제자들 곁을 지나쳐 가려 하였다(마가 6,48b). 하느님의 능력이 예수에게 연결되었다고 마가복음 저자는 말하고 싶다.

물 위를 걸어오는 예수를 유령인 줄 알고 제자들은 모두 겁에 질렸다. "나입니다ἐγώ εἰμι"(마가 6,50b) 구절은 하느님이 자신을 드러낼 때 하는 말씀이다.4 "겁내지 말고 안심하시오"(마가 6,50) 구절은 하느님이 나타나실 때 하는 말씀이다(판관기 6,23; 다니엘 10,12). 그들이 탄 배에 예수가 오르자 바람이 그쳤다(마가 6,51a; 4,39). 하느님이 나타나신 이야기가 구원 기적으로 이어졌다. 놀라움ἐξίσταντο(마가 6,51b)은 기적에 대한 사람들의 자연스러운 반응에 속한다(마가 2,12; 5,42). 물 위를 걸은 예수(마가 6,45-52), 오천 명을 먹인 기적(마가 6,30-44) 이야기는 모두 예수를 하느님과 연결시키는 사건이다.

물 위를 걸은 예수를 이해하지 못한 제자들은 오천 명을 먹인 기적도 이해하지 못했다고 마가복음 저자는 해설했다(마가 6,52). 예수 반대자들뿐만 아니라 예수 제자들도 예수를 잘 이해하지 못했다.

마태복음 전에 있었던 베드로 일화에서 그의 신앙 고백이 포함되었

---

4 Schnackenburg, R., *Das Johannesevangelium 2*, HthK IV 2 (Freiburg, 1971), 63.

다는 의견은5 근거를 찾을 수 없다.6

마태 14,24에서 바다(시편 18,16; 32,6; 69,2), 밤(시편 91,5; 107,10-12), 풍랑(시편 107,23-32; 요나 1,4-5)은 위기, 공포, 죽음을 나타내는 상징이다. 밤 사경τετάρτῃ(마태 14,25a), 즉 새벽 3~6시는 하느님의 도우심이 드러나는 시간(탈출기 14,24; 이사야 17,14; 시편 46,6)이고, 예수가 부활한 시간이다(마태 28,1). 호수 위를 걸어오는 예수 모습(마태 14,25a)은 갈라진 바다 가운데로 마른 땅을 걸어 건너가는 이스라엘 백성(탈출기 14,16; 열왕기하 2,7; 이사야 43,2)이나 바닷속 깊은 곳으로 걸어가는 것(욥기 38,16)과 다르다. 물 위를 걷는 일은 오직 하느님 능력에 속한다. "홀로 하늘을 펼치시고 바다의 물결을 밟으시는 이"(욥기 9,8).

"나다ἐγώ εἰμι"(마태 14,27) 표현은 물 위를 걸어오는 예수가 자신을 가리키는 말이지만, 하느님이 자신을 소개하는 말이다(신명기 32,39; 이사야 41,4; 51,12). 예수는 히브리 언어를 빌어 그리스 영웅의 모습으로 자신을 알려준다. "저더러 물 위로 걸어오라고 하십시오"(마태 14,28b) 예수에게 소리치는 베드로는 물 위를 걷는 것이 산을 옮기는 것(마태 17,20)처럼 불가능함을 모르진 않는다. 예수는 하늘과 땅의 모든 권한을 받은 그리스도다(마태 28,18). 물 위를 밟고 예수에게 걸어가다 물에 빠져들게 되었던 베드로는 "주님, 살려주십시오!" 비명을 질렀다. "내가 빠져드는 이 수렁에서 건져주시고, 원수들의 손아귀에서 이 깊은 물속에서 나를 건지소서"(시편 69,14). 예수는 손을 내밀어 베드로를 붙잡으며 물

---

5 Gnilka, J., *Das Evangelium nach Markus*. Teilband 2: Mk Mk 8,27–16,20, EKK II/2 (Neukirchen-Vluyn, 1978), 12.

6 Luz, U., *Das Evangelium nach Matthäus (Mt 8-17)*, EKK I/2 (Neukirchen-Vluyn, 1990), 406.

속에서 구출한다(시편 143,7c). 풍랑 속에서 베드로는 하느님의 도우심을 체험한다. 마태복음 저자는 물 위를 걸어오는 하느님의 아들 예수에게서(마태 14,33) 우리와 함께 계신 하느님을 보여주었다.

예수의 제자들이 왜 저녁에 배를 타고 호수 건너편 가파르나움으로 향했는지 설명되지 않았다. 그들이 25 또는 30스타디온, 즉 4.5킬로미터에서 5.5킬로미터쯤7 노를 저었을 때, 호수 위를 걸어 배 쪽으로 다가오는 예수를 바라보고 두려워하였다(요한 6,19). 예수는 그들에게 "나요 Ἐγώ εἰμι, 두려워 마시오" 말하였다(요한 6,20). 하느님께서 모세에게 "나는 곧 나다. 너는, 나를 너희에게 보내신 분은 '나다.' 말씀하시는 그분이라고 이스라엘 백성에게 일러라"(탈출기 3,14)라고 하신 말씀을 예수의 제자들은 예수에게 들은 셈이다.

---

7 Thyen, H., *Das Johannesevangelium, HNT 6* (Tübingen, 2015, 2판), 339.

79. 겐네사렛에서 병자 고침
(마가 6,53-56/마태 14,34-36)

많은 병자를 고쳤다는 이야기는 마가복음에 세 번(마가 1,32-34; 3,7-12; 6,53-56) 나온다. 겐네사렛에서 병자 고침(마가 6,53-56) 보도는 오천 명 먹인 기적(마가 6,30-44)과 물 위를 걸은 예수(마가 6,45-52)뿐만 아니라 마가복음의 여섯 개 큰 기적(마가 4,35-5,43; 6,32-52)과 마가복음 4장에서 7장을 마무리하는 단락이다. 모든 동네에서 병자들이 예수에게 왔고, 예수 옷자락을 만진 사람은 모두 나았다는 설명이 특징이다. 마가 6,53-56 단락은 전승이 아니고, 마가복음 저자가 직접 썼다.[1]

흔히 겐네사(마카베오상 11,67)라 불리던 겐네사렛(마가 6,53)은 유다 문헌에서 갈릴래아 호수 북쪽에 있는 지역 전체를 가리킨다.[2] 예수는 동네 곳곳을 돌아다녔다. 예수 가는 곳마다 사람들이 병자들을 들것에 실어 시장터에 데려다 놓고 예수 옷자락ἱμάτιον(마가 6,56)을 만지며 도움을 청하였다. 베드로 역시 예수와 같은 상황을 맞이했다(사도행전 5,15;

---

1 Gnilka, J., *Das Evangelium nach Markus*. Teilband 1: Mk 1-8,26, EKK II/1 (Neukirchen-Vluyn, 1978), 272.

2 Dalman, G., *Orte und Wege Jesu*, BFChTh II/1 (Gütersloh, 1924), 133; Pesch, R., *Das Markusevangelium. Teil 1. Einleitung und Kommentar zu Kapitel 1,1-8,26*, HthK II/1 (Freiburg, 1976), 365.

19,11). 의사를 만날 수 없는 사람들을 시장터에 데려다 놓으면, 지나가는 사람들이 환자에게 병세를 묻고 위로하곤 했다. 당시 가난한 사람들의 온갖 고통이 컸다는 말이다.

예수는 옷자락 네 귀퉁이에 하얀 천에 자줏빛 끈을 달고 다니며(신명기 22,12; 민수기 15,38) 야훼의 모든 명령을 기억하며 살아가는 경건한 유다인(민수기 15,39; 마태 9,20; 23,5)으로 소개되었다. 마가복음 7장부터 유다인 아닌 사람에게 복음을 전하는 예수가 본격적으로 소개된다. 마가복음 7장 바로 직전 단락에서 마가복음 저자는 예수를 경건한 유다인 예수로 다시 강조하고 있다.

예수는 특별한 말이나 동작 없이 병자들을 고쳐주었다. 마가복음 저자는 기적만으로는 예수 진면목을 알기 어렵다는 뜻에서 예수의 치유 행위를 일부러 소박하게 묘사했다. 갈릴래아 영주 헤로데 안티파스의 폭정 때문에 민중들이 떠돌이 생활을 했다는 결론을 이 단락에서 이끌어 낼 수는 없다.

열두 해 동안 하혈병을 앓던 여자(마태 9,20-21)처럼 병자들은 예수의 옷자락만이라도 만지게 해달라고 청하였고, 만진 사람은 모두 깨끗이 나았다. 예수의 계명을 유난히 강조해 온 마태복음 저자는 이스라엘 백성을 치유하는 예수의 모습을 자주 그렸다(마태 4,24; 9,35; 15,29). 예수는 먼저 이스라엘 백성을 찾은 분이기 때문이다.

80. 전통 논쟁
(마가 7,1-23/마태 15,1-20)

마가복음 7-8장에서 예수는 유다인 아닌 사람에게 복음을 전하는 인물로 소개된다. 예수는 유다인 아닌 사람이 많이 사는 띠로 지방(마가 7,24), 시돈을 거쳐 데카폴리스 지방을 돌아다닌다(마가 7,31). 그래서 마가복음 7-8장은 4-6장과 주제가 다르다. 4-6장은 기적 사건을 다루었지만, 7-8장은 깨끗함에 대한 율법 규정을 다루고 있다.

유다인 아닌 사람에게 예수 복음을 전할 때, 율법은 익숙하지 않은 주제였다. 유다인과 유다인 아닌 사람이 섞여 있는 예수운동 공동체에서 예수를 받아들인 유다인이 그동안 지켜오던 율법을 유다인 아닌 사람이 여전히 따라야 하느냐는 논쟁이 생길 수 있었다.[1] 마가복음 7-8장에 유다인 아닌 사람에 대한 마가복음 저자의 고유한 생각이 잘 담겨 있다.[2]

식사 전 손 씻는 습관(마가 7,1-5)과 코르반 전통(마가 7,9-13)은 원래

1 Berger, K., *Die Gesetzesauslegung Jesu. Ihr historischer Hintergrund im Judentum und im AT. Teil 1: Markus und Parallelen*, BZNW 39 (Berlin, 1970), 461-483; Stegemann, E. W., Stegemann, W., *Urchristliche Sozialgeschichte: Die Anfänge im Judentum und die Christusgemeinden in der mediterranen Welt* (Stuttgart u.a., 1995, 2판), 186.

2 Ernst, J., *Das Evangelium nach Markus*, RNT (Regensburg, 1981), 18.

서로 관계없는 이야기였다. 마가복음 저자가 두 이야기를 한데 묶었다. 식사 전 손 씻는 습관에 대한 논쟁은 마가복음에서 가장 긴 논쟁이다. 예수가 제자들에게 비유의 뜻을 따로 설명한 마가 7,9-13 단락은 특수 제자 교육 자료에[3] 속한다(마가 4,10-20; 8,14-21; 9,28-50).

깨끗함과 불결함의 구분은 구약성서에 기초하며, 유다 사회를 구성하는 핵심 요소에 속한다.[4] 그 구분은 예루살렘 성전, 성전 제사, 사제 계급의 이익과 연결되어 있다. 깨끗함과 불결함의 구분을 비판하는 일은 유다교 사제 계급에 저항을 포함한다. 예루살렘 성전과 사제 계급에만 적용되었던 율법 규정을 모든 유다인이 일상생활에서 지키도록 가르치고 또한 스스로 실천했던 그룹이 바리사이였다. 그들은 사제들이 식사 전 손 씻던 습관을 사제 아닌 사람에게도 요구했다.

그래서 식사 전 손 씻기는 위생 문제가 아니라 종교적 의미를 띠고 있다. 바리사이파 사람들뿐만 아니라 모든 유다인은 조상의 전통에 따라 음식을 먹기 전에 반드시 손을 깨끗이 씻었다(마가 7,3)는 보도는 사실과 다르다. 바리사이파 사람들만 그렇게 했고, 대부분 사람들은 그렇게 하지 않았다.[5] 모든 유다인들πάντες οἱ Ἰουδαῖοι은(마가 7,3) 표현처럼 유다인을 일반화하여 가리키는 경우는 유다인의 왕(마가 15,2)을 제외하면 마가복음에 더 나오지 않는다. 단어 πυγμῇ(마가 7,3a) 번역은 반드시(공동번역)보다 조심스럽게 뜻에 더 가깝다. 즉, 유다인은 음식을 먹기 전에 반드시 손을 깨끗이 씻었다기보다 조심스럽게 손을 씻었다. 시장에서

3 Pesch, R., *Das Markusevangelium. Teil 1. Einleitung und Kommentar zu Kapitel 1,1-8,26*, HthK II/1 (Freiburg, 1976), 380.

4 Limbeck, M., *Markus-Evangelium*, SKK.NT 2 (Stuttgart, 1998, 6판), 93.

5 Gnilka, J., *Das Evangelium nach Markus*. Teilband: Mk 1-8,26, EKK II/1 (Neukirchen-Vluyn, 1978), 281.

돌아왔을 때 반드시 몸을 씻고 나서야 음식 먹는 관습이 있었다(마가 7,4a) 구절 또한 과장된 말이다.

예수는 조상의 전통(마가 7,5)뿐만 아니라 당대 사람들의 전통(마가 7,9.13)을 비판하고 있다. 예수가 바리사이파 사람들과 율법학자들이 입으로 하는 고백과 마음으로 하는 믿음을 대조한 것은 아니고, 하느님의 계명과 사람의 전통을 대조하였다. 입으로 하는 고백과 마음으로 하는 믿음 사이에 모순이 있기 때문이 아니라 하느님의 계명보다 사람의 전통을 높게 놓았기 때문에, 바리사이파 사람들과 율법학자들이 위선자라는 뜻이다. 예수가 위선자들ὑποκριτῶν 단어를 쓴 경우는 마가복음에서 이 단락의 마가 7,6이 유일하다.

코르반 전통(마가 7,9-13) 이야기에서 예수는 바리사이파 사람들과 율법학자들의 율법 해석을 비판한다. 코르반κορβᾶν(마가 7,8) 전통은 "야훼께 서원하거나 맹세코 자제하기로 서약했을 경우에 남자라면 누구나 자기가 한 말을 어기지 못한다. 제 입에서 나온 말을 낱낱이 지켜야 한다"(민수기 30,3) 구절에 근거한다.6 유다교에 헌금하기로 아들이 맹세했다면, 헌금 약속을 지키기 위해 부모 공경을 소홀히 해도 어쩔 수 없다는 핑계가 생길 수 있다. 코르반 전통이 악용될 가능성을 유다교 사람들도 염려했다.7 코르반 전통을 이용하여 부모 재산을 가로채거나 부모에게 보복하던 일부 유다인을 예수가 여기서 겨냥하고 있지는 않다.

바리사이파 사람들과 율법학자들을 비판한 뒤에 예수는 다시 사람들을 불러 모아 가르친다(마가 7,14). 예수는 악한 사람들을 비판하는 데

---

6 Berger, K., *Die Gesetzesauslegung Jesu. Ihr historischer Hintergrund im Judentum und im AT. Teil 1: Markus und Parallelen*, 488.

7 Hübner, H., *Das Gesetz in der synoptischen Tradition* (Göttingen, 1973), 150.

게으르지 않았고, 깨닫지 못한 사람들을 가르치는 데 소홀하지도 않았다. "무엇이든지 밖에서 몸 안으로 들어가는 것은 사람을 더럽히지 않습니다. 더럽히는 것은 도리어 사람에게서 나오는 것입니다"(마가 7,15). 몸 안으로 들어가는 음식이 아니라 몸에서 밖으로 나오는 악한 생각들이 사람을 더럽힌다는 말이다. 마가 7,15는 입으로 짓는 죄를 가리키는가,[8] 유다교 정결 규정을 부정하는 말인가.[9]

예수가 진짜로 "무엇이든지 밖에서 몸 안으로 들어가는 것은 사람을 더럽히지 않습니다. 더럽히는 것은 도리어 사람에게서 나오는 것입니다"(마가 7,15) 말했을까. 마가복음 저자가 써넣었다는 의견과[10] 예수가 진짜 한 말이라는 의견이[11] 맞서 있다.

마음에서 나와 사람을 더럽히는 악한 것 열두 가지 목록(마가 7,21-23)은 마가복음에서 여기에만 있다. 열두 가지 목록을 예수가 실제로 말한 것은 아니고, 예수운동 공동체가 복음 전파 과정에서 나온 작품이라고 보는 것이 적절하다.[12] 열두 가지 목록 중 악한 눈길ὀφθαλμὸς πονηρός (마가 7,23)을 제외한 열한 가지는 바울 편지(갈라디아 5,19; 고린토전서 5,10)에 나온다. 바울은 그리스 철학 영향을 받아 사람을 더럽히는 나쁜 것들 목록을 만든 것 같다.[13]

8 Jeremias, J., *Neutestamentliche Theologie I. Die Verkündigung Jesu* (Gütersloh, 1971, 4판), 203.

9 Haenchen, E., *Der Weg Jesu. Eine Erklärung des Markus-Evangeliums und der kanonischen Parallelen*, STöH 6 (Berlin, 1966), 266.

10 Lohmeyer, E., *Das Evangelium des Markus*, KEK I/2 (Göttingen, 1963, 16판), 141.

11 Pesch, R., *Das Markusevangelium. Teil 1. Einleitung und Kommentar zu Kapitel 1, 1-8,26*, 383; Theissen, G., "Das Reinheitslogion Mk 7,15 und die Trennung von Juden und Christen," in: Wengst, K., u.a. (Hg.), *Ja und Nein* (1998), 235-251.

12 Dschulnigg, P., *Das Markusevangelium*, ThKNT 2 (Stuttgart, 2007), 203.

모든 음식은 다 깨끗하다(마가 7,19)는 예수 선언은 오늘날 유다인도 이해하기 어렵다. 음식 규정보다 자기 마음을 살펴보라는 예수 말이 더 중요하다. 그런데 전통 논쟁(마가 7,1-23)은 정말로 역사의 예수가 실제로 한 행동과 말씀에서 비롯된 것일까. 의견이 분분하다.[14] 그렇게 강력한 율법 비판은 예수에게 찾기 어렵다.

실제로 역사의 예수가 유다교 음식 규정을 전부 폐지했다면, 예수운동 공동체에서 음식 규정을 둘러싸고 갈등이 생길 수나 있었을까. 예수가 가난한 사람들과 어울려 식사하면서 유다교 음식 규정을 전부 지켰을 가능성은 없다. 음식 규정을 어겼던 예수 행동 때문에 바리사이파 사람들과 율법학자들은 예수를 호의적으로 볼 수 없었다. 예수운동의 길과 바리사이 유다교의 길이 다르다는 사실이 마가복음 7-8장에서 분명히 드러났다.[15]

"이 백성이 입술로 나를 공경하여도, 마음은 나에게서 멀리 떠나 있구나. 그들은 나를 헛되이 예배하며 사람의 계명을 하느님의 계명처럼 가르칩니다"(이사야 29,13; 마가 7,6b-8a), "여러분과 같은 위선자"(마가 7,7b), "여러분은 하느님의 계명은 버리고 사람의 전통을 고집하고 있습니다"(마가 7,8) 예수 비판은 오늘 개신교, 가톨릭에 해당되지 않는가. 예수는 자기 종교 유다교에 있던 잘못된 전통을 모른 체 하지 않고 찾아내고 비판하였다. 비인간적인 종교 전통이 신학적으로 옳다고 정당화될 위험이 있다. 나쁜 종교 전통을 합리화하는 데 성서도 인용당할 수 있

13 Lührmann, D., *Das Markusevangelium*, HNT 3 (Tübingen, 1987), 128.

14 Gnilka, J., *Das Evangelium nach Markus*. Teilband: Mk 1-8,26, EKK II/1 (Neukirchen-Vluyn, 1978), 286.

15 Lührmann, D., *Das Markusevangelium*, 129.

고, 이용당할 수 있다.

예수는 악용될 수 있는 종교 전통을 만들고 지킨 바리사이파 사람들과 율법학자들을 비판하고 있다. 예수는 종교 규칙을 가장 잘 지키던 바리사이들을 위선자라고 비판했다. 종교에 헌금한다는 구실로 부모 공경 계명을 소홀히 하는 행동도 위선이다. 종교 규칙을 잘 지키는 모범적 그리스도인이 사실 위선자일 수 있다. 하느님의 계명보다 교회의 전통을 높게 놓거나 교회 전통을 하느님 계명처럼 가르치는 종교인이나 신학자는 위선자에 해당한다.

유다인의 전통(마태 15,1-9), 깨끗함(마태 15,10-20) 두 주제로 이어진 마태 15,1-20은 하나의 단락으로 생각하는 편이 낫다. 마가 7,1-23을 참조한 마태 15,1-20은 마태복음 13장처럼 논쟁 분위기로 가득하다. 마태 15,1-20에 예수운동 마태복음 공동체가 유다교 율법과 전통을 어떻게 이해하느냐 문제가 담겨 있다.

크게 두 의견이 있다. 첫째, 마태복음 저자는 유다교 윤리 규정은 받아들이되, 종교의식 규정은 거절한다.[16] 둘째, 마태복음 저자가 유다교 윤리 규정을 기본적으로 거절하는 것은 아니고, 윤리 규정을 사랑의 계명 아래 놓는다.[17]

조상들의 전통παράδοσις(마태 15,2a)을 어떻게 이해할까. 두 의견이 있다. 마태복음 저자는 토라의 유효성을 인정하지만, 전통의 유효성은 기

---

16 Strecker, G., *Der Weg der Gerechtigkeit. Untersuchung zur Theologie des Matthäus*, FRLANT 82 (Tübingen, 1962), 30-32.

17 Barth, G., "Das Gesetzesverständnis des Evangelisten Matthäus", in: Bornkamm, G./Barth & Held, H.-J. (Hg.), *Überlieferung und Auslegung im Matthäusevangelium*, WMANT 1 (Neukirchen, 1961), 54-154, 82; Gnilka, J., *Das Evangelium nach Markus*. Teilband 2: Mk Mk 8,27-16,20, EKK II/2, 26.

본적으로 거절한다.[18] 마태복음 저자는 전통의 유효성을 기본적으로 거절하진 않지만, 음식 먹을 때 손 씻는 바리사이들의 규정을 거절한다.[19]

이러한 논쟁을 21세기를 사는 우리가 이해하기 어려운 까닭이 있다. 공통년 1세기에 바리사이파의 깨끗함에 관한 규정이 어떠했는지 분명하지 않다. 손 씻는 관습에 대한 바리사이파의 규정이 당시에 얼마나 널리 받아들여졌는지 뚜렷하지 않다. 본문은 손 씻기, 코르반 관행, 진정한 깨끗함 세 주제를 언급하고 있는데, 코르반 관행은 깨끗함 규정과 관계없다.

진정한 깨끗함이라는 주제는 조상들의 전통과 관계있는 것이 아니라 토라와 관계있다. 마태복음 저자가 율법을 어떻게 이해했는지 또한 논란되고 있다. 율법에서 해방된 유다인 아닌 예수운동 사람들의 입장을 대변하는 마가복음 저자, 율법에 충실한 유다인 출신 예수운동 사람들의 입장을 대변하는 예수 어록, 두 전통을 마태복음 저자는 받아들였다.[20]

마가복음에서 율법에 대한 가장 분명한 구절은 마가 7,15-23이다. 유다교의 의식 규정은 마가복음 공동체에서 더 이상 효력이 없다는 사실을 전제한다. "입으로 들어가는 것은 사람을 더럽히지 않습니다. 더럽히는 것은 오히려 입에서 나오는 것입니다"(마태 15,11) 구절은 "무엇이든지 밖에서 몸 안으로 들어가는 것은 사람을 더럽히지 않습니다. 더럽히는 것은 도리어 사람에게서 나오는 것입니다"(마가 7,15) 구절을 전부 받아들였는가.[21]

---

18 Broer, I, *Freiheit vom Gesetz und Radikalisierung des Gesetzes*, SBS 98 (Stuttgart, 1980), 121.

19 Hübner, H., *Das Gesetz in der synoptischen Tradition* (Göttingen, 1973), 180.

20 Luz, U., *Das Evangelium nach Matthäus (Mt 8-17)*, EKK I/2 (Neukirchen-Vluyn, 1990), 419.

"여러분은 왜 여러분의 전통을 핑계 삼아 하느님의 계명을 어기고 있습니까?"(마태 15,3) 말씀은 음식 먹을 때 손 씻는 규정이 하느님의 말씀을 무시하고 있다(마태 15,6c)는 뜻이다. 유다인 조상들의 전통이 아니라 여러분의 전통(마태 15,3), 즉 바리사이파 사람들과 율법학자들의 전통을 예수는 반박하고 있다.

음식 먹을 때 손 씻는 율법 규정(마태 15,2; 요한 2,6)은 토라에서 찾기 어렵다. "누구든지 고름을 흘리는 사람이 씻지 않은 손으로 건드렸으면, 그는 옷을 빨아 입고 목욕을 하여야 한다"(레위 15,11) 구절은 식사와 관계없다. 예루살렘 성전의 제단에서 의식을 행하기 전 사제는 성전밖에 설치된 그릇에 있는 물로 손과 발을 씻는다.[22] 식사 후 손 씻기는 의무라고 말한 문헌은 있지만, 식사 전 손 씻기는 바리사이파에게 특별한 관심이었던 듯하다. 예수는 율법을 위해 바리사이파와 다투고 있지, 율법을 없애기 위해 바리사이파와 다투는 것이 아니다.

코르반 규정(마태 15,5-6)을 둘러싼 세대 갈등이 실제로 유다 사회에 있었다.[23] 토라와 전통의 갈등이 아니라 토라와 토라 사이에 생기는 갈등이기 때문에(민수기 30,3; 신명기 23,24), 코르반 규정은 해석하기 더욱 까다로웠다. 예수운동에서 자주 인용되었던 이사야 29장(로마 9,20; 고린토전서 1,19; 골로사이 2,22)을 인용하여 예수는 바리사이파 사람들과 율법학자들을 비판한다. "이 백성이 입술로는 나를 공경하여도 마음은 나에게서 멀리 떠나 있구나!"(마태 15,8) 바리사이파 사람들과 율법학자들뿐

21 Barth, G., "Das Gesetzesverständnis des Evangelisten Matthäus", in: Bornkamm, 83.

22 Luz, U., *Das Evangelium nach Matthäus (Mt 8-17)*, 420.

23 Pesch, R., *Das Markusevangelium. Teil 1. Einleitung und Kommentar zu Kapitel 1,1-8,26*, 374; Billerbeck, P., Strack, H., *Kommentar zum Neuen Testament aus Talmud und Midrasch I* (München, 1961), 711-717.

만 아니라 이스라엘 백성 전체가 하느님에게서 멀리 떠나 있다는 탄식
이다.

"입으로 들어가는 것은 사람을 더럽히지 않습니다. 더럽히는 것은
오히려 입에서 나오는 것입니다"(마태 15,11) 구절은 해석하기 어렵다.
마가 7,15는 깨끗함과 더러움 사이의 차이를 없애려 했다.[24] 바울도 그
렇게 생각했다(로마 14,14). 마태복음 저자는 율법을 사랑의 계명 아래
놓으려 한 것 같다.

하느님께서 심으신 나무는 이스라엘 백성을 가리킨다.[25] 하늘에 계
신 내 아버지께서 심지 않으신 나무(마태 15,13b) 비판을 들은 바리사이
파 사람들은 눈먼 길잡이다(마태 15, 14b; 23,16, 24). 입에서 나오는 죄와
마음에서 나오는 죄를 특히 강조하는 마태복음 저자는 마가 7,21-22
죄 목록을 줄이고, 십계명 중 제2계명에 집중했다.

---

24 Paschen, W., *Rein und Unrein*, StANT 24 (München, 1970), 165-168.

25 Gnilka, J., *Das Evangelium nach Markus*. Teilband 2: Mk 8,27–16,20, EKK II/2, 25.

81. 이방인 여인의 믿음
(마가 7,24-30/마태 15,21-28)

앞 단락 마가 7,1-23에서 예수는 유다교 바리사이파에 거리를 두었다. 예수는 유다인 아닌 사람이 많이 사는 곳으로 건너간다. 먼 거리 치유 사건(마가 7,24-30; 마태 8,5-13; 누가 7,1-10; 요한 4,46-54)에서 병자를 치유해달라고 부탁하는 유다인 아닌 사람이 세 번(마가 7,24-30; 마태 8,5-13; 누가 7,1-10) 나온다. 마가복음 저자는 유다인 아닌 사람들이 예수를 크게 신뢰하고 있었다고 강조하고 싶었다.

이 단락에서 예수와 여인의 대화가 없었다면, 기적 이야기는 별다른 의미가 없다.[1] 여인 의견이 이야기의 핵심에 있고, 예수는 여인에게 찬동하는 역할에 불과하다. 예수 제자들은 전혀 언급되지 않았다. 마가 7,24-30 단락에서 예수와 여인의 대화가 먼저 있었고, 기적 이야기는 그다음에 끼어들었을까?[2] 기적 이야기가 먼저 있었고, 예수와 여인의 대화가 추가되었을까.[3]

---

1 Gnilka, J., *Das Evangelium nach Markus*. Teilband: Mk 1-8,26, EKK II/1 (Neukirchen-Vluyn, 1978), 290.

2 Lohmeyer, E., *Das Evangelium des Markus*, KEK I/2 (Göttingen, 1963, 16판), 145.

3 Kertelge, K., *Die Wunder Jesu im Markusevangelium; eine redaktionsgeschichtliche Untersuchung*, StANT 23 (München, 1970), 152.

예수는 아무도 모르게 조용히 지내려고(마가 1,45; 5,43; 7,24) 유다인 아닌 사람들이 많이 살던 띠로 지방으로 갔다. 유다인이 유다인 아닌 사람 집에 들어가는 행동은 유다교 정결 규칙을 위반하는 일이다. 악령 들린 어린 딸을 둔 시로페니키아 출생의 그리스 여인이[4] 예수를 찾아와 엎드렸다. 시로페니키아 출생의 여인(마가 7,26)은 가나안 여자(마태 15,22)로 표현이 바뀐다.

값비싼 침대ϰλίνη(마가 7,30) 단어는 마가복음에서 여기에만 나온다. 시로페니키아 여인은 상류층 여인이었다는 뜻이다. 마가복음 저자는 이 단락을 시돈 지방 사렙다의 어느 과부 이야기와 연결한다. 과부 아들이 병들어 숨을 거두었지만, 예언자 엘리야의 기도 덕분에 다시 살아났다(열왕기상 17, 7-23). 예수를 만난 덕분에 시로페니키아 여인의 어린 딸은 악령에서 해방되었다(마가 7,30). 고통에 잠긴 어린 딸이 예언자 엘리야와 예수 덕택에 고통에서 벗어난다.

기적 이전에 대화가 시작된다. 대화는 논쟁으로 이어졌다. "자녀들을 먼저 배불리 먹여야 합니다"(마가 7, 27a) 예수 말은 구원 역사에서 유다인이 유다인 아닌 사람보다 먼저 갖는 특권을 가리킨다. 예수는 하느님의 구원 역사에서 유다인이 누리는 특권을 인정했지만, 유다인 아닌 사람에게도 문을 활짝 열어놓았다.[5] 바울 역시 그렇게 설명했다. "복음은 먼저 유다인들에게, 그리고 유다인 아닌 사람들에게까지 믿는 사람이면 누구에게나 구원을 가져다 주시는 하느님의 능력입니다"(로마

---

4 Theissen, G., *Lokalkolorit und Zeitgeschichte in den Evangelien. Ein Beitrag zur Geschichte der synoptischen Tradition*, NTOA 8 (Fribourg/Göttingen, 1989), 210.

5 Schnelle, *Einführung in die neutestamentliche Exegese*, UTB 1253 (Göttingen, 2000, 5판), 133.

1,16). 하느님 자녀들, 즉 유다인(신명기 14,1; 호세아 11,1; 이사야 1,2)이 먹는 빵을 개의 새끼들(사무엘상 17,43; 욥기 30,1), 즉 유다인 아닌 사람에게 던져 주는 것은 좋지 않다(마가 7,27b) 예수는 말했다. 시로페니키아 여인은 예수에게 "상 밑에 있는 강아지도 아이들이 먹다 떨어뜨린 부스러기는 얻어먹지 않습니까?"(마가 7, 28b) 항의했다. 예수를 주님κύριε(마가 7,28)이라 호칭한 여인은 마가복음에서 유다인 아닌 시로페니키아 여인이 유일하다.6

예수는 유다인 아닌 여인과의 논쟁에서 패배했다. 복음서에서 예수가 논쟁에서 물러선 역사는 이곳이 처음이자 마지막이다. 유다인 아닌 여인의 용기는 예수의 생각을 바꾸어 놓았다. 유다인 아닌 여인은 남자 제자들을 넘어서는 믿음의 모범으로 묘사되었다.7 예수는 "옳은 말씀입니다"(마가 7, 29a) 공손하게 대답하고, "여인이여! 참으로 당신 믿음이 큽니다"(마태 15,28) 칭찬하였다. 예수는 여인의 의견을 배우고 받아들였다. 예수도 자기 생각을 변화하고 성장시킬 줄 아는 사람이었다. 논쟁은 이기기 위해서가 아니라 배우기 위해서 한다.

가나안 사람Χαναναῖος은 유다인 아닌 사람8뿐만 아니라 마태복음 저자 시대에 페니키아 사람들(이사야 23,11)의 자칭이다.9 그런데 예수는

6 Strube, S. A., "...Wegen dieses Wortes..." Feministische und nichtfeministische Exegese im Vergleich am Beispiel der Auslegung zu Mk 7,24-30, Theologische Frauenforschung in Europa 3 (Münster u.a., 2000), 65-67.

7 Fander, M., "Das Evangelium nach Markus. Frauen als wahre Nachfolgerinnen Jesu," in: Schottroff, L., Wacker, M.-Th. (Hg.), Kompendium feministische Bibelauslegung (Gütersloh, 1998), 499-512, 505.

8 Klauck, H.-J., Allegorie und Allegorese in synoptischen Gleichnistexten, NTA NF 13 (Münster, 1978), 274.

9 Luz, U., Das Evangelium nach Matthäus (Mt 8-17), EKK I/2 (Neukirchen-Vluyn, 1990), 주 28.

정말로 이스라엘 밖으로 나간 적이 있었을까. 그렇지 않았다는 의견이 있다.[10] 예수가 유다인 아닌 여인을 만나고 또 대화까지 나누었다는 사실이 마태복음 저자에게 중요하다.

예수에게 치유를 간청한 사람들처럼 가나안 여자 하나가 예수에게 "다윗의 자손이시여, 저를 불쌍히 여기소서, 주님Ἐλέησόν με Κύριε"(시편 6,3; 9,14; 40,5) 큰소리로(마태 8,29; 9,27; 20,30) 계속 청하였다. 다윗의 자손 외침은 유다인 아닌 그녀가 이스라엘의 메시아에게 하는 호칭이다. 그녀는 예수를 이스라엘에 보내진 메시아로 알았다. 제자들은 그 여인을 돌려보내려 했다(마태 14,15; 15, 23b; 19,13). 예수도 이스라엘 백성만을 찾아 돌볼 참이었다(마태 8,7; 15,24). "나는 오직 이스라엘 가문의 잃은 양들에게 파견되었습니다"(마태 15,24) 구절은 역사의 예수가 한 말이다.[11]

가나안 여인은 예수에게 무릎 꿇고(마태 8,2; 9,18) 절하며 "주님, 저를 도와 주십시오"(시편 43,27; 69,6; 108,28) 말하였다. "자녀들의 빵을 집어 강아지들에게 던져 주는 것은 좋지 않습니다"(마태 15,26) 구절은 유다인 아닌 여인에게 상처 주는 말이 아닌가. 그 지방 특유의 사회적 긴장을 반영한 말[12] 또는 예수의 속 좁음을 드러내는 말이[13] 될 수 있다.

고대 사회에 어느 계급에서나 반려견은 널리 퍼졌고 사랑받았다. 유

---

10 Donaldson, T. L., *Jesus on the Mountain. A Study in Matthean Theology*, JStNT.S 16 (Sheffield, 1985), 132; Kasting, H., *Die Anfänge der urchristlichen Mission*, BEvTh 55 (München, 1969), 113.

11 Strecker, G., *Der Weg der Gerechtigkeit. Untersuchung zur Theologie des Matthäus*, FRLANT 82 (Tübingen, 1962), 109.

12 Theissen, G., "Lokal- und Sozialkolorit in der Geschichte von der syrophönikischen Frau (Mk 7,24-30)," *ZNW* 75 (1984): 202-225, 214-221.

13 Beare, F. W., *The Gospel according to Matthew* (Oxford, 1981), 342.

다 사회에서 개를 혐오하는 문화는 없었다. 많이 돌아다니는 들개에 대한 두려움은 있었다.[14] 마태 15,26에서 예쁨 받는 강아지와 사랑스러운 자녀들이 비유되었다. 사람들은 먼저 자녀에게 먹을 것을 주고 그다음에 강아지에게 먹이를 준다. "사실 강아지들도 그 주인들의 상에서 떨어지는 부스러기는 먹습니다"(마태 15,27b) 여인의 답변에서 자녀가 우선 먹고 강아지가 나머지를 먹는다는 순서 문제가 강아지와 자녀가 같이 먹는다는 평등 문제로 주제가 바뀌었다. 여인의 끈질긴 요청(마태 15,27; 8,10; 9,22)을 예수는 믿음으로 이해했다. 여인의 믿음으로써 그녀의 딸이 치유되었다.

---

14 Billerbeck, P., Strack, H., *Kommentar zum Neuen Testament aus Talmud und Midrasch I* (München, 1961), 722.

82. 사천 명을 먹임
(마가 8,1-10/마태 15,32-39)

예수가 가난한 군중에게 먹을 것을 제공한 식사 기적을 마가복음 저자는 오천 명을 먹인 기적(마가 6,30-44)과 사천 명을 먹인 기적(마르 8,1-10) 두 이야기로 전했다는 의견은[1] 오늘 성서학계에서 포기되었다.[2] 예수의 식사 기적은 한 번 있었다는 말이다. 오천 명을 먹인 기적(마가 6,30-44)은 갈릴래아와 주로 유다인이 사는 지역에서, 사천 명을 먹인 기적(마가 8,1-10)은 주로 유다인 아닌 사람들이 사는 지역에서 일어난 사건으로 볼 필요는[3] 없다.

군중은 벌써 사흘이나, 즉 상당한 시간을 예수와 함께 지냈고, 이제 먹을 것이 없다(마가 8,2). 그중에는 먼 데서 온 사람들, 즉 유다인 아닌 사람도 있다(마가 8,3b). 사흘 뒤에 하느님의 도움이 있다는 유다인의 체험이 이야기 배경에 있을 수 있다(창세기 40,13; 여호수아 1,11). 하느님처럼 예수는 사람들을 도울 것이다. 예수는 사람들의 배고픈 사정을 모르

---

1 Dibelius, M., Die *Formgeschichte des Evangeliums* (Tübingen, 1959, 3판), 75.

2 Kertelge, K., *Die Wunder Jesu im Markusevangelium; eine redaktionsgeschichtliche Untersuchung*, StANT 23 (München, 1970), 139-141.

3 Van Iersel, B., "Die wunderbare Speisung und das Abendmahl in der synoptischen Tradition (Mk VI 35-44 par, VIII 1-20 par)," *NT* 7 (1964/65): 167-194, 188.

지 않았고 또 염려했다. 사람들이 예수에게 도움을 청하기 전에 예수는 먼저 사람들을 도우려 나선다. 예수는 배고픈 사람들을 위해 기도하라고 제자들에게 가르친 것이 아니라 먹을 것을 주라고 가르쳤다. 예수는 군중이 각자 가져온 빵을 서로 나누라고 말한 것은 아니다. 제자들이 가진 것을 군중에게 나누라고 예수는 말한다. 예수는 사람들에게 영혼의 빵이 아니라 실제 빵을 나누어주라고 제자들에게 요구한다.

일곱 숫자가 빵 일곱 개(마가 8,5, 6), 일곱 바구니(마가 8,8) 등 세 번이나 나온다. 유다인 아닌 사람들에게 예수를 전했던 예수운동 예루살렘 공동체의 일곱 선교사(사도행전 6,1-7,8)를 암시하는가.[4] 그렇지 않다는 의견이 있다.[5] 숫자 사천 명을 사방에서 예수에게 밀려드는 유다인 아닌 사람들이라고 해석하면 어떨까.[6] 이 단락에서 숫자들을 상징적으로 해석할 필요는 없다는 의견이 있다.[7]

배고픈 사람들이 배불리 먹었다는 사실만 중요한 것이 아니다. 유다인과 유다인 아닌 사람들이 함께 배고팠고, 함께 먹었다는 사실이 또한 중요하다. 예수는 유다인 아닌 사람들의 배고픔을 모른 체 하지 않았다. 예수는 유다인 아닌 사람들을 하느님 백성에 포함시켜 생각하고 행동했다. 마가복음 저자는 그런 예수 모습을 독자들에게 보여주고 싶었다.

예수는 사람들의 배고픔 문제를 제자들과 상의했다(마가 8,1-4). 오늘날 교회, 성당은 배고픔 문제를 예수와 상의하고 있는가. 오늘날 교회,

---

4 Bedenbender, A., "Neue Beobachtungen zum Markusevangelium," *TeKo* 25 (2002): 17-98, 38-41.

5 Marcus, J., *Mark 1-8*, AncB 27 (New York, 2000), 489.

6 Bedenbender, A., "Neue Beobachtungen zum Markusevangelium," 36.

7 Gundry, R. H., *Mark. A Commentary on His Apology for the Cross* (Grand Rapids, 1993), 396.

성당은 가난한 사람들의 배고픔 문제를 고뇌하고 있는가. 예수 제자들은 가난한 사람들에게 실제로 먹을 빵을 나누어 주어야 하는 사람이다. 가난은 경제 문제 이전에 종교 문제다. 가난은 국가 이전에 먼저 종교가 신경 써야 할 문제다. 교회, 성당은 가난한 사람들이 가진 것을 서로 나누라고 사람들을 가르칠 것이 아니라 교회, 성당이 가진 것을 팔아 가난한 사람들에게 나누어주라는 말이다. 수십 명 예수 제자들이 가진 것은 겨우 빵 일곱 개였다. 오늘 교회, 성당이 가진 빵은 70억 개도 더 될 것이다.

빵 기적에서 예배 미사나 성체성사만 떠올리는 것은 예수 뜻을 크게 축소하는 일이다. 빵 기적을 재빨리 영성 주제로 바꾸는 일은 빵 기적 의미를 왜곡하는 일이다.[8] 빵 기적은 제자들이 예수를 잘 이해하지 못했다는 점을 강조하는 사건보다[9] 가난한 사람들에 대한 예수의 관심과 실천을 드러낸 사건이라고 나는 보고 싶다.

"이 많은 사람들이 벌써 사흘 동안이나 나와 함께 지내면서 아무것도 먹지 못하였으니 참 보기에 안되었습니다. 가다가 길에서 쓰러질지도 모르니 그들을 굶겨 보내서야 되겠습니까?"(마태 15,32) 예수는 말하였다. 예수의 자비가 돋보이는 단락이다. 여기서 군중은 유다인 아닌 사람들을[10] 가리키진 않는다. 마가 8,3에서 유다인 아닌 사람들을 먹이는 사건을 가리키는 듯하지만, 마태복음에서 그렇게 보기[11] 어렵다.[12]

8 Gnilka, J., *Das Evangelium nach Markus*. Teilband: Mk 1–8,26, EKK II/1 (Neukirchen-Vluyn, 1978), 303.

9 Gnilka, J., *Das Evangelium nach Markus*. Teilband: Mk 1–8,26, EKK II/1, 304; Lührmann, D., *Das Markusevangelium*, HNT 3 (Tübingen, 1987), 135.

10 Gnilka, J., *Das Evangelium nach Markus*. Teilband 2: Mk Mk 8,27–16,20, EKK II/2 (Neukirchen-Vluyn, 1978), 36.

11 Lohmeyer, E., *Das Evangelium des Matthäus*, v. Schmauch, W. (hg.), KEK Sonderband (Göttingen, 1958, 2판), 258; Gundry, R. H., *Matthew. A Commentary on his Literary*

식사 기적은(마태 15,35-37) 마태 14,13-21을 기억나게 한다. 예수는 이미 했던 기적을 다시 하고 있다. 마태복음 저자는 마가 8,6-10을 참조하면서 동시에 마태 14,13-21을 기억하고 있다. 예수는 이스라엘 백성의 굶주림을 없애고 싶었다. 그런데 마태복음 저자는 왜 빵의 기적 이야기를 두 번이나 수록했을까. 한 번은 유다인을 위한 빵의 기적을, 또 한 번은 유다인 아닌 사람들을 위한 빵의 기적을 말하려 했는가. 그런 것 같진 않다.[13] 예수가 여러 차례 병자를 치유하고 악령을 쫓아냈듯이, 예수는 여러 차례 백성의 배고픔을 달래주려 했다.

and Theological Art, 321.

12 Luz, U., *Das Evangelium nach Matthäus (Mt 8-17)*, EKK I/2 (Neukirchen-Vluyn, 1990), 441.

13 Luz, U., *Das Evangelium nach Matthäus (Mt 8-17)*, 442.

83. 기적을 요구하는 유다인
(마가 8,10-21/마태 16,1-12)

"어찌하여 이 세대가 기적을 보여달라고 하는가!"(마가 8,12) 구절은 "악하고 절개 없는 이 세대가 기적을 요구하지만"(마태 16,4) 구절처럼 예수 어록 전승에 속한다. 그러나 "요나의 기적밖에는 따로 보여줄 것이 없습니다"(마태 16,4)라는 예수 답변은 "이 세대에 보여줄 징조는 하나도 없습니다"(마가 8,12; 누가 11,16; 마태 16,1) 구절과 똑같지는 않다. 달마누타(마가 8,10) 지방은 게라사 지방 마가다Μαγαδά[1] 또는 막달라Μαγδαλά(누가 8,2)를 가리키는 듯하다. 막달라는 티베리아스 도시가 조성되기 전에 세 도로가 만나는, 갈릴래아 호수 서쪽 연안에서 가장 큰 동네였다. 신약성서에서 예수는 막달라 동네에 한 번도 나타나지 않는다.

예수는 악마와 한패 아니냐, 예수는 왜 사회 변두리에 있는 못된 인간들과 어울리는가, 예수는 왜 유다인 아닌 사람에게도 다가서느냐. 예수 반대자들이 예수 행동과 말에서 느꼈던 세 가지 의문이다. 바리사이파 생각에 예수가 보여준 기적들은 마지막 시대를 가리키는 표징으로 충분하지 않았다. 유다인 아닌 사람들에게도 다가서는 예수에게 실망

---

1 마태 15,39; Lohmeyer, E., *Das Evangelium des Markus*, KEK I/2 (Göttingen, 1963, 16판), 154.

하고 불쾌했던 바리사이들은 예수가 유다인 아닌 사람들에게 다가서는 신학적 근거를 요구했다. 그들은 예수가 진짜 예언자인지, 아닌지 확실히 알고 싶었다.

바리사이파 사람들은 예수에게 하느님의 인정을 받은 표징을 보여 달라고 요구했다(마가 8,11). 마가복음 저자는 예수의 놀라운 행동을 가리키는 데 기적$^{\delta\acute{\upsilon}\nu\alpha\mu\iota\varsigma}$(마가 5:30; 6:14; 13:25) 단어를 보통 쓰지만, 여기처럼 몇 군데에서 표징$^{\sigma\eta\mu\epsilon\tilde{\iota}o\nu}$(마가 8,11; 13,4, 22) 단어를 쓴다. 바리사이파 사람들은 하늘에서 마지막 시대에 온다는 멸망의 신호(마가 13,24; 누가 21,11; 요한 묵시록 12,1)를 예수에게 요청했다. 유다교 문화에서 메시아를 자처하는 사람에게 그런 표징을 요구하는(열왕기하 20,1; 사무엘상 2,30-34; 이사야 7,10) 것은 이상한 행동은 아니었다.

이 세대$^{\grave{\eta}\ \gamma\epsilon\nu\epsilon\grave{\alpha}\ \alpha\ddot{\upsilon}\tau\eta}$(마가 8,12)는 바리사이파 사람들뿐만 아니라 하느님께 마음을 닫은 사람들(창세기 7,1; 예레미야 8,3)을 가리킨다. 예수는 그들의 요구를 거절했다. 예수를 믿는 사람은 기적을 요구하거나 기적에 의지하지 않는다. 여기서 바리사이파 사람들의 표징 요구와 제자들의 몰이해가 연결되었다. 바리사이파뿐만 아니라 예수 제자들도 예수를 잘 모르고 있다.

빵 다섯 개(마가 6,34)와 빵 일곱 개(마가 8,6)로 생겼던 기적을 직접 목격하고 체험했던 제자들이 빵 한 개밖에 없다고 걱정하고 있다(마가 8,14). 그래서 예수는 제자들을 반복하여 혼내고 있다(마가 8,17b-18). 눈이 있어도 보지 못하고 귀가 있어도 듣지 못하는 제자들(마가 8,18)은 미련하고 속없는 백성들(예레미야 5,21), 배신밖에 모르는 족속(에제키엘 12,2)에 비유되었다. 제자들이 예수를 이해하지 못하는 모습은 마가복음 특징 중 하나다.

예수는 느닷없이 제자들에게 바리사이파 사람들의 누룩과 헤로데 누룩을 조심하라(마가 8,15)고 경고한다. 누룩은 유다교 문화에서 악한 욕심이나 생각을 가리켰다(레위 2,11; 마태 13,33). 바리사이들 누룩과 헤로데 누룩을 조심하라는 말은 그들의 정치적 야심을 조심하고 영향받지 말라는[2] 뜻인가. 마가복음에서 바리사이들은 헤로데 당원들과 세 차례 만나(마가 3,6; 8,15; 12,13) 예수에 대한 적개심을 드러냈다.

바리사이파 사람들은 예수 당시 자타가 공인하던 모범적 유다교 신도였다. 헤로데 안티파스는 예수가 살고 활동하던 갈릴래아 지역을 다스리는 최고 정치권력자였다. 예수를 불신하여 표징을 요구하는 바리사이파 사람들, 예수를 부활한 세례자 요한으로, 즉 자신에게 정치적으로 위험한 인물로 여긴 헤로데는 예수를 죽이려고 모의하였다(마가 3,6). 예수는 가장 모범적인 유다교 신자들과 가장 힘이 센 정치권력자를 동시에 비판한 것이다.

제자들을 혼내기도 하고 질문도 하는 예수는 이 단락에서 제자들에게 두 가지를 경고하였다. 1) 예수를 반대하는 사람들이 누군지 정확히 알라. 2) 자신들이 예수를 제대로 알고 있는지 돌아보라.

예수 따르는 사람은 자기 자신만 반성하는 데 그치지 말고, 예수를 반대하는 악의 세력을 똑바로 볼 일이다. "아직도 알지 못하고 깨닫지 못했습니까? 그렇게도 생각이 둔합니까?"(마가 8,17)

마가 8,14-21 단락은 예수가 실제로 한 말을 기록한 것은 아니고 마가복음 저자가 창작한 장면이라는 의견이 있다.[3] 마가 8,14-21은 마가

---

2 Pesch, R., *Das Markusevangelium. Teil 1. Einleitung und Kommentar zu Kapitel 1,1-8,26,* HthK II/1 (Freiburg, 1976), 413; Lohmeyer, E., *Das Evangelium des Markus*, KEK I/2, 157.

복음에서 예수 제자들의 몰이해가 두드러지게 드러난 단락이다.4

"여러분은 저녁때 '하늘이 붉은 것을 보니 날씨가 맑겠구나' 하고, 아침에는 '하늘이 붉고 흐린 것을 보니 오늘은 날씨가 궂겠구나' 합니다. 이렇게 하늘을 보고 날씨는 분별할 줄 알면서 왜 시대의 징조는 분별하지 못합니까?"(마태 16,2b-3) 구절이 없는 사본이 많다. 마태 16,2b-3는 후대에 마태복음에 추가된 것인가, 아니면 본래 있었던 것일까. 처음부터 있지는 않았다.5

두 번의 빵 기적, 두 번의 군중 치유 이후 또다시 기적을 보여달라는 요구는 지나치다. 바리사이파 사람들과 사두가이파 사람들은 단순한 기적을 넘어 예수가 하느님의 인정을 받았다는 표징을 요구한다. 사실 그들은 예수의 능력을 잘 알고 있다. 요나의 기적밖에는 따로 보여줄 것이 없다며 예수는 그들을 뒤에 두고 떠나갔다. 바리사이파 사람들과 사두가이파 사람들은 예루살렘 성전에서 예수를 다시 만나게 된다(마태 19,3; 22,23).

예수는 바리사이파 사람들과 사두가이파 사람들의 가르침에 대해 경고한다(마태 16,5-12). 빵을 가져오지 않은 제자들의 실수(마태 16,7-10), 바리사이파 사람들과 사두가이파 사람들의 누룩, 즉 가르침을 조심하라(마태 16,11-12) 두 부분으로 이루어진 단락이다. 마태복음 저자는 마

---

3 Guelich, R. A., *Mark 1,1-8,26*, WBC 34A (Dallas, 1989), 418; Schenke, L., *Die Wundererzählungen des Markusevangeliums* (Stuttgart, 1974), 290.

4 Tannehill, R. C., "Die Jünger im Markusevangeliumdie Funktion einer Erzählfigur," in: Hahn, F. (hg.), *Der Erzähler des Evangeliums*, SBB 118/119 (Stuttgart, 1985), 37-66, 58.

5 Gnilka, J., *Das Evangelium nach Markus*. Teilband 2: Mk Mk 8,27–16,20, EKK II/2 (Neukirchen-Vluyn, 1978), 40; Hirunuma, T., "Matthew 16,2b-3," in: Epp, E. J., Fee, G. D. (Hg.), *New Testament Textual Criticism* (FS Metzger, B. M.) (Oxford, 1981), 35-45.

가 8,14-21을 참조했다. 예수의 제자들은 빵을 가져오지 않았다며 걱정하고 있는데, 예수는 제자들에게 바리사이파 사람들과 사두가이파 사람들의 누룩을 조심하라고 말한다. 두 번의 빵 기적을 목격한 후에도 제자들은 예수가 누구인지 아직도 잘 모르고 있다.

바리사이파 사람들과 사두가이파 사람들의 누룩이라니, 무슨 뜻일까. 적은 누룩이라도 온 반죽을 부풀게 한다(고린토전서 5,6; 갈라디아 5,9). 누룩 비유에는 긍정적 의미도 있고(누가 13,21), 부정적 의미도 있다(레위 2,11). 서로 다른 가르침을 펼쳐온 바리사이파와 사두가이파는 결국 유일한 스승 예수(마태 23,8)의 가르침과 어울릴 수 없다는 말을 마태복음 저자는 하는 듯하다. 바리사이파와 사두가이파 사람들의 가르침 자체보다는 그들의 가르침과 행동 사이의 분열과 모순을 예수는 경고한 듯하다.

갈릴래아 예수는 성공했는가

『갈릴래아 예수』는 〈김근수 예수전〉 전 3권 시리즈 중 제1권에 해당한다. 『갈릴래아 예수』는 갈릴래아 지역에서 펼쳐진 예수의 활동을 소개하는 부분과 예수 활동에 대한 사람들의 반응을 소개하는 부분으로 나눌 수 있다. 예수의 활동이 사람들에게 끼친 영향을 연구한 문헌은 많지만, 예수의 활동에 대한 사람들의 반응을 주목한 연구는 드물다. 자신의 활동에 대한 사람들의 반응을 본 뒤, 예수는 자신에게서 무엇을 바꾸려고 생각했을까. 그 질문을 나는 본격적으로 하고 싶었다.

가난한 사람들은 예수가 선포하는 하느님 나라를 환영했지만, 하느님 나라를 선포하는 예수를 아직은 지켜보고 있었다. 가난한 사람들은 예수가 다윗 자손의 메시아임을 환영했지만, 예수가 하느님의 아들인지는 아직은 관망하고 있다. 가난한 사람들은 하느님의 아들 예수라는 종교적 메시지보다 다윗 자손의 메시아 예수라는 정치적 메시지에 더 관심이 있었기 때문이다.

가난한 사람들의 마음이 예수에게 닫혀 있었다는 말은 아니다. 갈릴래아 예수의 활동과 말씀이 가난한 사람들의 마음을 움직이기에는 부족한 무엇이 있었다는 뜻이다. 가난한 사람들은 예수의 놀라운 기적과 마귀 추방에 환호하고 비유 말씀과 가르침을 경청했지만, 예수가 이스라엘의 정치적 해방자인지 여부에 대해서는 최종 판단을 유보하고 있다.

갈릴래아에서 예수는 억압받는 사람들을 위로하고 편드는 데 집중했지만, 억압하는 세력에 저항하고 싸우지는 못했다. 억압받는 사람들을 위로하고 편드는 예수에게 가난한 사람들은 열광했지만, 억압하는 세력에 저항하고 싸우지는 않던 예수에게 가난한 사람들은 실망했다. 예수에게 희망을 걸고 몰려든 가난한 사람들에게 예수가 정말 이스라엘의 메시아요 해방자인지 알기 위해서는 좀 더 지켜볼 필요가 있었다.

예수의 제자들이 가난한 사람들보다는 예수에게 좀 더 가까이 있었다. 예수와 가난한 사람들 사이에 예수의 제자들이 있었다. 그러나 예수의 제자들은 예수를 아직 이해하지 못했거나 예수에 대한 믿음이 부족했다.

예수에 대한 이해와 믿음이 아직 모자랐던 예수의 제자들은 가난한 사람들에 대한 이해와 믿음 역시 모자랐다. 가난한 사람들 사이에서 예수의 제자들이 나왔지만, 예수의 제자들은 가난한 사람들의 종교적 가치와 능력을 아직 제대로 이해하지 못했다. 예수의 제자들이 예수를 잘 이해하지 못했거나 믿음이 부족했던 것처럼 예수의 제자들은 가난한 사람들을 아직 제대로 이해하지는 못했다. 예수의 제자들은 가난한 사람들에게 선뜻 다가서지도 못하고 있고, 예수의 반대자들과 제대로 논쟁하지도 못한다.

하느님의 아들 예수는 예수의 놀라운 능력을 통해 가난한 사람들과 예수의 제자들에게 소개되었다. 예수의 제자들은 가난한 사람들보다 하느님의 아들 예수의 모습을 체험하기에 유리했다. 가난한 사람들이 다윗의 자손 메시아 예수에게 좀 더 매력을 느꼈다면, 예수의 제자들은 하느님의 아들 예수의 모습에 좀 더 주목했다.

예수와 반대자들의 갈등은 점점 커졌다. 예루살렘에서 온 바리사이파 사람들과 율법학자들이 예수의 반대자들에 합류했다. 바리사이파 사람들은 여러 면에서 생각이 다른 사두가이파 사람들과 예수를 반대하는 동맹을 맺으려 시도했다.

예수의 반대자들은 예수가 다윗 자손의 메시아요 하느님의 아들이라는 선포를 싫어했다. 예수가 다윗 자손의 메시아라는 정치적 메시지도 불편하고, 예수가 하느님의 아들이라는 종교적 메시지도 불쾌했다. 예수의 반대자들은 예수와 가난한 사람들의 연대를 방해하고, 예수의 제자들과 예수의 연대를 방해한다.

갈릴래아 예수의 반대자들은 바리사이나 율법학자 등 주로 종교계 인사들이었다. 갈릴래아 예수는 로마 군대에 위협적인 인물로 떠오르진 않았고, 로마 군대가 갈릴래아 예수를 크게 경계하거나 주목했다고 보기는 어렵다. 예수의 반대자들은 예수에 대한 적개심을 키워나갔지만, 아직 본격적인 행동에 돌입하지는 않았다.

예수의 제자들이 예수에게 가장 가까이 있었다. 예수의 반대자들이 예수에게 가장 멀리 있었다. 가난한 사람들이 그 중간에 있었다. 가난한 사람들은 예수의 매력과 설득에 감동되어 예수의 제자들에 포함될 수도 있었고, 예수의 반대자들의 협박과 설득에 넘어갈 수도 있었다. 예수와 예수의 제자들도 가난한 사람들을 자기편으로 끌어들이려 애썼고, 예수의 반대자들도 가난한 사람들을 자기편으로 끌어들이려 애썼다.

가난한 사람들에 대한 예수의 놀라운 사랑에도 불구하고, 가난한 사람들 대부분 예수의 제자가 되진 못했다. 가난한 사람들이 예수의 반대자들 쪽으로 넘어가지 않은 사실도 놀랍지만, 가난한 사람들 대부분 예수의 제자가 되지 않았다는 사실이 예수운동 공동체에 큰 충격으로 다가왔다.

갈릴래아에서 예수의 제자들이나 가난한 사람들이나 아직 예수의 저항, 고난, 죽음, 부활을 경험하진 못했다. 그런데 제자들은 어떻게 예수의 제자가 되었으며, 가난한 사람들은 왜 제자가 되지 못했을까. 가난한 사람들과 예수가 정면으로 충돌하지는 않았다는 사실에 안도할 것이 아니라 가난한 사람들 대부분 예수의 제자가 되지 않았다는 사실을 고뇌해야 한다.

예수의 제자들과 가난한 사람들 사이에 어떤 차이가 있었는지, 그 차이의 원인은 무엇이었는지 정확히 알아내는 것이 이 책의 주요 관심사에 속한다. 갈등 관점에서 예수 역사를 바라보지 않는다면, 예수의 죽음을 잘 이해하기는 어렵다.

예수는 가난한 사람들에게 선뜻 다가섰고, 가난한 사람들은 예수에게 호감을 느꼈지만, 여전히 망설였다. 가난한 사람들이 언제나 예수에게 호의적이었다고 보기는 쉽지 않다. 예수에게 감동받는 가난한 사람들이 있었고, 예수에게 기대했지만 실망하고 예수를 떠난 가난한 사람들도 있었다. 가난한 사람들과 예수 사이에 부인하기 어려운 거리가 분명히 있었다.

예수가 갈릴래아에서 활동하던 시절에 예수와 가난한 사람들은 가장 가까이 있었다. 예수는 가난한 사람들에게 친절하고 끈질기게 다가섰다. 예수는 가난한 사람들을 한 번도 비판하거나 원망하지 않았다. 그렇지만 예수는 가난한 사람들을 설득하는 데 모조리 성공하지는 못했다. 가난한 사람들의 반응을 돌아본 예수는 자신의 갈릴래아 활동에서 무엇이 부족했는지 돌아보았다.

예수는 가난한 사람들에게 끈질기게 다가섰지만, 가난한 사람 중에 극히 일부만 예수의 제자가 되었다. 억압받는 사람들에 대한 예수의 위로와 편들기는 충분했지만, 억압하는 세력에 저항하고 싸우는 예수의 모습은 크게 부족했다.『갈릴래아 예수』에 대한 나의 평가는 이렇다.

인용 문헌

마가복음 주석

Dormeyer. *Das Markusevangelium*. Darmstadt, 2005.

Dschulnigg, P. *Das Markusevangelium*. ThKNT 2. Stuttgart, 2007.

Ernst, J. *Das Evangelium nach Markus*. RNT. Regensburg, 1981.

Gnilka, J. *Das Evangelium nach Markus*. Teilband 1: Mk 1-8, 26. EKK II/1. Neukirchen-Vluyn, 1978.

_____. *Das Evangelium nach Markus*. Teilband 2: Mk Mk 8,27-16,20. EKK II/2. Neukirchen-Vluyn, 1978.

Grundmann, W. *Das Evangelium nach Markus*. ThHK 2. Berlin, 1965.

Guelich, R. A. *Mark 1,1-8, 26*. WBC 34A. Dallas, 1989.

Gundry, R. H. *Mark. A Commentary on His Apology for the Cross*. Grand Rapids, 1993.

Heil, J. P. *The Gospel of Mark as a Model for Action, A Reader-Response Commentary*. New York, 1992.

Kertelge, K. *Markusevangelium*. NEB.NT 2. Würzburg, 1994.

Klostermann, E. *Das Markusevangelium*. HNT 3. Tübingen, 1926.

Lentzen-Deis, F. *Das Markus-Evangelium. Ein Kommentar für die Praxis*. Langner, C., Grilli, M. (hg.). Stuttgart, 1998.

Limbeck, M. *Markus-Evangelium*. SKK.NT 2. Stuttgart, 1998, 6판.

Lohmeyer, E. *Das Evangelium des Markus*. KEK I/2. Göttingen, 1963, 16판.

Lührmann, D. *Das Markusevangelium*. HNT 3. Tübingen, 1987.

Marcus, J. *Mark 1-8*. AncB 27. New York, 2000.

Pesch, R. *Das Markusevangelium. — Teil 2. Kommentar zu Kapitel 8,27-16,20*. HthK II/2. Freiburg, 1977.

_____. *Das Markusevangelium. Teil 1. Einleitung und Kommentar zu Kapitel 1,1-8, 26*, HthK II/1. Freiburg, 1976.

Radl, W. *Das Evangelum nach Markus I*. Freiburg u.a., 2003.

Schenke, L. *Das Markusevangelium. Literarische Eigenart - Text und Kommentierung*, Stuttgart, 2005.

Schmid, J. *Das Evangelium nach Markus*. RNT 2, 1958, 4판.

Schnackenburg, R. *Das Evangelium nach Markus I*. Düsseldorf, 1966.

Schweizer, E. *Das Evangelum nach Markus*. NTD 1. Göttingen, 1975, 14판.

Strathmann, H. *Das Evangelum nach Markus*. NTD 4. Göttingen, 1951, 6판.

Taylor, V. *The Gospel According to St. Mark*. London, 1966, 2판.

Van Iersel, B. *Markus. Kommentar*. Düsseldorf, 1993.

Witherington, B. *The Gospel of Mark. A Socio-Rhetorical Commentary*. Grand Rapids/ Cambridge, 2001.

누가복음 주석

Bock, D. L. *Luke I*. BECNT 3. Grand Rapids, 1994.

Bovon, F. *Das Evangelium nach Lukas* (9,51-14,35). EKK III/II. Neukirchen-Vluyn, 1996.

_____. *Das Evangelium nach Lukas* (1,1-9,50). EKK III/1. Neukirchen-Vluyn, 1989.

Eckey, W. *Das Lukas-Evangelium*. Neukirchen-Vluyn, 2004.

Fitzmyer, J. A. *The Gospel According to Luke II*. AncB 28a. New York, 1985.

_____. *The Gospel According to Luke I*. AncB 28. New York, 1981.

Grundmann, W. *Das Evangelium Nach Lukas*. ThHK 3. Berlin, 1966, 4판.

Klein, H. *Das Lukasevangelium*. KEK I/3. Göttingen, 2006.

Klostermann, E. *Das Lukasevangelium*. HNT 5. Tübingen, 1975, 3판.

Marshall, I. H. *The Gospel of Luke*. NIGTC. Grand Rapids, 1978.

Radl, W. *Das Evangelium nach Lukas I*. Freiburg u.a. 2003.

_____. *Das Lukas-Evangelium*. EdF 261. Darmstadt, 1988.

Schneider, G. *Das Evangelium nach Lukas I*. ÖTK 3/1. Gütersloh/Würzburg, 1984, 2판.

Schürmann, H. *Das Lukasevangelium. Erster Teil: Kommentar zu Kap. 1,1–9,50*. HThK III/1. Freiburg, 1970.

Schweizer, E. *Das Evangelium nach Lukas*. NTD 3. 1982.

Wolter, M. *Das Lukasevangelium*. HNT 5. Tübingen, 2008.

Zahn, Th. *Das Evangelium des Lukas.* KNT 3. Leipzig, 1913.

마태복음 주석

Beare, F. W. *The Gospel according to Matthew.* Oxford, 1981.

Davies, W. D., Allison, D. C. *A Critical and exegetical commentary on the Gospel according to Saint Matthew II*, ICC. London u.a., 1991.

Fiedler, P. *Das Matthäusevangelium.* ThKN 1. Stuttgart, 2006.

Gundry, R. H. *Matthew. A Commentary on his Literary and Theological Art.* Grand Rapids, 1982.

Lohmeyer, E. *Das Evangelium des Matthäus*, v. Schmauch, W. (hg.). KEK Sonderband. Göttingen, 1958, 2판.

Luz, U. *Das Evangelium nach Matthäus (Mt 1-7).* EKK I/1. Neukirchen-Vluyn, 1992, 3판.

_____. Das Evangelium nach Matthäus (Mt 8-17). EKK I/2. Neukirchen-Vluyn, 1990.

Schniewind, J. *Das Evangelium nach Matthäus.* NTD 2. Göttingen, 1956, 8판.

Schweizer, E. *Das Evangelium nach Matthäus.* NTD 2. Göttingen, 1973.

Wellhausen, J. *Das Evangelium Matthaei.* Berlin, 1904.

Zahn, Th. *Das Evangelium des Matthäusevangelium.* KNT 1, 1903.

요한복음 주석

Barrett, C. K. *Das Evangelium nach Johannes.* Göttingen, 1990.

Bauer, W. *Das Johannesevangelium.* HNT 6. Tübingen, 1933, 3판.

Becker, J. *Das Evangelium nach Johannes.* ÖTK 4/1. Gütersloh, 1991, 3판.

Brown, R. E. *The Gospel According to John.* AncB 29/A. New York, 1966.

Bultmann, R. *Das Evangelium des Johannes.* KEK. Göttingen, 1986, 21판.

Dodd, C. H. *The Interpretation of the Fourth Gospel.* Cambridge, 1968, 8판.

Hoskyns, E. C. T*he Fourth Gospel.* London, 1947, 2판.

Lindars, B. *The Gospel of John.* NCeB. London, 1972.

Schenke, L. *Johannes. Kommentar.* Düsseldorf, 1998.

Schnackenburg, R. *Das Johannesevangelium 2.* HthK IV 2. Freiburg, 1971.

_____. *Das Johannesevangelium 2*. HthK IV 1. Freiburg, 1965.

Schulz, S. *Das Evangelium nach Johannes*. NTD 4. Göttingen, 1983, 4판.

Thyen, H. *Das Johannesevangelium*. HNT 6. Tübingen, 2015, 2판.

Wengst, K. *Das Johannesevangelium I*. ThKNT 4.1. Stuttgart, 2000.

Wilckens, U. *Das Evangelium nach Johannes*. NTD 4. Göttingen, 1998.

Zahn, T. *Das Evangelium nach Johannes*. KNT 4. Leipzig, 1921, 6판.

인용 문헌

Abrahams, J. *Studies in Pharisaism and the Gospels I*. New York, 1917.

Albertz, R. "Die "Antrittspredigt" Jesu im Lukasevangelium auf ihrem alttestamentlichen Hintergrund." *ZNW* 74 (1983): 182-206.

Alexander, L. *The Preface to Luke's Gospel*. MSSNTS 78. Cambridge, 1993.

Alt, A. "Jesaja 8,23-9,1." in: ders., *Kleine Schriften zur Geschichte des Volkes Israel II*. München, 1953, 210-212.

Annen, F. *Heil für die Heiden*. FTS 20. Frankfurt u.a., 1976.

Ausbüttel, F. M. *Die Verwaltung des römischen Kaiserreiches*. Darmstadt, 1998.

Backhaus, K. *Die "Jüngerkreise" des Täufers Johannes: Eine Studie zu den religionsgeschichtlichen Ursprüngen des Christentums*. PaThSt 19. Paderborn u.a., 1991.

Bailey, K. E. *Poet and Peasant. A literary-cultural approach to the parables in Luke*. Grand Rapids, 1976.

Barth, G. 'Das Gesetzesverständnis des Evangelisten Matthäus'. in: Bornkamm, G., Barth & Held, H.-J. (Hg.). *Überlieferung und Auslegung im Matthäusevangelium*. WMANT 1. Neukirchen, 1961, 54–154.

Barth, K. *Erklärung des Johannes-Evangeliums*. Zürich, 1976.

Bauer, W. "Das Gebot der Feindesliebe und die alten Christen". in: Ders, *Aufsätze und kleine Schriften*. Tübingen, 1967, 240-252.

Baum, A. D. *Lukas als Historiker der letzten Jesusreise*. Wuppertal/Zürich, 1993.

Baumbach, G. *Das Verständnis des Bösen in den synoptischen Evangelien*. ThA 19. Berlin, 1963.

Becker, J. *Jesus von Nazareth*. Berlin/New York, 1996.

_____. *Das Heil Gottes: Heils- und Sündenbegriffe in den Qumrantexten und im Neuen Testament*. StUNT 3. Göttingen, 1964.

Bedenbender, A. "Neue Beobachtungen zum Markusevangelium." *TeKo* 25 (2002): 17-98.

Ben David, A. *Talmudische Ökonomie I*. Hildesheim, 1974.

Berger, K. "Das Canticum Simeonis (Lk 2:29-32)." *NT* 27 (1985): 27-39.

_____. *Formgeschichte des Neuen Testaments*. Heidelberg, 1984.

_____. *Die Auferstehung des Propheten und die Erhöhung des Menschensohnes*. StUNT 13. Göttingen, 1976.

_____. "Die königlichen Messiatraditionen des NT." *NTS* 20 (1973/74): 1-44.

_____. "Materialien zu Form und Überlieferungsgeschichte neutestamentlicher Gleichnisse." *NT* 15 (1973): 1-37.

_____. *Die Amen-Worte Jesu. Eine Untersuchung zum Problem der Legitimation in apokalyptischer Rede*. BZNW 39. Berlin, 1970.

_____. *Die Gesetzesauslegung Jesu. Ihr historischer Hintergrund im Judentum und im AT. Teil 1: Markus und Parallelen*. BZNW 39. Berlin, 1970.

_____. *Die Gesetzesauslegung Jesu in der synoptischen Tradition und ihr Hintergrund im Alten Testament und im Spätjudentum*. München, 1966.

Best, E. "Matthew 5,3." *NTS* 6 (1960/61): 255-258.

Betz, H. D. *The Sermon on the Mount*. Philadelphia, 1995.

_____. "Eine judenchristliche Kult-Didache in Matthäus 6,1-18," in: Strecker, G. (hg.). *Jesus Christus in Historie und Theologie* (FS Conzelmann, H.). Tübingen, 1975, 445-457.

Betz, O. "The Eschatological Interpretation of the Sinai Tradition in Qumran and in the New Testament." *RQ* 6 (1967): 89-107.

Beutler, J. Art. "Brüder Jesu." *NBL* 1 (1991), 337.

_____. "Lk 6,16: Punkt oder Komma?" *BZ NF* 35 (1991): 231-233.

Beyschlag, K. "Zur Geschichte der Bergpredigt in der Alten Kirche." *ZThK* 74 (1977): 291-322.

Billerbeck, P. "Ein Tempelgottesdienst in Jesu Tagen." *ZNW* 55 (1964): 1-17.

Billerbeck, P., Strack, H. *Kommentar zum Neuen Testament aus Talmud und Midrasch I.* München, 1961.

Bittner, W. J. *Jesu Zeichen im Johannesevangelium.* WUNT II/26. Tübingen, 1987.

Bivin, B. "The Miraculous Catch." *Jerusalem Perspectives* 5 (1992): 7-10.

Blank, J. "Gewaltlosigkeit – Krieg – Militärdienst." *Orien* 46 (1982): 220-223.

Blinzler, J. *Die Brüder und Schwestern Jesu.* SBS 21. Stuttgart, 1967.

Bloch, E. *Atheismus im Christentum.* Frankfurt, 1968.

Bloch, R. "Die Gestalt des Moses in der rabbinischen Tradition." in: Stier, F., Beck, E. (Hg.). *Moses in Schrift und Überlieferung.* Düsseldorf, 1963, 95-171.

Böhlemann, P. *Jesus und der Täufer. Schlüssel zur Theologie und Ethik des Lukas,* MSSNTS 99. Cambridge, 1997.

Boers, H. *Neither on this Mountain nor in Jerusalem.* SBL.MS 35. Atlanta, 1988.

Böttger, P. C. *Der König der Juden - das Heil für die Völker.* NStB 13. Neukirchen-Vluyn, 1981.

Bonhoeffer, D. *Nachfolge.* München, 1971, 10판.

Bornkamm, G. "Der Aufbau der Bergpredigt." *NTS* 24 (1977/78): 419-432.

Bovon, F., Exkurs. "Die Jungfrauengeburt und die Religionsgeschichte." in: ders., *Das Evangelium nach Lukas* (1,1-9,50). EKK III/1. Neukirchen-Vluyn, 1989, 64-70.

_____. *Lukas in neuer Sicht.* BTS 8. Neukirchen-Vluyn, 1985.

Braun, H. *Qumran und das Neue Testament.* Band II. Tübingen, 1966.

_____. "Entscheidende Motive in den Berichten von der Taufe Jesu von Markus bis Justin." *ZThK* 50 (1953): 39-43.

Braunert, H. "Der römische Provinzialzensus und der Schätzungsbericht des Lukas-Evangeliums." in: ders., *Politik, Recht und Gesellschaft in der griechisch-römischen Antike.* Stuttgart, 1980, 213-237.

Brawley, R. L. "Canon and Comminity." *SBL.SP* 31 (1992): 419-434.

Broer, I. *Freiheit vom Gesetz und Radikalisierung des Gesetzes.* SBS 98. Stuttgart, 1980.

_____. "Die Anththesen und der Evangelist Matthäus." *BZ NF* 19 (1975): 50-63.

Brown, R. E. *The Birth of the Messiah I.* New York/London, 1993, 2판.

Brown, R. u.a. (Hg.). *Mary in the New Testament.* London, 1978.

Brown, S. "The Two-fold Representation of the Mission in Matthew's Gospel." *StTh* 31 (1977): 21-32.

Bultmann, R. *Die Geschichte der synoptischen Tradition.* Göttingen, 1957, 3판.

Burchard, C. *Studien zur Theologie, Sprache und Umwelt der Neuen Testaments.* WUNT 107. Tübingen, 1998.

_____. "Versuch, das Thema der Bergpredigt zu finden." in: Strecker, G. (hg.). *Jesus Christus in Historie und Theologie* (FS Conzelmann, H.). Tübingen, 1975, 409-432.

Busse, U. *Die Wunder des Propheten Jesus. Die Rezeption, Komposition und Interpretation der Wundertradition im Evangelium des Lukas.* fzb 24. Stuttgart, 1979.

_____. *Das Nazareth-Manifest. Eine Einführung in das lukanische Jesusbild nach Lk 4. 16-30.* SBS 91. Stuttgart, 1978.

Cameron, R. "What have you come out to see?" *Semeia* 49 (1990): 35-69.

Cancik, H. "Die Berufung des Johannes." *Der Altsprachliche Unterricht* 25 (1982): 45-62.

Carroll, J. T. "Luke's Portrayal of the Pharisees." *CBQ* 50 (1988): 604-621.

Cassidy, R. J. *Jesus, Politics, and Society. A Study of Luke's Gospel.* New York, 1978.

Catchpole, D. "The Centurion's Faith and its Function in Q." in: The Four Gospels I. (FS Neirynck, F.). BEThL 100, Löwen, 1992, 517-540.

Cave, C. H. "The Gerasene Demoniac." *CBQ* 30 (1968): 522-536.

Christ, F. *Jesus Sophia.* AThANT. Zürich, 1970.

Cohn-Sherbok, D. M. "An Analysis of Jesus' Arguments concerning the Plucking of Grain on the Sabbath." *JStNT* 2(1979): 31-41.

Coleridge, M. *The Birth of the Lucan Narrative. Narrative as Christology in Luke 1-2.* JSNT.S 88. Sheffield, 1993.

Conzelmann, H. *Die Mitte der Zeit. Studien zur Theologie des Lukas.* BHTh 17. Tübingen, 1960, 3판.

Cosgrove, C. H. "The divine δεῖ in Luke-Acts." *NT* 26 (1984): 168-190.

Creech, R. R. "The Most Excellent Narratee: The Significance of Theophilus in Luke-

Acts." in: Keathley, N. H. (ed). *With Steadfast Purpose* (FS Flanders, H. J.). Waco, 1990, 107-126.

Croatto, J. S. "Jesus, Prophet Like Elija, and Prophet-Teacher Like Moses in Luke-Acts." *JBL* 124 (2005): 451-465.

Crocket, L. C. "Luke 4,25-27 and the Jewish-Gentile Relations in Luke-Acts." *JBL* 88 (1969): 177-183.

Crossan, J. D. *Finding is the First Act*. Philadelphia, 1979.

_____. "Mark and the Relatives of Jesus." *NT* 15 (1973): 81-113.

Crump, D. M. *Jesus the Intercessor. Prayer and Christology in Luke-Acts*. WUNT 2/49. Tübingen, 1992.

Cullmann, O. *Das Gebet im Neuen Testament*. Tübingen, 1994.

_____. "Der zwölfte Apostel." in: Ders., *Vorträge und Aufsätze*. Tübingen, 1966, 214-222.

_____. *Urchristentum und Gottesdienst*. AThANT 3. Zürich, 1962, 4판.

_____. *Die Christologie des Neuen Testaments*. Tübingen, 1959, 2판.

Dalman, G. *Arbeit und Sitte in Palästina II*. Guetersloh, 1932.

_____. *Orte und Wege Jesu*, BFChTh II/1. Gütersloh, 1924.

d'Angelo, M. R. "Women in Luke-Acts: A Redactional View." *JBL* 109 (1990): 441-461.

Daube, D. "Responsibilities of Master and Disciples in the Gospels." *NTS* 19 (1972/73): 1-15.

_____. *The New Testament and rabbinic Judaism*. London, 1956.

de Jonge, H. J. "Sonship, Wisdom, Infancy: Luke II.41-51a." *NTS* 24 (1978): 317-354.

Dautzenberg, G. "Ist das Schwurverbot Mt 5,33-37; Jak 5,12 ein Beispiel für die Torakritik Jesu?" *BZ NF* 25 (1981): 47-66.

_____. *Sein Leben bewahren*. StANT 14. München, 1966.

de Jonge, M. *Jesus. Stranger from Heaven and Son of God: Jesus Christ and the Christians in Johannine perspective*. SBibSt 11. Missoula, 1977.

Davies, W. D. *The Setting of the Sermon on the Mount*. Cambridge, 1966.

Deatrick, E. P. "Salt, Soil, Savior." *BA* 25 (1962): 41-48.

Deines, R. *Die Pharisäer*, WUNT 101. Tübingen, 1997.

Dibelius, M. *Die Formgeschichte des Evangeliums*. Tübingen, 1959, 3판.

_____. "Jungfrauensohn und Krippenkind." in: ders, *Botschaft und Geschichte*. Tübingen, 1953, 1-78.

_____. *Die urchristliche Überlieferung von Johannes dem Täufer*. FRLANT 15. Göttingen, 1911.

Dietrich, W. *Das Petrusbild der lukanischen Schriften*. BWANT 94. Stuttgart u.a., 1972.

Dietzfelbinger, C. *Die Antithesen der Bergpredigt*. TEH 196. München, 1975.

_____. "Das Gleichnis vom ausgestreuten Samen." in: Lohse E. u.a. (Hg.). *Der Ruf Jesu und die Antwort der Gemeinde* (FS Jeremias, J.). Göttingen, 1970, 80-93.

Dihle, A. *Die goldene Regel*, SAW 7. Göttingen, 1962.

Dodd, C. H. *The Parables of the Kingdom*. London, 1936.

Doering, L. *Schabbat*, TSAJ 78. Tübingen, 1999.

Dörrfuss, E. M. "Wie eine Taube." *BN* 57 (1991): 7-13.

Donaldson, T. L. *Jesus on the Mountain. A Study in Matthean Theology*. JStNT.S 16, Sheffield, 1985.

Dschulnigg, P. *Petrus im Neuen Testament*. Stuttgart, 1996.

_____. *Rabbinische Gleichnissen und das Neue Testament*. JudChr 12. Bern u.a., 1986, 2판.

_____. *Sprache, Redaktion und Intention des Markus-Evangeliums. Eigentümlichkeit der Sprache des Markus-Evangeliums und ihre Bedeutung für die Redaktionskritik*, SBB 11. Stuttgart 1986, 2판.

Dunkel, F. "Die Fischer am See Genesareth und das NT." *Bib.* 5 (1924): 375-390.

Dunn, J. D. G. *Jesus Remembered: Christianity in the Making I*. Grand Rapids, 2003.

Ebner, M. *Jesus von Nazaret. Was wir von ihm wissen können*. Freiburg, 2018.

_____. *Jesus — ein Weisheitslehrer?*. HBS 15. Freiburg u.a., 1998.

Elliger, K. *Deuterojesaja*. BK XI/1. Neukirchen Vluyn, 1989, 2판.

Elliot, J. K. "The Anointing of Jesus." *ET* 85 (1973/1974): 105-107.

_____. "Does Luke 2,41-52 anticipate the Resurrection?" *ET* 83 (1971/72): 87-89.

Ennulat, A. *Die 'Minor Agreements'*. WUNT 2/62. Tübingen, 1994.

Ernst, J. "Der Spruch von den "frommen" Sündern und den "unfrommen" Gerechten

(Lk 7,29f)." in: *Der Treue Gottes trauen* (FS Schneider, G.). Freiburg u.a., 1991, 197-213.

_____. *Johannes der Täufer. Interpretation — Geschichte — Wirkungsgeschichte.* BZNW 53, Berlin/New York, 1989.

Escudero Freire, C. *Devolver el Evangelio a los pobres. A propósito de Lc 1-2. Beb 19.* Salamanca, 1978.

_____. "Alcance cristológico y traducción de Lc. 1,35: aportación al estudio de los títulos Santo e Hijo de Dios en la Obra lucana." *Communio* 8 (1975): 5-77.

Fander, M. *Die Stellung der Frau im Markusevangelium. Unter besonderer Berücksichti- gung kultur-und religionsgeschichtlicher Hintergründe.* MThA 8. Würzburg, 2002.

_____. "Das Evangelium nach Markus, Frauen als wahre Nachfolgerinnen Jesu." in: Schottroff, L., Wacker, M.-Th. (Hg.). *Kompendium feministische Bibelauslegung.* Gütersloh, 1998, 499-512.

Farris, S. C. *The Hymns of Luke's Infancy Narratives.* JSNT.S 9. Sheffield, 1985.

_____. "On Discerning Semitic Sources in Luke 1-2." in: France, R. T., Wenham. D. (ed.). *Gospel Perspectives II.* Sheffield, 1981, 201-237.

Fassnacht, M. "Konfrontation mit der Weisheit. Das Verhätnis von Wissen und Rettung dargestellt an der Wundergeschichte Mk 5,21-43." in: Fassnacht, M., u.a. (Hg.). *Die Weisheit - Ursprünge und Rezeption* (FS Löning, K.). NTA.NF 44. Münster, 2003, 105-124.

Fearghail, F. Ó. "Announcement or Call? Literary Form and Purpose in Luke 1:26-38." *PIBA* 16 (1993): 20-35.

Fiebig, P. ἀγγαρεύω *ZNW* 18 (1917/18): 64-72.

Fiedler, M. J. "Gerechtigkeit im Matthäus-Evangelium." *ThV* 8 (1977): 63-75.

Finegan, J. *The Archeology of the New Testament.* Princeton, 1969.

Finn, T. M. "The God-fearers Reconsidered." *CBQ* 47 (1985): 75-84.

Fischbach, S. M. *Totenerweckungen*, FzB 69. Stuttgart/Würzburg, 1992.

Fitzmyer, J. A. "And lead us not into Temptation." *Bib.* 84 (2003): 259-273.

_____. "Abba and Jesus' Relation to God," in: À ca use de l' évangile: Études sur les synoptiques et les A ctes. LD 123. Paris, 1985, 15-38.

_____. "The Name Simon." in: ders., *Essays on the Semitic Background of the New Testament*. London 1971, 105-112.

Flusser, D. *Die rabbinischen Gleichnisse und der Gleichniserzähler Jesus I*. Bern/New York, 1981.

_____. "Some Notes on the Beatitudes (Mt 5,3-12; Lc 6,20-26)." *Imm*. 8 (1976): 37-47.

Fohrer, G. *Das Buch Jesaja II*. ZBK. Zürich, 1964.

Frankemölle, H. *Jahwe-Bund und Kirche Christi*. NTA.NS 10. Aschendorff, 1974.

_____. "Die makarismen (5,1-12; Lk 6,20-23). Motive und Umfang der redaktionellen Komposition." *BZ NF* 15 (1971): 52-75.

Freed, E. D. "Jn 1,19-27 in Light of Related Passages in John, the Synoptics, and Acts." in: van Segbroeck a. o. (eds.). *The Four Gospels* (FS Neirynck, F.). BEThL 100/3. Leuven, 1992, 1943-1961.

_____. "Variation in the Language and Thought of John." *ZNW* 55 (1964): 167-197.

Friedrich, G. "Die beiden Erzählungen von der Speisung in Mark 6, 31-44; 8, 1-9." *ThZ* 20 (1964): 10-22.

Gaston, L. "Beelzebul." *ThZ* 18 (1962): 247-255.

Gerhardsson, B. "The Parable of the Sower and Its Interpretation." *NTS* 14 (1967/68): 165-193.

_____. *The Testing of God's Son: (Matt. 4:1-11 & Par), An Analysis of an Early Christian Midrash*. CB.NT 2. Lund, 1966.

Gielen, M. "Und Führe uns nicht in Versuchung." *ZNW* 89 (1998): 201-216.

Giesen, H. *Christliches Handeln. Eine redaktionskritische Untersuchung zum "Gerechtigkeits"— Begriff im Matthäus-Evangelium*. EHS.T 181. Berlin, 1982.

Gill. D. "Socrates and Jesus on Non-Retaliation and Love of Enemies." *HBT* 18 (1991): 246-262.

Glöckner, R. *Die Verkündigung des Heils beim Evangelisten Lukas*. WSAMA.T 9. Mainz, 1975.

Gnilka, J. "Der Hymnus des Zacharias." *BZ NF* 6 (1962): 215-238.

_____. *Die Verstockung Israels. Isaias 6, 9-10 in der Theologie der Synoptiker*. StANT

3. München, 1961.

Goldammer, K. "Das Schiff der Kirche. Ein antiker Symbolbegriff aus der politischen Metaphorik in eschatologischer und ekklesiologischer Umdeutung." *ThZ* 6 (1950): 232-237.

Good, R. S. "Jesus, Protagonist of the Old, in Lk 5:33-39." *NT* 25 (1983): 19-36.

Goppelt, L. *Der erste Petrusbrief.* KEK 12/1. Göttingen 1978.

Goulder, M. D. "John 1,1-2,12 and the Synoptics." in: Denaux, A. (ed.). *John and the Synoptics.* BEThL 90. Leuven, 1990, 201-237.

_____. *Midrash and Lection in Matthew.* London, 1974.

_____. *Type and History in Acts.* London, 1964.

Green, J. B. T*he Theology of the Gospel of Luke.* Cambridge, 1995.

_____. "The Social Status of Mary in Luke 1,5-2,52." *Bib.* 73 (1992): 457-472.

Gressmann, H. *Das Weihnachts-Evangelium auf Ursprung und Geschichte untersucht.* Göttingen, 1914.

Guelich, R. A. *The Sermon on the Mount. A Foundation for Understanding.* Waco, 1982.

Gunkel, H. "Die Lieder in der Kindheitsgeschichte Jesu bei Lukas." in: *Festgabe von Fachgenossen und Freunden A. von Harnack zum siebzigsten Geburtstag dargebracht.* Tübingen, 1921, 43-60.

Haacker, K. "Verwendung und Vermeidung des Apostelbegriffs im lukanischen Werk." *NT* 30 (1988): 9-38.

_____. "Mut zum Bitten, Eine Auslegung von Lukas 11,5-8." *ThBeitr* 17 (1986): 1-6.

_____. "Der Rechtssatz zum Thema Ehebruch (Mt 5,28)." *BZ NF* 21 (1977): 113-116.

Haapa, E. "Zur Selbst-einschätzung des Hauptmanns von Kafarnaum im Lukasevangelium." in: Jarmo, K., u.a. (Hg.). *Glaube und Gerechtigkeit. Im Memoriam Rafael Gyllenberg.* Helsinki, 1983, 69-76.

Habbe, J. *Palästina zur Zeit Jesu.* Neukirchen-Vluyn, 1996.

Haenchen, E. *Der Weg Jesu. Eine Erklärung des Markus-Evangeliums und der kanonischen Parallelen.* STö.H 6. Berlin, 1966.

Hahn, F. *Christologische Hoheitstitel. Ihre Geschichte im frühen Christentum.* FRLANT

83. Göttingen, 1966, 3판.

_____. *Das Verständnis der Mission im NT.* WMANT 13. Heidelberg, 1963.

Hamm, D. "The Tamid Service in Luke-Acts." *CBQ* 65 (2003): 215-231.

Harbarth, A. *"Gott hat sein Volk heimgesucht":* eine form- und redaktionsgeschichtliche Untersuchung zu LK 7,11-17: *"Die Erweckung des Jünglings von Nain."* Heidelberg, 1977.

Harnack, *Geschichte eines programmatischen Wort Jesu (Mt 5,17) in der ältesten Kirche.* SPAW. Berlin, 1912.

_____. A.v. *Zwei Worte Jesu,* SPAW.PH. Berlin, 1907.

Hasitschka, M. *Befreiung von Sünde nach dem Johannesevangelium.* Innsbruck/Wien, 1989.

Hauck, F. Art. πτωχός κτλ ThWNT VI, 886.

Heil, C., Klampfl, T. "Theophilos (Lk 1,3; Apg 1,1)." in: Müller, C. G. (Hg.). *Licht zur Erleuchtung der Heiden und Herrlichkeit für dein Volk Israel* (FS Zmijewski, J.). BBB 151. Hamburg, 2005, 7-28.

Heine, H. "Gedanken und Einfälle." in: Briegleb, K. (hg.). *Sämtliche Schriften* VI/1. München, 1975.

Heinemann, J. *Prayer in the Talmud: forms and patterns.* Berlin/New York, 1977.

Heininger, B. "Familienkonflikte: Der zwölfjärige Jesus im Tempel (Lk 2,41-52)." in: *Licht zur Erleuchtung der Heiden und Herrlichkeit für dein Volk Israel.* (FS Zmijewski, J.). BBB 151. Hamburg, 2005, 49-72.

Held, H. J. "Matthäus als Interpret der Wundergeschichten." in: Bornkamm, G., u.a. (Hg.). *Überlieferung und Auslegung im Matthäusevangelium,* WMANT 1. Neukirchener, 1960, 155-287.

Hengel, M. Art. *Die johanneische Frage.* WUNT 67. Tübingen, 1993.

_____. *Die Zeloten.* AGSU 1. Leiden, 1976, 2판.

_____. "φάτνη." in: *ThWNT* IX (1973): 51-57.

_____. *Judentum und Hellenismus.* WUNT 10. Tübingen, 1969.

_____. *Nachfolge und Charisma: Eine exegetisch-religionsgeschichtliche Studie zu Mt 8,21f. und Jesu Ruf in die Nachfolge.* BZNW 34. Berlin, 1968.

_____. "Maria Magdalena und die Frauen als Zeugen." in: Betz, O., u.a. (Hg.). *Abraham unser Vater : Juden und Christen im Gespräch über die Bibel* (FS Otto Michel, O.). Leiden, 1963, 243-256.

Hengel, M., Merkel, H. "Die Magier aus dem Osten und die Flucht nach Ägypten (Mt 2) im Rahmen der antiken Religionsgeschichte und der Theologie des Matthäus." in: Hoffmann, P. (hg.). *Orientierung an Jesus* (FS Schmid, J.). Freiburg, 1973, 139-169.

Hentschel, A. *Diakonia im Neuen Testament.* WUNT 2/226. Tübingen, 2007.

Herrenbrück, F. "Wer waren die "Zöllner"?" *ZNW* 72 (1981): 178-194.

_____. *Jesus und Zöllner,* WUNT 2/41. Tübingen, 1990.

Hirunuma, T. "Matthew 16,2b-3." in: Epp, E. J., Fee, G. D. (Hg.). *New Testament Textual Criticism* (FS Metzger, B. M.). Oxford, 1981, 35-45.

Hoffmann, P. "Q 6,22 in der Rezeption durch Lukas." in: ders, *Tradition und Situation.* NTA 28. Münster, 1995, 162-189.

_____. *Studien zur Theologie der Logienquelle.* NTA 3. Münster, 1972.

_____. "Auslegung der Bergpredigt II." *BiL2* 10 (1969): 111-122.

_____. "Die Versuchungsgeschichte in der Logienquelle." *Bz NF* 13 (1969): 207-223.

Hofius, O. "Fusswaschung als Erweis der Liebe." *ZNW* 81 (1990): 170-177.

Hoh, J. "Der christliche γραμματεύς." *BZ* 17 (1926): 256-269.

Holtz, T. *Untersuchungen über die alttestamentlichen Zitate bei Lukas.* TU 104. Berlin, 1968.

Hoppe, R. *Der theologische Hinterground des Jakobusbriefes.* FzB 28. Würzburg, 1977.

Horn, F. W. *Das Angeld des Geistes.* FRLANT 154. Göttingen, 1992.

_____. *Glaube und Handeln in der Theologie des Lukas.* GTA 26. Göttingen, 1986, 2판.

Hossfeld, F.-L., Zenger, E. *Psalmen 51-100.* Freiburg, 2000.

Huber, W. "Feindschaft und Feindesliebe." *ZEE* 26 (1982): 128-158.

Hübner, H. *Das Gesetz in der synoptischen Tradition.* Göttingen, 1973.

Hutter, M. "Ein altorientalischer Bittgestus in Mt 9,20-22." *ZNW* 75 (1984): 133-135.

Ilan, T. *Lexicon of Jewish Names in Late Antiquity I.* TSAJ 91. Tübingen, 2002.

Jenni, E. "Kausativ und Funktionsverbgefüge. Sprachliche Bemerkungen zur Bitte: "Führe uns nicht in Versuchung"." *ThZ* 48 (1992): 77-88.

Jeremias, J. Art. παῖς θεοῦ. ThWNT V, 683.

_____. *Die Sprache des Lukasevangeliums. Redaktion und Tradition im Nicht-Markusstof des dritten Evangeliums.* Gottingen, 1980.

_____. *Neutestamentliche Theologie I. Die Verkündigung Jesu.* Gütersloh, 1971, 4판.

_____. *Jerusalem zur Zeit Jesu. Eine kulturgeschichtliche Untersuchung zur neutestamentlichen Zeitgeschichte.* Göttingen, 1969, 3판.

_____. "Palästinakundliches zum Gleichnis vom Sämann." *NTS* 13 (1966/67): 48-53.

_____. "Das Vater-Unser im Lichte der neueren Forschung." in: ders, *Abba, Studien zur neutestamentlichen Theologie und Zeitgeschichte.* Göttingen, 1966, 152-171.

_____. "Die Bergpredigt." in: Ders, *Abba.* Göttingen, 1966, 171-189.

_____. *Das Vater-Unser im Lichte der neueren Forschung.* Stuttgart, 1962.

_____. "Zöllner und Sünder." *ZNW* 30 (1951): 293-300.

_____. *Die Gleichnisse Jesu.* Göttingen 1965, 7판.

_____. "Die Lampe unter dem Scheffel." *ZNW* 39 (1940): 237-240.

Johnson, M. D. *The Purpose of the Biblical Genealogies.* MSSNTS 9. London, 1969.

de Jong, H. J. "Sonship, Wisdom, Infancy. Lk 2,41-51a." *NTS* 24 (1977/1978): 317-354.

Jülicher, A. *Die Gleichnisreden Jesu I.* Darmstadt, 1976.

Jung, C.-W. *The Original Language of the Lukan Infancy Narrative.* JSNT.S 267. London/New York, 2004.

Kähler, C. *Studien zur Form- und Traditionsgeschichte der biblischen Makarismen.* Jena, 1974.

_____. *Jesu Gleichnissse als Poesie und Therapie.* WUNT 78. Tübingen, 1995.

Käsemann, E. "Die Anfänge christlicher Theologie." in: ders., *Exegetische Versuche und Besinnungen II.* Göttingen, 1970, 82-104.

_____. "Lukas 11,14-28." in: ders., *Exegetische Versuche und Besinnungen II.* Göttingen, 1970, 242-248.

_____. "Die Anfänge christlicher Theologie." *ZThK* 57 (1960): 162-185.

_____. "Das Problem des historischen Jesus." in: Ders., *Exegetische Versuche und Besinnungen I.* Göttingen, 1960, 187-214.

Kahl, B. "Jairus und die verlorenen Tochter Israels. Sozioliterarische Überlegungen zum Problem der Grenzüberschreitung in Mark 5,21-43," in: Schottroff, L., Waker, M.-Th. (Hg.). *Von der Wurzel getragen. Christlich-feministische Exegese in Auseinandersetzung mit Antijudaismus.* BIS 17. Leiden u.a., 1991, 61-78.

Kampling, R. *Israel unter dem Anspruch des Messias. Studien zur Israelthematik im Markusevangelium.* SBB 25. Stuttgart, 1992.

Kaplan, C. "The Generation Schemes in Matthew 1,1-17.Lk 3,24ff." *BS* 87 (1930): 465-471.

Karrer, M. "Jesus, der Retter (Sôtêr): zur Aufnahme eines hellenistischen Prädikats im Neuen Testament." *ZNW* 93 (2002): 153-176.

_____. *Jesus Christus im Neuen Testament.* NTD.E 11. Göttingen, 1998.

Karris, R. J. "Luke 8:26-39; Jesus, the Pigs, and human Transformation." *NTR* 4 (1991): 39-51.

Kasting, H. *Die Anfänge der urchristlichen Mission.* BEvTh 55. München, 1969.

Kaut, T. *Befreier und befreites Volk. Traditions- und redaktionsgeschichtliche Untersuchung zu Magnifikat und Benediktus im Kontext der lukanischen Kindheitsgeschichte.* BBB 77. Meisenheim, 1990.

Keck, L. E. "The Spirit and the Dove." *NTS* 17 (1970/71): 41-67.

Kee, H.-C. "The Terminology of Mark's Exorcism Stories." "A Glutton and a Drunkard." *NTS* 42 (1996): 374-393.

_____. *NTS* 14 (1967/68): 232-246.

Kellermann, U. *Das Achtzehn-Bitten-Gebet.* Neukirchen-Vluyn, 2007.

Kennel, G. *Frühchristliche Hymen? Gattungskritische Studien zur Frage nach den Liedern der frühen Christenheit.* WMANT 71. Neukirchen-Vluyn, 1995.

Kertelge, K. "Die Funktion der "Zwölf" im Markusevangelium." *TThZ* 78 (1969): 193-206.

Kertelge, K. *Die Wunder Jesu im Markusevangelium; eine redaktionsgeschichtliche Untersuchung.* StANT 23. München, 1970.

Kilgallen, J. J. "What does it mean to say: "Wisdom is Justified by her Children"?" *ChiSt* 42 (2003): 205-211.

Kingbury, J. D. *Conflict in Luke*, Minneapolis. 1991.

_____. *Matthew: Structure, Christology, Kingdom*. London, 1975.

_____. *The Parables of Jesus in Matthew XIII*. London, 1969.

Kirchschläger, W. *Jesu exorzistisches Wirken aus der Sicht des Lukas*. ÖBS 3. Klosterneuburg, 1981.

Kippenberg, H. G. *Garizim und Synagoge. Traditionsgeschichtliche Untersuchungen zur samaritanischen Religion der aramäischen Periode*. Berlin, 1971.

Kirk, A. "Upbraiding Wisdom: John's Speech and the Beginning of Q (Q 3:7-9, 1617)." *NT* 40 (1998): 1-16.

Klauck, H.-J. *Vorspiel im Himmel? Erzähltechnik und Theologie im Markusprolog*. BThSt 32. Neukirchen-Vluyn, 1997.

_____. "Gottesfürchtige im Magnifikat?" *NTS* 43 (1997): 134-139.

_____. "Die Auswahl der Zwölf(Mk 3,13-19)." in: ders., *Gemeinde – Amt – Sakrament*. Würzburg, 1989, 131-136.

_____. "Die Frage der Sündenvergebung in der Perikope von der Heilung des Gelähmten (Mk 2,1-12 parr)." *BZ NF* 25 (1981): 223-248.

_____. *Allegorie und Allegorese in synoptischen Gleichnistexten*. NTA NF 13. Münster, 1978.

Klein, G. "Die Berufung des Petrus." in: ders., *Rekonstruktion und Interpretation*. München, 1969, 11-49.

_____. "Lukas 1,1-4 als theologisches Programm." in: Dinkler, E. (hg.). *Zeit ung Geschichte* (FS Bultmann, R.). Tübingen, 1964, 193-216.

Klutz, T. *The Exorcism Stories in Luke-Acts*. MSSNTS 129. Cambridge, 2004.

Koch, D.-A. "Der Täufer als Zeuge des Offenbarers." in: van Segbroeck a. o. (eds.). *The Four Gospels* (FS Neirynck, F.). BEThL 100/3. Leuven, 1992, 1963-1984.

_____. *Die Bedeutung der Wundererzählungen für die Christologie des Markusevangeliums*. BZNW 42. Berlin/New York, 1975.

Koch, K. *Was ist Formgeschichte? Neue Wege der Bibelexegese*. Neukirchen-Vluyn,

1989, 5판.

Kogler, F. *Das Doppelgleichnis vom Senfkorn und vom Sauer-teig in seiner traditionsge-schichtlichen Entwicklung.* FzB 59. Würzburg, 1988.

Kollmann, B. "Jesu Verbot des Richtens und die Gemeindedisziplin." *ZNW* 88 (1997): 170-186.

_____. *Jesus und die Christen als Wundertäter.* FRLANT 170. Göttingen, 1996.

Kosch, D. *Die Gottesherrschaft im Zeichen des Widerspruchs.* EHS 23/257. Bern/New York, 1985.

Kosmala, H. "Nachfolge und Nachahmung Gottes II. Im jüdischen Denken." *ASTI* 3 (1964): 65-110.

Krämer, M. Die "Parabelrede in den synoptischen Evangelien." in: *Theologie und Leben* (FS Söll, G.). Rom, 1983, 31-53.

_____. "Hütet euch vor den falschen Propheten. Eine überlieferungsgeschichtliche Untersuchung zu Mt 7, 15-23/ Lk 6, 43-46 / Mt 12, 33-37." *Bib* 57 (1976): 349-377.

Kränkl, E. *Jesus der Knecht Gottes. Die heilsgeschichtliche Stellung Jesu in den Reden der Apostelgeschichte.* BU 8. Regensburg, 1972.

Kraus, H.-J. *Psalmen I.* BK I/2. Neukirchen-Vluyn, 1961.

Krauss, S. *Talmudische Archäologie I.* Hildesheim, 1966.

Kremer, J. ""Dieser ist der Sohn Gottes" (Apg 9,20). Bibeltheologische Erwägungen zur Bedeutung von "Sohn Gottes" im lukanischen Doppelwerk." in: Bussmann, C., Radl, W. (Hg.). *Der Treue Gottes trauen. Beiträge zum Werk des Lukas* (FS Schneider, G.). Freiburg u.a., 1991, 137-158.

_____. ""Neues und Altes." Jesu Wort über den christlichen Schriftgelehrten (Mt 13,52)." in: Kremer, J., u.a. (Hg.). *Neues und Altes.* Freiburg, 1974, 11-33.

Kretzer, A. *Die Herrschaft der Himmel und die Söhne des Reiches.* SBM 10. Würzburg, 1971.

Kügler, J. *Pharao und Christus? Religionsgeschichtliche Untersuchung zur Frage einer Verbindung zwischen altägyptischer Königstheologie und neutestamentlicher Christologie im Lukasevangelium.* BBB 113. Bodenheim, 1997.

_____. *Der Jünger, den Jesus liebte.* SBB16. Stuttgart, 1988.

Kümmel, W. G. "Jesus und der jüdische Traditionsgedanke." in: ders, *Heildgeschehen und Geschichte I.* MThSt 3.16, 1965.

_____. *Verheissung und Erfüllung : Untersuchungen zur eschatologischen Verkündigung Jesu.* Basel, 1945.

Kuhn, H.-J. *Christologie und Wunder.* BU 18. Regensburg, 1988.

Kuhn, H.-W. *Ältere Sammlungen im Markusevangelium.* StUNT 8. Göttingen, 1971.

Kuss, O. "Zum Sinngehalt des Doppelgleichnisses vom Senfkorn und Sauerteig." in: ders, *Auslegung und Verkündigung I.* Regensburg, 1963, 85-97.

Lachs, S. T. *A Rabbinic Commentary on the New Testament. The Gospels of Matthew. Mark, and Luke.* New Jersey/New York, 1987.

Lapide, P. *Die Bergpredigt. Utopie oder Programm?.* Mainz, 1982.

_____. "Zukunftserwartung und Frieden im Judentum." in: Liedke, G., u.a. (Hg.). *Eschatologie und Frieden II.* TM.FEST A7. Heidelberg, 1978, 127-178.

Laufen, R. *Die Doppelüberlieferungen der Logienquelle und des Markusevangelium.* BBB 54. Königstein/Bonn, 1980.

Lehnardt, A. *Quaddish, Untersuchungen zur Entstehung und Rezeption eines rabbinischen Gebetes.* Tübingen, 2002.

Lentzen-Deis, F. *Die Taufe Jesu nach den Synoptikern. Literarkritische und gattungsgeschichtliche Untersuchungen.* FTS 4. Frankfurt, 1970.

Leonhard, C. "Art. Vaterunser II." *TRE* 34 (2002): 512-515.

Levine, A. J. *The Social and Ethnic Dimensions of Matthean Salvation History.* SBEC 14. Lewiston/Queenston, 1988.

Lichtenberger, A. *Kulte und Kultur der Dekapolis.* ADPV 29. Wiesbaden, 2003.

Liebenberg, J. "The Function of the Standespredigt in Luke 3:1-20." *Neotest.* 27 (1993): 55-67.

Lienemann, W. *Gewalt und Gewaltlosigkeit. Studien zur abendländischen Vorgeschichte der gegenwärtigen Wahrnehmung von Gewalt.* FBESG 36. München, 1982.

Lindemann, A. *Die Clemensbriefe.* Tübingen, 1992.

Linnemann, E. *Gleichnisse Jesu. Einführung und Auslegung.* Göttingen, 1964, 3판.

Löning, K. "Ein Platz für die Verlorenen. Zur Formkritik zweier neutestamentlicher

Legenden (Lk 7,36-50; 19,1-10)." *BiLe* 12 (1971): 198-208.

Lohfink, G. "Das Gleichnis vom Sämann." *BZ NF* 30 (1986): 36-69.

_____. "Die Metaphorik der Aussaat im Gleichnis vom Sämann (Mk 4,3-9)." in: À cause de l'Evangile (FS Dupont, J.). LeDiv 123. Paris, 1985, 211-228.

_____. "Wem gilt die Bergpredigt? Eine redaktionskritische Untersuchung von Mt 4,23f und 7,28f." *ThQ* 163 (1983): 264-284.

_____. *Die Sammlung Israels. Eine Untersuchung zur lukanischen Ekklesiologie.* StANT 39. München, 1975.

Lohfink, N. "Psalmen im Neuen Testament. Die Lieder in der Kindheitsgeschichte bei Lukas." in: K. Seybold, E. Zenger (Hg.). *Neue Wege der Psalmenforschung* (FS Beyerin, W.). HBiSt 1. Freiburg u.a., 1994, 105-125.

Lohmeyer, M. *Der Apostelbegriff im NT.* SBB 29. Stuttgart, 1995.

Lohse, E. Art. σάββατον κτλ. ThWNT VII 1-35.

_____. "Jesu Worte über den Sabbat." in: Eltester, W. (Hg.). *Judentum - Urchristentum - Kirche* (FS Jeremias, J.). BZNW 26. Berlin, 1964, 2판, 79-89.

_____. "Wort und Sakrament im Johannesevangelium." *NTS* 7 (1960/61): 110-125.

Lohmeyer, E. *Das Evangelium nach Matthäus.* v. Schmauch, W. (hg.). KEK Sonderband. Göttingen, 1958, 2판.

Lührmann, D. "Liebet eure Feinde (Lk 6,27-36/ Mt 5,39-48)." *ZThK* 69 (1972): 412-438.

_____. *Die Redaktion der Logienquelle.* WMANT 33. Neukirchen-Vluyn, 1969.

Lütgehetmann, W. *Die Hochzeit von Kana (Job 2,1 -11). Zu Ursprung und Deutung einer Wundererzählung im Rahmen johanneischer Redaktionsgeschichte.* BU 20. Regensburg, 1990.

Luz, U. "Die Kirche und ihr Geld im Neuen Testament." in: Lienemann, W. (Hg.). *Die Finanzen der Kirche.* München, 1989, 525-554.

_____. "Vom Taumelolch im Weizenfeld." in: Frankemölle, H., u.a. (Hg.). *Vom Urchristentum zu Jesus* (FS Gnilka, J.). Freiburg, 1989, 154-171.

_____. "Wundergeschichten von Mt 8-9." in: Hawthorne, G., u.a. (Hg.). *Tradition and Interpretation in the New Testament* (FS Ellis, E. E.). Tübingen, 1987, 149-165.

_____. "Die Bergpredigt im Spiegel ihrer Wirkungsgeschichte." in: Moltmann, J. (hg.). *Nachfolge und Bergpredigt*. KT 65. München, 1982, 37-72.

_____. "Die Erfüllung des Gesetzes bei Matthäus (5,17-20)." *ZThK* 75 (1978): 398-435.

_____. "Die Jünger im Matthäusevangelium." *ZNW* 62 (1971): 141-160.

_____. *Das Geschichtsverständnis des Paulus*. BEvTh 49. München, 1968.

_____. "Das Geheimnismotiv und die markinische Christologie." *ZNW* 56 (1965): 9-30.

Machovec, M. *Jesus Jesus für Atheisten*. Stuttgart, 1972.

März, C. P. Das *Wort Gottes bei Lukas*. Leipzig, 1974.

Mahnke, H. *Die Versuchungsgeschichte im Rahmen der synoptischen Evangelien: Ein Beitrag zur frühen Christologie*. BET 9. Frankfurt, 1978.

Maier, J. *Die Qumran-Essener III*. München, 1996.

Marxsen, W. *Der Evangelist Markus. Studien zur Redaktionsgeschichte des Evangeliums*. FRLANT 67. Göttingen, 1959.

Mayer-Haas, A. J. *"Geschenk aus Gottes Schatzkammer" (bSchab 10b). Jesus und der Sabbat im Spiegel der neutestamentlichen Schriften*. NTA NF 43. Münster, 2003.

Mayordomo-Marin, M. *Den Anfang hören. Leserorientierte Evangelienexegese am Beispiel von Matthäus 1-2*, FRLANT 180. Göttingen, 1998.

McArthur, H. K. ""Son of Mary"." *NT* 15 (1973): 38-58.

McKnight, E. V. *Meaning in Texts. The Historical Shaping of a Narrative Hermeneutics*. Philadelphia, 1978.

Melzer-Keller, H. *Jesus und die Frauen*. HBSt 14. Freiburg, 1997.

Menken, M. J. J. "The Quotation from Isa 40,3 in John 1,23." *Bib* 66 (1985): 190-205.

Merkelbach, R. "Über eine Stelle im Evangelium des Lukas." *GrB* 1 (1973): 171-175.

Merklein, H. "Die Heilung des Besessenen von Gerasa." in: *The Four Gospels II* (FS Neirynck, F.). BEThL 100. Löwen, 1992, 1017-1037.

_____. *Die Gottesherrschaft als Handlungsprinzip*. fzb 34. Würzburg, 1981, 2판.

Metzger, B. M. *A textual commentary on the Greek New Testament*. London/New York, 1971, 3판.

Minear, P. S. *John. The Martyr's Gospel*. New York, 1984.

Mitchell, S. "Wer waren die Gottesfürchtigen?" *Chiron* 28 (1998): 55-64.

Mittmann-Richert, U. *Magnifikat und Benediktus.* WUNT 2/90. Tübingen, 1996.

Molony, E. J. *The Johannine Son of Man.* Rom, 1978, 2판.

Moltmann-Wendel, E. *Ein eigener Mensch werden. Frauen um Jesus.* Gütersloh, 1981, 2판.

Monshouwer. "The Reading of the Prophet in the Synagogue at Nazareth." *Bib.* 72 (1991): 90-99.

Montefiore, C. G. *The Synoptic Gospels II.* London, 1927, 2판.

Montefiore, H. *Rabbinic Literature and Gospel Teachings.* New York, 1970.

Moore, G. F. *Judaism in the First Centuries of the Christian Era I.* Cambridge, 1927.

Morgenthaler, R. *Die Lukanische Geschichtsschreibung als Zeugnis I.* AThANT 14. Zürich, 1948.

Müller, C. G. ""Ungefähr 30": Anmerkungen zur Altersangabe Jesu im Lukasevangelium (Lk 3,23)." *NTS* 49 (2003): 489-504.

Müller, P. *In der Mitte der Gemeinde. Kinder im Neuen Testament.* Neukirchen-Vluyn, 1992.

Müller, U. B. ""Sohn Gottes" - ein messianischer Hoheitstitel Jesu." *ZNW* 87 (1996): 1-32.

Muñoz Iglesias, S. "El procedimiento literario del anuncio previo en la Biblia." *EstB* 42 (1984): 21-70.

Mussner, F. *Der Galaterbrief.* HThK IX. Freiburg, 1974.

Neale, D. A. *Non but the Sinners.* JSNT.S 58. Sheffield, 1991.

Neirynck, F. "Documenta Q: Q 11,2-4." in: ders, *Evangelica III.* BEThL 150. Löwen, 2001, 432-439.

Neyrey, J. "Jacob Traditions and the Interpretation of John 4;10-26." *CBQ* 41 (1979): 419-437.

Nickelsburg, G. W. E. "Riches, the Rich, and God's Judgment in I Enoch 92-105 and the Gospel according to Luke." *NTS* 25 (1978/1979): 324-344.

Nietzsche, F. "Genealogie der Moral, I Abh., 14." in: Werke. Bd. 7. Leipzig, 1923.

Nissen, A. *Gott und der Nächste im antiken Judentum.* WUNT 15. Tübingen, 1974.

Nolland, J. L. "Words of Grace (Luke 4,22)." *Bib.* 65 (1984): 44-60.

Oberlinner, L. "Begegnungen mit Jesus. Der Pharisäer und die Sünderin nach Lk 7,36-50." in: *Liebe, Macht und Religion* (FS Merklein). Stuttgart, 2003, 253-278.

_____. *Historische Überlieferung und christologische Aussage zur Frage der Brüder Jesu in der Synopse.* fzb 19. Stuttgart, 1975.

O'Day, G. R. *The Word Disclosed. John's Story and Narrative Preaching.* St. Louis, 1987.

_____. *Revelation in the Fourth Gospel. Narrative Mode and Theological Claim.* Philadelphia, 1986.

Öhler, M. *Elia im Neuen Testament.* BZNW 88. Berlin/New York, 1997.

Palme, B. "Neues zum ägyptischen Provinzialzensus." *ProBi* 3 (1994): 1-7.

Okure, T. *The Johannine Approach to mission. A contextual study of John 4:1-42.* WUNT II/83. Tübingen, 1996.

Olsson, B. *Structure and Meaning in the Fourth Gospel. A Text-Linguistic Analysis of 2:1-11 and 4:1-42.* CB.NT 5. Lund, 1974.

Paschen, W. *Rein und Unrein.* StANT 24. München, 1970.

Pax, E. "Denn sie fanden keinen Platz in der herberge. Jüdisches und frü hchristliches Herbergswesen." *BiLe* 6 (1965): 285-298.

Pesch, R. *Simon Petrus. Geschichte und geschichtliche Bedeutung des ersten Jüngers Jesu Christi.* Stuttgart, 1980.

_____: *Der Besessene von Garasa.* SBS 56. Stuttgart, 1972.

_____. "Anfang des Evangeliums Jesu Christi." in: *Die Zeit Jesu* (FS Schlier, H.). Freiburg, 1970, 108-144.

_____. *Jesu ureigene Taten?.* QuD 52. Freiburg, 1970.

_____. "Berufung und Sendung, Nachfolge und Mission." *ZKT* 91 (1969): 1-31.

_____. *Der reiche Fischfang.* Düsseldorf, 1969.

_____. "Ein Tag vollmächtigen Wirkens Jesu in Kapharnaum (Mk 1,21-34.35-39)." *BiLe* 9 (1968): 114-128, 177-195, 261-277.

Piper, J. *Love your Enemies.* MSSNTS 38. Cambridge/New York, 1979.

Pokorný, P. "The Temptation Stories and their Intention." *NTS* 20 (1973/74): 115-127.

Przybylski, B. *Righteousness in Matthew and His World of Thought.* MSSNTS 41.

Cambridge, 1980.

Radl, W. *Der ursprung Jesu. Traditionsgeschichtliche Untersuchungen zu Lukas 1-2.* HBSt 7. Freiburg u.a., 1996.

Rahner, H. *Symbole der Kirche.* Salzburg, 1964.

Räisänen, H. *Die Mutter Jesu im Neuen Testament.* STAT.B 247. Helsinki, 1989, 2판.

_____. *Die Parabeltheorie im Markusevangelium.* Helsinki, 1973.

_____. *Das koranische Jesusbild.* Helsinki, 1971.

Reicke, B. "Die Fastenfrage nach Luk. 5,33-39." *ThZ* 30 (1974): 321-328.

_____. *Neutestamentliche Zeitgeschichte. Die biblische Welt 500 v. - 100 n. Chr,* STö.H 2. Berlin, 1965.

Reiser, M. *Die Gerichtpredigt Jesu.* NTA NF 23. Münster, 1990.

Riesner, R. "Johannes der Täufer auf Machärus." *BiKi* 39 (1984), 176.

_____. "Der Aufbau der Reden im Matthäus-Evangelium." *ThBeitr* 9 (1978): 173-176.

Rese, M. *Alttestamentliche Motive in der Christologie des Lukas.* StNT 1. Gütersloh, 1969.

Reuter, R. "Liebet eure Feinde! Zur Aufgabe einer politischen Ethik im Licht der Bergpredigt." in: *Zeitschrift Für Evangelische Ethik 26* (1982), 159-187.

Richter, G. "Bist du Elias?" in: ders, *Studien zum Johannesevangelium.* BU 13. Regensburg, 1977, 1-41.

Robinson, W. C. "On Preaching the Word of God (Luke 8,4-21)." in: Keck, L. E., Martyn, J. L. (Hg.). *Studies in Luke-Acts* (FS Schubert, P.). Philadelphia, 1980, 2판, 131-138.

Rodríguez, A. A. "La vocación de Maria a la maternidad (Lc 1,26-38)." Eph.Mar. 43 (1993): 153-173.

Roloff, J. *Das Kerygma und der historische Jesus. Historische Motive in den Jesus-Erzdahlungen der Evangelien.* Göttingen, 1970.

Rosen, K. "Jesu Geburtsdatum, der Census des Quirinius und eine jüdische Steuererklärung aus dem Jahre 127 nC." *JAC* 38 (1995): 5-15.

Rothfuchs, W. *Die Erfüllungszitate des Matthaeus-Evangeliums.* Stuttgart, 1969.

Rowe, C. K. *Early Narrative Christology : the Lord in the Gospel of Luke.* BZNW 139. Berlin/New York, 2006.

Rudman, D. "Authority and Right of Disposal in Luke 4.6." *NTS* 50 (2004): 778-786.

Rusam, D. *Das Alte Testament bei Lukas.* BZNW 112. Berlin/New York, 2003.

Sahlin, H. "Die Perikope vom gerasenischen Bessenen und der Plan des Markusevangeliums?" *StTh* 18 (1964): 159-172.

Sanders, E. P. *Paul. The Apostle's Life, Letters, and Thought.* Minneapolis, 2015.

_____. "Jewish Association with Gentiles and Galatians 2:11-14." in: Fortna, R., Gaventa, B. (ed.). *The Conversation continues.* Nashville, 1990, 170-188, 283-308.

_____. *Jesus and Judaism.* London, 1985.

Sanders. J. A. "From Isaiah 61 to Luke 4." in: Evans, C. A., Sanders, J. A. (ed.). *Luke and Scripture. The Function of Sacred Tradition in Luke-Acts.* Minneapolis, 1993, 46-69.

_____. "From Isai 61 to Luke 4." in: Neusner, J. (ed.). *Christianity, Judaism and other greco-roman Cults* (FS Smith, M.) Leiden, 1975, 75-106.

Sanders, J. T. "The Pharisees in Luke-Acts." in: Groh, D. E., Jewett, R. (ed.). *The Living Text* (Fs Saunders, E. W.). New York/London, 1985, 141-188.

Sauer, J. "Traditionsgeschichtliche Erwägungen zu den synoptischen und paulinischen Aussagen über Feindesliebe und Wiedervergeltungsverzicht." *ZNW* 76 (1985): 1-28.

Schelbert, G. "ABBA Vater. Der literarische Befund vom Altaramäischen bis zu den späten Midrasch- und Haggada-Werken in Auseinandersetzung mit den Thesen von Joachim Jeremias." *FZPhTh* 40 (1993): 259-281.

Schenke, H.-M. "Jakobsbrunnen –Josephsgrab– Sychar. Topographische Untersuchungen und Erwägungen in der Perspektive von Joh 4,5.6." *ZDPV* 84 (1968): 159-184.

Schenke, L. "Jesus als Weisheitslehrer im Markusevangelium." in: Fassnacht, M., u.a. (Hg.). *Die Weisheit - Ursprünge und Rezeption* (FS Löning, K). NTA. NF 44. Münster, 2003, 125-138.

_____. *Die Wundererzählungen des Markusevangeliums.* Stuttgart, 1974.

Schiffmann, L. H. "At the Crossroads. Tannaitic Perspectives on the Jewish-Christian Schism." in: Sanders, E. P. (Hg.). *Jewish and Christian Selfdefinition II.* London,

1981, 114-156.

Schillebeeckx, E. *Jesus — die Geschichte von einem Lebenden.* Freiburg, 1975.

Schlatter, A. *Der Evangelist Matthäus.* Stuttgart, 1933, 2판.

Schmidt, K. L. *Der Rahmen der Geschichte Jesu.* Darmstadt, 1964.

Schmithals, W. "Die Weihnachtsgeschichte Lukas 2,1-20." in: Ebeling, G., u.a. *Festschrift für Ernst Fuchs.* Tübingen, 1973, 281-297.

_____. *Johannesevangelium und Johannesbriefe.* BZNW 64. Berlin, 1992.

Schnackenburg, R. "Die Bergpredigt." in: Ders. (Hg.). *Die Bergpredigt.* Düsseldorf, 1982, 13-59.

_____. "Die Seligpreisungen der Friedensstifter (Mt 5,9) im matthäischen Kontext." *BZ NF* 26 (1982): 161-178.

_____. "Ihe seid das Salz der Erde, das Licht der Welt." In: ders, *Schriften zum Neuen Testament.* München, 1971, 177-200.

_____. *Gottes Herrschaft und Reich.* Freiburg, 1965, 4판.

_____. "Zur Traditionsgeschichte von Joh 4,46-54." *BZ NS* 8 (1964): 58-88.

_____. "Die Vollkommenheit des Christen nach den Evangelien." *GuL* 32 (1959): 420-433.

Schneider, G. "Jesu überraschende Antworten. Beobachtungen zu den Apophthegmen des dritten Evangeliums." *NTS* 29 (1983): 321-336.

_____. "Christusbekenntnis und christliches Handeln. Lk 6,46 und Mt 7,21 im Kontext der Evangelien." *EThSt* 38 (1977): 9-24.

_____. ""Der Menschsohn" in der lukanischen Christologie." in: Pesch, R., Schnackenburg, R. (hg.). *Jesus und der Menschensohn* (FS Vögtle, A.). Freiburg, 1975, 267-282.

_____. "Das Bildwort von der Lampe." *ZNW* 61 (1970): 183-209.

_____. "Das Bildwort von der Lampe. Zur Traditionsgeschichte einse Jesus-Wortes." *ZNW* 61 (1970): 183-209.

Schneiders, S. M. "Women in the the Fourth Gospel and the Role of Women in the Contemporary Church." *BTB* 12 (1982): 35-45.

Schnelle, U. *Einführung in die neutestamentliche Exegese.* UTB 1253. Göttingen, 2000,

5판.

_____. *Antidoketische Christologie im Johannesevangelium. Eine Untersuchung zur Stellung des vierten Evangeliums in der johanneischen Schule*. FRLANT 144. Göttingen, 1987.

Schöllig, H. "Die Zählung der Generationen im matthäischen Stammbaum." *ZNW* 59 (1968): 262-268.

Scholtissek, K. *Die Vollmacht Jesu : traditions- und redaktionsgeschichtliche Analysen zu einem Leitmotiv markinischer Christologie*. Münster, 1992.

Schottroff, L. *Lydias ungeduldige Schwestern. Feministische Sozialgeschichte des frühen Christentums*. Gütersloh, 1994.

_____. "Antijudaismus im Neuen Testament," in: dies. *Befreiungserfahrungen. Studien zur Sozialgeschichte des Neuen Testaments*, TB 82. München, 1990.

_____. "Das geschundene Volk und die Arbeit in der Ernte. Gottes Volk nach dem Matthäusevangelium." in: Schottroff, H., Schottroff, L. (hg.). Mitarbeiter der Schöpfung. München, 1983, 149-206.

_____. "Das Magnifikat und die älteste Tradition über Jesus von Nazaret." *EvTh* 38 (1978): 293-312.

_____. "Gewaltverzicht und Feindesliebe in der urchristlichen Jesustradition (Mt 5,38-48; Lk 6,27-36)." in: Strecker, G. (hg.). *Jesus Christus in Historie und Theologie* (FS Conzelmann, H.). Tübingen, 1975, 197-221.

_____. "Johannes 4,5-15 und die Konsequenzen des johanneischen Dualismus." *ZNW* 60 (1969): 199-214.

Schotroff, L., Stegemann, W. "Der Sabatt ist um des Menschen willen da. Auslegung von Mk 2,23-28." in: Schotroff, W., Stegemann, W. (Hg.). *Der Gott der kleinen Leute II*. München/Gelnhausen, 1979, 58-70.

_____. *Jesus von Nazareth – Hoffnung der Armen*. Stuttgart, 1978.

Schramm, T. *Das Markus-Stoff bei Lukas. Eine Literarkritische und Redaktionsgeschichtliche Untersuchung*. MSSNTS 14. Cambridge, 1971.

Schreck, C. J. "The Nazareth Pericope. Luke 4,16-30 in Recent Study." in: F. Neirynck (ed.). *L'évangile de Luc*. Leuven, 1989, 399-471.

Schrenk, G. Art. "βιάζομαι." *ThWNT* I, 608-613.

Schröter, J. *Von Jesus zum Neuen Testament. Studien zur urchristlichen Theologiege-schichte und zur Entstehung des neutestamentlichen Kanons.* WUNT 204. Tübingen, 2007.

Schubert, K. "Die Kindheitsgeschichten Jesu im Lichte der Religionsgeschichte des Judentums." *BiLi* 45 (1972): 224-240.

Schürmann, H. "Lukanische Reflexionen über die Wortverkündigung in Lk 8,4-21." in: ders, Ursprung und Gestalt. Düsseldorf, 1970, 29-42.

_____. ""Der Bericht von Anfang." Ein Rekonstruktionsversuch auf Grund von Lk 4,14-16." *StEv* 2 (1964): 242-258.

Schulz, A. *Nachfolgen und Nachahmen. Studien über das Verhältnis der neutestamen-tlichen Jüngerschaft zur urchristlichen Vorbildethik.* StANT 6. München, 1962.

Schulz, S. Q. *Die Spruchquelle der Evangelisten.* Zürich, 1972.

_____. *Untersuchungen zur Menschensohn-Christologie im Johannesevangelium.* Göttingen, 1957.

Schwarz, G. "Wie eine Taube?" *BN* 89 (1997): 27-29.

_____. "τὸ δὲ ἄχυρον κατακαύσει." *ZNW* 72 (1981): 264-271.

Schweitzer, A. *Geschichte der Leben-Jesu-Forschung.* Tübingen, 1951, 6판.

_____. "Ob in der Stelle Matth 11,12 ein Lob oder ein Tadel enthalten sei?" *ThStKr* 9 (1836): 90-122.

Schweizer, E. *Jesus das Gleichnis Gottes.* Göttingen, 1995.

_____. "Matthäus 12,1-8; Der Sabbat. Gebot und Geschenk." in: *Glaube und Gerechtigkeit, R. Gyllenberg im memoriam.* Helsinki, 1983, 169-179.

_____. "Zum Aufbau von Lukas 1 und 2." in: Hadidian, D. (hg.). *Intergerini Parietis Septum (Eph. 2:14) (FS Barth, M.).* Pittsburgh, 1981, 309-335.

_____. "Formgeschichtliches zu den Seligpreisungen." in: Ders, *Matthäus und seine Gemeinde.* SBS 71. Stuttgart, 1974, 69-77.

_____. "Der Jude im Verborgenen..., dessen Lob nicht von Menschen, sondern von Gott kommt." Zu Röm 2,28f und Mt 6,1-18. in: ders, *Matthäus und seine Gemeinde.* SBS 71. Stuttgart, 1974.

_____. "Zur Frage des Messiasgeheimnisses bei Markus." *ZNW* 56 (1965): 1-8.

Seccombe, D. P. *Possessions and the Poor in Luke-Acts.* SNTU.B 6. Linz, 1982.

Seitz, O. "Love your Enemies." *NTS* 16 (1969/70): 39-54.

Shirock, R. "Whose Exorcists are they? The Referents of οἱ υἱοὶ ὑμῶν at Matthew 12.27/ Luke 11.19." *JSNT* 46 (1992): 41-51.

Siker, J. S. "'First to the Gentiles': A Literary Analysis of Luke 4:16-30." *JBL* 111 (1992): 73-90.

Smith, M. D. "Of Jesus and Quirinius." *CBQ* 62 (2000): 278-293.

Soares-Prabhu. *The Formula Quotations in the Infancy Narrative of Matthew.* AnBib 63. Rome, 1976.

Sorge, E. *Religion und Frau. Weibliche Spiritualität im Chrsitentum.* Stuttgart, 1987, 2판.

Steck, O. H. *Israel und das gewaltsame Geschick der Propheten.* WMANT 23. Neukirchen-Vluyn, 1967.

Stegemann, E. W., Stegemann, W. *Urchristliche Sozialgeschichte: Die Anfänge im Judentum und die Christusgemeinden in der mediterranen Welt.* Stuttgart u.a., 1995, 2판.

Stegemann, H. *Die Essener, Qumran, Johannes der Täufer und Jesus. Ein Sachbuch.* HS 4128. Freiburg u.a., 1994, 3판.

_____. "Die des Uria." in: Jeremias, G., u.a. (hg.). *Tradition und Glaube* (FS Kuhn, K. G.). Göttingen, 1971, 246-276.

Stegemann, W. ""Licht der Völker" bei Lukas." in: *Der Treue Gottes trauen. Beiträge zum Werk des Lukas* (FS Schneider, G.). Freiburg u.a., 1991, 81-97.

Steinhauser, M. G. *Doppelbildworte in den synoptischen Evangelien.* FzB 44. Stuttgart/ Würzburg, 1981.

Stemberger, G. *Einleitung in Talmud und Midrasch.* München, 1992, 8판.

Stendahl, K. *The School of St. Matthew, and its use of the Old Testament.* Philadelphia, 1968, 2판.

_____. "Quis et unde? An Analysis of Mt 1-2." in: Eltester, W. (Hg.). *Judentum-Urchristentum-Kirche* (FS Jeremias, J.). BZNW 26. Berlin, 1964, 94-105.

Stenger, W. "Die Seligpreisung der Geschmähten." *Kairos* 28 (1986): 33-60.

Strack, H. L., Stemberger, G. *Einleitung in Talmud und Midrasch*. München, 1982, 7판.

Strauss, M. L. *The Davidic Messiah in Luke-Acts*. JSNT.S 110. Sheffield, 1995.

Strecker, G. *Die Bergpredigt*. Göttingen, 1984.

_____. "Die Antithesen der Bergpredigt (Mt 5,21-48 par)." *ZNW* 69 (1978): 36-72.

_____. "Literarkritische Überlegugen zum εὐαγγέλιον-Begriff im Markusevangelium." in: *NT und Geschichte* (FS Cullmann, O.). Zürich, 1972, 91-104.

_____. "Die Makarismen der Bergpredigt." *NTS* 17 (1970/71): 255-275.

_____. *Der Weg der Gerechtigkeit. Untersuchung zur Theologie des Matthäus*. FRLANT 82. Tübingen, 1962.

Strobel, A. "Plädoyer Für Lukas Zur Stimmigkeit des Chronistischen Rahmens von Lk 3.1." *NTS* 41 (1995): 466-469.

_____. "Art, Braut, Bräutigam." in: *BHH* 1 (1963), 271.

_____. "Der Gruss an Maria(Lc 1,28). Eine philologische Betrachtung zu seinem Sinngehalt." *ZNW* 53 (1962): 86-110.

Strube, S. A. *"…Wegen dieses Wortes…" Feministische und nichtfeministische Exegese im Vergleich am Beispiel der Auslegung zu Mk 7,24-30*. Theologische Frauenforschung in Europa 3. Münster u.a., 2000.

Stuhlmacher, P. "Jesu vollkommenes Gesetz der Freiheit. Zum Verständnis der Bergpredigt." *ZThK* 79 (1982): 249-282.

Stuhlmann, R. *Das eschatologische Mass im Neuen Testament*. FRLANT 132. Gottingen, 1983.

Suhl, A. *Die Funktion der alttestamentlichen Zitate und Anspielungen im Markusevangelium*. Gütersloh, 1965.

Sylva, D. D. "The cryptic Clause *en tois tou patros mou dei einei me* in Lk 2,49b." *ZNW* 78 (1987): 132-140.

Taeger, J.-W. *Der Mensch und sein Heil. Studien zum Bild des Menschen und zur Sicht der Bekehrung bei Lukas*. StNT 14. Gütersloh, 1982.

Talbert, Ch. *Literary Patterns. Theological Themes, and the Genre of Luke-Acts*. SBLMS 20. Missoula, 1974.

Tannehill, R. C. "Die Jünger im Markusevangelium - die Funktion einer Erzählfigur." in: Hahn, F. (hg.). *Der Erzähler des Evangeliums*. SBB 118/119. Stuttgart, 1985, 37-66.

_____. "The Mission of Jesus according to Luke IV 16-30." in: Grässer, E., u.a. (Hg.). *Jesus in Nazareth*. BZNW 40. Berlin/New York, 1972, 51-75.

Theissen, G. "Das Reinheitslogion Mk 7,15 und die Trennung von Juden und Christen." in: Wengst, K., u.a. (Hg.). *Ja und Nein,* 1998, 235-251.

_____. *Lokalkolorit und Zeitgeschichte in den Evangelien. Ein Beitrag zur Geschichte der synoptischen Tradition.* NTOA 8. Fribourg/Göttingen, 1989.

_____. "Das "schwankende Rohr" in Mt. 11, 7 und die Gründungsmünzen von Tiberias." *ZDPV* 101 (1985): 43-55.

_____. "Lokal- und Sozialkolorit in der Geschichte von der syrophönikischen Frau (Mk 7,24-30)." *ZNW* 75 (1984): 202-225.

_____. "Gewaltverzicht und Feindesliebe (Mt 5,38-48; Lc 6,27-38) und deren sozialgechichtlicher Hintergrund." in: ders, *Studien zur Soziologie des Urchristentums.* WUNT 19. Tübingen, 1979, 160-197.

_____. *Studien zur Soziologie des Urchristentums.* WUNT 19. Tübingen, 1979.

_____. *Urchristliche Wundergeschichten. Ein Beitrag zur formgeschichtlichen Erforschung der synoptischen Evangelien.* Gütersloh, 1974.

Theissen, G., Merz, A. *Der historische Jesus. Ein Lehrbuch.* Göttingen, 1997, 2판.

Theobald, M. "Häresie von Anfang an?" in: Kampling, R., Söding, T. (Hg.). *Ekklesiologie des Neuen Testaments* (FS Kertelge, K.). Freiburg/Basel/Wien, 1996, 212-246.

Thompson, M. M. *The Humanity of Jesus in the Fourth Gospel.* Philadelphia, 1988.

Thyen, H. "Noch einmal; Joh 21 und "der Jünger, den Jesus liebte." in: Fornberg, T., Hellholm, D. (ed.). *Texts und Contexts* (FS Hartmann, L.). Oslo, 1995, 147-189.

_____. *Studien zur Sündenvergebung im Neuen Testament und Seinen alttestamentlichen und jüdischen Voraussetzungen.* FRLANT 96. Göttingen, 1970.

Tolstoi, L. *Mein Glaube.* Leipzig, 1902.

Trilling, W. *Das wahre Israel. Studien zur Theologie des Matthäusevangeliums.* EThST 7. München, 1975, 3판.

Trummer, P. *Die blutende Frau. Wunderheilung im Neuen Testament.* Freiburg u.a., 1991.

Tuckett, C. M. "Luke 4,16-30, Isaiah and Q." in: *Logia. Memorial Joseph Coppens.* BEThL 59. Löwen, 1982, 343-354.

Uro, R. *Sheep among the Wolves. A Study on the Mission Instructions of Q.* AASF 47. Helsinki, 1987.

van Belle, G. *Johannine Bibliography 1966-1985.* BEThL 82. Leuven, 1988.

van der Horst, P. W. "The Finger of God." in: *Sayings of Jesus: Canonical and Non-Canonical* (FS Baarda, T.). *NTS* 89. Leiden u.a., 1997, 89-103.

van der Loos, H. *The Miracles of Jesus. NTS* 9. Leiden, 1965.

van Iersel, B. "The Finding of Jesus in the Temple." *NT* 4 (1960): 161-173.

_____. "Die wunderbare Speisung und das Abendmahl in der synoptischen Tradition (Mk VI 35-44 par, VIII 1-20 par)." *NT* 7 (1964/65): 167-194.

van Minnen, P. "Luke 4,17-20 and the Handling of Ancient Books." *JThS* 52 (2001): 689-690.

van Unnik, W. C. "Once More St. Luke's Prologue." *Neotest.* 7 (1973): 7-26.

_____. "Remarks on the Purpose of Luke's Historical Writing (Luke 1,1-4)." in: ders., *Sparsa Collecta I.* Leiden, 1973, 6-15.

_____. "Die Motivierung der Feindesliebe in Lukas VI 32-35." *NT* 8 (1966): 284-300.

Vermes, G. *Jesus the Jew: A Historian's Reading of the Gospels.* Londen, 1973.

_____. *Scripture and Tradition in Judaism.* StPB 4. Leiden, 1961.

Verseput, D. *The Rejection of the Humble Messianic King.* EHS.T 291. Frankfurt u.a., 1986.

Vetter, D. "Für Christen nur ein Schimpfwort. Rückbesinnung auf die Bedeutung der Pharisäer für das jüdische Volk." in: ders., *Das Judentum und seine Bibel. Gesammelte Aufsätze.* RS 40. Würzburg, 1996, 229-231.

Vielhauer, P. "Das Bededictus des Zacharias." in: ders., *Aufsätze zum NT.* TB 31. München, 1965, 28-46.

_____. "Gottesreich und Menschensohn in der Verkündigung Jesu." in: ders., *Aufsätze zum NT.* TB 31. München, 1965, 55-91.

_____. "Tracht und Speise Johannes des Täufers," in: ders., *Aufsätze zum Neuen Testament*. TB 31. München, 1965, 47-54.

Vögtle, A. "Die sogenannte Taufperikope Mk 1,9-11. Zur Problematik der Herkunft und des ursprünglichen Sinns." EKK.V 4. Neukirchner, 1972, 105-139.

_____. *Messias und Gottessohn. Herkunft und Sinn der matthäischen Geburts- und Kindheitsgeschichte*. Düsseldorf, 1971.

_____. "Das christologische und ekklesiologische Anliegen von Mt 28,18-20." in: ders, *Das Evangelium und die Evangelien*. KBANT. Düsseldorf, 1970, 266-294.

_____. "Wunder und Wort in urchristlicher Glaubenswerbung (Mt 11,205 / Lk 7,18-23)." in: ders, *Das Evangelium und die Evangelien*. KBANT. Düsseldorf, 1970, 219-242.

Völkel, M. "Zur Deutung des "Reiches Gottes" bei Lukas." *ZNW* 65 (1974): 57-70.

Vogel, M. *Das Heil des Bundes*. TANZ 18. Tübingen/Basel, 1996.

von Bendemann, R. "Liebe und Sündenvergebung." *BZ NF* 44 (2000): 161-182.

von Gemünden, P. *Vegetationsmetaphorik im Neuen Testament und seiner Umwelt*. NTOA 18. Göttingen, 1993.

von Rad, G. *Weisheit in Israel*. 1982, 2판.

_____. *Theologie des alten Testaments. Band 1. Die Theologie der geschichtlichen Überlieferungen Israels*. München, 1969, 4판.

Walker, R. *Die Heilsgeschichte im ersten Evangelium*. Göttingen, 1967.

Walter, N. "Die Bearbeitung der Seligpreisungen durch Matthäus." *StEv* 4 (1968, TU 102): 246-258.

Wargnies, P. "Théophile ouvre l'évangile (Luc 1-4)." *NRTb* 125 (2003): 77-88.

Wasserberg, G. *Aus Israels Mitte — Heil für die Welt*. BZNW 92. Berlin/New York, 1998.

Wattles, J. *The Golden Rule*. Oxford, 1996.

Weder, H. *Die Gleichnisse Jesu als Metaphern*. FRLANT 120. Göttingen, 1984, 3판.

Wegner, U. *Der Hauptmann von Kafarnaum*. WUNT 2/14. Tübingen, 1985.

Weinreich, O. *Antike Heilungswunder*. RVV 8/1. Giessen, 1909.

Weiss, J. *Die Predigt Jesu vom Reiche Gottes*. Göttingen, 1964, 3판.

Weiss, K. "Der westliche Text von Lc 7,46 und sein Wert." *ZNW* 46 (1955): 241-245.

Weiss, W. "*Eine neue Lehre in Vollmacht.*" *Die Streit- und Schulgespräche des Markus-Evangeliums.* BZNW 52. Berlin/New York, 1989.

Weissenrieder, A. *Images of Illness in the Gospel of Luke.* WUNT 2/164. Tübingen, 2003.

Wells, L. *The Greek Language of Healing from Homer to New Testament Times.* BZNW 83. Berlin/New York, 1998.

Wengst, K. *Bedrängte Gemeinde und verherrlichter Christus. Der historische Ort des Johannesevangeliums als Schlüssel zu seiner Interpretation.* BThSt 5. München, 1992, 4판.

Westermann, C. "Alttestamentliche Elemente in Lukas 2,1-20." in: Jeremias, G., u.a. (Hg.). *Tradition und Glaube* (FS Kuhn, K. G.). Göttingen, 1971, 317-327.

_____. *Das Buch Jesaja. Kapitel 40-66.* ATD 19. Göttingen, 1966.

_____. *Grundformen prophetischer Rede.* BEvTh 31. München, 1960.

Wilckens, U. "Vergebung für die Sünderin (Lk 7,36-50)." in: Hoffmann, P. (hg.). *Orientierung an Jesus. Zur Theologie der Synoptiker* (FS Schmid, J.). Freiburg, 1973, 394-424.

_____. *Auferstehung,* ThTh 4. Stuttgart/Berlin, 1970.

Wildberger, H. *Jesaja I.* BK 10/1. Neukirchen, 1972.

Wilkens, W. *Die Entstehungsgeschichte des vierten Evangeliums.* Zürich, 1958.

Williams, F. E. "Fourth Gospel and Synoptic Tradition. Two Johannine Passages (John 1,19-28; 2,1-12)." *JBL* 86 (1967): 311-319.

Winter, P. *On the Trial of Jesus.* Berlin, 1961.

Witherington, B. "On the Road with Mary Magdalene, Joanna, Susanna, and other Disciples — Luke 8,1-3." *ZNW* 70 (1979): 243-248.

Wohlers, M. ""Aussätzige reinigt" (Mt 10,8). Aussatz in antiker Medizin, Judentum und frühem Christentum." in: Maser, S. (ed.). *Text und Geschichte* (FS Lührmann, D.). MThSt 50. Marburg, 1999, 294-304.

Wolff, H.-W. *Jesaja 53 im Urchristentum.* Giessen, 1984, 4판.

Wolter, M. "Das lukanische Doppelwerk als Epochengeschichte." in: Breytenbacher, C., Schröter, J. (hg.). *Die Apostelgeschichte und die hellenistische Geschichtsschreibung* (FS Plümacher, E.). AJEC 57. Leiden u.a., 2004, 253-284.

_____. ""Gericht" und "Heil" bei Jesus von Nazareth und Johannes dem Täufer." in: Schröter, J., Brucker, R. (hg.). *Der historische Jesus. Tendenzen und Perspektiven der gegenwärtigen Forschung.* BZNW 114. Berlin/New York, 2002, 355-392.

_____. "Erstmals unter Quirinius! Zum Verständnis von Lk 2,2." *BN* 102 (2000): 35-41.

_____. "Wann wurde Maria schwanger?" in: Hoppe, R. und Busse, U. (hg.). *Von Jesus zum Christus* (FS Hoffmann, P.). BZNW 93. Berlin/New York, 1998, 405-422.

_____. "Reich Gottes." bei Lukas. *NTS* 41 (1995): 541-563.

_____. "Inschriftliche Heilungsberichte und neutestamentliche Wundererzählungen." in: Klaus, B., u.a. (Hg.). *Studien und Texte zur Formgeschichte.* TANZ 7. Tübingen/Base,l 1992, 135-175.

Wrede, W. *Das Messiasgeheimnis in den Evangelien.* Göttingen, 1963, 3판.

Wrege, H. T. *Die Überlieferungsgeschichte der Bergpredigt.* WUNT 9. Tübingen, 1968.

York, J. O. *The Last Shall be First. The Rhetoric Of Reversal in Luke.* JSNT.S 46. Sheffield, 1991.

Zeller, D. "Geburtsankündigung und Geburtsverkündigung." in: Berger, K., u.a. (Hg.). *Studien und Texte zur Formgeschichte.* TANZ 7. Tübingen/Basel, 1992, 59-134.

_____. "Geburtsankündigung und Geburtsverkündigung." in: Berger, K., u.a. (Hg.). *Studien und Texte zur Formgeschichte.* TANZ 7. Tübingen/Basel, 1992, 59-134.

_____. "Die Ankündigung der Geburt — Wandlungen einer Gattung." in: Pesch, R. (hg.). *Zur Theologie der Kindheitsgeschichten. Der heutige Stand der Exegese.* München, 1981, 27-48.

_____. "Die Bildlogik des Gleichnisses Mt 11,16f./Lk 7,31f." *ZNW* 68 (1977): 252-257.

_____. *Die weisheitlichen Mahnsprüche bei den Synoptikern,* FzB 17. Stuttgart/ Würzburg, 1977.

_____. "Zu einer jüdischen Vorlage von Mt 13,52." *BZ NF* 20 (1976): 223-226.

_____. "Das Logion Mt 8,11f/Lk 13,28f." *BZ NF* 16 (1972): 84-93.

Zimmerli, W. "Die Seligpreisungen der Bergpredigt und das Alte Testament." in: Bammel, E., u.a. (Hg.). *Donum Gentilicium* (FS Daube, D.). Oxford, 1978, 8-26.

Zimmermann, C. *Die Namen des Vaters. Studien Zu Ausgewählten Neutestamentlichen Gottesbezeichnungen.* AJEC 69. Leiden/Boston, 2007.

Zimmermann, H. *Neutestamentliche Methodenlehre*. neubearb. v. Kliesch, K. Stuttgart, 1982, 7판.

Zuckschwerdt, E. "Nazoraios in Matth. 2,23." *ThZ* 31 (1975): 65-77.

Zwingli, H. V*on göttlicher und menschlicher Gerechtigkeit. Hauptschriften 7.* Zürich, 1942.